suhrkamp taschenbuch
wissenschaft 1869

AF186468

Wie verändern sich die tradierten Konzepte und Forschungsperspektiven der Sozialwissenschaften durch eine Verarbeitung des Poststrukturalismus, der von Theoretikern wie Foucault und Derrida vorangetrieben wurde? Ausgehend von dieser Frage, skizziert der Band in einer Kombination von programmatischem Überblick und einem Lexikon zentraler Begriffe eine poststrukturalistische Neukonfiguration des Panoramas der für die Sozialwissenschaften grundlegenden Forschungsfelder. ›Handeln‹ und ›Moderne‹, ›Ökonomie‹ und ›Wissenschaft‹ sind dabei nur einige der Stichworte, an denen gezeigt wird, daß der Poststrukturalismus nicht auf eine spezialisierte Nische beschränkt ist, sondern eine breite, eigenständige sozial- und kulturwissenschaftliche Analytik liefert.

Poststrukturalistische Sozialwissenschaften

Herausgegeben von
Stephan Moebius
und Andreas Reckwitz

Suhrkamp

Bibliografische Information der Deutschen Nationalbibliothek
Die Deutsche Nationalbibliothek verzeichnet diese Publikation
in der Deutschen Nationalbibliografie;
detaillierte bibliografische Daten sind im Internet über
http://dnb.d-nb.de abrufbar.

3. Auflage 2018

Erste Auflage 2008
suhrkamp taschenbuch wissenschaft 1869
© Suhrkamp Verlag Frankfurt am Main 2008
Suhrkamp Taschenbuch Verlag
Satz: Hümmer GmbH, Waldbüttelbrunn
Printed in Germany
Umschlag nach Entwürfen von
Willy Fleckhaus und Rolf Staudt
ISBN 978-3-518-29469-7

Inhalt

II. Sozialwissenschaftliche Forschungsfelder

Stephan Moebius/Andreas Reckwitz

Einleitung

Poststrukturalismus und Sozialwissenschaften: Eine Standortbestimmung[1]

Der Poststrukturalismus ist in den deutschen Sozialwissenschaften angekommen. Welche Impulse poststrukturalistische Ansätze in der Soziologie, aber auch in benachbarten Disziplinen wie der Geschichtswissenschaft oder der Literatur- und Medienwissenschaft (in denen sie schon etwas länger wirksam gewesen sind) zu bewirken vermögen und wo sie an ihre Grenzen stoßen, wird sich in den nächsten Jahren erweisen. Dieser Band ist ein Produkt genau dieser Problemlage: Poststrukturalistische Ansätze, die insbesondere von Michel Foucault und Jacques Derrida, daneben auch von Gilles Deleuze, Ernesto Laclau oder manchen Autoren der Postkolonialen Theorie und der Gender Theorie inspiriert sind, haben seit der Jahrtausendwende in der sozialwissenschaftlichen Forschungslandschaft des deutschsprachigen Raums eine verstärkte Aufmerksamkeit auf sich gezogen, die sie in den englischsprachigen Gesellschafts- und Kulturwissenschaften – allerdings auch dort in ungleichzeitiger Weise – bereits seit den 1980er Jahren erzielen. Insofern handelt es sich teilweise, aber nicht nur um eine nachholende Entwicklung.

Noch in den 1980er Jahren markierte der Poststrukturalismus in der deutschsprachigen Debatte vor allem eine im engeren Sinne philosophische Position, und zwar weniger eine, die aktiv vertreten wurde, als eine, *über* die man redete, in erster Linie kritisch (etwa Jürgen Habermas in *Der philosophische Diskurs der Moderne*).[2] Der Poststruk-

---

1 Bei der Bearbeitung dieses Bandes haben Hendrik Stary, Daniel Felscher, Jacob Geuder und Johannes Meinecke vom Lehrstuhl Kultursoziologie der Universität Konstanz mitgewirkt. Ihnen sei herzlich gedankt!

2 Habermas, Jürgen, *Der philosophische Diskurs der Moderne. Zwölf Vorlesungen*, Frankfurt/M. 1985. Umfassende kritische Auseinandersetzungen mit dem Poststrukturalismus finden sich in der deutschen Philosophie auch in Frank, Manfred, *Was ist Neostrukturalismus?*, Frankfurt/M. 1983, und Honneth, Axel, *Kritik der Macht. Reflexionsstufen einer kritischen Gesellschaftstheorie*, Frankfurt/M. 1986. Zur Rezeptionsgeschichte des Poststrukturalismus in Deutschland vgl. auch Bernd Neumeister, *Kampf um die kritische Vernunft. Die westdeutsche Rezeption des Strukturalismus und postmodernen Denkens*, Konstanz 2000.

turalismus stand im Geruch des Irrationalismus, seine Rezeption in den Gesellschafts- und Kulturwissenschaften war – mit Ausnahme bestimmter, zunächst ebenso minoritärer Zweige der Literatur- und Medienwissenschaft[3] – marginal.[4] Diese Konstellation kontrastierte deutlich mit der intensiven und konstruktiven Verarbeitung poststrukturalistischer Ansätze in der englischsprachigen Forschungslandschaft im gleichen Zeitraum.[5] Auch diese internationale Rezeption war allerdings zunächst notwendig selektiv. In ihrem Mittelpunkt standen – zumindest jenseits der literaturwissenschaftlichen Rezeption von Derridas »Dekonstruktion« – die Arbeiten Foucaults aus den 1960er und der ersten Hälfte der 1970er Jahre.

Diese Situation hat sich grundsätzlich gewandelt. Auch im deutschsprachigen Raum wird der Poststrukturalismus inzwischen nicht mehr als »irrationalistische« Philosophie behandelt, sondern als ein Feld kulturwissenschaftlich orientierter analytischer Instrumentarien verstanden. Dieses verspricht, für die materiale Analyse in der Soziologie, Geschichtswissenschaft, Kulturwissenschaft etc. Werkzeuge zu liefern, die Forschungsperspektiven auf die Funktionsweise von Kultur und ihre historische Dynamik bieten.[6] Zunächst hat sich dieses

3 Vgl. Kittler, Friedrich (Hg.), *Austreibung des Geistes aus den Geisteswissenschaften: Programme des Poststrukturalismus*, Paderborn 1980.

4 Erste Ansätze eines Aufbrechens dieser Marginalisierung finden sich in Gesa Dane et al. (Hg.), *Anschlüsse: Versuche nach Michel Foucault*, Tübingen 1985; Ewald, François/Bernhard Waldenfels (Hg.), *Spiele der Wahrheit. Michel Foucaults Denken*, Frankfurt/M. 1991.

5 Vgl. für diese internationale Rezeption seit Beginn der 1980er Jahre nur: Dreyfus, Hubert/Rabinow, Paul, *Michel Foucault. Beyond Structuralism and Hermeneutics*, Chicago 1982; Poster, Mark, *Foucault, Marxism and History: Mode of Production versus Mode of Information*, Cambridge 1984; Boyne, Roy, *Foucault and Derrida: The Other Side of Reason*, London 1990; Game, Ann, *Undoing the Social. Towards a Deconstructive Sociology*, Toronto 1991; Keynes, Milton/Lash, Scott (Hg.), *Poststructuralist and Post-Modernist Sociology*, Aldershot 1991. Zur spezifischen Rezeption Derridas in der Literaturwissenschaft vgl. Bloom, Harold/de Man, Paul/Derrida, Jacques/Hartman, Geoffrey/Miller, J. Hillis, *Deconstruction & Criticism*, New York 1979.

6 Vgl. zur neuesten deutschsprachigen Rezeption und Weiterentwicklung des Poststrukturalismus insgesamt Münker, Stefan/Roesler, Alexander, *Poststrukturalismus*, Stuttgart 2000; Stäheli, Urs, *Poststrukturalistische Soziologie*, Bielefeld 2000; Moebius, Stephan, *Die soziale Konstituierung des Anderen. Grundrisse einer poststrukturalistischen Sozialwissenschaft nach Lévinas und Derrida*, Frankfurt/M./New York 2003; Angermüller, Johannes, *Nach dem Strukturalismus. Theoriediskurs und intellektuelles Feld in Frankreich*, Bielefeld 2007. Zu Foucault: Bröckling, Ulrich/Krass-

Interesse vor allem auf bestimmte, den Theorien scheinbar besonders affine Gegenstände wie Geschlecht oder Ethnizität oder bestimmte Methoden wie die der Diskursanalyse bezogen. Mittlerweile werden poststrukturalistisch inspirierte Sonden jedoch zunehmend auf alle möglichen Aspekte des Sozialen und Kulturellen angelegt: Auch die Ökonomie läßt sich mit poststrukturalistischen Instrumenten untersuchen, auch die Politik oder das Recht, die Technik oder die Religion. Die poststrukturalistisch inspirierten Fragen nach den Mechanismen diskursiver und semiotischer Stabilisierung und Destabilisierung, nach der Subjektivierung von Körpern und Psychen, nach der gesellschaftlichen Produktion von Differenzmarkierungen und Ausschlußmechanismen, nach kulturellen Intertextualitäten und Kulturkämpfen geben mittlerweile den Analysen aller möglichen Felder moderner Gesellschaft Impulse. Konsequent können dann die soziologischen Kernbegriffe – von der »Gesellschaft« bis zur »Klasse«, von der »Institution« bis zum »Individuum« – poststrukturalistisch unter einem verschobenen Blickwinkel betrachtet werden. Hinzu kommt, daß sich seit dem Ende der 1990er Jahre auch im englischsprachigen Raum die Bandbreite sozialwissenschaftlich verarbeiteter poststrukturalistischer Ansätze deutlich erweitert hat.[7] Aus dem Fundus der

mann, Susanne/Lemke, Thomas (Hg.), *Gouvernementalität der Gegenwart. Studien zur Ökonomisierung des Sozialen*, Frankfurt/M. 2000; Honneth, Axel/Saar, Martin (Hg.), *Michel Foucault. Zwischenbilanz einer Rezeption. Frankfurter Foucault-Konferenz 2001*, Frankfurt/M. 2003; Martschukat, Jürgen, *Geschichte schreiben mit Foucault*, Frankfurt/M./New York 2003; Sarasin, Philipp, *Geschichtswissenschaft und Diskursanalyse*, Frankfurt/M. 2006; Krasmann, Susanne/Volkmer, Michael (Hg.), *Michel Foucaults ›Geschichte der Gouvernementalität‹ in den Sozialwissenschaften*, Bielefeld 2007; zu Derrida: Moebius, Stephan/Wetzel, Dietmar, *Absolute Jacques Derrida*, Freiburg 2005; zu Butler: Villa, Paula-Irene, *Sexy Bodies. Eine soziologische Reise durch den Geschlechtskörper*, Opladen 2000; zu Laclau: Nonhoff, Martin (Hg.), *Diskurs – radikale Demokratie – Hegemonie. Zum politischen Denken von Ernesto Laclau und Chantal Mouffe*, Bielefeld 2007.

7 Vgl. zur neueren englischsprachigen Diskussion: Beaulieu, Alain/Gabbard, David (Hg.), *Michel Foucault and Power Today. International Multidisciplinary Studies in the History of the Present*, Lanham 2006; Crampton, J.W./Elden, S., *Space, Knowledge and Power. Foucault and Geography*, Ashgate 2007; Inda, Jonathan Xavier (Hg.), *Anthropologies of Modernity: Foucault, Governmentality, and Life Politics*, Oxford 2005; Nealon, Jeffrey T., *Foucault Beyond Foucault. Power and Its Intensifications since 1989*, Stanford 2008; Fuglsang, Martin/Sørensen, Bent Meier (Hg.), *Deleuze and the Social*, Edinburgh 2006; Thoburn, Nicholas, *Deleuze, Marx and Politics*, London 2003; Patton, Paul/Protevi, John, *Between Deleuze and Der-*

Arbeiten des omnipräsenten Foucault wirken nun neben der Archäologie und Genealogie vor allem das Forschungsprogramm einer »Geschichte der Gouvernementalität«, daneben das der »Technologien des Selbst« wegweisend. Über Foucault hinaus werden im englisch- und teilweise auch im deutschsprachigen Raum Versatzstücke von Derrida, Laclau und Deleuze sozialwissenschaftlich fruchtbar gemacht. In dieser Situation versucht dieser Band eine Zwischenbilanz, die sich zugleich als Beitrag zu einer sich weiter entwickelnden Forschungsperspektive versteht. Die Leitfrage lautet: Wie transformieren sich zentrale sozialwissenschaftliche Konzepte und Forschungsfelder durch die Aufnahme poststrukturalistischer Perspektiven?

Es kann in dieser Einleitung nicht darum gehen, die Theoriegeschichte von Poststrukturalismus und Strukturalismus noch einmal neu aufzurollen.[8] Es soll vielmehr kurz auf eine Minimaldefinition dessen eingegangen werden, was dieser Band unter »Poststrukturalismus« verstehen will, und der intellektuelle Kontext dieser poststrukturalistischen Bewegung rekapituliert werden.

Unter »Poststrukturalismus« können unterschiedliche, im Laufe der 1960er Jahre in Frankreich, seit den 1980er Jahren auch im englischsprachigen Raum entwickelte Theoriekonzepte zusammengefaßt werden, die sprachtheoretische Grundannahmen des Strukturalismus aufnehmen und sich zugleich kritisch von spezifischen Ausprägungen dieses Strukturalismus absetzen. Der Poststrukturalismus ist deshalb kein vollständiger Bruch mit dem Strukturalismus, wie das Präfix »Post« suggeriert, und auch keine Neuauflage, wie es Manfred Franks Bezeichnung des »Neostrukturalismus« nahelegt,[9] sondern ein Durcharbeiten und eine Radikalisierung strukturalistischen Denkens. Grundlegend für die klassisch strukturalistische Perspektive ist zunächst die strukturale Linguistik von Ferdinand de Saussure, dessen 1916 posthum als *Cours de linguistique générale* (dt. *Grundfragen der allgemeinen Sprachwissenschaft*, 1967) publizierten Vorlesungsmit-

rida, London 2003; Hickey-Moody, Anna/Malins, Peta (Hg.), *Deleuzian Encounters. Studies in contemporary social issues*, Basingstoke 2007; Loizidou, Elena, *Judith Butler: Ethics, law, politics*, London 2007; Bhambrar, Gurminder K., *Rethinking Modernity. Postcolonialism and the sociological imagination*, Basingstoke 2007.

8 Zum Strukturalismus vgl. umfassend Dosse, François, *Geschichte des Strukturalismus in zwei Bänden*, Frankfurt/M. 1999, sowie Descombes, Vincent, *Das Selbe und das Andere. Philosophie in Frankreich 1933-1978*, Frankfurt/M. 1981.

9 Vgl. Frank, Manfred, *Was ist Neostrukturalismus?*, Frankfurt/M. 1984.

schriften sowohl den linguistischen als auch den kulturwissenschaftlichen Strukturalismen ihren Hauptanstoß gegeben haben.[10] Richtete die Sprachwissenschaft des 18. und 19. Jahrhunderts ihren Blick vornehmlich auf eine genetische Sprachbetrachtung und auf die historische Entwicklung von Sprachfamilien und sprachlichen Stammbäumen, zielt Saussure auf eine synchrone Analyse der Sprache als System, das heißt auf eine Rekonstruktion immanenter sprachlicher Strukturen.[11] Es geht ihm nicht darum, die Sprache als vermittelndes Hilfsmittel oder als bloße Funktion in den Blick zu nehmen, die eine äußerliche, nach Konventionen geregelte und unabhängig von ihr selbst bestehende Bedeutung transportiert. Auch ist nicht das Individuum die Quelle der Bedeutung. Vielmehr ergeben sich Sinn und Bedeutung als Merkmale von Zeichen durch die differentiellen Beziehungen zu anderen Zeichen. Das Hauptinteresse gilt nicht dem individuellen Sprechakt, der im Sprechakt aktualisierten Sprache (*parole*) oder der Kommunikation, sondern der Sprache (*langue*) als codiertem und geregeltem System von Zeichen. Die *langue* »bildet ein System von Zeichen, in dem einzig die Verbindung von Sinn und Lautzeichen wesentlich ist«.[12] Die Sprachwissenschaft Saussures tritt daher als eine allgemeine Theorie des Zeichens, als »Semiologie« auf. Saussure definiert ein Zeichen als »Verbindung der Vorstellung mit dem Lautbild«.[13] Das Zeichen setzt sich demnach aus zweierlei zusammen: auf der einen Seite aus dem Lautbild als einer materiellen oder sinnlichen Komponente, dem Bezeichnenden oder dem *Signifikanten*. Sein anderer Teil ist die Vorstellung vom Gegenstand, das Bezeichnete bzw. das *Signifikat*.

Bedeutungen und Sinnzusammenhänge ergeben sich für Saussure damit nicht aus dem Signifikat, sondern aus der Differenz zwischen den Signifikanten. Bedeutung ist insofern nicht ein der Sprachstruktur äußerlicher Sinn. Sie wird vielmehr in der Struktur der Sprache produziert, die allgemeinen Regeln folgt. Die differentiellen Signifikantenketten produzieren Bedeutungen, die aus der Relation der Elemente zu den anderen Elementen entstehen. Zentral für die sozial-

10 Zur durchaus umstrittenen Deutung Saussures vgl. Harris, Roy, *Saussure and His Interpreters*, New York 2001.
11 Vgl. de Saussure, Ferdinand, *Grundfragen der allgemeinen Sprachwissenschaft*, Berlin/New York 1967.
12 Saussure, *Grundfragen*, a. a. O., S. 18.
13 Ebd., S. 78.

und kulturwissenschaftliche Ausrichtung des Strukturalismus und später des Poststrukturalismus ist damit die Annahme Saussures, daß Sinnzusammenhänge nicht als Abbildungen und Repräsentationen einer vorsprachlichen Wirklichkeit gedacht, sondern durch Differenzen und Relationen (von Zeichen, Elementen) konstituiert werden. Der sozial- und kulturwissenschaftliche Strukturalismus betrachtet demnach alle kulturellen und sozialen Phänomene in der Weise wie Saussure die Verbindung von Signifikat und Signifikant: als einen Tatbestand, dessen Sinn sich erst aus seiner differentiellen Beziehung zu anderen Phänomen in einem kulturellen System ergibt.

Saussures Ansatz wird – neben seiner spezifischen Weiterführung in der Sprachwissenschaft[14] – in den Sozialwissenschaften besonders wirkungsmächtig infolge der Rezeption des französischen Ethnologen Claude Lévi-Strauss, der die strukturale Methode auf archaische Kulturen anwendet und daraus seine »Strukturale Anthropologie« entwickelt. In einer spezifischen Kombination von Maussscher Theorie der Gabe, Saussures Sprachwissenschaft und der Phonologie von Roman Jakobson dehnt er die strukturalistische Methode auf die Analyse von Verwandtschaftssystemen und die Erforschung der Strukturgesetze von Mythen aus. Auch Roland Barthes entwickelt mit seiner kultursoziologischen Semiologie, in der »Mythen des Alltags« und »semiologische Systeme zweiter Ordnung« rekonstruiert werden, eine kulturwissenschaftliche Weiterführung des Strukturalismus.[15]

In den 1960er Jahren kommt es zu ersten Anzeichen einer Kritik und Radikalisierung des strukturalistischen Denkens. Die kulturrevolutionären und gegenkulturellen Bewegungen, die in Frankreich im Mai 1968 kumulieren, befinden sich mit den poststrukturalistischen Theorien dabei zunächst in einem diskursiven Zusammenhang – teils indem die Theorien durch den kulturellen Kontext beeinflußt sind, teils indem diese kulturellen Bewegungen selber durch den Poststrukturalismus inspiriert werden, teils eher in dem abstrakten Sinne, daß Denkweisen des Poststrukturalismus und der Gegenkulturen einen homologen diskursiven Raum bilden. In der Folgezeit ergibt sich eine enorme Bandbreite poststrukturalistischer Ansätze, von Foucaults Genealogie über Derridas Dekonstruktion und De-

---

14 Vgl. Matthews, Peter H., *A Short History of Structural Linguistics*, Cambridge 2001.
15 Lévi-Strauss, Claude, *Strukturale Anthropologie I*, Frankfurt/M. 1991; Barthes, Roland, *Mythen des Alltags*, Frankfurt/M. 1964.

leuze/Guattaris Modell des Rhizoms bis hin zu Laclaus Theorie des Antagonismus und Butlers Theorie der Performativität in den 1980er Jahren. In den 1980er Jahren erleben die poststrukturalistischen Theorien generell einen Schub, der nun nicht von Frankreich, sondern vom angelsächsischen Raum ausgeht, der bis dahin dieses »französische Denken« erfolgreich rezipiert und neu interpretiert hat, um daraus neue kulturwissenschaftliche Analyseinstrumente zu fabrizieren.[16] Zumindest kurzzeitig spielt hier auch die komplexe Korrelierung von poststrukturalistischen Theorien und Theorien der »Postmoderne« eine Rolle, welche – etwa bei Jean-François Lyotard – eine Kritik an den Metaerzählungen der Moderne als Rationalisierungsprozeß üben und auf die Nichteliminierbarkeit kultureller Differenzen hinweisen.[17] Seit den 1990er Jahren verquicken sich poststrukturalistische Ansätze verstärkt mit einer »postkolonialen« Perspektive auf kulturelle Globalisierungsprozesse. Seitdem findet sich auch ein mehr oder minder enger Bezug zwischen den Poststrukturalismen und der neuen Fokussierung auf die »Materialität« der Kultur, sei es auf der Ebene von Medientechnologien (Kittler), sei es auf der allgemeinen Ebene von Artefakten und Objekten (Latour).[18]

Trotz der erheblichen Differenzen zwischen verschiedenen Autoren und Ansätzen im Feld des Poststrukturalismus eint sie in ihrer kritischen Absetzbewegung vom Strukturalismus eine mehrfache konzeptuelle Blickverschiebung: (1) zum Spiel der Zeichen und der sich selbst destabilisierenden Logik der Kultur, (2) zu den Mechanismen der Macht und Hegemonie, (3) zum konstitutiven Außen und den widersprüchlichen kulturellen Mechanismen asymmetrischer Differenzmarkierung, (4) zur Verzeitlichung und historistischen Entuniversalisierung, (5) schließlich zur Subjektivation von Körper und Psyche und damit generell zur Materialisierung der Kultur.

(1) Die Radikalisierung des Strukturalismus wird besonders anschaulich in der Kritik von Jacques Derrida an Saussure. Derrida zufolge verharmlost Saussure mit seiner schematischen Aufspaltung des

---

16 Zu diesem Theorieexport vgl. nun aus französischer Perspektive Cusset, François, *French Theory. Foucault, Derrida, Deleuze et Cie et les mutations de la vie intellectuelle aux États-Unis*, Paris 2003.

17 Vgl. Lyotard, Jean-François, *Das postmoderne Wissen*, Graz/Wien 1986.

18 Vgl. Gumbrecht, Hans-Ulrich (Hg.), *Die Materialität der Kommunikation*, Frankfurt/M. 1988; Appadurai, Arjun, *Modernity at Large. Cultural dimensions of globalization*, Minneapolis 2000.

Zeichens in Signifikat und Signifikant und trotz der Erkenntnis, daß Zeichen sich durch Differenzen und Konventionen konstituieren, die Bedeutung von Differenz.[19] Indem Saussure an dieser Trennung festhält, zieht er nicht die letzte Konsequenz aus seiner Theorie, nämlich daß das Signifikat stets als Signifikant fungiert hat.[20] Deshalb versucht Derrida das Zeichen nicht mehr als Einheit von Signifikant und Signifikat, sondern nur noch als reine Verweisstruktur von Signifikanten zu denken, die sich auf andere Signifikanten beziehen. Auch Saussures Bevorzugung der gesprochenen Sprache gegenüber der Schrift wird von Derrida kritisiert und mit einem erweiterten Konzept der Schrift beantwortet. Saussure setze ein Zentrum und eine Geschlossenheit der Sprache voraus, in der sich die Bedeutungen rein, d.h. frei von Nichtsprachlichem bzw. Schriftlichem, konstituieren. Aber wie kann man ein *geschlossenes* System der Sprache postulieren, wenn die Bedeutung der Zeichen sich aus differensiellen Ketten bestimmt und die Zahl der Differenzen gegen *unendlich* geht? Für Derrida steht folglich das »Spiel« bzw. die historisch kontingente Relationalität der Signifikanten im Vordergrund der Betrachtung. Die strukturalistische Einsicht in die konstitutive Rolle der Differenzen muß dabei noch selbst das von den Strukturalisten behauptete Zentrum betreffen, so die poststrukturalistische Radikalisierung des Strukturalismus. Im Gegensatz zum Strukturalismus ist für den Poststrukturalismus folglich eine endgültige Schließung der Verweisungskette durch die Setzung eines Zentrums nicht möglich – was auch für Derrida einschließt, daß es immer zu temporären und partiellen Schließungen kommt.

Im Zentrum der poststrukturalistischen Perspektive steht damit die Analyse der permanenten Destabilisierung, die Selbstdekonstruktion kultureller Signifikationssysteme und Wissensordnungen, ihr unabweisbares Scheitern von Sinn und die Produktion von neuartigen, unberechenbaren Sinnelementen, von Prozessen, die nur zeitweise durch kulturelle Stabilisierungen, durch scheinbar alternativenlose kulturelle Ordnungen gestoppt werden, welche ihre eigene Kontingenz unsichtbar machen. Poststrukturalistische Ansätze bieten hier unterschiedliche Ausformulierungen dieser grundsätzlichen Perspektive auf sich selbst aufbrechende Wissensordnungen. Neben Derridas Spiel der Zeichen und seiner Dekonstruktion sind Foucaults dyna-

19 Derrida, Jacques, *Positionen. Gespräche mit Julia Kristeva et al.*, Wien 1986, S. 52 ff.
20 Derrida, Jacques, *Grammatologie*, Frankfurt/M. 1983, S. 17 f.

mische Agonistik der Macht, Laclaus Theorie der Hegemonien, die sich selber über Antagonismen und ein konstitutives Außen destabilisieren, Deleuzes Theorie der Deterritorialisierungen (der Maschine, des Rhizoms etc.) und Butlers Analyse der Subversionen zu nennen. Die poststrukturalistische Sensibilisierung für kulturelle Prozesse der Destabilisierung, des Aufbrechens von Unterscheidungen und des Scheiterns von Sinn ist eng mit drei weiteren Elementen verknüpft, die im Unterschied zum klassischen Strukturalismus in den Vordergrund rücken: die Analyse von Machtprozessen, das Konzept des konstitutiven Außens und die historistische Verzeitlichung von Strukturen.

(2) Macht ist ein Fixpunkt von poststrukturalistischen im Unterschied zu strukturalistischen Analysen. Macht interessiert dabei unter zwei Aspekten: Zum einen wird sie als ein Mechanismus unter die Lupe genommen, der kulturelle Ordnungen vorübergehend »schließt« und ihre Alternativenlosigkeit suggeriert, ob in Form von Hegemonien (Laclau), Dispositiven (Foucault), Reterritorialisierungen (Deleuze) oder Naturalisierungsdiskursen (Butler). Diese kulturellen Schließungen von Kontingenz sind nichts Natürliches oder Selbstverständliches, vielmehr gilt das Interesse den subtilen kulturellen Strategien und Mustern, in denen solche Schließungen, welche ihre eigene Kontingenz unsichtbar machen, erreicht werden. Gleichzeitig richtet sich der poststrukturalistische Blick jedoch auf Macht als einen Mechanismus, der diese Sinnfixierungen wieder aufbricht, der produktiv und unberechenbar generativ wirkt, etwa in Kulturkämpfen oder Affektbewegungen, welche sedimentierte Sinnsysteme und Regulierungen sprengen. Die Macht ist hier ein »Können« (*pouvoir*), sie bezeichnet die Fähigkeit, etwas Neues durchzusetzen, und verweist auf das, was Foucault als dynamische »Mikrophysik der Macht« umschrieben hat. Die poststrukturalistische Leitintuition bezüglich der Macht ist damit nicht die einer Existenz fixer, alternativenloser Herrschaftssysteme (wie man sie eher in der frühen Frankfurter Schule findet und wie sie in der späten Frankfurter Schule dann das komplementäre Ideal der Herrschaftsfreiheit entstehen läßt), sondern die Omnipräsenz einer Beweglichkeit von sozialen Kräften, welche sich in offenen symbolischen Konflikten und in Prozessen der schleichenden Sinnverschiebung befinden und welche sich *temporär* zu Herrschaftssystemen in ihrer symbolischen Alternativenlosigkeit verdichten.

(3) Eine weitere poststrukturalistische Leitidee betrifft die Wirksamkeit von Konstellationen eines »konstitutiven Außens«.[21] Sie radikalisiert das strukturalistische Interesse an Differenzen und Differenzensystemen. Die Aufdeckung und das Sichtbarmachen des ausgeschlossenen Anderen und das Aufspüren des konstitutiven Außens, bezeichnet Derrida als genuines Betätigungsfeld der »Praxis der Dekonstruktion«. Jede Anordnung, jede zeit-räumliche, soziale oder symbolische Ordnung und Struktur, jeder Diskurs, jede Institution bzw. jeder Kontext grenzt sich von einem Anderen, einem Außen ab, auf den oder das er jedoch angewiesen ist, um sich (begrenzend) zu schließen und um existieren zu können. Nicht alles, was einen Diskurs oder eine Anordnung umgibt, ist dabei ein konstitutives Außen, sondern nur dasjenige, was notwendigerweise ausgeschlossen werden muß, damit die symbolische Ordnung sich ihrer eigenen oder »inneren Reinheit« versichern kann. Dieses Außen existiert folglich selbst nicht in einer vom Innenraum völlig losgelösten Position, das heißt, es ist ebensowenig wie das Innen »transzendental«, sondern liegt strenggenommen selbst im Innern (der Identität, des Kontextes, der Struktur, etc.). Wenn es dem klassischen Strukturalismus um die Rekonstruktion von Differenzen geht, dann richtet sich die poststrukturalistische Perspektive in besonderem Maße auf die Art und Weise, in der solche Differenzen in einer paradoxen Weise als Ausschließungsmechanismen wirken, welche freilich von ihrem Außen in unberechenbarer Weise immer wieder »heimgesucht« werden.

(4) Die poststrukturalistische Perspektive auf Prozesse der kulturellen Öffnung und Schließung ist schließlich eng verknüpft mit einer resoluten Verzeitlichung und Historisierung von Strukturen. Dem klassischen Strukturalismus wird hier regelmäßig vorgeworfen, Strukturen entzeitlicht und universalisiert zu denken; diese erscheinen dort idealerweise als Orte unendlicher Reproduktion. Häufig stehen daher – etwa bei Lévi-Strauss – universale kulturelle Systeme im Mittelpunkt der Betrachtung. Die Transformationsfähigkeit von

---

21 Dieses Konzept wird von Ernesto Laclau und Judith Butler profiliert, vgl. Laclau, Ernesto, *New Reflections on the Revolution of Our Time*, London 1990, S. 17; Butler, Judith, *Psyche der Macht. Das Subjekt der Unterwerfung*, Frankfurt/M. 2001, S. 90ff. Es geht auf Derrida zurück, eine ähnliche Position findet sich auch in Foucaults Analyse von Ausschlußmechanismen.

Strukturen wird dann zu einem schwierigen Sonderproblem. Die poststrukturalistischen Ansätze betrachten dagegen kulturelle Strukturen als von vornherein temporalisiert, sie existieren nicht außerhalb ihrer Produktion, ihrer performativen Hervorbringung, eine Produktion, die immer ein Moment der Neuproduktion enthält. Wiederum ist hier Derrida mit seinem Konzept der Iterabilität wegweisend. Daß diese Verzeitlichung eng mit einer Entuniversalisierung und Historisierung kultureller Strukturen verknüpft ist, wird besonders bei Foucault deutlich: zunächst im archäologischen Interesse an der historischen Diskontinuität von Wissensordnungen, dann im genealogischen Blick auf die Geschichte als eine Serie von ergebnisoffenen Kämpfen um Diskurse und Dispositive. Das Interesse gilt hier immer der historisch spezifischen Partikularität kultureller Ordnungen, was eine Aufdeckung der kulturellen Strategien ihrer Universalisierung einschließt. Generell deutet der Poststrukturalismus damit eine Perspektive auf die Geschichte jenseits von linearen Entwicklungsmodellen an.

(5) Ein letztes Element, welches die Poststrukturalismen vom klassischen, »rationalistischen« Strukturalismus unterscheidet, ist ihre Fokussierung auf Prozesse der Subjektivierung und Materialisierung. Der klassische Strukturalismus tendiert zu einem Kognitivismus und Idealismus: Kulturelle Systeme erscheinen als mental verankert. Der Poststrukturalismus richtet seinen Blick statt dessen auf die Materialisierung der Kultur. Eine entscheidende Komponente dieser Materialisierung sind zunächst der Körper und die Psyche des Subjekts. Nicht nur bei Foucault reichen kulturelle Ordnungen durch den Körper, sie sind am Körper abzulesen und in ihm inkorporiert. Die Körper sind Träger von sich stabilisierenden und sich destabilisierenden kulturellen Ordnungen, die sich in ihnen – um die ein wenig überstrapazierte, Franz Kafkas *In der Strafkolonie* entlehnte Metapher zu verwenden – »einschreiben«. Die Verkörperlichung der Kultur im Subjekt ist eng verknüpft mit der poststrukturalistischen Frage, wie die stabilen und instabilen kulturellen Ordnungen auch die Psyche und das Unbewußte formen und umgekehrt durch diese (de)stabilisiert werden, wie sie sich auf affektuelle Orientierungen und die sinnliche Wahrnehmung auswirken. Signifikationssysteme haben ihren materialen Ort nicht nur im Körper, sondern auch in den Affekten und Sinnen – ein Ergebnis dessen ist auch das generelle Interesse der Poststrukturalisten am »Ästhetischen« im weitesten Sinne

des Wortes.[22] Der Poststrukturalismus betreibt damit insgesamt eine »Dezentrierung des Subjekts«, um sich den Subjektivierungsformen von Körpern und Psychen zuwenden zu können. Die Materialisierung der Kultur, auf die sich das poststrukturalistische Interesse richtet, findet dabei ihren Ort jedoch nicht nur in Körper, Psyche und Sinnlichkeit, sondern auch in Artefakten und Objekten, mit denen kulturelle Praktiken verwoben sind. Dies gilt für Foucaults Dispositive, in denen sich Wissensordnungen etwa mit räumlichen und architektonischen Arrangements verknüpfen, für jene medialen Technologien vom Buchdruck über den Fernseher bis zum Computer, wie sie die poststrukturalistischen Medientheorien hervorheben, bis hin zu Bruno Latours *actor-network-theory*, die sich in ihrer Radikalisierung der *science studies* schon am Rande dessen befindet, was man noch als Poststrukturalismus verbuchen kann.

Abschließend sollte zumindest kurz in Erinnerung gerufen werden, daß die kultur- und sozialwissenschaftliche Bewegung des Poststrukturalismus sich seit ihrer Entstehung in den 1960er Jahren nicht in einem Vakuum bewegt, sondern letztlich einen Knotenpunkt in einem deutlich umfassenderen intellektuellen Netzwerk und seiner Transformationslinien bildet. Im intellektuellen Feld des 20. Jahrhunderts steht der Poststrukturalismus insbesondere im Zusammenhang von drei Strömungen und Tendenzen: dem generellen *cultural turn* in den Geistes- und Sozialwissenschaften; den nachstrukturalistischen und nachmechanistischen Theoriebewegungen im gesamten wissenschaftlichen Feld, welche Instabilität und Unterbestimmtheit von Strukturen betonen; schließlich den ästhetischen Bewegungen der Avantgarde und Postavantgarde.

Der *cultural turn* in den Geistes- und Sozialwissenschaften, der sich seit 1900 in verschiedenen philosophischen Bewegungen anbahnt und in den 1970er Jahren tatsächlich die diversen humanwissenschaftlichen Disziplinen, darunter auch die Soziologie, erreicht, liefert den breiteren kulturwissenschaftlichen und kulturphilosophischen Kontext für die Entstehung des poststrukturalistischen Denkens und seine Übersetzung in eine sozialwissenschaftliche Analytik. Poststrukturalistische Ansätze bilden hier gemeinsam mit ihren strukturalistischen und semiologischen Vorgängern *einen* konzeptuellen Verdichtungsraum innerhalb eines umfassenderen, heterogenen und konflikt-

---

22 Vgl. Münker/Roesler, *Poststrukturalismus*, a. a. O., S. 116-138.

haften Feldes von kulturtheoretischen Perspektiven.[23] Trotz aller Unterschiede teilen sie die Gemeinsamkeit, soziale Phänomene als solche zu betrachten, die im Medium von Sinn und Bedeutung prozessieren: Kultur ist damit kein Überbauphänomen gegenüber dem Sozialen; das Soziale erscheint vielmehr von Anfang an kulturell, sinnhaft und symbolisch strukturiert. Im ersten Drittel des 20. Jahrhunderts haben neben dem klassischen Strukturalismus die Phänomenologie im Gefolge von Husserl sowie die neuere Hermeneutik mit Heidegger, schließlich die Sprachphilosophie Wittgensteins und der sozialpsychologische Ansatz des Pragmatismus diese Perspektive einer symbolischen Konstitution des Sozialen forciert. Im letzten Drittel des 20. Jahrhunderts sind neben dem Poststrukturalismus unter anderem bestimmte Versionen der Kulturanthropologie (Geertz, Douglas, Turner etc.), »interpretative« und ethnomethodologische Ansätze in der Soziologie, Perspektiven eines (Radikalen) Konstruktivismus (Luhmann) sowie Ansätze einer Praxistheorie (Bourdieu), die sich teilweise mit dem Poststrukturalismus überschneiden, als wichtigste Beiträge zum kulturtheoretischen und -analytischen Feld zu nennen.

Ein zweiter intellektueller Kontext, an dem der Poststrukturalismus partizipiert, ist die breitere Strömung nachstrukturalistischer, nachmechanistischer Denkweisen im wissenschaftlichen Feld insgesamt, die sich seit Beginn des 20. Jahrhunderts in verschiedenen Schüben beobachten läßt, ein Impuls, der entscheidend von den Natur- und Verhaltenswissenschaften ausgeht. Kennzeichnend ist hier der Versuch, über das mechanistische Weltbild hinauszugehen, welches sich zu Beginn der Moderne ausbildet und das mit den fundamentalen Prinzipien der Erklärbarkeit und Vorhersagbarkeit, des Determinismus und des Realismus hantiert, und statt dessen den Fokus auf die Instabilität, Nichtdeterminierbarkeit und Unterbestimmtheit organischer (wie auch psychischer und sozialer) Prozesse, daneben auf deren Beobachtungsabhängigkeit zu richten. Generell tritt hier das Modell des Organismus an die Stelle des Modells der mechanischen Maschine.[24] Eine erste Version einer solchen nachmechani-

---

23 Vgl. Reckwitz, Andreas, *Die Transformation der Kulturtheorien. Zur Entwicklung eines Theorieprogramms,* Weilerswist 2000.

24 Vgl. Prigogine, Ilya/Stengers, Isabell, *Order out of Chaos,* New York 1984; Jantsch, Erich, *The Self-Organizing Universe. Scientific and Human Implications of the Emerging Paradigm of Evolution,* Oxford 1984.

stischen Perspektive in den Naturwissenschaften findet sich bereits zu Beginn des 19. Jahrhunderts in der Thermodynamik, die das Konzept der Entropie entwickelt und damit den Blick auf unberechenbare Dynamiken richtet, die nicht dem Muster des kontinuierlich wachsenden Fortschritts entsprechen. Relativitätstheorie und Quantenphysik forcieren zu Beginn des 20. Jahrhunderts ihrerseits Perspektiven der Beobachterabhängigkeit des Wissens, der Unschärfe des Verhaltens von Elementen (zumindest in der subatomaren Mikrowelt), schließlich der Beobachtung von Diskontinuitäten. Seit den 1970er Jahren sind es schließlich die interdisziplinär arbeitenden Theorien sich selbst organisierender, komplexer Systeme, welche die Nichtdeterminierbarkeit und Nichtvorhersagbarkeit von Systemverhalten herausstellen: Systeme sind hier keine fixierten strukturellen Entitäten, sondern Sequenzen von aufeinander folgenden, sich auseinander produzierenden Elementen in der Zeit. Das Feld nachmechanistischer Denkweisen umfaßt daneben auch Strömungen in den Verhaltens- und Kognitionswissenschaften. Ein Beispiel ist die Tendenz innerhalb von neueren Organisationstheorien, Organisationen nicht als hierarchische oder funktional differenzierte Strukturen zu analysieren, sondern die basale Bedeutung von *organisational anarchy*, etwa in Form eines Modells von Organisationen und Entscheidungsverhalten als *garbage can* (Cohen/March/Olsen), herauszuarbeiten.[25] Auch in der Künstlichen-Intelligenz-Forschung finden sich konnektionistische Modelle, die Parallelen zum poststrukturalistischen Denken aufweisen.[26] Letztlich lassen sich die poststrukturalistischen Analyseformen in den Kultur- und Sozialwissenschaften als Teil dieser sehr viel breiteren nachmechanistischen Bewegung des Denkens verstehen.

Neben diesen wissenschaftshistorischen Kontexten ist die poststrukturalistische Perspektive in ihrer Entstehung schließlich kaum verständlich ohne die Impulse, die vom ästhetischen Feld auf sie ausgegangen sind, insbesondere von den ästhetischen Gegenbewegungen der Avantgarden.[27] Die positiven Bezüge zu den ästhetischen

25 Vgl. Cohen, Michael/March, James/Olsen, Johan, »A Garbage Can Model of Organizational Choice«, in: *Administrative Science Quarterly*, 1972, S. 1-25.

26 Vgl. Turkle, Sherry, *Life on the Screen. Identity in the Age of the Internet*, New York 1995, S. 135ff.

27 Vgl. etwa Bürger, Peter, *Ursprung des postmodernen Denkens*, Weilerswist 2000; Moebius, Stephan, *Die Zauberlehrlinge. Soziologiegeschichte des Collège de Sociologie (1937-1939)*, Konstanz 2006.

Avantgardebewegungen und zum Teil auch ihren postmodernistischen Wiederaufnahmen werden von poststrukturalistischen Autoren wie Foucault, Derrida und Deleuze eher indirekt kenntlich gemacht, gleichwohl sind sie deutlich. Der zentrale Berührungspunkt zwischen Poststrukturalismus und Avantgarde ist der grundlegende Stellenwert, den beide – theoretisch oder praktisch – dem kulturellen Produktionscharakter und der Unkontrollierbarkeit von Sinn und Bedeutung zuschreiben. Sämtliche Avantgarde-Bewegungen, etwa der Surrealismus und der Dadaismus, in mancher Hinsicht zuvor auch der Expressionismus, beruhen auf der Grundannahme einer Transgressivität kultureller Formen und menschlicher Existenz. Gegen den bürgerlichen Realismus wird die Abhängigkeit der Dinge von semiotischen Strukturen vorausgesetzt, und diese semiotischen Strukturen wiederum tendieren zu einer Instabilität und Unkontrollierbarkeit, welche die Avantgarden aktiv (meist auch für politische Zwecke) zu befördern versuchen: in Spiel und Provokation im Dadaismus, in der subjektdezentrierenden *écriture automatique* und der »profanen Erleuchtung« der Großstadt im Surrealismus, später im Happening oder in der Installationskunst des postavantgardistischen Postmodernismus. Der poststrukturalistische Fokus auf die Unkontrollierbarkeit von Sinn hängt diskurshistorisch mit dieser im Kontext der Avantgarden betriebenen Prämierung einer Unkontrolliertheit von Zeichen eng zusammen. Das intellektuelle Feld und das Feld des Ästhetischen existieren hier nicht nebeneinander, vielmehr finden zumindest zu bestimmten Zeitpunkten in der Mitte des 20. Jahrhunderts, beispielhaft im Pariser Collège de Sociologie der 1930er Jahre, Prozesse der Grenzüberschreitung von Semantiken, Beobachtungsformen und normativen Impulsen zwischen einer intellektuell-analytischen und einer ästhetischen Erfassung der Wirklichkeit statt, die für die Entstehung des poststrukturalistischen Denkens einen konstitutiven Kontext liefern.

Der Band *Poststrukturalistische Sozialwissenschaften* geht davon aus, daß poststrukturalistische Denkweisen sich nicht auf ausgewählte Themen der Sozialwissenschaften begrenzen lassen, sondern faktisch oder potentiell alle sozialwissenschaftlichen Bereiche betreffen. Dies gilt einerseits für die Grundbegriffe der Sozialtheorie, andererseits für sozialwissenschaftliche Forschungsfelder. Der Poststrukturalismus soll daher nicht als reine Theorie verstanden werden, sondern als ein

Ensemble von Heuristiken der Forschung und der Analyse konkreter Gegenstände. Die Leitfrage ist im folgenden damit durchgehend: Wie genau verändern sich die sozialwissenschaftlichen Grundbegriffe, und wie verändern sich die Forschungsfelder, wie könnten sie sich verändern, wenn sie sich poststrukturalistisch informieren? Dieser Konzeption folgt der Aufbau des Bandes in sechsundzwanzig Artikeln. Der erste Teil beschäftigt sich mit »soziologischen Grundbegriffen« von »Gesellschaft« bis »Postmoderne«, der zweite Teil mit »sozialwissenschaftlichen Forschungsfeldern« von »Globalisierung« bis »Wissenschaft«, wobei diese Forschungsfelder sich teilweise mit denen benachbarter Disziplinen (Rechtswissenschaft, Literaturwissenschaft, Medienwissenschaft, Wissenschaftsforschung) überschneiden. Damit ergibt sich ein programmatisches Handbuch zentraler Konzepte und ihrer poststrukturalistischen Potentiale. Bewußt sind der Ausgangspunkt nicht die poststrukturalistischen, sondern die »klassischen« sozialwissenschaftlichen Begriffe und Forschungsinteressen, die nun jedoch poststrukturalistisch angeeignet werden. Es ist nicht das Anliegen des Bandes, kurzerhand ein poststrukturalistisches Paradigma (oder eine erneute grundbegriffliche »Wende«) zu proklamieren oder zu etablieren – und damit entsprechend neue Grenzen zu anderen Paradigmen aufzurichten. Vielmehr sollen die Potentiale der poststrukturalistischen Weise des Fragens, ihrer Neuperspektivierung der Gegenstände ausgelotet und zukünftige Entwicklungsmöglichkeiten skizziert werden. Nicht eine erneute Schließung des intellektuellen Feldes ist das Ziel – was sich allein schon durch die Disparatheit der Poststrukturalisten selber verbietet, die kaum auf eine gemeinsame Linie zu bringen sind –, sondern eine Öffnung, die auch die Möglichkeit neuer konzeptueller Kombinationen einschließt, etwa bestimmter poststrukturalistischer Heuristiken mit solchen aus dem Bereich der Theorie sozialer Praktiken von Bourdieu oder aus der Ethnomethodologie, der konstruktivistischen Systemtheorie, der *actor-network-theory* oder des Marxismus.[28] Solche

---

28 Vgl. etwa zur Kombinierbarkeit von Poststrukturalismus und Systemtheorie bzw. *actor-network-theory* in diesem Band die Beiträge von Urs Stäheli zu »System«, S. 108-123, und von Matthias Wieser zu »Technik«, S. 419-432; zur Kombination von Poststrukturalismus und Praxistheorie vgl. Reckwitz, Andreas, *Das hybride Subjekt. Eine Theorie der Subjektkulturen von der bürgerlichen Moderne zur Postmoderne*, Weilerswist 2006, und den Beitrag zu »Handlung und Praxis« von Stephan Moebius in diesem Band, S. 58-74; zur Kombination von Poststruktura-

Theoriehybriden werden teilweise auch in den Beiträgen dieses Bandes angesprochen. Auch hier kann es nicht um theoretische Synthesen als Selbstzweck gehen, sondern um die Kombination und gegenseitige Irritation von Forschungsfragen, die letztlich daran zu messen sind, ob sie das ermöglichen und erleichtern, was Michel Foucault als das Projekt einer »Geschichte der Gegenwart« umschrieben hat: eine analytische Durchdringung der undurchdringlichen »Moderne« vom zeitgenössischen Standpunkt.

lismus und Marxismus vgl. Hardt, Michael/Negri, Antonio, *Empire*, Cambridge (MA) 2000.

I.
Sozialwissenschaftliche Grundbegriffe

Thorsten Bonacker
Gesellschaft
Warum die Einheit der Gesellschaft aufgeschoben wird

Gesellschaft als Grundbegriff der Soziologie

Die Kritik am Gesellschaftsbegriff als soziologischem Grundbegriff ist fast so alt wie die Soziologie selbst. Zahlreiche klassische Autoren und selbst solche, die das Fundament einer makrosoziologischen Perspektive gelegt haben, verzichteten auf einen ausformulierten Gesellschaftsbegriff oder auf eine explizite Gesellschaftstheorie. Weder Georg Simmel noch Max Weber – um zwei Gründerväter der deutschen Soziologie zu nennen – entwickelten soziologische Theorien über die Ausarbeitung eines Gesellschaftsbegriffs. Im Gegenteil: Beide stehen für Theorietraditionen, die die Verwendung eines starken, das heißt für soziologische Theoriebildung konstitutiven Gesellschaftsbegriffs kritisierten, weil jener der Prozeßhaftigkeit und Relationalität des Sozialen nicht gerecht werde. Es ging ihnen bei aller Differenz darum, die Entstehung von Gesellschaft zu erklären, das heißt deutlich zu machen, inwiefern und wodurch Menschen zu der Auffassung gelangen, sie lebten zusammen in einer, genauer: in ein und derselben Gesellschaft. Folglich schien es beiden Autoren und den an sie anschließenden Theorietraditionen sinnvoller, von Vergesellschaftung und von einem »Gewebe von Vergesellschaftungen« (Simmel) statt von Gesellschaft zu sprechen.

Während also auf der einen Seite von der Soziologie gesagt werden kann, sie sei die Wissenschaft von der Gesellschaft, so ist auf der anderen Seite festzuhalten, daß Gesellschaft von vielen Soziologinnen und Soziologen als Grundbegriff äußerst kritisch betrachtet wird. Exemplarisch für diese Kritik ist sicherlich der Einwand Friedrich Tenbrucks, die Verwendung des Gesellschaftsbegriffs sei empirisch nicht länger gerechtfertigt, weil sich komplexe und über nationalstaatliche Kontexte hinausgreifende Vergesellschaftungsprozesse mit dem im 19. Jahrhundert entwickelten Gesellschaftskonzept nicht länger angemessen verstehen lassen.[1] Tenbrucks Kritik ist zwar in erster

---

1 Tenbruck, Friedrich, »Emile Durkheim oder die Geburt der Gesellschaft aus dem Geist der Soziologie«, in: *Zeitschrift für Soziologie 10*, 1981, S. 333-350.

Linie gegen Durkheim gerichtet, dessen Soziologie in methodischer und theoretischer Hinsicht als erster systematischer Versuch gelten kann, den Gesellschaftsbegriff zum soziologischen Grundbegriff zu machen. Im Kern zielt sie aber auf zwei Theorietraditionen, die sich auf einen starken Gesellschaftsbegriff stützen: auf den an Durkheim anschließenden Funktionalismus und auf die hegelianisch-marxistische Theorietradition der Soziologie.

Der Funktionalismus stützt sich auf das unter anderem von Durkheim gegen utilitaristische Theorien vorgebrachte Argument, daß es jenseits interindividueller Übereinkommen etwas geben muß, das die Individuen zur Einhaltung ihrer Verträge motiviert. Gesellschaft gründet aus dieser Perspektive in einer jedem Vertrag vorgängigen normativen Integration. Mitglieder einer Gesellschaft stimmen in grundsätzlichen Vorstellungen über geltende Normen – und vor allem über moralische Normen – überein, so daß Gesellschaft sich in erster Linie über einen normativen Konsens ihrer Mitglieder reproduziert. Soziales Handeln ist nur vor dem Hintergrund dieses normativen Konsenses, das heißt nur im Kontext einer spezifischen normativ verfaßten und institutionalisierten Gesellschaftsordnung verstehbar. Vor allem Parsons hat in diese Richtung einen Gesellschaftsbegriff ausformuliert: »The core of society as a system is the patterned normative order through which the life of a population is collectively organized.«[2]

Gesellschaft ist für Parsons und die funktionalistische Theorietradition insgesamt eine vorgegebene Struktur, das heißt eine äußere und stabile Realität, auf die sich Handelnde beziehen können und die in diesem Maße eine strukturierende, weil soziale Ordnung reproduzierende Kraft entfaltet. Darüber hinaus entwickelt Parsons einen systemtheoretischen Gesellschaftsbegriff, der auf der Differenzierung von vier funktionalen Elementen beruht, deren Erfüllung gleichbedeutend mit der Existenz eines Sozialsystems Gesellschaft ist. Methodologisch hat dabei die Identifikation einer Struktur insofern Priorität gegenüber ihren funktionalen Elementen, als Parsons davon ausgeht, daß die Funktionen aus einer allem Sozialen zugrundeliegenden Struktur geschlossen werden können. Gesellschaft ist in dieser Hinsicht also identisch mit der Aufrechterhaltung einer vorgesellschaftlich gegebenen Struktur.

2 Parsons, Talcott, *Societies. Evolutionary and Comparative Perspectives*, Englewood Cliffs 1966, S. 10.

Neben dem Funktionalismus hat der Gesellschaftsbegriff vor allem auch im Rahmen marxistischer Ansätze eine prominente Rolle gespielt, die sich an Hegels Unterscheidung von Staat und bürgerlicher Gesellschaft orientierten. Bekanntlich ging es Hegel dabei um die Frage, wie sich partikulare und allgemeine Interessen miteinander versöhnen lassen, wie also die im Rahmen der bürgerlichen Gesellschaft verfolgten privaten Interessen mit einer höherstufigen Sittlichkeit des Staates in Einklang gebracht werden können. Erst im Staat als »Form gewusster Allgemeinheit«,[3] die die Differenz zwischen Besonderem und Allgemeinem dialektisch überwindet, kann Hegel zufolge Gesellschaft gleichsam zu sich selbst kommen und ihre innere Zerrissenheit überwinden.

Hegels Unterscheidung zwischen Staat und Gesellschaft hat lange Zeit soziologische Theoriebildung auch außerhalb marxistischer Ansätze dominiert. Lorenz von Stein etwa hat bei seinem Versuch, Gesellschaft als Zentralbegriff der modernen Sozialwissenschaften einzuführen, in Staat und Gesellschaft zwei unterschiedliche Prinzipien des sozialen Lebens gesehen, die miteinander konkurrieren: Während der Staat den Willen der Bürger repräsentiert, besteht die Gesellschaft aus der Verfolgung partikularer Interessen, letztlich aus verschiedenen sozialen Klassen, die versuchen, die Staatsgewalt zu erobern.[4] Bezeichnenderweise hat Stein im Königtum die einzige wirkungsvolle Möglichkeit gesehen, mit der sich der Staat gegen eine solche Eroberung wehren kann, weil er sich mit dem König außerhalb jeder Sozialordnung und damit jenseits sozialer Kämpfe verortet.

Ebenfalls an Hegels Unterscheidung anschließend haben Marx und Engels zum einen die bürgerliche Gesellschaft als eine Gesellschaftsformation betrachtet, die sich durch eine spezifische, nämlich kapitalistische Produktionsweise auszeichnet. Anders als Hegel jedoch bleibt der Staat immer Instrument einer herrschenden Klasse,

---

3 Hegel, G. W. F., *Enzyklopädie der philosophischen Wissenschaften. Teil III: Die Philosophie des Geistes*, Frankfurt/M. 1970, S. 330.

4 Stein, Lorenz von, »Der Begriff der Gesellschaft und die Gesetze ihrer Bewegung. Einleitung zur Geschichte der sozialen Bewegung Frankreichs seit 1789«, in: *Lorenz von Stein. Gesellschaft – Staat – Recht*, hg. v. Ernst Forsthoff, Frankfurt/M./Berlin/Wien 1972, S. 21-113. Vgl. auch Lichtblau, Klaus, »Von der ›Gesellschaft‹ zur ›Vergesellschaftung‹. Zur deutschen Tradition des Gesellschaftsbegriffs«, in: *Weltgesellschaft. Theoretische Zugänge und empirische Problemlagen*, hg. v. Bettina Heintz/Richard Münch/Hartmann Tyrell, Stuttgart 2005, S. 68-88.

weshalb erfolgreiche soziale Revolutionen schließlich neben der Umwälzung der Produktionsverhältnisse immer auch in der Eroberung der Staatsgewalt gipfelten. Zum anderen – und in einem sehr viel umfassenderen Sinn – hat der Gesellschaftsbegriff bei Marx einen besonderen methodologischen Status, denn er zeigt den irreduziblen gesellschaftlichen Gehalt von Dingen und sozialen Beziehungen an. Soziale Prozesse und Sachverhalte bis hin zu stofflichen Dingen sind nur verstehbar, wenn man den gesellschaftlichen Zusammenhang kennt, in dem sie entstanden und situiert sind. Gesellschaft ist für Marx also nur als Totalität denkbar, in der alle Erscheinungen durch die grundlegende Struktur einer Gesellschaft, hier der kapitalistischen Warenproduktion, geprägt und vermittelt sind. Vor allem Adorno hat im Rahmen des Positivismusstreits diesen methodologischen Sinn des Gesellschaftsbegriffs gegen den kritischen Rationalismus verteidigt, allerdings nicht ohne dem Gesellschaftsbegriff eine für Adorno typische paradoxale Gestalt zu geben, indem er auf die notwendige Distanz der Theorie zu ihrem Gegenstand verweist und daran festhält, daß »Begriff und Theorie der Gesellschaft nur dann legitim [sind], wenn sie zu beidem nicht sich verlocken lassen, sondern die Möglichkeit, die sie beseelt, negativ festhalten: aussprechen, daß die Möglichkeit erstickt zu werden droht«. Und mit Blick auf den herrschaftskritischen Gehalt des marxistischen Gesellschaftsbegriffes fährt er fort: »Solche Erkenntnis, ohne Vorwegnahme dessen, was darüber hinausführte, wäre die erste Bedingung dafür, daß der Bann der Gesellschaft einmal doch sich löse.«[5] Adorno bereitete damit gleichsam den Boden sowohl für eine postmoderne Kritik an der hegelianischen Geschichtsphilosophie als auch für eine poststrukturalistische Kritik am Totalitätsbegriff und eine Dekonstruktion des Hegelianismus und des hegelianischen Erbes des Marxismus, wie sie in erster Linie von Ernesto Laclau und Chantal Mouffe unternommen wurden.[6]

Während die Kritik Tenbrucks an einem starken Gesellschaftsbegriff als soziologischem Grundbegriff vor allem empirisch ansetzt, argumentieren postmoderne und poststrukturalistische Autoren in ihrer Kritik an klassisch gesellschaftstheoretischen Ansätzen grund-

5 Adorno, Theodor W., *Soziologische Schriften, Band 1*, hg. v. Rolf Tiedemann, Frankfurt/M. 1979, S. 19.
6 Laclau, Ernesto/Mouffe, Chantal, *Hegemonie und radikale Demokratie. Zur Dekonstruktion des Marxismus*, Wien 1991.

sätzlicher, das heißt, sie richten ihre Kritik gegen methodologische Grundannahmen jener Ansätze.[7]

Zwei Kritiken sind theoriegeschichtlich für die Entwicklung eines poststrukturalistischen Gesellschaftsbegriffs entscheidend gewesen: Zum einen diente Luhmanns Kritik am Verhältnis von Struktur und Funktion im Kontext der funktionalistischen Theorietradition als Ausgangpunkt für eine systemtheoretische Reformulierung des Gesellschaftsbegriffs, die mit den strukturalistischen Prämissen des Funktionalismus Parsons' brach. Auch wenn Luhmanns Systemtheorie in der Regel nicht dem Poststrukturalismus als einem eigenständigen sozialwissenschaftlichen Paradigma zugerechnet wird, ergibt es zumindest für den Gesellschaftsbegriff Sinn, sie als eine poststrukturalistische Weiterentwicklung von Parsons' Strukturfunktionalismus zu verstehen, weil sie mit den strukturalistischen Prämissen des Gesellschaftsbegriffs von Parsons bricht.

Zum anderen führte die Kritik am Totalitätsbegriff zu verschiedenen postmarxistischen Neufassungen des Gesellschaftsbegriffs, die sich von der Auffassung verabschiedeten, Gesellschaft sei eine stabile, geschlossene Struktur. Beide poststrukturalistischen Wege, sowohl der systemtheoretische als auch der postmarxistische, zeichnen sich dadurch aus, daß sie zwar den klassischen Gesellschaftsbegriff für unbrauchbar halten und hierin Kritikern des Gesellschaftsbegriffs wie Tenbruck oder stärker mikrosoziologisch orientierten Ansätzen durchaus zustimmen. Allerdings bemühen sich beide um eine Neufassung des Gesellschaftsbegriffs, die weiter davon ausgeht, daß die soziologische Theorie nicht auf einen ausgearbeiteten Begriff von Gesellschaft verzichten kann.

---

7 Vgl. Giesen, Bernhard, »Entzauberte Soziologie oder: Abschied von der klassischen Gesellschaftstheorie«, in: *Die Modernisierung moderner Gesellschaften. Verhandlungen des 25. Deutschen Soziologentages in Frankfurt/M. 1990*, hg. v. Wolfgang Zapf, Frankfurt/M./New York 1991, S. 771-783. Zugleich kann aus poststrukturalistischer Sicht gezeigt werden, inwiefern die Sozialwissenschaften selbst an der Konstruktion gesellschaftlicher Einheit mitgearbeitet haben. Vgl. dazu Lüdemann, Susanne, *Metaphern der Gesellschaft. Studien zum soziologischen und politischen Imaginären*, München 2004.

Gesellschaft als Horizont von Kommunikation:
Niklas Luhmann

Luhmann gehört sicherlich zu jenen wenigen zeitgenössischen Autoren, die soziologische Theoriebildung konzeptionell auf den Gesellschaftsbegriff stützen. Ausgangspunkt dafür ist die Umkehrung des Verhältnisses von Struktur und Funktion: Gesellschaft erscheint nicht länger als gegebene Struktur, sondern als sich konstituierendes soziales System, dessen Möglichkeitsbedingungen nicht – wie Parsons annahm – in außersozialen Elementen ruhen.[8] Luhmanns Plädoyer für ein Primat der funktionalen gegenüber einer strukturalistischen Analyse führt dazu, daß Gesellschaft als System verstanden wird, das Strukturen auf der Basis selbstgewählter Operationen ausprägt, reproduziert oder zerfallen läßt. Strukturen sind mithin kontingent. Ein solches Verständnis von Gesellschaft bricht mit den strukturalistischen Prämissen Parsons' insofern, als es die Schließung sozialer Systeme wie des Gesellschaftssystems nicht über vorgegebene, konstitutive Strukturen erklärt, sondern diese als empirische Frage des wiederholten Anschlusses systemeigener Operationen verstanden wird. Im Gegensatz zu klassischen Ansätzen betrachtet Luhmann Gesellschaft also als etwas Konstituiertes, genauer als etwas, das sich selbst konstituiert.

Vor diesem systemtheoretischen Hintergrund bekommt der Gesellschaftsbegriff in der Theorie Luhmanns eine dreifache Bedeutung: Erstens bezeichnet Gesellschaft den Horizont aller Kommunikation, das heißt aller sozialen Operationen. Gesellschaft ist Kommunikation, in Kommunikation vollzieht sich Gesellschaft. In dem Maße, wie kommunikative Akte aneinander anschließen, entsteht Gesellschaft als umfassendstes Sozialsystem, das alle anderen sozialen Systeme in sich einschließt.[9]

Dieser Einschluß bedeutet für Luhmann allerdings keine Steue-

---

8 Vgl. Bonacker, Thorsten, »Die Repräsentation sozialer Ordnung. Zur Radikalisierung des Kantianischen Kerns der Soziologie«, in: *Soziologischer Funktionalismus. Zur Methodologie einer Theorietradition*, hg. v. Jens Jetzkowitz/Carsten Stark, Opladen 2003, S. 247-278.

9 Vgl. etwa Luhmann, Niklas, *Ökologische Kommunikation*, Opladen 1986, S. 24. Vgl. auch Stichweh, Rudolf, »Vom Gesellschaftsbegriff der Systemtheorie: Parsons und Luhmann und die Hypothese der Weltgesellschaft«, in: *Weltgesellschaft. Theoretische Zugänge und empirische Problemlagen*, hg. v. Bettina Heintz/Richard Münch/Hartmann Tyrell, Stuttgart 2005, S. 174-185.

rung und keine normative Integration. Gesellschaft ist vielmehr, zweitens, eine emergente Ebene der Bildung sozialer Systeme, die für andere Sozialsysteme zwar prägend ist, jene aber nicht in einen wohlgeordneten Zusammenhang bringen kann. Gesellschaft kontrolliert nicht die in ihr operierenden Sozialsysteme, sondern sie bringt sich in ihnen »über die strukturelle Auswirkung ihrer Differenzierungsform auf die Teilsysteme zur Geltung«.[10] Funktionale Differenzierung als primäre gesellschaftliche Differenzierungsform beschreibt für Luhmann die Art und Weise, wie sich die moderne Gesellschaft konstituiert, nämlich als operativ hergestellte Differenzierung in unterschiedliche Teilsysteme.

Diese Teile sind aber keine Teile eines aus seinen Elementen zusammengesetzten Ganzen. Der Gesellschaftsbegriff fungiert bei Luhmann, drittens, eben nicht als Einheitsbezeichnung, sondern als Horizont jeder Kommunikation. Man sollte sich Gesellschaft nicht als Haus mit verschiedenen Zimmern, nicht als »Setzkasten«, sondern als »Echtzeitmaschine«[11] vorstellen, in der Funktionssysteme unabhängig voneinander operieren, sich wechselseitig irritieren und »geradezu unbehaust ohne Koordinationshorizont auskommen müssen«.[12]

Für klassische gesellschaftstheoretische Ansätze war der Gesellschaftsbegriff vor allem deshalb wichtig, weil er nicht nur die Untersuchungseinheit definierte, sondern darüber hinaus deutlich machte, daß verschiedene soziale Prozesse unter einem gemeinsamen Dach stattfanden. Demgegenüber betont Luhmann, daß es die Einheit der Gesellschaft unter Bedingungen ihrer funktionalen Differenzierung nur noch als Simulation und Selbstbeschreibung gibt – eine Selbstbeschreibung, die die Einheit der Gesellschaft insofern immer verfehlt, als sie aus einer partikularen Perspektive eines Teilsystems angefertigt wird und sie darüber hinaus als Selbstbeschreibung immer weniger als das Ganze ist, das diese Beschreibung anfertigt. Die mo-

---

10 Luhmann, Niklas, *Die Gesellschaft der Gesellschaft*, Frankfurt/M. 1997, S. 42 f.

11 Nassehi, Armin, »Vom Setzkasten zur Echtzeitmaschine. Eine Gesellschaft der Gegenwart«, in: ders., *Geschlossenheit und Offenheit. Studien zur Theorie der modernen Gesellschaft*, Frankfurt/M. 2003, S. 159-187.

12 Nassehi, Armin, »Politik des Staates oder Politik der Gesellschaft. Kollektivität als Problemformel des Politischen«, in: *Theorie der Politik. Niklas Luhmanns politische Soziologie*, hg. v. Kai-Uwe Hellmann/Rainer Schmalz-Bruns, Frankfurt/M. 2002, S. 44.

derne Gesellschaft ist für Luhmann polykontextural, das heißt, ihre Einheit ist perspektivenabhängig und jede neue Einheitsbeschreibung schiebt die endgültige Erreichbarkeit der Gesellschaft immer wieder auf.[13]

Dieses Problem der Notwendigkeit einer Simulation gesellschaftlicher Einheit und des konstitutiven Moments einer solchen Simulation für Gesellschaft bleibt bei Luhmann weitgehend unausgearbeitet. Genau hier setzen dagegen postmarxistische Ansätze einer poststrukturalistischen Reformulierung des Gesellschaftsbegriffs an. Insofern kann man Luhmanns Weiterentwicklung des sozialwissenschaftlichen Funktionalismus in Richtung eines poststrukturalistischen Gesellschaftsbegriffs auch als Vorläufer dessen bezeichnen, was gemeinhin als poststrukturalistisches Paradigma in den Sozialwissenschaften bezeichnet wird.

Gesellschaft als imaginäre Institution: Cornelius Castoriadis

Ein wichtiger Ausgangspunkt für die postmarxistische Entwicklung einer Gesellschaftstheorie ist neben der richtungsweisenden Marx-Lektüre Louis Althussers[14] das in Deutschland weitgehend unbekannte, Mitte der 1970er Jahre erschienene Buch *Gesellschaft als imaginäre Institution* des griechisch-französischen Philosophen Cornelius Castoriadis. Castoriadis unternimmt darin den Versuch, eine Theorie der symbolischen Selbstinstitutionalisierung von Gesellschaft zu entwickeln. Eine solche Theorie, der es darum geht, den Begriff der Gesellschaft von seinen objektivistischen Implikationen zu befreien, trifft Castoriadis zufolge »sogleich unweigerlich auf den Marxismus«.[15]

Castoriadis' Auseinandersetzung mit dem Marxismus führt schließ-

---

13 Luhmann greift in seiner Beschreibung dieses Mechanismus explizit auf Derridas Theorie der différance und des Supplements zurück. Peter Fuchs hat diesen Gedanken systematisch unter anderem ausgearbeitet in: Fuchs, Peter, *Die Erreichbarkeit der Gesellschaft. Zur Konstruktion und Imagination gesellschaftlicher Einheit*, Frankfurt/M. 1992.

14 Althusser, Louis, *Für Marx*, Frankfurt/M. 1968.

15 Castoriadis, Cornelius, *Gesellschaft als imaginäre Institution. Entwurf einer politischen Philosophie*, Frankfurt/M. 1984, S. 19.

lich zu der entscheidenden Fragestellung, die alle weiteren postmarxistischen Arbeiten im Kontext der Gesellschaftstheorie prägen und die aus einer Kritik am Totalitätskonzept des Marxismus resultieren: Totalität ist auf der einen Seite letztlich unerreichbar, auf der anderen Seite entwirft eine Gesellschaft ihre Totalität selbst und konstituiert sich über diesen von ihr hergestellten imaginären Horizont. Dieses Imaginäre ist keineswegs eine bloße Widerspiegelung ökonomischer Strukturen, sondern es konstituiert allererst einen gesamtgesellschaftlichen Zusammenhang als eine Art objektivierte Substanz. Gesellschaft gibt es im eigentlichen Sinne erst im Zuge ihrer imaginären Selbstsetzung. »Jede bisherige Gesellschaft«, so Castoriadis, »hat versucht, einige Grundfragen zu beantworten: Wer sind wir, als Gemeinschaft? Was sind wir, die einen für die anderen? Wo und worin sind wir? Was wollen wir, was begehren wir, was fehlt uns? Die Gesellschaft muß ihre ›Identität‹ bestimmen, ihre Gliederung, die Welt, ihre Beziehungen zur Welt und deren Objekten, ihre Bedürfnisse und Wünsche. Ohne eine ›Antwort‹ auf solche ›Fragen‹, ohne solche ›Definitionen‹ gibt es keine menschliche Welt, keine Gesellschaft, keine Kultur – denn alles bliebe ununterschiedenes Chaos. Die Rolle der imaginären Bedeutungen liegt darin, eine Antwort auf solche Fragen zu liefern – eine Antwort, die weder ›Realität‹ noch ›Rationalität‹ zu geben vermögen.«[16] Das Imaginäre legt dabei nicht Antworten auf solche Fragen, legt mithin nicht die kollektive Identität einer Gesellschaft fest, sondern definiert einen Rahmen, innerhalb dessen sich gesellschaftliche Institutionen bilden und bewegen können. Es scheidet, mit Foucault gesprochen, den Raum des Sag- und Machbaren vom Unsagbaren. Ein typisches Beispiel für eine solche erfolgreiche gesellschaftliche Selbstinstitutionalisierung ist für Castoriadis die Nation, mittels deren gesellschaftliche Einheit imaginiert wird. In seiner Beschreibung des Nationalismus wird deutlich, worin Castoriadis die Bedeutung des Imaginären sieht. Der Nationalismus stiftet einen gesellschaftlichen Zusammenhang und ein symbolisches Bezugssystem, innerhalb dessen Beziehungen, Objekte und Geschichte erst einen Sinn bekommen.

16 Ebd., S. 252.

Gesellschaft als symbolisches Dispositiv:
Claude Lefort

Sowenig Castoriadis' Theorie in mancherlei Hinsicht überzeugt, so sehr war sein Begriff von Gesellschaft als eine sich selbst konstituierende Einheit für die postmarxistische Diskussion richtungsweisend. Claude Lefort, der zusammen mit Castoriadis und Jean-François Lyotard in der Gruppe *Socialisme ou Barbarie* organisiert war, diese aber später im Zuge seiner fundamentalen Totalitarismuskritik verließ, ging zunächst einen ähnlichen Weg wie Castoriadis. Auch Lefort setzte bei der Frage an, wie sich Gesellschaft als Einheit selbst zur Darstellung bringen kann. Im Gegensatz zu Castoriadis arbeitete Lefort seine Theorie aber erstens als politische Theorie aus und war der Ansicht, daß das Politische der Ort ist, an dem sich Gesellschaft als Einheit sichtbar macht. Zweitens – und das ist im Hinblick auf einen poststrukturalistischen Gesellschaftsbegriff entscheidender – radikalisierte Lefort die These von der gesellschaftlichen Selbstkonstituierung, indem er die grundsätzliche Paradoxie des ursprünglichen Institutionalisierungsaktes gesellschaftlicher Einheit ausarbeitet. Als eine sich selbst konstituierende Einheit muß die Gesellschaft ihren Ursprung immer schon verfehlen, weil sich jeder Versuch der Wiederherstellung einer Einheit selbst desavouiert: »Der Bericht vom Ursprung untergräbt in seiner Erzählung den Status, den er sich verleiht. Er gewinnt seine Aussagemöglichkeit nur dadurch, daß er auf das absolut Ursprüngliche verzichtet – ein Verzicht, der ihm verbietet, seiner Intention treu zu bleiben.«[17] Damit bekommt der poststrukturalistische Gesellschaftsbegriff innerhalb der postmarxistischen Debatte die für ihn charakteristische Wendung: Gesellschaft ist zum einen notwendig, denn ohne eine Repräsentation gesellschaftlicher Einheit bleiben die Elemente oder Teile einer Gesellschaft unverbunden und letztlich unverstehbar. Soziale Prozesse sind in mehrfacher Hinsicht auf die Simulation von Gesellschaft angewiesen, etwa bei der Rechtssetzung oder im Rahmen kollektiven politischen Handelns. Zum anderen aber, und darauf zielt Leforts Gesellschaftsbegriff, bleibt Gesellschaft als Einheit unmöglich, und zwar nicht nur angesichts ihrer empirischen Komplexität, sondern konstitutiv. Jede

---

17 Lefort, Claude/Gauchet, Marcel, »Über die Demokratie. Das Politische und die Institutionalisierung des Politischen«, in: *Autonome Gesellschaft und libertäre Demokratie*, hg. v. Ulrich Rödel, Frankfurt/M. 1990, S. 95.

Darstellung der Einheit, jede symbolische Repräsentation setzt immer schon voraus, daß die Einheit der Gesellschaft undarstellbar und unerreichbar bleibt, denn sonst müßte sie nicht erst dargestellt werden – so das Argument Leforts, der deshalb von einer »Quasi-Repräsentation«[18] spricht.

Das Politische ist der Ort, an dem sich Gesellschaft in dieser Weise zur Darstellung bringt. Konstitutiv ist diese Darstellung Lefort zufolge insofern, als sie politische Macht und gesellschaftliche Institutionen im Rahmen eines »symbolischen Dispositivs«[19] legitimiert. Dabei bleibt es der modernen Gesellschaft im Gegensatz zur vormodernen verwehrt, diese Macht und damit sich selbst außergesellschaftlich etwa über die Figur des Königs zu verorten. In der Moderne bleibt diese symbolische Stelle der Macht, über die sich Gesellschaft als Einheit konstituiert, leer. Lefort unterscheidet in diesem Zusammenhang autokratisch-diktatorische Regime von demokratischen dadurch, daß letztere diese Leere über demokratische Verfahren, vor allem aber über eine autonome Zivilgesellschaft institutionalisieren, innerhalb deren über angemessene Formen der Selbstrepräsentation gestritten werden kann. Autokratien versuchen hingegen, die Leere zu negieren und Gesellschaft sowie den leeren Ort der Macht durch einen neuen Körper – beispielsweise durch die Partei oder den Staat – zu besetzen.

Gesellschaft als hegemoniale Repräsentation: Ernesto Laclau

Für Lefort bleibt in der Demokratie die symbolische Stelle der Macht, an der über die Repräsentation der Gesellschaft entschieden wird, leer. Demgegenüber betont Ernesto Laclau, daß auch in der modernen Gesellschaft dieser Ort wenigstens temporär besetzt werden muß, nimmt man die Rede von der Notwendigkeit gesellschaftlicher Repräsentation ernst. Laclau entscheidet sich deshalb dafür, hegemonietheoretisch zu argumentieren: Angesichts der schon von Lefort behaupteten radikalen Kontingenz gesellschaftlicher Selbstkonstituierung ist jede erfolgreiche Repräsentation Ausdruck einer vorüber-

---

18 Lefort, Claude, »Die Frage der Demokratie«, in: *Autonome Gesellschaft und libertäre Demokratie*, a. a. O., S. 285.
19 Ebd.

gehenden Hegemonie. Gesellschaftliche Einheit bleibt zwar auch für Laclau prinzipiell unerreichbar und wird mit jedem Akt der Repräsentation aufgeschoben, aber dennoch muß eine solche Einheit immer auch hergestellt werden.[20] Die radikale Kontingenz muß mit anderen Worten gesellschaftlich durch etwas verdeckt werden, was die Einheit der Gesellschaft zur Darstellung bringt.

Im Anschluß an die Dekonstruktion Derridas geht Laclau deshalb auf der einen Seite davon aus, daß Gesellschaft als Identität, als objektive und stabile Realität nicht erreicht werden kann: »We tend nowadays to accept the infinitude of the social, that is, the fact that any structural system is limited, that it is always surrounded by an ›excess of meaning‹ which it is unable to master and that, consequently, ›society‹ as a unitary and intelligible object which grounds its own partial processes is an impossibility.«[21] Gleichzeitig – und darin besteht gewissermaßen die Pointe des Gesellschaftsbegriffs Laclaus – muß der prinzipiell unendliche Prozeß der Bedeutungsverschiebung an einem Punkt stillgelegt werden. »The social is not only the infinite play of differences. It is also the attempt to limit that play, to domesticate infinitude, to embrace it within the finitude of an order.«[22] Laclau versucht mit seiner Diskurstheorie genau diesen Mechanismus, diese Logik gesellschaftlicher Repräsentation aufzuspüren, mit der sich Gesellschaft temporär erfolgreich instituiert und die Kontingenz ihrer Grundlagen invisibilisiert.

Wie jede »Wirklichkeit« ist auch die Darstellung gesellschaftlicher Einheit Laclau zufolge Produkt eines Diskurses. Mit Luhmann, Castoriadis und Lefort geht Laclau also davon aus, daß sich eine Gesellschaft mit kommunikativen Mitteln, das heißt im Rahmen von Diskursen, als Einheit darstellen kann. Im Rahmen einer solchen Logik der Repräsentation stößt Laclau auf zwei verschiedene Logiken, die sich in gewisser Weise paradoxal zueinander verhalten: die Logik der Äquivalenz und die Logik der Differenz. Um Bedeutungen zu er-

---

20 Vgl. auch Stäheli, Urs, »Gesellschaftstheorie und die Unmöglichkeit ihres Gegenstandes: Diskurstheoretische Perspektiven«, in: *Schweizer Zeitschrift für Soziologie 21*, 1995, S. 361-390; Brodocz, André, »Zwischen Dekonstruktion und Pragmatismus. Zur philosophischen Position von Ernesto Laclau«, in: *Information Philosophie 28*, 2000, S. 36-39.

21 Laclau, Ernesto, »The Impossibility of Society«, in: ders., *New Reflections on the Revolution of our Time*, London 1990, S. 90.

22 Ebd., S. 91.

zeugen, müssen sich die Elemente eines Diskurses voneinander unterscheiden. Nur über die Differenz zu anderen Teilen eines Diskurses erhalten dessen Elemente überhaupt Sinn. Zugleich muß etwas die verschiedenen Elemente eines Diskurses zusammenhalten, damit sie als Elemente ein und desselben Diskurses gelten können. Etwas muß, so Laclau, die Elemente äquivalenzieren und damit für die Einheit des Diskurses sorgen, indem das unendliche Spiel der Differenzen blockiert wird. Dieses Element befindet sich in einer paradoxen Situation: Auf der einen Seite kann es nicht wie alle Elemente eines Diskurses einfach einen Unterschied zu anderen Elementen machen, auf der anderen Seite kann es nicht außerhalb des Diskurses stehen. Laclau nennt dieses Element, das in die Position kommt, die Einheit des Diskurses zu repräsentieren, den leeren Signifikanten. Der leere Signifikant ist einerseits mit einer Fülle von Bedeutungen verbunden, andererseits wird er genau dadurch selbst tendenziell bedeutungslos und sorgt aufgrund dieser Bedeutungslosigkeit für die Fixierung der Bedeutung anderer Elemente und damit für die Repräsentation der Einheit des Diskurses.

Gesellschaft wird durch einen solchen leeren Signifikanten symbolisch konstituiert. Welches diskursive Element die Rolle eines leeren Signifikanten bekommt, ist weder aus der Struktur des Diskurses ableitbar noch vordiskursiv festgelegt, sondern kontingent und letztlich eine Frage der Hegemonie, das heißt auch eine Frage empirischer gesellschaftlicher Auseinandersetzungen. Entscheidend ist dabei für Laclau weniger, ob es sich dabei um Auseinandersetzungen über die angemessene und legitime Form gesellschaftlicher Selbstbeschreibung handelt, sondern auf welche diskursiven Elemente in diesen Auseinandersetzungen Bezug genommen wird. Ein leerer Signifikant wirkt dabei um so hegemonialer, je selbstverständlicher die – durchaus heterogene – Bezugnahme auf ihn ist. So kann es beispielsweise geradezu unmöglich sein, in politischen Debatten nicht auf eine Idee der Nation zurückzugreifen, will man sich nicht außerhalb allgemein akzeptierter politischer Positionen stellen.

Aber auch wenn gesellschaftliche Einheit über einen leeren Signifikanten repräsentiert werden muß und wird, so bleibt dies auch für Laclau immer nur eine unvollständige Imagination, die aufgrund dessen immer auch Widersprüche und Risse aufweist. Im Anschluß an die Terminologie Jacques Lacans zeigt sich hierin das »Reale« der Gesellschaft als ihr konstitutiver Mangel an Geschlossenheit. Nur weil sich Gesellschaft nicht vollständig schließen läßt, weil sie niemals vollständig selbstpräsent sein kann, muß ihre Einheit symbolisch zur Darstellung gebracht werden. Aber jede auch noch so hegemoniale Darstellung trägt aus poststrukturalistischer Sicht den Makel, eben nur Darstellung und nicht die Sache selbst zu sein.[23]

Zusammenfassung und Ausblick: Zur Unmöglichkeit und Notwendigkeit von Gesellschaft

Kennzeichnend für einen poststrukturalistischen Gesellschaftsbegriff ist die Überlegung, daß Gesellschaft nicht als gegebene Analyseeinheit und als stabile äußere Realität gedacht wird, sondern als etwas, das sich selbst sowohl konstituiert als auch im gleichen Moment dekonstituiert. Jeder Versuch der Herstellung gesellschaftlicher Einheit auf dem Weg ihrer symbolischen Repräsentation schiebt die wirkliche Einheit der Gesellschaft konstitutiv auf und bleibt letztlich unvollkommen. Die Repräsentation ist also keine Wiederholung einer eigentlich schon vorhandenen Struktur, sondern ein Akt gesellschaftlicher Selbstsetzung, die erst aufgrund ihrer Repräsentation als äußeres Objekt erscheint. Die Bedingung der Möglichkeit einer solchen Repräsentation ist freilich, daß Gesellschaft immer ein Stück weit unrepräsentiert bleibt, denn ansonsten müßte sie nicht repräsentiert werden.

Während Luhmann in seiner Reformulierung des funktionalistischen Gesellschaftsbegriffs stärker die Unmöglichkeit gesellschaftlicher Einheit betont und mit den strukturalistischen Prämissen Parsons' bricht, gehen postmarxistische Ansätze, und hier vor allem Laclau, der inneren Paradoxie gesellschaftlicher Selbstkonstituierung nach. Luhmanns Systemtheorie und der Poststrukturalismus haben gemeinsam, daß sie am Gesellschaftsbegriff als Kernbegriff soziologischer Theoriebildung festhalten. Neben ersten Versuchen einer Ver-

23 Slavoj Žižek knüpft an diese These seine neolacanianische Theorie an, daß eine Gesellschaft jemanden für diesen Mangel verantwortlich machen muß. Siehe dazu Žižek, Slavoj, *Die Tücke des Subjekts*, Frankfurt/M. 2004, sowie Bonacker, Thorsten, »Gewalt in der Gemeinschaft. Möglichkeiten und Grenzen symbolischer Integration«, in: *Eskalationen*, hg. v. Thomas Weitin/Klaus Scherpe, Basel/Tübingen 2003, S. 135-150.

bindung beider poststrukturalistischer Theoriestränge[24] sind in letzter Zeit eine Reihe von Arbeiten erschienen, die unterschiedliche Aspekte der jeweiligen gesellschaftstheoretischen Ansätze vertiefen. Eine besondere Rolle spielt dabei die Frage, inwiefern sich ein poststrukturalistischer Gesellschaftsbegriff für eine Theorie der Weltgesellschaft eignet.[25]

Ein besonderer Vorzug eines solchen nichtessentialistischen Gesellschaftsbegriffs besteht schließlich darin, offen für empirische Forschung zu sein. Denn wodurch Gesellschaft symbolisch repräsentiert wird, ist im Kern eine empirische Frage. Hierzu gibt es zwar einige Einzelstudien, vor allem zur Konstruktion politischer Identitäten, zur Bedeutung von rechtlichen und politischen Institutionen sowie populistischen Diskursen für die Symbolisierung gesellschaftlicher Einheit.[26] Dennoch besteht aufgrund der Neigung vieler poststrukturalistisch inspirierter Autorinnen und Autoren, sich grundlagentheoretischen Überlegungen zuzuwenden, etwa mit Blick auf transnationale oder subnationale Vergesellschaftungs- und Vergemeinschaftungsprozesse, nach wie vor großer Bedarf an empirischer Forschung zur symbolischen Repräsentation der Gesellschaft.

Auswahlbibliographie

Castoriadis, Cornelius, *Gesellschaft als imaginäre Institution. Entwurf einer politischen Philosophie*, Frankfurt/M. 1984.

Laclau, Ernesto, *Emanzipation und Differenz*, Wien 2002.

Laclau, Ernesto, *New Reflections on the Revolution of our Time*, London 1990.

Luhmann, Niklas, *Die Gesellschaft der Gesellschaft*, Frankfurt/M. 1997.

---

24 Vgl. etwa die Arbeiten von Urs Stäheli: *Sinnzusammenbrüche. Eine dekonstruktive Lektüre von Niklas Luhmanns Systemtheorie*, Weilerswist 2000; *Spektakuläre Spekulation. Das Populäre der Ökonomie*, Frankfurt/M. 2007.

25 Vgl. Bonacker, Thorsten/Brodocz, André, »Im Namen der Menschenrechte. Zur symbolischen Integration der internationalen Gemeinschaft durch Normen«, in: *Zeitschrift für internationale Beziehungen* 8, 2001, S. 178-208.

26 Laclau, Ernesto, *On Populist Reason*, London 2005; Howarth, David/Norval, Aletta/Stavrakakis, Yannis (Hg.), *Discourse Theory and Political Analysis: Identities, Hegemonies and Social Change*, Manchester 2000; Brodocz, André, *Die symbolische Dimension der Verfassung. Ein Beitrag zur Institutionentheorie*, Wiesbaden 2003.

Rödel, Ulrich (Hg.), *Autonome Gesellschaft und libertäre Demokratie*, Frankfurt/M. 1990.

Stäheli, Urs, »Gesellschaftstheorie und die Unmöglichkeit ihres Gegenstandes: Diskurstheoretische Perspektiven«, in: *Schweizer Zeitschrift für Soziologie* 21, 1995, S. 361-390.

Dietmar J. Wetzel
Gemeinschaft
Vom Unteilbaren des geteilten Miteinanders

>»Der Mensch muß, um sich zu vollenden und mit
>eigenen Mitteln aus der Verzweiflung seiner Inner-
>lichkeit sich zu erlösen, von der Sphäre der Lebens-
>gemeinschaft in die der Gesellschaft übergehen, um
>schließlich in der Sphäre der Sachgemeinschaft des
>Geistes und der Kultur die definitive Ruhe seines
>Selbstbehauptungsdranges zu finden.« (Plessner,
>Helmuth, »Grenzen der Gemeinschaft«, 1924, S. 92)

1. Historische Ausgangssituation einer Antinomie: Gemeinschaft/Gesellschaft

»Gemeinschaft« gehört zu den schillernden Begriffen unserer postmodernen Gesellschaft: ein »magisches« Wort, nicht nur für Soziologen, das durch seine gnadenlose Überfrachtung mit Sinn und Zuschreibungen gekennzeichnet ist und zu beständigen Redefinitionen
geradezu herausfordert. Begrifflich kommt Gemeinschaft von *gemein haben*. Etwas gemein zu haben heißt, es zu teilen. Alle Menschen teilen das Menschsein und das menschliche Leben; wir teilen
das Schicksal, geboren zu werden und zu sterben: »Wir teilen auch
mit allen Menschen das Schicksal, soziologisch unterworfen zu sein;
unabänderlich sind wir den elementaren Prozessen der Sozialität und
ihren moralischen Prinzipien, etwa dem Reziprozitätsprinzip, unterworfen.«[1]

Begriffsgeschichtlich ist es kaum zufällig, daß Gemeinschaft als
soziologischer Begriff erst im Zuge der Industrialisierung und mit
dem Beigeschmack des romantischen Gefühls eines historischen Ver-
lustes gemeinschaftlicher Lebensformen aufkam. Gegenwärtig gewinnt Gemeinschaft immer dann Zuspruch und Aufmerksamkeit,

---

1 Hondrich, Karl Otto, »»Grenzen der Gemeinschaft‹, Grenzen der Gesellschaft –
heute«, in: *Plessners »Grenzen der Gemeinschaft«*, hg. v. Wolfgang Eßbach et al.,
Frankfurt/M. 2002, S. 308.

wenn das Unbehagen an kulturellen und gesellschaftlichen Zuständen besonders groß ist. Besonders in Deutschland existiert – spätestens seit der NS-Diktatur – eine historisch-politische Belastung
der Begrifflichkeit, nicht zuletzt aufgrund ihrer rassistischen Konnotation. Erschwerend kommt unter einem methodologischen Gesichtspunkt hinzu: Der Gemeinschaftsbegriff scheint auch und gerade wegen seiner vielfältigen alltagssprachlichen Konnotationen
für jeden Theorieansatz zugleich alles und nichts zu bieten. Ein kurzer Blick in die Geschichte verschafft ein wenig mehr Klarheit und
Verbindlichkeit.

Gegen Ende des 19. Jahrhunderts hatte Ferdinand Tönnies die
Grundlage für die Unterscheidung von Gemeinschaft und Gesellschaft in seinem gleichnamigen Buch *Gemeinschaft und Gesellschaft*
(1887) in systematischer Absicht entwickelt. Ganz im Gegensatz etwa
zu Emile Durkheim, der bekanntlich die moderne Arbeitsteilung mit
dem Bild des Organismus zu fassen versucht, benutzt Tönnies die
Metapher des Mechanischen zur Charakterisierung der Gesellschaft.
Um den prozeßhaften Charakter von Gemeinschaft *und* Gesellschaft
zu unterstreichen, verwendet Max Weber in *Wirtschaft und Gesellschaft* (1922) – ebenfalls von Tönnies beeinflußt – die Begriffe »Vergemeinschaftung« und »Vergesellschaftung«. Vor allem ist es jedoch
Helmuth Plessners Schrift *Grenzen der Gemeinschaft* (1924), die kon-
trapunktartig die von Tönnies betriebene »romantisierende Verklä-
rung der Gemeinschaft als ›naturwüchsige‹ Lebensform und seine
Abwertung der Gesellschaft als ›mechanisches Artefakt‹ kritisch hinterfragt«.[2] Vermittelt durch das Denken von Soziologen wie Tönnies
und Plessner zieht sich die Dichotomie von Gemeinschaft (verstanden als möglichst vollständige Sozialintegration) und Gesellschaft
(verstanden als prinzipiell unvollständige Sozialintegration) durch die
sozialwissenschaftliche Theoriebildung, so daß man sich nicht des
Eindrucks erwehren kann, daß die organisierte Gesellschaft nicht
ohne den Verlust an Gemeinschaftlichkeit zu erhalten sei. Umgekehrt
liegt in der Dichte der Gemeinschaften begründet, wodurch sich die
dissoziierte Gesellschaft aufhebt. In den 1970er Jahren wurde das
Begriffspaar von Habermas und Luhmann in konsequenter Fortfüh-
rung durch die Entgegensetzung von System und Lebenswelt aktualisiert.

2 Gebhardt, Winfried, »Helmuth Plessner«, in: *Hauptwerke der Soziologie*, hg. von
  Dirk Kaesler/Ludgera Vogt, Stuttgart 2000, S. 357.

Nicht zuletzt durch das zum Klassiker avancierte Werk Tönnies', grundsätzlich aber durch den Mißbrauch durch die NS-Diktatur und die kommunistischen Regime galt Gemeinschaft lange Zeit als antimodern, bestenfalls von Individualisierung überholt, schlimmer noch: als Brutstätte des Konservatismus und bis heute als zu überwindender Topos holistischer Totalitarismen. Dagegen bemerkt Joseph Vogl in seinem Band *Gemeinschaften* (1994), daß sich das Schicksal politischer Rationalität an ihrer Fähigkeit bemessen würde, Prozesse der Vergemeinschaftung zu konzeptualisieren.[3] Diesem Verständnis zustimmend, erscheint es angemessen, Gemeinschaft als eines der zentralen Ideologeme der postmodernen Gesellschaft zu begreifen. Wie immer man sich letztlich in der Frage des Denkens der Gemeinschaft positionieren möchte, eines ist doch zunehmend unstrittig: Gemeinschaft oder das »Wir«, Richard Sennett spricht in diesem Zusammenhang vom »gefährlichen Pronomen«,[4] gehört zu denjenigen mythologisch-historisch belasteten Ideologemen, deren man sich gerade in moralisch-politischen Krisenzeiten bedient, um sich mit Modernisierungsschüben auseinanderzusetzen.

Gemeinschaft ist aber keineswegs ein notwendig prämoderner Begriff, sondern – wie Gérard Raulet betont – ein zentrales und erklärungsbedürftiges Moment im diskursiven Dispositiv der Postmoderne. Um eine nie ganz verhinderbare Ideologisierung des Begriffs umgehen zu können, bedarf es einer historisch-kritischen, auch »archäologischen« Rekonstruktion des philosophisch-diskursiven Status der Gemeinschaft.[5] An dieser Stelle verdeutlicht der Blick in die Geschichte einen kulturellen Unterschied zwischen Deutschland und den USA. Während in der deutschen Geschichte Gemeinschaft sehr oft im Rahmen einer illiberalen, ja totalitären Gesellschaft zur Disposition stand, gehört die Rede von der *community* geradezu zum Selbstverständigungsdiskurs der liberalen amerikanischen Gesellschaft. Aus diesen historisch gewachsenen Bedingungen resultieren und erklären sich die Bemühungen des *Kommunitarismus*, die in Auf-

---

3 Vogl, Joseph, *Gemeinschaften. Positionen zu einer Philosophie des Politischen*, Frankfurt/M. 1994.

4 Sennett, Richard, *Der flexible Mensch. Die Kultur des neuen Kapitalismus*, Berlin 1998, S. 187.

5 Raulet, Gérard, »Die Modernität der ›Gemeinschaft‹«, in: *Gemeinschaft und Gerechtigkeit*, hg. v. Micha Brumlik/Hauke Brunkhorst, Frankfurt/M. 1993, S. 72-93, hier S. 85.

wertungsversuchen und Reaktualisierungen des Gemeinschaftsbe-
griffs münden.

2. Moderne Aufwertungsversuche
und Reaktualisierungen

Nur vor dem Hintergrund eines generellen Wiederauflebens des
Gemeinschaftsdenkens in Theorie und Praxis erklärt sich, warum
poststrukturalistische Autoren ein »anderes« Denken der Gemeinschaft akzentuieren. Der in sich heterogene und aus Amerika nach
Deutschland importierte Kommunitarismus, der in der kritischen
Auseinandersetzung mit der Gerechtigkeitsidee des politischen Liberalismus (Rawls) entstanden ist, steht – diskursgeschichtlich betrachtet – in einem Konkurrenzverhältnis zum Poststrukturalismus.
Geht es Kommunitaristen häufig um die aktive Herstellung von verloren geglaubten Gemeinschaften, so fokussieren Poststrukturalisten
auf die diskursive, ideologische und strategische Verwendung von
Gemeinschaftsbegriffen und -konzepten. Die kommunitaristische
Kritik gilt immerhin als »viel raffinierter als die ältere, an der Dichotomie von (guter) Gemeinschaft und (böser) Gesellschaft orientierte«.[6] Worin bestehen nunmehr die Hauptmotive für Aufwertungs-
versuche und Re-Aktualisierungen?

2.1 Die Suche nach neuen Gemeinschaftsbildungen

Kommunitaristen formulieren eine Alternative bezüglich der Orien-
tierungslosigkeit liberaler Gesellschaften, die sich in Atomisierungs-
und Vereinzelungstendenzen äußern, und zwar indem sie an die amerikanische Tradition der *community* anknüpfen, das heißt an die
soziale, kulturelle, politische und religiöse Gemeinschaft.[7] Eine derart verstandene integrative Konzeption will quasi, jenseits der bereits

---

6 Brumlik, Micha/Brunkhorst, Hauke, »Einleitung«, in: *Gemeinschaft und Gerechtigkeit*, a. a. O., S. 11. Wichtige Beiträge finden sich in dem von Axel Honneth herausgegebenen Band *Kommunitarismus. Eine Debatte über die moralischen Grundlagen
moderner Gesellschaften*, Frankfurt/M./New York 1994.

7 Vgl. dazu Brumlik/Brunkhorst (Hg.), *Gemeinschaft und Gerechtigkeit*, a. a. O.,
S. 11 f.

vollzogenen und nur schwerlich zu leugnenden Individualisierung, zu neuen Gemeinschaftsbildungen (auch Sekundärgemeinschaften) anregen. Verschüttete republikanische Traditionen sollen wiederentdeckt, darüber hinaus die freiwillige Selbstverpflichtung gegenüber der (Werte-)Gemeinschaft als Tugend erkannt und eingesehen werden. Ziel eines solchen Denkens in Theorie und Praxis ist die möglichst vollständige moralische Integration ihrer Mitglieder. Daß es auch ohne Kommunitarismus geht, zeigen die Arbeiten Karl Otto Hondrichs, für den Vergemeinschaftung »der unverwüstliche Grundtatbestand allen menschlichen Lebens«[8] ist und als solcher bleiben wird. Entgegen einem kommunitaristischen Projekt einer Aufwertung der Gemeinschaft versteht Hondrich Vergemeinschaftung als gerade nicht intendiert und als im verborgenen blühend. Auf der basalen Ebene geteilte moralische Gefühle spielen dabei insofern eine eminente Rolle, weil es mit ihnen gelingt, ganz unterschiedliche Menschen für eine Sache zu gewinnen, ja zu vereinigen, ohne jedoch die Vereinigung je *ganz* zu erreichen. Hondrich, der mit großer Beharrlichkeit immer wieder auf sozioanthropologische Grundprozesse des Zusammenlebens rekurriert, beschreibt aus einer eher klassischen soziologischen Sichtweise Momente der Gemeinschaft, die in poststrukturalistischen Bestimmungsversuchen wiederkehren.[9]

2.2 Die Klage vom Verlust der Gemeinschaft und Integrationserwartungen

Wahrscheinlich ist die Klage über den Verlust der Gemeinschaft so alt, wie es Denken über Gemeinschaft gibt. Roberto Esposito hat in seiner Studie *Communitas* darauf hingewiesen: »Es ist die Dialektik von Verlust und Wiederfinden, von Entfremdung und Wiederaneignung, von Flucht und Wiederkehr, die alle *Philosophien* der Gemeinschaft an eine Mythologie des Ursprungs bindet: Wenn die Gemeinschaft uns als unsere eigenste Wurzel angehört hat, dann können – ja müssen – wir sie wiederfinden oder wiederherstellen, und zwar ent-

---

8 Hondrich, Karl Otto, »Hinter dem Rücken der Individuen – Gemeinschaftsbildung ohne Ende«, in: *Grenzenlose Gesellschaft*, hg. v. Claudia Honegger et al., Opladen 1999, S. 247-257.
9 So ergeben sich Überschneidungen mit dem Werk Jean-Luc Nancys, vgl. Kap. 3.2.

sprechend ihrem ursprünglichen Wesen.«[10] Michael Opielka bemerkt zu Recht, daß sich häufig ein »Revival von Gemeinschaft« mit dem Wunsch verbindet, mit unerwünschten Folgen sozialer Differenzierung aufzuräumen. Denn in der ständig fortschreitenden Ausdifferenzierung sozialer Teilsysteme – ganz im Sinne der Modernisierungstheorie – sehen nicht wenige Forscher eines der zentralen Desintegrationsmomente postmoderner Gesellschaften.[11]

2.3 Das Festhalten an Identität und die Ambivalenz des Gemeinschaftlichen

Als bestimmend erweist sich für traditionale sowie moderne Vorstellungen der Gemeinschaft die Obsession der Einswerdung, ein strenges Festhalten an Identität. Was geschieht – strukturell betrachtet – bei einem solchen Denken der Gemeinschaft? Jede Gemeinschaft, die auf Identifikation beruht, konstituiert sich durch ein gemeinsames Objekt, das die Stelle des Ich-Ideals einnimmt. Dieses gemeinsame Objekt ist variabel (sei es Kommunismus, Nation, Menschenrechte etc.), was jedoch bleibt, ist – psychoanalytisch formuliert – die Struktur des Ich-Ideals: In jedem Fall agiert das in der Gemeinschaft situierte Subjekt so, wie es vom Ort dieses Ich-Ideals, das heißt von jener Variablen, die dort eingesetzt wurde, aus gesehen werden möchte. Anders gesagt, eine jede Gemeinschaft wird durch ebenjene Instanz zusammengehalten, in deren Augen sie als Einheit erscheinen kann.[12] Spätestens in der Moderne wird dieses *identifikatorische Konzept der Gemeinschaft* brüchig, ohne jedoch ganz zu verschwinden. Auch die im Kern stets »imaginierten Gemeinschaften« (Anderson)[13] zeichnen sich durch eine eigentümliche Ambivalenz aus, die einerseits Liebe, Freundschaft sowie die Arbeit an der gemeinsamen Sache bedeuten kann. Andererseits existiert eine »dunkle« Seite, nämlich »die archaische Härte der unbedingten Verpflichtung, der Selbstüberhebung einer Gruppenehre, der Abschlie-

10 Esposito, Roberto, *Communitas. Ursprung und Wege der Gemeinschaft*, Berlin 2004, S. 31.
11 Opielka, Michael, *Gemeinschaft in Gesellschaft. Soziologie nach Hegel und Parsons*, Wiesbaden 2006.
12 Liepold-Mosser, Bernd, *Performanz und Unterbrechung. Prolegomena zu einer Philosophie des Politischen*, Wien 1995, S. 84.
13 Anderson, Benedict, *Die Erfindung der Nation*, Frankfurt/M. 1996, S. 15 f.

ßungs- und Kontrollogik derer und denen gegenüber, die als ›Glieder‹ einer Gemeinschaft sich fühlen«.[14]

3. Poststrukturalistische Bestimmungen und Dimensionen von Gemeinschaft

Läßt man die seit den 1990er Jahren intensive poststrukturalistische Beschäftigung mit dem schillernden Phänomen Gemeinschaft Revue passieren, dann ergeben sich vier Dimensionen/Positionen, die zum einen die Diskussion geprägt haben und zum anderen für eine weitere Auseinandersetzung unerläßlich sind.

3.1 Unabschließbarkeit und Dekonstruktion der Repräsentation (Jacques Derrida)

Jacques Derrida beschreibt die Paradoxie, der zufolge jede sich auf sich selbst berufende Gemeinschaft im Moment ihrer Gründung immer schon gewesen sein muß, um überhaupt als Gemeinschaft gelten zu können. Anhand der *Declaration of Independence* (1789) der Vereinigten Staaten verdeutlicht Derrida diese Paradoxie. Der Akt der Bestimmung – in diesem Fall der Ausspruch »We, the people . . .«, »wir, das amerikanische Volk« – ist eine nur als mythisch zu qualifizierende Selbstautorisation von einigen wenigen. Dieser Akt muß sich wesentlich als durch nichts zu rechtfertigender Gewaltakt bestimmen lassen.[15] Dies verhält sich so, weil sich die hergestellte Gemeinschaft nicht auf Vorgängiges berufen kann, um sich zu legitimieren. Einzig der performative Akt der Gründung ohne Begründung führt zur Vereinigung unter Ausschluß aller Abwesenden. Anders gesagt: Nur dann, wenn irgend etwas existiert, was nicht in die Repräsentation, in das Gemeinschaftliche eingeht, kann sich eine Vorstellung von Gemeinschaft als eine Gemeinschaft von singulären Mitgliedern aufrechterhalten. Eine Gemeinschaft ohne diesen Entzug und dieses Unterscheiden vom Gemeinschaftlichen wäre für Derrida keine Gemeinschaft. Die Grenze der Gemeinschaft bildet als Unabschließ-

---

14 Rehberg, Karl-Siegbert, »Gemeinschaft und Gesellschaft – Tönnies und wir«, in: *Gemeinschaft und Gerechtigkeit*, a. a. O., S. 24.

15 Derrida, Jacques, »Nietzsches Otobiographie oder Politik des Eigennamens«, in: *Fugen. Deutsch-Französisches Jahrbuch für Textanalytik*, o. O. 1980, S. 66f.

barkeit in bezug auf den Geltungsort und die Geltungsdauer insofern die Vorbedingung der Demokratie, als sie es verunmöglicht,
die Gemeinschaft ein für allemal zu identifizieren und sie somit zu
vollenden. Ebenso wie sich Gesellschaften nur als eine Zusammenfügung von Elementen, die selbst bereits vergesellschaftet sind, mithin als Koexistenz einer Mannigfaltigkeit (Deleuze) vorstellen lassen,
muß ein Denken des Sozialen mit dem »gemeinsamen Erscheinen«,
dem »Sein-in-der-Gemeinschaft« beginnen und jeden präsupponier-
ten Beginn hinter sich lassen.

3.2 Ursprung, Mythos und Unterbrechung (Jean-Luc Nancy)

Nancys Arbeiten, allen voran *La communauté désœuvrée*[16] stehen für
das Skizzieren einer »Politik des Gemeinschaftlichen«.[17] Wie schon
bei Derrida, genauer im Gefolge von dessen Rousseau-Lektüre, qualifiziert Nancy die Suche nach dem Urzustand oder einem Ursprung
der Gemeinschaft als vergeblich. Der Ursprung entzieht sich dauerhaft und beschreibt allenfalls ein »Beinahe«[18] der Gesellschaft. Der
Diskurs der Gemeinschaft stellt für Nancy eine im mehrfachen Sinne
des Wortes »unerhörte Forderung« dar, die auffälligerweise oft mit
der Klage über den Verlust der Gemeinschaft verbunden wird. Die
Gemeinschaft (der Gläubigen) werde – nicht zuletzt vom Christentum – als Mythos angerufen, wobei aber zugleich die Abwesenheit
des Mythos zu einem neuen Mythos erkoren werde. Ziel eines zeitgenössischen Gemeinschaftsdenkens könne es dann auch nicht sein,
an einer von der Aufklärung verfochtenen Entmythologisierung des
Mythos zu arbeiten. Vielmehr gehe es darum, Praktiken von *Unter-
brechungen des Mythos* zu entwerfen. Erst wenn es gelinge, den Mythos von seinem eigenen Sinn »abzuschneiden«, könnten aus dieser
Teilung Potentiale der »Mit-Teilung des Gemeinsam-Seins« freige-
setzt werden. Diese Praktiken des »Mit-Teilens« faßt Nancy im Bild
der Literatur, zudem entwirft er die Idee eines »literarischen Kommunismus«, der sowohl Erbe als auch Echo des unterbrochenen Mythos

16 Wörtlich zu übersetzen mit die »entwerkte Gemeinschaft«, auf Deutsch erschienen: Nancy, Jean-Luc, *Die undarstellbare Gemeinschaft*, Stuttgart 1988.
17 Bonacker, Thorsten, »Die politische Theorie der Dekonstruktion: Jacques Derrida«, in: *Politische Theorien der Gegenwart*, hg. v. André Brodocz/Gary Schaal,
Opladen 1999, S. 113.
18 Liepold-Mosser, *Performanz und Unterbrechung*, a. a. O., S. 82.

darstellt. Diese Operationen vorausgesetzt, ist die Gemeinschaft der Gleichen eine, die auf der Andersheit ihrer Mitglieder beruht: »Weder finde ich mich im Anderen wieder, noch erkenne ich mich in ihm: Ich erfahre in oder an ihm die Andersheit und die Alteration, die ›in mir selbst‹ meine Singularität außerhalb meiner setzt und sie so unendlich enden läßt. Die Gemeinschaft ist jene besondere ontologische Ordnung, in der der Andere und der Selbe der Gleiche sind, das heißt, die Mit-Teilung der Identität.«[19]

Diesen Vorstellungen folgend, gelangt man ins Zentrum der Arbeiten Nancys. Der französische Philosoph konzipiert die Gemeinschaft als tertiären Zwischenraum, von dem aus die Zuschreibungen von Alterität und Identität im Verbund mit der personalen Identität erfolgen.[20] Im Gegensatz zu kommunitaristisch inspirierten Aufwertungsversuchen von Gemeinschaft gelingt es ihm mittels eines solchen von der Alterität und der nichtreduzierbaren Besonderheit der Mitglieder ausgehenden Denkens zu zeigen, wie sich die *undarstellbare Gemeinschaft* unterbricht und fragmentiert. Sowenig ein weitgehend selbstidentisches Ich einen anderen einfach und einseitig in eine (Diskurs-)Gemeinschaft einzubeziehen vermag (Habermas), so falsch mutet es an, von einer unzugänglichen Alterität auszugehen, um von diesem kryptischen Ort aus die Konstitution des Selbst beginnen zu lassen (Lévinas). Neben der Vorstellung eines *literarischen Kommunismus* haben Nancy und andere zusätzlich einen *urbanen Kommunismus* als wichtiges Element bestimmt. Beide, sowohl die »Mit-Teilung« der Schrift/Literatur als auch die gesellschaftliche Teilhabe an Gütern/Artefakten, gehen einem Verständnis von hergestellter Gemeinschaft immer schon voraus.[21] Jeder Versuch, die »Mit-Teilung« durch die Gemeinschaft zu vollenden und damit zu vergegenständlichen beziehungsweise dem einzelnen die Teilhabe zu entziehen, liefe entweder auf einen gefährlichen Totalitarismus oder auf eine zutiefst ungerechte Verteilung der materiellen Dinge hinaus. Dieser interne Verweisungszusammenhang gerät weder durch einen liberalen noch durch einen kommunitaristischen Ansatz hinreichend in den Blick. Als Gegenteil einer hier favorisierten *gemeinschaftslosen*

19 Nancy, *Die undarstellbare Gemeinschaft*, a. a. O., S. 74.
20 Wetzel, Dietmar J., *Diskurse des Politischen*, München 2003, S. 251 f., zur Figur des Dritten, S. 187 f.
21 Eßbach, Wolfgang, »Die Gemeinschaft der Güter und die Soziologie der Artefakte«, in: *Ästhetik & Kommunikation* 26, 1997, S. 13-20, hier S. 13 f.

Gemeinschaft ist die rassistische Gemeinschaft zu nennen, die genuin darauf abzielt, die Mitglieder nach abstrusen Kriterien zu selektieren und ihren Bestand möglichst »rein« und konstant zu halten. Nancys leises Lob der Vermischung und sein Plädoyer für den *Multikulturalismus in uns* führt solche Überlegungen ebenso ad absurdum wie einfache Bekenntnisse zum Multikulturalismus.[22]

3.3 Die Gemeinschaft der Gleichen und das Politische (Jacques Rancière)

Ein an Foucault geschultes und mit Nancy vergleichbares Denken der Gemeinschaft entwickelt Jacques Rancière in seinen Arbeiten. Als eminent politischer Denker verknüpft der französische Philosoph seine Überlegungen zur Gemeinschaft mit dem Politischen und insbesondere mit Fragen der politischen Gleichheit.[23] Sobald die Gleichheit den Versuch unternimmt, einen Platz in der gesellschaftlichen und staatlichen Organisation einzunehmen, verkehrt sie sich in ihr Gegenteil. Wenn es beispielsweise zur Institutionalisierung der intellektuellen Emanzipation kommt, wandelt diese sich in Unterweisungen des Volkes um. Sie wird also zur Einrichtung seiner ständigen Unmündigkeit.[24] Zwei Prozesse müssen daher einander fremd bleiben: die Gemeinschaft der gleichen Geister und die Gemeinschaft von gesellschaftlichen Körpern, die eben durch die *unegalitäre polizeiliche Fiktion* vereinigt sind. Es gibt keine Verbindung der zwei Prozesse, ohne daß sich die Gleichheit in ihr Gegenteil verwandeln würde. Im politischen Konflikt, so Rancière, bemühen sich mindestens zwei Parteien um die *Herstellung einer gemeinsamen Situation* und um deren Repräsentation(en). Genau dort, wo ein Teil der Menschen aus dieser Situation ausgeschlossen ist, muß insofern dieses Gemeinsame – durchaus im Sinne Nancys – als zunehmend fragil beschrieben werden. Die Repräsentationsweisen sowie die Praktiken des Politischen durchleuchtet Rancière im Hinblick auf die historischen Verwerfungen und die Phänomene des Gleichheitsdis-

---

22 Nancy, Jean-Luc, »Lob der Vermischung«, in: *Lettre International*, II. Vj. 1993: Heft 21, S. 4-7, vgl. ders., *Être singulier pluriel*, Paris 1996.

23 Rancière, Jacques, »Die Gemeinschaft der Gleichen«, in: *Gemeinschaften*, hg. v. Joseph Vogl, a. a. O., S. 101-132.

24 Rancière, Jacques, »Gibt es eine politische Philosophie?«, in: *Politik der Wahrheit*, hg. v. Rado Riha, Wien 1997, S. 70.

kurses. In diesem Zusammenhang führt er ein wichtiges Begriffspaar ein. Er spricht von »la partie« (der Teil) und »le part« (der Anteil). Der Teil bezeichnet immer einen bestimmten Bestandteil des Ganzen, während der Anteil an der Gemeinschaft diejenigen bezeichnet, die keinen bestimmten Platz innehaben. *Le part des sans-part*, was Antonia Birnbaum mit »der Anteil der Unteilhaftigen« übersetzt, meint die Beteiligung an der Gemeinschaft derjenigen, die keinen bestimmten Bestandteil derselben ausmachen.[25] Freiheit, die neben Gleichheit den zweiten wichtigen Grundbegriff verkörpert, ist für Rancière eine undefinierbare Tugend, die potentiell allen zukommt, unabhängig von ihrer festgelegten Stellung in der Gemeinschaft. Und genau diese potentielle Beteiligung ist es, woran sich der Konflikt des Politischen entzünden kann – was beispielsweise in Frankreich im Streit um die *sans-papiers* (in den 1990er Jahren) oder jüngst bei den Unruhen in den Banlieues zu beobachten war. Auch Giorgio Agamben versucht – durchaus mit einem politischen Anspruch –, in seinen Arbeiten eine Gemeinschaft ohne jede Voraussetzung oder Bedingung der Zugehörigkeit (französisch, rot, islamisch, kommunistisch sein) zu denken.[26]

Derjenige, der sich politisch äußert, gleich ob als Individuum oder im Kollektiv, stellt die Gemeinschaft der Anwesenden und der Abwesenden her, spricht im Namen derer, denen man die Sprache und sogar die (politische) Präsenz verweigert. Ähnlich wie bei Jean-Luc Nancy trägt jedoch die Alterität der Mitglieder der politischen Gemeinschaft gerade nicht zu deren Aufhebung in der Vereinigung bei. Insofern geht es Rancière, sich dabei in den französischen Alteritätsdiskurs einschreibend, um eine doppelte Differenz: die Differenz der Gemeinschaft zu sich selbst und die Differenz des Selbst zu sich – und genau um diese zwei Momente dreht sich die Behauptung der politischen Gleichheit.

---

25 Rancière, Jacques, *Das Unvernehmen. Politik und Philosophie*, Frankfurt/M. 2002, S. 22.
26 Agamben, Giorgio, *Die kommende Gemeinschaft*, Berlin 2003.

3.4 Autophagischer Selbstgenuß und die Grundlosigkeit
der Fetische (Slavoj Žižek)

Slavoj Žižek hat in seinen Arbeiten immer wieder auf den Aspekt des Genießens hingewiesen, dem zufolge ein das Gemeinwesen zusammenhaltendes Element gerade nicht auf den Aspekt symbolischer Identifizierung reduziert werden kann. Das gemeinschaftliche Band, das seine Glieder zusammenhält, impliziert immer eine gemeinsame Beziehung zu einem irgendwie gearteten *Ding*, in dem sich das Genießen verkörpert.[27] Gemeinschaften genießen sich in erster Linie selbst, sie zeichnen sich durch ihre »Selbstbesoffenheit« aus: Sie genießen ihren Fetisch, ihr Symbol, ihre Marke gerne auch in demonstrativer Abgrenzung von anderen, die eben keine Gemeinschaftsmitglieder sind. Interessant ist dabei die eingenommene Innen-/Außen-Perspektive, denn nach außen hat das Gemeinschaftliche etwas Phantastisches, mitunter sogar etwas Verstörendes. Nach innen ist dieses Phantastische aber gerade das Wahre, das Reelle, das Evidente. »An diesem Doppelcharakter des Gemeinschaftsimaginären und Gemeinschaftsrealen scheitern einfache Erklärungen funktionaler Art, die immer nach einem handfesten Grund suchen und sich wundern, daß Gewalt ausbrechen kann, nur weil ein Gemeinschaftsphantasma bedroht scheint«, so Wolfgang Eßbach.[28]

Zudem erweist sich die Imagination der Gemeinschaft als verschieden strukturiert, je nach Fetisch oder Symbol, die von der Gruppe verehrt werden. Prinzipiell kann zwar alles und jeder zum Fetisch erkoren werden, dennoch haben sich in der europäischen Geschichte *drei Gemeinschaftsmythen* als zentral und wiederkehrend gezeigt: 1. Die Gemeinschaft des Geistes, 2. die Bluts- und Abstammungsgemeinschaft und 3. die Gemeinschaft des Bodens und der Güter. Aus dieser Vielfalt resultiert indirekt ein enorm befreiender Tatbestand, dem zufolge es eine Grundlosigkeit der Fetische gibt, oder anders gesagt: Was der einen Gemeinschaft lieb und teuer ist (religiöse Insignien/Fetische), muss in der anderen Gemeinschaft keine Rolle spielen, ja, kann sogar eine vehemente Ablehnung erfahren.

---

27 Žižek, Slavoj, »Genieße Deine Nation wie Dich selbst! Der Andere und das Böse – Vom Begehren des ethnischen ›Dings‹«, in: *Gemeinschaften*, hg. v. Joseph Vogl, a. a. O., S. 133-164.

28 Eßbach, Wolfgang, »Gemeinschaft – Rassismus – Biopolitik«, in: *Das Fremde – Der Gast*, hg. v. Wolfgang Pircher, Wien 1993, S. 17-35, hier S. 24.

4. Forschungsdesiderata: Theorie(n) und Praxis der Gemeinschaft

Aus dem Dargelegten resultiert idealiter ein poststrukturalistisches Verständnis (politischer) Gemeinschaften, die, wie bereits erwähnt, *Gemeinschaften ohne Gemeinschaft*, also etwas Vereinigendes sind, ohne je ganz vereinigen zu können. Ihr normativer Sinn bestünde genuin darin, zwischen Singularität und Repräsentation sowie zwischen Bestätigung und Hervorbringung eine unauflösliche Spannung aufrechtzuerhalten.[29] Nancys und Derridas Dekonstruktionen der politischen Gemeinschaft sind nicht zuletzt darin überzeugend, daß sie die Unbegründetheit der Einheit der Gemeinschaft als Vorbedingung für jede Form von Demokratie nachweisen. Damit wird aber auch allen politischen Bewegungen, die sich als Repräsentanten dieser Einheit(en) verstanden haben und zukünftig verstehen werden, eine klare Absage erteilt. Nationalisten, abgeschwächt jedoch auch (konservative) Kommunitaristen gehören zu den Gegnern einer solchen Auffassung. Gemeinschaften, die ja immer auf eine möglichst hohe Sozialintegration ihrer Mitglieder zielen, zeichnen sich in identitärer Perspektive durch Schließungs- beziehungsweise Abgrenzungstendenzen aus. Diesem Verständnis ist zu mißtrauen, denn oftmals wissen die Gemeinschaftsmitglieder gar nicht so genau, was sie tun beziehungsweise was ihnen geschieht, zumal sich die gemeinschaftlich erzeugten Gefühlslagen gerade nicht immer von den einzelnen Mitgliedern steuern lassen. Das Gegenteil einer hier favorisierten gemeinschaftslosen Gemeinschaft wäre die rassistische Gemeinschaft, die genuin darauf abzielt, die Mitglieder nach undurchsichtigen Kriterien auszuwählen und den Bestand zu homogenisieren. Als einem poststrukturalistischen Geist entspringende Forschungsdesiderata ergeben sich die folgenden Bereiche:

(1) Als politisch-ethische Forderung folgt, daß, wenn man schon nicht auf einen Begriff der Gemeinschaft verzichten kann – und nichts wäre bei einer Betrachtung der Geschichte illusorischer –, gerade die Fiktion der Ursprünglichkeit ständig dekonstruiert und ein nicht-identifizierendes Denken der Gemeinschaft gegen ihre mythologischen Regressionstendenzen gestärkt werden muß. Mit den Worten Joseph Vogls muß angegangen werden »gegen [dessen] Okku-

---

29 Bonacker, »Die politische Theorie der Dekonstruktion: Jacques Derrida«, a. a. O., S. 107.

pation durch mythologische, das heißt nationale, völkische, totalitäre oder naturwüchsige Überformungen«.[30]

(2) Sowohl empirisch als auch theoretisch zu erforschen sind neue Formen der (posttraditionalen) Gemeinschaft, die sich strukturell betrachtet als flüchtige, oftmals durch ihre zeitlich begrenzte Dauer und durch ihre Aktualisier- und Abrufbarkeit gekennzeichnete Formationen beschreiben lassen. Zu ihnen gehören virtuelle Gemeinschaften, die zukünftig noch größere Bedeutung erlangen dürften; wobei gerade die Spannung zwischen der Singularität des einzelnen und die Partizipation an solchen Gemeinschaften in ihrer jeweiligen Unmöglichkeit der Abschließung erfaßt werden sollten. Weitere empirische Forschungsfelder zeichnen sich auf den folgenden Gebieten ab: »Vergemeinschaftung durch Konsum« im Sinne von Markengemeinschaften (im Anschluß an den autophagischen Selbstgenuß),[31] das Wiedererstarken von Religionsgemeinschaften jeglicher Art (Sekten etc.). Herrschaftssoziologisch fällt neuerdings ein Bekenntnis zur Elite auf, was im Kontext von Fragen sozialer Ungleichheit, etwa im Sinne von sich abgrenzenden Elitegemeinschaften versus die Masse der Nichtprivilegierten, zu erörtern wäre. Anknüpfungspunkte liefern dabei die politisch ambitionierten Arbeiten zur Gemeinschaft von Jean-Luc Nancy und Jacques Rancière.

Auswahlbibliographie

Agamben, Giorgio, *Die kommende Gemeinschaft*, Berlin 2003.

Brumlik, Micha/ Brunkhorst, Hauke (Hg.), *Gemeinschaft und Gerechtigkeit*, Frankfurt/M. 1993.

Esposito, Roberto, *Communitas. Ursprung und Wege der Gemeinschaft*, Berlin 2004.

Eßbach, Wolfgang/Fischer, Joachim/Lethen, Helmut (Hg.), *Plessners »Grenzen der Gemeinschaft«. Eine Debatte*, Frankfurt/M. 2002.

Grundmann, Matthias/Dierschke, Thomas/Drucks, Stephan/Kurze, Iris (Hg.), *Soziale Gemeinschaften. Experimentierfelder für kollektive Lebensformen*, Berlin 2006.

Nancy, Jean-Luc, *Die undarstellbare Gemeinschaft*, Stuttgart 1988.

30 Vogl, *Gemeinschaften*, a. a. O., S. 22.

31 Hellmann, Kai-Uwe, »Die Geburt der Gemeinschaft aus dem Geist des Kapitalismus«, in: *Berliner Debatte INITIAL* 17, 2006, S. 76-80.

Plessner, Helmuth, »Grenzen der Gemeinschaft. Eine Kritik des sozialen Radikalismus«, in: *Macht und menschliche Natur*, hg. v. Günter Dux et al., Frankfurt/M. 2003, S. 7-133.

Tönnies, Ferdinand, *Gemeinschaft und Gesellschaft. Grundbegriffe der reinen Soziologie, Neudruck der 8. Auflage von 1935*, Darmstadt 1991.

Vogl, Joseph (Hg.), *Gemeinschaften. Positionen zu einer Philosophie des Politischen*, Frankfurt/M. 1994.

Wetzel, Dietmar J., »Gemeinschaft – die Anderen als (imaginäre) Einheit«, in: ders., *Diskurse des Politischen. Zwischen Re- und Dekonstruktion*, München 2003, S. 227-296.

Stephan Moebius
Handlung und Praxis
Konturen einer poststrukturalistischen Praxistheorie

Sozialwissenschaftliche Handlungs- und Praxistheorien teilen vorwiegend die von Max Weber ausgehenden handlungstheoretischen Basisannahmen,[1] daß soziales Handeln erstens stets ein mit Sinn oder Bedeutung verbundenes menschliches Verhalten ist und zweitens der von den Handelnden gemeinte Sinn sich entweder auf das Verhalten anderer bezieht oder sich an Zwecken, Normen, kognitiven Ordnungsschemata oder Regeln etc. orientiert. Handeln weist in dieser Definition nicht nur eine mentale oder sinnhafte Dimension auf, sondern der Begriff des Verhaltens verweist auch auf eine körperliche Seite des Handelns. Stellt man die Frage nach der Verortung sozialwissenschaftlicher Handlungs- und Praxistheorien im größeren Kontext gesellschaftstheoretischer und sozialwissenschaftlicher Theoriebildung, so können diese einerseits von naturalistischen und andererseits von textualistischen Theorien unterschieden werden:[2] Naturalistische Theorien wie beispielsweise der französische Materialismus (La Mettrie, Holbach, Helvétius), der Darwinismus, der Behaviorismus (Watson, Tolmann, Skinner) oder die Soziobiologie (Wilson, Goldscheid) deuten menschliches Verhalten nicht als sinnhaftes Handeln, sondern fassen es in erster Linie analog zum tierischen Verhalten auf. Der mit dem Handeln verbundene subjektive Sinn ist aus dieser Perspektive für die Erklärung des Verhaltens nicht relevant. Textualistische Theorien wie beispielsweise die Systemtheorie von Niklas Luhmann oder die Diskurstheorie des frühen Michel Foucault interpretieren Gesellschaft zwar vor dem Hin-

---

1 Weber, Max, *Wirtschaft und Gesellschaft. Grundriß der verstehenden Soziologie*, Frankfurt/M. 2005, S. 3ff.

2 Im folgenden, einleitenden Abschnitt greife ich zurück auf Reckwitz, Andreas, »Die Entwicklung des Vokabulars der Handlungstheorien: Von den zweck- und normorientierten Modellen zu den Kultur- und Praxistheorien«, in: *Paradigmen der akteurszentrierten Soziologie*, hg. v. Manfred Gabriel, Wiesbaden 2004, S. 303-328; Hörning, Karl H., »Kultur als Praxis«, in: *Handbuch der Kulturwissenschaften*, hg. v. Friedrich Jäger/Burkhard Liebsch, Stuttgart 2004, S. 139-151; ders., *Experten des Alltags. Die Wiederentdeckung des praktischen Wissens*, Weilerswist 2001, S. 157ff.

tergrund des Sinnhaften, verorten die Dimension der Sinnhaftigkeit jedoch auf einer übersubjektiven und oberhalb der Körper angesiedelten Ebene der Texte, der Zeichen, der Kommunikation oder der Diskurse.

Wirft man einen näheren Blick auf das vom Naturalismus und Textualismus abgegrenzte Feld sozialwissenschaftlicher Handlungs- und Praxistheorien, so lassen sich vier handlungstheoretische Modelle voneinander unterscheiden: Erstens das Modell des *homo oeconomicus*, zweitens das Modell des *homo sociologicus*, drittens mentalistische und viertens praxeologische Handlungstheorien.[3] Das Handeln ist im Modell des *homo oeconomicus* vor allem ein interessengeleitetes Handeln, das entweder Kosten-Nutzen-Erwägungen, dem Prinzip vorteilsbasierter Motivation oder einer bestimmten Art von Verschränkung zwischen instrumenteller und axiologischer, also dem Handeln einen Sinn zuschreibender Vernunft folgt.[4] Diesem Handlungsmodell nach, das sich ausgehend von den schottischen Moralphilosophen über Adam Smith bis hin zu den gegenwärtigen Rational-Choice-Theorien entwickelt hat, basiert Gesellschaft auf einer Aggregation individueller Handlungen. Das Modell des *homo sociologicus* hingegen versteht unter Handeln in erster Linie ein von sozialen Normen, Werten und Rollenerwartungen abgeleitetes Phänomen. Zielt die zweckorientierte Theorie des *homo oeconomicus* auf eine Erklärung *individuellen Handelns*, versucht die vor allem von Emile Durkheim und Talcott Parsons formulierte normenorientierte Handlungstheorie Erklärungen der *Geordnetheit* des Handelns, der *kollektiven Abgestimmtheit* und der *sozial-integrativen Handlungskoordinationen* zu geben. Auf die Frage »Was ist soziale Ordnung?« antwortet dieses Modell: Soziale Ordnung besteht aus normativen Sollens-Regeln, die als übersubjektive Handlungskriterien das Handeln der Gesellschaftsmitglieder aufeinander abstimmen.

Von diesen zwei handlungstheoretischen Modellen sind sowohl

3 Zu den ersten drei Theoriemodellen vgl. auch Etzrodt, Christian, *Sozialwissenschaftliche Handlungstheorien*, Konstanz 2003.

4 Letzteres gilt beispielsweise für die Handlungstheorie von Raymond Boudon, der insofern eine komplexere Version des Modells des *homo oeconomicus* anbietet, als er zwar von einer utilitaristischen Motivation individuellen Handelns ausgeht, zugleich aber die restriktiven Handlungsbedingungen und unbeabsichtigten Folgen des Handelns (»effets pervers«) mit einbezieht. Vgl. Moebius, Stephan/Peter, Lothar, »Neue Tendenzen der französischen Soziologie«, in: dies. (Hg.), *Französische Soziologie der Gegenwart*, Konstanz 2004, S. 9-77, hier S. 12f.

mentalistische als auch praxeologische Theorien zu differenzieren, die den Menschen weder als *homo oeconomicus* noch als *homo sociologicus*, sondern als ein *animal symbolicum* (Ernst Cassirer) begreifen, das heißt als ein auf Symbole angewiesenes Lebewesen. Anstatt Handeln auf Zwecke oder Normen zurückzuführen, spielen hier die Dimensionen der kognitiven Wissensvorräte, kulturellen Sinnsysteme und symbolischen Strukturen, die das Handeln der Menschen konfigurieren und mit denen sich die Akteure die Welt repräsentieren, eine wesentliche Rolle. Mentalistische Theorien wie etwa der Strukturalismus von Claude Lévi-Strauss oder die Phänomenologie von Alfred Schütz verorten die Vergesellschaftung trotz ihrer vordergründigen Gegensätzlichkeit auf der gleichen Ausgangsebene der immanenten Komplexität mental-intentionaler Akte oder universeller Gesetze im Inneren eines unbewußt tätigen Geistes, der durch menschliches Verhalten zum Ausdruck kommt.[5] Ausgehend von den entweder objektivistisch oder subjektivistisch ausgerichteten mentalistischen Theorien haben sich in der letzten Hälfte des 20. Jahrhunderts praxeologische Handlungsmodelle entwickelt. Diese kommen aus den unterschiedlichen Theorietraditionen des Strukturalismus, der Phänomenologie, der Ethnomethodologie, des Pragmatismus sowie der Wittgenstein'schen und Heidegger'schen Philosophie,[6] aber sie bilden dennoch eine eigenständige handlungstheoretische Konzeption: eine »Theorie sozialer Praktiken«, zu der beispielsweise die soziologischen Theorien von Pierre Bourdieu, Anthony Giddens, Hans Joas oder die Ethnomethodologie von Harold Garfinkel gezählt werden können.

Aus dem Blickwinkel der praxeologischen Handlungstheorien werden die kognitiv-symbolischen Ordnungen, die kulturellen Codes und Strukturen der Gesellschaft nicht auf der mentalen Ebene, sondern auf der Ebene sozialer Praktiken angesiedelt, durch die die Deutungsmuster, Sinnstrukturen, kollektiven Wissensschemata und symboli-

---

5 Vgl. Lévi-Strauss, Claude, *Strukturale Anthropologie. Bd. I*, Frankfurt/M. 1969, S. 79.

6 Vgl. Reckwitz, Andreas, *Die Transformation der Kulturtheorien. Zur Entwicklung eines Theorieprogramms*, Weilerswist 2000; ders., »Grundelemente einer Theorie sozialer Praktiken: Eine sozialtheoretische Perspektive«, in: *Zeitschrift für Soziologie*, Jg. 32/4, 2003, S. 282-301; Schatzki, Theodore R. et al. (Hg.), *The Practice Turn in Contemporary Theory*, London/New York 2001; Hörning, *Experten des Alltags*, a. a. O., S. 160ff.

schen Machtverhältnisse erst ihre Wirkungen entfalten und überhaupt bestehen können. Soziale Praktiken sind aus dieser Sicht routinisierte Formen körperlicher Darstellungen, »praktischer Vernunft« (Mauss)[7] und »sinnhafter Verstehensleistungen«, die »spezifische Formen des impliziten Wissens, des Know-how, des Interpretierens, der Motivation und der Emotion«[8] beinhalten und in enger Verbindung mit Artefakten stehen. Im Unterschied zu individualistischen Theorien stellen soziale Praktiken nicht bloß die Summe von Einzelhandlungen dar, sondern die einzelne Handlung ist aus praxeologischer Sicht ein Teil übersubjektiver Handlungsgefüge. Das den Praktiken intrinsische Moment der Körperlichkeit und Materialität verweist auf die Inkorporiertheit von kulturellen Codes, eine in der alltäglichen Praxis körperlich-habituelle Einverleibung und Materialisierung symbolischer Wissensbestände. Die Strukturierung gesellschaftlicher Wirklichkeit vollzieht sich in komplexen Netzwerken sozialer Praktiken und in der bestimmten Form einer »Logik der Praxis« (Bourdieu): durch gleichförmige, repetitive und routinisierte Handlungsmuster, durch die die Sinnstrukturen – in einer Art Wiederholungszwang – stabil bleiben und sich reproduzieren.

Eine spezifische Variante der praxeologischen Handlungstheorien bilden die vom Denken Jacques Derridas ausgehenden poststrukturalistischen Praxistheorien.[9] Diese legen den Akzent insbesondere auf

---

7 Eine der frühen kulturtheoretischen Praxistheorien findet man bei Marcel Mauss, insbesondere in dessen Vortrag über die Techniken des Körpers (hier kommen die Begriffe des Habtius und der praktischen Vernunft zum Tragen) und in seinem Gabe-Theorem, vgl. Moebius, Stephan, *Marcel Mauss*, Konstanz 2006; ders., *Die elementaren Diskurse der Gabe. Marcel Mauss' paradigmatische Wirkung auf die Sozial- und Kulturtheorien* (i. E.).

8 Reckwitz, »Die Entwicklung des Vokabulars der Handlungstheorien«, a. a. O., S. 318, sowie Reckwitz, Andreas, *Subjekt*, Bielefeld 2008, S. 135.

9 Vgl. zum folgenden Moebius, Stephan, *Die soziale Konstituierung des Anderen. Grundrisse einer poststrukturalistischen Sozialwissenschaft nach Lévinas und Derrida*, Frankfurt/New York 2003, S. 81 ff.; ders., »Diskurs – Ereignis – Subjekt. Diskurs- und Handlungstheorie im Ausgang einer poststrukturalistischen Sozialwissenschaft«, in: *Die diskursive Konstruktion der Wirklichkeit*, hg. v. Reiner Keller et al., Konstanz 2005, S. 127-148; Moebius, Stephan/Wetzel, Dietmar, *Absolute Jacques Derrida*, Freiburg 2005; Moebius, Stephan/Quadflieg, Dirk, »Jacques Derrida (1930-2004). Kultur als Kultur des Anderen«, in: *Culture Club II. Klassiker der Kulturtheorie*, hg. v. Martin L. Hofmann et al., Frankfurt/M. 2006, S. 293-311; Moebius, Stephan, »Strukturalismus/Poststrukturalismus«, in: *Soziologische Theorien. Ein Handbuch*, hg. v. Markus Schroer/Georg Kneer, Wiesbaden 2008 (i. E.).

eine permanente Unberechenbarkeit, Verschiebbarkeit und Unentscheidbarkeit, die den repetitiven sozialen Praktiken inhärent sind. »Jede Wiederholung ist immer ganz anders«, so lautet die Annahme des Poststrukturalismus, der diese Art von »differenzierender Wiederholung« (Deleuze) mit dem Begriff der »Iterabilität« bezeichnet (abgeleitet aus dem Sanskrit: »itara = anders«). Niemals läßt sich eine Praxis absolut gleich oder identisch wiederholen, immer existiert eine Art von Andersheit in der Wiederholung, eine Art »verschiebende Verzeitlichung« (*différance*), so daß sich von hier aus die Möglichkeit ergibt, daß die repetitiven Praktiken mit den ihnen vorangegangenen Kontexten, kulturellen Codes oder symbolischen Strukturen brechen oder diese verschieben.[10] Das bedeutet auch, daß diese Kontexte oder Strukturen selbst höchst instabil und dezentriert sind, da sie jederzeit durch die Andersheit in der Wiederholung »gefährdet« werden.

Es kann insbesondere zwischen zwei aufeinander verweisenden Varianten poststrukturalistischer Praxistheorien differenziert werden: (1) dem Konzept einer »passiven Entscheidung des Anderen in mir« von Jacques Derrida und (2) der »Theorie der performativen Praxis« von Judith Butler.[11]

1. Praxis als »passive Entscheidung des Anderen in mir« – Jacques Derrida

Derrida faßt Praktiken als Entscheidungen auf, die auf einem unentscheidbaren Terrain getroffen werden müssen und einen ereignishaften Charakter aufweisen. Er bezeichnet sie als »passive Entscheidun-

---

10 Zu dieser verändernden Kraft der Wiederholung siehe auch Waldenfels, Bernhard, »Die verändernde Kraft der Wiederholung«, in: *Zeitschrift für Ästhetik und Allgemeine Kunstwissenschaft 46*, S. 5-17.

11 Eine kulturwissenschaftliche Variante poststrukturalistischer Praxistheorien, die in gewisser Weise zwischen Derridas Konzeption und Butlers Theorie der performativen Praxis verortet werden kann, findet man in Homi K. Bhabhas postkolonialer Kulturtheorie. Vgl. Bhabha, Homi K., »Das Postkoloniale und das Postmoderne. Die Frage der Handlungsmacht«, in: ders., *Die Verortung der Kultur*, Tübingen 2000, S. 255-294. Vgl. zu Bhabhas Theorie interpellativer Praxis auch Moebius, Stephan, »Exkurs über Fremdheit, Andersheit und hybride Identitäten«, in: ders., *Simmel lesen. Moderne, dekonstruktive und postmoderne Lektüren der Soziologie von Georg Simmel*, Stuttgart 2002, S. 91-134.

gen des Anderen in mir«. Um dies näher zu erläutern, soll zunächst geklärt werden, was mit »Unentscheidbarkeit« und »Entscheidung« gemeint ist.

Unter »Unentscheidbarkeit« versteht Derrida die Unmöglichkeit von Sinnsystemen, symbolischen Ordnungen, Diskursen oder auch Identitäten, jemals eine geschlossene Einheit beziehungsweise eine endgültige, stabile und fixierte Bedeutung zu erlangen. Verantwortlich für die Unmöglichkeit, Bedeutung zu fixieren, ist ein »konstitutives Außen«. Damit ist ein nicht repräsentierbares Außen bezeichnet, von dem sich ein Diskurs oder eine symbolische Ordnung abgrenzen muß, um seine eigene Identität zu behaupten. Das am Rand der symbolischen Ordnung angesiedelte Außen bestimmt paradoxerweise zugleich sowohl die Möglichkeit, sich im Kontrast zum Außen als einheitliche Ordnung zu konstituieren (das Außen ist für das Innen konstitutiv, das »Wir« bedarf der ausgegrenzten »Anderen«), als auch die Unmöglichkeit dieser Ordnungen, sich jemals zu schließen. In der von Emmanuel Lévinas inspirierten Begrifflichkeit Derridas[12] wird dieses konstitutive Außen von ihm in zahlreichen Texten auch als das oder der Andere bezeichnet.[13] Gerade die Unmöglichkeit der symbolischen Ordnung, sich aufgrund des Außen zu schließen, führt nach Derrida zu Uneindeutigkeiten, Sinnzusammenbrüchen und Unentscheidbarkeiten.[14]

Die Unentscheidbarkeiten müssen durch Entscheidungen aufgelöst werden. Dies geschieht durch das Zusammenfügen der differentiellen Elemente eines Diskurses zu neuen Sinnzusammenhängen und diskursiven Knotenpunkten.[15] »Entscheiden« ist aus dieser Sicht

12 Vgl. dazu Moebius, *Die soziale Konstituierung des Anderen*, a. a. O.

13 Wobei der Begriff des Anderen sowohl für das Andere der Struktur als auch die Andersheit des (personalen) Anderen steht. Inwiefern die Andersheit des Anderen mit der Andersheit der Struktur/des Diskurses/der symbolischen Ordnung in einem Zusammenhang steht, dazu siehe Moebius, *Die soziale Konstituierung des Anderen*, a. a. O.

14 Eine detaillierte poststrukturalistische Theoretisierung von Sinnzusammenbrüchen findet man in Stäheli, Urs, *Sinnzusammenbrüche. Eine dekonstruktive Lektüre von Niklas Luhmanns Systemtheorie*, Weilerswist 2000.

15 Entscheidungen im Sinne einer Etablierung von Beziehungen zwischen differentiellen Elementen und den daraus entstehenden, teilweise Bedeutung konstituierenden diskursiven Knotenpunkten bezeichnen Ernesto Laclau und Chantal Mouffe in ihrer poststrukturalistischen Hegemonietheorie auch als »artikulatorische Praktiken«; vgl. Laclau, Ernesto/Mouffe, Chantal, *Hegemonie und radikale*

eine Art sinnkonstituierende Praxis vor dem Hintergrund des Nicht-Sinns beziehungsweise der Unentscheidbarkeit.[16]

Derrida betont, daß der Hiatus zwischen Diskurs beziehungsweise symbolischer Ordnung und seinem Außen, der Raum der Unentscheidbarkeit, die Bedingung der Möglichkeit für die Entscheidung überhaupt ist: »[O]hne den Hiatus, der nicht die Abwesenheit von Regeln bedeutet, sondern die Notwendigkeit eines Sprungs hin zum Moment einer ethischen, juristischen oder politischen Entscheidung, bräuchten wir nur unser Wissen in einem Handlungsprogramm abzuspulen. Doch nichts wäre unverantwortlicher und totalitärer.«[17] Anders gesagt, gerade weil das Sinngefüge zusammengebrochen ist und dadurch eine unentscheidbare Situation oder Krise entstanden ist, ist Entscheidung möglich und für die Wiederherstellung von Sinn notwendig. Aufgrund der Zerrüttung des Sinngefüges kann die Entscheidung auf dem unentscheidbaren Terrain jedoch keine bloß rationale Maßnahme sein.

Eine Entscheidung ist in Derridas Augen kein dezisionistischer oder rationaler Akt, sondern vielmehr stets kreativ;[18] sie gleicht einem Ereignis, da sie von außerhalb des bestehenden Sinnhorizonts und jenseits vorgegebener Handlungsmuster kommen muß. Mit »Entscheidung« bezeichnet Derrida demnach das *Ereignis einer In(ter)vention* des Außen in den Diskurs; ein Ereignis, das bestehende Erwartungsstrukturen und diskursive Sinnzusammenhänge transzendiert.

Ereignishafte Handlungspraktiken beziehungsweise Entscheidungen werden durch die Eröffnung der Beziehung zum Anderen der

Demokratie. Zur Dekonstruktion des Marxismus, Wien 1991, S. 155, 165; siehe auch Moebius, *Die soziale Konstituierung des Anderen*, a. a. O., S. 204 ff.; zum Begriff der Entscheidung siehe auch Laclau, Ernesto, »Dekonstruktion, Pragmatismus, Hegemonie«, in: Mouffe, Chantal, *Dekonstruktion und Pragmatismus. Demokratie, Wahrheit und Vernunft*, Wien 1999, S. 111-153.

16 Zum Nicht-Sinn, zur Dissemination von Sinn und dem damit zusammenhängenden »Zeichenpotlatsch« vgl. Derridas dekonstruktive Lektüre von Bataille: Derrida, Jacques, »Von der beschränkten zur allgemeinen Ökonomie. Ein rückhaltloser Hegelianismus«, in: ders., *Die Schrift und die Differenz*, Frankfurt/M. 1997, S. 380-421, hier: S. 394, S. 414 und S. 416. Zu Derrida und Bataille vgl. auch Moebius, Stephan, *Die Zauberlehrlinge. Soziologiegeschichte des Collège de Sociologie (1937-1939)*, Konstanz 2006, S. 469 ff.

17 Derrida, Jacques, *Adieu. Nachruf auf Emmanuel Lévinas*, München/Wien 1999, S. 146 f.

18 Hier sehe ich auch die Verbindungspunkte zu Joas, Hans, *Die Kreativität des Handelns*, Frankfurt/M. 1992.

symbolischen Ordnungen möglich. Derrida bezeichnet sie als »passive Entscheidung des Anderen in mir«,[19] weil die Entscheidungen erst durch den Anderen, durch den die Unentscheidbarkeit erzeugt wird, möglich werden. »Passiv« sind Entscheidungen deshalb, weil sie weder bloß intentional oder bewußt noch ein aktiver Akt eines vorgängigen Subjekts sind; vielmehr beinhaltet eine Entscheidung ein passivisches, unbewußtes und responsives Moment, das noch vor der Unterscheidung zwischen passiv/aktiv anzusiedeln ist.[20] Derrida erläutert dies folgendermaßen: »Meine Entscheidung – und ich weiß, daß dieser Satz für die klassische Logik inakzeptabel ist –, meine Entscheidung müßte immer die Entscheidung des Anderen sein. [...] Wenn die Entscheidung ein Ereignis sein soll, wenn sie meine Macht, mein Vermögen, meine Möglichkeiten und den gewöhnlichen Gang der Geschichte unterbrechen soll, dann muß ich von meiner Entscheidung getroffen werden, wie immer unakzeptabel das jeder Logik erscheint. [...] [E]s ist der Andere, der in mir entscheidet, ohne daß ich darum von ›meiner‹ Verantwortung dispensiert wäre.«[21]

Der Ausdruck »der Andere in mir« verweist auf die für die Entscheidung konstitutive Rolle des Außen, das heißt auf eine Selbstentgrenzung und Selbstüberschreitung des Subjekts im Moment der Praxis sowie auf eine absolute Öffnung zum Anderen hin.[22] Praxis beziehungsweise Entscheiden wird dann zu einer Art »Antwort« auf den Anderen.[23]

19 Derrida, Jacques, *Politik der Freundschaft*, Frankfurt/M. 2000, S. 105.

20 Vgl. zu dieser Auffassung von Passivität Lévinas, Emmanuel, *Jenseits des Seins oder anders als Sein geschieht*, Freiburg/München 1998, S. 119 ff. Ebenso: Butler, Judith, »Laplanche und Lévinas: Der Vorrang des Anderen«, in: dies., *Kritik der ethischen Gewalt*, Frankfurt/M. 2007, S. 119. Zur Wendung »der Andere in mir« siehe den Begriff des »Psychismus« bei Lévinas, *Jenseits des Seins*, a. a. O., S. 249.

21 Derrida, Jacques, *Eine gewisse unmögliche Möglichkeit, vom Ereignis zu sprechen*, Berlin 2003, S. 44 f. Vgl. auch Derrida, *Politik der Freundschaft*, a. a. O., S. 310 f.

22 Diese Selbstentgrenzung verweist neben Lévinas auf das Denken von Georges Bataille und des *Collège de Sociologie*, das entscheidende Impulse für den Poststrukturalismus geliefert hat; vgl. Moebius, *Die Zauberlehrlinge*, a. a. O. Der aktuellen soziologischen Theorie ist diese poststrukturalistische Bestimmung von Handeln als Selbstentgrenzung nicht fremd: So hat vor allem Hans Joas in *Die Kreativität des Handelns*, a. a. O., darauf verwiesen, daß die Erfahrung der Selbstüberschreitung beziehungsweise Selbsttranszendenz eine konstitutive Grundlage individueller und kollektiver Handlungsfähigkeit darstellt.

23 Aufgrund der konstitutiven Rolle, die dem Anderen bei der Entscheidung zukommt, ist nach Derrida die Entscheidung auch keine *selbst*begründete Entscheidung, wie

Praxis/Entscheidung ist demnach nicht wie im strukturalistischen Denken oder in der Praxeologie Bourdieus letzten Endes von der Strukturiertheit des Feldes bestimmt, sondern als »passive Entscheidung des Anderen in mir« ist Praxis aus poststrukturalistischer Perspektive auch wesentlich abhängig von dem dezentrierenden konstitutiven Außen, dem Anderen, das bis hinein in die Möglichkeit »meines« Entscheidens wirksam ist. In der Erklärung, wie sich einerseits Strukturen durch Praktiken transformieren und andererseits Strukturen die Praktiken anleiten, berücksichtigt eine poststrukturalistisch informierte Praxistheorie im Unterschied zu traditionellen Theorien des Dualismus von Praxis und Struktur (Giddens, Bourdieu) auch das konstitutive Außen der Struktur. Statt also von einem Struktur-Praxis-Dualismus auszugehen, weisen poststrukturalistische Praxistheorien folglich auf eine sich gegenseitig konstituierende Triade von »Praxis-Struktur-Außen/Anderer« hin.

Die »passive Entscheidung des Anderen in mir« ist gekoppelt an die differenzierende Wiederholung beziehungsweise Iterabilität, denn im Moment der »passiven Entscheidung des Anderen in mir« werden nach Derrida diskursive Strukturen und Sinnsysteme *iterativ* (also mit der Nuance der Andersheit und einer ereignishaften Verschiebung) wiederholt, neu zusammengesetzt und transformiert.

Die »Handlungsmacht oder -freiheit« der Subjekte besteht aus dieser Perspektive weder in einer ihnen inhärenten Machtposition, einem aktiven Dezisionismus, einer Intentionalität oder sonstigen Wesenseigenschaften, noch ist sie ein voluntaristischer Akt eines vor der Handlung existierenden Subjekts. Statt dessen verdankt sich die »Handlungsmacht« vielmehr der Öffnung des Diskurses, das heißt dem Anderen des Diskurses. Nach Derrida sind Praktiken je nach Situation und Kontext immer anders gelagerte *Antworten* auf den Anderen beziehungsweise auf die vom Anderen erzeugten Unentscheidbarkeiten in den Diskursen und Situationsdefinitionen.[24] Eine

dies etwa Ernesto Laclau annimmt; vgl. Derrida, Jacques, »Bemerkungen zu Dekonstruktion und Pragmatismus«, in: *Dekonstruktion und Pragmatismus*, a. a. O., S. 171-195; siehe auch Moebius, *Die soziale Konstituierung des Anderen*, a. a. O., S. 199f., S. 207ff.

24 Zum »Antwortcharakter« von Praktiken vgl. auch Waldenfels, Bernhard, »Symbolik, Kreativität und Responsivität. Grundzüge einer Phänomenologie des Handelns«, in: *Handlungstheorie. Begriff und Erklärung des Handelns im interdisziplinären Diskurs*, hg. v. Jürgen Straub/Hans Werbik, Frankfurt/M./New York, S. 243-260 sowie Hörning, Karl H., »Soziale Praxis zwischen Beharrung und Neu-

poststrukturalistisch informierte Praxistheorie richtet insofern ihre Aufmerksamkeit nicht nur auf die Praktiken der Selektion und Kontrolle von Diskursen. Auch analysiert sie nicht nur, wie die Gesellschaft die ereignishaften Praktiken und Interventionen zu bändigen und zu bannen versucht.[25] Vielmehr erforschen an Derrida angelehnte poststrukturalistische Praxistheorien, wie es aufgrund von Andersheit beziehungsweise konstitutivem Außen überhaupt erst zu Sinnzusammenbrüchen, Interventionspraktiken, Verschiebungen und Ereignissen kommt.[26]

2. Die Theorie der performativen Praxis – Judith Butler

Auch die Theorie der performativen Praxis von Judith Butler betont den Aspekt des Verschiebens von Handlungszusammenhängen und die praktische Intervention in symbolischen Ordnungen, die durch alterierende beziehungsweise iterative Wiederholungen erzeugt werden. Neben ihren Analysen, wie sich Geschlechtsidentitäten und -körper durch die wiederholende Praxis eines regulierenden Sexualregimes performativ konstituieren oder wie Materialität als eine *in der Zeit stattfindende Praxis der Materialisierung von Normen* vorzustellen sei, bildet die Frage nach der Subjektivität und der Handlungsfähigkeit den wesentlichen Kern ihrer Arbeiten.

Butler geht wie andere poststrukturalistische Autorinnen und Autoren nicht von einem der Praxis vorgängigen Subjekt aus, von dem aus in einem zweiten Schritt Handeln inszeniert und intentional vollzogen wird. Vielmehr konstituiert sich das Subjekt erst *im* Moment routinisierter Praxis. Dabei entsteht das Subjekt in ihren Augen nicht in einem einzigen Akt, sondern es wird in wiederholenden »perfor-

schöpfung. Ein Erkenntnis- und Theorieproblem«, in: *Doing Culture. Neue Positionen zum Verhältnis von Kultur und sozialer Praxis,*«, hg. v. ders./Julia Reuter, Bielefeld 2004, S. 19-39, hier S. 30. Zum konstitutiven Situationsbezug des Handelns vgl. Joas, *Die Kreativität des Handelns,* a. a. O., S. 235 ff. Zur Situationsdefinition siehe Esser, Hartmut, *Die Definition der Situation,* in: ders., *Soziologische Anstöße,* Frankfurt/M./New York, S. 109-150.

25 Vgl. Foucault, Michel, *Die Ordnung des Diskurses,* Frankfurt/M. 1991, S. 11.

26 So sieht Derrida beispielsweise in der Praxis der Gabe nicht – wie der Strukturalismus von Claude Lévi-Strauss – ein reziprokes Tauschsystem, sondern vielmehr eine ereignishafte Unterbrechung der Struktur und des Symbolischen; vgl. Moebius, *Marcel Mauss,* a. a. O., S. 135.

mativen« Praktiken immer neu unterworfen und produziert – Butler bezeichnet diesen Prozeß von Unterordnung und Werden als »Subjektivation« (*assujettissement*).[27] Bei ihrer Analyse der Konstituierung von Subjekten und widerständigen Handlungspraktiken bezieht sich Butler auf das Modell der performativen Sprachhandlung, von dem die Sprechakttheorie ausgeht.[28] Performative Äußerungen werden dabei als Praktiken verstanden, die das, was sie benennen, hervorbringen und bestimmte Wirkungen zeitigen. Aus poststrukturalistischer Perspektive ist das Sprechen eine Praxis.[29] Dabei gibt es keinen ursprünglichen Willen in der performativen Äußerung – weder von einem Subjekt, noch ist der Sprechakt selbst in der Position eines Subjekts. Die Performativität ist auch nicht im Sinne eines Inszenierungsmodells (*performance*) zu betrachten, vielmehr ist sie eine *in der Wiederholung stattfindende Verstofflichung in Zeit und Raum*: Ihre produktive Wirkung erzielt die performative Äußerung nicht aufgrund der Autorität eines vereinzelten »Aktes« eines Akteurs, sondern den Konstitutionsmacht erhält sie – wie Butler in Anlehnung an Derrida[30] betont – durch die stetige Praxis des Zitierens von Normen, durch die Macht der Iterabilität und ihrer ritualisierten Produktion. Ein Beispiel ist die Äußerung der Hebamme bei der Geburt: »Es ist ein Mädchen!« Dies ist nach Butler nicht bloß eine Feststellung, sondern eine mit symbolischer Macht ausgestattete performative Äußerung, die einen weitläufigen Prozeß der Verkörperung von Normen entfacht; eine performative Praxis, mit der »ein bestimmtes ›Zum-Mädchen-Werden‹« erzwungen werde. Der performative Akt ist hier eine Art deklarative Direktive zur Selbstregulierung: Sei ein Mädchen! Nach Butler ist dies der Beginn eines Zwangs, die »Norm zu ›zitieren‹, um sich als lebensfähiges Subjekt zu qualifizieren«.[31] Die Wirksamkeit einer performativen Äußerung hängt aus dieser Perspektive weniger von der Absicht der Sprechhandlung ab. Die performative Pra-

27 Butler, Judith, *Psyche der Macht. Das Subjekt der Unterwerfung*, Frankfurt/M. 2001, S. 81 ff.

28 Vgl. Austin, John L., *Zur Theorie der Sprechakte*, Stuttgart 1972.

29 Daß und wie Sprechen mit Praxis in eins fällt, hat bereits Mauss in seiner Studie zum Gebet analysiert; vgl. Mauss, Marcel, *Œuvre I. Les functions sociales du sacré*, Paris 1968, S. 357 ff. Vgl. auch Moebius, *Marcel Mauss*, a. a. O., S. 72 ff.

30 Derrida, Jacques, »Signatur Ereignis Kontext«, in: *Randgänge der Philosophie*, Frankfurt/M./Berlin/Wien 1976, S. 150.

31 Butler, Judith, *Körper von Gewicht. Die diskursiven Grenzen des Geschlechts*, Frankfurt/M. 1997, S. 318.

xis ist vielmehr deswegen erfolgreich »weil die Handlung frühere Handlungen echogleich wiedergibt und *die Kraft der Autorität durch Wiederholung oder das Zitieren einer Reihe vorgängiger autoritativer Praktiken akkumuliert.* Das bedeutet also, daß eine performative Äußerung in dem Maße ›funktioniert‹, wie sie die konstitutiven Konventionen, von denen sie mobilisiert wird, *heranzieht und verdeckt.*«[32]

Performative Äußerungen gehen ferner über bloße sprachliche Zuschreibungen hinaus, insofern sie nach Butler auch körperliche Praktiken (Mimiken, Artikulationen, Bewegungen, Zeichen etc.) und inkorporierte Verhaltensschemata umfassen. Es läßt sich beispielsweise die gängige Norm der Zweigeschlechtlichkeit nach Butler nur dadurch aufrechterhalten, daß sie durch vergeschlechtlichte Körperpraktiken (*doing gender*), Identifizierungen und Verhaltensschemata ständig re-zitiert und performativ wiederholt wird. Dies bedeutet darüber hinaus, daß es kein vorhergegangenes Original (beispielsweise *sex*) vor der Kopie (*gender*) sowie keinen festgelegten Identitätskern gibt, sondern nur zitathafte Wiederholungspraktiken kultureller Codierungen von Geschlecht, die allmählich zu der Vorstellung eines Originals sedimentieren. Das heißt, die Kraft der Normen ist funktional von der permanenten Aktualisierung und Zitierung abhängig.

In der Wiederholung können aber zugleich auch die Normen verschoben und anders wiederholt werden, wie dies zum Beispiel in der Travestie geschieht, die die gängige Geschlechterordnung von Original und Imitation durcheinanderbringt: »Die Praxis, vermittels deren die Entstehung sozialer Geschlechtsidentität, das Verkörpern von Normen, erfolgt, ist eine zwingende Praxis, eine gewaltsame Erzeugung, sie ist aus dem Grund aber nicht vollständig determiniert. In dem Maße, wie das Geschlecht eine Anweisung ist, ist es auch eine Anweisung, die niemals ganz erwartungsgemäß ausgeführt wird, deren Adressat das Ideal niemals völlig ausfüllt, dem sie/er sich gezwungenermaßen annähert. Darüber hinaus besteht dieses Verkörpern in einem wiederholten Prozeß.«[33]

Performative Äußerungen wie beispielsweise Schimpfnamen (*queer*), verletzende Ausdrücke (*hate speech*)[34] sowie bestimmte körperliche Gesten und Verhaltensschemata, aber auch Schlüsselbegriffe der Moderne wie Freiheit, Gerechtigkeit, Subjekt oder Universalität können

32 Butler, *Körper von Gewicht*, a. a. O., S. 311 und S. 318.
33 Butler, *Körper von Gewicht*, a. a. O., S. 317.
34 Vgl. Butler, Judith, *Haß spricht. Zur Politik des Performativen*, Berlin 1998.

Wiedereinschreibungspraktiken und Resignifizierungen erfahren, die über den Kontext ihres früheren Gebrauchs hinausgehen und mit den konventionellen Bedeutungen und Bedeutungsstrukturen brechen. Dies ist deshalb möglich, weil die Strukturen, symbolischen Ordnungen und kulturellen Codes, die durch zitathafte Praktiken wiederholt werden, aus poststrukturalistischer Perspektive weder eindeutige Anweisungen noch einen völlig festgelegten Sinnkern aufweisen, sondern in sich schon mehrdeutig sind.

Unter einer »Politik der Performativität« versteht Butler diejenigen Verschiebungspraktiken, die sich traditionelle, normierende und strukturierende Begriffe, Verhaltensschemata und Körperpraktiken für andere Zwecke »falsch« aneignen, sie falsch zitieren und sie in der Wiederholung anders resignifizieren, um sie auf diese Weise den vorangegangenen Strukturen zu enteignen: »Ermöglicht von dem gleichen Signifikanten, der zu seiner Fortsetzung auf die Zukunft jener zitatförmigen Kette angewiesen ist, ist das Handlungsvermögen der Hiatus in der ständigen Wiederholung, der Zwang, eine Identität durch Wiederholung zu installieren, die gerade die Kontingenz, das nicht-determinierte Intervall erfordert, das die Identität hartnäckig zu verwerfen trachtet.«[35] Diese Sichtweise politischen und widerständigen Handelns verweist darauf, die »Logik der Iterabilität« als eine gesellschaftliche Logik zu erkennen.[36]

Im Unterschied zu Derrida liegt der Akzent bei Butler weniger auf dem ereignishaften Charakter der Praktiken als vielmehr auf ihrer Zitatförmigkeit. Aber ähnlich wie in Derridas Praxismodell der »passiven Entscheidung des Anderen in mir« liegt die von Butler ins Feld geführte Resignifizierungs- und Handlungsmacht in einer passiven, weil woandersher kommenden, vorgängigen Ermöglichung von Entscheidung und (widerspenstiger) Praxis. Paradoxerweise kann sich das Subjekt den Normen, Machtverhältnissen und Anrufungsstrukturen[37] nur widersetzen, weil es durch sie als soziales Subjekt hervorgebracht wird. Das Subjekt existiert insofern immer »in einem Komplizentum mit der Macht«,[38] das heißt Handlungsvermögen und widerspenstige Praktiken sind den Machtverhältnissen und An-

---

35 Butler, *Körper von Gewicht*, a. a. O., S. 301.

36 Butler, *Haß spricht*, a. a. O., S. 212.

37 Vgl. dazu die Analyse des Althusserschen Modells der Interpellation durch Butler, *Psyche der Macht*, a. a. O., S. 101 ff.

38 Butler, *Körper von Gewicht*, a. a. O., S. 39.

rufungsstrukturen immanent: »Die Übernahme von Macht ist keine geradlinige Aufgabe, etwa so, daß Macht von der einen Stelle übernommen, intakt übertragen und dann zur eigenen gemacht wird; der Aneignungsakt kann eine Veränderung der Macht beinhalten, so daß die übernommene oder angeeignete Macht gegen jene Macht arbeitet, die diese Übernahme ermöglicht hat.«[39]

»Das Ich entsteht unter der Bedingung der ›Spur‹ des anderen [...]«;[40] in der normierenden und identifizierenden performativen Anrufung durch den Anderen konstituiert sich das Subjekt, das nun aufgrund der Anrufung des Anderen entscheiden kann, *wie* es darauf antwortet und wie es diese wiederholt.[41] Dies verweist nach Butler auch auf einen Aspekt ethisch-politischer Verantwortung in der Praxis: Der Sprechende ist gerade aufgrund des Zitatcharakters für seine Äußerungen und Praktiken verantwortlich. »Die Verantwortung ist also mit dem Sprechen als Wiederholung, nicht als Erschaffung verknüpft.«[42]

3. Soziale Praxis als Wiederholung, Kreativität und Ereignis

Zusammengefaßt teilen poststrukturalistische Praxistheorien mit anderen praxeologischen Handlungstheorien folgende Annahmen:[43] Erstens bevorzugen sie den Begriff der Praxis, da dieser deutlicher als die Begriffe »Handlung« oder »Handeln«, die eine individualistische Konnotation enthalten, den kollektiven und repetitiven Charakter von menschlichen Aktivitäten hervorhebt. Zweitens widmen sie der körperlichen Ebene sozialer Praktiken eine besondere Aufmerksamkeit. Drittens heben praxeologische Theorien die Geschichtlichkeit und die Kontingenz der Praktiken hervor. Viertens stellen sie die Praktiken in einen Bezug zu kulturellen Artefakten, mithin zur Inter-

39 Butler, *Psyche der Macht*, a. a. O., S. 17.
40 Ebd., S. 182.
41 Der Aspekt, Praxis auch als eine Art »Antwort« zu verstehen, erinnert neben Lévinas auch an Bernhard Waldenfels' »Paradigma der Responsivität«. Zu einer »Ethik der Performativität« siehe Moebius, *Die soziale Konstituierung des Anderen*, a. a. O., S. 259 ff.
42 Butler, *Haß spricht*, a. a. O., S. 62.
43 Vgl. Reckwitz, »Die Entwicklung des Vokabulars der Handlungstheorien«, a. a. O., S. 321 ff.

objektivität.[44] Viertens betonen die Praxistheorien den Prozeßcharakter von sozialen und symbolischen Strukturen; diese existieren nur aufgrund der (prekären) Routinisiertheit und Wiederholbarkeit sozialer Praktiken.

Im Hinblick auf den letztgenannten Punkt lassen sich innerhalb der Praxistheorien jene Theorien unterscheiden, die – wie zum Beispiel die Pierre Bourdieus – von einer die Strukturen *reproduzierenden* Routinisiertheit repetitiver Verhaltenspraktiken und einem Dualismus von Struktur/Handlung ausgehen,[45] und jene, die identische Wiederholungspraktiken in Frage stellen und – wie beispielsweise Derrida – vielmehr den ereignishaften, kreativen und unberechenbaren Charakter sozialer Praktiken sowie das Andere der Struktur in den Mittelpunkt rücken.[46] Fruchtbar erscheint es, beide Theoriekonzeptionen, also Praxeologie und poststrukturalistische Praxistheorie, als die zwei Seiten einer Medaille zu betrachten, um weder den reproduktiven noch den dynamisch-ereignishaften Charakter einseitig zu verabsolutieren.[47] Sucht man nach Alternativen zwischen diesen (Extrem-)Positionen, läßt sich die pragmatistische Praxistheorie von Hans Joas ausmachen, die neue Handlungsformen im Sinne einer »Kreativität des Handelns« als Ergebnisse praktischer Problemlösungen angesichts interpretativer Mehrdeutigkeiten im Handlungsvollzug analysiert;[48] und diese lässt sich verbinden mit Butlers Theorie performativer Praxis, die sich explizit zwischen den Praxismodellen Bourdieus und Derridas positioniert und somit sowohl zugleich die Beharrung als auch die Erschaffung von Neuem berücksichtigt:[49] »Ich würde Bourdieus Kritik bestimmter dekonstruktivistischer Positionen zustimmen, die behaupten, daß ein Sprechakt aufgrund seiner

---

44 Darauf verweisen insbesondere Theorien von Bruno Latour, Donna Haraway, aber auch Derrida, der »das Andere« nicht nur als menschliches Wesen begreift.

45 Vgl. Bourdieu, Pierre, *Entwurf einer Theorie der Praxis auf der ethnologischen Grundlage der kabylischen Gesellschaft*, Frankfurt/M.; ders., *Praktische Vernunft. Zur Theorie des Handelns*, Frankfurt/M. 1998; ders., *Meditationen. Zur Kritik der scholastischen Vernunft*, Frankfurt/M. 2001, S. 70ff.

46 Zu der hier gemeinten Kreativität des Handelns im Zusammenhang einer an dem Anderen (und damit auch an Lévinas) ausgerichteten Philosophie der Responsivität siehe Waldenfels, »Symbolik, Kreativität und Responsivität«, a. a. O.

47 Vgl. Hörning, »Soziale Praxis zwischen Beharrung und Neuschöpfung«, a. a. O., S. 33 ff.

48 Siehe Joas, *Die Kreativität des Handelns*, a. a. O.

49 Vgl. dazu auch Moebius, *Die soziale Konstituierung des Anderen*, a. a. O., S. 270 ff.

eigenen Dynamik mit jedem Kontext bricht, in dem er auftritt. Das trifft einfach nicht zu, und für mich ist es besonders im Fall von *hate speech* klar, daß Kontexte mit bestimmten Sprechakten zusammenhängen, die nur sehr schwer zu erschüttern sind. Auf der anderen Seite würde ich darauf beharren, daß beim Sprechakt als institutionellem Ritus der Kontext nie von vornherein vollständig determiniert ist. Genau darin, daß der Sprechakt eine nichtkonventionale Bedeutung annehmen kann, daß er in einem Kontext funktionieren kann, zu dem er nicht gehört, liegt das politische Versprechen der performativen Äußerung, ein Versprechen, das die performative Äußerung ins Zentrum einer hegemonialen Politik stellt und dem dekonstruktivistischen Denken eine unvorhergesehene politische Zukunft eröffnet.«[50]

Auswahlbibliographie

Butler, Judith, *Körper von Gewicht. Die diskursiven Grenzen des Geschlechts*, Frankfurt/M. 1997.

Butler, Judith, *Haß spricht. Zur Politik des Performativen*, Berlin 1998.

Critchley, Simon, *The Ethics of Deconstruction: Derrida and Lévinas*, Edinburgh 1999.

Derrida, Jacques, »Bemerkungen zu Dekonstruktion und Pragmatismus«, in: *Dekonstruktion und Pragmatismus. Demokratie, Wahrheit und Vernunft*, hg. v. Chantal Mouffe, Wien 1999, S. 171-195.

Derrida, Jacques, *Politik der Freundschaft*, Frankfurt/M. 2000.

Derrida, Jacques, *Eine gewisse unmögliche Möglichkeit, vom Ereignis zu sprechen*, Berlin 2003.

Moebius, Stephan, *Die soziale Konstituierung des Anderen. Grundrisse einer poststrukturalistischen Sozialwissenschaft nach Lévinas und Derrida*, Frankfurt/New York 2003.

Moebius, Stephan, »Diskurs – Ereignis – Subjekt. Diskurs- und Handlungstheorie im Ausgang einer poststrukturalistischen Sozialwissenschaft«, in: *Die diskursive Konstruktion der Wirklichkeit*, hg. v. Reiner Keller et al., Konstanz 2005, S. 127-148.

Reckwitz, Andreas, *Die Transformation der Kulturtheorien. Zur Entwicklung eines Theorieprogramms*, Weilerswist 2000.

50 Butler, *Haß spricht*, a. a. O., S. 228.

Reckwitz, Andreas, »Grundelemente einer Theorie sozialer Praktiken: Eine sozialtheoretische Perspektive«, in: *Zeitschrift für Soziologie* 32, 2003, S. 282-301.

Andreas Reckwitz
Subjekt/Identität
Die Produktion und Subversion des Individuums

Von der Subjektphilosophie zur Subjektivierungsanalyse

»Subjekt« ist ein traditionsreiches Konzept der neuzeitlichen Philosophie, so wie »Identität« ein klassischer Begriff der Soziologie seit der Mitte des 20. Jahrhunderts ist. Die moderne Philosophie beginnt im 17. und 18. Jahrhundert als eine Subjektphilosophie, deren zentrale Implikationen eine breite Wirkung im Feld der modernen Humanwissenschaften, des politischen Denkens und des individualistischen Common-sense-Wissens entfalten. Das philosophische Denken der Moderne ist zunächst zentriert auf das Subjekt als eine autonome, sich selbst begründende Instanz, die zugleich zur Schlüsselfigur der modernen politischen, ökonomischen, ästhetischen und religiösen Emanzipationsbewegungen avanciert.[1]

Der philosophische Diskurs des Subjekts setzt sich aus drei Segmenten zusammen: Die Philosophie des Bewußtseins in Frankreich und Deutschland ist sowohl erkenntnistheoretisch als auch moralphilosophisch ausgerichtet und reicht von René Descartes bis zum Deutschen Idealismus von Kant, Fichte und Schelling. Hier wird das Subjekt als *cogito* und damit als Instanz eines Selbstbewußtseins und der Selbstreflexion eingeführt, dessen transzendentale Eigenschaften Gegenstand der Analyse sind. Ein zweites Segment modernen subjektphilosophischen Denkens findet sich in der individualistischen und kontraktualistischen Sozialphilosophie, insbesondere in Großbritannien. Es umfaßt die Vertragstheorien von Hobbes und Locke ebenso wie die schottische Moralphilosophie um Smith und Hume oder den Liberalismus J. S. Mills. Kennzeichnend ist hier die Voraussetzung des autonomen, eigeninteressierten oder mit einem moralischen Sinn ausgestatteten einzelnen Akteurs als irreduzibler Ausgangspunkt einer Theorie der Gesellschaft. Einen dritten subjektphilosophischen Strang

---

1 Vgl. zu diesem Diskurszusammenhang Riedel, Christoph, *Subjekt und Individuum. Zur Geschichte des philosophischen Ich-Begriffs*, Darmstadt 1989; Kible, Brigitte et al., Artikel »Subjekt«, in: *Historisches Wörterbuch der Philosophie*, Bd. 10, hg. v. Joachim Ritter/Karlfried Gründer, Basel/Stuttgart 1998, S. 373-400.

liefer die ästhetischen Diskurse im Kontext der Romantik: Hier wird das Subjekt als Ort der Expression eines »Innen« im »Außen«, als eine individuelle Ausdrucksinstanz vorausgesetzt, die bereits bei Rousseau immer auch ihre Selbstentfremdung in der Konfrontation mit gesellschaftlichen Einflüssen riskiert.[2] Die klassische Subjektphilosophie erzielt in den Sozialwissenschaften des 20. Jahrhunderts als gesunkenes Kulturgut von der soziologischen Phänomenologie über die ökonomischen Theorien rationaler Wahl bis zu den Kritischen Theorien der Entfremdung ihre Wirkungen. Sie basiert damit insgesamt auf Semantiken einer sich selbst begründenden, ihrer selbst transparenten Subjektivität, die als ein Ensemble von Eigenschaften des Mentalen und des individuellen Handelns eingeführt wird. Diesen Merkmalen werden regelmäßig Allgemeingültigkeit und das Potential zur Rationalität zugeschrieben.

Gegenüber dem »Subjekt« hat »Identität« als Begriff der modernen Humanwissenschaften eine wesentlich kürzere Geschichte und hängt zunächst eng mit der Entwicklung der Disziplinen Psychologie und Soziologie in den 1940er bis 70er Jahren zusammen.[3] Diskurshistorisch antwortet der Begriff jedoch auf ein Problem der klassischen Semantik des Subjekts: In dem Moment, in dem seit der Mitte des 19. Jahrhunderts mit Marx, Comte, Nietzsche, Weber und anderen Autoren Semantiken eigendynamischer, irreduzibler Gesellschaftlichkeit entwickelt werden, ergibt sich als klassische sozialwissenschaftliche Problemstellung die Frage nach der Konfrontation dieser »Gesellschaft« mit den »Individuen«, wenn man diese weiterhin in der subjektphilosophischen Tradition denkt und an das Autonomiepostulat koppelt. Das Konzept der Identität versucht dann, Antworten auf dieses Problem der »Passung« zwischen autonomen Individuen und gesellschaftlichen Erwartungen zu formulieren, und es erscheint eng mit der Entwicklungspsychologie und der Sozialisationstheorie

2 Vgl. hierzu Schulz, Walter, *Ich und Welt. Philosophie der Subjektivität*, Pfullingen 1979; Macpherson, C. B., *The Political Theory of Possessive Individualism: From Hobbes to Locke*, Oxford 1962; Taylor, Charles, *Sources of the Self. The Making of the Modern Identity*, Cambridge 1989.

3 Vgl. Reckwitz, Andreas, »Der Identitätsdiskurs. Zum Bedeutungswandel einer sozialwissenschaftlichen Semantik«, in: *Kollektive Identitäten und kulturelle Innovationen*, hg. v. Werner Rammert, Leipzig 2001, S. 21-38; Wagner, Peter, »Fest-Stellungen. Beobachtungen zur sozialwissenschaftlichen Diskussion über Identität«, in: *Identitäten. Erinnerung, Geschichte, Identität 3*, hg. v. Aleida Assmann/Heidrun Friese, Frankfurt/M. 1998, S. 44-72.

verknüpft. Leitend ist in der einflußreichen Entwicklungspsychologie Eriksons ein Verständnis von Ich-Identität als eine sowohl von außen beobachtbare als auch subjektiv so empfundene Einheit und zeitliche Kontinuität eines Individuums, die sich idealerweise in Auseinandersetzung mit sozialen Anforderungen in der Primärsozialisation ausbildet. Komplementär entwickelt G. H. Mead sein Modell des Selbst als balancierte Persönlichkeit, die sich idealerweise zwischen dem *me* der Rollenerwartungen und dem Spontaneismus des *I* herausschält.[4] Die Identitätspsychologie und -soziologie dieser Phase versucht damit regelmäßig, normative, wiederum allgemeingültige Modelle einer gelungenen Entwicklung des Selbst im Sinne der kognitiven Kompetenzen des Individuums zu formulieren, in denen sich die Spannung zwischen dem subjektphilosophischen Ideal der Autonomie und den unweigerlichen gesellschaftlichen Rollenerwartungen auflöst.

Für das Feld poststrukturalistischer Theorien sind Subjekt/Subjektivität und Identität zentrale Gegenstände einer kulturwissenschaftlichen Analytik. Zugleich wird ein Bruch mit den traditionellen Subjekt- und Identitätssemantiken markiert. Diese Zentralität betrifft Michel Foucaults Programm der Analyse von Subjektivierungsweisen in der Geschichte der Moderne, Jacques Lacans kulturtheoretische Psychoanalyse des Subjekts, Ernesto Laclaus Theorie hegemonialer Identitäten und Judith Butlers Modell der Reproduktion und Subversion des Subjekts in seiner Performativität, daneben auch postkoloniale Analysen bezüglich Differenz und Identität und poststrukturalistische Medientheorien.[5] Die zentrale Bedeutung der Analyse von Subjektformen im poststrukturalistischen Kontext widerspricht dabei nur auf den ersten Blick der poststrukturalistischen Proklamation des »Todes des Subjekts«, wie sie Michel Foucault und Roland Barthes zugeschrieben werden kann.[6] Die poststrukturalistischen Analytiken gehen vielmehr auf Distanz zum Konzept des Subjekts im

4 Vgl. Erikson, Erik, *Identität und Lebenszyklus*, Frankfurt/M. 1973; Mead, George Herbert, *Geist, Identität und Gesellschaft aus der Sicht des Sozialbehaviorismus*, Frankfurt/M. 1991.

5 Einflußreich war zunächst zudem Louis Althussers subjekttheoretisches Konzept der Interpellation, vgl. Althusser, Louis, *Ideologie und ideologische Staatsapparate. Aufsätze zur marxistischen Theorie*, Hamburg/Berlin (West) 1977.

6 Vgl. Foucault, Michel, *Die Ordnung der Dinge. Eine Archäologie der Humanwissenschaften*, Frankfurt/M. 1990; Barthes, Roland, »Der Tod des Autors«, in: *Texte zur Theorie der Autorschaft*, hg. v. Fotis Jannidis et al., Stuttgart 2000, S. 185-193.

klassischen subjektphilosophischen Sinne einer allgemeingültigen, selbsttransparenten, reflexiven, mentalen Instanz und betreiben eine Dezentrierung des Subjekts. Diese löst den Begriff der Subjektivität nicht auf, sondern gibt ihm eine verschobene Bedeutung, so daß Subjektivität innerhalb der Kulturwissenschaften als ein Produkt historisch spezifischer kultureller (und psychischer) Subjektivierungsformen rekonstruierbar wird. Das Subjekt präsentiert sich nun als die Doppelstruktur eines *subiectum*: Indem sich der einzelne bestimmten kulturellen Ordnungen unterwirft, die ihm körperlich und psychisch die Merkmale akzeptabler Subjekthaftigkeit »einschreiben«, kann er erst jene Kompetenzen von Selbstregierung, Expressivität, rationaler Wahl etc. ausbilden, die ein Subjekt ausmachen sollen. Zugleich löst sich im poststrukturalistischen Kontext der Identitätsbegriff von seiner Kopplung an eine normative Theorie, an Konstanzannahmen und der Fixierung an die Primärsozialisation. Er wird im Rahmen des Ferdinand de Saussure entlehnten Konzepts der Differenzen reformuliert.[7] Die symbolische (Selbst-)Markierung von Identität wird damit als Produkt spezifischer kultureller Unterscheidungssysteme – einschließlich ihrer möglicherweise asymmetrisch aufgebauten binären Codierungen – rekonstruierbar.

Die poststrukturalistischen Perspektiven auf das Subjekt und seine Identität, wie sie unterschiedliche Autoren vorlegen, teilen einige Grundannahmen. Diese Grundannahmen sind weniger als Beiträge zu einer neuen Theorie des Subjekts oder der Identität zu verstehen denn als Forschungsheuristiken einer kulturwissenschaftlichen Analyse von Subjektformen:

1. Kulturalisierung: Gegen Annahmen einer allgemeingültigen, kulturindifferenten Subjekthaftigkeit oder eines ausgezeichneten Pfades gelungener Identitätsbildung wird die Abhängigkeit der jeweiligen Subjektivierungsweise von historisch und lokal spezifischen Repräsentationssystemen betont. Die kulturwissenschaftliche Analyse richtet sich entsprechend auf die Art und Weise, in denen solche Wissensordnungen Subjektivität definieren, produzieren und instituieren. Subjekt-Rationalitäten sind dann immer relativ zur jeweiligen Wissensordnung zu verstehen.

2. Historisierung: Mit der Verkulturwissenschaftlichung geht eine dezidierte Historisierung des Subjektivitätsproblems einher. Entspre-

---

7 de Saussure, Ferdinand, *Grundfragen der allgemeinen Sprachwissenschaft*, Berlin (West) 1967.

chend richtet sich das Interesse auf die Zeitpunkte, an denen bestimmte Subjektordnungen, die später alternativlos erscheinen, in hochspezifischen geschichtlichen Konstellationen entstehen.

3. Technisierung: Das Subjekt ist keine rein »ideelle« Größe und mehr als seine eigene Selbstinterpretation, sondern vielmehr als Resultat alltäglicher »Techniken«, von praktischen Verfahrensweisen der Selbstproduktion her zu verstehen. Diese performativen Praktiken bringen den Effekt eines fixen Subjekts hervor, und es scheint nur so, daß das »fertige« Subjekt seinen Techniken vorausgegangen wäre. In dieser Perspektive interessieren etwa körperliche Techniken des *gender management* als Produktionsorte einer Geschlechtsidentität oder die Technologien des Selbst des Tagebuchschreibens oder Lesens als Produktionsorte einer bestimmten Form subjektiver Erinnerung und Reflexion.[8]

4. Körper und Psyche: Gegen die Situierung des Subjekts auf der Ebene des Mentalen werden zum einen die körperliche Verankerung und Regulierungsweise von Subjektivität, zum anderen häufig auch die unbewußte psychische Dimension des Subjekts hervorgehoben. Wenn in der Praxis die kulturellen Kriterien akzeptabler Subjekthaftigkeit in der Regel implizit bleiben, erscheint es konsequent, daß diese primär nicht durch die Reflexivität des Mentalen, sondern durch die Motorik – einschließlich der Affektivität – des Körpers wirken und sich auf *diesem* Wege im übrigen auch eine dementsprechende Mentalität heranzüchten. So wie der körperliche entzieht sich auch der psychische Teil des Subjekts – etwa auf der Ebene unbewußten Begehrens – weitgehend der subjektiven Kontrolle.

5. Identität als sekundärer Begriff: Das Subjekt im poststrukturalistisch informierten Sinne stellt sich als das Ensemble dieser körperlich-psychischen Subjektivierung dar, während die Identität eine Teilkomponente dieses Subjekts bildet: die Identifizierung der einzelnen Person als Wesen mit bestimmten Eigenschaften in Differenz zu anderen im Rahmen der kulturellen Subjektordnung. Im Rahmen einer komplexen differentiellen Ordnung enthält eine bestimmte Sub-

---

8 Zu diesem Aspekt vgl. näher auch Rose, Nikolas, »Identity, Genealogy, History«, in: *Questions of Cultural Identity*, hg. v. Stuart Hall/Paul du Gay, London 1996, S. 128-150; klassisch Mauss, Marcel, »Die Techniken des Körpers«, in: *Soziologie und Anthropologie 2*, Frankfurt/M. 1989, S. 199-209. Dieser technisch-methodische Aspekt der Subjektproduktion wird auch in ethnomethodologischen Arbeiten wie denen von Garfinkel und Goffman herausgestellt.

jektform damit auch eine ihr zugehörige Form der identifizierenden Selbstinterpretation. Anders als in hermeneutischen Identitätstheorien stellt sich Identität damit nicht als eine isolierbare interpretativ-reflexive Selbstrepräsentation dar, sondern ist innerhalb einer umfassenderen körperlich-psychischen, letztlich vorreflexiven Subjektivierungsweise wie auch innerhalb von kulturellen Differenzensystemen zu situieren.

6. Hegemonie und Ausschluß: Die Poststrukturalisten betonen, daß die Wissensordnungen, welche Subjektivität und Identität definieren und instituieren, sich nicht außerhalb von Macht und Herrschaft bewegen, sondern daß vielmehr das Subjekt, das sich selber am Ende möglicherweise autonom und selbstkontrolliert vorkommt, zu einem solchen nur in Unterwerfung unter die akzeptablen Formen von Subjekthaftigkeit zu werden vermag. Subjektordnungen enthalten damit immer einen – häufig gar nicht unmittelbar bewußten – »Ausschluß« nichtakzeptabler Subjektivität, und sie kommen häufig im Rahmen von »Hegemonien« vor, von kulturellen Dominanzen, die sowohl die Alternativenlosigkeit des einzig Denkbaren als auch die Attraktivität des von allen scheinbar natürlicherweise Gewollten und Erstrebenswerten vermitteln, Hegemonien, die sich bei näherer Betrachtung allerdings zwangsläufig als kulturell umkämpft herausstellen.

7. Destabilisierung: Wenn der Poststrukturalismus im Unterschied zum klassischen Strukturalismus generell auf die Instabilität, immanente Mehrdeutigkeit und Widersprüchlichkeit kultureller Ordnungen hinweist, so gilt dies konsequenterweise auch für Subjektordnungen. Das wichtigste Merkmal der poststrukturalistischen Perspektive auf das Subjekt besteht somit darin, daß sie diese Subjektordnungen nicht als Resultate homogener und eindeutiger Codes analysiert, sondern als kulturelle Gebilde, in denen eine widerspruchsfreie und stabile Subjektivität immer wieder scheitert und torpediert wird: etwa dadurch, daß sich unterschiedliche Diskursordnungen unberechenbar überlagern, daß Zuordnungen von Signifikanten zu Identitätssignifikaten sich als mehrdeutig erweisen oder Subjektkulturen sich als Räume permanenter Definitionskonflikte herausstellen.

Foucault, Lacan, Butler, Laclau

Im Rahmen dieser allgemeinen poststrukturalistischen Grundannahmen setzen die einzelnen relevanten Autoren unterschiedliche Akzente und entwickeln die subjektorientierte Forschungsheuristik in verschiedene Richtungen:

Michel Foucaults heterogene Arbeiten weisen in verschiedenen Anläufen den Weg für eine historisch-kulturwissenschaftliche Rekonstruktion von Subjektivierungsweisen, von historisch spezifischen Formen dessen, was er *assujettissement* nennt.[9] Foucaults Ziel ist eine Archäologie der Wissensordnungen, welche insbesondere innerhalb der Moderne Subjekthaftigkeit naturalisieren, und eine Genealogie der agonalen Konstellationen, in denen sich solche Subjektcodes durchsetzen. Ausgangspunkt ist die Annahme, daß die Moderne seit dem Ende des 18. Jahrhunderts das Subjekt als eine selbstregulierende Entität ins Zentrum ihres Interesses gestellt hat. Die Frage lautet, in welchen konflikthaften diskursiven und institutionellen Regimen dieses Subjekt hervorgebracht worden ist. Theoriehistorisch versucht Foucault hier Hegel mit Nietzsche zu brechen: So wie für Hegel geht es auch für Foucault um die kulturelle Produktion des Subjekts in der historischen Sequenz. Allerdings handelt es sich hier nicht um einen fortschreitenden Entwicklungsprozeß und auch nicht um ein Phänomen des Geistigen, sondern mit Nietzsche um ein machtvolles Züchtungsprogramm von Subjektivität, das sich in die Körper einschreibt und das im Rahmen offener historischer Kampfkonstellationen stattfindet.[10]

Foucault geht die Analyse von Subjektivierungsweisen unter vier komplementären Aspekten an: den Diskursen, den Dispositiven, der Gouvernementalität und den Technologien des Selbst. Diskurse als historisch spezifische Ordnungen des Denkbaren und Sagbaren werden als Repräsentations- und Produktionsstätten von Subjektpositionen interpretiert, als »ein Feld von Regelmäßigkeiten für verschiedene Positionen der Subjektivität«,[11] von psychisch normalen, von

---

9 Vgl. Foucault, Michel, »Subjekt und Macht«, in: ders., *Schriften in vier Bänden. Dits et Écrits. Band IV. 1980-1988*, Frankfurt/M. 2004, S. 269-294.

10 Vgl. zu diesem theoriehistorischem Zusammenhang Saar, Martin, *Genealogie als Kritik. Geschichte und Theorie des Subjekts nach Nietzsche und Foucault*, Frankfurt/M./New York 2007.

11 Foucault, Michel, *Archäologie des Wissens*, Frankfurt/M. 1990, S. 82.

sexuellen, von juridischen, von ökonomischen etc. Subjekten. Den Diskursen der Humanwissenschaften kommt seit dem 18. Jahrhundert hier ein besonderer Stellenwert zu. Die archäologische Diskursanalyse richtet ein spezielles Interesse auf die Ausschlußmechanismen von Diskursen, das heißt die Art und Weise, in denen sie ein pathologisches Antisubjekt dekretieren, von der sich die positive Subjektteleologie abgrenzt. Sie lenkt zudem den Blick auf die Diskontinuität zwischen historisch aufeinanderfolgenden oder miteinander konkurrierenden Subjektordnungen. Diskurse sind im Foucault'schen Analyseprogramm der Subjektivierung eingebettet in die umfangreicheren Komplexe der »Dispositive«, deren Richtung sie zugleich abstecken. Dispositive stellen sich als institutionelle, von bestimmten, nicht einzelnen Akteuren oder Gruppen zurechenbaren kulturellen »Strategien« geleitete Komplexe dar, die diskursive und nichtdiskursive Praktiken umfassen. Dispositive strukturieren zugleich eine bestimmte Form von Materialität, etwa in der Markierung und Regulierung des Raums. Die Dispositive lassen sich als Felder analysieren, in denen den Körpern (und möglicherweise den »Seelen«) eine bestimmte Subjektform antrainiert wird.[12]

In seinen späteren Arbeiten entwickelt Foucault sein Analyseprogramm zur Subjektivierung im Rahmen seiner Konzepte der Gouvernementalität und der Technologien des Selbst weiter: Der Begriff der Gouvernementalität lenkt den Blick auf jene Dispositiv- und Diskurskomplexe, welche seit dem Ende des 18. Jahrhunderts eine »Steuerung der Selbststeuerung« von Subjekten (wie auch anderen Einheiten wie dem Sozialen, der Natur etc.) betreiben.[13] Dies gilt für den klassischen Liberalismus wie in anderer Weise seit den 1970er Jahren für den Neoliberalismus mit seinem Modell des »unternehmerischen Selbst«. Das Konzept der Technologien des Selbst richtet das Interesse auf jene kulturellen Prozesse, die über den Weg bestimmter Techniken im Umgang mit der eigenen Person und ihren mentalen oder körperlichen Verfahrensweisen ein spezifisches hermeneutisches

12 Vgl. Foucault, Michel, *Überwachen und Strafen. Die Geburt des Gefängnisses*, Frankfurt/M. 1991; ders., *Der Wille zum Wissen. Sexualität und Wahrheit Band 1*, Frankfurt/M. 1991.

13 Foucault, Michel, *Geschichte der Gouvernementalität I: Sicherheit, Territorium, Bevölkerung. Vorlesung am Collège de France 1977-1978*, Frankfurt/M. 2004; ders., *Geschichte der Gouvernementalität II: Die Geburt der Biopolitik. Vorlesung am Collège de France 1978- 1979*, Frankfurt/M. 2004.

Selbstverstehen, etwa ein Ethos des Selbst, heranziehen. Das Selbstverstehen ist hier nicht phänomenologisch im subjektiven Innern angesiedelt, sondern hängt ab von bestimmten Techniken des Umgangs mit sich selbst. Ansatzweise kulturvergleichend, lenkt Foucault den Blick hier auch auf nichtwestliche, etwa antike Selbsttechnologien, die alternative Subjektivitäten hervorbringen.[14]

Die wichtigste und elaborierteste Alternative zu Foucaults Version der Subjektanalyse innerhalb des poststrukturalistischen Feldes findet sich bei Jacques Lacan. Lacan betreibt wie Foucault im Grundsatz eine Kulturalisierung des Subjekts und dessen Dezentrierung als selbsttransparente Instanz. Kennzeichnend ist dabei die Rezeption der Freud'schen Psychoanalyse, die für Lacan vor allem zwei Grundeinsichten enthält: Zum einen setzt er das Subjekt als Instanz eines – häufig sich selber nur unvollständig bewußten – elementaren Begehrens voraus, das heißt als psychische Apparatur von libidinösen Bestrebungen, die von Lacan als Versuche interpretiert werden, primordiale Zustände des Mangels zu überwinden. Erst dieses Begehren liefert dem Subjekt seinen ersten und letzten Antrieb. Die Form und Richtung des Begehrens hängt jedoch ab von den jeweiligen symbolischen Ordnungen. Damit ergeben sich kulturspezifische Begehrensformen, an denen auch das einzelne, nur scheinbar private Ich mit seinen scheinbar idiosynkratischen Wünschen partizipiert. Das Subjekt ist damit bei Lacan immer die symbolisch-imaginär strukturierte Form der psychischen Apparatur »hinter« dem sich selbst reflektierenden und sich darin selbst verkennenden Ich. Zum zweiten geht Lacan davon aus, daß diese Suche des Subjekts nach einer Befriedigung seines Begehrens durch die Interiorisierung der jeweiligen kulturellen, symbolisch-imaginären Angebote der Begehrensorientierung notwendig zum Scheitern verurteilt ist. Die Begehrensmuster müssen dabei nicht im engeren Sinne erotisch-sexueller Art sein, sondern können – Lacan-Rezipienten wie Slavoj Žižek weisen darauf hin – ebensosehr Konsumismus oder Nationalismus umfassen.[15] Innerhalb der chronisch instabilen und unterbestimmten Ordnung des Symbolischen heftet sich das Begehren immer wieder und letztlich vergeblich an neue Objekte und Subjekte. Der Kultur

14 Foucault, Michel et al., *Technologien des Selbst*, Frankfurt/M. 1993; ders., *Hermeneutik des Subjekts. Vorlesung am Collège de France (1981/82)*, Frankfurt/M. 2004; ders., *Ästhetik der Existenz. Schriften zur Lebenskunst*, Frankfurt/M. 2007.
15 Žižek, Slavoj, *Mehr-Genießen. Lacan in der Populärkultur*, Wien 2000.

als ganzer verleiht dieser Zyklus des Suchens und Verfehlens eine beträchtliche Dynamik.

Zur Rekonstruktion dieser Dynamik führt Lacan die Differenzierung der drei Register des Symbolischen, des Imaginären und des Realen ein: drei miteinander verzahnte, eigendynamische Komplexe, in deren Kontext sich das subjektive Begehren formt.[16] Die symbolischen Ordnungen einer Kultur sind differentielle, sich immer wieder verschiebende Systeme von Zeichen. Im Zusammenhang mit ihnen bilden sich temporäre imaginäre »Einheiten« aus, jene Bilder des kulturellen Imaginären, welche dem Subjekt sowohl Objektbesetzungen begehrenswert erscheinender Dingen und Menschen (»haben wollen«) als auch Identifizierungen mit idealen Subjektformen, mit Ideal-Ichen (»sein wollen«) liefern. Die Lacan'sche Subjektanalyse interessiert sich besonders für die Dynamiken dieser symbolisch-imaginären Begehrensformierung und schließlich für den »Rest« des sogenannten Realen: für die Symptome im psychischen Apparat, für die psychisch-physischen Deplazierungen und Widerständigkeiten, die sich in Reaktion auf diese Identitätsverlockungen entwickeln.

Die Analyseprogramme bezüglich Subjektivität und Identität weiterer poststrukturalistischer Autoren verarbeiten häufig sowohl Elemente von Foucault als auch von Lacan und versuchen sie zu kombinieren. Dies gilt etwa für die Arbeiten von Judith Butler und Ernesto Laclau. Als dritter poststrukturalistischer Grundimpuls wird dabei neben den Texten von Foucault und Lacan regelmäßig das Werk Jacques Derridas herangezogen. Anders als Foucault oder Lacan hat Derrida nicht im engeren Sinne ein Vokabular zur Subjektanalyse vorgelegt, aber seine Beiträge zur Begründung der Unabweisbarkeit von kulturellen Instabilitäten und Paradoxien in der Logik der Zeichen- und Sprachverwendung werden von Autoren wie Butler oder Laclau rezipiert, um die immanente Selbsttorpedierung von Subjektivierungsprozessen beschreiben zu können. Foucault, Lacan und

16 Vgl. zum Imaginären Lacan, Jacques, »Die Topik des Imaginären«, in: ders., *Das Seminar von Jaques Lacan, Buch I (1953-1954): Freuds technische Schriften*, Olten 1978, S. 97-208; zum Symbolischen ders., »Das Sprechen in der Übertragung«, in: ders., *Das Seminar von Jaques Lacan, Buch I*, a. a. O., S. 297-360; zum Realen in der Freud'schen Version des Traumas vgl. Freud, Sigmund, *Vorlesungen zur Einführung in die Psychoanalyse, Gesammelte Werke, Bd. XI*, Frankfurt/M. 1999, S. 282ff. Vgl. insgesamt zu Lacans Subjekttheorie Widmer, Peter, *Subversion des Begehrens. Eine Einführung in Jacques Lacans Werk*, Wien 1997.

Derrida liefern hier drei unterschiedliche, aber letztlich miteinander kombinierbare Begründungen des poststrukturalistischen Instabilitätspostulats: Während Foucault nietzscheanisch auf die Ergebnisoffenheit von Machtkämpfen und Lacan psychoanalytisch auf die chronische Mangelstruktur des Begehrens verweist, hebt Derrida sprachtheoretisch die Bedeutungsverschiebungen und unkalkulierbaren Rück- und Vorverweise innerhalb der Zeichensequenz im Zeitstrom und von Kontext zu Kontext hervor.[17]

Judith Butler schließt in ihren Beiträgen zur Subjektanalyse zunächst unmittelbar an Foucaults Konzept der Subjektivation an und bezieht es auf den von ihr favorisierten Beispielfall der Geschlechterordnung.[18] Das Subjekt ist keine präexistente Instanz, sondern ein Ergebnis spezifischer diskursiver Regulierungen, die dann einen »Subjekteffekt« produzieren, der den Schein vermittelt, das Subjekt sei immer schon dagewesen. Die spezifische westliche Geschlechter-Matrix der Unterscheidungen genau zweier Formen von *sex* (Körper/natürliches Geschlecht), von *gender* (Geschlechterrollen) und von *desire* (sexuelle Orientierung), die einander eindeutig zugeordnet sind, liefert ein prominentes Beispiel für einen Naturalisierungdiskurs, der Subjekteffekte als Subjektvoraussetzungen präjudiziert und damit deren Kontingenz unsichtbar macht. Die Subjektordnung betreibt Butler zufolge auf paradoxe Weise eine Universalisierung und Normativierung von Subjektmodellen zugleich: Eine bestimmte Subjektform – hier das Geschlechtssubjekt im Sinne der Matrix – wird zum einen als allgemeingültige und alternativenlose Struktur präsentiert, zum anderen wird von jedem einzelnen gefordert, er möge sich erfolgreich subjektivieren (lassen), das heißt sich im Sinne der Matrix trainieren.

In Butlers Perspektive stellt sich das Subjekt, das in der Verarbeitung einer bestimmten diskursiven Regulierungsform entsteht, als eine performative Selbstproduktion dar: Es ist seine eigene Auffüh-

---

17 Vgl. etwa Derrida, Jacques, »Die Struktur, das Zeichen und das Spiel im Diskurs der Wissenschaften vom Menschen«, in: ders., *Die Schrift und die Differenz*, Frankfurt/M. 1992, S. 422-442; ders., »Signatur, Ereignis, Kontext«, in: ders., *Randgänge der Philosophie*, hg. v. Peter Engelmann, Wien 1999, S. 325-351; ders. »Die différance«, in: ders., *Randgänge der Philosophie*, a. a. O., S. 31-56.
18 Butler, Judith, *Das Unbehagen der Geschlechter*, Frankfurt/M. 1991; dies., *Körper von Gewicht. Die diskursiven Grenzen des Geschlechts*, Frankfurt/M. 1997; dies., *Psyche der Macht. Das Subjekt der Unterwerfung*, Frankfurt/M. 2001.

rung/Ausführung. Die Sequenz von Akten, die ein Körper im Rahmen einer bestimmten diskursiven Ordnung in jedem Moment und in einer Kette von Wiederholungen vollzieht, stellt sich in Anlehnung an Austins Konzept der Performativität als eine performative Äußerung im weitesten Sinne dar, indem sie das erst hervorbringt, was sie gewissermaßen benennt: ein Subjekt mit bestimmten Eigenschaften. In der Wiederholung spezifischer körperlicher Akte wird ein bestimmtes Subjekt erst geschaffen. Entscheidend ist für Butler im Anschluß an Derrida, daß die Sequenz der Wiederholungen, die sich als »Zitation ohne Original« darstellt, dabei immer das Potential unkontrollierbarer Bedeutungsverschiebungen, von Verfehlungen und Überschneidungen, auch von ironischen Übertreibungen und Brechungen bereithält und damit die Subversion tradierter Identitäten ermöglicht, ohne daß man dazu auf ein »freies Individuum« zurückgreifen müßte. Diese Prozesse der Resignifizierung bringen ein Element der Instabilität in die Subjektregulierungen, welche durch psychisch-unbewußte Faktoren, die Butler aus ihrer Rezeption der Psychoanalyse gewinnt, noch verstärkt werden. Das Subjekt hängt hier einerseits mit einem *passionate attachment* dem ihm auferlegten Subjektmodell an, das mit libidinöser Attraktivität ausgestattet ist. Zugleich jedoch bleiben in einem komplizierten Prozeß »melancholischer Identifizierung« aufgegebene Objekte des Begehrens im Inneren des Subjekts vorhanden und akkumulieren im Sinne eines »psychischen Rests« dort eine unruhestiftende Verlustgeschichte.

Ernesto Laclau kombiniert Derrida, Lacan und Foucault zu einer weiteren Version poststrukturalistischer Subjekt- und Identitätsanalyse, die ihre besondere Stoßrichtung durch eine intensive Rezeption von Gramscis kulturmarxistischem Hegemoniekonzept erhält.[19] Auch für Laclau werden Subjektpositionen und ihre Identitäten innerhalb von diskursiven Komplexen definiert und instituiert, die hier als Systeme von Differenzen verstanden werden, die sich auch in nichtdiskursiven Praktiken ausdrücken. Laclau interessieren nun besonders die gesellschaftlichen Prozesse, die Subjekt- und Identitätsformen als alternativlos stabilisieren, und jene, die sie wiederum destabilisieren. Kennzeichnend für moderne Identitäten scheint, daß sie zum bevorzugten Gegenstand von »hegemonialen Projekten« werden. Kulturelle Hegemonien versuchen, einen »universalen Horizont« zu in-

19 Laclau, Ernesto/Mouffe, Chantal, *Hegemony and Socialist Strategy. Towards a Radical Democratic Politics*, London/New York 2001.

stallieren, indem sie bestimmte Subjektpositionen – das männliche Subjekt, der Angestellte, die Konsumentin, der mündige Bürger etc. – sowohl als erstrebenswert wie auch als vernünftigerweise alternativlos präsentieren. Diese Universalisierungen von Identitäten setzen jedoch paradoxerweise die Existenz und Repräsentation eines »Außen«, eines »Anderen« voraus und bringen diesen sogar hervor: »[E]very identity is dislocated insofar as it depends on an outside which both denies that identity and provides the condition of possibility at the same time.«[20] Die Universalisierung von Identitäten existiert unweigerlich in einem Differenzensystem, in dem die Identität des Normalen und Erstrebenswerten von der Differenzmarkierung zu einem verworfenen oder kaum intelligiblen Außen – einem Nichtarbeitenden, einem Konsumverweigerer, einem passiven Unmündigen etc. – abhängt. Der Antagonismus zu einem solchen »konstitutiven Außen« negativer Identitäten führt nicht nur zu einer Stabilisierung des »Innen«, sondern bewirkt auch umgekehrt dessen schleichende Unterminierung: Es werden notwendigerweise alternative Subjektpositionen sichtbar, die der Hegemonie nicht entsprechen und damit deren Nichtuniversalität demonstrieren. Da Laclau die Semiosis mit Derrida als einen unkalkulierbaren Prozeß der Zuordnung variabler Signifikate zu Signifikanten begreift, können diese Identitäten eines radikal Anderen selber zu Objekten einer »umgedrehten«, »gekippten« Bedeutung werden. Es können sich kulturelle Inversionsprozesse ereignen, in denen das Andere selber zum faszinierten Vorbild mutiert (etwa der Schwarze im Exotismus) oder sich als die geheime Grundlage des Eigenen erweist (etwa das weibliche gegenüber dem männlichen Subjekt). Subjektpositionen sind damit in Laclaus Perspektive vor allem als Gegenstände gesellschaftlicher Hegemonialisierungen und komplexer Enthegemonialisierungen (gefolgt von erneuten Hegemonien), sie sind als Zielscheibe politisch-kultureller Definitionskämpfe zu analysieren.

20 Laclau, Ernesto, *New Reflections on the Revolution of our Time*, London 1990, S. 39.

Subjektanalyse als Forschungsprogramm

Vor dem Hintergrund der poststrukturalistischen Forschungsheuristiken zur Analyse von Subjektivierungsweisen und Konstellationen von Differenzen und Identitäten haben sich in den letzten Jahren eine Reihe von Feldern materialer kulturwissenschaftlicher Analyse in der Soziologie, Geschichtswissenschaft, Literaturwissenschaft und den Cultural Studies ergeben. Subjektformen lassen sich dabei auf unterschiedlichen Ebenen zum Gegenstand machen: von sozialen Feldern, von Milieus/Klassen, von scheinbar natürlichen Markierungen wie Geschlecht und Ethnizität, schließlich auf der Ebene des Zusammenhangs von Materialität/Dingwelt und Praktiken.

Zum einen können Subjektformen auf der Ebene von sozialen Feldern, das heißt von mehr oder minder differenzierten und institutionalisierten Komplexen, analysiert werden. Dabei hat *jedes* soziale Feld einen Subjektivierungseffekt. Das Feld der Ökonomie in seiner historischen Variabilität und seinen uneindeutigen Außengrenzen läßt sich dann unter dem Aspekt rekonstruieren, in welcher Weise es bestimmte ökonomische Subjektpositionen definiert und produziert, beispielsweise in bestimmten historischen Kontexten ein Arbeitssubjekt als Arbeiter, als Angestellter, als Unternehmer (seiner selbst) oder als generalisierter Homo oeconomicus. Darüber hinaus erscheinen die Positionen eines Konsumsubjekts ebenso wie scheinbar prekäre Andere wie der Spekulant oder der Arbeitslose wegweisend.[21] Neben dem ökonomischen Feld hat bisher das politische Feld als Ort der Aushandlung von Identitäten und Subjektpositionen Interesse auf sich gezogen: Zum einen werden hier bestimmte nationale, populistische oder klassenorientierte Identitäten hergestellt, zum anderen institutionalisieren politische Praktiken und Diskurse bestimmte Subjektivierungsweisen – vom Bürokraten und Leistungsempfänger über den charismatischen Führer und den Revolutionär bis zum »mündigen Bürger« und »Selbstunternehmer«. Das politische Feld adressiert den einzelnen auf eine historisch spezifische Weise als ein Subjekt, das heißt es setzt in ihm bestimmte Dispositionen voraus:

21 Vgl. zu solchen ökonomischen Subjektpositionen Rose, Nikolas, *Governing the Soul. The shaping of the private self*, London/New York 1999, S. 55 ff.; du Gay, Paul, *Consumption and Identity at Work*, London 1996; Vogl, Joseph, *Kalkül und Leidenschaft. Poetik des ökonomischen Menschen*, Zürich/Berlin 2004; Stäheli, Urs, *Spektakuläre Spekulation. Das Populäre der Ökonomie*, Frankfurt/M. 2007.

als autonomes Rechtssubjekt, als Volksgenosse, als Gegenstand wohl-
fahrtsstaatlicher Regulierungen etc.[22] Ihre jeweils eigenen Subjektivierungseffekte erzielen die Sphäre des Privaten, Intimen, Familiären und Sexuellen, die Erziehung und Bildung, das Recht, die Kunst
oder die Religion. In allen Feldern lassen sich die Subjektformen auf
der Ebene der sozialen Praktiken und ihrer performativen Aktivitäten ethnographisch untersuchen. Häufig tragen aber auch feldspezifische Diskurse zur Produktion und Verbreitung von Subjektmodellen
bei (zum Beispiel Management- oder Erziehungsratgeber, religiöse
Manuale etc.). Neben textuellen Diskursen treten auch visuelle Diskurse und ihre visuellen Subjektrepräsentationen als relevante Faktoren der gesellschaftlichen Verbreitung von Subjektformaten in den
Vordergrund.[23] Schließlich kann sich der Blick auf Interdiskurse, beispielsweise auf der Ebene massenmedialer Repräsentation von Subjektformen oder von psychologischen Ratgebern, welche die ganze
Persönlichkeit und ihre biographische Gestaltung adressieren,[24] und
auf *dispersed practices* (verstreute Praktiken)[25] richten, welche in ihren Subjektivierungseffekten die Grenzen zwischen funktional differenzierten Praxis-/Diskurskomplexen überschreiten, zum Beispiel
Praktiken des Entscheidens, der Reflexion oder Kommunikation.
Auf diesem Wege können sie unter Umständen hegemoniale Konstellationen begründen, etwa Formen eines marktförmigen, eines ästhe-
tisch-expressiven oder eines moralischen Subjekts, welche homolog
in verschiedensten sozialen Feldern diffundieren.[26]

---

22 Vgl. zu solchen politischen Subjektpositionen und -figuren nur Burchell, Graham,
»Liberal Government and Techniques of the Self«, in: *Economy and Society* 3, 1993,
S. 267-282; Norval, Aletta J., *Deconstructing Apartheid Discourse*, London 1996.

23 Zu neueren Konzepten einer entsprechenden »visuellen Soziologie« vgl. Mirzoeff,
Nicholas (Hg.), *The Visual Culture Reader*, London 2002. Subjektanalytische
Anwendungen finden sich bisher vor allem im Hinblick auf Spielfilme, vgl. etwa
Chaudhuri, Shohini, *Feminist Film Theorists. Laura Mulvey, Kaja Silverman, Te-
resa de Lauretis, Barbara Creed*, London 2006.

24 Zum Konzept des Interdiskurses vgl. Link, Jürgen, »Literaturanalyse als Interdis-
kursanalyse«, in: *Diskurstheorien und Literaturwissenschaft*, hg. v. Jürgen Fohr-
mann/Harro Müller, Frankfurt/M. 1988, S. 284-307.

25 Zum Konzept der *dispersed practices* vgl. Schatzki, Theodore R., *Social Practices.
A Wittgensteinian Approach to Human Activity and the Social*, Cambridge 1996,
S. 91 ff.

26 Vgl. auch Reckwitz, Andreas, *Das hybride Subjekt. Eine Theorie der Subjektkulturen von der bürgerlichen Moderne zur Postmoderne*, Weilerswist 2006.

Soziale Felder sind jedoch nicht die einzige Ebene, auf der sich Subjektformen rekonstruieren lassen. Vertikal dazu können sie auf der Ebene von Milieus, Klassen, Lebensformen und -stilen sowie Subkulturen analysiert werden. Die Untersuchung von Klassen und Schichten bilden klassische empirische Gegenstände der Soziologie, die wiederum subjektanalytisch erweiterbar sind. Die Frage lautet hier, in welcher Weise eine milieu- oder klassenspezifische Lebensform eine ihr entsprechende Subjektform heranzieht, etwa ein aristokratisches, ein bürgerliches oder ein proletarisches Subjekt mit entsprechenden Dispositionen, Affektmustern und Identitäts-/Differenzmarkierungen. Auch wenn weder Pierre Bourdieu noch Gerhard Schulze ohne weiteres in den Kontext des Poststrukturalismus einzuordnen sind, können ihre Analysen von Formen des »Habitus« beziehungsweise von »psychophysischen Kodierungen« als – zunächst eher strukturalistische – Forschungsprogramme zur Rekonstruktion einer solchen klassen- und milieuspezifischen Produktion von Subjektformen verstanden werden.[27] Die sozial häufig als natürliche Eigenschaften behandelten Merkmalsbündel von Geschlecht und Ethnizität liefern schließlich zwei weitere Kriterien von Subjektivität und Identität, die unabhängig von Feld *und* Klasse variieren können und in ihrer Kreuzung mit Feldern und Klassen zu analysieren sind. Das ethnische *othering* von Identitäten sowie deren Hybridisierung in kulturell globalisierten Konstellationen hat sich im Kontext der *postcolonial studies* zu einem Brennpunkt poststrukturalistisch beeinflußter Identitätsanalyse entwickelt.[28]

Schließlich ergeben sich Möglichkeiten der Analyse des Verhältnisses von Materialität und Subjektivität, das heißt der Art und Weise, in der spezifische materiale Arrangements von Artefakten zu einer bestimmten Subjektivierungsform beitragen. Unter den poststrukturalistischen Klassikern hat am ehesten Foucault in seiner Dispositivanalyse diesen Zusammenhang einbezogen, vor allem im Kontext der Frage, wie sich bestimmte räumliche Strukturierungen (Gefängnisse,

---

27 Vgl. Bourdieu, Pierre, *Die feinen Unterschiede. Kritik der gesellschaftlichen Urteilskraft*, Frankfurt/M. 1989, Schulze, Gerhard, *Die Erlebnisgesellschaft. Kultursoziologie der Gegenwart*, Frankfurt/M./New York 1992.
28 Vgl. Bhabha, Homi K., *The Location of Culture*, London 1994; Hall, Stuart, *Rassismus und kulturelle Identität. Ausgewählte Schriften 2*, Hamburg 1994; vgl. zur Subjektivierungskategorie des Geschlechts auch Villa, Paula-Irene, *Sexy Bodies. Eine soziologische Reise durch den Geschlechtskörper*, Wiesbaden 2006.

Schulen etc.) auf die Subjektivität auswirken. Weitergeführt wurde dieser Problemkomplex bislang vor allem in den Medientheorien und ihrer Thematisierung der Subjektivierungseffekte bestimmter medialer Artefakte und Technologien (Schrift, Audiovisualität, Digitalität)[29] und zumindest angedeutet im Zusammenhang mit der neueren Diskussion um Theorien des Raums und um die Konsequenzen eines möglichen *spatial turn* in den Sozialwissenschaften.[30] Dadurch, daß sämtliche sozialen Praktiken von den ökonomischen bis zu den intimen sich als *spatializing* betrachten lassen und den Raum und dessen Artefakte auf bestimmte Weise organisieren, ist mit der Frage der Subjektivationseffekte dieser Artefaktkonstellationen und Räumlichkeiten ein weiteres umfangreiches Feld der Subjektanalyse gewonnen.

Durchgängig geht eine poststrukturalistische Heuristik der Subjekt- und Identitätskulturen – seien es solche einzelner sozialer Felder, von übergreifenden Hegemonien, von Milieus und Klassen, von Geschlechtern und Ethnien oder von solchen, die mit bestimmten Artefakt- und Raumkonstellationen verknüpft sind – nicht von einer selbstverständlichen Homogenität und Widerspruchsfreiheit dieser Subjektivierungen aus, sondern sie entwickelt eine besondere Sensibilität für ihre immanenten Instabilitäten. Hier sind mehrere Konstellationen zu nennen, die zur Destabilisierung von Subjektkulturen auf allen genannten Ebenen beitragen: die Überschneidung unterschiedlicher Wissensordnungen in der Definition und Produktion gesellschaftlich einflußreicher Subjektpositionen (etwa des kreativen Unternehmers in der Postmoderne zwischen marktförmigem und ästhetisch-expressivem Code);[31] das Präsenthalten eines irritierenden, mehrdeutigen konstitutiven Außen (zum Beispiel des Homosexuellen in einer traditionellen heterosexuellen Matrix),[32] ungewollte psychisch-affektive Effekte, welche eine Subjektivierung hervorrufen und nicht nur individuell, sondern auch kollektiv und gesellschaftlich auftreten können (zum Beispiel kulturspezifische Krankheitsbil-

---

29 Vgl. zur Subjektivierung durch technische Medien McLuhan, Marshall, *The Gutenberg Galaxy. The Making of Typographic Man*, Toronto 1962; Kittler, Friedrich, *Aufschreibesysteme 1800/1900*, München 1995.

30 Vgl. zu diesem Diskussionskontext Dünne, Jörg/Günzel, Stephan (Hg.), *Raumtheorie*, Frankfurt/M. 2006.

31 Vgl. Reckwitz, *Das hybride Subjekt*, a. a. O.

32 Vgl. Sedgwick, Eve Kosofsky, *Epistemology of the Closet*, Berkeley 1990.

der von der Anorexia nervosa bis zur Depression),[33] mangelnde Passungsverhältnisse zwischen Artefakten, vor allem neuartigen Artefakten, und zugehörigen Praktiken und Subjektkompetenzen, die entsprechende Handlungskrisen und Neuschöpfungen initiieren, schließlich polyseme Differenzen und (asymmetrische) Binärcodes, die eindeutige Identitäten verunmöglichen (zum Beispiel die Supplementarität von Männlichkeit und Weiblichkeit im 19. Jahrhundert).[34]

Auswahlbibliographie

Butler, Judith, *Psyche der Macht. Das Subjekt der Unterwerfung*, Frankfurt/M. 2001.

Dülmen, Richard van (Hg.), *Entdeckung des Ich. Die Geschichte der Individualisierung vom Mittelalter bis zur Gegenwart*, Köln u. a. 2001.

Foucault, Michel, *Überwachen und Strafen. Die Geburt des Gefängnisses*, Frankfurt/M. 1991.

Foucault, Michel, *Der Wille zum Wissen. Sexualität und Wahrheit Band 1*, Frankfurt/M. 1991.

Foucault, Michel, *Hermeneutik des Subjekts. Vorlesung am Collège de France (1981/82)*, Frankfurt/M. 2004.

Hall, Stuart/du Gay, Paul (Hg.), *Questions of Cultural Identity*, London 1996.

Lacan, Jacques, *Schriften I*, Weinheim/Berlin 1986.

Laclau, Ernesto/Mouffe, Chantal, *Hegemony and Socialist Strategy. Towards a Radical Democratic Politics*, London/New York 2001.

Reckwitz, Andreas, *Das hybride Subjekt. Eine Theorie der Subjektkulturen von der bürgerlichen Moderne zur Postmoderne*, Weilerswist 2006.

Reckwitz, Andreas, *Subjekt*, Bielefeld 2008.

Woodward, Kathryn (Hg.), *Identity and Difference*, London 1997.

33 Vgl. etwa Ehrenberg, Alain, *La fatigue d'être soi. Dépression et société*, Paris 2000.
34 Vgl. etwa Nye, Robert A., *Masculinity and Male Code of Honour in Modern France*, Oxford 1993.

Dirk Quadflieg
Sprache und Diskurs
Von der Struktur zur *différance*

Für die traditionellen Sozialwissenschaften ist Sprache – vereinfacht gesprochen – unter zwei Gesichtspunkten relevant. Zum einen kann sie als ein gesellschaftliches Medium der Kommunikation und der Objektivierung zum Gegenstand einer sozialwissenschaftlichen Analyse werden. Die im engeren Sinne sprachlichen Äußerungen gelten dann ebenso wie Symbole, Mimiken oder Gesten als intentionaler Ausdruck von Akteuren, mit denen diese sich gegenseitig eine subjektive Empfindung zu verstehen geben, Informationen austauschen oder über eine Situation verständigen können. Wie nicht nur Peter L. Berger und Thomas Luckmann betonen, ist Sprache immer ein gemeinschaftlich geteiltes System der Sinnvermittlung.[1] Über ihre Funktion als Interaktionsmedium hinaus ermöglicht sie daher sowohl eine Objektivation der wahrgenommenen Wirklichkeit als auch einen reflexiven Rückbezug des Sprechers auf sich selbst. Sinnliche Erfahrungen und Eindrücke der Außenwelt werden ebenso wie subjektive Empfindungen dank der allgemeinen Kategorien und Typisierungen eines sozial fundierten Zeichen- und Symbolsystems verständlich und begreifbar.[2]

Ausgehend von der herausragenden Eigenschaft des sprachlichen Ausdrucks, Individuen mit sich selbst und ihrer Umwelt zu vermitteln, kann Sprache zum anderen unter methodischen Aspekten in den Sozialwissenschaften problematisiert werden. Denn die wissenschaftliche Beschreibung von sozialen Handlungen setzt stets eine Begrifflichkeit voraus, mit der die Bedeutung des Beobachteten verstanden werden kann. Dabei steht dem Sozialwissenschaftler zunächst keine andere Sprache zur Verfügung als die Alltagssprache. Während

---

1 Vgl. Berger, Peter L./Luckmann, Thomas, *Die gesellschaftliche Konstruktion der Wirklichkeit*, Frankfurt/M. 1980, S. 39.

2 Diese fundamentale Bedeutung der symbolvermittelten Interaktion für die Entstehung eines Selbstverhältnisses hat in prominenter Weise bereits der von George Herbert Mead zu Beginn des zwanzigsten Jahrhunderts entwickelte »symbolische Interaktionismus« herausgearbeitet (vgl. Mead, Georg H., *Geist, Identität und Gesellschaft*, Frankfurt/M. 1968).

die von Alfred Schütz angeregte »verstehende Soziologie« daraus die Forderung ableitet, die sozialwissenschaftliche Interpretation müsse den objektiven Sinngehalt sozialer Praxis erst von der subjektiven Deutung der beteiligten Akteure abheben, sehen neuere Ansätze (etwa die Theorie des kommunikativen Handelns von Jürgen Habermas) in der gemeinsamen Geltungsbasis von Wissenschafts- und Alltagssprache einen entscheidenden Vorteil: Gerade weil der Interpret selbst der kollektiven sprachlichen Sinnvermittlung angehört, kann er überhaupt die Bedeutung der beobachteten symbolischen Äußerungen aufklären.[3]

Gleichwohl bleiben auch die methodischen Überlegungen, in denen Sprache als Medium des Sinnverstehens auftritt, weiterhin einem Sprachbegriff verpflichtet, der zwischen der symbolischen Ebene der Bedeutung und der sozial geteilten Lebenswelt, auf die sich sprachliche Äußerungen beziehen, unterscheidet. Ein Kennzeichen von poststrukturalistischen Ansätzen besteht nun darin, auch diese Unterscheidung zugunsten eines umfassenden Sprach- und Diskursbegriffs, dem keine »reale« Wirklichkeit mehr vorausgeht, aufzugeben. Da der Poststrukturalismus seine sprachtheoretischen Grundannahmen vor allem aus der Kritik an den strukturalistischen Sprachwissenschaften gewinnt, liegt es nahe, zunächst auf die strukturale Linguistik von Ferdinand de Saussure einzugehen, um dann auf dieser Folie die Methode der Diskursanalyse von Michel Foucault und die Dekonstruktion der Bedeutungstheorie durch Jacques Derrida vorzustellen.

1. Grundlagen der strukturalen Linguistik – Ferdinand de Saussure

Während man traditionell die Sprache eher als eine Funktion betrachtet hat, die, nach Konventionen geregelt, eine unabhängig von ihr selbst bestehende Bedeutung transportiert, untersucht Saussure die Sprache als eigenständiges System, das seinerseits überhaupt erst das »soziale Band« stiftet.[4] Die Perspektive, nach der die Sprache eine

---

3 Vgl. Habermas, Jürgen, *Theorie des kommunikativen Handelns. Erster Band*, Frankfurt/M. 1987, S. 194.

4 Vgl. de Saussure, Ferdinand, *Grundfragen der allgemeinen Sprachwissenschaft*, Berlin/New York 2001, S. 16.

Kulturtechnik neben anderen ist, wird also umgekehrt und Sozialität selbst in Abhängigkeit von der Sprache gebracht. Der grundlegende Status, den Saussure der Sprache einräumt, deutet bereits an, weshalb gerade seine Sprachtheorie die Aufmerksamkeit der Kultur- und Sozialwissenschaften auf sich gezogen hat.

Wenn die Sprache ihrem Wesen nach nicht mehr als Werkzeug des Menschen verstanden werden kann, sondern als eine Ganzheit, die den Individuen und ihrem Willen vorausgeht, dann muß die Sprachwissenschaft ihre Orientierung am Akt des Sprechens oder Kommunizierens aufgeben und die »innere Struktur« sprachlicher Sinnvermittlung in den Blick nehmen.[5] Saussure unterscheidet deshalb zwischen der *parole*, der Sprache, wie sie jeweils erlernt, gesprochen und verwendet wird, und der *langue*, dem überindividuell und nach internen Regeln organisierten Sprachsystem.[6] Die *langue*, so Saussure, kann unabhängig von der *parole* untersucht werden, »sie bildet ein System von Zeichen, in dem einzig die Verbindung von Sinn und Lautzeichen wesentlich ist«.[7]

Die zentrale Frage, die Saussure zu beantworten sucht, lautet dann: Wie kommt innerhalb des sprachlichen Zeichensystems eine Verbindung zwischen Sinn und Lautbild (*image acoustique*) zustande, wenn diese Verbindung weder auf Konventionen beruht noch natürlich gegeben ist? Dazu bestimmt Saussure zunächst jedes Zeichen als Einheit aus einem phonetischen Muster und einer damit verbundenen Vorstellung. In logischen Termini ausgedrückt, besteht das Zeichen im allgemeinen immer aus einem Bezeichnenden und einem Bezeichneten oder, wie Saussure auch sagt, aus *signifiant* und *signifié*, Signifikant und Signifikat.

Für das Zeichen als Einheit von Signifikant und Signifikat lassen sich nun zwei Grundsätze formulieren: Erstens ist die Verbindung zwischen Signifikant und Signifikat immer unmotiviert oder »arbiträr«.[8] Gemeint ist damit die einfache Tatsache, daß zwischen der Vorstellung und dem damit verbundenen Lautbild keinerlei natürliche

---

5 Vgl. ebd., S. 20.
6 In der deutschen Übersetzung wird *parole* mit *Sprechen* und *langue* mit *Sprache* wiedergegeben.
7 Saussure, *Grundfragen*, a. a. O., S. 18f.
8 Vgl. ebd., S. 79f. In der deutschen Ausgabe wird *arbitraire* mit »beliebig« übersetzt, wodurch der irreführende Eindruck entsteht, das Zeichen unterliege der Willkür der Sprechenden.

oder notwendige Beziehung besteht; die Vorstellung »Tisch« könnte prinzipiell auch durch eine andere Lautfolge dargestellt werden (etwa *table* im Englischen).

Der zweite Grundsatz lautet: Das Zeichen hat einen linearen Charakter, beziehungsweise der Signifikant verläuft ausschließlich in der Zeit.[9] Dieser Grundsatz ergibt sich aus dem phonetischen Charakter des Lautbilds. In der gesprochenen Sprache müssen die einzelnen Laute, die Phoneme, notwendigerweise in einer bestimmten zeitlichen Reihenfolge nacheinander erscheinen – anderenfalls wären sie unverständlich.

Wenn nun der erste Grundsatz, die Arbitrarität des Zeichens, das eigentliche Problem der Sprachwissenschaft formuliert, deutet der zweite Grundsatz die Richtung einer Lösung an. Denn das, was einen Laut zu einem Laut der Sprache macht, ist seine Beziehung zu den vorhergehenden und den folgenden Lauten. Für sich alleine genommen wäre das einzelne Phonem bedeutungslos. Erst das System, dem es angehört, und seine Relation beziehungsweise seine Differenz zu anderen Elementen des Systems machen es bedeutsam. Und ebenso wie die Signifikanten ergeben sich die Inhalte auf seiten der Signifikate, also der Vorstellungen, nur durch ihre Verschiedenheit untereinander.[10] Deshalb kann Saussure sagen, »*daß es in der Sprache nur Verschiedenheiten gibt.* Mehr noch: eine Verschiedenheit setzt im allgemeinen positive Einzelglieder voraus, zwischen denen sie besteht; in der Sprache aber gibt es nur Verschiedenheiten *ohne positive Einzelglieder.* Ob man Bezeichnetes oder Bezeichnendes nimmt, die Sprache enthält weder Vorstellungen noch Laute, die gegenüber dem sprachlichen System präexistent wären, sondern nur begriffliche und lautliche Verschiedenheiten, die sich aus dem System ergeben.«[11]

In diesen Sätzen Saussures steckt das verbindende Glied zwischen dem Strukturalismus und dem Poststrukturalismus sowie der Dekonstruktion: Bedeutung, sei es im engeren sprachtheoretischen oder im weiteren kulturwissenschaftlichen Sinn, entsteht ausschließlich innerhalb eines relationalen sprachlichen Gefüges, wobei weder die einzelnen Elemente noch das Systemganze unabhängig voneinander existieren. Es ist die spezifische Beziehung der Elemente untereinan-

---

9 Vgl. ebd., S. 82.
10 Vgl. ebd., S. 135 ff.
11 Ebd., S. 143 f.

der, ihre Differenz oder ihr Zusammenspiel, kurz: ihre Struktur, die sowohl das System als auch die einzelnen Elemente bestimmt.

Damit ist zwar die Reihe der Signifikanten ebenso wie die Reihe der Signifikate untereinander durch Differenzierung bestimmt, wie es allerdings zu einer je spezifischen Verbindung zwischen den beiden parallel laufenden Reihen kommt, ergibt sich daraus nicht. Saussures Antwort auf diese entscheidende Frage klingt zunächst erstaunlich: Die Verbindung müsse als »positives Faktum« und »einzige Art von Tatsachen, die in der Sprache möglich sind«, angesehen werden.[12] Verständlich wird diese Feststellung erst, wenn man mit Saussure eine synchronische Sprachwissenschaft von einer diachronischen abhebt. Während die traditionellen Sprachwissenschaften in erster Linie diachronisch vorgehen und die historische Entwicklung einer bestimmten Sprache untersuchen, betrachtet die strukturale Analyse das Sprachsystem als einen gleichzeitigen Zustand. Für eine reine Zustandsbeschreibung aber steht die Verknüpfung von Lautbild und Vorstellung nicht in Frage, weil die Sprache als Sprache immer schon als genau diese Verbindung besteht. Würde keine Verbindung zwischen Bezeichnendem und Bezeichnetem existieren, gäbe es überhaupt keine Sprache.

Von hier aus ist es dann nur noch ein kleiner Schritt zu einer strukturalen Kulturtheorie. Diese schaut sich alle kulturellen Phänomene so an wie Saussure die Verbindung von Signifikat und Signifikant, nämlich als Tatsachen, deren Sinn sich erst aus der differentiellen Beziehung zu anderen Phänomenen in einem gegebenen kulturellen Kontext erschließen. Derart bietet die von Saussure vorgeschlagene Methode der Bedeutungsbestimmung eine geradezu revolutionär neuartige Perspektive für die Kulturtheorie, da sie Phänomenbereiche für die Analyse eröffnet, die vormals als verschlossen galten.

Daran anknüpfend versucht beispielsweise der Ethnologe Claude Lévi-Strauss Verwandtschaftsverhältnisse anderer Gesellschaften so zu bestimmen, als seien sie Bedeutungselemente in einem sprachlichen System.[13] Was sich auf diese Weise dem Blick des Ethnologen eröffnet, ist eine elementare Struktur der analysierten Gesellschaft, deren Systematik ihren einzelnen Mitgliedern gar nicht in vollem Umfang bewußt sein muß. Derart bekommt man einen Einblick in

---

12 Vgl. ebd., S. 144.
13 Vgl. Lévi-Strauss, Claude, *Die elementaren Strukturen der Verwandtschaft*, Frankfurt/M. 1981.

die internen Bedingungen, die das Funktionieren eines Sozialsystems bestimmen, und mindert zugleich die große Gefahr, die spezifischen Merkmale und Wertvorstellungen der eigenen gesellschaftlichen Ordnung unreflektiert auf die betrachtete Gesellschaft zu übertragen.

2. Diskursanalyse: Michel Foucault

Der Übergang von den im engeren Sinne strukturalistischen Ansätzen zu jenen, die man als poststrukturalistisch bezeichnen könnte, ist fließend. Das liegt nicht zuletzt daran, daß der sogenannte Poststrukturalismus sich zwar in einer oder mehreren Hinsichten deutlich von der strukturalen Methode distanziert, ohne dabei jedoch die von Saussure gelegten sprachtheoretischen Fundamente vollständig zu verlassen. Exemplarisch läßt sich dies an der von Michel Foucault entwickelten Diskursanalyse aufzeigen, die er Mitte der sechziger Jahre in seinen beiden Schriften *Die Ordnung der Dinge* und *Archäologie des Wissens* ausgearbeitet hat und die heute als eigenständiger Forschungsansatz innerhalb der Sozialwissenschaften anerkannt ist.[14]

Was Foucaults Diskursanalyse von den strukturalen Analysen etwa in der Ethnologie trennt, ist seine Hinwendung zur Geschichte. Im Anschluß an Saussure versteht sich der Strukturalismus tendenziell eher als eine synchrone Wissenschaft, die nach der Bedeutung eines gewissen historischen Zustands fragt und nicht danach, wie es zu diesem Zustand gekommen ist. Die strukturalistische Methode sah sich daher dem Vorwurf ausgesetzt, sie würde die Geschichte verabschieden und sei unfähig, die untersuchten Strukturen als Teil einer größeren historischen Entwicklung zu begreifen.[15]

Foucaults frühe Werke hingegen fragen nach den historischen Bedingungen, die erfüllt sein mußten, damit sich ein Feld von Aussagen – ein Diskurs – als Wissenschaft etablieren konnte. Mit Bedingung

---

14 Foucault, Michel, *Die Ordnung der Dinge. Eine Archäologie der Humanwissenschaften*, Frankfurt/M. 1971; ders., *Archäologie des Wissens*, Frankfurt/M. 1973. Zur Bedeutung des Diskursbegriffs für die gegenwärtigen Sozialwissenschaften vgl. unter anderem Keller, Reiner et al. (Hg.), *Handbuch sozialwissenschaftliche Diskursanalyse I. Theorie und Methoden*, Wiesbaden 2006.

15 Vgl. Sartre, Jean-Paul, »Jean-Paul Sartre antwortet«, in: *Der französische Strukturalismus*, hg. v. Günther Schiwy, Reinbek 1969, S. 208-213.

ist hierbei jedoch keine dem Diskurs äußerliche Wirklichkeit gemeint, sondern jene internen Regeln, nach denen sich eine Aussage über einen Gegenstand richten muß, um als wahr gelten zu können. Foucaults These lautet, daß sich solche Grundlagen der Wissensproduktion historisch fundamental verändern, und zwar in einer Weise, die es nicht mehr erlaubt, von einem linearen, chronologischen Fortschritt in der Geschichte auszugehen.[16] Insofern beschreibt die von Foucault skizzierte Diskursgeschichte des Wissens kein Kontinuum, sie geht vielmehr von epochalen Brüchen aus. In *Die Ordnung der Dinge* werden ausgehend von drei verschiedenen Wissensgebieten – der Biologie, der Wirtschaft und der Sprache – zwei große, diskontinuierliche Transformationen in der abendländischen Kultur aufgedeckt: »die, die das klassische Zeitalter in der Mitte des siebzehnten Jahrhunderts einleitet; und die, die am Anfang des neunzehnten Jahrhunderts die Schwelle unserer modernen Epoche bezeichnet«.[17]

Die so eröffnete Perspektive widerspricht nicht nur der weitverbreiteten Vorstellung von einem chronologischen Fortschritt der Erkenntnis, sie birgt vor allem ein immenses methodisches Problem. Wenn es stimmt, daß jede Epoche eine andere Weise hervorbringt, nach der die Wahrheit einer Erkenntnis beurteilt werden kann, dann wird es grundsätzlich problematisch, ausgehend vom gegenwärtigen Standpunkt wahre Aussagen über eine andere Epoche zu fällen, da die eigenen erkenntnistheoretischen Voraussetzungen diejenigen der betrachteten Epoche überlagern und verdecken.

Vergleichbar einem Ethnologen, der eine ihm fremde Kultur betrachtet, liest Foucault daher die wissenschaftlichen Aussagen einer vergangenen Epoche als Elemente eines Systems, in dem sie sich gegenseitig Bedeutung verleihen.[18] Das ist gewissermaßen das strukturalistische Erbe, dem Foucault treu bleibt. Solche vergangenen Bedeutungssysteme nennt Foucault Diskurse oder auch *episteme*, wobei der Diskursbegriff einen sehr weiten Zeitraum und vielfältigste Inhalte umfassen kann. Der Diskurs, so Foucaults technische Definition, beschreibt eine Streuung von Aussagen, die einem historischen

---

16 Vgl. Foucault, *Ordnung der Dinge*, a. a. O., S. 24.

17 Vgl. ebd., S. 25 f.

18 In einem Interview aus dem Jahr 1969 charakterisiert Foucault seine Arbeitsweise als eine »Ethnologie der eigenen Kultur« (Foucault, Michel, *Schriften in vier Bänden. Dits et Écrits. Band 1. 1954-1969*, Frankfurt/M. 2001, S. 776).

Verteilungsgesetz unterworfen sind.[19] Indem man nun die Beziehung zwischen den Aussagen zu rekonstruieren versucht, werden nach und nach die regelmäßigen Bedingungen aufgedeckt, die es diesen Aussagen erlaubt haben, innerhalb eines Diskurses als wahre Aussagen, als Wissen aufzutauchen. Die Rede von einer »Archäologie des Wissens« hat hier ihren Ursprung: Foucault gräbt sich gleichsam von seinem eigenen historischen Standpunkt aus in die Tiefe und legt dabei Schicht für Schicht verschiedene, voneinander getrennte Diskurse mit je eigenen Regelmäßigkeiten frei.[20]

Eine Besonderheit der Ausführungen in *Die Ordnung der Dinge* liegt nun darin, daß sie den Diskurs der Sprachwissenschaften selbst zum Gegenstand einer archäologischen Betrachtung nehmen. Auf diese Weise gelingt es Foucault, das historisch unterschiedlich konzipierte Verhältnis von Sprache und Wirklichkeit – den Worten und den Dingen[21] – in den Blick zu bekommen. Vor diesem Hintergrund entwirft Foucault ein Bild der Moderne, die sich aus diskursanalytischer Perspektive durch eine fundamentale Aporie auszeichnet. Auf der einen Seite nämlich setzt mit der Aufklärung eine allgemeine Historisierung des Wissens ein, die das klassische Denken in großen überzeitlichen Ordnungssystemen ablöst. Die Sprache, die vormals als Repräsentation dieser Ordnung galt, verliert in diesem Zuge ihre zentrale erkenntnistheoretische Funktion und wird selbst auf den »reinen Status eines Objekts« möglichen Wissens zurückgedrängt.[22] Auf der anderen Seite geht die Einsicht in die Geschichtlichkeit des Wissens mit einer neuartigen transzendentalen Reflexion einher, mit der man versucht, die Bedingung der Möglichkeit der empirischen und historisch veränderlichen Erkenntnis auf eine gleichbleibende Form zurückzuführen. Das neue Bindeglied zwischen den empirischen Wissensinhalten und ihrer transzendentalen Form ist nun laut Foucault der Mensch.[23] Ihm kommt die erkenntnistheoretische Funktion zu, als wesentlich endliche Existenz zugleich die zeitlose Bedingung der Möglichkeit für ein wahres Wissen überhaupt zu garantieren. Diese

19 Vgl. Foucault, *Archäologie des Wissens*, a. a. O., S. 48 ff.

20 Vgl. Gehring, Petra, *Foucault – Die Philosophie im Archiv*, Frankfurt/M. 2004, S. 34 ff.

21 Darauf verweist auch der Titel der französischen Originalausgabe: *Les mots et les choses. Une archéologie des sciences humaines*, Paris 1966.

22 Vgl. Foucault, *Die Ordnung der Dinge*, a. a. O., S. 361.

23 Vgl. ebd., S. 372 ff.

charakteristische Doppelrolle des Menschen, zugleich Subjekt und Objekt, Fundament und Gegenstand des Wissens zu sein, bleibt indes widersprüchlich. Denn jede Begründung, die sich zur Aufdeckung universaler Gesetze auf den Menschen beruft, läßt sich stets mit Verweis auf seine Endlichkeit als historisch kontingente anzweifeln.[24]

Der von Foucault lediglich skizzierte Ausweg aus diesem Dilemma der Moderne beruft sich auf die Einsichten des Strukturalismus, der es ermöglicht, eine Linguistik, eine Ethnologie und auch eine Psychoanalyse ohne Rückgriff auf die zentrale Figur des Menschen, allein durch die Betrachtung von sprachlichen Strukturen aufzubauen.[25] Um den Aporien des modernen Diskurses zu entrinnen, muß allerdings auch die strukturale Analyse auf den Anspruch verzichten, überzeitliche Ordnungen freilegen zu können. Hinter die moderne Historisierung des Wissens gibt es für Foucault kein Zurück. Eine Diskursanalyse betrachtet daher immer nur die »historischen *Apriori*«[26] eines bestimmten Wissensgebietes. Wie Foucault dann insbesondere in seinen späteren Studien zeigt, geht die Etablierung von wissenschaftlichen Wahrheiten immer mit institutionellen Machtgefügen einher, die produktiv wirken.[27] Als vermeintlich neutrale Wahrheitssuche getarnt, können Wissensdiskurse auf diese Weise eine unbemerkte Normalisierungs- und Disziplinierungsfunktion erfüllen. Es sind gerade diese späten gesellschaftskritischen Schriften Foucaults, die seine zunächst wissenschaftshistorische Diskursanalyse für die Sozialwissenschaften interessant werden läßt.

3. Dekonstruktion: Jacques Derrida

Während Foucaults Diskursanalyse den Strukturalismus Saussures für die Beschreibung großer historischer Bewegungen öffnet, wendet sich Derrida erneut dessen sprachtheoretischen Wurzeln zu. Er setzt damit gewissermaßen dort ein, wo Foucaults frühe Schriften auf-

---

24 Vgl. dazu auch Quadflieg, Dirk, *Das Sein der Sprache. Foucaults Archäologie der Moderne*, Berlin 2006, S. 55 ff.

25 Vgl. Foucault, *Die Ordnung der Dinge*, a. a. O., S. 455 ff.

26 Vgl. Foucault, *Archäologie des Wissens*, a. a. O., S. 183 ff.

27 Vgl. dazu den Beitrag »Macht und Hegemonie« von Stephan Moebius in diesem Band, S. 158-174.

hören, und liefert eine dezidierte Kritik an den modernen Sprachwissenschaften ausgehend von einer Bedeutungstheorie, die weder den Menschen, soziale Strukturen noch generell eine außersprachliche Wirklichkeit als Ursprung des Sinns annimmt. Dazu entwickelt Derrida Ende der 1960er Jahre in direkter Auseinandersetzung mit Saussures *Grundfragen der allgemeinen Sprachwissenschaft* zwei ineinandergreifende Denkfiguren, die auch für seine späteren Arbeiten zu eher politischen Fragestellungen grundlegend bleiben: Zum einen erklärt er das sprachliche System im Sinne einer »allgemeinen Schrift« und ergänzt zum anderen Saussures These von der differentiellen Bestimmung der sprachlichen Elemente um eine fundamentale Differenzierungs- und Aufschubsbewegung, die *différance*.

Ausgangspunkt für Derridas Kritik an der strukturalen Linguistik sind die beiden von Saussure herausgestellten Wesenszüge des Zeichensystems, die Arbitrarität der Beziehung zwischen Signifikat und Signifikant sowie die Relationalität, durch die beide Seiten des Zeichens jeweils ihren Wert erhalten. Für Saussure verlaufen die Kette der Vorstellungen und die Kette der Lautbilder daher getrennt und parallel. Eine Vorstellung wird nur im Verhältnis zu den sie umgebenden Vorstellungen bedeutsam, ebenso wie das Phonem nur in der Abgrenzung zu anderen Phonemen als Einheit erscheinen kann.

Die absolute Parallelität von Vorstellung und Lautbild, dem Signifikat und dem Signifikanten, wirft jedoch die Frage nach der Grundlage dieser Unterscheidung auf, zumal Saussure selbst festgestellt hat, daß dem differentiellen System der Sprache kein Element vorausgehen kann, also auch nicht die Aufteilung des Zeichens in Vorstellung und Lautbild. In Saussures durchgehend dualistischer Konzeption sieht Derrida deshalb das versteckte Erbe eines metaphysischen Zeichenbegriffs, bei dem die Seite der reinen Bedeutung (des Signifikats) strikt von der Seite des Zeichens (des Signifikanten) getrennt werden muß, weil der Signifikant lediglich als die veränderliche, materielle Manifestation einer abwesenden, geistigen Idee gedacht wird.[28] Charakteristisch für den metaphysischen Zeichenbegriff ist das daraus abgeleitete Privileg des Signifikats; die Wahrheit liegt immer auf seiten der Bedeutung und nicht auf seiten des zufälligen Zeichenmaterials.

Schaut man sich daraufhin erneut Saussures Differenz-These an,

28 Vgl. Derrida, Jacques, *Grammatologie*, Frankfurt/M. 1974, S. 25.

erkennt man eine merkwürdige Inkonsequenz: Zwar hält er mit der terminologischen Unterscheidung von Signifikat und Signifikant an einem metaphysischen Zeichenmodell fest, er unterläuft es jedoch zugleich, indem er die Seite der Bedeutung ebenfalls einem Prozeß der Differenzierung unterwirft. Wenn auch das Signifikat keine positive Existenz unabhängig vom Zeichensystem hat, dann läßt sich Bedeutung immer nur ausgehend von der differentiellen Kette der Signifikanten bestimmen. Derrida schlägt deshalb vor, das Zeichen nicht mehr als Einheit von Signifikant und Signifikat, sondern nur noch als reine Struktur des Verweises zu denken, also im Sinne von Signifikanten, die lediglich auf andere Signifikanten verweisen. Das so entworfene Sprachmodell kann man sich anhand eines Wörterbuches verdeutlichen, in dem die Bedeutung eines Wortes immer nur durch eine weitere Anzahl von Worten beziehungsweise Signifikanten erklärt wird. Insofern muß das Signifikat selbst als Signifikant verstanden werden.[29]

Derridas Dekonstruktion des Saussure'schen Zeichenbegriffs hat allerdings weitreichende Folgen. Sie hebt unter anderem Saussures Privilegierung der gesprochenen Sprache und ihre Einordnung in die Psychologie auf, da der Zeichenbegriff im Sinne einer reinen Signifikantenkette ohne Einschränkung auch für die Schriftsprache und andere Symbolsysteme gilt. Derrida geht sogar noch weiter: Weil schon Aristoteles die Schrift als das Zeichen des Zeichens oder, in der linguistischen Terminologie: als Signifikant des Signifikanten definiert hat, nennt er das Verweisungsgefüge der Signifikanten eine »allgemeine Schrift«.[30] Dieser spezielle Schriftbegriff geht indes über das alltägliche Verständnis der Schrift weit hinaus. Die Schrift, so Derrida in *Grammatologie*, ist kein Derivat der gesprochenen Sprache, sie kann vielmehr als Struktur das Funktionieren jeder sprachlichen Artikulation begreifen.[31] Schrift wäre also der Name für ein System, in dem die Signifikanten aufeinander verweisen und allein aufgrund ihrer Differenz zueinander Bedeutung produzieren.

Die zweite angesprochene Figur der Dekonstruktion, die *différance*, läßt sich ebenfalls vor dem Hintergrund von Saussures Differenz-These verstehen. Wenn es, wie Saussure sagt, in der Sprache

29 Vgl. ebd., S. 17.
30 Vgl. ebd., S. 17 ff.; Aristoteles, *Peri hermeneias, Philosophische Schriften Bd. 1*, Hamburg 1995, I 16a.
31 Vgl. Derrida, *Grammatologie*, a. a. O., S. 16.

»nur Verschiedenheiten *ohne positive Einzelglieder*«[32] gibt, dann ist die Differenz beziehungsweise das Different-Werden der eigentliche Ursprung aller Bedeutungen. Begriffe erhalten ihren Sinn in einem beweglichen und prinzipiell nicht abschließbaren Zusammenspiel der differentiellen Bestimmungen. In den Worten Derridas: »Jeder Begriff ist seinem Gesetz nach in eine Kette oder ein System eingeschrieben, worin er durch das systematische Spiel von Differenzen auf den anderen, auf die anderen Begriffe verweist. Ein solches Spiel, die *différance*, ist nicht einfach ein Begriff, sondern die Möglichkeit der Begrifflichkeit, des Begriffprozesses und -systems überhaupt.«[33]

Weil es ohne das systematische Spiel der Differenzen überhaupt keine Begrifflichkeit gäbe, kann die fundamentale Differenzierungsbewegung nicht selbst Teil des durch sie ermöglichten Systems sein. Um einen solchen vorgängigen Prozeß der Differenzierung begrifflich von den mannigfaltigen konkreten Differenzen innerhalb des Sprachsystems zu unterscheiden, führt Derrida das Kunstwort *différance* ein. Die eigenwillige Schreibweise des Wortes bündelt dabei eine ganze Reihe von Bedeutungszusammenhängen, die sich miteinander verflechten, ohne auf eine einzige Bedeutungsdimension hinauszulaufen.[34] Zunächst zieht die Ersetzung des Buchstabens »e« durch ein »a« keinen Unterschied in der Aussprache nach sich, stellt allerdings einen sichtbaren Eingriff in das Schriftbild dar, wodurch die von Derrida vorgebrachte Kritik am Primat der gesprochenen Sprache zum Ausdruck kommt. Weiterhin weist die *différance* auf zwei unterschiedliche Bedeutungsebenen hin, die das französische Verb *différer* gemäß seiner Herkunft aus dem lateinischen *differre* anklingen läßt. Zum einen im Sinne eines zeitlichen Aufschubs oder einer Verzögerung, was Derrida »Temporisation« beziehungsweise »Temporalisation« nennt, zum anderen in der herkömmlichen Bedeutung von »nicht identisch sein« oder Andersheit, was einen Abstand, man könnte auch sagen: eine »Verräumlichung« impliziert.[35] Damit diese beiden Seiten im Substantiv *différence* nicht verlorengehen, be-

32 Saussure, *Grundfragen*, a. a. O., S. 143.
33 Derrida, Jacques, *Randgänge der Philosophie*, Wien 1999, S. 40.
34 Vgl. Derrida, *Randgänge*, a. a. O., S. 32.
35 Das französische Wort *temporisation* bedeutet wörtlich »Verzögerung«. Um den zeitlichen Aspekt dieses Aufschubs hervorzuheben, benutzt Derrida die Begriffsbildung »Temporalisation«; »Verräumlichung« übersetzt den französischen Ausdruck *espacement*.

darf es einer entsprechenden Markierung.[36] Das eingeschobene »a« erinnert in diesem Fall sowohl an das Partizip Präsens (*différant*), wodurch die *différance* grammatisch eine aktive Form bekommt, als auch an andere Substantivbildungen mit der Endung *-ance*, die im Französischen vielfach weder Aktivität noch Passivität induzieren.

Als reine Bewegung des Aufschubs, des Umwegs, der Verräumlichung und Verzeitlichung nennt die *différance* die Bedingung der Möglichkeit, damit ein Zeichen bezeichnen kann. Und doch ist sie zugleich auch die Bedingung der Unmöglichkeit der Anwesenheit oder Gegenwart eines mit sich selbst identischen Sinns. Denn die Differenzen des Sprachsystems, durch die eine Bestimmung überhaupt erst möglich wird, haben keinen anderen Grund außerhalb der Sprache, sie setzen lediglich eine gewisse Abständigkeit, eine Aufspreizung der Gegenwart voraus. Deshalb kann nicht nur die *différance* selbst niemals »als solche« in einer Gegenwart erscheinen, als Prinzip der Differenzierung verhindert sie zugleich jede Anwesenheit oder Präsenz. In der Sprache als Netz aufeinander verweisender Signifikanten gibt es aus strukturellen Gründen keine positiven Identitäten, keine in sich abgeschlossenen Einheiten der Bedeutung, die ungeteilt in der Gegenwart anwesend wären.[37]

4. Diskursanalyse und Dekonstruktion als Verfahren poststrukturalistischer Sozialwissenschaften

Derrida teilt mit Foucault einen umfassenden Sprachbegriff, der es erlaubt, alle Phänomene des individuellen wie kollektiven Verhaltens als Ausdruck diskursiver Prozesse zu verstehen. Insofern wird Sprache hier nicht mehr als ein möglicher Betrachtungsgegenstand neben anderen in den Blick genommen. Verstanden als ein Verweisungssystem steht sie vielmehr für eine fundamentale Sinnstruktur, in die alle sozialen Tatsachen bereits eingelassen sein müssen, um überhaupt in Erscheinung treten zu können. Allerdings sind die Konsequenzen von Derridas dekonstruktiver Sprachtheorie für die Arbeit der Sozialwissenschaften weniger deutlich auszumachen als die der Foucaultschen Diskursanalyse.

Das diskursanalytische Verfahren kann in nahezu allen bekannten

36 Vgl. Derrida, *Randgänge*, a. a. O., S. 37.
37 Vgl. ebd., S. 42.

Forschungsfeldern der Sozialwissenschaften zum Einsatz kommen. Gegenüber den herkömmlichen Zugangsweisen führt es jedoch eine Perspektivenverschiebung ein, da es nicht nur soziale Phänomene beschreibt, sondern immer auch nach den diskursiven Bedingungen fragt, die historisch notwendig waren, damit das betrachtete Phänomen überhaupt als solches auftauchen konnte. Ein bekanntes Beispiel für einen solchen Forschungsansatz ist die diskursanalytische Hinterfragung von Geschlechtsidentitäten. Statt Geschlecht als ein biologisches Faktum hinzunehmen, das eine kulturübergreifende und zeitlose Grundlage für spezifische soziale Zuschreibungen darstellt, wird in einer relationalen Analyse gezeigt, wie die Kategorie des Geschlechts selbst in verschiedenen historischen Diskursen (wissenschaftlichen, institutionellen, politischen, juristischen usw.) geformt und hervorgebracht wurde.[38]

Dagegen kann die Dekonstruktion aufgrund ihres sprachphilosophischen Zugangs vor allem als ein Verfahren genutzt werden, um eine kritische Selbstreflexion der sozialwissenschaftlichen Theoriebildung zu initiieren. Die Dekonstruktion ermöglicht eine Fundamentalkritik an allen Beschreibungsbegriffen der Sozialforschung, da sich deren Bedeutung nicht mehr durch die Referenz auf eine außersprachliche Wirklichkeit eindeutig bestimmen und insofern niemals endgültig festlegen läßt. Aus Sicht der Dekonstruktion muß sich deshalb jede empirische Studie fragen, welche Bedeutung die von ihr abgefragten Parameter haben und in welchem differentiellen Beziehungsgeflecht sie mit anderen Begriffsbildungen stehen. Dadurch wird keineswegs jeder konkreten Sozialforschung die Berechtigung abgesprochen, sie muß sich gleichwohl darüber im klaren sein, daß sie mit begrifflichen Kategorien, Schemata und Zuschreibungen arbeitet, deren Geltung nicht empirisch bewiesen werden kann. Allerdings stehen Überlegungen dazu, inwiefern ein dekonstruktives Denken darüber hinaus in die konkrete sozialwissenschaftliche Forschung einfließen kann und mit welchen Auswirkungen, bis auf wenige Ausnahmen noch aus.[39]

38 Vgl. etwa Butler, Judith, *Das Unbehagen der Geschlechter*, Frankfurt/M. 1991.
39 Eine dieser Ausnahmen bildet die Studie von Stephan Moebius, *Die soziale Konstituierung des Anderen. Grundrisse einer poststrukturalistischen Sozialwissenschaft nach Lévinas und Derrida*, Frankfurt/M./New York 2003.

Auswahlbibliographie

Butler, Judith, *Das Unbehagen der Geschlechter*, Frankfurt/M. 1991.

Derrida, Jacques, *Grammatologie*, Frankfurt/M. 1974.

Derrida, Jacques, *Randgänge der Philosophie*, Wien 1999.

Foucault, Michel, *Archäologie des Wissens*, Frankfurt/M. 1973.

Foucault, Michel, *Die Ordnung der Dinge. Eine Archäologie der Humanwissenschaften*, Frankfurt/M. 1971.

Lévi-Strauss, Claude, *Die elementaren Strukturen der Verwandtschaft*, Frankfurt/M. 1981.

Saussure, Ferdinand de, *Grundfragen der allgemeinen Sprachwissenschaft*, Berlin/New York 2001.

Urs Stäheli

System

Unentscheidbarkeit und Differenz

Möchte man poststrukturalistische Sozialwissenschaften definieren, könnte man auf den ersten Blick versucht sein, diese als Gegenentwurf zum Systemdenken schlechthin zu fassen: Einer Soziologie der Ordnung und Integration soll eine Soziologie der Unordnung, des Scheiterns und der Unreinheiten entgegengesetzt werden. Eine derartig vereinfachende und dualistische Gegenüberstellung verfehlt aber die Potentiale einer poststrukturalistisch gewendeten Systemtheorie. Zwar mag das Bild des stabilen und allumfassenden Systems teilweise zutreffend sein, wenn man sich auf ältere Formen der Systemtheorie konzentriert; das neuere systemtheoretische Denken verfügt jedoch über eine erstaunliche Nähe zu poststrukturalistischen Theoriefiguren – mehr noch, es hält konzeptuelle Möglichkeiten bereit, welche für die Entwicklung einer poststrukturalistisch informierten Sozialwissenschaft wichtig werden können und zunehmend auch genutzt werden. In einem solchen Verständnis stehen sich Ordnung und Unordnung nicht als zwei unvereinbare Welten gegenüber, sondern es interessiert, auf welche Weise diese sich ineinander verwikkeln.

I

Klassische Systemkonzepte waren durch eine klare Präferenz für Ordnung geprägt. Unter diesen Konzeptionen können ein logisch-deduktiver Systembegriff (zum Beispiel Descartes), ein strukturalistisches (zum Beispiel de Saussure) und ein mechanisches Systemkonzept der Physik (zum Beispiel Newton) voneinander unterschieden werden. Allen drei Positionen gemeinsam ist die Vorstellung, daß Einzelereignisse oder -teile über einen stabilen Platz in einem Ganzen verfügen und ihr Funktionieren innerhalb dieser Gesamtheit zu analysieren ist. Der logische Systembegriff entwirft ein geordnetes, komplexes Ganzes, in welches die unterschiedlichen Elemente auf feste und widerspruchsfreie Weise integriert werden. Entsprechend dieser Vorstellung eines geglückten Ganzen gelten Paradoxien und Aporien als zu vermeidende logische Fehler. Der strukturalistische Systembegriff geht davon aus, daß ein Zeichen (in seiner Rolle als grundlegendes Systemelement) nur über seine Differenz zu einem anderen Zeichen bestimmt werden kann. Das System wird hier relational als Beziehungsgeflecht verstanden, das in sich geschlossen ist und als selbstgenügsame Ganzheit ohne ein Außen funktioniert. Für den Poststrukturalismus wird dieses relationale Denken wichtig, gleichzeitig wird aber davon ausgegangen, daß jedes System über ein »konstitutives Außen« verfügt, welches die innere Schließungsbewegung immer wieder unterbricht.[1] Beim mechanischen Systemkonzept werden feste Ursache-Wirkungs-Beziehungen angenommen. Dies impliziert ein reversibles Zeitkonzept, wodurch die Endlichkeit eines Systems undenkbar wird. Insbesondere das zunächst physikalische Konzept des Gleichgewichtssystems wurde auch für die frühen Sozialwissenschaften wichtig. Diese Idee geht davon aus, daß es sich bei Systemen um eigenständige Entitäten handelt, deren Struktur sich im Normalfall in einem Gleichgewichtszustand befindet. Veränderungen (etwa durch äußere Ereignisse) können zu Störungen führen, wobei aber angenommen wird, daß das System durch negatives Feedback wieder zu einem neuen Gleichgewichtszustand finden wird. In der an Norbert Wiener anschließenden Kybernetik werden diese Selbststeuerungsprozesse nicht zuletzt auch zu einem politischen und sozialen Projekt.[2] Aber auch jenseits der kybernetischen Diskussion hat die Gleichgewichtskonzeption in die Sozialwissenschaften Eingang gefunden. Die neoklassische Ökonomie ist von dieser Gleichgewichtsvorstellung geprägt, wenn sie von einer Balance zwischen Angebot und Nachfrage spricht. Besonders in ökonomischen Marktmodellen wird sichtbar, daß der Gleichgewichtszustand auch normativ aufgeladen wird: Im Gleichgewicht wird ein Maximum an Effizienz geschaffen; hier erreichen individueller und kollektiver Nutzen ihr Optimum.[3]

1 Vgl. Laclau, Ernesto, »Politics and the Limits of Modernity«, in: *Social Text* 21, 1989, S. 63-82, für eine Kritik des strukturalistischen Systembegriffs.

2 Wiener, Norbert, *Cybernetics or Contral and Communication in the Animal and the Machine*, New York 1948.

3 Zu ökonomischen Gleichgewichtsmodellen siehe Zafirovski, Milan, »Reconsidering Equilibrium: A socio-economic perspective«, in: *Journal of Socio-Economics* 31, 2002, S. 559-579. Zu einer Kritik an der ökonomischen Verwendung der Gleich-

Eine weitere systemtheoretische Tradition setzt mit der Etablierung der Thermodynamik ein, die ein geschlossenes System unter energetischen Gesichtspunkten analysiert, nun aber einen ganz anderen Gleichgewichtsbegriff entwickelt:[4] Das erste Gesetz der Thermodynamik geht davon aus, daß Energie nicht verlorengeht, sondern umgewandelt wird, während das zweite Gesetz annimmt, daß die Energie eines Systems – ohne neue Energiezufuhr von außen – abnimmt und letztlich zum »Wärmetod« führt. Ludwig Boltzmann hat gezeigt, daß ein System, vom unwahrscheinlichen Zustand der Ordnung ausgehend, sich in den wahrscheinlichen Zustand der Unordnung entwickelt und schließlich im Gleichgewichtszustand den höchsten Grad von Unordnung erfährt, dort aber auch sein Ende findet. Systeme sind also immer mit der Unwahrscheinlichkeit von Ordnung und damit der stets gegenwärtigen Möglichkeit des Verfalls von Ordnung konfrontiert. Im weiteren Verlauf der kybernetischen Debatte wurde dieses Gesetz entmaterialisiert und mit Shannon/Weaver auf Informationssysteme angewendet. Dies führte zur informationstheoretischen Übersetzung der Entropie in das Lärmkonzept: Der Informationswert erhöht sich durch die Unwahrscheinlichkeit eines entsprechenden Zeichens, damit verfügt Lärm über den höchsten Informationswert, weil die Auftretenswahrscheinlichkeit von Lärmereignissen nicht mehr berechnet werden kann.

In der Soziologie haben zuerst Vilfredo Pareto, Walter Buckley und danach insbesondere Talcott Parsons, unter dem Einfluß der Macy-Konferenzen der 1940er und 1950er Jahre, kybernetisches Denken und die allgemeine Systemtheorie für die Gesellschaftstheorie fruchtbar gemacht.[5] Auch wenn Parsons durchaus Phänomene der Desorganisation berücksichtigte, so hat seine strukturfunktionalistische Soziologie häufig als Symbol nicht nur für theoretische Hybris, sondern auch für eine konservative, an Gleichgewichtsphänomenen orientierte Soziologie gedient. Parsons hatte die Gesellschaft als Kontrollhierarchie unterschiedlicher Systeme gesehen, in der durch das kulturelle System steuernde Leitwerte geschaffen werden und von der Ökonomie die notwendige Energie produziert wird. Die System-

gewichtsmetapher siehe Mirowski, Philip, *More Heat Than Light: Economics as Social Physics, Physics as Nature's Economics*, New York 1989.

4 Siehe für die folgende Darstellung Hayles, Katherine N., *Chaos Bound: Orderly Disorder in Contemporary Literature and Science*, Ithaca (NY) 1990.

5 Parsons, Talcott, *The Social System*, Toronto 1951.

metapher war in der Soziologie für lange Zeit diskreditiert, wurde sie doch als Ordnungs- und kybernetische Kontrollkategorie gelesen und den eigensinnigen Handlungen von Akteuren gegenübergestellt. Das Systemkonzept geriet nur als große funktionalistische Erzählung in den Blick, von der eine vermeintlich vor allem an den Akteuren orientierte »Postmoderne« sich abzuwenden habe.

II

Diese klare und sehr »modernistische« Oppositionsbildung zwischen einem singulären Wissen und der Meistererzählung der Systemtheorien präsentiert sich allerdings verwickelter, als es der erste Eindruck vermuten läßt. Bereits in den Anfängen strukturalistischen und poststrukturalistischen Denkens hat die Systemidee eine keineswegs nur antagonistische Rolle gespielt. Claude Lévi-Strauss' strukturale Anthropologie bezieht sich nicht nur auf Norbert Wieners Kybernetik, sondern schließt insbesondere an deren informations- und kommunikationstheoretisches Vokabular an, von der sie sich eine Universalsprache für die Analyse unterschiedlichster kultureller und sozialer Phänomene verspricht.[6]

Im Symposion »The Languages of Criticism and the Sciences of Man« (1966), das häufig als »Geburtsstätte« der Dekonstruktion genannt wird, nehmen system- und spieltheoretische Überlegungen eine zentrale Rolle in den einleitenden Worten von Richard Macksey ein.[7] In der *Grammatologie* führt Jacques Derrida die Kybernetik als möglicherweise konkurrierendes wissenschaftliches Programm ein, das selbst allerdings nicht ohne einen Begriff der Schrift auskommen kann.[8] Spätere Studien haben Derridas Arbeiten als Systemtheorie

---

6 Für eine Aufarbeitung der »vergessenen« kybernetischen Elemente in poststrukturalistischen Theorien siehe Lafontaine, Céline, »The Cybernetic Matrix of ›French Theory‹«, in: *Theory, Culture & Society* 24, 2007, S. 27-46.

7 Taylor, Mark C., *Confidence Games. Money and Markets in a World Without Redemption*, Chicago 2004, S. 46.

8 Derrida, Jacques, *Grammatologie*, Frankfurt/M. 1974, S. 21. Die Stelle wird von Kybernetikern häufig irreführend als Beleg für den dekonstruktiven Charakter der Kybernetik widergegeben. Derrida argumentiert aber dafür, daß selbst die Kybernetik mit ihrem radikalen Anspruch auf nachmetaphysische Theoriebildung vom Problem der Schrift heimgesucht wird.

gelesen, welche im iterativen Sich-selber-Schreiben von Systemen eine sich ständig wandelnde, nicht-totalisierbare Einheit sehen.[9] Und auch Jean Baudrillards Arbeiten zur Simulationsgesellschaft sind stark von systemtheoretischen Metaphern aus der Biologie und der Katastrophentheorie (René Thom) geprägt.[10] Trotz dieser systemtheoretischen Affinitäten hat sich die kritische und insbesondere die poststrukturalistische sozialwissenschaftliche Diskussion lange Zeit vom Systembegriff ferngehalten. Anfang der 1990er Jahre konstatiert Katherine Hayles weitreichende Parallelen zwischen der Chaostheorie und der Dekonstruktion, die beide der gleichen kulturellen Episteme entstammen würden: Beide seien daran interessiert, den Dualismus zwischen Ordnung und Chaos aufzulösen, nur sei der Ausgangspunkt ein jeweils anderer: Die Dekonstruktion suche das Chaos in geordneten Systemen, während die Chaostheorie Ordnungsstrukturen im Chaos erforsche.[11]

Dennoch hielten sich die Vorbehalte gegenüber systemtheoretischen Denkformen hartnäckig. Noch im Jahre 2007 wird im englischen Sprachraum die zunächst schüchterne Frage »Is it Safe to Talk About Systems Again Yet?« gestellt – um sie dann aber emphatisch zu bejahen.[12] Im deutschen Sprachraum hat sich zwar spätestens seit Anfang der 1980er Jahre mit Niklas Luhmanns Arbeiten eine starke systemtheoretische Soziologie etabliert; aber auch diese Form der Systemtheorie litt unter dem Ruf, eine technokratische Vision zu entwerfen.[13] Erst Ende der 1990er Jahre gewinnt eine dezidiert diffe-

---

9 Johnson, Christopher, *System and Writing in the Philosophy of Jacques Derrida*, Cambridge 1993. Siehe auch Mark C. Taylors treffende Beschreibung des dekonstruktiven Systemverständnisses als »a non-totalizing system or structure that nonetheless acts as a whole« (*The Moment of Complexity. Emerging Network Culture*, Chicago 2001, S. 65).

10 Baudrillard, Jean, *Der symbolische Tausch und der Tod*, München 1982.

11 Hayles, *Chaos Bound*, a. a. O. Hayles scheint in diesem frühen Buch noch nicht klar zwischen dem chaos- und dem komplexitätstheoretischen Paradigma zu unterscheiden.

12 Wadsworth, Yoland, »Is it Safe to Talk about Systems Again Yet? Self Organising Processes for Complex Living Systems and the Dynamics of Human Inquiry«, in: *Systemic Practice and Action Research* 21, 2007, S. 153-170.

13 So etwa mit dem Etikett der Sozialtechnokratie in der Habermas/Luhmann-Debatte der 1970er Jahre: Habermas, Jürgen/Luhmann, Niklas, *Theorie der Gesellschaft oder Sozialtechnologie*, Frankfurt/M. 1971.

renztheoretische Lektüre der Systemtheorie, vor allem in den Kultur-wissenschaften, an Einfluß.[14]

Was macht also die Luhmann'sche Systemtheorie für poststruk-turalistisches Denken attraktiv?[15] Die Systemtheorie teilt mit post-strukturalistischen Perspektiven eine ganze Reihe von Kritikpunkten am »alteuropäischen« Denken, welche sie zum Ausgangspunkt für neue Konzepte nimmt: Zu nennen sind hier insbesondere die kom-munikationstheoretische Kritik an der Subjekttheorie (1), die para-doxale Fundierung von Systemen auf einer Unterscheidung (2) und deren dynamische Ereignisbasierung (3). Auch wenn Luhmanns Sy-stemtheorie in vielerlei Hinsichten einen anderen Weg als etwa die Dekonstruktion oder die Diskurstheorie einschlägt, so liegt mit ihr ein anschlußfähiger gesellschaftstheoretischer Entwurf vor – ein Ent-wurf, dessen Reichtum an soziologischer Unterscheidungskraft auch für poststrukturalistische Ansätze höchst attraktiv ist. Freilich lassen sich Luhmanns Systemtheorie und unterschiedliche poststruktura-listische Positionen nicht ohne weiteres ineinander überführen, da die Systemtheorie durch eine Reihe von Letztbegriffen (insbesondere den Sinnbegriff) ihr differenztheoretisches Potential entschärft.[16]

(1) Die Dekonstruktion des autonomen, rationalen Subjekts als er-ste Analyseeinheit ist – in freilich sehr unterschiedlicher Weise – den verschiedenen poststrukturalistischen Strömungen gemeinsam. Die Systemtheorie verflüssigt ebenfalls das klassische Subjekt in Kommu-nikationsereignisse und -ströme. Lacans Anleihen an die Kybernetik ähnlich, verliert das auktoriale Subjekt seine hervorgehobene Position und wird in den Kommunikationsströmen des Symbolischen dezen-

14 Stäheli, Urs, *Sinnzusammenbrüche. Eine dekonstruktive Lektüre der Luhmann-schen Systemtheorie*, Weilerswist 2000; Binczek, Natalie, *Im Medium der Schrift. Zum dekonstruktiven Anteil in der Systemtheorie Niklas Luhmanns*, München 2000; Koschorke, Albrecht/Vissmann, Cornelia (Hg.), *Widerstände der System-theorie. Kulturtheoretische Überlegungen zum Werk Niklas Luhmanns*, Berlin 1999.

15 Luhmann, Niklas, *Soziale Systeme: Grundriß einer allgemeinen Theorie*, Frank-furt/M. 1984; ders., *Die Gesellschaft der Gesellschaft*, Frankfurt/M. 1998. Für eine ausführlichere Diskussion der Affinitäten und der Unvereinbarkeiten zwischen Sy-stemtheorie und Dekonstruktion siehe Stäheli, *Sinnzusammenbrüche*, a. a. O.

16 Die Systemtheorie sieht das Verhältnis zur Dekonstruktion dagegen als eines der Präzisierung: Was die Dekonstruktion mit viel rhetorischem Aufwand und Un-genauigkeit vorstellt, könne mit der Systemtheorie genauer und effizienter analy-siert werden (Luhmann, Niklas, »Deconstruction as Second-Order Observing«, in: *New Literary History* 24, 1993, S. 763-782).

triert.[17] Das Symbolische selbst folgt der digitalen Logik der Maschine.[18] Dieser strukturalistischen Dezentrierung des Subjekts folgt auch die Luhmann'sche Systemtheorie (ohne sich explizit darauf zu beziehen). Sie verzichtet daher darauf, das Individuum als soziologische Letzteinheit zu setzen, ersetzt es aber auch nicht in strukturalistischer Manier durch übermächtige Strukturen. Freilich stößt die systemtheoretische Subjektkritik selbst an ihre Grenzen: Um die Gesellschaft als Kommunikationsstrom zu denken, führt sie eine strikte Trennung zwischen Bewußtsein und Kommunikation ein. Das alteuropäische Subjekt findet sich wohlbehalten als »Exklusionsindividuum« außerhalb der Gesellschaft wieder – eine konsequente Kritik des Subjekts findet systemtheoretisch nicht statt.[19]

Die neuere Diskussion versucht die subjekttheoretischen Defizite der Luhmann'schen Systemtheorie durch die Verbindung mit der angelsächsischen Gouvernementalitätsdiskussion zumindest teilweise zu beheben. In den Vordergrund geraten die Organisationsweisen von Inklusions- und Exklusionsprozessen, die nun hinsichtlich der verwendeten Individualisierungstechniken analysiert werden. Inklusion wird nun nicht nur als Regelung des Zugangs zu einem System ge-

17 Vgl. Lacan, Jacques, »Das Ich in der Theorie Freuds und in der Technik der Psychoanalyse«, in: ders., *Das Seminar 2*, Weinheim 1991.

18 Ebd., S. 235. Eine der frühesten Verbindungen zwischen Systemtheorie und strukturaler Psychoanalyse hat Anthony Wilden (*Structure and System: Essays in Communication and Exchange*, London 1972) entwickelt. Wilden identifiziert im Gegensatz zur deutschen Diskussion aber das Imaginäre mit der Logik des Digitalen und das Symbolische mit dem Analogen. Siehe dazu auch Stäheli, Urs, »Auf der Spur des Double Binds«, in: *Schlüsselwerke der Systemtheorie*, hg. v. Dirk Baecker, Wiesbaden 2005, S. 190-204.

19 Zum bewußtseinsphilosophischen Erbe der Systemtheorie siehe vor allem Wagner, Gerhard, »Am Ende der systemtheoretischen Soziologie«, in: *Zeitschrift für Soziologie* 23, 1994, S. 275-291, und Schmid, Hans Bernhard, »Subjektivität ohne Interität. Zur systemtheoretischen ›Überbietung‹ der transzendentalphänomenologischen Subjekttheorie«, in: *Zur Logik der Systeme*, hg. v. Gerhard Wagner/Peter-Ulrich Merz-Benz, Konstanz 2000, S. 127-153. Dies zeigt sich auch darin, daß die Systemtheorie weitgehend ohne den Begriff des Unbewußten auskommt – denn spätestens mit der strukturalen Psychoanalyse müßte dann die Logik des Unbewußten auch für soziale Phänomene relevant werden. Siehe aber die Arbeiten von Peter Fuchs (*Die Umschrift*, Frankfurt/M. 1995) und aus Lacan'scher und semiotischer Perspektive Nina Ort, »Systems Theory with Lacan«, in: *Psychoanalysis and Systems Theory. The Germanic Review* 74, 1999, hg. v. Elisabeth Bronfen/Benjamin Marius Schmidt.

lesen, sondern als Prozeß, durch welchen erst entsprechende Subjektivitäten (wie zum Beispiel der Homo oeconomicus oder das Rechtssubjekt) hergestellt werden.[20]

(2) Während die systemtheoretische Kritik des Subjekts dieses, sobald es aus der Gesellschaft exkludiert worden ist, intakt läßt, ist die differenztheoretische Systemkonzeption aus einer poststrukturalistischen Perspektive besonders interessant. Luhmann vollzieht auf dem Gebiet der Systemtheorie gleichsam das, was Derrida als Dezentrierung der Struktur in seiner Auseinandersetzung mit Lévi-Strauss bezeichnet hat.[21] Systeme verfügen über kein letztes Fundament, sondern fußen ausschließlich auf der Unterscheidung zwischen System und Umwelt. Damit erweist sich bereits diese Fundierung in einer Unterscheidung als paradoxal, kommt doch das System in der es definierenden Unterscheidung wieder vor. Luhmann spricht daher auch von der »konstitutiven Paradoxie« sozialer Systeme: Die Unmöglichkeit der Selbstbegründung findet ihren Ausdruck im gründenden Status von Paradoxien.[22] Nicht zuletzt daraus erklärt sich die notwendige Unruhe von Systemen und die stets drängende Frage danach, wie es weitergeht: Die Produktion neuer Ereignisse ist höchst unwahrscheinlich, zumal auch kein Grund eine stabile Basis für diese abgeben kann. Dies führt insbesondere auf der Ebene der Funktionssysteme zu Paradoxien, welche zwar nicht aufgelöst, aber doch pro-

20 Vgl. Borch, Christian/Larsen, L.T. (Hg.), *Perspektiv, magt og styring. Luhmann og Foucault til diskussion*, Copenhagen 2003; Stäheli, Urs, »›Updating‹ Luhmann mit Foucault?«, in: *kultuRRevolution. Zeitschrift für angewandte Diskurstheorie* 47, 2004, S. 14-19; Åkerstrøm Andersen, Niels, »The Contractualisation of the Citizen – on the transformation of obligation into freedom«, in: *Soziale Systeme* 10, 2004; Borch, Christian, »Systemic Power«, in: *Acta Sociologica* 48, 2005, S. 155-167; Opitz, Sven, »Auf der Suche nach Bedeutsamkeit. ›Leidenschaftliche Verhaftungen‹ der subjektivierten Arbeitskraft«, in: *Herrschaftsverhältnisse und Herrschaftsdiskurse. Essays zur dekonstruktivistischen Herausforderung kritischer Gesellschaftstheorie*, hg. v. Volker Weiss/Sarah Speck, Berlin 2007; Åkerstrøm Andersen, Niels, »Creating the Client Who Can Create Himself and His Own Fate – the Tragedy of the Citizens' Contract«, in: *Qualitative Sociology Review* 3, 2007, ⟨http://www.qualitativesociologyreview.org/ENG/Volume7/QSR_3_2_Andersen.pdf⟩.

21 Derrida, Jacques, »Die Struktur, das Zeichen und das Spiel im Diskurs der Wissenschaft vom Menschen«, in: ders., *Die Schrift und die Differenz*, Frankfurt/M. 1976, S. 422-442.

22 Luhmann, Niklas, »The Paradox of Observation«, in: *Cultural Critique* 31, 1995, S. 37-55.

zessiert werden können. So läßt sich etwa im Rechtssystem der Code Recht/Unrecht nicht durch diesen selbst begründen: Die Frage, ob der Code selbst rechtmäßig ist, führt letztlich nur zu einem infiniten Regreß.[23] Während die literaturwissenschaftliche Dekonstruktion sich häufig im endlosen Zelebrieren und Ausloten von Paradoxien erschöpft, erweist sich eine solchermaßen paradoxale Systemtheorie sozialwissenschaftlich besonders fruchtbar. Denn was nun in den Blick gerät, sind diskursive Strategien der Entparadoxierung, das heißt unterschiedliche Mittel, die lähmende Gewalt von Paradoxien zu entschärfen, sie zumindest für eine bestimmte Zeit oder bestimmte soziale Gruppen unsichtbar zu machen und so den Aufbau komplexer Systeme zu ermöglichen.[24] Gerade dieses Ernstnehmen der paradoxalen Fundierung von Funktionssystemen wird auch in empirischer Hinsicht zu einem produktiven Ausgangspunkt. Nun geraten Grenzziehungs- und Befestigungskämpfe in den Vordergrund, welche sich mit der Stabilisierung, aber auch der Destabilisierung von Systemgrenzen beschäftigen.[25]

Allerdings haben poststrukturalistische Lektüren eingewandt, daß Luhmann Paradoxien normalisiert, indem er diese in erster Linie als Probleme eines Beobachters zweiter Ordnung versteht.[26] So wird undenkbar, daß Paradoxien sich in die Operationen eines Systems selbst einschreiben können. Um fassen zu können, wie Operationen durch paradoxe Beobachtungen affiziert werden, ist eine stärkere Gewichtung semantischer und diskursiver Aspekte notwendig: Die entparadoxierenden Semantiken spiegeln nicht einfach den Zustand eines Systems wider, sondern sind selbst an der Herstellung von dessen Identität beteiligt. In diesem Rahmen wurde von einer »konstituti-

23 Für eine Analyse der gerechtigkeitstheoretischen Konsequenzen als Selbstranszendierung des Rechtes siehe Teubner, Gunther, »Ökonomie der Gabe – Positivität der Gerechtigkeit. Gegenseitige Heimsuchungen von System und différance«, in: *Widerstände der Systemtheorie. Kulturtheoretische Analysen zum Werk von Niklas Luhmann*, hg. v. Albrecht Koschorke/Cornelia Vismann, Berlin 1999, S. 199-212.

24 Luhmann, Niklas, »Sthenographie und Euryalistik«, in: *Paradoxien, Dissonanzen, Zusammenbrüche*, hg. v. Hans Ulrich Gumbrecht/K. Ludwig Pfeiffer, Frankfurt/M. 1991, S. 58-82.

25 Für eine Studie solcher Grenzziehungskämpfe auf dem Feld der Finanzökonomie siehe Stäheli, Urs, *Spektakuläre Spekulation. Das Populäre der Ökonomie*, Frankfurt/M. 2007.

26 Stäheli, *Sinnzusammenbrüche*, a. a. O.; zur Entschärfung des »blinden Flecks« bei Luhmann siehe Gamm, Gerhard, *Flucht aus der Kategorie*, Frankfurt/M. 1994.

ven Nachträglichkeit« der Semantik gesprochen, das heißt einer im Freud'schen Sinne retroaktiven Herstellung des Beschriebenen durch die Beschreibung.[27] Die Selbstbeschreibungen sind performativ am Zustandekommen von Sozialstrukturen beteiligt und können nicht klassisch im Sinne eines zeitlich linearen Verständnisses aus ihren vorgängigen, vermeintlich »realeren« Strukturen abgeleitet werden (»Basis-Überbau-Modell«).

(3) Struktur und Ereignis: Indem dynamische Systemtheorien (zu welchen auch die von Luhmann gehört) von der Ereignishaftigkeit des Sozialen ausgehen, entfernen sie sich von strukturalistischen Regelkonzepten. Das Operieren eines Systems läßt sich nicht aus einem vorgegebenen Code oder einer entsprechenden Regelstruktur ableiten, sondern muß stets wieder von neuem sichergestellt werden. Dieses Moment der beständigen Selbstschaffung wird mit dem Konzept der Autopoiesis (Maturana/Varela) beschrieben. Durch den Dauerzerfall des Systems – mit seinem Sich-Ereignen verschwindet das Ereignis sogleich wieder – ist jedes System mit dem Problem konfrontiert, seine eigenen Ereignisse zu produzieren und seine Anschlußfähigkeit (Konnektivität) aufrechtzuerhalten. In der Luhmann'schen Systemtheorie findet eine Domestizierung des Ereignisses insofern statt, als immer schon gesichert ist, daß ein Ereignis ein »reines« Ereignis ist, daß also sein Operationstypus (zum Beispiel als Zahlungsoperation im ökonomischen System) entweder ein Systemereignis ist oder eben keines. Undenkbar sind kontaminierte Operationen – Operationen, in welche die Spuren des Fremden eingeschrieben sind. Diese Reinheit der Operationen wird zum einen durch die Konzeption symbolisch generalisierter Kommunikationsmedien, zum anderen durch den phänomenologischen Horizontbegriff geschaffen: Kommunikationsmedien wie Geld und Macht werden stets als funktionierende und eindeutige gefaßt; und der Sinnhorizont eröffnet ein kontinuierliches Sinngeschehen: Es gibt keine Sprünge oder dunkle Flecken in diesem Horizont.

---

27 Ebd., S. 184ff.; Theorien komplexer Systeme betonen ebenfalls die entscheidende Rolle von Selbstbeschreibungen: Da es häufig schwierig sei, die Grenzen eines komplexen Systems zu bestimmen, schaffen erst Selbstbeschreibungen ein »framing« des Systems (Cilliers, Paul, *Complexity & Postmodernism. Understanding Complex Systems*, London 1998, S. 4).

III

Weitgehend unabhängig von der deutschen Systemtheoriediskussion findet seit Ende der 1990er Jahre im englischen Sprachraum eine poststrukturalistische Wendung des Komplexitätsbegriffs statt. Der klassische Begriff der Komplexität unterscheidet zwischen komplizierten und komplexen Systemen:[28] Ein komplexes System verfügt über mehr Verbindungsmöglichkeiten zwischen »nodes« oder Systemereignissen, als letztlich realisiert werden können. Die verschiedenen Elemente interagieren miteinander, aber auf nicht lineare Weise, das heißt, daß ihre Entwicklung nicht aus ihrem Fundament deduziert werden kann oder auf andere Weise kausal abzuleiten ist. Diese Interaktionen führen zur Entstehung emergenter, nicht aus den Einzelelementen ableitbarer Strukturen. In der poststrukturalistischen Diskussion werden in besonderem Maße systemische Unentscheidbarkeiten sowie die Abwendung von einem linearen Zeitkonzept hervorgehoben.[29] Anstelle des Möglichkeitshorizontes (oder der Potentialität) in der Luhmann'schen Systemtheorie tritt nun der Begriff der Virtualität, welcher auch die Möglichkeit des radikal Neuen und Anderswerdens einschließt.[30] Virtualität versucht, die Unvorhersagbarkeit von Systemverhalten zu fassen – eine Unvorhersagbarkeit, die sich nicht durch Systemhorizonte begrenzen läßt. Komplexe Systeme gelangen immer wieder an sogenannte Gabelungspunkte (*bifurcation points*) oder *tipping points*, an denen über radikal verschie-

---

28 Vgl. zur folgenden Beschreibung von komplexen Systemen Cilliers, *Complexity*, a. a. O., S. 3-5. Während sich also der Komplexitätsbegriff gerade durch die Betonung von radikaler Kontingenz und Emergenz für poststrukturalistische Ansätze als besonders interessant erweist, erscheint der Chaosbegriff kaum anschlußfähig. Denn die Chaostheorie versucht chaotische Zustände letztlich als regelgenerierte Zustände zu verstehen – das heißt durch die rekursive Anwendung der immer selben Regeln. Chaotische Systeme wären wegen dieser regelhaften Fundierung daher auch eher als kompliziert denn als komplex zu bezeichnen.

29 Die klassische Formulierung des Komplexitätsbegriff findet sich bei Weaver, Warren, »Science and Complexity«, in: *American Scientist* 36 (536), 1948. Weaver unterscheidet zwischen nicht-organisierter und organisierter Komplexität. Organisierte Komplexität bezeichnet die Entstehung von unvorhersagbarem Systemverhalten bei gegebenen Systemelementen. Für einen Überblick über die neuere sozialtheoretische Komplexitätsdiskussion siehe Urry, John, »The Complexity Turn«, in: *Theory, Culture and Society* 22, 2005, S. 1-14.

30 De Landa, Manuel, *A New Philosophy of Society: Assemblage Theory and Social Complexity*, London/New York 2006.

dene mögliche Systemzustände entschieden wird. Diese Kippzustände, welche zu irreversiblen Entscheidungen führen, können durch kleinste Veränderungen ausgelöst werden, dennoch aber weitreichende Strukturveränderungen oder gar Strukturzusammenbrüche zur Folge haben.[31] Insbesondere wenn solche Veränderungen durch positive Rückkopplungsschleifen verstärkt werden, können kaum kontrollierbare Dynamiken entstehen. Damit wird in die Selbstreferenz und Emergenz von Systemen ein Moment immanenter Unruhe und radikaler Kontingenz eingelassen – eine Unberechenbarkeit, welche auf unvorhersehbare Weise zur Etablierung neuer Muster führt. Diese Unentscheidbarkeiten verfügen über eine Geschichte, bleiben aber unkalkulierbar: Die Auflösung von Unentscheidbarkeiten bettet sich ein in eine historische »Pfadabhängigkeit«.

Insbesondere an Deleuze und Guattari anschließende Positionen heben die zentrale Rolle von Komplexität und Emergenz hervor. Das Moment der Emergenz, innerhalb dessen etwas Neues entsteht, das nicht aus den bestehenden Elementen und Strukturen abgeleitet werden kann, ist für Brian Massumi hochgradig affektiv aufgeladen: »This is the turning point at which a physical system paradoxically embodies multiple and normally mutually exclusive potentials, only one of which is ›selected‹.«[32] Der Moment der Unentscheidbarkeit wird nicht nur durch sinnhafte Formen der Entparadoxierung aufgelöst, sondern muß im Register von Affekten und Affektivität verstanden werden: Affekte, die selbst noch nicht individualisiert sind, sind als prozessualer Begriff des Affiziertwerdens zu denken: Die Offenheit eines Bifurkationspunktes im System übersetzt sich in diese nicht zuletzt somatische Offenheit des Affiziertwerdens. Damit wird auch der letztlich dem *linguistic turn* verhafteten Hoffnung eine Absage erteilt, die Offenheit eines Systems ausschließlich als kognitiven Prozeß denken zu können.[33]

---

31 Siehe Urry, *Complexity Turn*, a. a. O., S. 5. Diese Annahmen knüpfen an Ilya Prigogines Konzept der dissipativen Struktur an, mit welchem er der Unvermeidbarkeit des zweiten Gesetzes der Thermodynamik entgegentritt: Unordnung wird hier zur Möglichkeitsbedingung neuer Ordnungsbildung, siehe ders., *The End of Certainty: Time, Chaos, and the New Laws of Nature*, New York 1997.

32 Massumi, Brian, *Parables of the Virtual. Movement, Affect, Sensation*, Durham 2002, S. 32 f.

33 So etwa bei Luhmann, der zwischen operativer Geschlossenheit und Offenheit auf der Ebene der Beobachtung unterscheidet, siehe Luhmann, Niklas, »Closure and Openness. On Reality in the World of Law«, in: *Autopoietic Law: An New*

Solche »neo-materialistischen« Systemtheorien betonen – ganz im Gegensatz zu sozialkonstruktivistischen Positionen –, daß systemische Prozesse sich nicht an die klassischen Grenzen zwischen Körper, Geist und Kommunikation halten. Manuel de Landa lehnt jede A-priori-Trennung in einen nichtorganischen, organischen und kommunikativen Bereich ab: »[S]ingle matter-energy undergoing phase transitions of various kinds, with each new layer of accumulated ›stuff‹ simply enriching the reservoir of nonlinear dynamics and nonlinear combinatorics available for the generation of novel structures and processes.«[34] Konsequenterweise beschäftigt sich de Landas Universalhistorie denn auch nicht nur mit sozialen Strukturen und Transformationen von Subjektivität, sondern bezieht die Geologie, Klimaveränderungen, energetische Grundlagen und Kriege mit ein. Ganz ähnlich versucht William Connolly unter dem Schlagwort »Neuropolitics«, die klaren Grenzen zwischen Natur und Kultur hinter sich zu lassen. Er fordert ein neues Verständnis von Politik, das sich für die »culture/nature-layerings« interessiert und die »Resonanzen« dieser unterschiedlichen Schichten untersucht.[35] Statt das Soziale und die Kultur als bereits feststehende Einheiten aufzufassen, interessieren die Prozesse der Selbstorganisation, welche zu einem »becoming of culture and the social« führen.[36]

Derartige Weiterführungen system- und komplexitätstheoretischer Modelle knüpfen in vielerlei Hinsicht an poststrukturalistische Annahmen an: Soziale und natürliche Ordnungen werden nicht als gegeben verstanden, sondern müssen durch fragile, häufig unerwartete Prozesse geschaffen werden. Die vereinfachende Gegenüberstellung von Ordnung versus Unordnung wird verworfen, um die Unordnung in der Ordnung und die Ordnung der Unordnung sichtbar zu machen. Systeme operieren stets am Rande des Chaos, mehr noch, sie benötigen Unordnung, um Neues zu schaffen. Insbesondere das Interesse an Unentscheidbarkeiten als Bifurkationspunkten läßt sich

Approach to Law and Society, hg. v. Gunther Teubner, Berlin 1988, S. 335-348. Dagegen betont die an Deleuze angelehnte systemtheoretische Diskussion die Rolle von Körperlichkeit und Bewegung, vgl. Hansen, Mark B., *New Philosophy for New Media*, Cambridge (Mass.) 2004.

34 De Landa, Manuel, *A Thousand Years of Nonlinear History*, New York 2000, S. 21.

35 Connolly, William, *Neuropolitics: Thinking, Culture, Speed*, Minneapolis 2002, S. 61.

36 Massumi, *Parables*, a. a. O., S. 9.

etwa auf dekonstruktive Verständnisse radikaler Kontingenz beziehen. Auf diese Weise kann die Materialität von Kommunikation präziser erfaßt werden, wird diese doch nicht bloß auf die Technizität von Kommunikationsmedien reduziert, sondern radikaler in der als materiell verstandenen Virtualität eines Systems verankert. Die Prominenz des Affektbegriffs zeugt von der Fruchtbarkeit dieser konzeptuellen Bewegung – einer Bewegung allerdings, die keineswegs unumstritten ist. Denn diese Leseweisen wenden sich dezidiert vom Konstruktivismus ab, um eine neue Ontologie des Sozialen, einen »new materialism«, zu entwerfen. Mit diesem Perspektivwechsel könnte aber auch etwa durch unkritische Bezugnahmen auf biologische und physikalische Modelle eine naturalistische Wendung der Kultur- und Sozialtheorie drohen.[37] Für Michael Dillon sollten die unübersehbaren Parallelen zwischen Komplexitätstheorien und Poststrukturalismus nicht dazu führen, grundlegende Differenzen zu übersehen. Beide Denkrichtungen teilen zwar eine relationale Auffassung ihres Gegenstands, wobei jedoch die Komplexitätstheorien über keinen radikalen Begriff der Nichtrelationalität als (Un)möglichkeitsbedingung verfügen. Dadurch entstehe auch die Gefahr, daß eine Analyse gegenwärtiger sozialer Verhältnisse sich diesen zu sehr anverwandelt und das Vokabular von Flexibilität und Komplexität kritiklos übernimmt.[38] Bereits die Diskussion des klassischen Programms der Kybernetik bewegte sich zwischen einer euphorischen Begrüßung ihrer antihumanistischen Aspekte und der Sorge, diese könnten als gouvernementale Machttechnologien und -phantasien funktionieren, wel-

---

37 Weil Komplexitätstheorien nicht konstruktivistisch gebaut sind, wird ihnen die Nähe zu poststrukturalistischen Positionen abgesprochen, vgl. Byrne, David, *Complexity Theory and the Social Sciences*, London 1998; wegen ihres Interesses an Phänomenen der Nicht-Ordnung und Un-Ordnung aber auch wiederum zugesprochen, vgl. Hayles, *Chaos Bound*, a. a. O. Die Diskussion über die »Einordnung« unter die Rubrik »Poststrukturalismus« erscheint aber letztlich als müßig – gerade wenn man bedenkt, wie sehr sich als poststrukturalistisch eingeordnete (!) Autoren und Autorinnen gegen starre Klassifikationsraster wehren.

38 Dillon, Michael, »Poststructuralism, Complexity and Poetics«, in: *Theory, Culture & Society* 17, 2000, S. 1-26; Dillon sieht in der »anteriority of radical relationality« (ebd., S. 4) einen gemeinsamen Ausgangspunkt von Poststrukturalismen und Komplexitätskonzepten. Komplexitätskonzepte übersehen jedoch, daß ein solches Relationsdenken eine »relationality with the radical non-relational« impliziert. Dillon wirft denn auch den an Deleuze angelehnten biophilosophischen Adaptionen der Komplexitätstheorie eine Komplizenschaft mit Kontrollstrukturen des flexiblen Kapitalismus vor.

che wesentlich zur Vorbereitung der Kontrollgesellschaft beigetragen haben.[39]

Eine der Aufgaben systemtheoretischer Forschung, die sich am Differenzbegriff orientiert, dürfte denn auch eine offene Diskussion einer solchermaßen materialistisch gewendeten Systemtheorie sein. Einerseits wird so die Chance eröffnet, das Stichwort von der »Materialität der Kommunikation« ernst zu nehmen und über die bloße Berücksichtigung von medientechnischen Apparaturen hinaus zu gehen. Andererseits wird aber auch ein selbstreflexiver Umgang mit dem rhetorischen Status der verwendeten systemtheoretischen Metaphern notwendig: Eine naturalistische Herangehensweise verzichtet auf eine Untersuchung der eigenen repräsentationalen und rhetorischen Praktiken und verpaßt dadurch aber auch eine Analyse der eigenen epistemischen Funktionsweise.[40] Die Vorschläge von Massumi, de Landa und anderen haben sich bisher weitgehend auf der Ebene der allgemeinen Systemtheorie und der Kulturtheorie bewegt.[41] Eine sozialwissenschaftliche Aufgabe bestünde in der Ausarbeitung des gesellschaftstheoretischen Potentials einer solchermaßen »neuen« und »materialistischen« Systemtheorie. So verspricht etwa die Unterscheidung zwischen synchroner (Musterbildung) und diachroner Emergenz (Moment des Neuen) etablierte soziologische Dualismen wie etwa dem zwischen Struktur und Handlung neu zu denken. Kreativität wird dann nicht mehr als Eigenschaft von Akteuren oder als *agency* gelesen, sondern als Musterwechsel in Ungleichgewichtssituationen.[42]

39 Tiqqun, *Kyberntik und Revolte*, Zürich/Berlin 2007.

40 Siehe Thrift, Nigel, »The Place of Complexity«, in: *Theory, Culture, Society* 16, 1999, S. 31-69, der offensiv für die Verwendung von Komplexitätsmetaphern für sozialtheoretische Zwecke – im Bewußtsein der Metaphorizität – argumentiert. Für eine Analyse der Chaosmetapher unter anderem in den Sozialwissenschaften siehe Weingart, Peter/Maasen, Sabine, »The order of meaning: The Career of Chaos as a Metaphor«, in: *Configurations* 5, 1997, S. 463-520. Zur Rolle von Allegorien in der Thermodynamik siehe Clarke, Bruce, *Energy Forms: Allegory and Science in the Era of Classical Thermodynamics*, Ann Arbor 2001.

41 Vgl. aber auch die bestehenden Vorschläge von de Landa zu Märkten und Antimärkten oder Massumis Arbeiten zu neuen Formen der Affektpolitik.

42 Protevi, John, »Deleuze, Guattari and Emergence«, in: *Paragraph: A Journal of Modern Critical Theory* 29, 2006, S. 19-39. Damit eröffnet sich auch eine Verbindung zu Ernesto Laclaus Diskurstheorie, welche Handlungsfähigkeit an die Unentscheidbarkeit innerhalb eines diskursiven Systems bindet: Die Auflösung

Auswahlbibliographie

Åkerstrøm Andersen, Niels, *Discursive Analytical Strategies – Understanding Foucault, Koselleck, Laclau, Luhmann*, Bristol 2003.

De Landa, Manuel, *A Thousand Years of Non-Linear History*, New York 1997.

Hayles, N. Katherine, *Chaos Bound: Orderly Disorder in Contemporary Literature and Science*, Ithaca (NY) 1980.

Luhmann, Niklas, *Soziale Systeme. Grundriß einer allgemeinen Theorie*, Frankfurt/M. 1984.

Massumi, Brian, *Parables of the Virtual. Movement, Affect, Sensation*, Durham 2002.

Prigogine, Ilya/Stengers, Isabelle, *Order out of Chaos: Man's New Dialogue with Nature*, New York 1984.

Stäheli, Urs, *Sinnzusammenbrüche. Eine dekonstruktive Lektüre der Luhmannschen Systemtheorie*, Weilerswist 2000.

Taylor, Mark C., *The Moment of Complexity. Emerging Network Culture*, Chicago 2001.

Urry, John, *Global Complexity*, Cambridge 2003.

Wilden, Anthony, *System and Structure. Collected Essays*, London 1980.

dieser Unentscheidbarkeit schafft erst ein politisches Subjekt; siehe Laclau, Ernesto, *New Reflections on the Revolution of Our Time*, London 1991.

Georg Kneer

Institution/Organisation

Über die Paradoxie des Organisierens

1. Einleitung

Die Begriffe der Institution und der Organisation werden weder im alltagsweltlichen noch im sozialwissenschaftlichen Sprachgebrauch eindeutig oder gar trennscharf verwendet. In einer ersten Annäherung läßt sich sagen, daß beide Begriffe ein mehr oder weniger geregeltes Zusammenwirken von Menschen bezeichnen. Begriffsbestimmungen, die auf eine Unterscheidung zwischen den beiden Termini abzielen, begreifen Institutionen zumeist als habitualisierte Formen des Verhaltens oder Handelns, Organisationen dagegen als formale Sozialgebilde wie Unternehmen, Verwaltungen, Banken, Parteien, Krankenhäuser, Vereine etc. Die damit angedeutete Unterscheidung zwischen dem Institutions- und dem Organisationsbegriff wird jedoch nicht durchgängig verwendet; so bezeichnen etwa eine Reihe von Ansätzen in den Politikwissenschaften und der politischen Soziologie formale Sozialgebilde wie Regierungs- und Verwaltungsbehörden, Parteien und Verbände zumeist pauschal als politische Institutionen. Ebensowenig läßt sich die Tendenz zu einer Abwertung des Institutionenkonzepts oder die Ersetzung desselben durch den Strukturbegriff, wie dies etwa innerhalb der soziologischen Systemtheorie vollzogen wird, allenthalben beobachten; dagegen spricht schon das Aufkommen sogenannter neoinstitutionalistischer Ansätze in den letzten Jahren, die für ein Festhalten beziehungsweise eine konzeptionelle Erweiterung des Begriffs der sozialen Institution plädieren.

Klassische Definitionen des Institutionenbegriffs finden sich bei Durkheim und in der philosophischen Anthropologie, insbesondere bei Gehlen.[1] Hiernach gelten Institutionen als relativ dauerhaft gegebene, änderungsresistente Prämissen des Verhaltens, Handelns und Interagierens, die es den Akteuren ermöglichen, wiederkehrende Aufgaben beziehungsweise Probleme in gleichartiger und damit vorher-

---

1 Vgl. Gehlen, Arnold, *Urmensch und Spätkultur. Philosophische Ergebnisse und Aussagen*, Wiesbaden 1986.

sehbarer Weise zu bewältigen, und die sie damit von Reflexions-, Entscheidungs- und Begründungsleistungen entlasten. Die klassische Fassung des Organisationsbegriff läßt sich den Arbeiten von Weber, Taylor und Plenge entnehmen.[2] Diese begreifen Organisationen als arbeitsteilige, hierarchisch gegliederte Ordnungen, die durch das formell geregelte Agieren ihrer Mitglieder und mittels des rationalen, planmäßigen Einsatzes von Mitteln vorgegebene Ziele beziehungsweise Zwecke verfolgen.

Poststrukturalistische Ansätze der Institutions- und Organisationsforschung gehen auf deutliche Distanz zu den klassischen Begriffsbestimmungen.[3] Insbesondere richtet sich ihre Kritik gegen die Annahmen der Eindeutigkeit, Rationalität, Zielgerichtetheit, Stabilität, Einheitlichkeit sowie Vorherseh- und Planbarkeit institutioneller und organisationeller Arrangements. Damit ist nicht gesagt, daß poststrukturalistische Theoriekonzepte die genannten Begriffe schlicht durch ihre Gegenbegriffe (Uneindeutigkeit, Irrationalität etc.) ersetzen, um Institutionen beziehungsweise Organisationen zu beschreiben. Anstelle einer einfachen Umkehrung der Terme geht es um die Erkundung der durch die genannten Begriffe und Gegenbegriffe bezeichneten Spannungsverhältnisse. Aus poststrukturalistischer Sicht handelt es sich bei Institutionen und Organisationen um paradoxe Ordnungen, deren Bemühen um die Herstellung von Eindeutigkeit, Stabilität und Berechenbarkeit prekär bleibt, stets neue Mehrdeutigkeiten und Unentscheidbarkeiten hervorbringt. Das Geregelte geht mit dem Ungeregelten, das Geplante mit dem Ungeplanten einher – das Ungeordnete läßt sich nicht wirksam ausschließen, sondern erweist sich als ein integraler Bestandteil, gleichermaßen als Vorausset-

2 Vgl. Weber, Max, *Wirtschaft und Gesellschaft*, Tübingen 1972; Taylor, Frederick W., *Grundsätze wissenschaftlicher Betriebsführung*, Weinheim 1995; Plenge, Johannes, *Drei Vorlesungen über die allgemeine Organisationslehre*, Essen 1919.

3 Im weiteren wird der Begriff des Poststrukturalismus *im engeren Sinne* verwendet; Berücksichtigung finden allein solche Ansätze der Institutions- und Organisationsforschung, die unmittelbar an konzeptionelle Überlegungen von »Großautoren« wie Foucault, Derrida, Deleuze, Guattari oder Laclau anknüpfen. Dagegen hätte eine Begriffsverwendung *im weiteren Sinne* auch solche Arbeiten einzubeziehen, die den Begriff einer stabilen Struktur, eines unbeweglichen Zentrums oder eines begründenden Subjekts verabschieden, ohne sich hierbei explizit auf die genannten Referenzautoren des Poststrukturalismus zu berufen; zu nennen wären etwa Beiträge zur Institutions- und Organisationsforschung, die im Umfeld neuerer Praxis-, Prozeß- und Systemtheorien angesiedelt sind.

zung wie als Produkt institutioneller beziehungsweise organisationeller Ordnung.

Die vorstehenden Ausführungen sind von einer dichotomischen Unterscheidung zwischen klassischen und poststrukturalistischen Ansätzen der Institutions- und Organisationsforschung ausgegangen. Diese Unterscheidung gilt es selbst zu dekonstruieren, und dies gleich in mehrfacher Hinsicht. Zum einen ist darauf hinzuweisen, daß die Redeweise eine beträchtliche Vereinfachung vornimmt; weder gibt es den klassischen noch den poststrukturalistischen Institutions- beziehungsweise Organisationsbegriff, sondern auf beiden Seiten der Unterscheidung existiert eine Vielzahl von zum Teil äußerst divergierenden Theoriemodellen, Konzepten und Denkfiguren. Zum anderen ist zu betonen, daß eine Zurückweisung der klassischen Theoriekonstruktionen nicht allein im Kontext des Poststrukturalismus erfolgt, sondern von einer Vielzahl von Ansätzen der Institutions- und Organisationsforschung vorgenommen wird. Eine dekonstruktivistische Kritik der klassischen Konzeption(en) findet sich also auch außerhalb des Poststrukturalismus, und es gab sie schon, lange Zeit bevor das Wort der Dekonstruktion ausgehend von Derridas Verwendung eine modische Verbreitung fand. Diese ältere Kritik wird von poststrukturalistischen Theorien und Ansätzen der Institutions- und Organisationsforschung fortgeführt und weiter radikalisiert.

2. Konzeptionelle Ausgangspunkte, Argumentationsfiguren und Denkmodelle poststrukturalistischer Institutions- und Organisationstheorien

Von einer Rezeption und Umsetzung poststrukturalistischer Denkweisen, Theoriemodelle und Analyseverfahren in der Institutions- und Organisationsforschung läßt sich seit Mitte der 1980er Jahre sprechen, zunächst im angelsächsischen Sprachraum, wenig später dann auch in Deutschland.[4] Auf Interesse stoßen hier neben Foucaults

---

4 Richtungsweisend für die weitere Diskussion erweisen sich dabei vor allem Cooper, Robert/Burrel, Gibson, »Modernism, Post-modernism and Organizational Analysis 1: An Introduction«, in: *Organization Studies* 9, 1988, S. 91-112 und Burrel, Gibson, »Modernism, Post-modernism and Organizational Analysis 2: The Contribution of Michel Foucault«, in: *Organization Studies* 9, 1988, S. 221-235 sowie Cooper, Robert, »Modernism, Post-modernism and Organizational Analysis

Studien zur Macht und zur Gouvernementalität, die eine Vielzahl von institutions- und organisationstheoretischen Implikationen aufweisen, eine Reihe weiterer Konzepte und Analysewerkzeuge poststrukturalistischer Autoren; zu nennen sind etwa Derridas Theoriestrategie der Dekonstruktion, die von Deleuze und Guattari geprägte Konzeption rhizomatischer beziehungsweise netzwerkartiger Prozesse und Laclaus diskurstheoretische Fassung hegemonialer beziehungsweise antagonistischer Artikulationen.[5] Dabei ist in den Beiträgen, die sich um eine (nicht technisch verstandene) Anwendung und Weiterentwicklung der angesprochenen Theoriemodelle im Bereich der Institutions- und Organisationsforschung bemühen, anfänglich noch nicht – zumindest nicht ausschließlich – vom Poststrukturalismus die Rede; daneben findet auch (und zum Teil bis heute) der Begriff der Postmoderne Verwendung. Der Redeweise von der Postmoderne haftet jedoch, worauf vor allem Parker mit seiner vielbeachteten, keineswegs jedoch unbestrittenen Unterscheidung zwischen postmodernen Organisationen und postmoderner Organisationstheorie hinweist, eine Doppeldeutigkeit an.[6] Zum einen fungiert der Terminus der Postmoderne als Epochenbegriff; mit der Postmoderne ist demzufolge eine neue Ära gemeint, die sich deutlich von dem modernen Zeitalter unterscheidet. In dieser Sicht verweist der Begriff der Postmoderne auf eine Transformation beziehungsweise einen epochalen Wandel fundamentaler Institutions- und Organisationsformen. Dabei wird zumeist unterstellt, daß die starren, bürokratisch organisierten und hierarchisch strukturierten Sozialgebilde der Moderne durch

3: The Contribution of Jacques Derrida«, in: *Organization Studies* 10, 1989, S. 479-502.

5 Einen einführenden Überblick über die Rezeption des Poststrukturalismus in der Institutions- und Organisationsforschung vermitteln Weik, Elke, »Postmoderne Ansätze in der Organisationstheorie«, in: *Die Betriebswirtschaft* 56, 1996, S. 379-397; Schreyögg, Georg/Koch, Jochen, »Organisation und Postmoderne – Eine Einführung«, in: *Organisation und Postmoderne. Grundfragen – Analysen – Perspektiven*, hg. v. Georg Schreyögg, Wiesbaden 1999, S. 1-25; Weiskopf, Richard, »Management, Organisation, Poststrukturalismus«, in: *Menschenregierungskünste. Anwendungen poststrukturalistischer Analyse auf Management und Organisation*, hg. v. Richard Weiskopf, Wiesbaden 2003, S. 9-33, sowie Linstead, Stephen A., »Introduction – Opening Up Paths to a Passionate Postmodernism«, in: *Organization Theory and Postmodern Thought*, hg. v. Linstead, Stephen A., London 2004, S. 1-11.

6 Vgl. Parker, Martin, »Post-Modern Organizations or Postmodern Organization Theory?«, in: *Organization Studies* 13, 1992, S. 1-17.

postmoderne Gebilde abgelöst werden, die einen dezentralen, dynamischen und heterarchischen Zuschnitt aufweisen. Zum anderen verweist der Begriff der Postmoderne auf einen Umbau der Epistemologie, auf eine veränderte Sichtweise, die auch eine neue Form des theoretischen Nachdenkens beziehungsweise Reflektierens über Institutionen und Organisationen ermöglicht. Ein Vorteil des Begriffs des Poststrukturalismus dürfte sein, daß er allein an dem zweiten Begriffsverständnis anknüpft, also primär für eine theoretische Neuausrichtung steht und ohne die Annahme eines epochalen Wandels von Institutions- und Organisationsformen auskommt.[7] Jedenfalls findet der Begriff des Postmodernismus im weiteren keine Berücksichtigung; vielmehr konzentrieren sich die folgenden Überlegungen darauf, eine Reihe von Argumentationsfiguren und Denkmodelle der poststrukturalistischen Institutions- und Organisationsforschung vorzustellen.

Poststrukturalistische Ansätze der Institutions- und Organisationsforschung ersetzen beziehungsweise ergänzen die strukturorientierte Sichtweise der klassischen Theoriekonzeptionen durch beziehungsweise um eine prozeßorientierte Perspektive. Ausgangspunkt ist nicht länger, was Institutionen oder Organisationen sind, sondern wie sie werden. An die Stelle von Was-Fragen rücken somit Wie-Fragen, insbesondere die Frage, wie Institutionen und Organisationen entstehen, sich prozessual entfalten und sich dabei stabilisieren beziehungsweise destabilisieren. Der veränderten Fragestellung liegt die Annahme zugrunde, daß Institutionen beziehungsweise Organisationen über keinen festen »Wesenskern«, über kein durchgängiges Prinzip und keine dauerhafte, unveränderbare Struktur verfügen. Betont wird vielmehr der dynamische Aspekt institutioneller und organisationeller Gebilde, die im Spannungsfeld zwischen dem Geordneten und dem Ungeordneten, dem Geplanten und dem Ungeplanten, dem Geschlossenen und dem Offenen oszillieren. Insofern gilt nicht Stabilität,

---

7 Die Begriffe der Postmoderne und des Poststrukturalismus sind also keineswegs deckungsgleich; dies auch dann nicht, wenn mit dem Begriff der Postmoderne ausschließlich die zweite der genannten Auffassungsweisen, also allein der Anspruch einer theoretischen Neuorientierung gemeint ist. Ein Hinweis auf die Differenz zwischen beiden Begriffen ergibt sich bereits mit Blick auf die angeführten Referenzautoren. Postmoderne Ansätze der Institutions- und Organisationsforschung rekurrieren vorrangig auf Überlegungen von Lyotard, Vattimo und Jameson; bei poststrukturalistischen Ansätzen spielen diese Autoren, wenn überhaupt, nur eine untergeordnete Rolle.

sondern Wandel als Normalzustand: Institutionen und Organisationen sind in permanenter Bewegung, sie unterliegen fortlaufenden Transformationen, Verschiebungen und Brüchen. Das Erreichen stabiler Zustände wird damit nicht grundsätzlich ausgeschlossen, aber mit dem Hinweis relativiert, daß Stabilität selbst nur ein Moment eines fortwährenden Prozeßgeschehens darstellt, also einen vorübergehenden Zustand, der mehr oder weniger lang andauern kann.[8]

Eng verbunden mit der Zurückweisung einer strukturorientierten Sichtweise ist die Annahme einer irreduziblen Heterogenität. Aus poststrukturalistischer Perspektive handelt es sich bei Institutionen und Organisationen nicht um statische Einheiten, sondern um impulsive Vielheiten, genauer um relationale Gefüge, die zahlreiche heterogene Komponenten miteinander verbinden. Maßgeblich für diese Auffassung sind nicht die spezifischen Eigenschaften der einzelnen Elemente, statt dessen richtet sich der Analysefokus auf deren Verknüpfung, also auf die relationalen Beziehungen zwischen den verschiedenen Gliedern. Mit dem Begriff der Verknüpfung ist somit keine rein äußerliche Zusammenfügung gemeint, die die einzelnen Komponenten unverändert übernimmt. Vielmehr wird betont, daß durch die Einrichtung von Verbindungen oder Beziehungen die einzelnen Glieder geformt, ja als Bestandteile institutioneller beziehungsweise organisationeller Arrangements überhaupt erst konstituiert werden. Insofern gilt das Netzwerk, das die mannigfaltigen Elemente miteinander verbindet, selbst als ein produktives Gefüge, das spezifische Wirkungen erzeugt und nicht zuletzt bestimmte Handlungs- und Verhaltensweisen, Erwartungen und Einstellungen hervorbringt. Cooper und Law bezeichnen in diesem Sinne Organisationen als »mediating networks, as circuits of continuous contact and motion – more like assemblages of organizings«.[9]

Die Auffassung eines netzwerkartigen Zusammenhangs heterogener Komponenten läßt die Annahme einer eindeutigen und stabilen Grenze zwischen Institutionen beziehungsweise Organisationen

---

8 Hinzufügen ist der Hinweis, daß auch der Prozeßbegriff selbst, den poststrukturalistische Ansätze verwenden, von allen strukturtheoretischen Konnotationen befreit wird. Unter Prozeß wird also kein unilinearer, zweckorientierter oder teleologischer Vorgang verstanden. Vielmehr bezeichnet der Begriff des Prozesses ein offenes, ungewisses und nicht auf eine Richtung hin festzulegendes Geschehen.

9 Cooper, Robert/Law, John, »Organization: Distal and proximal views«, in: *Research in the Sociology of Organizations* 13, 1995, S. 237-274, hier S. 239.

und ihren jeweiligen Umwelten, von der neben klassischen Konzeptionen auch systemtheoretische Ansätze der Institutions- und Organisationsforschung ausgehen, fragwürdig werden. Aus poststrukturalistischer Sicht lassen sich institutionelle und organisationelle Gebilde nicht trennscharf von ihrer Außenumgebung abgrenzen, sondern sind mit dieser auf vielfältige Weise verbunden. Dort, wo Grenzen gezogen und verkündet werden, bleiben diese strittig oder umkämpft, unterliegen also fortlaufenden Reinterpretationen. Das zunächst Ausgeschlossene läßt sich nicht wirksam auf Distanz bringen, sondern es dringt von außen ein und macht sich im Inneren institutioneller und organisationeller Gefüge bemerkbar. In einer radikalisierten Lesart besagt dieses Theorem, daß Institutionen und Organisationen auf ihr Anderes als ihre Voraussetzung und Ergänzung, als ihr Supplement angewiesen sind. Das Unorganisierte, Ungeplante und Unkontrollierte kann nicht vollständig zum Verschwinden gebracht werden, sondern wird mit jedem Bemühen, es zu beseitigen, in veränderter Form reproduziert; »organization as a process is constantly bound up with its contrary state of disorganization«.[10] Institutionelle Ordnung geht, kurz gesagt, mit Unordnung, Organisation mit Desorganisation einher.

In den klassischen Institutions- und Organisationstheorien kommt dem Begriff der Regel eine maßgebliche Rolle zu. Die poststrukturalistische Kritik des Regelbegriffs nimmt ihren Ausgang bei der Einsicht, daß keine Regel ihre eigene Anwendung vollständig regeln kann. Was Regeln, etwa formelle und informelle Vorgaben, Satzungen, Normen und Gesetze, im einzelnen bedeuten, zeigt sich jeweils erst in ihrer Anwendung – und damit erst im nachhinein. Die Anwendung der Regel erfolgt in situ, also unter Berücksichtigung der situativen und kontextuellen Umstände. Die Kontexte sind jedoch prinzipiell unbegrenzt; jedenfalls kann keine Regel vorab alle Einzelheiten ihrer kontextspezifischen Anwendung reglementieren. Auch zusätzliche Regeln, die detaillierte Anweisungen für die Umsetzung und Befolgung der Ausgangsregel vorgeben, bieten keine grundsätzliche Entlastung, weil ja auch die Zusatzregeln selbst wiederum der jeweils situativen Umsetzung bedürfen. Insofern impliziert jede Regelanwendung ihre kontextspezifische Interpretation, Konstruktion,

10 Cooper, Robert, »Organization/disorganization«, in: *The theory and philosophy of organizations. Critical issues and new perspectives*, hg. v. John Hassard/Denis Pym, London/New York 1990, S. 167-197, hier S. 172.

Neuerfindung, Modifikation, Subversion, ja ihre partielle Aussetzung und Verletzung. Paradox formuliert: Die Anwendung einer Regel untersteht dieser Regel und muß zugleich ohne Regel auskommen. Somit erweist sich das scheinbar Sekundäre, Abgeleitete, Nachträgliche, nämlich die situative Anwendung der Regel, als konstitutiv für die Regel. »Regelwerke unterliegen, intendiert oder nicht, unausweichlich einer beständigen Différance.«[11] Mit dem von Derrida entlehnten Begriff der Différance verweist Ortmann auf den fortgesetzten, letztlich unabschließbaren Prozeß der Anwendung von Vorschriften, Verordnungen, Anweisungen und Richtlinien, in dessen Verlauf Regeln fortlaufend reinterpretiert, verändert, ergänzt, stillgestellt oder aufgekündigt werden.

Die poststrukturalistische Analyse von institutionellen beziehungsweise organisationellen Entscheidungsvorgängen schließt unmittelbar an die zuvor gemachten Ausführungen an. Erneut wird eine etablierte Begriffshierarchie, in diesem Fall die Unterscheidung von Entscheidungssituation und Entscheidung, dekonstruiert, das heißt mittels der Aufwertung des Sekundärbegriffes umgekehrt, nivelliert und letztlich dadurch unterlaufen. Eine Entscheidung gilt in dieser Perspektive weder als bloßer Vollzug einer unabhängig und vorab bestehenden Entscheidungssituation noch als ein vollständig logisch kalkulier- und begründbarer Vorgang. Vielmehr werden Entscheidungen als aktive Setzungen, als Beiträge zur Welterschließung begriffen, die institutionelle beziehungsweise organisationelle Wirklichkeit konstruieren. Demzufolge ist auch die Entscheidungssituation nicht schlicht vorgegeben, sondern sie wird »durch Interpretationen und durch ebenjene Entscheidung erst konstituiert«.[12] Die Entscheidungssituation, und damit das scheinbar Primäre, wird durch das Sekundäre, also die Entscheidung, überhaupt erst hervorgebracht. Darüber hinaus wird behauptet, daß sich die vorgenommene Entscheidung, also die Wahl einer Entscheidungsalternative, nicht aus der Entscheidungssituation mittels eines Algorithmus logisch deduzieren läßt. Entscheidungen folgen keiner feststehenden Logik, keinem codierten Regelwerk. Vielmehr ist das Ergebnis einer Entscheidung kontingent, es könnte also auch anders ausfallen. Somit lassen sich Entscheidungen auch nicht wiederholen: Jede Sachlage, jeder

---

11 Ortmann, Günther, *Organisation und Welterschließung. Dekonstruktionen*, Wiesbaden 2003, S. 15.
12 Ebd., S. 127.

Fall ist anders; insofern bedarf auch jede Entscheidung einer jeweils individuellen, kontextgebundenen Deutung, die sich nicht bruchlos auf andere situative Umstände übertragen läßt. Entscheidungen unterstehen, kurz gesagt, dem Paradoxon der Iterabilität. Damit ist gemeint, daß die Wiederholung einer Entscheidung stets mit einer Veränderung einhergeht, genauer gesagt: gleichermaßen Identität wie Differenz impliziert. Ohne ein Moment von Identität ließe sich nicht von einer Wiederholung sprechen. Hinzu tritt jedoch ein Moment von Differenz. Entscheidungen sind auf kontextspezifische Ergänzungen angewiesen, die sich ein für allemal fixieren lassen. Jede Wiederholung einer Entscheidung geht zugleich mit Veränderung, Modifikation und Innovation, mit einem Moment an Überraschung einher. Pointiert formuliert: Aus der historischen Situiertheit und Kontextgebundenheit der Entscheidung resultiert ihre eigene Unmöglichkeit. Unmöglich ist die Entscheidung zumindest gemessen an den Begriffen, mit denen die klassische Entscheidungslogik den Vorgang der Entscheidung expliziert, also gemessen an den Begriffen der Rationalität, Berechenbarkeit, Sicherheit und Vorhersagbarkeit.[13] Trotz des Gesagten oder besser genau deshalb sind Entscheidungen zu treffen, und zwar fortlaufend. Gerade weil keine vollständige Sicherheit und Berechenbarkeit, sondern eine Situation der Unentscheidbarkeit vorliegt, muß überhaupt entschieden werden. Erst im nachhinein läßt sich dann die Entscheidung als erwart- und kalkulierbarer Vorgang stilisieren, erst hinterher können Begründungen angeführt werden, die die Folgerichtigkeit, Zwangsläufigkeit und Alternativlosigkeit der getroffenen Entscheidungswahl darzulegen versuchen. Die behauptete Berechen- und Vorhersagbarkeit wird von Entscheidungen jedoch zugleich unterminiert.

Die vorstehenden Ausführungen haben wiederholt zumindest implizit von einem weiteren Theorem Gebrauch gemacht, das aus Sicht mancher Interpreten geradezu den Kernbestand poststrukturalistischen Denkens ausmacht. Gemeint ist das Theorem der Mehrdeutigkeit. Aus klassischer Sicht sind institutionelle beziehungsweise

---

13 In der betriebswirtschaftlichen Managementforschung kommt entscheidungstheoretischen Ansätzen, die von den Prämissen der Kalkulierbarkeit, Regelmäßigkeit, rationalen Effizienz und Erwartbarkeit ausgehen, auch heute noch ein zentraler Stellenwert zu. Für die poststrukturalistische Zurückweisung dieser Prämissen steht das Schlagwort einer Kritik des Logozentrismus.

organisationelle Ordnungen mit der Aufgabe einer fortlaufenden Erzeugung und Reproduktion möglichst eindeutiger Regelungen, Entscheidungsprämissen und Entscheidungen, Verantwortungszuweisungen und Aufgabenverteilungen betraut. Dagegen bleibt aus poststrukturalistischer Perspektive der Anspruch auf Eindeutigkeit und damit auf Vollständigkeit sowie (unmittelbarer beziehungsweise ursprünglicher) Präsenz des Sinns unerfüllbar. Auch in Institutionen oder Organisationen lassen sich Mehrdeutigkeiten, Ambiguitäten und Paradoxien nicht restlos tilgen. Im Gegenteil: Jeder Versuch, Eindeutigkeit zu fabrizieren, bringt zugleich neue Uneindeutigkeiten und Unschärfen hervor. Demnach ist Sinn niemals univok, weder autonom noch präsent. Es gibt keinen reinen Sinn, kein eindeutiges Signifikat, sondern jedes Signifikat ist stets schon Spur, befindet sich also in der Position eines Signifikanten und unterliegt damit einer fortlaufenden Aufschiebung, Iteration, Veränderung, Deformation. Sinn ist somit nichts Ursprüngliches, sondern etwas Abgeleitetes, das heißt Effekt von prozessierenden Differenzen (denen selbst aber kein Ursprungscharakter zukommt) und damit eingelassen in ein fortwährendes Verweisungsgeschehen. Oder nochmals anders gewendet: Das Phänomen Sinn läßt sich von Zeichen und der interpretativen Verwendung von Zeichen nicht ablösen; die Unhintergehbarkeit der Zeichenverwendung und die Unabschließbarkeit der Interpretation lassen jedoch eine Fixierung beziehungsweise stabile Festsetzung des Sinns nicht zu. Mehrdeutigkeiten und Unschärfen, Paradoxien und Ambiguitäten sind nicht exorzierbar; aus poststrukturalistischer Sicht erweisen sie sich als konstitutiver Bestandteil institutioneller beziehungsweise organisationeller (Un-) Ordnungen.[14]

Im Kontext der poststrukturalistischen Institutions- und Organisationsforschung nehmen schließlich Studien zu Praktiken, Strate-

---

14 Vgl. zur poststrukturalistischen Kritik am (klassischen) Zeichen-, Repräsentations- und Sinnbegriff vor allem Derrida, Jacques, *Die Stimme und das Phänomen*, Frankfurt/M. 1979; ders., *Grammatologie*, Frankfurt/M. 1983; Deleuze, Gilles, *Logik des Sinns*, Frankfurt/M. 1993 sowie ders., *Differenz und Wiederholung*, München 1997. Die poststrukturalistische Institutions- und Organisationstheorie gewinnt Anschluß an diese paradigmatischen Arbeiten mit der Auffassung, daß Institutionen und Organisationen mit der fortlaufenden Aufgabe des *sense-making* betraut sind, jegliche Institutionalisierung beziehungsweise Organisation von Bedeutung jedoch in den Strudel der unaufhörlichen Verschiebung, Modifikation und Auflösung des Sinns hineingezogen wird.

gien und Technologien der Macht einen breiten Raum ein.[15] Bereits den klassischen Theoriekonzeptionen galt Macht als unverzichtbarer Grundbegriff zur Analyse von Institutionen und Organisationen. Die Hinwendung zu Machtphänomenen stellt also keineswegs einen originären Beitrag des Poststrukturalismus dar; allerdings wird von seiten poststrukturalistischer Ansätze der Anspruch erhoben, eine veränderte und damit neue Sichtweise auf diese Phänomene zu ermöglichen. Als Ausgangspunkt fungiert Foucaults Analytik der Macht, insbesondere seine Studien zur modernen Disziplinarmacht und zur Gouvernementalität.[16] Macht gilt in dieser Perspektive als eine soziale Kraft, die Beziehungen zwischen den Subjekten stiftet und dabei zugleich die Identitäten der Beteiligten konstituiert. Aus poststrukturalistischer Sicht lassen sich die Wirkungen der Macht somit nicht ausschließlich mit einer negativen Begrifflichkeit erläutern, wäre es also verfehlt, Macht mit Unterdrückung und Repression gleichzusetzen. Betont wird vielmehr die Produktivität der Macht. Demnach erzeugt Macht eine Reihe von positiven und nutzbringenden Effekten, sie bringt Wirklichkeitsbereiche hervor, insbesondere produziert sie Individuen, das heißt weist ihnen bestimmte Handlungsfähigkeiten, -potentiale und -möglichkeiten zu. An diese Auffassung ist ein deutlicher Einspruch gegen ein handlungstheoretisches Verständnis von Machtphänomenen geknüpft. Am Ausgangspunkt der Analyse steht nicht ein autonomes Subjekt, dem es gelingt, seinen eigenen Willen auch gegen Widerstand durchzusetzen, also Macht gegenüber Dritten auszuüben. Umgekehrt wird behauptet, daß die Konstitution des Subjekts selbst eine Wirkung der Macht darstellt, daß also handelnde Akteure – und damit ihre Absichten, Interessen, Erwartungen, Ziele usw. – durch die Kreisläufe der Macht (re-)produziert, das heißt fortlaufend geformt, diszipliniert, überwacht, kontrolliert, normiert werden. Das Untersuchungsinteresse richtet sich damit auf die vielfältigen Verfahren, Techniken und Instrumente der Macht, die handelnde Subjekte hervorbringen – und auf diese Weise

15 Zur poststrukturalistischen Konzeption der Macht vgl. auch den Beitrag zu »Macht und Hegemonie« von Stephan Moebius in diesem Band, S. 158-174.

16 Vgl. Foucault, Michel, *Überwachen und Strafen. Die Geburt des Gefängnisses*, Frankfurt/M. 1977; ders., *Dispositive der Macht. Michel Foucault über Sexualität, Wissen und Wahrheit*, Berlin 1978; ders., »Die Gouvernementalität«, in: *Gouvernementalität der Gegenwart. Studien zur Ökonomisierung des Sozialen*, hg. v. Ulrich Bröckling/Susanne Krasmann/Thomas Lemke, Frankfurt/M. 2000, S. 41-67.

Handlungs-, Kommunikations- und Arbeitsabläufe institutionalisieren und organisieren, sie gewissermaßen überhaupt erst handhabbar und regierbar machen.[17]

Die Zurückweisung einer akteurszentrierten Machtkonzeption geht mit einer weiteren Konsequenz einher. Aus poststrukturalistischer Sicht läßt sich Macht nicht als eine Substanz begreifen, die ein Akteur oder eine Akteursgruppe besitzen, anhäufen, weitergeben oder tauschen könnte. Vielmehr wird Macht strikt relational gedacht. Macht stellt ein vielfältiges, multidimensionales Kräfteverhältnis dar, sie bildet gleichsam ein mediales Netzwerk, das sämtliche Diskurse und sozialen Praktiken erfaßt und sich dabei einer Vielzahl von Manövern, Strategien, Verfahrensweisen und Techniken bedient. Betont wird somit die Dezentralität sozialer Machtbeziehungen. Macht verläuft nicht nur von oben nach unten, erschöpft sich nicht in den Aktivitäten zentraler Einrichtungen und Führungsebenen, sondern geht von unzähligen Punkten aus und vollzieht sich in unaufhörlichen Auseinandersetzungen und Kämpfen. Foucault spricht kurz von einer Mikrophysik der Macht. Demzufolge handelt es sich bei der Macht um ein ubiquitäres Phänomen, das auch die kleinsten und unscheinbarsten Elemente des sozialen Lebens durchdringt. Damit wird nicht ausgeschlossen, daß sich die lokalen Machtformen zu kohärenten, weitreichenden Strategien oder Regulierungsinstanzen verdichten. Derartige Machtapparaturen stellen in dieser Sicht jedoch nur einen Überbau dar, der auf einem umfassenden Netz elementarer Machtbeziehungen aufruht und nur auf dieser Grundlage funktionieren kann. Ausgehend von dieser Annahme sind die an Foucault anknüpfenden Ansätze der poststrukturalistischen Institutions- und Organisationsforschung darum bemüht, das Machtgeschehen in seiner ganzen Breite zu erfassen, also insbesondere auch jene basalen, mikropolitischen Einsätze der Macht analytisch zu erschließen, die »unterhalb« der formellen oder offiziellen Machtformen an der Konstitution, Reproduktion und Transformation institutioneller und or-

---

17 Vgl. Lemke, Thomas, *Eine Kritik der politischen Vernunft. Foucaults Analyse der modernen Gouvernementalität*, Hamburg/Berlin 1997; Opitz, Sven, *Gouvernementalität im Postfordismus. Macht, Wissen und Techniken des Selbst im Feld unternehmerischer Rationalität*, Hamburg 2004, sowie die Beiträge in McKinlay, Alan/Starkey, Ken (Hg.), *Foucault, Management and Organization Theory*, London 1998 und Carter, Chris/McKinlay, Alan/Rowlinson, Michael (Hg.), *Foucault, Management and History, Organization 9*, London 2002.

ganisationeller Ordnung mitwirken. In den Blick kommen dabei auch jene auf den ersten Blick unscheinbaren Praktiken und Maßnahmen wie etwa Bemühungen um eine Humanisierung der Arbeitswelt oder zur Ausgestaltung eines unternehmerischen Leitbilds beziehungsweise einer Organisationskultur, die als Vorgänge der (an-) ordnenden Macht dechiffriert werden.[18]

Abschließend gilt es, eine weitere Annahme von Foucaults Machtbegriff zu thematisieren, die von der poststrukturalistischen Institutions- und Organisationsforschung aufgegriffen und in einer Reihe von Studien weiter konkretisiert worden ist.[19] Gemeint ist die Annahme eines unmittelbaren Zusammenhangs von Macht und Wissen. Danach bringt die Macht Wissen hervor, und umgekehrt geht Wissen mit bestimmten Machtwirkungen einher. Wissen befindet sich also nicht außerhalb oder jenseits der Macht, vielmehr ist es mit der Macht intern verschränkt (wenngleich nicht mit ihr identisch): Jede Machtbeziehung konstituiert bestimmte Wissensbereiche, und jedes Wissen verweist auf entsprechende Machtbeziehungen. Im Anschluß an diese Auffassung rücken institutionelle und organisationelle Praktiken in den Fokus des Forschungsinteresses, die »Individuen, Arbeitsabläufe und -prozesse etc. zum Gegenstand des Wissens machen«[20] und sie auf diese Weise dabei zugleich spezifischen Kontroll-, Überwachungs- und Prüfungsprozeduren unterziehen. Demnach sind die Instrumente und Verfahren der Informationsgewinnung keineswegs neutral, sondern auf vielfältige Weise in Machtpraktiken verstrickt. Dieser Argumentationslinie folgend problematisieren poststrukturalistische Ansätze institutionelle beziehungsweise organisationelle Techniken der Wissensgenerierung und Wissensanwendung, wie sie etwa im modernen Personal-, Prozeß-, Planungs- und Entscheidungsmanagement zum Einsatz kommen, als (offene beziehungsweise verdeckte) Machtstrategien, die zugleich

---

18 Vgl. Opitz, *Gouvernementalität im Postfordismus.*, a. a. O., S. 169 ff.

19 Die vorgenommene Auflistung wichtiger Grundbegriffe und Basistheoreme der poststrukturalistischen Institutions- und Organisationsforschung erhebt keinen Anspruch auf Vollständigkeit – weitere Argumentationsfiguren ließen sich anschließen, etwa zur Geschlechterordnung oder zur Funktion von Konflikten beziehungsweise Konsensen/Dissensen in institutionellen beziehungsweise organisationellen Gebilden.

20 Weiskopf, Richard, »Management, Organisation, Poststrukturalismus«, in: *Menschenregierungskünste. Anwendungen poststrukturalistischer Analyse auf Management und Organisation*, hg. v. Richard Weiskopf, Wiesbaden 2003, S. 15.

eine subjektivierende Unterwerfung und objektivierende Vergegenständlichung des Menschen betreiben.

3. Würdigung und Ausblick

In den letzten zwei bis drei Jahrzehnten haben poststrukturalistische Analyseverfahren, Denkmodelle und Argumentationsfiguren zunehmendes Interesse in der Institutions- und Organisationsforschung gefunden. Mittlerweile hat sich der Poststrukturalismus in diesem breiten und äußerst heterogenen Forschungsfeld anscheinend als eigenständiger Ansatz etabliert. Für diese Auffassung spricht unter anderem die nicht unbeträchtliche Anzahl an Monographien, Sammelbänden, Dissertationen, Buch- und Zeitschriftenbeiträgen sowie Kongreßpapieren.[21] Jedenfalls haben poststrukturalistische Autoren mit dem explizit vorgetragenen Anspruch einer Neuorientierung und konzeptionellen Transformation der Institutions- und Organisationsforschung hier für Aufmerksamkeit gesorgt und eine lebhafte, kontrovers geführte Diskussion ausgelöst. In der Debatte ist allerdings auch deutlich geworden, daß der Poststrukturalismus mit seinen Thesen zu Unentscheidbarkeiten und Paradoxien, subversiven Regelverletzungen und dezentralen Machtverhältnissen keine vollständig neue, noch gänzlich unbearbeitete Theorielandschaft betritt. Ohne die Originalität und Eigenständigkeit poststrukturalistischen Denkens insgesamt in Zweifel zu ziehen, läßt sich doch sagen, daß eine Reihe der genannten Vorschläge ersichtliche Parallelen zu weiteren (und mitunter deutlich älteren) Ansätzen der Institutions- und Organisationsforschung aufweisen. Zu nennen wären etwa Marchs und Olsens Arbeiten zur Mehrdeutigkeit in Organisationen, die Luhmann'sche Systemtheorie mit ihrer nachdrücklichen Betonung des prozessualen Charakters jeglichen Organisationsgeschehens, Friedbergs Beiträge über den fortwährenden Aufschub, die Transformation und das Übertreten/Außerkraftsetzen institutioneller beziehungsweise organisationeller Regelwerke, Brunssons Analyse der konstitutiven Bedeutung von Willkür und Irrationalität in Organisationen sowie

---

21 Diese Auskunft sollte allerdings nicht darüber hinwegtäuschen, daß die Gesamtzahl poststrukturalistischer Beiträge, etwa gemessen an dem breiten Angebot betriebswirtschaftlicher, am Modell des Homo oeconomicus orientierter Arbeiten der Unternehmens- und Managementforschung, nach wie vor gering ist.

Weicks Bemühungen um eine Entdinglichung der Organisationstheorie. Zu vermuten ist, daß nicht nur poststrukturalistische Ansätze, sondern die Institutions- und Organisationsforschung insgesamt erheblich davon profitieren würden, wenn die damit angedeuteten Anschlußmöglichkeiten genauer erkundet und für die weitere Forschung fruchtbar gemacht werden könnten.

Anknüpfend an eine bereits in der Einleitung formulierte Überlegung, läßt sich eine weitere Beobachtung anführen. Mit dem Begriff des Poststrukturalismus ist keine einheitliche Forschungsperspektive oder gar eine kohärente Theorie, sondern ein heterogenes Feld von zum Teil äußerst divergierenden Ansätzen, Vorgehensweisen und analytischen Werkzeugen gemeint. Der Bereich der poststrukturalistischen Institutions- und Organisationsforschung bildet hier keine Ausnahme. Auffallend ist jedoch, daß sich die Beiträge zu diesem Forschungsbereich zu zwei deutlich voneinander getrennten Theorielagern beziehungsweise Diskursfeldern gruppieren. Vereinfachend läßt sich diese Auffassung mit Blick auf die jeweils genannten Referenzautoren erläutern. Der eine Theoriestrang beruft sich in erster Linie auf Derridas Unternehmen der Dekonstruktion (mit gelegentlichen Seitenblicken auf die Konzeptionen von Deleuze, Guattari, Laclau und anderen), der andere Strang dagegen primär auf Foucaults archäologische und genealogische Analysen von Diskurs- und Machtpraktiken. Mit dem Gesagten soll keineswegs ein fundamentaler, nicht zu überbrückender Gegensatz zwischen den Kernaussagen beider Theorieströmungen behauptet werden, etwa derart, daß die Anhänger Derridas der Öffnung, Verschiebung und Dissemination, die Rezipienten Foucaults dagegen der Schließung von Sinnprozessen nachgehen – schließlich betont auch die Foucault-Linie die Instabilität beziehungsweise Subversion institutioneller Wissens- und Machtordnungen. Auffallend ist jedoch, daß beide Lager mit deutlich unterschiedlichen Analyse- und Methodenwerkzeugen arbeiten und divergierende inhaltliche Schwerpunktsetzungen vornehmen. Eine (weitere) wichtige Zukunftsaufgabe sollte es daher sein, möglichen Querverbindungen und theoretischen Anschlüssen zwischen den beiden Diskurssträngen nachzugehen.

Die Vermutung einer Aufspaltung der poststrukturalistischen Institutions- und Organisationsforschung in zwei Theorielager wird zusätzlich gestärkt, wenn der Komplexitäts- und Konkretisierungsgrad der jeweiligen Beiträge mit in Betracht gezogen wird. Das Foucault-

Lager weist hier gegenwärtig deutliche Vorteile auf; dies gilt mit Blick auf die schlichte Anzahl der Publikationen ebenso wie hinsichtlich des erreichten Differenzierungs- und Ausarbeitungsniveaus. Positiv dürfte sich dabei ausgewirkt haben, daß die Arbeiten Foucaults eine unmittelbare Affinität zu institutions- und organisationstheoretischen Fragestellungen aufweisen und er als erster Autor aus dem Umfeld des Poststrukturalismus in diesem Forschungsfeld intensiv rezipiert worden ist. Jedenfalls findet sich eine beeindruckende Vielzahl von institutions- und organisationstheoretischen Studien, die an Foucaults konzeptionellen Vorschlägen zur Problematisierung von Diskurs- und Machtpraktiken anknüpfen; neben Beiträgen, die eine stärker programmatische Ausrichtung haben und sich um eine Weiterentwicklung des archäologischen beziehungsweise genealogischen Theorie-, Begriffs- und Analyseapparats bemühen, lassen sich auch eine Reihe von empirischen (häufig auch historisch ansetzenden) Forschungsarbeiten zu wichtigen Detailfragen institutioneller beziehungsweise organisationeller Ordnungen ausmachen. Anders stellt sich die Situation im Derrida-Lager dar. Hier überwiegen Beiträge zu epistemologischen und grundlagentheoretischen Problemstellungen, überwiegend geht es dabei (zumindest bisher) um eine »systematische Sichtung eines möglichen Beitrags Derridas zur Organisationsforschung«,[22] also um die Frage, ob und inwieweit sich die Denkfigur der Dekonstruktion überhaupt in diesem Forschungsfeld mit Gewinn nutzbar machen lässt; empirische Analysen und historisch informierte Studien sind dagegen bislang die Ausnahme geblieben und beschränken sich zumeist auf kürzere Aufsatzbeiträge. Eine (weitere) wichtige Zukunftsaufgabe dürfte es deshalb sein, das Programm einer an der Figur der Dekonstruktion orientierten Institutions- und Organisationstheorie stärker an die empirische Forschung anzubinden und weiterzuentwickeln.

22 Ortmann, *Organisationen und Welterschließungen*, a. a. O., S. 121.

Chia, Robert, *Organizational Analysis as Deconstructive Practice*, Berlin/New York 1996.

Foucault, Michel, *Überwachen und Strafen. Die Geburt des Gefängnisses*, Frankfurt/M. 1977.

Hassard, John/Parker, Martin (Hg.), *Postmodernism and Organizations*, London 1993.

Heinl, Martin, *Ultramoderne Organisationstheorien. Management im Kontext des sozial- und naturwissenschaftlichen Paradigmenwechsels*, Frankfurt/M. u. a. 1996.

McKinlay, Alan/Starkey, Ken (Hg.), *Foucault, Management and Organization Theory*, London 1998.

Opitz, Sven, *Gouvernementalität im Postfordismus. Macht, Wissen und Techniken des Selbst im Feld unternehmerischer Rationalität*, Hamburg 2004.

Ortmann, Günther, *Organisationen und Welterschließungen. Dekonstruktionen*, Wiesbaden 2003.

Ortmann, Günther, *Als Ob. Fiktionen und Organisationen*, Wiesbaden 2004.

Schreyögg, Georg (Hg.), *Organisation und Postmoderne. Grundfragen – Analysen – Perspektiven*, Wiesbaden 1999.

Weiskopf, Richard (Hg.), *Menschenregierungskünste. Anwendungen poststrukturalistischer Analyse auf Management und Organisation*, Wiesbaden 2003.

Markus Schroer

Raum

Das Ordnen der Dinge

Der Begriff des Raums spielt in der Soziologie eine eher marginale
Rolle. Läßt man die verschiedenen Theorieschulen Revue passieren,
wird schnell deutlich, daß er nicht zu ihren Leitkategorien gehört.
Es gibt zahlreiche Gründe für diesen Befund, die an dieser Stelle
jedoch nicht weiter behandelt werden können.[1] Entscheidend für
den vorliegenden Zusammenhang ist, daß die marginale Thematisierung des Raumthemas nicht mit einem völligen Fehlen räumlicher
Kategorien im sozialwissenschaftlichen Denken zu verwechseln ist.
Vielmehr läßt sich konstatieren, daß »allem Reden und Verständnis
des Sozialen eine Raum-Vorstellung inhärent«[2] ist. Und gerade dies
scheint einer der wesentlichen Gründe für die mangelnde Reflexion
des Begriffs zu sein. Die nicht explizit behandelte, eher subkutan wir-
kende Raumvorstellung, die in den Sozialwissenschaften lange Zeit
Gültigkeit für sich beanspruchen konnte, ist die Vorstellung vom
Raum als Container. Dabei steht das Containermodell für die seit
der Antike bekannte Vorstellung vom Raum als Behälter, in dem
Dinge und Menschen aufgenommen werden können und ihren festen Platz haben. Die Übertragung dieses Modells in die Sozialwissenschaften hat zu der Annahme geführt, daß soziale mit politischen
und ökonomischen Räumen zusammenfallen und an den jeweiligen territorialen Grenzen der Staaten enden. Diesem substantiali-
stischen beziehungsweise absolutistischen Raummodell steht spätestens seit Einsteins Relativitätstheorie ein relationales Raummodell
gegenüber, dem zufolge Raum als »relationale Ordnung körperlicher
Objekte«[3] verstanden wird. Nach diesem Raumverständnis lassen sich

---

1 Vgl. dazu Schroer, Markus, *Räume Orte, Grenzen. Auf dem Weg zu einer Soziologie
des Raums*, Frankfurt/M. 2006.

2 Pries, Ludger, »Neue Migranten im transnationalen Raum«, in: ders. (Hg.), *Transnationale Migration*, (Soziale Welt, Sonderband 12), Baden-Baden 1997, S. 15-44,
hier S. 18.

3 Vgl. Läpple, Dieter, »»Essay über den Raum‹. Für ein gesellschaftswissenschaftliches
Raumkonzept«, in: *Stadt und Raum. Soziologische Analysen*, hg. v. Hartmut Häu-
ßermann et al., Pfaffenweiler 1991, S. 157-207.

Raum und wie immer gearteter Inhalt des Raums nicht voneinander trennen. Raum und körperliche Objekte sind vielmehr untrennbar aufeinander bezogen. Statt von einem bereits bestehenden, absoluten Raum auszugehen, wird nach diesem Verständnis gerade die aktive Entstehung des Raums durch soziale Praxis, Handlungen oder Kommunikationen betont. Aktuell scheint die ehemalige Dominanz des Containerraums durch eine Dominanz des relationalen Raums ersetzt zu werden.[4]

Der Bezug des Strukturalismus beziehungsweise Poststrukturalismus zum Raum erscheint zunächst nicht offensichtlich, haben doch beide die Orientierung an linguistischen und semiotischen Modellen gemeinsam, die den Text und die Sprache in den Mittelpunkt stellen. Leicht kann dabei übersehen werden, daß sich schon die frühen Strukturalisten dem Raum zugewandt haben. Allerdings galten ihnen Strukturen vor allem deshalb als räumlich, weil sie atemporal konzipiert wurden.[5] Damit partizipiert auch der Strukturalismus an der weitverbreiteten Idee, Raum mit Stagnation und Unbeweglichkeit gleichzusetzen.[6] Die poststrukturalistischen Positionen zeichnen sich nicht zuletzt dadurch aus, mit diesem Raumverständnis zu brechen und ein relationales Raumverständnis zu etablieren, das jedoch ebenfalls schon im Strukturalismus angelegt zu sein scheint.[7] Wie im folgenden gezeigt werden soll, läßt sich von Pierre Bourdieu (1) über Michel Foucault (2) bis Gilles Deleuze und Félix Guattari (3) ein zunehmendes Abrücken von der Vorstellung des absoluten Raums zugunsten eines relationalen Raumverständnisses beobachten. Pierre Bourdieus Arbeiten werden zwar zumeist nicht im engeren Sinn zum Poststrukturalismus gezählt.[8] Wenn man jedoch davon ausgeht, daß sich der Poststrukturalismus »aus einer komplexen Revision und Neudefinition des [...] insbesondere französischen Struk-

---

4 Was nicht unproblematisch ist, vgl. Schroer, *Räume Orte, Grenzen*, a. a. O., S. 177 ff.

5 Vgl. Massey, Doreen, »Spaces of Politics – Raum und Politik«, in: *Kulturgeographie. Aktuelle Ansätze und Entwicklungen*, hg. v. Hans Gebhardt/Paul Reuber/Günter Wolkersdorfer, Heidelberg/Berlin 2003, S. 33-46, hier S. 35.

6 »Space was treated as the dead, the fixed, the undialectical, the immobile. Time, on the contrary, was richness, fecundity, life, dialectic.« (Foucault, Michel, *Power, Knowledge. Selected Interviews and Other Writings 1972-1977*, hg. v. Colin Gordon, New York 1980, S. 70.)

7 Vgl. Deleuze, Gilles, *Woran erkennt man den Strukturalismus?*, Berlin 1992, S. 15 ff.

8 Vgl. Reckwitz, Andreas, *Die Transformation der Kulturtheorien*, Weilerswist 2000, S. 263, Fn. 119.

turalismus (Claude Lévi-Strauss, Ferdinand de Saussure, Roman Jakobson, Louis Althusser)«[9] entwickelt hat, dann kann Bourdieu durchaus als Poststrukturalist bezeichnet werden, ist doch die Kritik am Strukturalismus für Bourdieus Selbstverständnis von elementarer Bedeutung. Bezeichnend für sein Werk aber scheint mir vor allem seine Zwischenstellung zwischen Strukturalismus und Poststrukturalismus, Moderne und Postmoderne[10] zu sein, die sich auch in seinem Raumverständnis niederschlägt.

1. Pierre Bourdieu: Physischer und sozialer Raum

Schon zu Beginn von Bourdieus Arbeit[11] spielt die Kategorie des Raums eine zentrale Rolle. In noch streng strukturalistischer Manier wird in einer an Claude Lévi-Strauss anknüpfenden ethnologischen Arbeit über die Kabylen in Algerien gezeigt, wie sich aus der Dichotomie von Mann und Frau eine ganze Kette weiterer Unterscheidungen ergeben, die sich auch in räumlichen Differenzierungen niederschlagen. So ist der männliche Raum mit dem Versammlungsort, dem Markt und den Feldern assoziiert, der weibliche Raum dagegen mit Haus und Garten als Refugien. Selbst im Hausinneren, aus dem der Mann ausgeschlossen und in das die Frau eingeschlossen ist, teilen sich die »Tätigkeiten nach ihrer Zugehörigkeit zur männlichen Welt des Trockenen, des Feuers, des Oberen, des Gekochten oder des Tages« im Gegensatz zur »weiblichen Welt des Feuchten, des Wassers, des Unteren, des Rohen oder der Nacht«.[12] Ausgehend von einem einzigen Gegensatzpaar – das ist eine der Grundlagen der strukturalistischen Methode, an der Bourdieu festhält – können die verschiedenen Teilungen der Sozialwelt, etwa nach Geschlecht, Alter oder Klasse, rekonstruiert werden.

9 Berressem, Hanjo, »Poststrukturalismus«, in: *Grundbegriffe der Kulturtheorie und Kulturwissenschaften*, hg. v. Ansgar Nünning, Stuttgart/Weimar 2005, S. 184-187, hier S. 185.

10 Vgl. zu dieser Einschätzung übereinstimmend Lash, Scott, *Sociology of Postmodernism*, London 1990, S. 237 ff., und Schwingel, Markus, *Bourdieu zur Einführung*, Hamburg 1995, S. 143 ff.

11 Vgl. Bourdieu, Pierre, *Entwurf einer Theorie der Praxis. Auf der ethnologischen Grundlage der kabylischen Gesellschaft*, Frankfurt/M. 1976.

12 Bourdieu, Pierre, *Sozialer Sinn. Kritik der theoretischen Vernunft*, Frankfurt/M. 1987, S. 142.

Bourdieus grundsätzliche theoretische Annahme lautet, daß die soziale Welt aus einem mehrdimensionalen Raum besteht, der sich als ein »Ensemble objektiver Kräfteverhältnisse«[13] verstehen läßt. Der soziale Raum besteht aus einzelnen Teilräumen, die Bourdieu manchmal auch Felder nennt. Diese Felder, etwa das politische, das wissenschaftliche, das universitäre, das journalistische oder das wirtschaftliche Feld, die über ihre je eigenen Funktionsgesetze verfügen, sind nicht nur »Kraftfelder«, sondern auch »Kampffelder, auf denen um Wahrung oder Veränderung der Kräfteverhältnisse gerungen wird«.[14] Die von den Akteuren eingenommene soziale Position innerhalb des sozialen Raums und seiner verschiedenen Felder ergibt sich aus ihrer je spezifischen Anhäufung der einzelnen Kapitalsorten. Dem sozialen Raum liegen nach Bourdieu »bestimmte Unterscheidungs- beziehungsweise Verteilungsprinzipen«[15] zugrunde. Die sozialen Akteure und Gruppen sind aufgrund ihrer jeweiligen *»relativen Stellung* innerhalb dieses Raums«[16] definiert. Sie verteilen sich in der ersten Raumdimension entsprechend ihrem Gesamtumfang an Kapital; in der zweiten Dimension entsprechend der Zusammensetzung ihrer Kapitalsorten, also je nach ihrem Anteil an ökonomischem, kulturellem und sozialem Kapital; als dritte Dimension fungiert schließlich die Zeit, bei der es um die diachrone Entwicklung der sozialen Position, um die Laufbahn geht.[17] Jeder Akteur hat jeweils nur eine Stellung im Raum inne. Für Bourdieu erfüllt der Raum damit die Funktion, Unterscheidungen und Unterteilungen vorzunehmen, also Grenzen zu ziehen, dank deren Wirksamkeit die Möglichkeit einer Begegnung zwischen zwei mit Kapital ungleich ausgestatteten Akteuren so gut wie ausgeschlossen ist: »Sozialer Raum: das meint, daß man nicht jeden mit jedem zusammenbringen kann – unter Mißachtung der grundlegenden, zumal ökonomischen und kulturellen Unterschiede.«[18] Der Raum erfüllt somit nicht nur eine Ordnungsfunktion, er ist auch ein Garant für die Stabilität der so-

13 Bourdieu, Pierre, *Sozialer Raum und ›Klassen‹: Leçon sur la leçon. Zwei Vorlesungen*, Frankfurt/M. 1985, S. 10.
14 Ebd., S. 74.
15 Ebd., S. 9.
16 Ebd., S. 10.
17 Vgl. Bourdieu, Pierre, *Die feinen Unterschiede. Kritik der gesellschaftlichen Urteilskraft*, Frankfurt/M. 1987, S. 196.
18 Bourdieu, *Sozialer Raum und ›Klassen‹*, a. a. O., S. 14.

zialen Ordnung. Doch Bourdieu beläßt es nicht bei der Bestimmung des sozialen Raums. Ihm geht es vor allem um die Verbindung von sozialem und physischem Raum.

In Umkehrung der traditionellen Sichtweise ist bei Bourdieu jedoch gerade nicht der physische Raum der »reale« Raum, während der soziale nur eine Abstraktion darstellt. Vielmehr ist der soziale so real wie der physische: »Was existiert, das ist ein *Raum von Beziehungen*, ebenso wirklich wie der geographische, worin Stellenwechsel und Ortsveränderungen nur um den Preis von Arbeit, Anstrengungen und vor allem Zeit zu haben sind [...]. Entfernung bemißt sich auch hier in Zeit.«[19] Sozialer wie physischer Raum verdanken sich folglich den gleichen Konstitutionsbedingungen, in ihnen wirken die gleichen Kräfte und herrschen die gleichen Gesetze. Die Verbindungen zwischen beiden Räumen sind so eng, daß »der von einem Akteur eingenommene Ort und sein Platz im angeeigneten physischen Raum hervorragende Indikatoren für seine Stellung im sozialen Raum abgeben«,[20] denn das Soziale schlägt sich nach Bourdieu unmittelbar im Physischen nieder. Diese für Bourdieus Raumverständnis grundlegende These hat zwei Effekte, die als eine Art Grundmelodie Bourdieus gesamtes Werk begleiten: Zum einen ergibt sich die immer wieder betonte »Trägheit der für den sozialen Raum konstitutiven Strukturen« gerade aus dem Umstand, daß sie »dem physischen Raum eingelagert sind«[21] und sich nur unter erheblichem Aufwand verändern lassen. Zum anderen ruft »die Einschreibung der sozialen Realität in die physische Welt« einen »Naturalisierungseffekt«[22] hervor, der die sozial geschaffenen Unterschiede wie natürlich bestehende Unterschiede erscheinen läßt. Die räumliche Objektivierung sozialer Tatbestände verfestigt also nicht nur bestehende soziale Ungleichheiten, womit sie sich als Hemmschuh für sozialen Wandel erweist, sie trägt zusätzlich noch zur Verschleierung sozial hergestellter Realitäten bei, indem diese der »Natur der Dinge«[23] zugeschrieben werden. Unschwer erkennbar bedient sich Bourdieu mit dieser Verwendung des Raumbegriffs der klassischen Konnotatio-

19 Ebd., S. 13.
20 Bourdieu, Pierre, »Physischer, sozialer und angeeigneter physischer Raum«, in: *Stadt-Räume*, hg. v. Martin Wentz, Frankfurt/M. 1991, S. 25-34, hier S. 25.
21 Ebd., S. 26.
22 Ebd., S. 27.
23 Ebd.

nen des Raums als dauerhaft, starr, reaktionär und unbeweglich.[24] Die dem physischen Raum zugeschriebenen Eigenschaften werden auf den sozialen Raum übertragen und äußern sich darin, daß soziale Mobilität nur in geringem Umfang feststellbar ist, soziale Veränderungen nur schwer in Gang zu setzen sind und sozialer Wandel sich nur äußerst langsam vollzieht. Das Konzept des Raums übernimmt bei Bourdieu die Funktion, seine These von der Stabilität und Kontinuität der gesellschaftlichen Strukturen zu stützen.

2. Michel Foucault: Räume und Gegenräume

In Michel Foucaults Schriften nimmt der Raum einen prominenten Stellenwert ein, auch wenn er sich nur in einigen wenigen Texten der begrifflichen Bestimmung des Raums gewidmet hat. Doch selbst diese kurzen Einlassungen haben – neben denen Bourdieus – zu einem erheblichen Maß zu jenem »spatial turn« in den Sozial- und Kulturwissenschaften beigetragen, der in den letzten Jahren lebhaft diskutiert wird.[25] Dabei ist es neben seiner zeitdiagnostischen Aussage, daß wir in einem »Zeitalter des Raumes«[26] leben, vor allem seine Zurückweisung der traditionellen Attribute des Raums, die den Anstoß zu einer intensiveren Beschäftigung mit dem Raum gegeben haben, als es zuvor in den Sozialwissenschaften üblich war. So wendet sich Foucault explizit gegen die Vorstellung, Raum mit dem Toten, Fixierten, Undialektischen und Immobilen gleichzusetzen, Zeit aber mit Reichtum, Fruchtbarkeit, Leben und Dialektik zu assoziieren.[27] Dem in der Sozialwissenschaft weitverbreiteten Verständnis des Raums als leerem Behälter, auf den sich diese Konnotationen beziehen, setzt er ein relationales Raumverständnis entgegen: »Anders gesagt, wir leben nicht in einer Leere, die wir mit Menschen und Dingen füllen könnten. [...] Wir leben vielmehr innerhalb einer Menge von Relationen, die Orte definieren, welche sich nicht aufeinander redu-

---

24 Ebd., vgl. auch Fn. 6 im Text.
25 Vgl. dazu jetzt Döring, Jörg, *Spatial Turn*, Bielefeld 2007.
26 Foucault, Michel, »Von anderen Räumen«, in: *Raumtheorie. Grundlagentexte aus Philosophie und Kulturwissenschaften*, hg. v. Jörg Dünne/Stephan Günzel, Frankfurt/M. 2006, S. 317-329, hier S. 317.
27 Vgl. Foucault, *Power, Knowledge*, a.a.O., S. 70.

zieren und einander absolut nicht überlagern lassen.«[28] Trotz seiner
These von der im 20. Jahrhundert gestiegenen Bedeutung des Raums
will Foucault damit nicht sagen, daß die für das 19. Jahrhundert
typische Vorherrschaft der Zeit und der Geschichte nunmehr durch
eine Vorherrschaft des Raums abgelöst wird. Ihm geht es vielmehr
um den Nachweis des Zusammenhangs von Raum und Zeit, der
sich schon allein daraus ergibt, daß der Raum in der abendländischen Erfahrung seine eigene Geschichte hat. Die Berücksichtigung
des Raums in der Geschichte führt nicht zur Leugnung, sondern zu
einem anderen Verständnis von Zeit und zu einer anderen Form der
Geschichtsschreibung. Statt der Vorstellung von einander ablösenden Epochen und Ereignissen, eines bloßen Hintereinanders also,
bekommt man es mit der Vorstellung eines Gegenübers und Neben-
einanders von Elementen und Ereignissen zu tun: »Wir leben in
einem Zeitalter der Gleichzeitigkeit, des Aneinanderreihens, des Na-
hen und des Fernen, des Nebeneinander und des Zerstreuten. Die
Welt wird heute nicht so sehr als ein großes Lebewesen verstanden,
das sich in der Zeit entwickelt, sondern als ein Netz, dessen Stränge
sich kreuzen und Punkte verbinden.«[29] Der Strukturalismus steht bei
Foucault dabei für den Versuch, zwischen den isoliert erscheinenden
Ereignissen Beziehungen herzustellen, die sie als »etwas ineinander
Verschachteltes, kurz als Konfiguration«[30] ausweisen. Die Geschichte
des Raums läßt sich nach Foucault in drei Abschnitte unterteilen: Er
unterscheidet zwischen einem Raum der Lokalisierung beziehungsweise einem Ortungsraum im Mittelalter, einem Raum der Ausdehnung, der seit dem 17. Jahrhundert mit Galilei auf den Plan tritt,
und einem Raum der Lagerungen (beziehungsweise Relationen) im
gegenwärtigen Zeitalter. Entscheidend für den Raum des Mittelal-
ters war die Hierarchie der Orte, nach der zwischen heiligen und profanen, geschützten oder schutzlosen, städtischen oder ländlichen Orten streng unterschieden wurde. Hier herrscht noch die Vorstellung
vor, daß sich die Dinge im Zustand der Ruhe an ihrem natürlichen
Platz befinden, sofern sie nicht gewaltsam von dort entfernt wurden.
Abgelöst wurde sie durch die Vorstellung eines unendlichen und unendlich offenen Raums, in dem »der Ort eines Dings nun nur noch

28 Foucault, »Von anderen Räumen«, a. a. O., S. 319 f.
29 Foucault, »Von anderen Räumen«, a. a. O., S. 317.
30 Ebd.

ein Punkt auf seiner Bahn war und Ruhe nur noch unendlich verlangsamte Bewegung bedeutete«.[31] Für die aktuelle Raumauffassung schließlich ist die »Lage« entscheidend, die »durch Nachbarschaftsbeziehungen zwischen Punkten oder Elementen«[32] bestimmt wird: »Wir leben in einer Zeit, in der sich uns der Raum in Form von Relationen der Lage darbietet«.[33]

Diese drei Raumtypen unterscheiden sich offensichtlich durch ihr je verschiedenes Verhältnis zu den Kategorien Ruhe und Bewegung, das sich im Laufe der Zeit immer deutlicher in Richtung Bewegung verschiebt: »Im Gegensatz zum Raum der hierarchisierten Orte und zum Raum der unendlichen Ausdehnung ist in diesem Verständnis von Raum Bewegung immer bereits mitgedacht.«[34] Die Geschichte der einander ablösenden Raummodelle ist insofern auch das Ergebnis zunehmender Beschleunigung. Während im ersten Fall die Dinge und Menschen durch den Ort charakterisiert waren, an dem sie sich befanden, wird im zweiten Fall der zurückgelegte Weg zum Charakteristikum. Im dritten Fall schließlich ist ein Element durch die Relation zu einem anderen Element charakterisiert. Zur entscheidenden Frage wird hier, *welche* der im Raum verteilten Elemente man *wie* miteinander in Beziehung setzt. Da es keine vorgegebene Ordnung mehr gibt, muß dies von Fall zu Fall entschieden werden. Die Beziehungen sind folglich nicht immer schon da, sondern müssen erst hergestellt werden. Der als Konfiguration oder Netzwerk vorgestellte Raum bringt Menschen und Dinge zwar noch immer in eine bestimmte Ordnung – aber in eine nur vorübergehende, zeitlich befristete, fragile, letztlich kontingente Ordnung, die jederzeit eine andere Gestalt annehmen kann. Damit gerät, gegenüber der Ordnung als Ergebnis, der Akt des Ordnens, des Herstellens von Ordnung in den Vordergrund.

Foucaults eigentliches Interesse gilt nun jenen Räumen, »die in Verbindung und dennoch im Widerspruch zu allen anderen Orten stehen«.[35] Das sind zum einen die Utopien und zum anderen die Heterotopien. Utopien sind, verstanden als »Orte ohne realen Ort [...], entweder das vervollkommnete Bild oder das Gegenbild der Gesell-

---

31 Ebd., S. 318.
32 Ebd.
33 Ebd.
34 Löw, Martina, *Raumsoziologie*, Frankfurt/M. 2001, S. 148.
35 Vgl. Foucault, »Von anderen Räumen«, a. a. O., S. 320.

schaft«. Im Gegensatz zu diesen »zutiefst irreale[n] Räumen« sind Heterotopien »reale, wirkliche, zum institutionellen Bereich der Gesellschaft gehörige Orte, die gleichsam Gegenorte darstellen, tatsächlich verwirklichte Utopien, in denen [...] all die anderen realen Orte zugleich repräsentiert, in Frage gestellt und ins Gegenteil verkehrt werden«. Foucault geht davon aus, daß es sich bei der Existenz von Heterotopien um eine Konstante innerhalb der kulturellen Entwicklung handelt. Es gibt demnach keine Kultur, die nicht Heterotopien hervorgebracht hätte. Kasernen, Gefängnisse und Friedhöfe gehören ebenso dazu wie Museen, Bibliotheken und Jahrmärkte, Feriendörfer, Saunen und Bordelle. Allerdings unterscheiden sie sich hinsichtlich ihrer Funktionsweise, die von Gesellschaft zu Gesellschaft variieren kann. So hätten etwa die sogenannten primitiven Gesellschaften jene »Krisenheterotopien«[36] hervorgebracht, die in unserer Zeit zunehmend durch die »Abweichungsheterotopien« abgelöst würden. Krisenheterotopien sind für Menschen vorbehaltene Orte, die sich in einem (vorübergehenden) Krisenzustand befinden. Foucault nennt in diesem Zusammenhang Räume von Heranwachsenden, Frauen im Kindbett, Greise usw. Obwohl er diese Krisenheterotopien als im Schwinden begriffen definiert, ragen doch noch einige dieser Räume bis weit in unsere Gegenwart hinein. So stellt etwa die Eisenbahn oder das Hotel für Hochzeitsreisende, »jener geographisch nicht weiter bestimmbare« Ort, jenes »Nirgendwo«, an dem die Defloration der jungen Frau stattfinden soll, eine Krisenheterotopie unserer Tage dar. Das ist nur eines von mehreren Beispielen, mit denen Foucault unterstreicht, daß es sich bei seiner Raumtypologie nicht um gänzlich einander ablösende Raumkonfigurationen handelt. Vielmehr geht er davon aus, daß auch unsere heutige Zeit bestimmte Einteilungen des Raums, etwa in den privaten und den öffentlichen Raum, den familiären und den gesellschaftlichen Raum, den Arbeits- und den Freizeitraum, weiterhin für sakrosankt zu halten scheint. Charakteristisch für unsere Gegenwartsgesellschaft sind für Foucault jedoch die Abweichungsheterotopien, worunter er Sanatorien, psychiatrische Anstalten, Gefängnisse und Altersheime faßt, wobei Altersheime an der Grenze zwischen Krisen- und Abweichungsheterotopien stünden, da das Alter »in unserer Freizeitgesellschaft«[37] sowohl

36 Die folgenden Zitate finden sich in Foucault, »Von anderen Räumen«, a. a. O., S. 322.

37 Foucault, »Von anderen Räumen«, a. a. O.

als Krise wie auch als Abweichung wahrgenommen werde. Obwohl es sich bei der »Heterotopologie«[38] nach Foucault um eine erst noch zu konstituierende Wissenschaft handelt, hat er sich in seinen Werken doch exakt mit diesen Räumen der Abweichung beschäftigt. Ob in *Wahnsinn und Gesellschaft*[39] oder in *Überwachen und Strafen*:[40] Die Ausschließungspraktiken, die Foucault in den Mittelpunkt seiner ebenso historisch fundierten wie zeitdiagnostisch interessierten Sozialtheorie stellt,[41] sind immer auch räumlich organisierte Ausschlüsse.[42] Das Panoptikum ist das Musterbeispiel einer Überwachungsarchitektur, die auf alle abweichenden Elemente einer Gesellschaft ebenso angewendet werden kann wie auf diejenigen, die man zu einer bestimmten Leistung oder Funktionsübernahme antreiben will. Es geht um eine immer feingliedrigere Rasterung des Raums zur möglichst lückenlosen Erfassung der Objekte zum Zwecke ihrer Klassifizierung, Individualisierung und Disziplinierung. Sein Interesse an einer Heterotopologie unterstreicht, daß Foucault sich nicht damit begnügt, das Funktionieren der »realen« Räume zu beschreiben. Seine Suche gilt vielmehr und gerade den *anderen Räumen*, die diesen gleichsam als Korrektiv gegenübergestellt werden. Mit der im Spätwerk angetretenen »Reise nach Griechenland« will er vor allem zeigen, »daß das Vorhandene noch lange nicht alle *möglichen Räume* [Hervorhebung M. S.] ausfüllt«.[43] In Anlehnung an seine Überzeu-

38 Ebd., S. 321.

39 Foucault, Michel, *Wahnsinn und Gesellschaft. Eine Geschichte des Wahns im Zeitalter der Vernunft*, Frankfurt/M. 1989.

40 Foucault, Michel, *Überwachen und Strafen. Die Geburt des Gefängnisses*, Frankfurt/M. 1977.

41 Im Gegensatz zur klassischen Frage der Soziologie nach dem Kitt, der die Gesellschaft zusammenhält, fragt Foucault: »Durch welches Ausschließungssystem, durch wessen Ausmerzung, durch die Ziehung welcher Scheidelinie, durch welches Spiel von Negation und Ausgrenzung kann eine Gesellschaft beginnen zu funktionieren?« (Foucault, Michel, *Mikrophysik der Macht. Michel Foucault über Strafjustiz, Psychiatrie und Medizin*, Berlin 1976, S. 57.)

42 Als Versuch, diese Perspektive fortzusetzen, vgl. Schroer, Markus, »Die im Dunkeln sieht man doch? Inklusion/Exklusion und die Entdeckung der ›Überflüssigen‹«, in: *Mittelweg 36*, 5, 2001, S. 33-46.

43 Foucault, Michel, *Von der Freundschaft. Michel Foucault im Gespräch*, Berlin 1984, S. 93. Vgl. dazu Schroer, Markus, »Ethos des Widerstands. Michel Foucaults postmoderne Utopie der Lebenskunst«, in: *Utopie und Moderne*, hg. v. Rolf Eickelpasch/Armin Nassehi, Frankfurt/M. 1996, S. 136-169.

gung, daß, wo Macht ist, auch Widerstand ist,[44] ließe sich formulie-
ren: Wo (Real-)Räume sind, da sind auch Gegenräume. Es ist dieses
Interesse, daß er mit Gilles Deleuze, der sich intensiv mit Foucaults
Werks auseinandergesetzt hat,[45] teilt.

3. Gilles Deleuze/Félix Guattari:
Glatter und gekerbter Raum

In kaum einen anderen Text des französischen Poststrukturalismus
steht Raum so sehr im Mittelpunkt wie in Georges Deleuzes und
Félix Guattaris *Tausend Plateaus*.[46] Und das betrifft nicht nur den
Inhalt des Buches, sondern auch seine Form. *Tausend Plateaus* funktioniert nicht wie ein herkömmliches Buch. Es hat keinen Anfang
und auch kein Ende. Es ist weder chronologisch aufgebaut, noch
entfaltet es systematisch ein klar eingrenzbares Thema oder eine Problematik. Auch verschreibt es sich nicht einer einzelnen Wissenschaft. Vielmehr gliedert es sich in exakt datierte Ereignisse (1440,
Das Glatte und das Gekerbte; 1914, Ein Wolf oder mehrere?), die
in beliebiger Reihenfolge gelesen werden können. Der Einstieg ist somit überall möglich. Statt einer Abfolge von Kapiteln enthält es ein
Nebeneinander einzelner »Plateaus«, die miteinander in Beziehung
gesetzt werden. *Tausend Plateaus* ist insofern ein »Patchwork«,[47] das
zerstreute und auf den ersten Blick nicht zusammengehörende Ereignisse scheinbar beliebig miteinander kombiniert, heterogene Aussagen
und Begriffe aus den verschiedensten Quellen zusammenführt und
Verbindungen zwischen ihnen herstellt. Deleuze und Guattaris Begriff für diese räumliche Form lautet Rhizom. Sie führen das Rhizom
als Alternative zur Metapher des Baums ein, der von der Abstam-
mungslehre der Biologie über die Psychoanalyse bis zur modernen
Linguistik, dem Strukturalismus und der Informatik als Ordnungsra-
ster benutzt wird. Der Baum verfügt über Wurzeln, die in einen
Stamm münden, aus dem zahlreiche Äste heraustreten. Klar erkennbar verdankt sich hier die Vielheit der einzelnen Teile der Einheit

44 Foucault, Michel, *Der Wille zum Wissen. Sexualität und Wahrheit*, Bd. 1., Frank-
   furt/M. 1991, S. 116.
45 Deleuze, Gilles, *Foucault*, Frankfurt/M. 1987.
46 Deleuze, Gilles/Guattari, Félix, *Tausend Plateaus*, Berlin 1997.
47 Ebd., S. 660.

Baum, die alle Differenzen umfaßt. Der Baum symbolisiert eine hierarchische Ordnung und ein organisches System. Seine Struktur ist genealogisch, enthält eine binäre Logik und besteht aus bifurkalen Verzweigungen. Das Rhizom dagegen kennt keine klar voneinander unterscheidbaren, hierarchisch gegliederten Einheiten. Es gleicht vielmehr einem sich permanent weiter verzweigenden Wurzelgeflecht, das in alle Richtungen auseinanderstrebt und dabei bisher Unverbundenes miteinander verbindet – »semiotische Kettenglieder, Machtorganisationen, Ereignisse aus Kunst, Wissenschaften und gesellschaftlichen Kämpfen«.[48] Das Rhizom gleicht einem weitverzweigten Netz mit relationaler Struktur, ohne Anfang und ohne Ziel: »Das Rhizom selber kann die unterschiedlichsten Formen annehmen, von der verästelten Ausbreitung in alle Richtungen an der Oberfläche bis zur Verdichtung in Zwiebeln und Knollen.«[49]

Die Vorstellung vom Rhizom bricht radikal mit herkömmlichen Vorstellung vom Raum. Ein Rhizom läßt sich nicht mehr länger als euklidischer Raum verstehen. Allerdings konstruieren Deleuze und Guattari keine evolutionäre Ablösung der Euklidik, sondern das Nebeneinander zweier Raummodelle, die den euklidischen Containerraum mit dem Riemann'schen Raum[50] konfrontiert. Ebenso wie sich das Rhizom und die Wurzel als gleichzeitig existierende Raum- und Wissensmodelle gegenüberstehen, bilden auch der »glatte Raum« auf der einen und der »gekerbte Raum« auf der anderen Seite ein Oppositionspaar, an das weitere Dichotomien anschließen. So steht der glatte Raum für den deterritorialisierten Raum des Nomaden, während der gekerbte Raum den reterritorialisierten Raum des Seßhaften bezeichnet. Der Staat, der das Prinzip der Seßhaftigkeit verkörpert, strebt danach, ein Territorium einzugrenzen und es nach außen hin als das seinige zu verteidigen. Er stellt Bindungen her und schafft

---

48 Ebd., S. 17. An anderer Stelle heißt es: »Wir bilden ein Rhizom mit unseren Viren, oder vielmehr, unsere Viren veranlassen uns, ein Rhizom mit anderen Tieren zu bilden« (ebd., S. 21). In großem Ausmaß geht es bei Guattari und Deleuze um das Verketten und Verbinden, die Konnexion. Und dabei wird offensichtlich, welch großen Einfluß dieses Buch auf das Werk Bruno Latours gehabt hat, vgl. dazu Schroer, Markus, »Vermischen, Vermitteln, Vernetzen. Latours Soziologie der Gemenge und Gemische im Kontext«, in: *Bruno Latours Kollektive. Kontroversen zur Entgrenzung des Sozialen*, hg. v. Georg Kneer/Markus Schroer/Erhard Schüttpelz, Frankfurt/M. 2008, S. 361-398.

49 Ebd., S. 16.

50 Ebd., S. 672 ff.

Verbindlichkeiten, Gesetze, Zwänge. Die »Kriegsmaschine«[51] dagegen, die nicht nur kriegerisch, sondern auch revolutionär oder künstlerisch sein kann, repräsentiert das Prinzip der Deterritorialisierung. Sie läßt wieder fließen, was die Territorialisierung verfestigt hat, sie versucht zu glätten, was der Staat an Einkerbungen vorgenommen hat. Als Beispiel par exellence für den glatten Raum gilt den beiden Autoren das Meer, während die Stadt den exemplarischen gekerbten Raum darstellt. Das Meer war allerdings nur so lange ein glatter Raum, wie es noch nicht vermessen, kartographiert und in einzelne Regionen eingeteilt war. Sukzessive jedoch ist das Meer, zunächst von den Handelsstädten und dann von den Staaten, mit einem Raster überzogen und in Besitz genommen worden, so daß sich der ehemals glatte längst in einen gekerbten Raum verwandelt hat.[52]

Konträr zur üblichen Darstellung wird bei Deleuze und Guattari nicht die seßhafte Lebensweise als die überlegene und die nomadische als die »primitive« angesehen. Eher im Gegenteil sympathisieren Deleuze und Guattari mit der nomadischen Denk- und Lebensweise, propagieren folgerichtig ein nomadisches Denken und eine zu etablierende nomadische Wissenschaft, die »Nomadologie«.[53] Zumindest ist für sie alle bisherige Geschichtsschreibung eine Darstellung aus Sicht der Seßhaften, so daß es Zeit wird, den gegenteiligen Standpunkt einzunehmen. Dabei geht es Deleuze und Guattari freilich weniger um eine Art alternative Geschichtsschreibung, die der vorherrschenden Perspektive nur eine andere Sicht der Dinge gegenüberstellen würde, ebenso bemüht um eine homogene Darstellung der Ereignisse. Ihnen geht es vielmehr darum, die Heterogenität der Ereignisse und die Vielfalt möglicher Anknüpfungs- und Anschlußmöglichkeiten herauszuarbeiten, die der Verdichtung zu einer einheitlichen Perspektive zuwiderlaufen. Da sie – im Gegensatz zur Heidegger'schen Orientierung am »Sein« – von einem permanenten

51 Ebd., S. 13.
52 Diese Unterscheidung erinnert an Carl Schmitts Unterscheidung von Land und Meer, vgl. Schmitt, Carl, *Land und Meer. Eine weltgeschichtliche Betrachtung*, Köln-Lövenich 1981, wo es etwa heißt: »Die Ordnung des festen Landes besteht darin, daß es in Staatsgebiete aufgeteilt ist; die hohe See dagegen ist frei, das heißt staatsfrei und keiner staatlichen Gebietshoheit unterworfen« (ebd., S. 86). Vor diesem Hintergrund macht es Sinn, das Internet als eine Heterotopie zu beschreiben. Vgl. dazu Schroer, *Räume, Orte, Grenzen*, a. a. O., S. 260 ff.
53 Ebd., S. 39.

»Werden«[54] ausgehen, »das eher geographisch als geschichtlich ist«,[55] soll auch jeglicher Verfestigung von Strukturen, Begriffen und Denkschemata entgegengewirkt werden. Die ständigen Veränderungen, Umwälzungen und Transformationen müssen sich folglich auch in der Begrifflichkeit niederschlagen. Zwar sind vorübergehende Fixierungen und Zentrierungen unvermeidlich, das Ziel aber besteht in der Auflösung des Fixierten durch das Auffinden von Linien und Fluchtlinien,[56] die neue Differenzen zu erschließen vermögen. Freilich muß um die Vielheit und Vielfalt der Differenzen gerungen werden – »Es genügt [...] nicht, zu rufen *Es lebe das Mannigfaltige*«[57] –, denn Tatsache ist, daß sich eine majoritäre Sicht auf die Dinge (die Perspektive der Seßhaften) herausgebildet hat, die mit einem minoritären Gegenmodell (der Perspektive der Nomaden) konfrontiert werden soll. Freilich sind die Gegensätze nicht immer so klar, wie es auf den ersten Blick den Anschein haben mag. So existieren etwa der glatte und der gekerbte Raum nur aufgrund »ihrer wechselseitigen Vermischung«.[58] Man kann die beiden Räume nicht im Sinne eines binären Schemas trennen, so als hätte man es mit zwei exakt voneinander unterscheidbaren Substanzen zu tun. Allerdings gilt: »Die faktischen Vermischungen sind [...] kein Hindernis für eine Unterscheidung in der Theorie.«[59] Denn erst durch ihre analytische Unterscheidung wird sichtbar, daß sie sich in einem permanenten Konflikt befinden: »Der glatte Raum wird unaufhörlich in einen gekerbten Raum übertragen und überführt; der gekerbte Raum wird ständig umgekrempelt, in einen glatten Raum zurückverwandelt.«[60] Wir haben es mit unablässigen De- und Reterritorialisierungsprozessen zu tun, die die aktive Umgestaltung des Raums in den Mittelpunkt der Aufmerksamkeit rücken. Nicht die jeweilige Beschaffenheit der Räume ist letztlich entscheidend, sondern die Art und Weise ihrer

54 Deleuze, Gilles/Guattari, Félix, *Was ist Philosophie?*, Frankfurt/M. 1996, S. 128.
55 Ebd.
56 Zur Bedeutung des Konzepts der Fluchtlinien vgl. Balke, Friedrich, *Gilles Deleuze*, Frankfurt/M./New York 1998, S. 119 ff., und Breuer, Ingeborg/Leusch, Peter/Mersch, Dieter, »Fluchtlinien aufspüren. Das anarchistische Denken des Gilles Deleuze«, in: dies., *Welten im Kopf. Profile der Gegenwartsphilosophie*, Hamburg 1996, S. 61-74.
57 Ebd., S. 16.
58 Ebd., S. 658.
59 Ebd.
60 Ebd.

Nutzung: »Das liegt daran, daß die Unterschiede nicht objektiv sind: man kann eingekerbt in Steppen oder Wüsten wohnen; man kann sogar geglättet in Städten wohnen, ein Stadtnomade sein.«[61] So können sich etwa im gekerbten Raum der Stadt glatte Räume in Gestalt von Elendsvierteln ausdehnen, weil sie »nicht einmal mehr für die Einkerbungen des Geldes, der Arbeit oder des Wohnungsbaus interessant sind«.[62] Insofern gibt es weder einen stillgestellten Gegensatz zwischen glatt und gekerbt noch eine lineare Entwicklung, nach der sich alle glatten Räume in einen gekerbten Raum verwandeln würden. Ebensowenig gibt es die Hoffnung auf eine vollständige Umwandlung der gekerbten in glatte Räume im Sinne einer umfassenden Umwälzung oder Revolution. Was es gibt, das ist die immerwährende Transformation, Konfrontation und Neukombination alles Werdenden, die dafür sorgt, daß jede Rückverwandlung eines gekerbten in einen glatten Raum durch neue Einkerbungen beantwortet wird, die von der Kriegsmaschine wiederum in einen glatten Raum zu verwandeln versucht werden. Auf jede Deterritorialisierung folgt eine Reterritorialisierung, auf die wieder eine Deterritorialisierung folgt usw. Das Leben vollzieht sich im Modus der Bewegung: »Nichts ist jemals zu Ende.«[63]

Schluß

Der Durchgang durch die Raumkonzeptionen von Pierre Bourdieu, Michel Foucault und Gilles Deleuze/Félix Guattari hat gezeigt, daß Raum in sehr unterschiedlicher Weise behandelt wird, obwohl der Strukturalismus den Bezugspunkt aller drei Positionen ausmacht. Wenngleich Bourdieus Arbeit mit ihrer unbedingten Betonung des Relationalen geradezu prädestiniert zu sein scheint, mit einem relationalen Raumbegriff zu arbeiten, zeigt sich doch gerade hier eine starke Verbindung mit dem Konzept des absoluten Raums. Raum ist hier in erster Linie die passive Leinwand, in die sich soziale Strukturen einschreiben. Bei Foucault stoßen wir zunächst auf eine historische Einordnung verschiedener Raumbegriffe und die zeitdiagnostische Aussage, daß wir gegenwärtig im Zeitalter des Raums leben.

61 Ebd., S. 668.
62 Ebd., S. 667.
63 Ebd., S. 674.

Entschiedener als Bourdieu wendet sich Foucault einem relationalen Raumbegriff zu, auch wenn sich in seinen Arbeiten ebenso Anklänge an eine absolutistische Raumvorstellung auffinden lassen. Die konzeptionelle Hinwendung zum relationalen Raum wird sowohl in Bourdieus als auch in Foucaults materialen Arbeiten nicht immer konsequent eingelöst. Anders als Bourdieu interessiert sich Foucault jedoch nicht allein für die Reproduktion der gesellschaftlichen Strukturen, ihre Stabilität und Kontinuität, von der sich Bourdieu immer wieder fasziniert zeigt,[64] sondern darüber hinaus immer auch für die Möglichkeit der Gegenmaßnahmen, die Alternativen zum Bestehenden und die möglichen Veränderungen. Das Interesse an Gegenräumen und der Umgestaltungsmöglichkeiten der Räume durch soziale Praxis steigert sich jedenfalls von Bourdieu bis Foucault und wird von Deleuze und Guattari noch einmal übertroffen. Ihre Aufmerksamkeit gilt nicht der Suche nach Stabilität und festen Strukturen, sondern dem Fragilen, der Verwandlung und der Dynamik, die durch permanent stattfindende De- und Reterritorialisierungsprozesse in Gang gehalten wird. Zu allen drei Ausrichtungen finden sich entsprechende Fortsetzungsversuche. Während Bourdieus Raumbegriff vor allem in der Theorie sozialer Ungleichheit Anwendung findet und dort ganz in seinem Sinne als Faktor für die Verfestigung sozialer Ungleichheitsstrukturen gelesen wird,[65] haben Foucaults Einlassungen zum Raum vor allem im Werk Giorgio Agambens[66] eine Fortsetzung gefunden, während Deleuzes und Guattaris Überlegungen zum glatten und gekerbten Raum insbesondere in der Politikwissenschaft Anklang finden. Wenn Michael Hardt und Antonio Negri schreiben: »Im schöpferischen Vermögen der *Multitude*, der Menge, die das Empire trägt, liegt gleichermaßen die Fähigkeit, ein Gegen-Empire aufzubauen, den weltweiten Strömen und Austauschverhältnissen eine andere politische Gestalt zu geben«,[67] dann wird

---

64 Vgl. dazu Schroer, Markus, »Zwischen Engagement und Distanzierung. Zeitdiagnose und Kritik bei Pierre Bourdieu und Niklas Luhmann«, in: *Bourdieu und Luhmann. Ein Theorienvergleich*, hg. v. Armin Nassehi/Gerd Nollmann, Frankfurt/M. 2004, S. 233-270.

65 Vgl. Schroer, Markus, »Raum, Macht und soziale Ungleichheit. Pierre Bourdieus Beitrag zu einer Soziologie des Raums«, in: *Leviathan* 1, 2006, S. 105-123.

66 Vgl. etwa Agamben, Giorgio, *Homo sacer. Die souveräne Macht und das nackte Leben*, Frankfurt/M. 2002.

67 Hardt, Michael/Negri, Antonio, *Empire. Die neue Weltordnung*. Frankfurt/M./ New York 2002, S. 13.

der Einfluß von Deleuze und Guattari, auf die sie sich auch explizit berufen, überdeutlich. Daß Deleuze und Guattari darüber hinaus einen entscheidenden Einfluß auf das Werk Bruno Latours gehabt haben, wurde bereits angemerkt.[68] Noch immer uneingelöst erscheint dagegen das von Foucault skizzierte Programm einer Heterotopologie, »die es ich zur Aufgabe machte, in einer bestimmten Gesellschaft diese andersartigen Räume, diese anderen Orte, diesen zugleich mythischen und realen Gegensatz zu dem Raum, in dem wir leben, zu erforschen, zu analysieren, zu beschreiben und zu ›lesen‹«.[69] Was spricht dagegen, mit diesem Projekt endlich zu beginnen?

Auswahlbibliographie

Agamben, Georgio, *Homo sacer. Die souveräne Macht und das nackte Leben*, Frankfurt/M. 2002.

Balke, Friedrich, *Gilles Deleuze*, Frankfurt/M./New York 1998.

Bourdieu, Pierre, »Physischer, sozialer und angeeigneter physischer Raum«, in: *Stadt-Räume*, hg. v. Martin Wentz, Frankfurt/M. 1991, S. 25-34.

Deleuze, Gilles, *Woran erkennt man den Strukturalismus?*, Berlin 1992.

Deleuze, Gilles/ Félix Guattari, *Tausend Plateaus*, Berlin 1990.

Foucault, Michel, »Von anderen Räumen«, in: *Raumtheorie. Grundlagentexte aus Philosophie und Kulturwissenschaften*, hg. v. Jörg Dünne/Stephan Günzel, Frankfurt/M. 2006, S. 317-329.

Günzel, Stephan, »Philosophie«, in: *Handbuch Sozialraum*, hg. v. Fabian Kessl/Christian Reutlinger/Susanne Maurer/Oliver Frey, Wiesbaden 2005, S. 89-110.

Löw, Martina, *Raumsoziologie*, Frankfurt/M. 2001.

Schroer, Markus, *Räume, Orte, Grenzen. Auf dem Weg zu einer Soziologie des Raums*, Frankfurt/M. 2007.

Stäheli, Urs, *Poststrukturalistische Soziologien*, Bielefeld 2000.

68 Vgl. Fn. 48.
69 Foucault, »Von anderen Räumen«, a. a. O., S. 321.

Stephan Moebius
Macht und Hegemonie
Grundrisse einer poststrukturalistischen Analytik der Macht

Wirft man einen näheren Blick auf traditionelle sozialwissenschaftliche Theorien der Macht, so trifft man auf einen sie alle durchziehenden Grundgedanken, den Steven Lukes einmal folgendermaßen zusammengefaßt hat: »*Die Macht eines oder mehrer Handelnder A in Hinblick auf ein Ziel Z manifestiert sich dann, wenn A das Ziel Z durch das Einwilligen eines oder mehrerer Handelnder B erreicht.*«[1] In der Geschichte der Sozialwissenschaften können nach Lukes zwei unterschiedliche Interpretationen dieser Definition unterschieden werden: eine symmetrische und eine asymmetrische.

In der *symmetrischen* Interpretation haben sowohl A als auch B ein gemeinsames Ziel. »Macht« nimmt die Form der Kooperation, Kommunikation oder des Konsenses an. Prominente Vertreter dieser Interpretation sind beispielsweise Talcott Parsons, der Macht als »the generalized medium of mobilizing resources for effective collective action«[2] begreift, oder Hannah Arendt, die Macht als »Vermögen« und Fähigkeit versteht, »sich mit anderen zusammenzuschließen und im Einvernehmen mit ihnen zu handeln«.[3]

In der *asymmetrischen* Interpretation des obengenannten Satzes, zu der Theoretiker wie Max Weber, Karl Marx oder Thomas Hobbes gerechnet werden können, gilt die Einwilligung von B als erzwungen. Macht ist hier Einfluß, Autorität, Zwang und Herrschaft. Innerhalb der asymmetrischen Interpretation lassen sich drei Ebenen unterschei-

---

1 Lukes, Steven, »Macht und Herrschaft bei Weber, Marx, Foucault«, in: *Krise der Arbeitsgesellschaft? Verhandlungen des 21. Deutschen Soziologentages in Bamberg*, hg. v. Joachim Matthes, Frankfurt/M./New York 1983, S. 106-119, hier S. 107. Der Aufbau des folgenden einleitenden Abschnitts geht zurück auf Lemke, Thomas, »Geschichte und Erfahrung. Michel Foucault und die Spuren der Macht«, in: Michel Foucault, *Analytik der Macht*, Frankfurt/M. 2005, S. 319.

2 Parsons, Talcott, »On the Concept of Political Power. Proceedings of the American Philosophical Society, June 1963«, in: *Power*, hg. v. Steven Lukes, New York 1986, S. 94-143, hier S. 108.

3 Siehe zum Beispiel Arendt, Hannah, *Macht und Gewalt*, München 1995, S. 45, 53.

den:[4] Erstens die klassische Definition von Max Weber, nach der »Macht« jede Chance bedeutet, »innerhalb einer sozialen Beziehung den eigenen Willen auch gegen Widerstreben durchzusetzen, gleichviel worauf diese Chance besteht«.[5] Aus dieser Perspektive ist Macht auf ein konkret beobachtbares Entscheidungshandeln bezogen. Darüber hinaus betont eine zweite Ebene die strukturellen Determinanten von Machtphänomenen: Macht ist Kontrollmacht und beinhaltet die Dimension sogenannter »non-decisions«, so daß bestimmte Aktivitäten verhindert werden und Themen oder Diskussionspunkte gar nicht erst auf die Tagesordnung kommen.[6] Eine dritte Ebene der asymmetrischen Machtauffassung läßt sich als »Metamacht« beschreiben, gemeint ist die Kontrolle des größeren gesellschaftlichen Kontextes (soziale Prozesse, Organisationen, Strukturierung sozialer Strukturen etc.) sowie der Wahrnehmungs- und Bewußtseinsschemata der Gesellschaftsmitglieder.

Eine poststrukturalistische Analytik von Macht läßt sich weder der symmetrischen noch der asymmetrischen Interpretation zuordnen, denn beide Sichtweisen vernachlässigen die produktiven, agonalen und antagonistischen Dimensionen von Macht. Beide Konzeptionen hängen noch einem »juridischen« Machtverständnis an, das Macht entweder ausschließlich mit Verbot, Gesetz, Zwang, Ausschluß und Gewalt oder mit Legitimität und Konsens assoziiert.[7] Folgende Machtkonzeptionen bilden den Kern einer poststrukturalistischen Analytik der Macht: der Machtbegriff von Michel Foucault (1), die Hegemonietheorie von Ernesto Laclau (2) und die Theorie der Performativität und »Psyche der Macht« von Judith Butler (3).

---

4 Vgl. Imbusch, Peter, »Macht und Herrschaft in der Diskussion«, in: *Macht und Herrschaft. Sozialwissenschaftliche Konzeptionen und Theorien*, hg. v. Peter Imbusch, Opladen 1998, S. 9-26, hier S. 11.

5 Weber, Max, *Wirtschaft und Gesellschaft. Grundriß der verstehenden Soziologie*, Neu Isenburg 2005, S. 38.

6 Bachrach, Peter/Baratz, Morton S., »Decisions and Non-Decisions: An Analytical Framework«, in: *American Political Science Review* 57, 1963, S. 641-651.

7 Vgl. Foucault, Michel, *Der Wille zum Wissen. Sexualität und Wahrheit I*, Frankfurt/M. 1977, S. 102 ff.; siehe auch Lemke, *»Geschichte und Erfahrung«*, a. a. O., S. 319.

1. Produktive Machtverhältnisse: Michel Foucault

Ausgangspunkt der poststrukturalistischen Analytik der Macht ist die Machtkonzeption von Foucault.[8] Bereits in seinen frühen Arbeiten wie beispielsweise zur Geschichte des Wahnsinns untersucht er Herrschafts- und Machtverhältnisse,[9] bleibt aber zu dieser Zeit noch dem traditionellen Bild von Macht als Repressions- und Unterdrückungsinstanz, also einer juridischen Machtkonzeption, verhaftet.[10] Dies ändert sich spätestens ab den siebziger Jahren mit *Nietzsche, die Genealogie, die Historie* und seiner Analyse über die Geburt des Gefängnisses.[11] Das Ziel des Gefängnisses liegt weniger in der Unterdrückung der Insassen als vielmehr in der Disziplinierung und Produktion nützlicher Individuen. Die Disziplinierung der Individuen geschieht dabei nicht, wie Foucault herausarbeitet, durch Repression, sondern durch die Konstituierung, Ausrichtung und Strukturierung der Körper, der Modellierung der Zeit-Raum-Vorstellungen und durch das Erlernen spezifischer Gesten, Denk- und Wahrnehmungs- und Verhaltensschemata. Die Gefängnisse sind nur ein Teil einer sich in der Neuzeit entwickelnden Disziplinartechnologie und -gesellschaft, in der die Schulen, Fabriken und Spitäler immer mehr den Strafanstalten gleichen.

Inwiefern Macht eine produktive Kraft und materiale Wirkung im Sinne einer Subjektkonstituierung, Wissensgenerierung und mikrophysischen Durchdringung des Körpers entfaltet,[12] zeigt sich für

---

8 Vgl. dazu auch Moebius, Stephan, »Strukturalismus/Poststrukturalismus«, in: *Soziologische Theorien. Ein Handbuch*, hg. v. Markus Schroer/Georg Kneer, Wiesbaden 2008 (i. E.).

9 Vgl. Gehring, Petra, *Foucault. Die Philosophie im Archiv*, Frankfurt/M./New York 2004, S. 109. Zur Diskussion um die Kritik an Foucaults Analytik der Macht siehe Schäfer, Thomas, *Reflektierte Vernunft. Michel Foucaults philosophisches Projekt einer antitotalitären Macht- und Wahrheitskritik*, Frankfurt/M. 1995, S. 105 ff.

10 Foucault, Michel, »Vorwort [1961, zu *Folie et Déraison. Histoire de la folie à l'âge classique*]«, in: ders., *Schriften in vier Bänden. Dits et Écrits. Band I. 1954-1969*, Frankfurt/M., S. 223-234, hier S. 227; ders., »Gespräch mit Michel Foucault«, in: ders., *Schriften in vier Bänden. Dits et Écrits. Band III. 1976-1979*, S. 186-213, hier S. 197.

11 Foucault, Michel, »Nietzsche, die Genealogie, die Historie«, in: ders., *Von der Subversion des Wissens*, Frankfurt/M. 1987; ders., *Überwachen und Strafen. Die Geburt des Gefängnisses*, Frankfurt/M. 1976.

12 Vgl. Foucault, Michel, »Die Machtverhältnisse durchziehen das Körperinnere. Ge-

Foucault am eindrücklichsten am Beispiel der Sexualität. In *Der Wille zum Wissen* analysiert er die Sexualität, die ab dem 18. Jahrhundert aufgrund bestimmter Dispositive (das heißt machtstrategischer Verknüpfungen von diskursiven und nichtdiskursiven Praktiken, Institutionen und Wissens-Komplexen) hervorgebracht wird und zu einer ganze Reihe von Intensivierungen der Machtbeziehungen beiträgt (Geständnisproduktion, Herstellung und Definition von sexueller Normalität, Konstituierung von Objekten gesellschaftlicher Sorge und Erziehung etc.). Die Lust, alles über den Sex zu wissen, äußert sich nicht in repressiver Form, sondern als eine ungeheure Neugier auf den Sex, die in einer breiten Diskursivierung des Sexes kulminiert. »Es handelt sich um ein komplexes und wechselhaftes Spiel, in dem der Diskurs gleichzeitig Machtinstrument und -effekt sein kann. [...] Der Diskurs befördert und produziert Macht [...].«[13] Aus dieser Sichtweise ist Macht mit Lust verknüpft; die Macht der Diskurse formt Gegenstands- und Wirklichkeitsbereiche wie die Sexualität, den Wahnsinn oder die Delinquenz, um ausgehend davon Norm(alis)ierungspraktiken zu vollziehen. »Daß die Macht Bestand hat, daß man sie annimmt, wird ganz einfach dadurch bewirkt, daß sie nicht bloß wie eine Macht lastet, die Nein sagt, sondern daß sie in Wirklichkeit die Dinge durchläuft und hervorbringt, Lust verursacht, Wissen formt und einen Diskurs produziert; man muß sie als ein produktives Netz ansehen, das weit stärker durch den ganzen Gesellschaftskörper hindurchgeht als eine negative Instanz, die die Funktion hat zu unterdrücken.«[14]

Foucaults Konzeption der produktiven Macht grenzt sich von einer juridischen Machtkonzeption insgesamt folgendermaßen ab:[15] Erstens ist Macht nicht etwas, das man besitzen kann, sondern sie hat relationalen Charakter; sie ist »die Vielfältigkeit von Kräfteverhältnissen, die ein Gebiet bevölkern und organisieren; das Spiel, das in unaufhörlichen Kämpfen und Auseinandersetzungen diese Kräfteverhältnisse verwandelt, verstärkt, verkehrt; [...] die Strategien, in denen sie zur Wirung gelangen und deren große Linien und insti-

spräch mit L. Finas«, in: ders., *Dispositive der Macht. Über Sexualität, Wissen und Wahrheit*, Berlin 1978, S. 104-117.
13 Foucault, *Wille zum Wissen*, a. a. O., S. 122.
14 Foucault, »Gespräch mit Michel Foucault«, a. a. O., S. 197.
15 Vgl. Lemke, Thomas, *Eine Kritik der politischen Vernunft. Foucaults Analyse der modernen Gouvernementalität*, Hamburg 1997, S. 98 ff.

tutionelle Kristallisierungen sich in den Staatsapparaten, in der Gesetzgebung und in den gesellschaftlichen Hegemonien verkörpern«.[16] Foucault begreift Macht nominalistisch als den Namen, »den man einer komplexen strategischen Situation in einer Gesellschaft gibt«.[17] Aus dieser Perspektive sei Gesellschaft nicht auf der Ebene der Sprache und Zeichen zu denken, sondern in Machtrelationen, im Modell »des Krieges und der Schlacht«.[18]

Zweitens ist Macht nicht etwas, das bei einer Gruppe oder Klasse gebündelt vorkommt und von oben nach unten verläuft: »Weder die regierende Kaste noch die Gruppen, die die Staatsapparate kontrollieren, noch diejenigen, die die wichtigsten ökonomischen Entscheidungen treffen, haben das gesamte Macht- und Funktionsnetz einer Gesellschaft in der Hand.«[19] Denn aufgrund des relationalen Charakters der Macht gibt es dort, wo es Macht gibt, auch Widerstand und Gegenmacht. Die Widerstandspunkte sind Foucault zufolge überall im dezentralisierten Machtnetz gegenwärtig. Sie ergeben sich aus der Unmöglichkeit einer Totalisierung der Macht und finden sich zwischen den vielfältigen und widerstreitenden Machtverhältnissen. Die Positionen, Ansatzpunkte und Verfahrensweisen der Macht, »die Ökonomie der Machtverhältnisse«, lassen sich nach Foucault am besten von diesen Widerstandspunkten und dem Gegensatz der Strategien aus untersuchen.[20] Drittens bildet Macht nicht irgendeine tiefer liegende Realität oder äußerliche soziale Verhältnisse ab, sondern Foucault geht von einer »Mikrophysik der Macht« aus, die sowohl die gesellschaftlichen Verhältnisse als auch die individuellen Körper durchdringt und sie hervorbringt.

Sowohl der individuelle Körper als auch die Bevölkerung sind zwei miteinander verbundene Achsen einer auf das Leben zielenden Macht, der Bio-Macht, von der der eine Pol um den »Körper als Maschine zentriert ist. [Um s]eine Dressur, die Steigerung seiner Fähig-

16 Foucault, *Wille zum Wissen*, a. a. O., S. 113 f.

17 Ebd., S. 114.

18 Foucault, *Dispositive der Macht*, a. a. O., S. 29. Vgl. auch Sarasin, Philipp, »Geschichtswissenschaft und Diskursanalyse«, in: ders., *Geschichtswissenschaft und Diskursanalyse*, Frankfurt/M. 2003, S. 10-60, hier S. 50. Vgl. auch Sarasin, Philipp, *Michel Foucault zur Einführung*, Hamburg 2005, S. 92 ff.

19 Foucault, *Wille zum Wissen*, a. a. O., S. 116.

20 Foucault, Michel, »Das Subjekt und die Macht«, in: Dreyfus, Hubert L./Rabinow, Paul, *Michel Foucault. Jenseits von Strukturalismus und Hermeneutik*, Weinheim 1994, S. 243-261, hier S. 245.

keiten, die Ausnutzung seiner Kräfte, das parallele Anwachsen seiner Nützlichkeit und seiner Gelehrigkeit, seine Integration in wirksame und ökonomische Kontrollsysteme [...].«[21] Der andere Pol der Bio-Macht ist die Bio-Politik des kollektiven Körpers: die Regulierung der Bevölkerung. Der Sex bildet nach Foucault das Scharnier zwischen diesen »Entwicklungsachsen der politischen Technologie des Lebens«.[22] Er gibt Anlaß zu Überwachung, zu bestimmten Raumordnungen, Verwaltung, Statistiken und Eingriffen in die Bevölkerung.

In ihrem Drang, »Leben zu machen« und diskursiven Sinn zu produzieren, konstituieren die Machtverhältnisse zugleich Subjekte, die im Prozeß des Unterworfenwerdens durch die Dispositive zum Subjekt und gleichsam ins Leben gerufen werden. Judith Butler bringt dies folgendermaßen auf den Punkt: »Die Macht *wirkt* nicht nur *auf* ein Subjekt ein, sondern *bewirkt* im transitiven Sinn auch die Entstehung des Subjekts. Als Bedingung geht die Macht dem Subjekt vorher. [...] Die Macht wirkt auf mindestens zweierlei Weise auf das Subjekt ein: erstens als das, was das Subjekt ermöglicht, als Bedingung seiner Möglichkeit und Gelegenheit seiner Formung, und zweitens als das, was vom Subjekt aufgenommen und im ›eigenen‹ Handeln des Subjekts wiederholt wird. Als Subjekt *der* Macht (wobei der Genetiv sowohl ›Zugehören‹ zur Macht wie die ›Ausübung‹ der Macht bezeichnet) verdunkelt das Subjekt seine eigenen Entstehungsbedingungen; es verschleiert Macht mit Macht.«[23]

In den späten Schriften von Foucault erfährt seine Machtkonzeption eine praxistheoretische Wendung, an die vor allem Judith Butler mit ihrem Konzept der performativen Macht und der performativen Praxis anknüpfen wird. Macht ist nicht zu trennen von den »Subjekten der Macht«; sie ist nicht einer übersubjektiven Struktur zugeordnet, sondern »Macht existiert nur *in actu*, auch wenn sie sich, um sich in ein zerstreutes Möglichkeitsfeld einzuschreiben, auf permanente Strukturen stützt. [...] Sie ist ein Ensemble von Handlungen in Hinsicht auf mögliche Handlungen; sie operiert auf dem Mög-

---

21 Foucault, *Wille zum Wissen*, a. a. O., S. 166. Vgl. auch Foucault, Michel, *In Verteidigung der Gesellschaft. Vorlesungen am Collège de France (1975-1976)*, Frankfurt/M. 1999, S. 276 ff.

22 Foucault, *Wille zum Wissen*, a. a. O., S. 173.

23 Butler, Judith, *Psyche der Macht, Das Subjekt der Unterwerfung*, Frankfurt/M. 2001, S. 18.

lichkeitsfeld, in das sich das Verhalten der handelnden Subjekte eingeschrieben hat: sie stachelt an, gibt ein, lenkt ab, erleichtert oder erschwert, erweitert oder begrenzt, macht mehr oder weniger wahrscheinlich [...].«[24]

In den Augen des »späten« Foucault ist Macht eine Art von »Regierung«, also eine Weise, andere zum Handeln zu bewegen.[25] Machtverhältnisse sind aus dieser Perspektive Verhältnisse und Praktiken des Führens (seiner selbst und anderer). Ausgehend von dem Begriff des »Regierens« kommt es bei Foucault zu einer Ausdifferenzierung der Analytik der Macht in drei Ebenen: »Mir scheint, daß man unterscheiden muß auf der einen Seite zwischen Machtbeziehungen als strategischen Spielen zwischen Freiheiten, also Spielen, in denen die einen das Verhalten der anderen zu bestimmen versuchen, worauf die anderen mit dem Versuch antworten, sich darin nicht bestimmen zu lassen, oder ihrerseits versuchen, das Verhalten der anderen zu bestimmen, und auf der anderen Seite Herrschaftszuständen, die das sind, was man üblicherweise Macht nennt. Und zwischen beiden, zwischen den Spielen der Macht und den Zuständen der Herrschaft, gibt es die Regierungstechnologien, wobei dieser Ausdruck einen sehr weitgefaßten Sinn hat: das ist sowohl die Art und Weise, wie man Frau und Kinder leitet, als auch die, wie man eine Institution führt. Die Analyse dieser Techniken ist erforderlich, weil sich häufig mit ihrer Hilfe die Herrschaftszustände errichten und aufrechterhalten. In meiner Machtanalyse gibt es drei Ebenen: strategische Beziehungen, Regierungstechniken und Herrschaftszustände.«[26]

24 Foucault, »Das Subjekt und die Macht«, a. a. O., S. 254f.

25 Vgl. Foucault, Michel, *Sicherheit, Territorium, Bevölkerung. Geschichte der Gouvernementalität I*, Frankfurt/M. 2006; ders., *Die Geburt der Biopolitik. Geschichte der Gouvernementalität II*, Frankfurt/M. 2006. Aktuelle Analysen gegenwärtiger Gouvernementalität und Regierungstechnologien finden sich unter anderem in: Burchell, Graham et al. (Hg.), *The Foucault Effect. Studies in Governmentality*, Cambridge 1991; Bröckling, Ulrich et al. (Hg.), *Gouvernementalität der Gegenwart. Studien zur Ökonomisierung des Sozialen*, Frankfurt/M. 2000; Pieper, Marianne/Rodríguez, Encarnacíon G. (Hg.), *Gouvernementalität. Ein sozialwissenschaftliches Konzept in Anschluß an Foucault*, Frankfurt/M./New York 2003; Opitz, Sven, *Gouvernementalität im Postfordismus. Macht, Wissen und Techniken des Selbst im Feld unternehmerischer Rationalität*, Hamburg 2004; Krasmann, Susanne/Volkmer, Michael (Hg.), *Michel Foucaults ›Geschichte der Gouvernementalität‹ in den Sozialwissenschaften*, Bielefeld 2007; Gertenbach, Lars, *Die Kultivierung des Marktes. Foucault und die Gouvernementalität des Neoliberalismus*, Berlin 2007.

26 Foucault, Michel, »Die Ethik der Sorge um sich als Praxis der Freiheit«, in: ders.,

Herrschaftszustände sind das (zumeist institutionalisierte) Extrem der von den Regierungspraktiken systematisierten Machtbeziehungen.[27] Sie sind der Ausdruck einer Erstarrung und Blockierung der Machtverhältnisse.[28] Die Regierungstechnologien, die nicht in der gleichen Weise dauerhaft und fixiert sind wie die Herrschaftszustände, wirken vor allem auf zwei Ebenen: Auf der einen Seite sind die Regierungstechnologien auf der Ebene des Staates als politische und individualisierende »pastorale« Macht angesiedelt; das heißt, der Staat als »Pastoralmacht« und »Individualisierungsmatrix« kümmert sich nicht nur um die »Gemeinde«, sondern um jedes einzelne Individuum. Dafür muß er wissen, was in den Köpfen und Seelen der Leute vor sich geht, und ihre innersten Geheimnisse erforschen. Der Staat sorgt sich folglich um das diesseitige »Heil« (Gesundheit, Sicherheit, Wohlergehen), verwaltet es und mobilisiert Institutionen wie die Familie, die Psychiatrie oder Erziehungsanstalten, um Pastoralfunktionen zu übernehmen; und schließlich generiert die Pastoralmacht Wissen über die Bevölkerung und das Individuum.

Die Gesellschaften wandeln sich dadurch von Disziplinargesellschaften zu »Absicherungsgesellschaften«, und die »Entwicklung der Staaten geht heute nicht mehr in Richtung größerer Rigidität, sondern in Richtung größerer Geschmeidigkeit und Flexibilität«.[29] Nach Foucault tolerieren »Absicherungsgesellschaften« abweichende und gegensätzliche Verhaltensweisen, sofern sie sich in einem gewissen Rahmen bewegen. Auf der anderen Seite verweisen die Regierungstechnologien nicht nur auf die staatliche Pastoralmacht, sondern auf ebenfalls individualisierende und subjektkonstituierende Praktiken der Lebensführung und des Sich-selbst-Regierens sowie auf Technologien der Selbstformierung. Die Regierungstechnologien befinden sich an der Schnittstelle zwischen Fremd- und Selbstführung, zwischen Herrschaftstechniken und Praktiken, durch die das

Schriften in vier Bänden. Dits et Écrits. Band IV. 1980-1988, Frankfurt/M., S. 875-902, hier S. 900.

27 Hier gibt es durchaus Ähnlichkeiten zu Popitz, Heinrich, *Phänomene der Macht*, Tübingen 1992, S. 233ff.

28 Foucault, »Ethik der Sorge«, a. a. O., S. 878. Vgl. zu folgendem auch Lemke, »Geschichte und Erfahrung«, a. a. O., S. 338ff.

29 Foucault, Michel, »Michel Foucault: die Sicherheit und der Staat« (Gespräch mit R. Lefort), in: ders., *Schriften in vier Bänden. Dits et Écrits. Band III. 1976-1979*, Frankfurt/M., S. 495-502, hier S. 499f., das Zitat S. 501f.

Selbst sich konstruiert, modelliert, sich an eine Identität bindet und auf sich selbst einwirkt.

Ausgehend von Foucaults Analytik der Macht gehen sowohl die Hegemonietheorie von Laclau als auch Butlers Machttheorie der Frage nach, wie eine Verhaftung mit der und eine Bindung an die eigene Identität und damit eine Stillstellung, Stabilisierung und Universalisierung von Subjektpositionen theoretisch gefaßt werden kann.[30]

2. Die Theorie der Hegemonie: Ernesto Laclau

Neben dem Rückgriff auf Foucault ist es vor allem die Auseinandersetzung mit Antonio Gramscis Hegemonietheorie, die Laclau zu einer poststrukturalistischen Reformulierung des Hegemoniekonzepts geführt hat.[31] Folgende Dimensionen sind für hegemoniale Beziehungen charakteristisch:[32] Erstens verweist Macht – wie Laclau im Anschluß an Foucault und gegen die Staatsphilosophie von Thomas Hobbes hervorhebt – immer auf eine Gegenmacht. Zweitens existiert Hegemonie nur jenseits der Dichotomie von Universalität und Partikularität. Nach Laclau versuchen hegemoniale Projekte nicht nur, einen Sinn festzustellen und eine symbolische Ordnung zu konstituieren, sondern diese auch als einzig mögliche zu universalisieren. Unter einem hegemonialen Projekt versteht Laclau dabei ein komplexes diskursiv-materielles Beziehungsgeflecht, dem es gelingt, seine partikularen Denkweisen, Vorstellungs- und Verhaltensschemata sowie Identitätspositionen als allgemein und alternativlos zu instituieren. Der Universalisierungseffekt, den partikulare Diskurse bewir-

---

30 Vgl. Laclau, Ernesto, »Identity and Hegemony: The Role of Universality in the Constitution of Political Logics«, in: *Contingency, Hegemony, Universality. Contemporary Dialogues on the Left*, hg. v. Judith Butler/Ernesto Laclau/Slavoj Žižek, London/New York 2000, S. 44-89.

31 Laclau, Ernesto/Mouffe, Chantal, *Hegemonie und radikale Demokratie. Zur Dekonstruktion des Marxismus*, Wien 1991. Siehe zur Hegemonietheorie von Laclau auch: Moebius, Stephan, *Die soziale Konstituierung des Anderen. Grundrisse einer poststrukturalistischen Sozialwissenschaft nach Lévinas und Derrida*, Frankfurt/M./New York 2003, S. 156 ff.

32 Laclau, »Identity and Hegemony«, a. a. O., S. 54 ff. Vgl. zum folgenden auch Hetzel, Andreas, »Demokratie ohne Grund. Ernesto Laclaus Transformation der politischen Theorie«, in: *Die Rückkehr des Politischen. Demokratietheorien heute*, hg. v. Oliver Flügel et al., Darmstadt 2004, S. 185-210, hier S. 193 f.

ken können, erreichen sie nicht allein mit Zwang, sondern auf – im Foucault'schen Sinne – »produktive« Weise, so daß bestimmte Identitäten, gesellschaftliche Leitvorstellungen, kulturelle Sinnmuster oder gesamtgesellschaftliche Projekte wie beispielsweise die »Zweigeschlechtlichkeit«, der »flexible und selbstverantwortliche Mensch« oder die »bürgerliche Kultur« als erstrebenswert gelten und man ihnen – mithin leidenschaftlich – verhaftet bleibt. Drittens versuchen hegemoniale Formationen, ihre partikularen Diskurse in einer Letztbegründung zu fundieren, um einen vollständigen Universalisierungseffekt zu erzielen. Diese Fundierung erfolgt nach Laclau mit Hilfe der Produktion »leerer Signifikanten«, das heißt inhaltlich unterbestimmter und höchst bedeutungsoffener Begriffe wie »Freiheit«, »Demokratie«, »Nation«, »Kultur« etc., die – *pars pro toto* – als Knotenpunkte des hegemonialen Projekts dienen und deren inhaltliche Füllung die Hauptaufgabe der hegemonialen Formationen ist.

Zentral für die Stabilisierung des hegemonialen Projekts und seiner diskursiven Knotenpunkte ist viertens die Abgrenzung zu einem Außen, das seinerseits wiederum für die Identität des hegemonialen Diskurses konstitutiv ist. Dieses Außen ist nicht nur differenztheoretisch ein »konstitutives« Außen, Laclau versteht es darüber hinaus in einem politischen und machttheoretischen Sinn als ein antagonistisches und verworfenes Außen:[33] Wird die hegemoniale Formation in ihrem Inneren durch eine Logik der Äquivalenz ihrer diskursiven Elemente zusammengehalten, in der die einer Logik der Differenz folgenden unterschiedlichen Elemente eines Diskurses durch eine im Knotenpunkt verdichtete und vereinheitlichte Identität überformt werden (zum Beispiel durch die imaginäre Einheit einer unterschiedliche Nationen und Kulturen umfassenden »bürgerlich-westlichen Zivilisation«), kann diese Identifizierung nur durch eine Abgrenzung von etwas radikal anderem vollständig gelingen (zum Beispiel von »den Wilden«). So sind die hegemonialen Formationen konstitutiv auf dieses antagonistische und verworfene Andere angewiesen, um sich zu formieren, zu konsolidieren und ihre Äquivalenz zusammenzuhalten.

Jeder Versuch einer hegemonialen Formation, sich durch die Verwerfung eines Anderen zu stabilisieren und Universalität zu beanspruchen, wird durch das vom hegemonialen Diskurs präsent gehal-

---

33 Laclau/Mouffe, *Hegemonie und radikale Demokratie*, a. a. O., S. 176 ff.

tene Andere desavouiert, heimgesucht und auf diese Weise die Partikularität des angeblich Universellen offenbart: Denn einerseits ist der Andere die Bedingung der Möglichkeit, das hegemoniale Projekt als Einheit zu konstituieren, und andererseits die Bedingung der Unmöglichkeit, es als universell und alternativlos auszugeben. Wird dieses Scheitern einer endgültigen imaginären Bedeutungsfixierung von Identitäten, Subjektpositionen und symbolischen Ordnungen (beispielsweise durch dekonstruktive Praktiken oder das »falsche Zitieren« dieser Identitäten)[34] sichtbar gemacht, ist nach Laclau ein Raum der Unentscheidbarkeit eröffnet, der für ihn mit dem Politischen zusammenfällt. Das Politische wird von ihm als der Moment des Antagonismus begriffen, an dem die Unentscheidbarkeit von Alternativen und ihre Auflösung durch Machtbeziehungen erkennbar wird.[35]

3. Die Theorie der performativen Macht: Judith Butler

Ebenso wie für Foucault und Laclau ist auch für Judith Butler der Fluchtpunkt ihrer machttheoretischen Konzeption das Subjekt und die Konstituierung von Identität. Ausgehend von dem sprechakttheoretischen Modell der performativen Äußerung,[36] entwickelt sie eine Theorie der performativen Macht, in deren Mittelpunkt Praktiken und Formen autoritativen Sprechens stehen, die das, was sie benennen, hervorbringen und bestimmte Wirkungen zeitigen. Aus dieser Perspektive ist beispielsweise die Aussage »Es ist ein Junge« nicht die Äußerung über eine außersprachliche Wirklichkeit, sondern eine machtbesetzte sozial-diskursive Praxis, durch deren stetige Wiederholung eine Verkörperung und Materialisierung geschlechtsspezifischer Normen generiert und produziert wird. Sprache hat eine Art

---

34 Siehe dazu auch den Beitrag zu »Handlung und Praxis« in diesem Band, S. 58-74.

35 Laclau, Ernesto, *New Reflections on the Revolution of our Time*, London 1990, S. 35. Vgl. Moebius, *Die soziale Konstituierung des Anderen*, a. a. O., S. 191ff. »Politik« ist aus dieser Perspektive die spezifische Strukturierung hegemonialer Verhältnisse, eine *Entscheidung* in der Unentscheidbarkeit: Laclau, Ernesto, »Dekonstruktion, Pragmatismus, Hegemonie«, in: Mouffe, Chantal, *Dekonstruktion und Pragmatismus. Demokratie, Wahrheit und Vernunft*, Wien 1999, S. 111-153.

36 Vgl. Austin, John L., *Zur Theorie der Sprechakte*, Stuttgart 1972. Zur Theorie der performativen Praxis von Butler siehe auch meinen Beitrag zu »Handlung und Praxis« in diesem Band. S. 58-74.

Handlungsmacht.[37] »Wenn die Macht des Diskurses, das hervorzubringen, was er benennt, mit der Frage nach der Performativität verknüpft ist, dann ist die performative Äußerung *ein* Bereich, in dem die Macht *als* Diskurs agiert.«[38] In Butlers Modell der performativen Macht ist die Macht auf die Wiederholung angewiesen; erst durch die Repetitivität von diskursiv-normativen Anweisungsstrukturen entfaltet und konstituiert sich die Produktivität der Macht. So kann beispielsweise die kulturell-diskursive Annahme einer »natürlichen« Zweigeschlechtlichkeit performativ durch die tägliche Praxis der Wiederholung dieser Annahme (*doing gender*) eine materiell-körperliche Gestalt annehmen und, indem die Körper und die Subjekte dann nur diesen zwei Geschlechtern zugeordnet werden, sich die produktive Macht des Diskurses im Körper sedimentieren und Materialität strukturieren.[39]

Wie bei Foucault sind auch für Butler die Machtverhältnisse diskurstheoretisch die Bedingung von Subjektivität und Identität. Über Foucault hinaus interessiert sie sich jedoch auch für die »Psyche der Macht«, das heißt für die Frage, wie und warum Subjekte ihrer eigenen Identität verhaftet bleiben.[40] Mit »Psyche« bezeichnet sie jenen innerlichen Raum, der sich ebenfalls innerhalb von machtvollen Beziehungen erst bildet und als Ort der Reflexivität unerläßlich für eine Kritik jener Machtbeziehungen scheint. Entscheidend für Butlers Subjektbegriff ist das Moment der leidenschaftlichen Verhaftung (passionate attachment), mit dem sich Subjekte im Prozeß ihrer Subjektivation[41] an die sie ermöglichenden Operationen und subjektkonstituierenden Bedingungen binden. Wenn das Subjekt keine vorgängige und für sich bestehende Einheit bezeichnet, sondern ein Produkt eines machtbesetzten Beziehungsnetzes, dann birgt die Sub-

---

37 Butler, Judith, *Haß spricht. Zur Politik des Performativen*, Berlin 1998, S. 17.

38 Butler, Judith, *Körper von Gewicht. Die diskursiven Grenzen des Geschlechts*, Frankfurt/M. 1997, S. 309.

39 Vgl. Butler, Judith, »Jemandem gerecht werden. Geschlechtsangleichung und Allegorien der Transsexualität«, in: *Das Argument. Zeitschrift für Philosophie und Sozialwissenschaft* 43, 2001, S. 671-685.

40 Vgl. Butler, Judith, »Noch einmal: Körper und Macht«, in: *Michel Foucault. Zwischenbilanz einer Rezeption. Frankfurter Foucault-Konferenz 2001*, hg. v. Axel Honneth/Martin Saar, Frankfurt/M. 2003, S. 52-67; dies., *Psyche der Macht*, a. a. O.

41 Butler verwendet in Anlehnung an Foucaults Begriff des *assujettissement* den Neologismus *subjectivation*, um die Doppeldeutigkeit von Subjektwerdung und Unterwerfung zu verdeutlichen.

jektwerdung ein irreduzibles Moment der Bindung an eine äußerliche Dimension, die es selbst nicht beeinflussen kann. Diese Stelle der Macht liegt damit gewissermaßen zeitlich »vor« dem Subjekt selbst, sie ist sowohl sein Möglichkeitsgrund als auch jene Kraft, die es präreflexiv an die Verhältnisse seines Erscheinens kettet.[42]

Die »leidenschaftliche« Seite dieser Bindung an die vorgegebene symbolische Ordnung und ihre Kategorien beziehungsweise Subjektpositionen ergibt sich jedoch nicht allein durch die präreflexive Komponente der Subjektivation, sie wird getragen durch ein Begehren des Subjekts, in »seinem eigenen Sein zu verharren« (Spinoza) und durch die Identifizierung mit vorgegebenen Subjektpositionen anerkannt und vergesellschaftet zu werden: »Die Macht kann nur auf ein Subjekt einwirken, wenn sie der Existenz dieses Subjekts Normen der Anerkennbarkeit aufzwingt. Überdies muß das Subjekt Anerkennung begehren und muß sich damit von Grund auf an die Kategorien gebunden fühlen, die die soziale Existenz gewährleisten. Dieses Begehren nach Anerkennung führt dann zu einer ganz spezifischen Verletztlichkeit, wenn die Macht ein Gesetz verhängt, das vom Subjekt anerkannt werden *muß*. Das bedeutet, daß unser grundlegendes Verhaftetsein mit uns selbst, ein Verhaftetsein, ohne das man gar nicht sein kann, von vornherein durch soziale Normen begrenzt ist und daß die Nichtbefolgung dieser Normen die Fähigkeit gefährdet, sich einen Sinn für den eigenen fortwährenden Status als Subjekt zu erhalten.«[43]

Darüber hinaus kommt das Subjekt letzen Endes nur zu sich selbst, zu einer Selbigkeit, indem es seine eigenen Möglichkeitsbedingungen und sein leidenschaftliches Verhaftetsein leugnet. Das Verleugnete ist damit aber nicht einfach verschwunden, es wird – wie Freud anhand der Melancholie gezeigt hat – zu einem Ideal des Ich. Als unabgeschlossene Trauer kann sich die Melancholie laut Freud nicht von dem verlorenen Objekt trennen und verleugnet dessen Verlust. Das verlorene Objekt wird in die psychische Sphäre aufgenommen und zu einem Ich-Ideal erhoben.[44]

Indem Butler nun diese Bewegung der melancholischen Identifi-

---

42 Dies läßt sich, wie Butler zeigt, paradigmatisch am Verhältnis des Kindes zu seinen Eltern verdeutlichen, vgl. Butler, *Psyche der Macht*, a. a. O., S. 13.

43 Butler, »Noch einmal: Körper und Macht«, a. a. O., S. 63.

44 Vgl. Freud, Sigmund, »Trauer und Melancholie«, in: ders., *Studienausgabe Band 3*, Frankfurt/M. 1989, S. 197-212; hier S. 201.

zierung dahingehend zuspitzt, daß mit dem verleugneten Verlust des Objekts eine Wendung zum Ich stattfindet, in deren Verlauf überhaupt erst das Ich als innerer Raum des Subjekts entsteht, kann sie die Melancholie als »Urszene« für die Erzeugung der Psyche und der Reflexivität insgesamt einsetzen. Der Prozeß der Subjektivation läßt sich dann als melancholische Identifizierung beschreiben, bei dem die Bindung an die Normierung verdrängt und zugleich zum Ursprung einer Trennung zwischen der psychischen und der sozialen Sphäre wird. Was dann als Ich-Ideal oder Gewissen die Handlungen der Subjekte leitet, sind die verleugneten, konstitutiven Machtbeziehungen, denen die Subjekte ihre Entstehung verdanken.

Die Melancholie des Subjekts hat aber nicht nur eine konstitutive »Inkorporation« der Normierung zur Folge, sondern führt auf ihrer Kehrseite gewissermaßen das Negativ dessen mit sich, was das Subjekt anderes hätte sein können. In *Psyche der Macht* analysiert Butler die geschlechtsspezifische melancholische Identifizierung, um die Logik der Verwerfung von Möglichkeiten, die Exklusion eines konstitutiven Anderen, am Beispiel der homosexuellen Objektwahl zu verdeutlichen: »Nehmen wir an, daß die Vorstellung von der Heterosexualität sich selbst durch Beharren auf dem radikalen Anderssein der Homosexualität naturalisiert, dann wird die heterosexuelle Identität erkauft um den Preis einer melancholischen Inkorporation der Liebe, die sie verleugnet [...].«[45] Somit zeichnen sich die melancholische Subjektivation und die »Psyche der Macht« durch zwei Ebenen aus: Erstens eine Verleugnung der leidenschaftlichen Verhaftung mit den Bedingungen der eigenen Existenz und zweitens eine Verwerfung der in diesen Bedingungen normativ ausgeschlossenen Möglichkeiten eines alternativen Selbstbezugs.

4. Und was ist mit der Handlungsmacht?

Die psychische Ur-Konstellation und damit das reflexive Vermögen konstituieren sich nach Butler im Durchgang durch die bestehenden Machtverhältnisse und durch die Verwerfung eines konstitutiven Anderen. Sie verbindet, wenn man so will, Foucaults Machttheorie mit Laclaus Hegemonietheorie und erweitert beide mit Hilfe der Psy-

---

45 Butler, *Psyche der Macht*, a.a.O., S. 131. Gleiches gilt natürlich auch umgekehrt für eine restriktive homosexuelle Identifizierung, vgl. ebd., S. 139f.

choanalyse und der Sprechakttheorie. Eine solche poststrukturalistische Analytik der Macht und der Hegemonie ist nicht auf die Untersuchungen der Produktion von Geschlecht oder Sexualität beschränkt, sondern findet prinzipiell in allen Bereichen des Sozialen Anwendung. In Abgrenzung zu Gesellschaftstheorien, die die Sozialität der Handelnden im Sinne einer Internalisierung von Handlungsnormen beschrieben haben,[46] setzt die Normierung der produktiven Macht für poststrukturalistische Theorien beispielsweise bereits dort ein, wo Subjekte sich als solche konstituieren und artikulieren. Eine Opposition gegen die Normierung im Namen der Integrität der einzelnen wird unmöglich, weil sie die Grenzen des Subjekts in seiner sozialen Existenz gefährdet. In einer solchen Opposition würde man gerade jene Instanz zerstören, die man zu verteidigen sucht.

Wo setzt dann aber in den Augen der poststrukturalistischen Sozialwissenschaften der Widerstand gegen die Machtverhältnisse an? Und wo besteht Handlungsmacht? Eine poststrukturalistische Analytik der Macht unterscheidet zwischen jener Macht, die Subjekte in ihren Handlungen ausüben, von der vorgängigen Macht der Subjektivation. Aus dieser Perspektive kann Widerstand gegen die Normierung nur von einer Macht ausgehen, welche die Normierungsverhältnisse selbst übersteigt.[47] Von zentraler Bedeutung für die vor allem von Butler vertretene These einer Handlungsmacht des Subjekts ist, daß die Wiederholungsstruktur der Praktiken des Subjekts nicht mechanisch, sondern stets mit einer unkontrollierbaren Differenz einhergeht.[48] Dank dieser notwendigen Differenz überschreitet die Handlungsfähigkeit des Subjekts potentiell den normierenden Zugriff der Macht.[49] Demnach stellt der Akt der Subjektivation eine Umkehrung der Macht dar, die es erlaubt, zwischen einem Konstitutions- und einem Handlungseffekt der Macht zu unterscheiden: Aus dem Blickwinkel des agierenden Subjekts läßt sich die Subordinationsmacht nicht mehr fassen, sie befindet sich, um mit Emmanuel Lévinas zu sprechen, in einer Vergangenheit, die nie Gegenwart

---

46 Vgl. Habermas, Jürgen, *Theorie des kommunikativen Handelns*, Frankfurt/M. 1981, insb. Band 2, Kap. V.

47 Vgl. Butler, *Psyche der Macht*, a. a. O., S. 18 f.

48 Vgl. den Beitrag zu »Handlung und Praxis« in diesem Band, S. 58-74.

49 Vgl. Butler, *Psyche der Macht*, a. a. O., S. 20.

war.[50] Zugleich aber wird die Macht erst in den performativen und repetitiven Praktiken der Subjekte sichtbar und verschleiert in dieser Modalität ihren bedingenden Charakter.

Eine poststrukturalistische Analytik der Macht und der Hegemonie steckt zwar nicht mehr in den Kinderschuhen, sondern es entwickelt sich sogar, wie aktuell insbesondere in den an Foucault anknüpfenden Gouvernementalitätsanalysen sichtbar wird, ein neues Untersuchungsfeld von Machtverhältnissen. Dennoch bedarf eine poststrukturalistische Analytik der Macht in Zukunft einer Ausweitung empirischer Forschungen, die zu ihrer thematischen Erweiterung, zur Schärfung ihres begrifflichen Instrumentariums und zur Prüfung ihrer theoretischen Annahmen beitragen. Ihr unbestreitbarer Vorzug gegenüber traditionellen sozialwissenschaftlichen Machttheorien liegt indes darin, daß sie im Gegensatz zu den traditionellen sozialwissenschaftlichen Machttheorien sowohl über deren Repressionshypothesen hinausgeht als auch die psychischen, leidenschaftlichen und subjektivierenden Dimensionen der Macht einbezieht.

Auswahlbibliographie

Butler, Judith/Laclau, Ernesto/Žižek, Slavoj (Hg.), *Contingency, Hegemony, Universality. Contemporary Dialogues on the Left*, London/New York 2000.

Butler, Judith, *Psyche der Macht, Das Subjekt der Unterwerfung*, Frankfurt/M. 2001.

Butler, Judith, *Haß spricht. Zur Politik des Performativen*, Berlin 1998.

Dreyfus, Hubert L./Rabinow, Paul, *Michel Foucault. Jenseits von Strukturalismus und Hermeneutik*, Weinheim 1994.

Foucault, Michel, *Analytik der Macht* (mit einem Nachwort von Thomas Lemke), Frankfurt/M. 2005.

Foucault, Michel, *Der Wille zum Wissen. Sexualität und Wahrheit I*, Frankfurt/M. 1977.

50 Vgl. Lévinas, Emmanuel, *Zwischen uns. Versuche über das Denken an den Anderen*, München/Wien 1995, S. 208. Butler selbst schreibt von einer »uneinholbaren Vergangenheit«, vgl. Butler, Judith, »Phantasmatische Identifizierung und die Annahme des Geschlechts«, in: *Geschlechterverhältnisse und Politik*, Institut für Sozialforschung Frankfurt, Frankfurt/M. 1994, S. 101-138, hier S. 122.

Laclau, Ernesto/Mouffe, Chantal, *Hegemonie und radikale Demokratie. Zur Dekonstruktion des Marxismus*, Wien 1991.

Lemke, Thomas, *Gouvernementalität und Biopolitik*, Wiesbaden 2007.

Moebius, Stephan, *Die soziale Konstituierung des Anderen. Grundrisse einer poststrukturalistischen Sozialwissenschaft nach Lévinas und Derrida*, Frankfurt/M./New York 2003.

Moebius, Stephan, »Strukturalismus/Poststrukturalismus«, in: *Soziologische Theorien. Ein Handbuch*, hg. v. Markus Schroer/Georg Kneer, Wiesbaden 2008 (i. E.).

Sven Opitz
Exklusion
Grenzgänge des Sozialen

I.

Obwohl wissenschaftliche Begriffe gerne mit dem Anspruch ahistorischer Gültigkeit auftreten, haben sie bekanntlich dennoch eine Geschichte. Die Geschichte des Begriffs der sozialen Exklusion weist gar die Form einer kurzen und steilen Karriere auf. Erste Nennungen lassen sich in die 1960er Jahre zurückverfolgen, 1974 erscheint die Kategorie im Titel von René Lenoirs *Les exclus, un Français sur dix*, und seit den 1980er Jahren kann man von einer Debatte sprechen.[1] Dabei verfügt der Exklusionsbegriff in der europäischen Diskussion über unterschiedliche Konnotationen: Während in der englischen Tradition die Vorstellung von »citizenship« im Sinne Thomas J. Marshalls den Deutungshorizont bestimmt, dominiert in Frankreich das republikanische Ideal sozialer Kohäsion, das in Emile Durkheims »organischer Solidarität« sozialwissenschaftliche Gestalt annimmt.[2] In Deutschland, wo der Begriff mit Verspätung aufgegriffen wurde, überwiegt ein sozialphänomenologischer Bezug auf die Erfahrungen der von sozialem Ausschluß Betroffenen.[3]

Übereinstimmung besteht darin, daß die Rede von Exklusion eine Lage struktureller Irrelevanz anzeigt. Die Ausgeschlossenen erscheinen als Überflüssige der Überflußgesellschaft, die nicht einmal in den »Genuß« der Ausbeutung kommen. Sie sind Nachfahren des Marx'schen Lumpenproletariats, eine neue Unterschicht, deren Angehörige im globalen Maßstab eine »Vierte Welt« bilden.[4] Mittler-

---

1 Vgl. Kronauer, Martin, *Exklusion. Die Gefährdung des Sozialen im hoch entwickelten Kapitalismus*, Frankfurt/M./New York 2002, S. 38-52.

2 In der Tradition von *citizenship* argumentiert Dahrendorf, Ralf, *Der moderne soziale Konflikt. Essay zu Politik der Freiheit*, München 1994. Einschlägig für den französischen Kontext ist Castel, Robert, *Die Metamorphosen der sozialen Frage. Eine Chronik der Lohnarbeit*, Konstanz 2000.

3 Vgl. etwa Bude, Heinz, »Das Phänomen der Exklusion. Der Widerstreit zwischen gesellschaftlicher Erfahrung und soziologischer Rekonstruktion«, in: *Mittelweg 36*, 13, 2004, S. 3-15.

4 Vgl. Castells, Manuel, *Jahrtausendwende. Das Informationszeitalter Bd. 3*, Opladen

weile hat sich um den Exklusionsbegriff ein dramatisches Narrativ formiert, das über die Wissenschaft hinaus zu Zwecken der gesellschaftlichen Selbstverständigung in Anspruch genommen wird. Die Topoi der »sozialen Verwundbarkeit«, des »Ausgestoßenen« oder der »Verlorenen« kennzeichnen die Beschreibungen so unterschiedlicher Fälle wie der von marodierenden Jugendbanden, Langzeitarbeitslosen oder illegalisierten Migranten. Zugleich ist es der Karriere des Begriffs zuträglich gewesen, daß er in den 1990er Jahren administrative Weihen erhalten hat. So gründete die britische Regierung eine Social Exclusion Unit, und die Europäische Union formuliert ihre Sozialpolitik unter dem Slogan »Combat Social Exclusion« – jeweils mit Konsequenzen für die Forschungsgeldvergabe.[5]

Der offensichtlichen Produktivität des Exklusionsbegriffs steht allerdings eine Reihe von theoretischen Problemen gegenüber. Man kann zugespitzt von dem *Problem der Referenz*, dem *Problem der Essentialisierung* und dem *Problem der Temporalität* sprechen: Erstens müßte eine Theorie der Exklusion in der Lage sein, präzise anzugeben, wer oder was in bezug auf wen oder was wohin ausgeschlossen wird. Sie muß, genauer gesagt, die dem Begriff eingeschriebene horizontale Topologie von innen und außen erfassen, ohne in eine Mythologie des sozialen Jenseits zu verfallen. Zweitens gilt es, die genuine *Soziologik* derartiger Grenzbildungen zu begreifen, hierbei nicht zuletzt den Umstand, daß Exklusion mit Vorgängen der Bedeutungsproduktion und der personellen Markierung einhergehen, die den Status des Ausgeschlossenen massiv affizieren. Deshalb reicht die ebenso spektakuläre wie impressionistische Sicht auf Exklusionsresultate nicht aus, Elend und Not leidende Körper sind als schreckliche Evidenzen nicht theoriefähig. Vielmehr ist es drittens notwendig, die dynamischen Prozesse, welche derartige Resultate als soziale Tatsachen hervorbringen, in ihrer Zeitlichkeit theoretisch einzuholen.

Um diese Problemkonstellation zu bearbeiten, wird im folgenden kontraintuitiv zu verfahren sein. Statt bei den von Exklusion betrof-

2003, S. 73 ff. und 171 ff., sowie Bauman, Zygmunt, *Verworfenes Leben. Die Ausgegrenzten der Moderne*, Hamburg 2005, S. 20 ff.

5 Zur Programmatik der britischen Regierung siehe ⟨http://www.socialexclusionunit. gov.uk/⟩. Für den europäischen Kontext siehe Commission of the European Communities, *Social Europe. Towards a Europe of Solidarity: Combatting Social Exclusion*, Supplement 4, Brüssel/Luxemburg 1993.

fenen Personen zu beginnen, soll die personelle Exklusion als Effekt von Prozessen der sozialen Grenzkonstitution begriffen werden. Daher ist zunächst zu klären, wie diese Prozesse in ihrer Ausschließlichkeit theoretisch zu fassen sind. Erst in einem zweiten Schritt kann dann das Verhältnis zwischen den Soziologiken der Grenzproduktion und dem Ausschluß von Personen diskutiert werden. Die einzige derzeit vorliegende Gesellschaftstheorie, die es erlaubt, Prozesse der sozialen Grenzkonstitution konsequent auf die Diskriminierung zwischen inkludierten und exkludierten Personen zu beziehen, ist Niklas Luhmanns Systemtheorie. Auch wenn diese gemeinhin nicht unter der Rubrik der »poststrukturalistischen Soziologien« geführt wird, soll sie im folgenden als Matrix dienen, auf der unter Rückgriff auf die Arbeiten Judith Butlers, Ernesto Laclaus und Michel Foucaults weiterführende Theorieangebote eingetragen werden. Eine solche poststrukturalistische Adaption der Systemtheorie erscheint insbesondere im Anschluß an Luhmanns Spätwerk begründet, wo er soziale Strukturen in Ketten von Ereignissen verflüssigt, die als Differenzen im Medium Sinn vorgestellt werden.[6] Von diesen Theoriedispositionen ausgehend, wird zu zeigen sein, daß der Beitrag einer derart verfahrenden Soziologie zur Exklusionsdebatte darin besteht, die personelle Konstitution *und* Dekonstitution in Relation zu stets prekären Prozessen sozialer Ordnungsbildung zu behandeln, die bereits auf einer quasiontologischen Ebene Machtverhältnisse kontingent in Szene setzen.

II.

Folgt man Gilles Deleuze und Félix Guattari, bildet kein Begriff einen Sachverhalt unmittelbar ab, sondern setzt sich selbst gleichzeitig mit seinem Gegenstand, den er nach seinen eigenen Bedingungen »zurechtschneidet«.[7] Jeder soziologische Begriff figuriert dem-

---

6 Zur Selbstbeschreibung der Systemtheorie als poststrukturalistisch siehe Luhmann, Niklas, »Die Autopoiesis des Bewusstseins«, in: ders., *Soziologische Aufklärung 6*, Wiesbaden 2005, S. 55-108, hier S. 60. Für eine dezidiert poststrukturalistische Lesart der Systemtheorie siehe Stäheli, Urs, *Sinnzusammenbrüche. Eine dekonstruktive Lektüre von Niklas Luhmanns Systemtheorie*, Weilerswist 2000.

7 Vgl. Deleuze, Gilles/Guattari, Félix, *Was ist Philosophie?*, Frankfurt/M. 2000, S. 29 und S. 41.

nach die durch ihn angezeigten sozialen Phänomene und mit ihnen das Soziale auf bestimmte Weise. Das bedeutet allerdings, daß bereits mit der Wahl eines Begriffs Vorannahmen getroffen werden, welche seine theoretische Verwendbarkeit einschränken. Im Fall des Exklusionsbegriffs deutet die gängige Rede von *Zonen, Schwellen* oder *Rändern* darauf hin, daß die Vorstellung einer *Grenze* im Sinne der sozialen Auszeichnung einer Scheidelinie unauflöslich in die Kategorie eingelagert ist. Sobald man von Exklusion spricht, figuriert man das Soziale horizontal, strukturiert durch vertikale Zäsuren. Jede theoretische Einfassung der Kategorie muß daher diese semantische Prägung in Rechnung stellen, um ihr einen adäquaten Ausdruck zu geben. Insofern poststrukturalistische Ansätze auf Fragen der Differenz, der Relationierung und der Diskontinuität spezialisiert sind, bilden sie die genuinen Theorieadressaten für das Problem der Exklusion.

Eine Theorie, deren gesamte Anlage auf die semantische Prägung des Exklusionsbegriffs eingestellt ist, ist zweifellos Niklas Luhmanns Theorie sozialer Systeme. Denn bei ihr handelt es sich um eine Theorie, die mit der Behauptung einer Grenze beginnt: Es gibt Systeme, weil es die Grenze zu einer Umwelt gibt. Jedes System besteht nur in Differenz zu seiner Umwelt und benutzt seine Grenze »zur Regulierung dieser Differenz«.[8] Die Einheit des Systems existiert folglich niemals isoliert, sondern konstituiert sich in Abgrenzung zu einem Außen. Man erkennt bereits auf dieser basalen Ebene, daß Exklusion als eine Seite der Unterscheidung von Inklusion/Exklusion begriffen werden muß, die sich in ihrer Gesamtheit auf den Unterschied bezieht, den ein System macht. Ob Inklusion oder Exklusion vorliegt, kann immer nur systemrelativ ermittelt werden und ist im Ergebnis davon abhängig, wie das System sich und seine Umwelt ausgrenzt. Gerade eine poststrukturalistische Lesart der Systemtheorie wird daher sowohl den Mechanismen der Grenzziehung besonderes Interesse entgegenbringen als auch deren Instabilität akzentuieren.

Allerdings ist an dieser theorieentscheidenden Stelle größte Vorsicht geboten. Fragt man nämlich danach, wie ein soziales System seine Einheit als Unterschied zu seiner Umwelt etabliert und dabei seine Grenze errichtet, führt schon die Form der Frage graduell in die Irre. Aufgrund ihrer grammatikalischen Struktur stellt sie das Sy-

8 Luhmann, Niklas, *Soziale Systeme. Grundriß einer allgemeinen Theorie*, Frankfurt/ M. 1987, S. 35.

stem als gegebenes Sein vor, das in der Funktion des Subjekts agiert. Statt davon auszugehen, daß es soziale Systeme *gibt*, sollte man deshalb formulieren, daß sich soziale Systeme laufend in ihren kommunikativen Operationen von neuem *(be)geben* und gegen ihre Umwelt säumen. Nichts anderes sagt Luhmann, wenn er behauptet, daß eine Kommunikation die Welt nicht mitteile, sondern einteile: »Wie jede Operation [...] bewirkt die Kommunikation eine Zäsur. Sie sagt, was sie sagt; sie sagt nicht, was sie nicht sagt. Sie differenziert. Wenn weitere Kommunikationen anschließen, bilden sich auf diese Weise Systemgrenzen, die den Schnitt stabilisieren.«[9]

Ein derart operatives Verständnis der Systemkonstitution erlaubt es, die Systemgrenze als einen Effekt instabiler Ereignisse vorzustellen und somit selbst als variabel zu konzipieren. Jede soziale Operation ist in ihrer Ereignishaftigkeit ohne Dauer; sie verschwindet, indem sie entsteht. Sie ist darüber hinaus als Bezeichnungsakt, der das Bezeichnete von anderem unterscheidet, kontingent. Erst die Anschlußoperationen setzen eine Dynamik des Kondensierens und Konfirmierens von Identitäten in Gang, die wiederholbaren Sinngebrauch und damit eine Kontinuierung des Diskontinuierlichen erlaubt.[10] Und erst die Anschlußoperationen weben ein Netz von Rekursionen, das heißt ein Netz von Rückgriffen und Vorgriffen, das weitere Anschlußmöglichkeiten eröffnet und andere unwahrscheinlich macht. In diesem Sinne entsteht die Selbstfestlegung des Systems auf der Basis kontingenter Selektionen – und daher immer nur vorläufig, revidierbar. Auch die im operativen Vollzug emergierenden Strukturen, welche die Verknüpfung der kommunikativen Ereignisse leisten, sind dementsprechend Strukturen im Umbau; in jedem Moment, in dem sie vom System in Anspruch genommen werden, werden sie im operativen Vollzug von neuem anders aktualisiert. Der Grenzverlauf eines Systems ist deshalb das immer nur vorläufige Resultat von Bezeichnungsketten. Daraus folgt, daß Exklusion, ausgehend von diesem basalen Prozeß der Systembildung, als *Ordnungseffekt* begriffen werden muß. Denn die im aktuellen Anschlußgesche-

9 Luhmann, Niklas/Fuchs, Peter, *Reden und Schweigen*, Frankfurt/M. 1989, S. 7.
10 Vgl. Luhmann, Niklas, »Identität – was oder wie?«, in: ders., *Soziologische Aufklärung 5*, Wiesbaden 2005, S. 15-30, hier S. 21 f. Der Mechanismus der Kondensierung/Konfirmierung weist eine starke Ähnlichkeit mit Derridas Konzept der Iterabilität auf, vgl. Derrida, Jacques, »Signatur Ereignis Kontext«, in: ders., *Randgänge der Philosophie*, Wien 1999, S. 325-351.

hen ermittelte Ordnung entscheidet, welche Sinnofferten im System anschlußfähig sind und welche nicht.

Allerdings stößt auch die Konzeption der Grenze im Rahmen der Systemtheorie an eine Grenze. Zwar betont Luhmann in seinen späten Schriften regelmäßig, daß jedes System von der Paradoxie seiner Selbstbegründung in Unruhe gehalten werde und es diese fundierende Paradoxie mit semantischen Mitteln invisibilisieren müsse. Jedoch finden jene »existentiellen« Unentscheidbarkeiten darüber, ob eine Sinnofferte im operativen Vollzug anschlußfähig ist oder nicht, keine eingehende Behandlung. Dabei sind es gerade jene das System verwirrenden Sinnofferten, die das System zu einer Entscheidung zwingen, aus der es mit veränderten Grenzen hervorgeht, weil es sie nicht in seinen Routinen der Inklusion/Exklusion abhandeln kann. Hält man deswegen nach Theoriekandidaten Ausschau, welche auf Unentscheidbarkeiten spezialisiert sind, gelangt man zwangsläufig zu dekonstruktivistischen Ansätzen. In bezug auf die Frage von Inklusion/Exklusion stellt sich aber ein Problem: Zweifellos korrespondiert die Dekonstruktion mit der semantischen Prägung des Exklusionsbegriffs, insofern sie sich der gleichzeitigen Wirksamkeit und Brüchigkeit von Grenzen widmet.[11] Doch hat das dekonstruktivistische Denken selten zu einer sozialtheoretischen, fast nie zu einer differenzierungstheoretischen Elaborierung gefunden. Zumindest potentiell eine Ausnahme bilden die Arbeiten Ernesto Laclaus.

Ebenso wie die Systemtheorie geht Laclau von der Annahme aus, »daß die eigentliche Voraussetzung der Signifikation das System ist und die eigentliche Voraussetzung des Systems dessen Grenzen sind«.[12] Stärker als Luhmann hingegen akzentuiert Laclau den konstitutiven Bezug des Systems zu einem unverfügbaren Außen, dessen Spur die vollständige Schließung des Systems verhindert. Jedes System stellt sich durch einen fundamentalen Ausschluß her, der die Grenzziehung des Systems gleichermaßen ermöglicht, heimsucht

11 Treffend charakterisiert Drucilla Cornell das dekonstruktivistische Denken daher als »Philosophie der Grenze«: »I here introduce the phrase ›the philosophy of the limit‹ in order to rename what has come to be called deconstruction. [...] Deconstruction [...] exposes the quasi-transcendental conditions that establish any system [...]. This exposure [...] demonstrates how the very establishment of the system as a system implies a *beyond* to it, precisely by virtue of what it excludes.« Vgl. dies., *The Philosophy of the Limit*, New York/London 1992, S. 1.

12 Laclau, Ernesto, »Was haben leere Signifikanten mit Politik zu tun?«, in: ders., *Emanzipation und Differenz*, Wien 2002, S. 66.

und herausfordert.[13] Umgesetzt wird diese Akzentverlagerung im Rahmen einer komplexen theoretischen Intervention: Laclau verbindet Jacques Derridas Ausführungen über das notwendige Scheitern jeder Totalisierung mit einer Reformulierung des Diskursbegriffs. So gelangt er zu dem Konzept einer autodekonstruktiven systemischen Struktur, das ein Denken der Inklusion/Exklusion letztlich für machttheoretische Überlegungen zu öffnen vermag. Zu diesem Zweck gilt es zunächst, jenes Außen näher zu qualifizieren, durch dessen Exklusion das System in seiner Inklusivität konstituiert wird.

Im Anschluß an die strukturale Linguistik Ferdinand de Saussures bestimmt Laclau den Diskurs als ein System von Differenzen. Weil die diskursive Bedeutungsproduktion für ihn allein von der differentiellen Anordnung des Signifikantenmaterials abhängt, ist der Diskurs der Ort der Herstellung von Objektivität.[14] Dieser Bereich der Objektivität formiert sich jedoch erst durch den Ausschluß alternativer Bedeutungen und Identitäten, er konstituiert sich in Abgrenzung zu seiner Negation. Bei genauer Lektüre wird deutlich, daß das für die diskursive Schließung konstitutive Außen in doppelter Gestalt vorliegt. Zum einen erscheint das Außen in der Gestalt dessen, wovon sich ein Diskurs unterscheiden muß, um seine eigene Ordnung abzusichern. Die Grenzoperation besteht in der Repräsentation einer Exteriorität – sei es als Figur des Fremden, des Unvernünftigen oder des Gefährlichen. Eine solche Stabilisierung des Diskurses anhand von Grenzfiguren verweist zum anderen auf eine fundamentalere Exteriorität, die nur in der Gestalt des Gestaltlosen hervortritt: als Rauschen, Störung, Unverständlichkeit. Diese »Leere im Innern des Signifikationsprozesses« ist der Effekt der Dislokation jedes Systems.[15] Laclau knüpft hier an Jacques Derridas Dekonstruktion der Struktur an. Derrida zufolge schlägt die Totalisierung eines Feldes notwendig fehl, da sie die metaphysische Idee eines Zentrums zugrunde legen muß, das den Prozeß der Strukturierung organisiert, ihm aber

13 Laclau, Ernesto, *New Reflections on the Revolution of Our Time*, London 1990, S. 17f.
14 Vgl. Laclau, Ernesto, »Discourse«, in: *A Companion to Contemporary Political Philosophy*, hg. v. Robert A. Goodin/Philip Pettit, Oxford 1995, S. 431-437.
15 Laclau, Ernesto, *On Populist Reason*, London 2005, S. 105. Zum Begriff der Dislokation vgl. Laclau, *New Reflections on the Revolution of Our Time*, a. a. O., S. 41ff.

selbst nicht unterliegt.[16] Kein transzendentales Signifikat sei aber außerhalb eines Systems von Differenzen präsent. Vielmehr besetzten verschiedene Signifikanten nur vorläufig jenen systeminternen Nicht-Ort, an dem eine endlose Reihe von Substitutionen stattfinde, welche die Unmöglichkeit der Selbstbegründung des Diskurses zeitweise verdecken können. Jeder Schließungsakt projiziert nach Außen, was ihn im Innern immer schon ausgehöhlt hat; die Herstellung eines absolut selbstidentischen Diskurses wird durch diese konstitutive Exteriorität von Beginn an vereitelt.

Damit bleibt zweierlei festzuhalten: In keiner seiner Ausprägungen handelt es sich beim konstitutiven Außen um ein topographisch lokalisierbares Außen. Sowohl im Fall der Repräsentation des Ausgeschlossenen als auch im Fall der Zerrüttung des Sinngeschehens muß statt dessen von einer *internen Exteriorität* ausgegangen werden. Darüber hinaus sind beide Formen des Außen eng aufeinander bezogen. Weil die radikale Negativität dislokativer Kräfte nicht direkt benannt werden kann, zeigt sie sich nur indirekt als Grenze der Signifikation. Die Konstruktion von Figuren der Alterität verweist auf diese Grenze und stellt den Versuch dar, ihrer inhärenten Instabilität entgegenzuwirken.[17]

Der Beitrag von Laclaus Diskurstheorie zur Frage der sozialen Exklusion tritt noch klarer hervor, wenn man den Begriff des leeren Signifikanten einführt. Denn der leere Signifikant besetzt jene theoretische Stelle, welche die Herstellung der Systemgrenzen bei gleichzeitiger Selbstkontamination konzipiert. Die Ausgangsüberlegung ist hierbei die folgende: Um eine diskursive Einheit zu bilden, müssen sich die differentiellen Elemente aufgrund ihrer Zugehörigkeit zum selben System in gewissem Maße gleichen. In der Zurückweisung des durch ihre Formation Ausgeschlossenen sind die Differenzen äquivalent. Dieses Äquivalenzmoment höhlt die Differentialität aus und sichert zugleich den Unterschied, den der Diskurs in seiner Totalität macht: »Die Äquivalenz stellt also sowohl die notwendige Abgrenzung des Systems von seinem Außen her, wie es dadurch auch

16 Vgl. Derrida, Jacques, »Die Struktur, das Zeichen und das Spiel im Diskurs der Wissenschaften vom Menschen«, in: ders., *Die Schrift und die Differenz*, Frankfurt/M. 1976, S. 422-442.

17 Vgl. Laclau, Ernesto, »Identity and Hegemony«, in: *Contingency, Hegemony, Universality. Contemporary Dialogues on the Left*, hg. v. ders./Judith Butler/Slavoj Žižek, London 2000, S. 44-89, hier S. 68.

dieses Außen als Auslöschung von Differenzen ins System einführt.«[18] Die Art und Weise aber, wie sich die Differenzen äquivalent setzen und dadurch den Verlauf der Systemgrenzen bestimmen, hängt von der Performanz eines leeren Signifikanten ab. Der leere Signifikant leistet die Repräsentation des Systems im System; in der Bezugnahme auf ihn realisieren die diskursiven Elemente ihre Zugehörigkeit zum Diskurs. Dabei ist der leere Signifikant zunächst bloß ein diskursives Element unter anderen, welches sich jedoch so weit seines semantischen Gehalts entleert, daß es zum Ort äquivalenter Effekte wird. Gerade seine mangelnde Fähigkeit, distinkt zu signifizieren, erlaubt es ihm anhand seiner imaginären Fülle, eine Äquivalenzkette in ihrer Gesamtheit auszudrücken und so das System zu schließen.[19]

Resümierend läßt sich sagen, daß das Konzept des leeren Signifikanten es Laclau erlaubt, eine Grenzfunktion jeder diskursiven Formation anzugeben. Theoriestrategisch nimmt der leere Signifikant daher eine analoge Position zum Code in der Systemtheorie ein.[20] Beide Figuren verweisen auf Identifikationsmechanismen, die darüber entscheiden, welche Sinnofferten in bezug auf einen Diskurs beziehungsweise ein autopoietisches System inkludiert und welche exkludiert werden.[21] Im Unterschied zur Systemtheorie sensibilisiert die Diskurstheorie Laclaus für die Brüchigkeit jeder Grenzziehung. Weil die Repräsentation einer Totalität im Anschluß an Derrida als Repräsentation einer Unmöglichkeit erscheint, lenkt Laclau den Blick auf die permanente Readjustierung an den Rändern. Das notwendige Aufbrechen aller Schließungsbemühungen macht den Grenzverlauf zwischen Innen und Außen zum Gegenstand der Auseinandersetzung.

Hält man an dieser Stelle inne, erkennt man, daß die vorgenom-

---

18 Stäheli, *Sinnzusammenbrüche*, a. a. O., S. 59.

19 Dies wird anschaulich am Beispiel »populistischer« Diskurse, in denen eine Forderung ihre Partikularität so universalisiert, daß sie zum Identifikationspunkt einer Vielzahl von Forderungen wird und einen »populus« in Frontstellung zu einem antagonistischen Außen herstellt. Man denke nur an den Slogan »Eine andere Welt ist möglich«.

20 In dieser Hinsicht unterscheidet sich der Diskursbegriff Laclaus von dem Michel Foucaults, vgl. Stäheli, Urs, »Competing Figures of the Limit. Dispersion, Transgression, Antagonism, and Difference«, in: *Laclau. A Critical Reader*, hg. v. Simon Critchley/Oliver Marchart, London/New York 2004, S. 226-240.

21 Vgl. Stäheli, Urs, »Der Code als leerer Signifikant«, in: *Soziale Systeme* 2, 1996, S. 257-282.

mene Neufassung des Exklusionsbegriffs in höchstem Maße kontraintuitiv ist. Im Unterschied zur gängigen Soziologie nimmt sie ihren
Ausgang nämlich *nicht* bei der Evidenz des notleidenden, von Ausschließung betroffenen Menschen. Statt dessen wurde durch ein spezifisches Theoriedesign der Fokus von den sichtbaren Resultaten auf
die Konstitutionsbedingungen jener sozialen Grenzen verschoben, in
bezug auf die das Paar von Inklusion/Exklusion erst seinen Sinn erhält. Keinesfalls soll damit das, was gemeinhin als Mensch adressiert
wird, unterschlagen, also gleichsam auch noch aus der Theorie ausgeschlossen werden. Es gilt lediglich, den Tatbestand der Exklusion
von seiner *Soziologik* aus zu erfassen. Das Ziel der folgenden Ausführungen besteht somit darin, die zweite Komponente des Exklusionsbegriffs in das bisher Gesagte einzuarbeiten: die von sozialen Aus-
schließungsprozessen affizierte Person. Zu klären ist, wie sich jener
Ausschluß, der einen Sozialzusammenhang konstituiert, zum Ausschluß von Personen verhält.

Beginnen wir erneut mit der Systemtheorie Bielefelder Schule, die
diese Verklammerung begrifflich besonders differenziert zu fassen
vermag. Insofern jedoch eine poststrukturalistische Lesart der Theorie einen starken Akzent auf die Temporalisierung der Systemkonstitution legt, muß sie den Akt der Inklusion/Exklusion deutlicher im
Kommunikationsgeschehen verankern, als Luhmann dies tut.[22] Kommunikation ist für den Systemtheoretiker eine Synthese dreier Selektionen: der Information, der Mitteilung und des Verstehens. Eine
Information wird in Form einer Mitteilung exponiert und dem Verstehen ausgesetzt. Das bedeutet aber, daß eine Kommunikation niemals für sich als eine Einheit präsent ist, sondern erst im nachträg-
lichen Verstehen Konturen erhält. Erst eine zukünftige Beobachtung
eines Lärms anhand der Unterscheidung von Information und Mit-
teilung wird aus dem Lärm eine Äußerung gemacht haben. Und auch
diese konstituierende Beobachtung wird erst als Kommunikation
zählen, wenn sie durch eine weitere Beobachtung wird rückwirkend
»verstanden« worden sein – *und so weiter und so fort.* Die Identität
einer Kommunikation kommt, anders gesagt, »nur durch Bedeutungs-

---

22 Offenbar schien auch Luhmann direkt nach seinem »Besuch« der Favelas zu stark
im Bann der Resultate sozialer Exklusion stehen, so daß er nur eine »aufs Körperliche reduzierte Existenz« sah, »die den nächsten Tag zu erreichen sucht«; vgl.
Luhmann, Niklas, »Jenseits von Barbarei«, in: ders., *Gesellschaftsstruktur und Semantik Band 4*, Frankfurt/M. 1999, S. 138-150, hier S. 147.

zuweisung *post festum* zustande, durch eine anschlußtechnisch gewonnene Interpretation«.[23] Exklusion liegt somit dann vor, wenn eine Sinnofferte mit Indifferenz bedacht oder in einer Art letzter Berücksichtigung abgelehnt wird. Ohne Anschlußkommunikation ist sie nichts weiter als Schall und Rauch. Die Verfügung über Anschluß oder Nichtanschluß gleicht jedoch keinem voluntaristischen Akt. Vielmehr bestimmt der systemische Ordnungsaufbau ein Nichtsagbares.

Die von Inklusion oder Exklusion betroffene Person kommt exakt im Moment des kommunikativen Nachtrags ins Spiel. Das ist im Inklusionsfall evident: Hier ermittelt das anschließende Verstehen nämlich neben der mitgeteilten Information auch eine mitteilende Person, der die Kommunikation zugeschrieben wird und die erneut adressiert werden kann. Der Begriff der Person bezeichnet dabei eine soziale Form, die sich im Prozeß kommunikativer Verweisungen auf Menschen kondensiert.[24] Nach dieser Lesart besitzt die Person kein Wesen außerhalb von Sinn, sie ist »a-septisch, hat weder Fleisch noch Bein«.[25] Als Identitätsmarke im autopoietischen Sinngeschehen bildet sie eine kommunikative Struktur, die systemintern Erwartungen dirigiert. Wenn aber im Inklusionsfall Personen als relevant erachtet werden, erscheinen sie im Exklusionsfall als nicht mitwirkungsrelevant. Dabei kann die Feststellung von Nichtrelevanz ihren Anstoß eher an der Information oder eher an dem über den Mitteilungsakt mitermittelten Mitteilenden nehmen. Im Extremfall wird vom Profil der Person auf die Irrelevanz der Information geschlossen: Jemand kann den Preis für eine freistehende Immobilie bezahlen, findet aber für sein Kaufgesuch aufgrund der »falschen« Hautfarbe keinen ökonomischen Anschluß. In einem solchen Fall liegt nicht einfach eine Nichtzahlung vor, vielmehr erfährt der Wirtschaftscode von Zahlung/Nichtzahlung insgesamt seine Suspendierung. Unabhängig jedoch davon, ob man es mit Rassismus oder extremer Armut zu tun hat, wird man generell davon ausgehen müssen, daß Ausschlüsse aus

23 Fuchs, Peter, *Die Metapher des Systems. Studien zu der allgemein leitenden Frage, wie sich der Tänzer vom Tanz unterscheiden lasse*, Weilerswist 2001, S. 156. Dieser Aufschub der Bedeutungsfixierung verweist in die Zeit des *futur antérieur* und kann durchaus als *différance* im Sinne Jacques Derridas bezeichnet werden.

24 Vgl. Luhmann, »Die Form ›Person‹«, a. a. O., S. 137-148.

25 Fuchs, Peter, *Der Eigen-Sinn des Bewusstseins. Die Person, die Psyche, die Signatur*, Bielefeld 2003, S. 33.

Funktionskontexten wie Recht, Wirtschaft oder Politik den personellen Status massiv beeinträchtigen. An der Schwelle von Inklusion/Exklusion entscheidet sich die Distribution von personellen Relevanzmarkierungen mit zum Teil drastischen Folgen.

Trotz ihres filigran gearbeiteten Begriffsapparats stößt die Systemtheorie auch hinsichtlich des Verhältnisses von Ausgrenzung und Personenbildung an gewisse Grenzen. Zwar leuchtet es ein, daß Systeme ihre Ordnung über Relevanzmarkierungen exekutieren. Doch fraglich bleibt, ob die Markierung von Irrelevanz im Exklusionsfall überhaupt auf die theoretische Figur der Person bezogen werden kann. Wenn die Person nämlich ein systemrelatives Konstrukt ist, das im Prozeß der Ermittlung eines Mitteilenden entsteht, gestaltet es sich als schwierig, von einer Person auszugehen, deren Mitteilungen keinen Anschluß finden. Zugespitzt könnte man sagen: Eine Person spricht – oder sie ist nicht.[26] Der Exklusionsfall erscheint deshalb gemäß der von der Theorie gesetzten Prämissen nicht direkt auf dem Schirm der Systeme. Er nimmt die Nichtgestalt eines Schweigens an, eines Nichts, das nichts zur Reproduktion des Systems beiträgt. Das Schweigen des Exkludierten unterscheidet sich daher grundlegend von dem Schweigen einer Person, da letzteres etwa in Form eines »beredten Schweigens« noch als Operation gewertet wird. Exklusion dagegen verschwindet als ein »Nicht-Ereignis« im *unmarked space*, den die Markierung von Inklusion »übrig läßt«.[27] Auch wenn die Systemtheorie auf diese Weise darlegen kann, wie unbeeindruckt Systeme ungeachtet eines massiven Exklusionsaufkommens operieren, neigt sie dazu, Exklusion qua Theorieanlage zu invisibilisieren.[28] Kurzum, der Theorie mangelt es an begrifflichen Mitteln, die Ein-

---

26 Daraus folgt, daß die Subalterne im Sinne Gayatri Spivaks die Bühne des Sozialen der Systemtheorie zufolge nicht als Person betritt. Das ist zunächst plausibel. Aber die Frage an die Theorie bleibt: Als was dann? Vgl. Spivak, Gayatri Chakravorty, »Can the Subaltern Speak?«, in: *Marxism and the Interpretation of Culture*, hg. v. Lawrence Grossberg/Cary Nelson, Urbana/Chicago 1988, S. 271-313.

27 Farzin, Sina, *Inklusion/Exklusion. Entwicklungen und Probleme einer systemtheoretischen Unterscheidung*, Bielefeld 2006, S. 95.

28 Es ist demnach symptomatisch, wenn Luhmann bei der Behandlung des Themas bemerkt, »Exklusion aus den Augen verloren zu haben«, und sich explizit zu der »Anstrengung« anhält, »die Beobachtung über die Grenze von Inklusion hinweg auf Exklusion zu richten«. Vgl. ders., »Inklusion und Exklusion«, a. a. O., S. 234 und S. 244.

schreibung von Irrelevanz in die Person und die entsprechende Affizierung ihres Status zu denken.

Es könnte vor diesem Hintergrund fruchtbar sein, den systemtheoretischen Personenbegriff einer machttheoretischen Umschrift zu unterziehen, die sich an Michel Foucaults Konzept der Subjektivierung orientiert.[29] Ohne wiederum die Unterschiede zwischen den Ansätzen unterschlagen zu wollen, macht auch das Konzept der Subjektivierung begreiflich, wie sich vermittelt über diskursiv strukturierte Adressierungen beziehungsweise »Anrufungen« (Louis Althusser) eine genuin soziale personelle Entität formiert. Dabei konstituiert sich das Subjekt für Foucault in Beziehungen zu einem historischen Wahrheitsregime, dessen Normen es im Rahmen materieller Praktiken aktualisiert.[30] Eine solche Sichtweise vermag einerseits Licht auf die basale Normativität von Systemen zu werfen. Denn wenn die Person der Systemtheorie zufolge eine kommunikative Struktur ist, die Erwartungen dirigiert, dann wurde bisher nicht untersucht, welche vom System produzierten Erwartungen im einzelnen zu erfüllen sind, um den inklusiven Status einer Person zu erlangen. Aus einer an Foucault geschulten Perspektive lagert die Norm demnach im Begriff der Erwartung ein: Es sind Erwartungsstrukturen, welche die Normativität des Systems perpetuieren und Abweichungen hervorheben. Andererseits vermag Foucault den Vorgang einer Subjektivierung *durch* Ausschließung theoretisch sichtbar zu machen – und das vielleicht gerade deshalb, weil er primär kein Theoretiker der Inklusion/Exklusion ist. Diese Einschätzung mag zunächst überraschen. Allerdings liegt seinem Denken ein weitestgehender Verzicht auf die Theoriefigur der Grenze zugrunde, wie sie zur Bestimmung der Referenz für die Begriffe der Ein- und Ausschließung notwendig ist. Das wird an seiner Genealogie der Disziplinargesellschaft deutlich.

Der Fokus auf die Exklusionsagentur des Gefängnisses hat in der Rezeption den Blick dafür getrübt, daß Foucault in *Überwachen und Strafen* tatsächlich die Geschichte einer umfassenden Vergesellschaftungsform schreibt, die sich über Institutionen wie die Schule, das

29 Vgl. Opitz, Sven, »Eine Topologie des Außen. Foucault als Theoretiker der Inklusion/Exklusion«, in: *Foucaults Machtanalytik und Soziale Arbeit. Eine kritische Einführung und Bestandsaufnahme*, hg. v. Roland Anhorn/Frank Bettinger/Johannes Stehr, Wiesbaden 2007, S. 69-85.
30 Vgl. Foucault, Michel, »Subjekt und Macht«, in: ders., *Schriften, Band 4*, Frankfurt/M. 2005, S. 269-294.

Militär oder die Klinik im Modus der normierenden Einschließung vollzieht. Dabei hat das Netzwerk der Einschließungsmilieus »kein Außen. Wen es auf der einen Seite auszuschließen scheint, dessen nimmt es sich auf der anderen Seite wieder an. [...] Und es will auch den nicht verlieren, den es disqualifiziert hat.«[31] Die Ausschließung ist für Foucault bloß eine *scheinbare*, weil er statt geschlossener Systeme, die einen Inklusionshorizont gegen einen Bereich der Irrelevanz ausgrenzen, ein Kontinuum von homolog funktionierenden, aufeinander bezogenen Kontexten sieht. Zwar hat auch die Systemtheorie erkannt, daß im Übergang zur Moderne Exklusion nicht länger als Totalexklusion, sondern als einschließende Ausschließung vollzogen wird: Man entläßt etwa den Rechtsbrecher nicht als vogelfrei, sondern unterzieht ihn der rechtlich kodifizierten Verwahrung.[32] Doch nur für Foucault erscheint das Netzwerk der Disziplinarmilieus als umfassende Produktionsstätte und gestufter Regulator von Subjektivierungsweisen. Nur weil seine Analytik die strikte Dichotomie von Inklusion/Exklusion überformt, erkennt er Disziplinarkarrieren, deren Verlauf den Subjektstatus ihrer Protagonisten massiv affiziert. Insofern das Organisationsprinzip solcher Karrieren die Norm ist, bildet die Schwelle zum monströsen Anormalen lediglich den Endpunkt einer hochdifferenzierten Skala kleiner Anormalitäten.[33] Die Randbereiche des Sozialen bevölkern Wesen, die im Regime des modernen Macht-Wissens weniger auf der Grundlage ihrer Taten, sondern in ihrem Sein als pathologische, anökonomische oder gefährliche Subjekte konstituiert werden.

Damit drängt sich die Frage auf, wie die Einsichten Foucaults am Punkt der Subjektivierung in eine Theorie der Inklusion/Exklusion zu übersetzen sind. Legt man ein durch einen leeren Signifikanten beziehungsweise Code abgegrenztes diskursives System zugrunde, kann Exklusion nun nicht allein als Moment der Nichtbeachtung einer Kommunikationsofferte aufgefaßt werden, die keinen Anschluß findet und deshalb als Rauschen verhallt. Vielmehr legen die Studien

31 Foucault, Michel, *Überwachen und Strafen. Die Geburt des Gefängnisses*, Frankfurt/M. 1994, S. 388.

32 Vgl. Fuchs, Peter, »Von Jaunern und Vaganten – Das Inklusions/Exklusions-Schema der A-Sozialität unter frühneuzeitlichen Bedingungen und im Dritten Reich«, in: *Soziale Systeme* 7, 2001, S. 350-369.

33 Vgl. Foucault, Michel, *Die Anormalen. Vorlesungen am Collège de France (1974/75)*, Frankfurt/M. 2003.

Foucaults nahe, daß Exklusion auf einem kontinuierlichen diskursiven Aufwand an personeller Klassifikation und Markierung ruht. Sie sensibilisieren für jene Programme und Bezeichnungsroutinen, die den Ausweis der Irrelevanz einer Kommunikationsofferte ausstellen. Exklusion geht aus dieser Perspektive mit einer systemischen Entwertungspraxis einher: mit der negativen Materialisierung der Normativität des Diskurses in der Form des Subjekts.[34]

Insbesondere Judith Butlers Arbeiten sind hier bedeutsam, weil sie eine differenztheoretische Umarbeitung der Analytik Foucaults vornehmen. Ähnlich wie für Laclau strukturieren sich Butler zufolge die »Ökonomien diskursiver Intelligibilität« durch die konstitutive Ausgrenzung eines Bereichs des radikal Unverständlichen, den sie als »das Unaussprechliche, das Nichtmachbare, das Nichterzählbare« kennzeichnet.[35] So wird es ihr möglich, das zu untersuchen, »was ausgeschlossen werden muß, damit diese Ökonomien als selbsterhaltende Systeme fungieren können«.[36] Ihr besonderes Interesse gilt dabei jenem Kippunkt im Prozeß der Subjektivierung, an dem die reguläre Unterwerfung unter den Diskurs fehlschlägt, der einzelne den in der Anrufung aktualisierten Normen nicht genügt und somit *nicht* als vollwertiges, sprachmächtiges Subjekt die Bühne betritt. Es ist exakt diese »negative« Subjektivierung, die sich im Exklusionsfall ereignet: Das Subjekt entsteht als *dekonstituiertes Subjekt*, indem es als Träger des konstitutiven Außen erscheint.

Allerdings kompliziert sich der Status dieser Exklusionsfigur noch. Genauer gesagt verdoppelt sich die Gestalt analog zu den bereits diskutierten Ausprägungen des konstitutiven Außen. Einerseits zeichnet Butler nach, wie die Devaluierung von Seinsweisen durch die diskursive Repräsentation des Verworfenen betrieben wird. Jede diskursive Ordnung artikuliert sich demnach durch eine explizite Zurückweisung, die insofern fundierend wirkt, als die Konturen des Normalsubjekts des Verworfenen negativ bedürfen – und unter Umständen von ihm heimgesucht werden. Illustrativ ist hier Butlers Analyse, daß die Praktiken der »unbegrenzten Haft« im Rahmen des »War on Terror« von rechtlichen Repräsentationen begleitet werden, welche die Inhaftierten als Geisteskranke figurieren und dadurch ihre Anerken-

34 Vgl. Butler, Judith, *Psyche der Macht. Das Subjekt der Unterwerfung*, Frankfurt/M. 2001, S. 82 ff.
35 Butler, Judith, *Körper von Gewicht*, Frankfurt/M. 1997, S. 62 und S. 259.
36 Ebd., S. 62.

nung als vernünftige politische Subjekte anfechten.[37] Gegenüber diesem Vorgang, den ein Systemtheoretiker auf der Ebene der Selbstbeschreibung ansiedeln würde, erscheint das vom konstitutiven Außen affizierte *Subjekt* bei Butler ebenfalls in der gestaltlosen Gestalt eines sozial suspendierten Lebens. Das ausgeschlossene Subjekt erleidet in der Exklusion eine personale Derealisierung, es verkörpert negativ den Verlust seiner kulturellen Verständlichkeit. In einer derart negativ-ontologischen Dimension erscheint das Nichtintelligible unvermittelt als *Abjekt* einer diskursiven Ordnung und ist damit in einem radikalen Sinne nicht anerkennbar.[38] Wollte man auch für diese Exklusionsfigur einen systemtheoretischen Ausdruck finden, so müßte man eine Begegnung auf der Ebene des Operationsgeschehens imaginieren. Man müßte sich den Zwischenfall der systemischen Ermittlung eines Mitteilenden vorstellen, bei dem das System anstatt auf eine Person auf eine Grimasse stößt, welche nicht in der Repräsentation des Ausgeschlossenen aufgeht.

Sowohl Butler wie Luhmann haben aufgrund ihrer Theorieanlage Probleme mit einer solchen Dimension der Negativität. Doch erweist sie sich als wesentlicher dekonstruktivistischer Beitrag zu einer poststrukturalistischen Soziologie der Inklusion/Exklusion, weil sie der sozialen Gewalt der Exklusion, die sich so oft in einer diffusen Impressionistik soziologischer Beschreibung niederschlägt, einen theoretischen Ausdruck zu geben vermag. Es ist daher von höchster Relevanz, daß auch Laclau in seiner jüngsten Arbeit mit dem Begriff der Heterogenität eine entsprechende Exklusionsfigur einführt. Der im Anschluß an Georges Bataille verwendete Begriff verweist auf das Insistieren einer Exteriorität, die gegenüber dem Raum der Repräsentation als ganzem heterogen bleibt und sich daher lediglich als irreduzibler Exzeß zeigt.[39] In bezug auf den Ausgeschlossenen könnte man deshalb formulieren, daß er durch Heterogenität gezeichnet ist und in seiner Dissoziation von der diskursiven Ordnung auf schmerzhafte Weise eine Festsetzung beziehungsweise »Verhaftung« im Sein erfährt.[40]

37 Vgl. Butler, Judith, *Gefährdetes Leben. Politische Essays*, Frankfurt/M. 2005, S. 91 ff.
38 Zum Abjekt vgl. Kristeva, Julia, *Powers of Horror. An Essay on Abjection*, New York 1982.
39 Vgl. Laclau, *On Populist Reason*, a. a. O., S. 139.
40 Ähnlich formuliert Agamben, Giorgio, *Was von Auschwitz bleibt. Das Archiv und der Zeuge*, Frankfurt/M. 2003, S. 91 ff.

Zwei Aspekte sind hier abschließend von besonderem Interesse: erstens der Aspekt der Unreinheit, zweitens der der Unentscheidbarkeit. Georges Bataille zufolge wird das Heterogene in seiner Unreinheit zum Ort einer sozialen Affektproduktion.[41] Es erscheint als nicht identifizierbarer Abfall, der Schocks und Ängste hervorruft. Aufgrund seiner Heterogenität büßt der Ausgeschlossene im Ausschluß seine symbolische Konsistenz ein, worin Slavoj Žižek »die schlimmste, erniedrigendste Form von Gewalt« erkennt.[42] Der von Exklusion Betroffene besitzt damit im Extremfall weder den Status des Menschlichen noch den des Nichtmenschlichen, sondern fungiert als Träger eines Exzesses des Menschlichen, der zum Ausweis eines *Un*menschlichen wird. Eine derartige Figur des eingeschlossen-ausgeschlossenen Dritten deutet zugleich auf eine fundamentale Unentscheidbarkeit gegenüber dem Ausgeschlossenen hin. Die Unterscheidungen von Person und Unperson, Mensch und Tier, Sprache und Stimme geraten mit Blick auf seine Lage in einen Strudel. Letztlich kann Giorgio Agambens einschlägige Studie zur Verfertigung des Homo sacer als Analyse eines politischen Programms zur Produktion und Handhabung einer derartigen Unentscheidbarkeit gelesen werden, deren Einsatz das »nackte Leben« darstellt: das nackte Leben als jene Figur der Verlassenheit, durch deren Plazierung in einer Zone der Ununterscheidbarkeit sich die politische Ordnung souverän konstituiert.[43]

III.

Die nun vollzogene theoretische Ausdeutung der Unterscheidung von Inklusion/Exklusion hat den eingangs angekündigten Problemen der Referenz, der Essentialisierung und der Temporalität eine bestimmte, behandelbare Form gegeben. Zugleich eröffnet sie Anschlüsse für weitere Reflexionen. Zwei solcher Anschlüsse sollen zum Abschluß knapp angesprochen werden: die Frage des Politischen und die des Raums.

41 Vgl. Bataille, Georges, *Die psychologische Struktur des Faschismus/Die Souveränität*, München 1997, S. 18 ff.

42 Žižek, Slavoj, *Die politische Suspension des Ethischen*, Frankfurt/M. 2005, S. 27.

43 Agamben, Giorgio, *Homo sacer. Die souveräne Macht und das nackte Leben*, Frankfurt/M. 2002, S. 69 ff.

Erstens gibt die vorgelegte Argumentation den Anstoß zu einer spezifischen Artikulation der Unterscheidung von Inklusion/Exklusion mit einem Konzept des Politischen. Denn wenn Ein- und Ausschließung von einer kontingenten Grenzziehung abhängen, so ist die Alterierung dieser Grenze der genuin politische Vorgang schlechthin, da in ihm die Fragen des Anteils, der Sichtbarkeit und der Intelligibilität auf dem Spiel stehen. Politisch wäre im Vokabular der Systemtheorie folglich jener Vorgang, bei dem ein System mit einer Sinnofferte konfrontiert wird, deren Irritationspotential es zu einem Umbau seiner Inklusionsordnung zwingt. Ein solches Verständnis des Politischen kann sich an den jüngeren Arbeiten Jacques Rancières orientieren. Für Rancière realisiert sich die politische Tätigkeit in der Umarbeitung der Ordnung des Sagbaren und Sichtbaren: Sie »läßt sehen, was keinen Ort hatte gesehen zu werden, läßt eine Rede hören, die nur als Lärm gehört wurde«.[44] Somit bewerkstelligt die Politik die Passage vom bloßen »Lärm irritierter Körper« hin zu einer sozialen Instanz mit der Fähigkeit zur Aussage – eine Passage der »Subjektivierung« im Medium des Streits.[45] Diesen Vorgang begreift Rancière zudem als materiell, insofern er eine Intervention in die jeweils herrschende »Aufteilung des Sinnlichen« darstellt. Keine Politik ohne eine veränderte Aufteilung der Räume, Zeiten und Tätigkeiten in ihrem Verhältnis zu den Seinsweisen.

Die in die Frage der Politik eingeschriebene Frage der Materialität deutet somit auf eine *zweite* große Forschungsbaustelle hin: das Problem des Raums. Die Herausforderung besteht darin, die Unterscheidung von Inklusion und Exklusion weder mit einem räumlichen Substrat zusammenfallen zu lassen noch der räumlichen Dimension den sozialen Status gänzlich abzusprechen. Eine Theorie der sozialen Inklusion/Exklusion muß vielmehr die in das Begriffspaar eingelassene Komponente der Grenze in eine Topologie des Sozialen eintragen. Die Grenze ist, mit den Worten eines Klassikers gesprochen, »nicht eine räumliche Tatsache mit soziologischen Wirkungen, sondern eine soziologische Tatsache, die sich räumlich formt«.[46] Eine poststrukturalistische Soziologie könnte hier anschließen, indem sie

---

44 Rancière, Jacques, *Das Unvernehmen. Politik und Philosophie*, Frankfurt/M. 2002, S. 41.

45 Ebd., S. 64 und S. 47.

46 Simmel, Georg, *Soziologie. Untersuchung über die Formen der Vergesellschaftung. Gesamtausgabe Band II*, Frankfurt/M. 1992, S. 697.

in Weiterführung der Arbeiten Foucaults soziale Rationalisierungsweisen des Raums untersucht. Sie könnte die operative Grenzproduktion durch Technologien des Raums erforschen und so dem Denken einer Materialität des Diskurses neue Impulse geben.

Auswahlbibliographie

Agamben, Giorgio, *Homo sacer. Die souveräne Macht und das nackte Leben*, Frankfurt/M. 2002.

Butler, Judith, *Gefährdetes Leben. Politische Essays*, Frankfurt/M. 2005.

Butler, Judith/Laclau, Ernesto/Žižek, Slavoj, *Contingency, Hegemony, Universality. Contemporary Dialogues on the Left*, London 2000.

Foucault, Michel, *Die Anormalen. Vorlesungen am Collège de France (1974/75)*, Frankfurt/M. 2003.

Laclau, Ernesto, *On Populist Reason*, London 2005.

Luhmann, Niklas, »Inklusion und Exklusion«, in: ders., *Soziologische Aufklärung 6. Die Soziologie und der Mensch*, Wiesbaden 2005, S. 226-251.

Rancière, Jacques, *Das Unvernehmen. Politik und Philosophie*, Frankfurt/M. 2002.

Stäheli, Urs, *Sinnzusammenbrüche. Eine dekonstruktive Lektüre von Niklas Luhmanns Systemtheorie*, Weilerswist 2000.

Martin Saar

Klasse/Ungleichheit

Von den Schichten der Einheit zu den Achsen der Differenz

I. Ordnung: Identität durch Stratifikation

In der Geschichte der Sozialtheorien besitzt der Begriff der Klasse eine ebenso mehrdeutige wie hochstrategische Position. Während er in der marxistischen Tradition sowohl als deskriptive wie auch als explikative Zentralkategorie fungiert, ist es für viele marxismuskritische Theorien gerade kennzeichnend, daß sie sowohl das Wort wie die mit ihm verbundenen sozialdiagnostischen Implikationen scheuen wie der Teufel das Weihwasser. Ist es für die eine Tradition wichtig, mit der Identifikation und Unterscheidung einander entgegengesetzter sozialer Klassen die grundsätzliche Logik des Sozialen in der kapitalistischen Moderne zu erklären, ist es für die andere ausgemacht, daß der Rekurs auf fundamentale soziale Ungleichheiten entlang der Linie von Besitz und gesellschaftlicher Position theoretisch allenfalls eine nachrangige Bedeutung haben kann. Ob in der Überzeugung, daß in der modernen bürgerlichen Gesellschaft die »uneingeschränkte Despotie einer Klasse über andre Klassen« herrsche, oder in der sozialtheoretischen Prämisse, daß sich soziale Identitäten im Rahmen einer »in einer gleichen Klassenlage befindliche[n] Gruppe« bildeten, wobei letztere »letztlich ›Marktlage‹« sei: Die Vorstellung einer klassenmäßigen Strukturierung von Gesellschaften bleibt – positiv oder negativ – dem sozialtheoretischen Diskurs der Moderne eingeschrieben wie sonst nur wenige soziologische Topoi.[1] Ihr Echo haben diese grundsätzlichen Orientierungen noch im periodisch wiederkehrenden zeitdiagnostischen Befund, es sei nun entweder das eindeutige Ende oder die überraschende Wiederkehr der »Klassengesellschaft« festzustellen.[2]

1 Marx, Karl, *Der achtzehnte Brumaire des Louis Bonaparte* (1851/52), *Werke* (*MEW*), Bd. 8, Berlin 1975, S. 122; Weber, Max, *Wirtschaft und Gesellschaft. Grundriß der verstehenden Soziologie* (1921/1922), hg. v. Johannes Winckelmann, Tübingen 1976, S. 223 und S. 680.
2 Vgl. Ritsert, Jürgen, *Soziale Klassen*, Münster 1998.

Die mehr als uneinheitliche Theoriegeschichte des Poststrukturalismus hat keine alternative, freistehende Konzeption der Klasse oder der sozialen Ungleichheit hervorgebracht. Dennoch hat er wichtige Impulse hierfür geliefert, die sich aus seiner komplexen theoretischen Stellung dem Marxismus gegenüber ergeben. Denn wie sowohl in der ersten Phase poststrukturalistischer Theorieproduktion, das heißt Anfang und Mitte der 1960er Jahre, wie auch in den vergangenen zehn Jahren besonders sichtbar wird, befanden sich Marxismus und Poststrukturalismus stets in einer Beziehung wechselseitiger Nähe und Kritik, und spezifisch poststrukturalistische Argumente entwikkelten sich oft in Abgrenzung zu bestimmten Orthodoxien und in Bewahrung bestimmter anderer Elemente des marxistischen Denkens. Die systematische Pointe dieser theoretischen Konstellation läßt sich vereinfacht auf die Formel bringen, daß das sozialtheoretische Denken des Poststrukturalismus sich einerseits in Abgrenzung von hierarchischen und reduktiven Verständnissen von Gesellschaft als ein hochdynamisches Denken des dezentrierten Sozialen entwikkelt; andererseits halten die meisten poststrukturalistischen Autorinnen und Autoren an der Vorstellung fest, daß Gesellschaft als Ort der Macht und Schauplatz von Ausschluß und Kampf zu denken sei. Bringt die erste, »antiessentialistische« Tendenz dieses Denken in Opposition zu vielen Varianten des Marxismus, verbindet es die zweite, »antagonistische« Tendenz mit diesen in einem wichtigen und, politisch gesehen, vielleicht in ihrem zentralen Element, nämlich einer letztlich herrschaftskritischen Orientierung.

II. Zerstreuung: Althusser und die Folgen

Für die Nachzeichnung ausgewählter Stationen und Motive dieser poststrukturalistischen Berührung mit und Abgrenzung von traditionellen Theorien von Klasse und sozialer Ungleichheit kann als Leitfaden und Matrix eine der »Urszenen« des Poststrukturalismus dienen: die wirkungsmächtige Revision der marxistischen Theorie durch Louis Althusser. Theoriegeschichtlich gesehen nimmt nämlich das Werk Althussers eine ambivalente Scharnierstelle ein: Es steht einerseits noch ganz im Kontext der diversen neomarxistischen Theorien des 20. Jahrhunderts, die eine neue Lesart des Marx'schen Textes etablieren und in eine wissenschaftliche Form bringen wollen; zugleich führt es an die Grenzen dieser Theorietradition und schlägt theoretische »postmarxistische« Operationen vor, die seither zum Kernbestand poststrukturalistischen Denkens gehören.[3] Vor allem für Althussers (späte) Ideologietheorie lassen sich drei zentrale Felder der theoretischen Revision oder Erweiterung des klassischen marxistischen Rahmens bestimmen, die sich alle auch auf die darin implizite Klassen(struktur)unterstellung beziehen: die Kritik am Determinismus, die Kritik am hierarchischen Machtmodell und die Kritik am unzureichenden Subjektverständnis.

Erstens revidieren die Überlegungen, die Althusser unter dem Oberbegriff »Überdeterminierung« und »strukturale Kausalität« anstellt, jede einfache, lineare Vorstellung von sozialer Bestimmung. Daß gesellschaftliche Kräfte gerade nicht von einem eindeutigen Zentrum ausgehen, sondern sich Wirkungen »durch die verschiedenen *Ebenen* und die verschiedenen *Instanzen* der Gesellschaftsformationen«[4] auf komplexe und widersprüchliche Weise entfalten, unterläuft das einfache hierarchische Bild von der durch ihre Klassenstruktur eindeutig bestimmten Gesellschaft, wie es zumindest die marxistische Orthodoxie vertreten hatte. Zweitens ist Althussers Aufdeckung der komplexen Funktionsweise der spezifischen »ideologischen Staatsapparate« eine entscheidende Erweiterung der klassisch-marxistischen Theorie der (Klassen-)Herrschaft. Das Ausgehen von einer »Pluralität« relativ autonomer Medien und Subzentren ideologischer Macht verschiebt das theoretische Bild hin zu mehrfachen Arenen und Wirkungsrichtungen moderner Machtausübung und zeigt, daß effektive Herrschaft nicht nur auf gewaltsamer Unterwerfung und Ausbeutung beruht, sondern auch von zwangsfreier, nämlich ideologischer Stabilisierung der sozialen Verhältnisse abhängig ist.[5] Drittens rückt Althussers von Lacans Subjekttheorie inspiriertes Theorem der ideologischen »Anrufung« (*interpellation*) die subjektivierende Wirkung sozialer Macht in den Vordergrund.[6] In diesem Bild ist Subjektivität kein vorgängiges Element der stratifizierten gesellschaftlichen

---

3 Vgl. Barrett, Michèle, *The Politics of Truth: From Marx to Foucault*, Stanford 1991.

4 Althusser, Louis/Balibar, Etienne, *Das Kapital lesen*, Bd. 1, Reinbek 1972, S. 165f.

5 Althusser, Louis, »Ideologie und ideologische Staatsapparate«, in: ders., *Ideologie und ideologische Staatsapparate. Aufsätze zur marxistischen Theorie*, Hamburg/Berlin 1977, S. 119f.

6 Althusser, »Ideologie und ideologische Staatsapparate«, a. a. O., S. 140-145; vgl. Charim, Isolde, *Der Althusser-Effekt. Entwurf einer Ideologietheorie*, Wien 2002.

Struktur, sondern ein performatives Ergebnis, nämlich das Resultat beständig erneuerter Akte der Identifikation, Benennung und Kategorisierung, die auf die Bestätigung und die Selbstidentifikation des Selbst angewiesen sind. Subjektivität und individuelle Handlungsfähigkeit sind keine Gegenpole von Macht und Herrschaft, sondern sie entstehen selbst erst als Produkte der ebenso ermächtigenden wie unterwerfenden Subjektivierung.

In allen diesen drei Hinsichten weist Althusser die Vorstellung einer eindeutig strukturierenden, zentral gesteuerten und Subjekten äußerlich bleibenden sozialen Struktur zurück, die oft mit dem Klassenbegriff verbunden war und der zufolge soziale Ungleichheiten entlang eines ökonomischen »Hauptwiderspruchs« geordnet waren. Auch jenseits des gut belegbaren biographischen oder systematischen Einflusses von Althusser auf Theoretikerinnen und Theoretiker wie Balibar, Rancière, Foucault und Derrida oder indirekter auf Laclau, Mouffe, Butler und Žižek läßt sich mit einer leichten Zuspitzung sagen, daß es in zahlreichen Variationen genau diese drei Themen sind, die – nun allerdings verselbständigt von ihrem marxismusinternen Theoriekontext – das im eigentlichen Sinne poststrukturalistische Verständnis von sozialen Positionen und Ungleichheiten kennzeichnen: die These von der fundamentalen Un- oder Unterbestimmtheit des Sozialen, die für Postmarxismus, Dekonstruktion und Hegemonietheorie zentral sind; das komplexe dezentrierte Machtverständnis, wie es von Deleuze, Foucault und im poststrukturalistischen Feminismus entworfen wurde; und ein differenzierter mehrwertiger Subjektbegriff, wie er sich ausgehend von zahlreichen Positionen von Lacan bis Butler entwickeln läßt. Im gemeinsamen Horizont dieser Motive liegt eine mögliche poststrukturalistische Rekonzeptualisierung dessen, wofür der Begriff der Klasse einmal stand, nämlich für einen stabilen Schnittpunkt von Kräften und Verwerfungen im Feld der Macht.

III. Kontingenz: Die Unbestimmtheit des Sozialen

Derridas berühmte frühe Kritik an den theoretischen Grundlagen des Strukturalismus in den Aufsätzen aus *Die Schrift und die Differenz* (1967) enthält in ihrem Kern eine fundamentale Zurückweisung der bedeutungstheoretischen Vorstellung, Sinn könne vollständig bestimmt sein. In immer neuen Anläufen kreist seither das dekonstruktive Schreiben die vielfältigen Weisen ein, in denen Texte, Sprechakte, Institutionen und Interaktionen unterbestimmt, durchlässig und unabschließbar sind und in sich ein Moment der Heterogenität tragen, das sich durch keine theoretische oder praktische Operation der »Schließung« (clôture) bezähmen läßt. Wurde dieses Argument zunächst von Derrida auf einer generellen, metaphysik- oder sinnkritischen Ebene formuliert, hat er es selbst zunehmend auch auf Felder der Geschichte und des Sozialen übertragen. Hier trifft sich die Dekonstruktion mit derjenigen innermarxistischen Kritik am Determinismus, die Althusser vorgebracht hatte und die einige seiner früheren Schüler (vor allem Balibar und Rancière) noch gegen ihn selbst und seine späten Texte gewendet hatten. Aus einer solchen Perspektive erscheint der Versuch, hinter der sozialen Dynamik eine verborgene und eindeutig bestimmbare Logik zu entdecken, die sich auf eindeutige Strukturen zurückführen läßt, als ebenso phantasmatisch wie die Vorstellung, der Sinn eines Zeichens lasse sich eindeutig angeben und somit aus dem unüberschaubaren und hochdynamischen Spiel der Differenzen herausheben. Es sind diese unhaltbaren Implikationen der orthodoxen Klassentheorie, gegen die der Hinweis auf die Negativität oder différance im Innern jeder semantischen, aber auch sozialen Einheit, der Verweis auf die kontingente Singularität jedes einzelnen sinnhaften Ereignisses und die Forderung nach Geltenlassen einer letztlichen Unentscheidbarkeit in Anschlag gebracht werden kann. In seinen späteren Bezugnahmen auf Marx versucht Derrida gerade, eine solche antideterministische Lektüre des Marx'schen Textes zu erproben, in der gerade »kein vorgängiges Kriterium, keine absolute Berechenbarkeit« die politische Analyse und das politische Handeln anleiten.[7]

Dieses antideterministische oder antiessentialistische Grundmotiv findet sich in zahlreichen Varianten in denjenigen poststrukturalistischen Theorien, die, stärker noch als die Dekonstruktion, von gewissen marxistischen Grundbegriffen ausgehen und dennoch eine fundamentale Kontingenz des Sozialen in Rechnung stellen: Etienne Balibars historische Untersuchungen zu Nationalismus und Rassismus konnten die vielfachen Interferenzen verschiedener sozialer Ungleichheitsparameter aufweisen, die längst nicht alle entlang des Klas-

---

7 Derrida, Jacques, *Marx & Sons*, Frankfurt/M. 2004, S. 62.

senunterschieds verlaufen.[8] Jacques Rancières von Claude Leforts Werk inspirierte Deutung des sozialen Verhältnisses als nie vollständig repräsentiertes »Unvernehmen«, als fundamentale Spaltung zwischen den »Gleichen« innerhalb einer Gesellschaft und denen, die nicht zählen, zielt auf einen Antagonismus unterhalb des Klassengegensatzes.[9] Die diskurstheoretische Weiterentwicklung der Hegemonietheorie Gramscis durch Chantal Mouffe und Ernesto Laclau destruiert die Unterstellung eindeutiger politischer Subjektpositionen und eindeutiger politischer Allianzen durch die Nachzeichnung der vielfältigen und kontingenten Prozesse der Artikulation und Hegemoniebildung. Politische Kämpfe in der Demokratie beruhen gerade darauf, daß unter modernen Bedingungen »Unfixiertheit [...] die Bedingung jeglicher sozialer Identität« ist.[10] Schließlich geht auch die Ideologietheorie Slavoj Žižeks, die stark an Lacan anschließt, von einem »ursprünglichen Mangel« des Subjekts aus und deutet ideologische Systeme als Reaktions- und Abwehrbildungen, die diese Leere des Selbst durch imaginäre Gemeinschaftsbindungen zu füllen versuchen.[11]

Alle diese – untereinander enorm heterogenen – Konzeptionen verbindet, daß sie im Innern der sozialen und der politischen Prozesse weniger eindeutige Strukturen als dynamische Prozesse erkennen und somit die mit dem Klassenbegriff verbundenen substantiellen Annahmen über Gesellschaftsordnungen hinter sich lassen. »Gesellschaft« ist hier kein Name für eine statische, stratifizierte Struktur, sondern die metonymische Bezeichnung für ein kontingentes, dynamisches Geschehen, in dem sich politische Einheiten und Frontlinien unaufhörlich etablieren, auflösen und neu bilden.

8 Balibar, Etienne, »Vom Klassenkampf zum Kampf ohne Klassen?«, in: *Rasse, Klasse, Nation. Ambivalente Identitäten*, hg. v. ders./Immanuel Wallerstein, Hamburg 1990, S. 190-224.

9 Rancière, Jacques, *Das Unvernehmen. Politik und Philosophie*, Frankfurt/M. 2002.

10 Laclau, Ernesto/Mouffe, Chantal, *Hegemonie und radikale Demokratie. Zur Dekonstruktion des Marxismus*, Wien 1991, S. 134.

11 Žižek, Slavoj, *The Sublime Object of Ideology*, London 1989.

IV. Widerstände: Die tausend Ebenen der Macht

In der französischen Philosophie zwischen 1960 und 1975 wird mit bisher ungekannter Intensität auf das Werk Friedrich Nietzsches Bezug genommen, und für einige Theoretiker ist diese Bezugnahme auch ein Weg, um aus den Sackgassen der idealistischen, existentialistischen oder marxistischen Orthodoxien herauszufinden. Was die sozialtheoretischen Motive angeht, die den Poststrukturalismus seit dieser Zeit begleiten, besteht das Erbe Nietzsches für diese Tradition eindeutig in einem Denken der Macht. Mehr noch als seine komplexe Lehre vom »Willen zur Macht« hat sich sein Entwurf einer »genealogischen« Geschichtsschreibung, die den Wirkungen von Macht in der Entstehung und Durchsetzung sozialer Werte und Institutionen Vorgehen nachspürt, als methodisches und systematisches Modell für zeitgenössische Analysen erwiesen.[12] Diese Inspiration bringt aber eine weitreichende begriffliche Revision dessen mit sich, was unter »Macht« zu verstehen ist, die auf den ersten Blick kaum mit der Diagnose von »Klassenherrschaft« in Einklang zu bringen ist.

Der genealogische Machtbegriff, wie ihn im Anschluß an Nietzsche zuerst Deleuze und dann vor allem Foucault entwickelt, verdankt sich einer radikalen Dezentrierung der Perspektive auf Phänomene sozialer Herrschaft und Ungleichheit: »Macht« wird nicht als Besitz oder Eigenschaft einzelner Akteure oder Institutionen verstanden, sondern als generelles und allgegenwärtiges Verhältnis zwischen ungleichen, aktiven oder reaktiven Kräften im sozialen Feld.[13] Eine mit einer solchen Voreinstellung unternommene Machtanalyse führt also weniger zu einem polarisierten Tableau mit Macht auf der einen, Ohnmacht auf der anderen Seite; sie resultiert statt dessen in der Beschreibung einer »komplexen strategischen Situation in einer Gesellschaft«, da sich auf dem »bebenden Sockel der Kraftverhältnisse, die durch ihre Ungleichheit unablässig Machtzustände erzeugen«, die nur vermeintlich fixierten Strukturen ständig verschieben und sich die vermeintlichen Herrschaftszustände verkehren können.[14] Dieses dynamische und relationale Machtdenken verändert aber auch

---

12 Vgl. Saar, Martin, *Genealogie als Kritik. Geschichte und Theorie des Subjekts nach Nietzsche und Foucault*, Frankfurt/M./New York 2007, S. 169-172, 193-203.

13 Vgl. Deleuze, Gilles, *Nietzsche und die Philosophie*, Frankfurt/M. 1991, S. 12.

14 Foucault, Michel, *Der Wille zum Wissen. Sexualität und Wahrheit 1*, Frankfurt/M. 1979, S. 114, 113.

den Begriff des Widerstands; auch dieser ist nun, in welcher Ausprägungsintensität auch immer, struktureller Bestandteil jeglicher sozialen Situation, er ist »überall im Machtnetz präsent«.[15] Schließlich läßt sich mit dieser Orientierung der Tatsache Rechnung tragen, daß Macht nicht nur im Verbot oder in der Verhinderung wirkt, sondern auch aktiv in der Herstellung sozialer Beziehungen, Körper, Diskurse und Subjektivitäten wirksam ist. Diese »Produktivität« der Macht anzuerkennen erfordert, den Blick auf die Mikropraktiken, Materialisierungen und Symbolisierungen zu richten, da auch sie im Hinblick auf ihre Funktionen im Spiel der Kräfte hin beschrieben werden müssen.

Eine solche Perspektive auf die Machtdurchzogenheit sozialer Prozesse in ihren institutionellen und materiellen, aber auch epistemischen und symbolischen Dimensionen hat es denjenigen poststrukturalistischen Theoretikerinnen und Theoretikern, die in diesem Punkt den Vorschlägen von Deleuze und vor allem Foucault folgen, möglich gemacht, neben den Machteffekten zweifellos vorhandener sozialer Stratifikationen auch die Macht von Diskursen, epistemischen Regimen, wissenschaftlichen Disziplinen und Klassifikationssystemen in Rechnung zu stellen. Daß sich auf der Grundlage einer solcher Ausrichtung weiterhin effektive Kritik an Machtstrukturen üben läßt, hat sich besonders in den postkolonialen Theorien (von Said bis Spivak) und im Feminismus gezeigt. Denn der »Wechsel im Register« von Marx und Weber zu Nietzsche und Foucault erlaubt es, mehr Macht zu diagnostizieren, zu beschreiben und potentiell zu attackieren, als es mit einem eingeschränkteren machttheoretischen Vokabular möglich war.[16] Sichtbar wird so, daß es neben eindeutig entlang der Klassenlinie verlaufenden Ausgrenzungen noch eine Vielfalt von Herrschaftsmechanismen gibt, in denen vielfältige Medien und Technologien der Macht ineinandergreifen. Die von diesem genuin poststrukturalistischen Motiv inspirierte herrschaftskritische Forderung nach einer »Politik der Differenz«, wie sie aus feministischer, postkolonialer oder queerer Perspektive erhoben wird, beruht gerade

15 Ebd., S. 117.
16 Brown, Wendy, *States of Injury: Power and Freedom in Late Modernity*, Princeton 1995, S. xi; vgl. aus der Fülle möglicher Beispiele die Positionen in zwei berühmten Sammelbänden: Butler, Judith/Scott, Joan (Hg.), *Feminists Theorize the Political*, New York/London 1992; Institut für Sozialforschung (Hg.), *Geschlechterverhältnisse und Politik*, Frankfurt/M. 1994.

auf der Einsicht, daß soziale Macht in der späten Moderne viel weniger manifest ist, als es so manche Klassenanalyse behauptet hatte.[17]

V. Subjektpositionen: Das Selbst im Kontext

Seit Lacans psychoanalytischer These, daß in der Subjektwerdung »die Instanz des Ich (*moi*) auf einer fiktiven Linie situiert« ist, das heißt, daß das Zum-Subjekt-Werden ein kreativer, überschüssiger und unendlicher Prozeß ist, wird in den diversen poststrukturalistischen Theorien das Motiv der Subjektivierung in vielfacher Weise durchgespielt.[18] Weniger Proklamationen eines »Todes des Subjekts« als eher »Subjektkritik« in einem präzisen Sinn sind die meisten dieser Versuche darin, daß sie die vermeintliche Einheit des Subjekts in vielgestaltige Konstruktions- und Konstitutionsprozesse auflösen und dezentrieren. Für die sozialtheoretischen Fragen ergeben sich aus dieser Orientierung einige Konsequenzen, die auch die Vorstellung sozialer Stratifikation betreffen. Wenn der Subjektstatus selbst erst aktiv hergestellt wird, muß auch die dabei wirksame soziale Macht analysiert werden, und es muß gefragt werden, wer unter welchen Umständen als Subjekt gilt und wer nicht. Schließlich gilt es, die vielfältigen Arenen der Subjektwerdung (von der Sozialisation bis zur Rollenverteilung im politischen Leben) in ihren verschiedenen Identitätsdimensionen zu untersuchen, wobei die soziale Position (oder Klasse im weitesten Sinn) nur eine Ebene neben anderen ist: Subjekte erscheinen im sozialen Leben nicht nur als mit einer vermeintlich objektiven Klassenidentität ausgestattet, sie sind auch unter anderem entlang der Dichotomien männlich/weiblich, normal/krank, heterosexuell/homosexuell, inländisch/ausländisch klassifiziert. In einer gegebenen sozialen Ordnung gibt es demnach eine Vielzahl verfügbarer Subjektpositionen, die den Individuen einerseits durch klassifizierend-identifizierende Praktiken objektiv zugewiesen werden, die

17 Vgl. Young, Iris M., *Justice and the Politics of Difference*, Princeton 1990.
18 Lacan, Jacques, »Das Spiegelstadium als Bildner der Ichfunktion«, in: ders., *Schriften I*, hg. v. Norbert Haas, Olten/Freiburg 1980, S. 64; vgl. zur Theoriegeschichte Zima, Peter V., *Theorie des Subjekts. Subjektivität und Identität zwischen Moderne und Postmoderne*, Tübingen/Basel 2000 und Reckwitz, Andreas, *Das hybride Subjekt. Eine Theorie der Subjektkulturen von der bürgerlichen Moderne zur Postmoderne*, Weilerswist 2006.

sie sich aber auch subjektiv durch Selbstverständnisse und Selbsttechniken zu eigen machen. Erst in der Interaktion dieser beiden Seiten des Prozesses der Subjektwerdung entstehen zugleich sozial anerkannte (»lesbare«) und individuell verkörperte (»lebbare«) soziale Identitäten.[19]

Die poststrukturalistischen Sozialtheorien gehen also über herkömmliche Klassenanalysen in zweierlei Hinsicht hinaus, einmal in der Preisgabe der Vorstellung vom Primat der Klassenrelation und dann in der erhöhten Aufmerksamkeit für die vom Selbst ausgehenden Wirkungen auf sich selbst oder auf die Performativität von Identität. Erstens hat für viele Theoretikerinnen und Theoretiker nach der Blütezeit des Marxismus in seinen verschiedenen Varianten die Prämisse von der fundierenden Qualität des Klassenverhältnisses an Gewicht verloren. Gerade durch den systematischen und politischen Beitrag der feministischen Theorie zum poststrukturalistischen Denken hat sich schnell die Überzeugung verbreitet, daß ein politisches Differenzdenken sensibel sein muß für die vielfachen, mehrdeutigen Differenzierungen, denen moderne Subjekte unterliegen. In einer eindeutigen Linie mit den Thesen von der Kontingenz des Sozialen und der Dezentrierung der Macht liegt dann der Versuch, die vielfachen »Achsen der Differenz« zu bestimmen, wobei neben Klasse noch andere dominante Modi aufzufinden sind; konsequenterweise stellt sich auf diesem Weg die Frage nach dem Verhältnis, den Überschneidungen und den Interaktionen zwischen diesen verschiedenen Achsen.[20] In einem solchen multiperspektivischen Vorgehen ist es dann auch wieder möglich, die Besonderheit der Klassenpositionalität zu bestimmen und in einem komplexen Bild einer mehrfach und gegenläufig stratifizierten Gesellschaft zu lokalisieren.

Zweitens ergibt sich aus der poststrukturalistischen Fokussierung auf die Prozeßhaftigkeit von Identität eine produktive Weise, die klein-

19 Vgl. Saar, Martin, »Subjekt«, in: *Politische Theorie: 22 umkämpfte Begriffe zur Einführung*, hg. v. Gerhard Göhler/Mattias Iser/Ina Kerner, Wiesbaden 2004, S. 332-349.

20 Andersen, Margaret L./Hill Collins, Patricia (Hg.), *Race, Class and Gender: An Anthology*, Belmont 1992; Klinger, Cornelia/Knapp, Gudrun-Axeli, »Achsen der Ungleichheit – Achsen der Differenz. Verhältnisbestimmungen von Klasse, Geschlecht, ›Rasse‹/Ethnizität«, in: *Transit. Europäische Revue* 29, 2005, S. 72-95; vgl. Kerner, Ina, *Differenzen und Macht. Zur Anatomie von Rassismus und Sexismus*, Frankfurt/M./New York 2008, zur Diskussion um »Intersektionalität« bes. Teil IV.

teiligen Prozesse der Subjektwerdung zu beschreiben. Denn nur durch eine Analyse der konkreten subjektivierenden Akte, das heißt der alltäglichen und habitualisierten Akte der Zuweisung und Aneignung von Identitäten, kann es gelingen, die Kontingenz am Grund der Identität nachzuweisen. Auch hier hat das reiche Reservoir der von poststrukturalistischen Motiven inspirierten feministischen Theoriebildung zur Konstruktion von Geschlechtsidentität (unter dem Stichwort »Doing Gender« oder in der Diskussion von Butlers Entwurf einer Performativitätstheorie der sexuellen Identität) zahlreiche Vorschläge gemacht, die sich auch in anderen Feldern bewähren können und die auch für die empirische Untersuchung des Zustandekommens von nichtessentialistisch verstandenen Klassenidentitäten benutzt werden können.[21]

Aus der Althusser'schen These vom Doppelcharakter der Subjektwerdung, vom Verwobensein von Unterwerfung und Ermächtigung, folgt allerdings auch für solche prozeßorientierten Analysen, daß sie die Kontingenz und damit Umkehrbarkeit noch der übermächtigsten sozialen Konstruktion in Betracht ziehen müssen: Sowenig wie die Vergeschlechtlichung ein auf passive Körper wirkender Mechanismus ist, ist der Erfolg der anderen Identitätskonstruktionen garantiert: Die Macht der sozialen Normen kann nur greifen, wenn es etwas im Selbst gibt, was diese Normen aufnimmt, umsetzt und verkörpert, aber diese Notwendigkeit macht diese Macht selbst anfällig für Fehler und Wirkungslosigkeit.[22]

VI. Herrschaftsmaschinen: Eine Rückkehr der Kapitalismustheorie

Der poststrukturalistische Beitrag zur Gesellschaftsanalyse erhöht theoretische Komplexität. Sein antiessentialistischer Grundzug verhindert nämlich den Rekurs auf reduktionistische oder ökonomistische Erklärungsmodelle und zwingt dazu, der Vielgestaltigkeit und Mehrdeutigkeit spätmoderner Gesellschaftsteilungen gerecht zu wer-

---

21 Vgl. Helduser, Ute/Marx, Daniela/Paulik, Tanja/Pühl, Katharina (Hg.), *Under construction? Konstruktivistische Perspektiven in feministischer Theorie und Forschungspraxis*, Frankfurt/M./New York 2004.

22 Butler, Judith, *Psyche der Macht. Das Subjekt der Unterwerfung*, Frankfurt/M. 2001, S. 80.

den. Dennoch verschwindet damit noch nicht das kritische Potential dieser neueren Beschreibungen. Denn auch unter Verwendung eines dezentrierten Machtbegriffs lassen sich Hegemonien und Macht-blöcke diagnostizieren, und die systematische Erforschung des komplexen Zusammenhangs zwischen Macht und Subjektkonstitution erlaubt gerade tiefer gehende Einsichten in die Etablierung und Aufrechterhaltung sozialer Ordnungen. Damit liefert das sozialtheoretische Denken des Poststrukturalismus die Werkzeuge zu einer nicht-essentialistischen Gesellschaftskritik, die sich nicht schon im voraus festgelegt hat, an welchen Stellen im sozialen Raum sie den Ort der Macht zu lokalisieren hat.

Auch wenn sich einzelne Elemente einer solchen Form der Kritik schon finden lassen, ist sie jedoch in zwei Hinsichten noch nicht hinreichend entwickelt. Zum ersten scheint es aus einer Vielzahl von Gründen bisher noch nicht gelungen, dem Modell der vielfältigen Achsen der Differenz und mehrfachen Ebenen der Machtwirkungen eine integrative Machtkonzeption zur Seite zu stellen, die erläutern kann, in welchem Sinn in allen diesen Feldern gleichermaßen von sozialen Kräfteungleichheiten gesprochen werden kann. Es mangelt an einer theoretisch fundierten und zugleich empirisch-heuristisch flexiblen Machttheorie und -typologie, die gerade die Parallelitäten und Überschneidungen, Verstärkungen und Schwächungen sozialer Kräfte kohärent beschreiben kann, ohne erneut in einen abstrakten Reduktionismus einerseits oder einen konkretistischen Empirismus andererseits zu verfallen.[23] Eine solche Konzeption müßte auch revidierte, aktualisierte Begriffe der Klasse und der Klassenherrschaft zu ihrem Recht kommen lassen, nicht als letzte Erklärungskategorien, sondern als Benennungen prägnanter Fälle sozialer Machtausübung auf der Grundlage ökonomischer und sozialer Ungleichheit.

Zum zweiten besteht das für die poststrukturalistischen Theorien am schwersten verdauliche Erbstück in der Kritik der politischen Ökonomie, das heißt in der Theorie des Kapitalismus. Für die hier aufgeworfenen Themen stellt sich die Frage, ob es bisher schon gelungen ist, auch unter antiessentialistischen und »postmarxistischen« Bedingungen eine hinreichend bestimmte Konzeption von der Macht der Ökonomie zu entwickeln. Auch wenn der generelle Vorwurf des Kulturalismus dem Poststrukturalismus gegenüber nur teilweise tref-

---

23 Zum Stand der Debatte um den Machtbegriff vgl. Han, Byung-Chul, *Was ist Macht?*, Ditzingen 2005, und Scott, John, *Power*, London 2001.

fend ist, bleibt doch das Verhältnis zwischen Diskurs, sozialen Identitäten und ökonomisch-sozialen Faktoren oft weitgehend ungeklärt.[24] Damit geraten aber auch Analysen, die die Interaktionen verschiedener Differenzachsen erläutern sollen, tendenziell in die Verlegenheit, die spezifische Gestalt ökonomischer Ungleichheit nicht bestimmen zu können.

Daß diese beiden Problemfelder auf theoretische Desiderata verweisen, läßt sich anhand des letzten großangelegten Versuchs illustrieren, mit Hilfe poststrukturalistischer Motive die Restauration der marxistischen Kapitalismustheorie zu betreiben. Das großangelegte und in vielen Hinsichten eindringliche Ergebnis der Kooperation zwischen Michael Hardt und Antonio Negri kommt der Form nach womöglich dem Umriß eines postmodernen Marxismus am nächsten, verbindet er doch unter anderem Deleuzes Deterritoralisierungstheorie und Foucaults Biopolitik-Diagnose mit einer bestimmten spätmarxistischen Theorie der Arbeit und sozialen Reproduktion und enthält sogar die Konzeption eines neuartigen revolutionären Subjekts, der »Multitude«, die gerade nicht als Klasseneinheit verstanden werden soll.[25] Aber interessanterweise wird gerade hier der Machtbegriff auf eine bezeichnende Weise unscharf, da Hardt und Negri im Anschluß an Spinoza und Deleuze »Macht« zugleich als Vermögen sowohl des Lebens als auch des Kapitals verstehen und sich beide Seiten kaum mehr voneinander unterscheiden lassen. Außerdem verhindert ihre emphatische These vom zunehmenden Immateriellwerden der Arbeit, daß der Bereich ökonomischer Machtausübung überhaupt als spezifischer in den Blick kommt. Dies hat zur Folge, daß die Mitglieder der »Multitude« überhaupt nichts mehr zu verbinden scheint außer der bloßen Tatsache, daß sie tätige, produktive Subjekte sind.

Während in diesem Bild Leben, Ökonomie, Macht und Herrschaft auf eine fast unheimliche Art ineinandergeblendet werden, während zugleich eine Aussicht auf universale Befreiung in Aussicht gestellt wird, könnte eine poststrukturalistische Neukonzeption des Verhältnisses von sozialer Differenz und Macht zugleich bescheidener und

---

24 Vgl. Jameson, Fredric, *Postmodernism, or, The Cultural Logic of Late Capitalism*, Durham 1991.

25 Hardt, Michael/Negri, Antonio, *Empire. Die neue Weltordnung*, Frankfurt/M./New York 2002; ders./ders., *Multitude. Krieg und Demokratie im Zeitalter des Empire*, Frankfurt/M./New York 2004.

anspruchsvoller sein. Nötig wäre zunächst einfach nur eine trennscharfe und empirisch aussagekräftige Kartographierung des Sozialen, in die alle relevanten Verwerfungen und Frontlinien eingezeichnet sind und in der auch Ausbeutung und Klassenmacht einen Platz haben. Von dort aus wäre es dann möglich, über Formen der Identitätspolitik jenseits der eindeutigen Identitäten, aber in Anerkennung der zweifellos fortbestehenden Risse im sozialen Gefüge nachzudenken. So könnte es möglich werden, den Unterschied neu zu denken, den es macht, ob man zu den Besitzenden oder zu denjenigen, die besessen werden, gehört.

Auswahlbibliographie

Althusser, Louis, *Ideologie und ideologische Staatsapparate. Aufsätze zur marxistischen Theorie*, Hamburg/Berlin 1977.

Balibar, Etienne/Wallerstein, Immanuel, *Rasse, Klasse, Nation. Ambivalente Identitäten*, Hamburg 1990.

Butler, Judith, »Poststrukturalismus und Postmarxismus«, in: *Das Undarstellbare der Politik. Zur Hegemonietheorie Ernesto Laclaus*, hg. v. Oliver Marchart, Wien 1998, S. 209-224.

Frankfurter Arbeitskreis für politische Theorie & Philosophie (Hg.), *Autonomie und Heteronomie der Politik. Politisches Denken zwischen Post-Marxismus und Poststrukturalismus*, Bielefeld 2004.

Hardt, Michael/Negri, Antonio, *Empire. Die neue Weltordnung*, Frankfurt/ M./New York 2002.

Laclau, Ernesto/Mouffe, Chantal, *Hegemonie und radikale Demokratie. Zur Dekonstruktion des Marxismus*, Wien 1991.

Nicholson, Linda/Seidman, Steven (Hg.), *Social Postmodernism: Beyond Identity Politics*, New York 1995.

Owen, David (Hg.), *Sociology after Postmodernism*, London/Thousand Oaks 1997.

Rajchman, John (Hg.), *The Identity in Question*, London 1995.

Young, Iris M., *Justice and the Politics of Difference*, Princeton 1990.

Lars Gertenbach

Geschichte, Zeit und sozialer Wandel

Konturen eines poststrukturalistischen Geschichtsdenkens

> »Es handelt sich also darum, eine andere Geschichtlichkeit zu denken – nicht eine neue Geschichte und noch weniger einen ›new historicism‹, sondern eine andere Eröffnung der Ereignishaftigkeit als Geschichtlichkeit« (Jacques Derrida).[1]

Nicht nur die Zeit, sondern auch die Geschichte selbst besitzt eine Geschichte. Alles gegenwärtige Nachdenken über die Geschichtlichkeit, die Entwicklung und den Verlauf von Gesellschaften ist zutiefst in einer Neuordnung des Denkens über Zeit und Geschichte situiert, die mit dem Beginn der Moderne einsetzt. Denn »daß es in der Geschichte um ›Geschichte selber‹ geht und nicht um eine Geschichte von etwas, ist eine moderne, eine neuzeitliche Formulierung«.[2] Diese so gefaßte »Geschichte an und für sich«[3] ist zugleich eine Grundprämisse modernen Denkens wie auch Ausweis einer Historizität des Geschichtsdenkens selbst. Spätestens in der zweiten Hälfte des 18. Jahrhunderts beginnt ein Prozeß, der einen historischen Bruch in der Geschichtsauffassung markiert und Geschichte in den Rang einer gesellschaftlichen Leitformel inthronisiert. Von nun an ist die Geschichte nach einer Formulierung Michel Foucaults »die gelehrteste, informierteste, aufgeweckteste und von der Erinnerung vielleicht

---

1 Derrida, Jacques, *Marx' Gespenster. Der Staat der Schuld, die Trauerarbeit und die neue Internationale*, Frankfurt/M. 2004, S. 109. Für wertvolle Anmerkungen und Kritik danke ich Alexandra Schauer.

2 Koselleck, Reinhart, »Geschichte«, in: *Geschichtliche Grundbegriffe. Lexikon der politisch-sozialen Sprache in Deutschland*, Bd. 2 E-G, S. 593-717, S. 594. Zu diesem doppelten Geschichtsbegriff vgl. auch Rancière, Jacques, *Die Namen der Geschichte. Versuch einer Poetik des Wissens*, Frankfurt/M. 1994.

3 Vgl. Lepenies, Wolf, *Das Ende der Naturgeschichte. Wandel kultureller Selbstverständlichkeiten in den Wissenschaften des 18. und 19. Jahrhunderts*, München 1976, S. 16.

überfüllteste Fläche, sie ist aber gleichzeitig der Grund, von dem aus alle Wesen zu ihrer Existenz und zu ihrem unsicheren Aufleuchten gelangen. Als Seinsweise all dessen, was uns in der Erfahrung gegeben wird, ist die Geschichte so zum Unumgänglichen unseres Denkens geworden.«[4] Vor diesem Hintergrund beginnen sich in der Moderne unablässig Diskurse über die Bedeutung, die Tiefe und die Richtung des historischen Verlaufs zu entspinnen. Besonders augenscheinlich wird dies im 19. Jahrhundert, dem nicht nur die großen geschichtsphilosophischen Entwürfe entstammen, sondern in dem sich mit der Soziologie auch ein Fach etabliert, das dieses Thema unablässig ins Zentrum seines Denkens rückt. Seit Auguste Comte und Herbert Spencer ist die Frage nach sozialem Wandel und der Richtung gesellschaftlicher Entwicklung genuines Forschungsgebiet soziologischen Denkens.

Das Verhältnis einer poststrukturalistischen Sozialwissenschaft hierzu ist zunächst keineswegs eindeutig. Während dem Poststrukturalismus auf der einen Seite vorgeworfen wird, auf die Frage nach sozialem Wandel keine systematischen Antworten liefern zu können,[5] ist doch – bedenkt man beispielsweise die Bemühungen Michel Foucaults um eine Historisierung des Wissens und eine geschichtliche Verortung kultureller Praktiken – auf der anderen Seite offenkundig eine intensive Auseinandersetzung mit der Geschichte zu beobachten. Wie die klassischen und neueren soziologischen Theorien sozialen Wandels gründet auch ein poststrukturalistisches Nachdenken über Geschichte und Historizität auf diesem »Freiwerden der Geschichtlichkeit« zu Beginn der Neuzeit. Der Poststrukturalismus besitzt aber noch aus einem weiteren, spezielleren Grund ein besonderes Verhältnis zur Geschichte: Denn als *Post*strukturalismus impliziert er von Grund auf eine Gegenbewegung zu einem Strukturalismus, der zumindest programmatisch die Geschichte zugunsten der Struktur in den Hintergrund drängt. Entsprechend äußert sich die poststrukturalistische Betonung der Geschichte in gleichem Maße als Kritik am Strukturalismus, wie die Kritik am Strukturalismus stets auch die Form eines eindringlichen Insistierens auf Historizität (Foucault) beziehungsweise des Aufzeigens einer Bewegung der Verzeit-

---

4 Foucault, Michel, *Die Ordnung der Dinge. Eine Archäologie der Humanwissenschaften*, Frankfurt/M. 1995, S. 271.

5 Vgl. Joas, Hans/Knöbl, Wolfgang, *Sozialtheorie. Zwanzig einführende Vorlesungen*, Frankfurt/M. 2004, S. 516.

lichung/Temporisation (Derrida) annimmt.[6] Geschichtlichkeit selbst besitzt so eine grundlegende Bedeutung für die Perspektive einer poststrukturalistischen Sozialwissenschaft.

Vor dem Hintergrund der breiteren philosophischen Diskussionen um Geschichte und Zeit und der engeren soziologischen Debatten um sozialen Wandel lassen sich einige Dimensionen poststrukturalistischen Denkens entfalten und hierzu in Beziehung setzen. Während der Beitrag des Poststrukturalismus für die Frage der Geschichtlichkeit vor allem unter Rekurs auf Michel Foucault und Jacques Derrida ausgelotet werden kann, finden sich beispielsweise bei Ernesto Laclau und Judith Butler darüber hinausgehende Überlegungen, die vor allem für die Frage nach sozialem Wandel in Anschlag gebracht werden können.[7] Dabei läßt sich die vor allem gegenüber modernisierungstheoretischen und geschichtsphilosophischen Prämissen geäußerte Kritik an einer bestimmten Konzeptualisierung von Geschichte im weiteren für Überlegungen zum Stellenwert von sozialem Wandel in poststrukturalistischen Theorien nutzen. Da es sich hierbei aber zugleich um eine Kritik einer *allgemeinen* Theorie sozialen Wandels handelt, die aus einem systematischen Vorbehalt gegenüber spekulativen, prognostischen und zum Teil auch zeitdiagnostischen Bekundungen resultiert, bleibt eine darin enthaltene ambivalente Grundhaltung unhintergehbar bestehen.

Begreift man nun unter Theorien sozialen Wandels nicht allein diejenigen soziologischen Theorien, die sich im engeren Sinn mit spezifischen Transformationsphänomenen, dem Verhältnis von Struktur und Handlung (Giddens, Bourdieu) oder dem Wechselspiel von Mikro- und Makroebenen (Coleman, Esser, Alexander) beschäftigen, sondern vor allem auch solche Positionen, die nach einer spezifischen Gerichtetheit beziehungsweise Entwicklungslogik in der Geschichte suchen, so lassen sich vor allem drei wesentliche Richtungen ausma-

---

6 Vgl. Derrida, Jacques, »Die Struktur, das Zeichen und das Spiel im Diskurs der Wissenschaften vom Menschen«, in: ders., *Die Schrift und die Differenz*, Frankfurt/M. 1976, S. 422-442, sowie Foucault, Michel, »Zur Geschichte zurückkehren«, in: ders., *Schriften in vier Bänden. Dits et Écrits. Band II. 1970-1975*, Frankfurt/M. 2002, S. 331-347.

7 Der Fokus dieser Betrachtungen liegt dabei weniger auf der Perspektive der Sozialgeschichtsschreibung. Zur möglichen Kontur einer poststrukturalistischen Kritik der Sozialgeschichte in der Betonung der Bedeutung von Sprache und Kultur vgl. Jelavich, Peter, »Poststrukturalismus und Sozialgeschichte – aus amerikanischer Perspektive«, in: *Geschichte und Gesellschaft*, 1, 1995, S. 259-289.

chen, die jedoch nicht zwingend konträr zueinander stehen müssen. Erstens finden sich vor allem mit der Aufnahme lebenswissenschaftlicher Modelle in die Soziologie gesellschaftliche Evolutionstheorien, die sozialen Wandel entweder unmittelbar mit evolutionärem Fortschritt verknüpfen (Comte, Spencer) oder mit einem Moment der Emergenz eine historische Kontingenz in die Evolution von Gesellschaften einbauen (Luhmann).[8] Zweitens lassen sich verschiedene Varianten von Modernisierungstheorien unterscheiden, die vor allem einen endogenen Prozeß gesellschaftlicher Entwicklung ausmachen, ohne dabei jedoch notwendigerweise den unilinearen Entwicklungsgedanken des Evolutionismus zu teilen.[9] Diesen Theorien kommt ungeachtet der kulturrelativistischen Kritik und des seit einiger Zeit bestehenden Trends zur Verabschiedung von Großtheorien in der Soziologie für die Diskussionen um den Stellenwert sozialen Wandels noch immer eine große Bedeutung zu.[10] Und drittens finden sich geschichtsphilosophische Positionen, welche die Annahmen eines historischen Verlaufs mit der Frage nach Gesetzmäßigkeiten und der Sinnhaftigkeit historischer Entwicklung verknüpfen. Den klassischen universalgeschichtlichen Fortschrittskonzepten (Hegel, Marx)[11] stehen dabei Formen negativer Geschichtsphilosophie gegenüber, die in der Historie entweder eine Anhäufung sinnloser Katastrophen (Benjamin)[12] oder eine fortschreitende Verfallsgeschichte (Adorno)[13] entdecken. All diese Annahmen teilen gewisse Prämissen – wie die Annahme einer historischen Kontinuität oder eines in sich sinnhaften oder zusammenhängenden Geschichtsverlaufes – hin-

8 Vgl. Luhmann, Niklas, *Die Gesellschaft der Gesellschaft*, Frankfurt/M. 1998, S. 413.

9 Vgl. dazu: van der Loo, Hans/van Reijen, Willem, *Modernisierung. Projekt und Paradox*, München 1992, S. 18f. Vgl. auch die Diskussion um die »multiple modernities«: Bonacker, Thorsten/Reckwitz, Andreas (Hg.), *Kulturen der Moderne. Soziologische Perspektive der Gegenwart*, Frankfurt/M. 2007.

10 Vgl. zur aktuellen Diskussion: Rosa, Hartmut, *Beschleunigung. Die Veränderung der Zeitstrukturen in der Moderne*, Frankfurt/M. 2005 sowie Degele, Nina/Dries, Christian, *Modernisierungstheorie. Eine Einführung*, Paderborn/München 2005.

11 Zum ambivalenten Verhältnis von Marx zur Geschichtsphilosophie vgl. Behrens, Roger (Hg.), *Geschichtsphilosophie oder das Begreifen der Historizität*, Freiburg 1999.

12 Vgl. Benjamin, Walter, »Über den Begriff der Geschichte«, in: ders., *Gesammelte Schriften*, Bd. I.2, Frankfurt/M. 1991, S. 697f.

13 Vgl. Adorno, Theodor W., *Nachgelassene Schriften*, Abt. 4, Vorlesungen, Bd. 13, *Zur Lehre von der Geschichte und der Freiheit*, hg. v. Rolf Tiedemann, Frankfurt/M. 2001, insb. S. 117-145.

sichtlich der Konzeptualisierung von Geschichte, die aus poststrukturalistischer Sicht einer Kritik unterzogen werden können.

Historizität und Nominalismus: Michel Foucault

Von besonderer Bedeutung sind in diesem Zusammenhang zunächst die Arbeiten Michel Foucaults. Trotz immens heterogener Themenbereiche und einer in theoretischer Hinsicht enorm diskontinuierlichen Entwicklung des Foucaultschen Werkes läßt sich in fast allen Publikationen Foucaults die Frage nach der Geschichtlichkeit des untersuchten Gegenstandes ausmachen. Ob in den frühen Schriften zur *Geburt der Klinik*, den Vorlesungen über *Die Anormalen* oder die *Geschichte der Gouvernementalität* oder den Untersuchungen zur *Histoire de la sexualité* – nahezu alle Foucaultschen Arbeiten sind durchzogen von der Frage nach historischen Diskontinuitäten und dem in *Überwachen und Strafen* formulierten Interesse an einer »Geschichte der Gegenwart«.[14] Neben dieser grundlegenden historischen Orientierung finden sich bei Foucault auch ausführliche theoretische Überlegungen, die zum einen als Explikationen diskurs- und machttheoretischer Methodologie, zum anderen aber zugleich als Darstellung seines Geschichtskonzeptes verstanden werden müssen. Insbesondere die methodisch motivierte Kritik an der Ideengeschichte in der *Archäologie des Wissens*[15] wie auch das an Nietzsche entwickelte Programm einer »Genealogie«[16] können hierbei als Ankerpunkte eines poststrukturalistischen Konzepts von Geschichte gelten. Dabei geht es Foucault vor allem um die Infragestellung einiger geschichtstheoretischer Grundprämissen, die sich mehr oder weniger deutlich in den obengenannten Konzepten finden lassen. In Abgrenzung zu einer

---

14 Foucault, Michel, *Überwachen und Strafen. Die Geburt des Gefängnisses*, Frankfurt/M. 1994, S. 43. Vgl. auch ders., »Gespräch über die Macht«, in: ders., *Schriften in vier Bänden. Dits et Écrits. Band III. 1976-1979*, Frankfurt/M. 2003, S. 594-608, hier S. 599. An späterer Stelle spricht Foucault von einer »historischen Ontologie unserer selbst«. Vgl. ders., »Was ist Aufklärung«, in: ders., *Schriften in vier Bänden. Dits et Écrits. Band IV. 1980-1988*, Frankfurt/M. 2005, S. 687-707, S. 702.
15 Vgl. Foucault, Michel, *Archäologie des Wissens*, Frankfurt/M. 1995, S. 194ff.
16 Vor allem in: Foucault, Michel, »Nietzsche, die Genealogie, die Historie«, in: ders., *Schriften in vier Bänden. Dits et Écrits. Band II. 1970-1975*, Frankfurt/M. 2002, S. 166-190. Vgl. dazu auch: Saar, Martin, *Genealogie als Kritik. Geschichte und Theorie des Subjekts nach Nietzsche und Foucault*, Frankfurt/M. 2007.

grundsätzlichen geschichtsphilosophischen Orientierung wendet sich Foucault – vor allem mit der Ausarbeitung der Genealogie – gegen die Rückbindung der historischen Ereignisse auf einen diese übergreifenden und umschließenden Sinn. Denn statt nach dem überhistorischen Zusammenhang zu fragen, entdeckt der Genealoge nach Foucault, »dass es hinter den Dingen ›etwas ganz anderes‹ gibt: nicht deren geheimes, zeitloses Wesen, sondern das Geheimnis, dass sie gar kein Wesen haben oder dass ihr Wesen Stück für Stück aus Figuren konstruiert wurde, die ihnen fremd waren«.[17] Entsprechend hat »die Geschichte [...] keinen Sinn, was nicht heißt, dass sie absurd oder ohne Zusammenhang wäre«.[18] In der Konsequenz ergibt sich für Foucault eine nominalistische Orientierung, die aus der Skepsis an einer Geschichtsphilosophie auch die Annahme einer Linearität des historischen Verlaufs und einer Orientierung am Kriterium der Kontinuität in Zweifel zieht.[19] Geschichte erscheint so weder als Fortschrittsgeschichte noch als aufeinanderfolgende, aber systematisch verbundene Reihe von Ereignissen, sondern einzig als kontingentes Resultat von Macht- und Kräfteverhältnissen. Entsprechend folgt die Entwicklung beziehungsweise der Gang von Gesellschaften keinem Prinzip, diese bewegen sich lediglich »von einer Herrschaft zur anderen«.[20] In dem Maße aber, wie eine Fortschrittsgeschichte geleugnet und die Kontingenz der historischen Entwicklung betont wird, muß für Foucault auch die Frage nach dem Ursprung angezweifelt werden. Denn insofern die Frage nach dem Ursprung zugleich eine Rückbindung des Ereignisses an Vergangenes und damit eine Einhegung des Ereignisses selbst ist, wird die Geschichte enthistorisiert. Es wird das Neuartige in das Immer-schon-Gewesene eingereiht und damit als solches tendenziell geleugnet. Im Gegensatz dazu kann sich eine Genealogie beispielsweise einer bestimmten Erkenntnis »niemals auf die Suche nach deren ›Ursprung‹ machen und dabei all die Episoden der Geschichte außer Acht lassen, weil sie un-

---

17 Foucault, »Nietzsche, die Genealogie, die Historie«, a. a. O., S. 168 f.
18 Foucault, Michel, »Gespräch mit Michel Foucault«, in: ders., *Schriften in vier Bänden. Dits et Écrits. Band III. 1976-1979*, Frankfurt/M. 2003, S. 186-213, hier S. 192.
19 Foucault, »Nietzsche, die Genealogie, die Historie«, a. a. O., S. 172. Vgl. allgemein zum Nominalismus Foucaults: Veyne, Paul, *Foucault revolutioniert die Historie*, Frankfurt/M. 1992.
20 Foucault, »Nietzsche, die Genealogie, die Historie«, a. a. O., S. 177.

zugänglich seien; sie muß sich vielmehr mit den Einzelheiten und Zufällen der Anfänge auseinandersetzen [...].«[21]

Die Hauptkritikpunkte an einer zu stark sinn- und entwicklungsgetränkten Konzeption von Geschichte beziehen sich dabei vor allem auf die Annahme einer vermeintlichen Positivität in der Abfolge der Zeit, den verkannten Gewaltcharakter und die Nivellierung der Ereignishaftigkeit der Geschichte. Entsprechend hegt Foucault auch auf einer ganz grundsätzlichen Ebene erhebliche Skepsis gegenüber einer Theoretisierung der Geschichte, der nicht nur das einzelne Ereignis, sondern die Ereignishaftigkeit als solche zum Opfer fiele.[22] Gerade weil die Geschichte am Grund aller Dinge steht, ist eine Theorie der Geschichte nicht haltbar. Folgerichtig konzentriert sich Foucault in seinen Arbeiten darauf, historische Ereignisse nicht kausal herzuleiten oder in eine überhistorische Perspektive zu überführen. Angeregt durch die Epistemologie von Gaston Bachelard und Georges Canguilhem will er Momente der Diskontinuität und des Bruchs aufzuzeigen, die eine Alterität eröffnen, die zuvor nicht bereits denkbar gewesen sein mußte. Foucault ist so weder an metaphysischer oder überhistorischer Sinnstiftung im Geiste einer Geschichtsphilosophie noch an historischen Invarianten im Sinne des Strukturalismus interessiert. Der Versuch, eine radikale historische Kontingenz zu denken, bedeutet für ihn vor allem eins: »[A]lles in Stücke zu schlagen, was dem tröstlichen Spiel des Wiedererkennens Vorschub leistet.«[23]

Für ein poststrukturalistisches Denken der Geschichte kann daraus vor allem zweierlei abgeleitet werden: eine Abkehr von Vorstellungen historischer und epochaler Totalität im Sinne vereinheitlichen-

21 Ebd., S. 170. In Anlehnung an Nietzsche betont Foucault statt dessen den Begriff der »Herkunft« beziehungsweise der »Entstehung«. Zum Verhältnis Foucaults zu Nietzsche vgl. auch: Foucault, Michel, »Die Rückkehr der Moral«, in: ders., *Schriften in vier Bänden. Dits et Écrits. Band IV. 1980-1988*, Frankfurt/M. 2005, S. 859-873, S. 868f.

22 Vgl. Foucault, Michel, *Die Ordnung des Diskurses*, Frankfurt/M. 1991, S. 33ff.

23 Foucault, »Nietzsche, die Genealogie, die Historie«, a. a. O., S. 179. In diesem Kontext spricht Foucault auch von dem »Evidenzen und Universalitäten zerstörenden Intellektuellen«, vgl. Foucault, Michel, »Nein zum König Sex«, in: ders., *Schriften in vier Bänden. Dits et Écrits. Band III. 1976-1979*, a. a. O., S. 336-353, S. 353. Dies bedeutet jedoch keineswegs, daß ein solches Denken jeglicher Vorstellung von Kausalität entsagt. Zum Verhältnis von Geschichte und Kausalität vgl. Foucault, Michel, *Was ist Kritik?*, Berlin 1999, S. 36f.

der Epochenbezeichnungen sowie eine damit verbundene Rückgewinnung der Ereignishaftigkeit, die eine Öffnung der geschichtlichen Gegenwart auf das Noch-zu-Kommende, das Zukünftige ermöglicht.

Das Ereignis und das »Zu Kommende«:
Jacques Derrida

Genau diese beiden Momente lassen sich auch bei Jacques Derrida wiederfinden. Derrida verdeutlicht dabei ebenfalls die Positionierung des Poststrukturalismus zwischen einer Geschichtsphilosophie auf der einen und einem synchron verfahrenden Strukturalismus auf der anderen Seite. Dabei anerkennt er zwar die strukturalistische Skepsis gegenüber einer Geschichte, die »immer als Bewegung einer Aufhebung der Geschichte gedacht worden [ist], als eine Derivation zwischen zwei Präsenzen«.[24] Derrida sieht im Strukturalismus aber zugleich die »Gefahr, in einen Ahistorismus klassischer Prägung [...] zurückzufallen«.[25] Entsprechend bemerkt er, daß bei Lévi-Strauss »die Rücksicht auf die Strukturalität und auf die innere Originalität der Struktur zur Neutralisierung der Zeit und der Geschichte nötigt«.[26] Demgegenüber findet sich bei Derrida in einer Foucault sehr ähnlichen (wenn auch in einigen Punkten differierenden)[27] Art und Weise ein Insistieren auf Historizität, das bereits auf einer grundlegenden Ebene versucht, dieser Neutralisierung zu entgegnen. Sinnbild hierfür ist der Begriff der différance, der als Bedingung der Möglichkeit von Bedeutung nicht nur auf einen Prozeß des Sich-Unterscheidens, sondern auch auf einen zeitlichen Aufschub verweist und für Derrida damit zugleich ein unhintergehbares Moment der Verzeitlichung aufzeigt. Von Bedeutung hinsichtlich des Derrida'schen Geschichts- und Zeitkonzepts ist aber nicht nur diese – auch in der Praxis der Dekonstruktion zutage tretende – unterschwellige

24 Derrida, »Die Struktur, das Zeichen und das Spiel ...«, a. a. O., S. 439.
25 Ebd.
26 Ebd. Vgl. dazu auch Dosse, François, *Geschichte des Strukturalismus*, 2 Bde., *Bd. 2: Die Zeichen der Zeit, 1967-1991*, Hamburg 1998, S. 48.
27 Vgl. hierzu die instruktiven Ausführungen von Mercedes Bunz zum Streit zwischen Foucault und Derrida um die Frage der Ereignishaftigkeit und der Geschichte: Bunz, Mercedes, *Internet – eine mediale Historiographie*, Dissertation Bauhaus Universität Weimar, 2005 (i. E.).

Historizität. Wie Foucault verkettet er dies zugleich mit der Frage nach dem Stellenwert des Ereignisses, die er jedoch stärker auf eine Form der Zukünftigkeit, auf das »Noch-zu-Kommende«, bezieht. Dabei ist das »Zu-Kommende« für Derrida radikal unterschieden von einer Zukunft, die im wesentlichen vorprogrammiert, geplant oder zumindest absehbar ist. Als »Zu Kommendes« ist das Zukünftige unbekannt und unmarkiert. Es entzieht sich einer teleologischen Einschränkung, denn, so Derrida, »die Bedingung, damit das Zukünftige zu kommen bleibt, ist nicht nur, daß es nicht bekannt, sondern daß es *als solches nicht wißbar* ist. Seine Bestimmung dürfte nicht mehr der Ordnung des Wissens oder einem Horizont von Vorwissen unterliegen, sondern einem Kommen oder einem Ereignis, das man in einer Erfahrung kommen *läßt* oder zu kommen veranlaßt [...], die jeder Feststellung wie jedem Erwartungshorizont als solchem heterogen ist: das heißt jedem stabilisierbaren Theorem als solchem.«[28]

Diese Form des Zukünftigen entspricht dabei weder einer regulativen Idee im Sinne Kants noch einem klassisch-utopischen Entwurf, insofern es für Derrida nicht einmal in Form einer zukünftigen Gegenwart einholbar ist.[29] In diesem Kontext ist auch sein Eintreten für die »kommende Demokratie« – *démocratie à venir* – zu verstehen, die vor allem in den späteren Schriften Derridas eine zunehmende Bedeutung einnimmt und die von der Idee einer zukünftigen Demokratie – *démocratie future* – unterschieden werden muß.[30]

28 Derrida, Jacques, *Dem Archiv verschrieben. Eine Freudsche Impression*, Berlin 1997, S. 130.

29 Vgl. Derrida, *Marx' Gespenster*, a. a. O., S. 96. Dazu auch Laclau, Ernesto, *Emanzipation und Differenz*, Wien 2002, S. 113. In diesem Zusammenhang ist auch Derridas Vorbehalt gegenüber dem Begriff der Utopie zu verorten, obwohl er selbst ein scheinbar utopisches Denken vertritt. Vgl. Derrida, Jacques, »Ich misstraue der Utopie, ich will das Un-Mögliche«, in: *Die Zeit*, Nr. 11, 1998, wiederabgedruckt in: Moebius/Wetzel, *Absolute Jacques Derrida*, Freiburg 2005. An dieser Stelle ist auch eine Differenz zu Foucault auszumachen, denn Derrida verknüpft dieses Moment des Kommenden unzweifelhaft mit einem (an Walter Benjamin orientierten) Gedanken des Messianischen – wenn auch »eines Messianischen ohne Messianismus«. Vgl. Derrida, *Marx' Gespenster*, a. a. O., S. 97, sowie Derrida, Jacques, *Marx & Sons*, Frankfurt/M. 2004, S. 81.

30 Vgl. Derrida, *Marx' Gespenster*, a. a. O., S. 96, Derrida, »Ich misstraue der Utopie ...«, a. a. O., sowie Critchley, Simon, »Dekonstruktion – Marxismus – Hegemonie. Zu Derrida und Laclau«, in: *Das Undarstellbare der Politik. Zur Hegemonietheorie Ernesto Laclaus*, hg. v. Judith Butler et al., Wien 1998, S. 205.

Konturen eines poststrukturalistischen Geschichtsdenkens

Mit Foucault und Derrida lassen sich so die wesentlichen Grundmotive einer poststrukturalistischen Konzeption von Geschichte nachzeichnen und bestimmen, von welchen – und das meint vor allem metaphysischen und sinngetränkten – Vorstellungen von Geschichte diese systematisch abzugrenzen und zu distanzieren ist. Es läßt sich überdies ein Punkt ausmachen, an dem sich zumindest perspektivisch eine Öffnung der Geschichte andeutet. Denn die Betonung einer grundlegenden Historizität und das Insistieren auf einer konstitutiven Rolle von Macht- und Kräfteverhältnissen verweisen auf ein Moment historischer Kontingenz, das folglich auch die Vorstellungen von sozialem Wandel affiziert. Für eine solche poststrukturalistische Perspektive auf Historizität und sozialen Wandel lassen sich vor allem drei Prämissen festhalten: Erstens ist damit eine Abkehr von einer Annahme eines überhistorischen Sinns oder einer wie auch immer gearteten Bestimmung der *Geschichte als solche* verbunden. Zweitens fokussiert dies den sozialwissenschaftlichen Blick auf Momente der Diskontinuität und der Heterogenität, die von einem allzu starren Konzept von Geschichte und einem allzu linearen Modell der Zeit unterschlagen werden. Und drittens folgt hieraus eine Betonung der Ereignishaftigkeit, die, vermittelt über das Moment der Diskontinuität und des »Noch-zu-Kommenden«, bestrebt ist, einen Möglichkeitsspielraum zu eröffnen und eine Alterität im Sinne einer grundsätzlichen und auch fundamentalen Veränderbarkeit von Gesellschaften zu denken.

Umgreift man dies als maßgebliche Konturen eines poststrukturalistischen Denkens der Geschichte, so wird vor allem eine Differenz zu zwei Positionen deutlich, die auch in gegenwärtigen Debatten in vielfacher Weise präsent sind. Zum einen grenzt sich eine solche Position sehr deutlich von stark homogenisierenden Epochenbezeichnungen ab, wie sie beispielsweise im klassischen Konzept der Moderne anzutreffen sind. Gegen die Vorstellung einer holistischen und einen bedeutenden und tiefgreifenden epochalen Bruch betonenden Konzeption »der Moderne« läßt sich aus poststrukturalistischer Perspektive ein hybrides Modell der modernen Gesellschaft in Anschlag bringen. Gegenüber solchen Konzepten, die im Wechselspiel von Kontinuität und Diskontinuität »eine eindeutige Ablösung ›alter‹ Gesellschaftsformationen durch ›neue‹ beziehungsweise eine im Kern stabile Reproduktion eines Strukturmusters«[31] suggerieren, konzentriert sich eine poststrukturalistische Perspektive auf Momente »historischer Intertextualität«,[32] in denen kulturelle Ambivalenzen, Mehrdeutigkeiten oder ein – mit Nietzsche gesprochen – historisch »Unzeitgemäßes« zum Ausdruck kommen.[33] Der sozialtheoretische Blick fokussiert dabei auf Phänomene des Unentscheidbaren und der Polyvalenz, in denen Prozesse des Scheiterns vollständiger Sinnhaftigkeit zum Ausdruck kommen, die konzeptionell im Begriff des »Heterologischen« zusammengefaßt werden können.[34]

Darüber hinaus widersetzt sich eine solche Position zum anderen der oftmals auch dem Poststrukturalismus unterstellten These des »Endes der Geschichte« beziehungsweise des »Posthistoire«.[35] Vielmehr wird betont, daß das Ende der Geschichte als solches »eine Unmöglichkeit [ist]; es geschah nie, und es wird nie geschehen«.[36] In diesem Sinne muß Derridas Auseinandersetzung mit Francis Fukuyama in *Marx' Gespenster* gelesen werden: sie dekonstruiert die Annahme einer Endlichkeit der Geschichte.[37] In ähnlicher Weise

---

31 Reckwitz, Andreas, *Das hybride Subjekt. Eine Theorie der Subjektkulturen von der bürgerlichen Moderne zur Postmoderne*, Weilerswist 2006, S. 638.

32 Ebd.

33 Vgl. zum Begriff des »Unzeitgemäßen«: Deleuze, Gilles, »Kontrolle und Werden«, in: ders., *Unterhandlungen 1972-1990*, Frankfurt/M. 1993, S. 243-253, S. 244.

34 Hierbei kann das *Collège de Sociologie* um Georges Bataille als Vorläufer einer poststrukturalistischen Sozialwissenschaft gelten. Vgl. dazu die ausführliche Diskussion in: Moebius, Stephan, *Die Zauberlehrlinge. Soziologiegeschichte des Collège de Sociologie (1937-1939)*, Konstanz 2006, insb. S. 489-503, sowie Moebius, Stephan, *Die soziale Konstituierung des Anderen. Grundrisse einer poststrukturalistischen Sozialwissenschaft nach Lévinas und Derrida*, Frankfurt/M. 2003, S. 386-391.

35 Das Reden über ein »Ende der Geschichte« ist dabei nicht erst seit Francis Fukuyamas gleichnamigem Buch aus dem Jahr 1992 virulent, es begleitet von Anbeginn das moderne und besonders hegelianische Geschichtsverständnis. Siehe exemplarisch Plessner, Helmuth, *Die verspätete Nation. Über die politische Verführbarkeit bürgerlichen Geistes*, Frankfurt/M. 1994, S. 111. Vgl. allgemein zur These des »Posthistoire«: Niethammer, Lutz, *Posthistoire. Ist die Geschichte zu Ende?*, Reinbek 1989 und auch Kojève, Alexandre, *Hegel. Kommentar zur Phänomenologie des Geistes*, Frankfurt/M. 1975.

36 Butler, Judith, »Poststrukturalismus und Postmarxismus«, in: *Das Undarstellbare der Politik. Zur Hegemonietheorie Ernesto Laclaus*, a. a. O., S. 209-224, hier S. 211.

37 Vgl. dazu: Derrida, *Marx' Gespenster*, a. a. O., Laclau, Ernesto, »Die Zeit ist aus den Fugen«, in: ders., *Emanzipation und Differenz*, a. a. O., S. 104-124.

rekurriert auch Judith Butler auf die schon angesprochene Figur des Zukünftigen, wenn für sie »die Unrealisierbarkeit des Endes der Geschichte genau die Garantie für Zukünftigkeit [ist], denn wenn Geschichte ein Ende hätte, ein Telos, und wenn dieses Ende in der Gegenwart erkennbar wäre, dann wäre die Zukunft bereits vor ihrem Eintreten bekannt, und die Zukunft wäre immer schon gegenwärtig. Seltsamerweise würde das Postulat des Endes der Geschichte – ein Postulat, das immer in der Gegenwart stattfindet – dieses Ende der Gegenwart einverleiben und damit die eigentliche Geschichte, die das Postulat antizipiert, verwerfen. Der Zukunft eine definitive Form zuzuschreiben heißt, sie von vornherein zu kennen, und dann die eigentliche Unerkennbarkeit, genau die Kontingenz, die die Zukunft als etwas kennzeichnet, das noch nicht ist, zu verwerfen und auszuschließen.«[38]

Aus poststrukturalistischer Perspektive wäre dagegen in Anklang zu bringen, »daß wir weniger am Ende der Geschichte stehen als an einer Art Anfang, an dem Punkt, an dem wir die radikale Kontingenz und Unbegrenztheit unserer Endlichkeit anerkennen können«.[39] Entsprechend wird auch deutlich, daß bei aller Betonung der Kontingenz unter anderem an dieser Stelle eine grundsätzliche Differenz zwischen poststrukturalistischen und postmodernen Positionen besteht. Denn entgegen einer verbreiteten Auffassung beinhaltet dies gerade *keine* Abkehr von der Geschichte oder – wie Seyla Benhabib in ihrer Kritik an Butler unterstellt – eine »Auflösung des epistemischen Erkenntnisinteresses an der Geschichte«.[40] Eine derartige Verabschiedung eines utopischen Denkens widerspricht der poststrukturalistischen Geschichtskonzeption, sie wäre allenfalls in postmodernen Positionen anzutreffen.[41]

---

38 Butler, »Poststrukturalismus und Postmarxismus«, a. a. O., S. 211.

39 Critchley, Simon, »Dekonstruktion – Marxismus – Hegemonie . . .«, a. a. O., S. 201 f.

40 Benhabib, Seyla, »Feminismus und Postmoderne. Ein prekäres Bündnis«, in: *Der Streit um Differenz. Feminismus und Postmoderne in der Gegenwart*, hg. v. dies. et al., Frankfurt/M. 1993, S. 9-30, hier S. 26.

41 Zur Differenz zwischen Postmoderne und Poststrukturalismus vgl. Butler, Judith, »Kontingente Grundlagen. Der Feminismus und die Frage der ›Postmoderne‹«, in: *Der Streit um Differenz. Feminismus und Postmoderne in der Gegenwart*, a. a. O., S. 31-58, sowie Butler, Judith, *Haß spricht. Zur Politik des Performativen*, Frankfurt/M. 2006, S. 228.

Poststrukturalistische Perspektiven
auf sozialen Wandel

Abschließend läßt sich aus diesen Momenten etwas deutlicher konturieren, in welchen Rahmen sich eine poststrukturalistische Perspektive auf sozialen Wandel beziehungsweise gesellschaftliche Transformationen situiert. Die Betonung einer basalen Geschichtlichkeit des Sozialen und die Kritik an einer bestimmten Konzeptionalisierung von Geschichte gehen einher mit der Annahme, daß sozialer Wandel bereits grundlegend in eine konstitutive Instabilität der gesellschaftlichen Strukturen eingeschrieben ist. Historische Umbrüche, politische Veränderungen und soziale Transformationen ermöglichen sich beständig in der und durch die Verzeitlichung gesellschaftlicher Strukturen und resultieren aus der Unumgänglichkeit von deren (Re-) Artikulation. Sie folgen dabei weder einem Modus historischer Notwendigkeit (wie bestimmte marxistische Positionen suggerieren mögen) noch einem univoken Prinzip oder einer den Strukturen inhärenten Entwicklungslogik (wie etwa im Modell der funktionalen Differenzierung). Keineswegs läßt sich sozialer Wandel aber auf dieses Moment der Kontingenz reduzieren. Denn gleichzeitig darf eine solche Betonung der Geschichte nicht als antistrukturalistischer Voluntarismus verstanden werden. Der Gestus radikaler Historisierung, der mit einer poststrukturalistischen Perspektive einhergeht, mündet gerade nicht in ein letztlich geschichtsblindes *anything goes*: Wie Judith Butler im Hinblick auf die Aneignung des Begriffs »queer« durch soziale Bewegungen zu Recht betont, werden »weder Macht noch Diskurs [...] in jedem Moment von neuem gemacht; sie sind nicht so schwerelos, wie das die Utopiker radikaler Resignifikation implizieren könnten«.[42] So folgt sozialer Wandel zwar nicht einer der Geschichte oder den Strukturen selbst inhärenten Logik, er ist aber dennoch fundamental von gesellschaftlichen Kräfteverhältnissen, der Art und Weise politischer Artikulationen sowie sozialen Kämpfen und Auseinandersetzungen abhängig. Die tatsächliche Möglichkeit sozialen Wandels läßt sich damit nicht schon aus einer proklamierten geschichtlichen Diskontinuität und potentiellen kulturellen Variabilität ableiten; sie ist zutiefst den gesellschaftlichen Strukturen, Machtverhältnissen und Herrschaftsformen verhaftet.

---

42 Butler, Judith, *Körper von Gewicht. Die diskursiven Grenzen des Geschlechts*, Frankfurt/M. 1997, S. 308.

Unter solchen Prämissen rücken vor allem zwei Momente wieder in den Vordergrund: die Rolle der Politik beziehungsweise des Politischen, das aus der grundlegenden Umkämpftheit und Unabschließbarkeit alles Gesellschaftlichen resultiert, sowie ein kulturell-symbolisches Moment, das mit der Betonung der Diskursivität beziehungsweise der diskursiven Verfaßtheit von Gesellschaften einhergeht. Entscheidend für die Bedeutung des Politischen ist dabei die Frage nach der Artikulationslogik hegemonialer, vor allem politischer Diskurse, da insbesondere diese es vermögen, zumindest vorübergehend die Bedeutungen von sozialen Beziehungen und gesellschaftlichen Verhältnissen zu fixieren und zu stabilisieren.[43] In den Blickpunkt gerät somit der Begriff der Hegemonie beziehungsweise die Frage nach den Möglichkeiten der Formierung einer hegemonialen Konstellation – eine Thematik, die in der poststrukturalistischen Hegemonietheorie von Ernesto Laclau und Chantal Mouffe im Zentrum steht. Da eine solche hegemoniale Formierung unhintergehbar an diskursive Prozesse der Artikulation gebunden ist, bekommen diese in dem Augenblick einen politischen Status, in dem anerkannt wird, daß sie keiner historischen Notwendigkeit unterstehen. Sie sind so konstitutiv mit dem Terrain des Politischen verflochten.[44]

Mit dieser politischen Dimension wird auch das kulturell-symbolische Moment ersichtlich, das zudem den Abstand zur klassischen Sozialgeschichtsschreibung kennzeichnet. Denn im umfassenden Sinne kann eine poststrukturalistische Perspektive auf Geschichte und sozialen Wandel die klassische Sozialgeschichte insbesondere dort desavouieren, wo Kultur, Sprache und die Generierung von Bedeutungen im weitesten Sinne systematisch minorisiert werden.[45] Der poststrukturalistische Blick auf Geschichte entsagt nicht nur einfachen Kausalitätsmodellen, sondern auch jedweder Form eines theoretischen Reduktionismus, beispielsweise ökonomischer oder technischer Art.

43 Vgl. hierzu allgemein Butler et al. (Hg.), *Das Undarstellbare der Politik*, a. a. O.

44 Zum Begriff der Hegemonie bei Laclau siehe den Beitrag zu »Macht und Hegemonie« von Stephan Moebius in diesem Band, S. 158-174. Zum Begriff des Politischen vgl. den Beitrag von Martin Nonhoff in diesem Band, S. 277-294, sowie die Beiträge in: Flügel, Oliver/Heil, Reinhard/Hetzel, Andreas (Hg.), *Die Rückkehr des Politischen. Demokratietheorien heute*, Darmstadt 2004.

45 Vgl. Wehler, Hans-Ulrich, *Deutsche Gesellschaftsgeschichte*, Band 1: *Vom Feudalismus des ›alten Reiches‹ bis zur ›defensiven Modernisierung‹ der Reformära 1700-1815*, München 1987, S. 7. Vgl. auch Jelavich, »Poststrukturalismus und Sozialgeschichte«, a. a. O., S. 259f.

Mit der Betonung der Diskursivität gesellschaftlicher Verhältnisse verlagert sich der Blick im gleichen Moment auf kulturelle Prozesse der Sinn- und Bedeutungserzeugung wie auf politische Auseinandersetzungen. Vor allem von Judith Butler und Ernesto Laclau wird dieser Bezug auf politische Artikulationen und soziale Kämpfe wieder deutlicher in den Vordergrund gerückt, womit vor allem eine vehement symbolische Komponente angesprochen ist. Gleichzeitig wird damit keineswegs, wie oftmals dem Poststrukturalismus unterstellt wird, die Möglichkeit einer radikalen oder sogar revolutionären Transformation des Sozialen bestritten oder in eine unvereinbare Pluralität von Kämpfen aufgelöst. Eine solche Möglichkeit wird jedoch nicht wie entlang der klassisch modernen Idee als *eine* fundamentale Operation »auf der Ebene eines fundamentalen Grundes«[46] gedacht, sondern als polykontexturelle Verschränkung beziehungsweise durch eine »Überdeterminierung partieller Veränderungen«.[47]

All dies läßt erkennen, warum eine systematische Theorie sozialen Wandels hiermit nur schwer zu vereinbaren ist. Dies ist aber keineswegs einem mangelndem Interesse an der Geschichte oder einer ahistorischen Theorieanlage geschuldet; es resultiert vielmehr aus den geschichtstheoretischen Grundprämissen, die eine gewisse Form der Theoretisierung der Geschichte von Grund auf ausschließen.

Forschungsdesiderata

Können hiermit zwar einige Grundpfeiler eines poststrukturalistischen Denkens der Geschichte abgesteckt und lokalisiert werden, so bleiben aber weiterhin einige wesentliche Momente dieses Komplexes ungeklärt. Neben der eher philosophischen Frage nach der Gestalt des Geschichtsbegriffs beträfe dies vor allem das genaue Verhältnis von Geschichte und Sprache. Hierbei wäre aus sozialwissenschaftlicher Perspektive darauf zu insistieren, den poststrukturalistischen Beitrag vor allem in zwei Bereichen noch genauer zu präzisieren: der Sozial- und Kulturgeschichtsschreibung und den Theorien sozialen Wandels. In beiden Fällen wären als Forschungsdesiderata zunächst insbesondere begriffliche und konzeptionelle Fragen auszumachen, die etwa das Verhältnis von hermeneutischen und hand-

46 Laclau, *Emanzipation und Differenz*, S. 148.
47 Ebd.

lungszentrierten Erklärungskonzepten gegenüber diskursanalytischen und hegemonietheoretischen Ansätzen beträfen. Zum einen ginge es dabei um den Stellenwert und die mögliche Anwendbarkeit poststrukturalistisch informierter Begriffe und Konzepte innerhalb dieser Disziplinen und zum anderen um die Möglichkeiten und Ansatzpunkte eines dekonstruktiven Durcharbeitens der Erklärungsmodelle und Begrifflichkeiten herkömmlicher Theorien.[48] Ansetzen könnte eine poststrukturalistische Kritik insbesondere dort, wo handlungs- und akteurszentrierte Konzepte eine Idealisierung der Geschichte betreiben, die sozialen Wandel auf eine makrosoziologische, politische Ereignisgeschichte reduziert. Über diese konzeptionellen Bereiche hinaus besteht aber auch eine weitaus greifbarere und forschungspraktisch relevantere Lücke in der konkreten empirischen Forschung. Bereits die gegenüber der theoretischen Präsenz des Poststrukturalismus nach wie vor sehr geringe Anzahl empirischer Arbeiten macht deutlich, daß an dieser Stelle eine enorme Kluft besteht. Sicherlich mag dies angesichts der bereits illustrierten Skepsis gegenüber einer Theoretisierung der Geschichte nicht verwundern, es lassen sich aber dennoch einige Forschungsbereiche ausmachen, an denen empirische Studien ansetzen könnten. Zunächst ließe sich das poststrukturalistische Interesse an Momenten der Unentscheidbarkeit, des Diskontinuierlichen und der Kontingenz mit konkreten historischen Untersuchungen verbinden, die den Blick auf diejenigen Prozesse der Sinn- und Bedeutungskonstruktion legen, die für sozialen Wandel von entscheidender Bedeutung sind. Mit dem damit verbundenen Fokus auf Sinngebung und Sprache könnten überdies zahlreiche diskursanalytische Forschungen verknüpft werden, die über konkrete Situationen hinaus für historisch breitere Untersuchungen genutzt werden könnten. Gefragt werden könnte damit – auf ähnliche Weise, wie Foucault dies in seinen Vorlesungen am *Collège de France* versucht hat – nach den diskursiven Bedingungen von gesellschaftshistorisch bedeutenden Einschnitten und Umbrüchen. So ließe sich schließlich auch ein informierterer Blick auf die Frage nach den strukturellen Gründen und Bedingungen eines langfristigen Wandels von Gesellschaften und einer Veränderung in den gesamtgesellschaftlichen Organisationsmodi werfen.

48 In der historischen Forschung kann hierbei an die bereits bestehenden Überlegungen Philipp Sarasins angeschlossen werden. Vgl. Sarasin, Philipp, *Geschichtswissenschaft und Diskursanalyse*, Frankfurt/M. 2003.

Eine weitere Konkretisierung einer solchen poststrukturalistischen Perspektive auf sozialen Wandel und Geschichte wird schließlich auch davon abhängen, wie sehr es gelingt, die hegemonietheoretischen Überlegungen von Ernesto Laclau, Chantal Mouffe sowie auch von Judith Butler forschungspraktisch umzusetzen. Da eine fruchtbare Bereicherung der gängigen Themen und Fragestellungen der Theorien sozialen Wandels vor allem von den Überlegungen Ernesto Laclaus ausgehen könnte, wäre eine weitere Rezeption von dessen Arbeiten innerhalb der Sozialwissenschaften wünschenswert. Berücksichtigt werden müßte dabei aber stets das durchaus ambivalente Verhältnis zur klassischen sozialtheoretischen Methodologie. Denn bei allem Bemühen und allen konstruktiven Anschlußmöglichkeiten sollte die Distanz zu einer Geschichts- sowie allgemeinen Theorie sozialen Wandels aus den genannten systematischen Vorbehalten nicht getilgt werden.

In diesem Spannungsfeld wird sich ein poststrukturalistisches Nachdenken über Geschichtlichkeit notwendig bewegen. Aus der Perspektive arrivierter Forschungsmethoden mag dies als ungenügend empfunden werden, es bleibt jedoch daran zu erinnern, daß dies auf der anderen Seite mit einer »Befreiung der Geschichtlichkeit« und damit zugleich einer Radikalisierung des Politischen einhergeht. Denn wenn am Grunde unseres Daseins nicht die Notwendigkeit, sondern eine reine historische Kontingenz steht, bleibt die Gegenwart umkämpft und die Zukunft unbestimmt. Es gilt, die Forderung der Unbeschriebenheit der Zukunft aufrechtzuerhalten – sie bleibt: *à venir*.

Auswahlbibliographie

Attridge, Derek/Bennington, Geoffrey/Young, Robert (Hg.), *Post-Structuralism and the Question of History*, Cambridge (MA) 1987.

Békési, János, »*Denken« der Geschichte. Zum Wandel des Geschichtsbegriffs bei Jacques Derrida*, München 1995.

Brieler, Ulrich, *Die Unerbittlichkeit der Historizität. Foucault als Historiker*, Köln/Weimar/Wien 1998.

Derrida, Jacques, »Gespräch mit Jean-Louis Houdebine und Guy Scarpetta«, in: ders., *Positionen*, Wien 1986, S. 83-184.

Derrida, Jacques, *Marx' Gespenster*, Frankfurt/M. 1996, S. 75-110.

Foucault, Michel, »Nietzsche, die Genealogie, die Historie«, in: ders., *Schriften in vier Bänden. Dits et Écrits. Band II. 1970-1975*, S. 166-190.

Foucault, Michel, *Archäologie des Wissens*, Frankfurt/M. 1995.

Sarasin, Philipp, *Geschichtswissenschaft und Diskursanalyse*, Frankfurt/M. 2003.

Veyne, Paul, *Foucault revolutioniert die Historie*, Frankfurt/M. 1992.

Andreas Reckwitz
Moderne
Der Kampf um die Öffnung und
Schließung von Kontingenzen

Die Moderne als soziologisch-aufklärerisches Projekt

Die Soziologie versteht sich seit ihrer Entstehung im 19. Jahrhundert als eine Wissenschaft der Moderne.[1] Am einflußreichsten stellen sich seitdem drei soziologische »große Erzählungen« der modernen Gesellschaft dar: die Beschreibung der Moderne als Kapitalisierung, das heißt als eine dynamische Struktur von Kapitalakkumulation, technologischer Entwicklung und Klassenkampf (Marx); die Charakterisierung der Moderne als Rationalisierung, als Ausbreitung von Institutionen, die auf Prinzipien der formalen Zweck-Mittel-Rationalität basieren (Weber); schließlich ihre Identifikation mit einem Prozeß der funktionalen Differenzierung, das heißt einer Etablierung spezialisierter gesellschaftlicher Sphären, die jeweils einer relativen Eigenlogik folgen (Durkheim, Simmel).[2] Die klassischen soziologi-

---

1 Im folgenden geht es allein um den im engeren Sinne gesellschaftstheoretischen und sozialphilosophischen Begriff der Moderne. Dieser ist vom ästhetischen Begriff der Moderne, dem »Modernismus«, der um 1900 einsetzt, zu unterscheiden. Der ästhetische Modernismus befindet sich zunächst in einer avantgardistischen Opposition zur gesellschaftlichen, klassisch-bürgerlichen Moderne. Er wird später aus der Perspektiver des ästhetischen Postmodernismus jedoch als geheimer Verbündeter der organisierten, technizistischen Moderne wahrgenommen. Gleichzeitig ergeben sich Berührungspunkte zwischen dem ästhetischen Postmodernismus und dem ästhetischen Modernismus, und zwar in dessen Segment der Avantgarde-Bewegungen. Generell sollten die Begriffe Moderne und Postmoderne auf gesellschaftlich-kulturelle Formationen bezogen werden, während Modernismus und Postmodernismus ästhetische Phänomene bezeichnen (die natürlich nicht vollständig getrennt von ersteren zu denken sind). Zu diesem begrifflichen Kontext vgl. auch Eysteinsson, Astradur, *The Concept of Modernism*, Ithaca/London 1990; Kumar, Krishan, *From Post-Industrial to Post-Modern Society. New Theories of the Contemporary World*, Oxford 1995, Kap. 4 und Kap. 5.
2 Vgl. zu diesen klassischen Grundannahmen nur Giddens, Anthony, *Capitalism and Modern Social Theory. An Analysis of the Writings of Marx, Durkheim and Max Weber*, Cambridge 1992; Wagner, Peter, *Theorizing Modernity. Inescapability and Attainability in Social Theory*, London 2001.

schen Theorien der Moderne sind damit Theorien der »Modernisierung«, die von einer Ausbreitung und Steigerung der als modern anerkannten gesellschaftlichen Strukturprinzipien in Raum und Zeit ausgehen. Sie setzen sich in der Mitte des 20. Jahrhunderts in den insbesondere US-amerikanischen, strukturfunktionalistischen *modernization theories*, in anderer Weise auch in neomarxistischen Theorien fort und beeinflussen am Ende des 20. Jahrhunderts auch Theorien der Hochmoderne wie die einer »reflexiven Modernisierung«, welche von einer weiteren Steigerbarkeit moderner Prinzipien in der Gegenwartsgesellschaft ausgehen.[3]

Trotz aller Unterschiede zwischen den Kapitalismus-, Rationalisierungs- und Differenzierungstheorien stimmen diese großen Erzählungen der Moderne idealtypisch in bestimmten Grundmustern überein:

1. Der klassische soziologische Diskurs der Moderne beruht zu großen Teilen auf einer Differenz von Struktur und Kultur und schreibt bestimmten Strukturmerkmalen das Primat zur Bestimmung der Moderne zu, die im Extrem kulturell neutral zu sein scheinen:[4] Industrialisierung, Technisierung, Arbeitsteilung, Urbanisierung, Zweck-Mittel-Prozeduren, Sphärendifferenzierung etc. Kulturelle Phänomene werden im Rahmen dieser Darstellungen regelmäßig an strukturelle Muster gekoppelt (Individualisierung etwa als Produkt von Differenzierung oder Verdinglichung als Produkt von Kapitalisierung interpretiert). Demgegenüber wird gängigerweise den nichtmodernen Gesellschaften ein Primat der Kultur zugeschrieben (etwa auf der Ebene von Kollektivbewußtsein, Religion, Ritualisierungen etc.), die sich unter modernen Bedingungen zu verflüssigen scheint.

2. Generell vorausgesetzt wird in den Modernisierungstheorien ein Dualismus von traditionalen und modernen Gesellschaften. Die Blaupause dieser Differenzmarkierung ist letztlich jene Unterscheidung, die Ferdinand Tönnies zwischen Gemeinschaft und Gesellschaft zieht. Diese Unterscheidung hat sowohl eine zeitliche (Vergangenheit/Gegenwart/Zukunft) als auch eine räumliche (Westen/Nicht-Westen)

---

3 Vgl. kritisch zur Modernisierungstheorie Knöbl, Wolfgang, *Das Ende der Eindeutigkeit. Die Spielräume der Modernisierung*, Weilerswist 2001, zur Theorie reflexiver Modernisierung vgl. Beck, Ulrich u. a., *Reflexive Modernisierung. Eine Kontroverse*, Frankfurt/M. 1996.

4 Vgl. zu diesem Aspekt kritisch Eisenstadt, Shmuel Noah, *Tradition, Wandel und Modernität*, Frankfurt/M. 1979.

Konnotation, und in beiden Hinsicht wird eine Expansion von Modernität auf Kosten von Traditionalität angenommen.[5]

3. Die Kehrseite der Differenz zwischen Traditionalität und Moderne ist die Annahme einer trotz gewisser historischer oder regionaler Differenzen existierenden »Einheit«, einer Homogenität der Moderne in ihrem Kern, die sich auf der Ebene der jeweiligen Strukturmerkmale des Kapitalismus, des Rationalismus und der Differenzierung ausmachen läßt. Häufig ist die Figur der Einheit an die Figur der Steigerung gekoppelt. Die historische Entwicklung innerhalb der Moderne scheint dann trotz gelegentlicher Sackgassen einem linearen Muster zu folgen, so daß sich ein quantitatives oder qualitatives »Mehr« der gegebenen Strukturmerkmale registrieren läßt (etwa eine noch intensivere Kapitalisierung aller Lebensverhältnisse oder eine noch stärkere Auflösung von Großgruppen).

4. Der klassische soziologische Diskurs der Moderne neigt dazu, implizit oder explizit den Strukturmerkmalen der Moderne »Rationalität« zuzuschreiben. Dies schließt durchaus eine Kritik an Irrationalitäten innerhalb moderner Gesellschaften ein, die letztlich aber die Geltung eines Rationalitätsnarrativs im weitesten Sinne voraussetzt. Was hier unter Rationalität verstanden wird, ist zwischen unterschiedlichen klassischen Gesellschaftstheorien umstritten. Es gibt aber eine Reihe von Merkmalen, die immer wieder genannt werden: zum einen der Übergang von partikularen zu universalen sozialen Mustern, das heißt von Mustern lokal beschränkter Reichweite zu solchen allgemeiner Geltung (im Bereich des Rechts, des Wirtschaftens, der Logik); zum anderen der Übergang von diffusen sozialen Grenzziehungen zu strikten, »der Sache nach« differenzierten Grenzziehungen, die eine effiziente Arbeitsteilung ermöglichen sollen; schließlich ein Übergang von der Naturbeherrschtheit zur Naturbeherrschung, das heißt zur Etablierung eines Regimes, das die Natur kontrolliert und ausnutzt.[6]

Die Verarbeitung dieser vier basalen Merkmale des modernisierungstheoretischen Narrativs ist im klassischen soziologischen Diskurs der Moderne durchaus nicht widerspruchsfrei. An bestimmten Orten wird die modernisierungstheoretische Struktur in seinen Texten

5 Vgl. zu dieser Dichotomisierung Redfield, Robert, *The Primitive World and Its Transformation*, Harmondsworth 1953.

6 Vgl. auch van der Loo, Hans/van Reijen, Willem, *Modernisierung. Projekt und Paradox*, München 1992.

vielmehr selber unterlaufen und irritiert. Die »Entdeckung« religiöser oder aristokratischer kultureller Voraussetzungen als konstitutiv für die Etablierung der Moderne, wie sie sich bei Weber und Sombart findet, oder die Annahme des Fortbestands ursprünglich archaischer Ritualisierungen auch in der Moderne, wie sie den späten Durkheim kennzeichnen, liefern nur die auffälligsten Beispiele für diese Bruchstellen innerhalb des klassischen Denkens.[7] In ihrer Grundstruktur jedoch läuft die modernisierungstheoretische Version des soziologischen Diskurses in allen vier Elementen – Struktur/Kultur-Differenz, Traditionalität/Moderne-Differenz, Einheit/Linearität der Moderne, Rationalität moderner Muster – darauf hinaus, der Moderne eine geschlossene, sich selbst reproduzierende Struktur zuzuschreiben. Diese geschlossene Struktur stabilisiert sich nicht zuletzt über strikte Grenzziehungen, Grenzziehungen zwischen verschiedenen differenzierten Sphären und Regelkomplexen innerhalb der modernen Gesellschaft, vor allem aber zwischen dem modernen »Innen« und einem nichtmodernen »Außen«, das etwa durch Irrationalität oder Traditionalität gekennzeichnet scheint.

Die spezifische Struktur des klassischen soziologischen Diskurses der Modernisierung, der in der zweiten Hälfte des 19. Jahrhunderts einsetzt, reproduziert basale Elemente des älteren philosophischen und humanwissenschaftlichen Diskurses der Moderne, wie er sich seit der zweiten Hälfte des 17. Jahrhunderts ausbildet – prominent in der »Querelle des Anciens et des Modernes«, in Ansätzen auch bei Bacon und Descartes – und sich im weiteren Kontext der Aufklärungsphilosophie und ihrer Geschichtsphilosophie (Locke, Turgot, Condorcet, Kant, Hegel) im gesamten 18. Jahrhundert entfaltet. Dort wiederum werden einerseits rhetorische Muster der christlichen Heilsgeschichte mit ihren Figuren des »Bruchs« und des »Fortschritts« verarbeitet, zugleich wird eine Alternative zu jener Abwertung der Gegenwart zugunsten des Überzeitlichen oder des Klassischen formuliert, wie sie der christliche Diskurs beziehungsweise der Diskurs der Renaissance betreiben: Es findet eine Säkularisierung des Fortschrittsnarrativs statt.[8] Die aufklärerische Perspektive auf die Mo-

7 Vgl. Weber, Max, *Gesammelte Aufsätze zur Religionssoziologie I*, Tübingen 1988; Sombart, Werner, *Luxus und Kapitalismus*, München 1922; Durkheim, Emile, *Die elementaren Formen des religiösen Lebens*, Frankfurt/M. 1981.

8 Vgl. zum modernen Zeitbewusstsein Koselleck, Reinhart, *Kritik und Krise. Eine*

derne bleibt damit normativ grundiert und impliziert ein »Projekt der Moderne« (Habermas).[9]

Der soziologische Diskurs der Moderne steht auf den Schultern dieses im weitesten Sinne aufklärerischen Diskurses und verarbeitet dessen Modell gesellschaftlicher Entwicklung.[10] Vor allem auf vier Ebenen zunehmender Komplexität verortet der Aufklärungsdiskurs den Fortschritt der Moderne, und alle vier Ebenen prägen als zentrale Kategorien den klassischen soziologischen Diskurs bis zur Gegenwart:

1. Die aufklärerische Perspektive macht in der Moderne auf der ersten und einfachsten Ebene eine Kombination von technischem und wissenschaftlichem Fortschritt, Naturbeherrschung, Arbeitsteilung und Wohlstandsvermehrung aus. Diese steht im Gegensatz zur Primitivität, zur Naturbeherrschtheit und zum Mangelzustand der Nichtmoderne.

2. Die Aufklärung lokalisiert in der Moderne die Grundmuster der sozialen Inklusion und des Leistungsprinzips, die mit dem Prinzip der auf Herkunft beruhenden Hierarchien der Nichtmoderne kontrastieren.

3. Die aufklärerische macht wie die soziologische Perspektive in der Moderne eine Berechenbarkeit und Transparenz des Verhaltens aus, die insbesondere in einer Berechenbarkeit und Regelhaftigkeit von Institutionen wurzelt. Dies ist eng mit einer Herrschaft des Kognitiven über das Affektive und Sinnliche sowie des Allgemeinen über das Besondere verknüpft und ermöglicht zugleich eine gesellschaftliche Pazifizierung. Das Andere der Moderne ist dann auf der Ebene von Unberechenbarkeit, Intransparenz und Willkürherrschaft zu suchen.

4. Schließlich verortet der aufklärerische Diskurs auf seiner abstraktesten Ebene in der Moderne die Chance zu einer Emanzipation des Subjekts (wie auch zur Emanzipation eines ganzen Kollektivs),

Studie zur Pathogenese der bürgerlichen Welt, Frankfurt/M. 1992; Marquard, Odo, *Schwierigkeiten mit der Geschichtsphilosophie. Aufsätze*, Frankfurt/M. 1992.

9 Habermas, Jürgen, »Die Moderne – ein unvollendetes Projekt?«, in: *Wege aus der Moderne. Schlüsseltexte der Postmoderne-Diskussion*, hg. v. Wolfgang Welsch, Weinheim 1988, S. 177-192.

10 Zum Zusammenhang von Aufklärungsphilosophie und Moderne vgl. Cassirer, Ernst, *Die Philosophie der Aufklärung*, Hamburg 1998, Gay, Peter, *The Enlightenment. An Interpretation*, New York 1977.

zur Selbstreflexion, Selbstbestimmung und Autonomie des Menschen. Dem steht die vorgebliche Abhängigkeit und Unfreiheit des nicht-modernen Subjekts gegenüber.

Der klassische soziologische Diskurs der Moderne übernimmt in der Regel die aufklärungsphilosophische *Diagnose* nicht unmittelbar, er greift vielmehr regelmäßig auf die aufklärungsphilosophischen *Kategorien* zurück, um die Moderne zu perspektivieren. Die aufklärungsphilosophisch imprägnierten Beobachtungsschemata erlauben dem soziologischen Diskurs damit auch eine Kritik der Moderne im Namen des »Projekts der Moderne«: Die Kriterien des Wohlstands und der Inklusion ermöglichen eine Kritik an Verelendung, Anomie, Ungleichheit und Exklusion, das Kriterium der Berechenbarkeit und Pazifizierung eine Kritik an der Intransparenz des Marktes und an »struktureller Gewalt«, das Kriterium des emanzipierten Subjekts schließlich eine Kritik an Entindividualisierung und »Entfremdung«.

Die poststrukturalistische Destabilisierung der Moderne

Die poststrukturalistische Bewegung, die in den Sozial- und Kulturwissenschaften seit den späten 1960er Jahren zu beobachten ist, hat an keiner Stelle versucht, eine vollständig andere, dem klassischen soziologischen Diskurs der Moderne kurzerhand entgegengesetzte Perspektive zu entwickeln. Eher wird jene Strategie verfolgt, die Jean-François Lyotard im Zusammenhang mit der Postmoderne-Diskussion die Bemühung genannt hat, »die Moderne zu redigieren«.[11] Ver-

---

11 Lyotard, Jean-François, »Die Moderne redigieren«, in: *Wege aus der Moderne. Schlüsseltexte der Postmoderne-Diskussion*, hg. v. Wolfgang Welsch, Weinheim 1988, S. 204-214. Das Verhältnis von Postmoderne und Poststrukturalismus ist zweideutig, je nachdem, welchem der beiden Begriffe der Postmoderne man folgt: Entweder die Postmoderne bezeichnet – wie bei Lyotard – eine intellektuelle Bewegung, die einen veränderten, nichtmodernisierungstheoretischen Blick auf die Moderne versucht; dann ist sie eng mit dem Poststrukturalismus verbunden, auch wenn viele der Poststrukturalisten den Postmodernebegriff scheuen. Oder aber Postmoderne bezeichnet eine spezifische gesellschaftlich-kulturelle Phase, die mit bestimmten ökonomischen, kulturellen, politischen Eigenschaften ausgestattet ist und die in der Regel nach etwa 1980 festgemacht wird. Eine solche gesellschaftlich-kulturelle Postmoderne (Hochmoderne, Spätmoderne) *kann* unter einem

traute empirische Details gängiger Moderneerzählungen sind damit bei den Poststrukturalisten häufig Ausgangspunkt der Analyse – etwa bei Foucault die Rationalisierung und Individualisierung oder bei Deleuze der Kapitalismus –, sie werden aber anders zusammengesetzt und neu interpretiert, so daß sich gegenüber dem klassischen aufklärerisch-soziologischen Fortschrittsnarrativ eine alternative Beschreibungsform ergibt. Der aufklärerisch-soziologische Diskurs wird damit entlang der eigenen Fissuren »von innen heraus« aufgebrochen. In gewisser Hinsicht bleibt der poststrukturalistisch inspirierte Diskurs der Moderne damit immer parasitär; er gewinnt seine Originalität aus dieser rhetorischen Strategie des Aufbrechens eines gängigen Vokabulars.

Trotz der erheblichen Differenzen zwischen den Perspektiven auf die Moderne verschiedener poststrukturalistischer Autoren teilen diese einige Gemeinsamkeiten. Ihr Ausgangspunkt lautet, dort, wo der klassische Diskurs die *Geschlossenheit* einer sich selbst reproduzierenden Moderne als Gefüge bestimmter Strukturen annahm, nun statt dessen die Moderne als ein Ensemble von Praktiken, Diskursen und Materialitäten wahrzunehmen, in denen Stabilisierungen immer wieder durch basale *Destabilisierungen* unterlaufen werden. Wenn der anfängliche sprachtheoretische Impuls des Poststrukturalismus lautete, die im Strukturalismus angenommene Stabilität, Eindeutigkeit, Widerspruchsfreiheit und Reproduktivität von Zeichensystemen tatsächlich als durch chronische Instabilitäten, Uneindeutigkeiten, Widersprüchlichkeiten und Sinnverschiebungen von Zeichen desavouiert zu erkennen, dann wendet der Poststrukturalismus genau diese Perspektive auf die Moderne an: Der klassische Diskurs der Moderne erscheint dann als ein strukturalistischer, der zudem den Strukturalismus an ein normatives Projekt der »Autonomie durch Berechenbarkeit« koppelt.[12] Aus poststrukturalistischer Perspektive erweist sich die Moderne statt dessen als ein Komplex, der auf eine historisch außergewöhnliche und radikale Weise eine Schließung von Strukturen, damit eine Schließung von Kontingenz betreibt (diese

nichtmodernisierungstheoretischen, poststrukturalistischen Blickwinkel betrachtet werden, dies ist jedoch nicht zwingend.

12 Der ersten Generation der französischen Poststrukturalisten in den 1960er und 1970er Jahren ist dieser klassische Diskurs der Moderne meist in der Form des Marxismus präsent.

Schließungen selber dabei als Fortschrittsprozeß repräsentiert) *und* der zugleich auf eine ebenso historisch außergewöhnliche Weise diese Schließungen immer wieder aufbricht, diese damit subvertiert und destabilisiert. Es ergeben sich damit Mechanismen des Schließens und des Aufbrechens von Kontingenz, welche die poststrukturalistischen Autoren unter die Lupe nehmen wollen. In diesem doppelten Prozeß spielen die Markierungen von Differenzen als Grenzen eine entscheidende Rolle: Wenn in der klassischen, »strukturalistischen« Perspektive auf die Moderne diese sich durch eindeutige Grenzziehungen (zwischen Systemen, zwischen Modernität und Traditionalität, zwischen Rationalität und Irrationalität) auszeichnet, dann lenkt die poststrukturalistische Perspektive den Blick darauf, wie die Differenzen dort systematisch destabilisiert, uneindeutig gemacht und die Grenzen überschritten wie unterlaufen werden.

In diesem allgemeinen Rahmen sind für eine poststrukturalistische Perspektive auf die Moderne vor allem vier Aspekte heuristisch entscheidend, die sich als Antwort auf die vier genannten Grundsätze des klassisch soziologischen und aufklärerisch imprägnierten Diskurses der Moderne verstehen lassen:

1. Die poststrukturalistische Perspektive widerspricht der klassischen Struktur-Kultur-Differenz und der primären Verortung der Moderne auf der Ebene fixierter, kulturell neutralisierter Strukturmerkmale. Umgekehrt fordert sie dazu auf, die kulturelle Konstitution des Sozialen (auch) in der Moderne zu rekonstruieren, die Eingebundenheit dieser »Strukturen« in Ensembles von sinnhaft regulierten Praktiken und Diskursen, in deren Kontext sie – etwa die moderne Ökonomie, die Technik, die Natur- und Humanwissenschaft, die Geschlechter und Rassen – erst ihre scheinbar allgemeingültige Form erhalten können. Die poststrukturalistische Perspektive auf die Moderne ist in diesem Sinne eine kulturtheoretische, eine historistisch-kontextualisierende, allerdings in einem spezifischen Sinne: Es geht ihr nicht darum, hermeneutisch-phänomenologisch bestimmte »Sinnfundamente« der modernen Gesellschaften freizulegen, die dann ihrerseits stabil wären, sondern darum, diese diskursive Konstitution der Moderne selber als einen Ort von ergebnisoffenen Kämpfen, Widersprüchen, Fissuren und Diskontinuitäten bezüglich gesellschaftlicher Wissensordnungen zu analysieren.

2. Vor diesem Hintergrund stellt sich aus der poststrukturalistischen Perspektive der strikte Dualismus von moderner und tradi-

tionaler Gesellschaft – sei es von Moderne und Vormoderne oder von Westen und Nicht-Westen – als eine simplifizierende Selbstbeschreibung heraus, welche eine Grenze stabilisiert, die faktisch immer unterlaufen worden ist und unterlaufen wird. Poststrukturalistische Autoren gehen vielmehr von komplexen Intertextualitäten und Spuren zwischen vorgeblich modernen und vormodernen oder auch zwischen klassisch-modernen und postmodernen Sozialitäten und Subjektivitäten aus, so wie sich auch die Grenzen zwischen westlichen und nichtwestlichen Praktiken regelmäßig als hybride Muster rekonstruieren lassen, die strikte räumliche Grenzziehungen unterlaufen. Das »Fremde« und »Andere« kann sich dann als einflußreich und grundlegend für die Moderne selber herausstellen.

3. Auch das Narrativ der homogenen Einheit und der Steigerungslogik stellt sich aus poststrukturalistischer Sicht als eine Domestizierungsstrategie des klassischen Diskurses dar. Statt dessen wird nun der Blick auf die Heterogenität und Agonalität der Moderne gelenkt. Diese präsentiert sich als ein offener Konflikt- und Kampfraum unterschiedlicher Praxis-/Diskurskomplexe im Hinblick darauf, was »Modernität« ausmacht. »Die Moderne« kommt dann historisch und global in unterschiedlichen Versionen vor, welche sich im Widerstreit miteinander befinden und die selber wiederum nicht homogen sein müssen, sondern sich regelmäßig hybride überlagern.

4. Die »Rationalität« der sozial-kulturellen Muster der Moderne wird aus poststrukturalistischer Perspektive unter dem Blickwinkel der kulturellen Produktion von Rationalität betrachtet. Charakteristisch für die Moderne erscheinen dann diverse Rationalisierungsstrategien, die zugleich immer Universalisierungsstrategien sind. Der anderen Seite dieser heterogenen Rationalisierungsstrategien, dem »Nichtrationalen«, gilt das besondere poststrukturalistische Interesse. Zum einen wird auf die modernen Abgrenzungsstrategien hingewiesen, die kulturelle Produktion eines Außens, das dann doch auf verwickelte Weise in das Innen eindringt (oder immer schon dort gewesen ist – zum Beispiel im Verhältnis zwischen Westen und Nicht-Westen). Zum anderen siedelt der Poststrukturalismus bestimmte reale Phänomene, welche die rationale Kultur in ihrem Außen plaziert, im Zentrum der Moderne und ihrer Analyse an. Dies gilt etwa für die Ebene der Affekte und der körperlichen Sinnlichkeit, aber auch für die Dingwelt der Artefakte: Das nichtrationale, abgeschobene Außen stellt sich als immer schon konstitutiv im modernen In-

neren heraus (etwa auch in der Religion, der Gewalt oder der Geschlechtlichkeit).

Foucault, Deleuze, Laclau

Unterschiedliche Autoren aus dem Feld des Poststrukturalismus akzentuieren verschiedene dieser Aspekte einer nichtmodernisierungstheoretischen Perspektive. Sie schließen zugleich an bestimmte klassische Diagnosen und Themen des Modernediskurses an und geben diesen eine spezifische Wendung. Von besonderem Interesse sind hier Foucault, Deleuze und Laclau:

Michel Foucaults historische Kulturanalysen beziehen sich – mit der bezeichnenden Ausnahme seiner späten Arbeiten zu den Technologien des Selbst in der Antike – zeitlich durchgängig auf die Moderne. Er konzentriert sich dabei auf die Konstitutionsphase von Modernität an der Wende vom 18. zum 19. Jahrhundert. Foucaults Periodisierung ist durchaus konventionell, und er fokussiert ein Thema des klassischen soziologischen Diskurses: die Rationalisierungseffekte moderner Institutionen sowie die dadurch betriebene Rationalisierung wie Individualisierung des Subjekts. Aufgrund der kombinierten Perspektive von Archäologie und Genealogie, die in den Kontext einer »Geschichte der Gegenwart« eingebettet ist, ergibt sich jedoch ein Verfremdungseffekt, der dem aufklärerischen Fortschritts- und Emanzipationsnarrativ mit Skepsis gegenübersteht: Die Archäologie arbeitet die Abhängigkeit der sich selber generalisierenden (früh-)modernen Institutionen von historisch und lokal spezifischen Repräsentationssystemen heraus, die Sinn regulieren und mit Ausschlußmechanismen arbeiten. Die Genealogie rekonstruiert, wie diese Diskurse in ihren Sinnfixierungen sowie die mit ihnen verknüpften Praktiken an bestimmten historischen Punkten einander konflikthaft gegenüberstehen und in ergebnisoffene Kampfkonstellationen geraten.[13] Foucault analysiert die frühe Moderne des 18. Jahrhunderts in diesem Rahmen als ein Ensemble von sich als Humanisierungen präsentierenden Disziplinierungen und Normalisierungen.

13 Vgl. Foucault, Michel, »Nietzsche, die Genalogie, die Historie«, in: ders., *Subversion des Wissens*, Frankfurt/M. 1974, S. 69-90; vgl. auch Saar, Martin, *Genealogie als Kritik. Geschichte und Theorie des Subjekts nach Nietzsche und Foucault*, Frankfurt/M./New York 2007.

Die Moderne nach 1800 stellt sich demgegenüber als eine komplexere Struktur von liberaler »Gouvernementalität« heraus. Entscheidend ist, daß »Subjekte«, »das Soziale«, »die Natur« etc. in diesem historischen Kontext nun als sich selbst steuernde Entitäten wahrgenommen werden, die ihrerseits zum Gegenstand institutioneller Steuerungsbemühungen avancieren: eine »Regierung der Selbstregierung«. Foucault deutet an, daß diesem modernen Subjektivierungsmodus als historische Alternative eine »Ethik der Ästhetik« gegenübersteht, die er vor allem in der Antike ausmacht.

Gilles Deleuze entwickelt insbesondere in den beiden gemeinsam mit Félix Guattari verfaßten Bänden von *Kapitalismus und Schizophrenie*[14] eine facettenreiche Analytik zur historischen Rekonstruktion jener »Gefüge« und »Verkettungen«, in denen gesellschaftlich-kulturelle, psychische sowie materiale und artefaktförmige Strukturen und Prozesse aneinandergekoppelt sind und sich gemeinsam transformieren. Kennzeichnend für den Ansatz von Deleuze und Guattari ist, daß die klassische Unterscheidung zwischen Kultur und Natur, zwischen Sozialität und Materialität wie auch jene zwischen Gesellschaft und Psyche von vornherein unterlaufen wird. Die Transformationsgeschichte von sogenannten Gesellschaften ist dann immer zugleich als eine Geschichte von Affektformen und Formen des gesellschaftlichen Unbewußten zu betreiben, vor allem aber als eine Geschichte sich transformierender Materialitäten – der Technologien, der Strukturierungen des Raums bis hin zu allen Formen des »Lebens«, der organischen und anorganischen Strukturen.

Der Leitgedanke von Deleuze und Guattari stellt sich als ein antistrukturalistischer dar: Gesellschaft, Kultur, Psyche und Materialität bestehen nicht aus stabilen Regularitäten, sondern sind in ihrer gegenseitigen Verkettung als Prozesse dynamischer »Ströme« zu rekonstruieren. Kennzeichnend für die Menschheitsgeschichte insgesamt ist dann das Ineinanderübergehen von »Deterritorialisierungen« und »Reterritorialisierungen«, von »Fluchtlinien« und »Integrationslinien«. In Deterritorialisierungen findet eine mikropolitische und rhizomatische Freisetzung sozialer und semiotischer Formen statt, welche zugleich eine Aktivierung von psychisch-kulturellen »Wunschmaschinen« und eine Verbreitung von Affekten und Intensitäten bedeutet.

14 Deleuze, Gilles/Guattari, Félix, *Anti-Ödipus. Kapitalismus und Schizophrenie I*, Frankfurt/M. 1974; ders./ders., *Tausend Plateaus. Kapitalismus und Schizophrenie II*, Berlin 1992.

Innerhalb dieser Deterritorialisierungen finden immer wieder Reterritorialisierungen statt, etwa Fixierungen von Codes und Subjektivierungsprozesse, die niemals von Dauer sind. Damit ergibt sich eine Perspektive auf die Moderne, welche diese als einen Raum von radikalisierten Strömen und von Totalisierungen zugleich wahrnimmt: Der Kapitalismus (der für Deleuze auch in der Vormoderne vorhanden ist) stellt sich als Deterritorialisierungsmaschine *par excellence* dar, er wirkt »decodierend« auf traditionale Fixierungen, indem er alles durch seine Axiomatik des Geldes schleust. Gleichzeitig finden in der bürgerlichen Gesellschaft jedoch Reterritorialisierungen und damit auch Affektregulierungen und Wunschkontrollen eigener Art statt: in der staatlichen Bürokratie oder dem bürgerlichen Familialismus, aber schließlich auch in der geldorientierten Axiomatik selber.

Ernesto Laclau schlägt vor, die Moderne als einen Konfliktraum kultureller Hegemonialisierungen zu analysieren.[15] Hegemonien setzen in seinem Verständnis voraus, daß »etwas zu hegemonialisieren ist«. Dies ist genau die Konstellation der Moderne, in der sich unterschiedliche Diskursformationen gegenüberstehen, welche Gesellschaftlichkeit und Identität in inkommensurabler Weise hervorzubringen versuchen. Hier setzen Hegemonialisierungsprojekte an, welche versuchen, Sinn – zum Beispiel mit Blick auf Subjektpositionen – zu fixieren. Diese Sinnfixierung verläuft über die Etablierung eines »universalen Horizonts«, das heißt über die Repräsentation historisch spezifischer Merkmale als allgemeingültig und alternativlos, sowie über die Bildung von Antagonismen zu einem verworfenen Außen. Dieses Außen ist als konstitutives Außen jedoch Gegenstand von seinerseits mehrdeutigen Sinnzuschreibungen, welche auch das Innen zu destabilisieren vermögen. Laclau fordert dazu auf, die Kultur der Moderne als eine Konstellation wahrzunehmen, in der die Sedimentierungen des Sozialen immer wieder durch jene Momente des Politischen aufgebrochen werden, in denen die Kontingenz der Sinnfixierungen sichtbar und genutzt wird. Laclau setzt sich auch kritisch mit der Theorie funktionaler Differenzierung auseinander: Er lenkt den Blick darauf, wie die Differenzierung scheinbar separierter sozialer Sphären in der Moderne regelmäßig von kulturellen Hegemonien unterlaufen wird, die über die Sinngrenzen hinweg dominante kultu-

15 Vgl. Laclau, Ernesto/Mouffe, Chantal, *Hegemony and Socialist Strategy. Towards a Radical Democratic Politics*, London/New York 2001.

relle Codes – der Rationalität, der Moralität etc. – installieren. Auf eine spezifische Weise verarbeitet Laclau damit Elemente aus den Arbeiten von Jacques Derrida. Derrida liefert keine explizite Theorie der Moderne, aber letztlich bezeichnet die Relation zwischen der Metaphysik der Präsenz einerseits, der diese unterminierenden Wirkung der »Spur« und des »gefährlichen Supplements« andererseits jenes permanente Ineinanderumschlagen von kultureller Hegemonialisierung und Destabilisierung, welche Laclau gesellschaftstheoretisch nutzbar macht.[16]

Poststrukturalismus als Kritische Theorie der Moderne

Die poststrukturalistischen Analyseprogramme der Moderne laufen auf die spezifische Version einer Kritischen Theorie der Moderne hinaus. Dieses Programm einer Kritischen Theorie enthält partielle, untergründige Gemeinsamkeiten mit der klassischen Tradition der Kritischen Theorie der Frankfurter Schule und widerspricht dieser zugleich.[17] Die klassische Version einer kritischen Gesellschaftstheorie, wie man sie bei Adorno und Horkheimer, aber auch bei Marcuse oder Benjamin und in anderer Weise schließlich bei Habermas findet und die bis zu Marx zurückreicht, beruht letztlich auf zwei Prämissen: einerseits der These, daß gegen die liberale Fortschrittserzählung die Moderne nicht das ist, was sie zu sein beansprucht. Sie ist nicht mit einem Emanzipationsprozeß zu identifizieren, sondern stellt sich als ein mehr oder minder versteckter Herrschaftszusammenhang der Zweck-Mittel-Rationalität dar: des Kapitalismus, der verdinglichten, verwalteten Welt, der manipulierenden Konsumgesellschaft, der kolonialisierenden »Systeme«. Zugleich sucht die klassische Kritische Theorie – dies ist ihre zweite Prämisse – innerhalb der Moderne nach einem kritischen Gegenort, der sich diesem Herrschaftsanspruch widersetzt. Dieser Gegenort erscheint hier als einer von Vernunft und Autonomie – dem Doppelhorizont der Aufklärung –, und er wird im Sozialismus, in der modernistischen Kunst,

16 Vgl. Derrida, Jacques, *Grammatologie*, Frankfurt/M. 1983.
17 Vgl. zu dieser Tradition Wiggershaus, Rolf, *Die Frankfurter Schule. Geschichte, Theoretische Entwicklung, Politische Bedeutung*, München 1991. Zum folgenden auch Reckwitz, Andreas, »Poststrukturalismus und Kritische Theorie«, in: ders., *Unscharfe Grenzen. Perspektiven der Kultursoziologie*, Bielefeld 2008.

im ästhetisierten Lustprinzip oder im diskursiven Potential der Kommunikation ausgemacht.

Die poststrukturalistische Perspektive auf die Moderne erhebt zunächst in analoger Weise den Anspruch, gegen die liberale Selbstbeschreibung der Moderne deren Schließungen offenzulegen (so daß sich dann etwa die scheinbare spätmoderne »Individualisierung« als ein gesellschaftlicher Kriterienkatalog »unternehmerischer Selbste« dechiffrieren läßt).[18] Die dezidiert kulturtheoretische Herangehensweise des Poststrukturalismus zielt jedoch anders als die Frankfurter Schule darauf ab, die Abhängigkeit dieser Schließungen von historisch spezifischen kulturellen Kontexten und ihren Sinnregulierungen herauszuarbeiten. Auch der Poststrukturalismus sucht dann gewissermaßen nach Gegenorten zu den Schließungsmechanismen, er findet sie jedoch im Innern der Sinnregulierungen selber, in deren Selbstsubversionen, immanenten Paradoxien, Deterritorialisierungen und agonalen Konstellationen. Hier ergeben sich jene Räume des Unkontrollierbaren, deren Rekonstruktion in der poststrukturalistischen Perspektive implizit auch normativ motiviert ist. Wenn die klassische Kritische Theorie in der Moderne nach Orten von Vernunft und Autonomie sucht, dann sucht der Poststrukturalismus nach Orten des Unkontrollierten und Unkontrollierbaren, damit nach Freiheitsräumen im Innern von sozial-kulturellen modernen Strukturen und jenseits einer auf das Subjekt fixierten Vorstellung von Autonomie.

Forschungsperspektiven einer Archäologie/Genealogie der Moderne

Vor dem Hintergrund der allgemeinen Prämissen einer poststrukturalistischen Perspektive auf die Moderne lassen sich einige makrosoziologische Forschungsfelder identifizieren, die für eine poststrukturalistisch inspirierte Sozial- und Kulturanalyse moderner Gesellschaften von besonderem Interesse sind:

1. Rationalitätsregime: Moderne Institutionen erheben sowohl in ihren Praktiken als auch in ihren Diskursen implizit oder explizit Anspruch auf spezifische Formen von Rationalität. Damit stellt sich die Frage, in welchen Alltagstechniken, in welchen Universalisierungs-

18 Vgl. Rose, Nikolas, »Identity, Genealogy, History«, in: *Questions of Cultural Identity*, hg. v. Stuart Hall/Paul du Gay, London 1996, S. 128-150, hier S. 144ff.

und Purifizierungsstrategien sowie Differenzmechanismen solche Rationalitätsregime in bestimmten zeitlichen und räumlichen Kontexten versuchen, sich zu institutieren. Dies gilt für ökonomische Rationalitäten wie für politische, wissenschaftliche, pädagogische Rationalitäten. Rationalität ist hier als ein Ensemble von Praktiken zu dechiffrieren, die eine kulturell spezifische Form des als rational Anerkannten hervorbringen und demonstrieren, sowie von Diskursen, die diese rhetorisch unterfüttern. Auch die Möglichkeit miteinander konkurrierender oder einander überschneidender sowie immanent heterogener und sich selbst torpedierender Rationalitätsregime wird somit virulent. Die klassische Frage nach der Rationalisierung moderner Institutionen läßt sich damit in die Frage nach der historischen und räumlichen Diversität und Konflikthaftigkeit kultureller Rationalitätsregime überführen, die zugleich Regime korrespondierender Subjektivierungsformen und Akteur-Artefaktkonstellationen sind.[19]

2. *Kulturelle Grenzüberschreitungen (sachlich, zeitlich, räumlich)*: Ein besonderes Interesse kann jenen Praktiken, Diskursen, Codes und Subjektivitäten gelten, in denen die Sinngrenzen zwischen gesellschaftlich-kulturellen Formationen überschritten und gekreuzt werden und damit die innere »Reinheit« einer sozialen Einheit kontaminiert wird.[20] Dies betrifft vor allem drei Konstellationen: die Relationen zwischen differenzierten sozialen Feldern; zwischen modernen und vormodernen Gesellschaften; schließlich zwischen westlichen und nichtwestlichen Gesellschaften. Jenseits einer reinen Logik inkommensurabler binärer Funktionscodes existieren zwischen differenzierten sozialen Feldern – etwa Ökonomie und Politik oder

---

19 Vgl. hierzu bisher vor allem die Gouvernementalitätsstudien zur ökonomischen und zur politischen Rationalität, etwa Shenhav, Yehonda, *Manufacturing Rationality. The Engineering Foundations of the Managerial Revolution*, Oxford 1999; Miller, Peter/O'Leary, Ted, »Hierarchies and American Ideals, 1900-1940«, in: *Academy of Management Review*, 1989, S. 250-265. Hier läßt sich ein Bezug zu Boltanskis und Thévenots Analyse von »Rechtfertigungsformen« herstellen, vgl. Boltanski, Luc/Thévenot, Laurent, *De la justification. Les Economies de la grandeur*, Paris 1991 sowie zu den mikrosoziologischen Analysen des *accounting* sozialer Praktiken von seiten der Ethnomethodologie, beispielsweise in der Wirtschafts- oder Wissenschaftssoziologie.

20 Zu diesem Aspekt vgl. ausführlicher Reckwitz, Andreas, »Grenzdestabilisierungen – Kultursoziologie und Poststrukturalismus«, in: ders., *Unscharfe Grenzen*, a. a. O.

Kunst und Ökonomie – Sinnstrukturen, welche nach Art transversaler Semantiken die Grenzen zwischen ihnen unterlaufen und insofern in Richtung einer sozialen Entdifferenzierung wirken.[21] Hier können sich auch entdifferenzierende diskursive Hegemonien herausstellen, etwa des Wettbewerbs, der Moral, der Expressivität etc., welche sich auf »der Sache nach« separierte Praktikenkomplexe erstrecken. Eine zweite Ebene kultureller Destabilisierungen von Sinngrenzen findet sich auf der zeitlich-historischen Ebene: Im Verhältnis zwischen modernen und vermeintlich vormodernen Gesellschaften kann sich der Blick auf jene historischen Intertextualitäten und Spuren richten, die sich aus der Aneignung früherer in späteren Praktiken ergeben (etwa der Rückgriff auf aristokratische Sinnelemente in der bürgerlich-modernen Kultur oder der Transfer bürgerlicher Elemente in der postmodernen Kultur). Analoges gilt für räumliche Grenzüberschreitungen: Im Verhältnis zwischen dem Westen und dem Nicht-Westen interessieren jene hybriden Zonen, Praktiken und Diskurse, in denen die Separierung zwischen dem Eigenen und dem Fremden unterlaufen wird und sich komplexe Kombinationen und Synkretismen ergeben.[22]

3. Körper-Artefakt-Wissens-Arrangements: Die moderne Gesellschaft und die Kultur lassen sich nicht auf institutionelle Regelkomplexe und Sinnhorizonte reduzieren. Vielmehr kann jedes soziale Arrangement, das für die moderne Kultur relevant ist – seien es produktive oder konsumtorische, private oder juridische Praktiken etc. –, unter dem Aspekt analysiert werden, daß hier Wissensordnungen an die spezifische Regulierung von Körpern und an spezifische Artefakte gekoppelt sind. Tatsächlich setzt die Moderne in besonderem Maße auf eine Mobilisierung der Körper wie der Artefakte. Die exakte Form der Hervorbringung einer jeweiligen Körperlichkeit/Leiblichkeit, von der Hexis über die Formung der sinnlichen Wahrnehmung bis zur Strukturierung der Affekte, wie sie in einem bestimmten ökonomischen, politischen, künstlerischen, intimen, aber auch einem milieuförmigen oder subkulturellen Kontext stattfindet, insgesamt das Projekt der Genealogie der Moderne als Genealogie ihrer Kör-

---

21 Zur Frage der Entdifferenzierung vgl. auch Rammert, Werner, *Technik, Handeln, Wissen. Zu einer pragmatistischen Technik- und Sozialtheorie*, Wiesbaden 2007, S. 191 ff.

22 Vgl. zu diesen Hybridisierungen Appadurai, Arjun, *Modernity at Large. Cultural Dimensions of Globalization*, Minneapolis 2000.

per, bleibt eine zentrale Fragestellung einer poststrukturalistisch informierten Perspektive.[23] Analoges gilt für die Blickverschiebung von den Intersubjektivitäten zu den Interobjektivitäten:[24] In einer generalisierten Techniksoziologie sind sämtliche sozialen Praktikenkomplexe von der Mediennutzung über private Beziehungen bis hin zu staatlichen Bürokratien und ökonomischen Produktions-, Distributions- und Konsumtionskomplexen als hochspezifische Subjekt-Objekt-Konstellationen rekonstruierbar, die bestimmte Artefakte sowohl zum Einsatz bringen als auch sich in Möglichkeitsspielräumen bewegen, die von den Artefakten abgesteckt werden.

4. Sozial-kulturelle Formen des Affektiven und Ästhetischen: Die Kehrseite der Rationalitätsregime markieren jene Elementen innerhalb der Moderne, die klassischerweise als nichtrationale Residuen gelten, als Reste des Vormodernen oder moderne Marginalien, die nun jedoch aus einer poststrukturalistisch inspirierten Perspektive in ihrer konstitutiven Relevanz für die moderne Praxis sichtbar werden können. Dies gilt zum einen für jene teilweise regulierte, teilweise sich der Regulierung entziehende Ebene von Affekten und »Intensitäten« (Deleuze), nicht nur auf der Ebene der Subjektivation, sondern der Praktiken selbst – die Affektivität der Ansammlungen von sozialen Massen wie auch der Dyade, aber auch die Affektivität bestimmter Subjekt-Objekt-Konstellationen und ihrer »epistemischen Objekte«.[25] Dies gilt auch für die Ebene des Ästhetischen, das heißt die Formen sinnlicher Wahrnehmung – Visualität, Auditivität, Taktilität –, die nicht auf den Bereich der Kunst eingeschränkt ist, sondern jegliche sozialen Praktiken begleitet.[26] Entsprechend ist die Mo-

23 Vgl. dazu nur Turner, Bryan S., *The Body and Society. Explorations in Social Theory*, London 1996; Sarasin, Philipp, *Reizbare Maschinen. Eine Geschichte des Körpers 1765- 1914*, Frankfurt/M. 2001.

24 Vgl. etwa Knorr Cetina, Karin/Bruegger, Urs, »Traders' Engagement with Markets. A Postsocial Relationship«, in: *Theory, Culture & Society* 5/6, 2002, S. 161-185.

25 Vgl. zu einer solchen Affektanalyse Massumi, Brian, *Parables for the Virtual. Movement, Affect, Sensation*, Durham 2002; Thrift, Nigel, *Non-representational Theory. Space, Politics, Affect*, London 2007.

26 Vgl. zu einem solchen erweiterten Untersuchungsprogramm des Ästhetischen Rancière, Jacques, *Die Aufteilung des Sinnlichen. Die Politik der Kunst und ihre Paradoxien*, Berlin 2006; vgl. auch die kulturanthropologischen *sense studies*, etwa Howes, David, *Empire of the Senses. The Sensual Culture Reader*, Oxford/New York 2005.

derne nicht auf Affektkontrolle und Entsinnlichung zu reduzieren, sondern auch als ein Ort systematischer wie unsystematischer Produktion von Affekt- und Wahrnehmungsformen unter die Lupe zu nehmen.

5. *Hegemoniekämpfe um Modernität*: Schließlich können statt des Modernisierungsprozesses die kulturellen und sozialen Kämpfe um Modernität, die Definitions- und Instituierungskonflikte um das eigentlich Moderne, ins Zentrum der Analyse der Moderne rücken. In diesem Interesse treffen sich eine Reihe von Alternativansätzen gegenüber der Modernisierungstheorie, etwa auch bei Eisenstadt und Arnason.[27] Diese kulturellen Konflikte und Auseinandersetzungen um die Hegemonie des Modernen treten konzentriert an bestimmten historischen Zeitpunkten und in bestimmten Feldern auf. Wegweisend sind hier der kulturelle Konflikt zwischen aristokratischer und bürgerlicher Modernität im 18. Jahrhundert, zwischen bürgerlicher Moderne, proletarisch-sozialistischen Modernitätsentwürfen und ästhetischem Modernismus am Ende des 19. Jahrhunderts, zwischen amerikanistischer, sozialistischer und faschistischer Moderne während des 20. Jahrhunderts, zwischen organisierter Moderne und Postmoderne am Ende des 20. Jahrhunderts, schließlich jene zwischen den globalisierten »multiplen Modernen« der Gegenwart.

Auswahlbibliographie

Appadurai, Arjun, *Modernity at Large. Cultural Dimensions of Globalization*, Minneapolis 2000.

Deleuze, Gilles/Guattari, Félix, *Tausend Plateaus. Kapitalismus und Schizophrenie II*, Berlin 1992.

Foucault, Michel, *Geschichte der Gouvernementalität Bd. I. Sicherheit, Territorium, Bevölkerung. Vorlesung am Collège de France 1977-1978*, Frankfurt/M. 2006.

Foucault, Michel, *Geschichte der Gouvernementalität Bd. II. Die Geburt der Biopolitik. Vorlesung am Collège de France 1978-1979*, Frankfurt/M. 2006.

Foucault, Michel, »Nietzsche, die Genealogie, die Historie«, in: ders.: *Von der Subversion des Wissens*, Frankfurt/M. 1986, S. 69-90.

27 Vgl. Eisenstadt, S. N., *Die Vielfalt der Moderne*, Weilerswist 2000; Arnason, Johann P., *Axial Civilizations and World History*, Leiden 2002.

Kumar, Krishan, *From Post-Industrial to Postmodern Society. New Theories of the Contemporary World*, Oxford u. a. 2004.

Laclau, Ernesto, *Hegemonie und radikale Demokratie. Zur Dekonstruktion des Marxismus*, Wien 2000.

Latour, Bruno, *Wir sind nie modern gewesen. Versuch einer symmetrischen Anthropologie*, Berlin 1991.

Lyotard, Jean-François, »Die Moderne redigieren«, in: *Wege aus der Moderne. Schlüsseltexte der Postmoderne-Diskussion*, hg. v. Wolfgang Welsch, Weinheim 1988, S. 204-214.

Reckwitz, Andreas, *Das hybride Subjekt. Eine Theorie der Subjektkulturen von der bürgerlichen Moderne zur Postmoderne*, Weilerswist 2006.

Reckwitz, Andreas, *Unscharfe Grenzen. Perspektiven der Kultursoziologie*, Bielefeld 2008.

Johannes Angermüller
Postmoderne
Zwischen Repräsentationskrise und Entdifferenzierung

Einleitung

Schon lange läßt die »Postmoderne« keine Visiere mehr herunterklappen, keine Schwerter ausfahren, keine Klingen kreuzen. Nach den Schlachten der 1980er Jahre hat sich der Pulverrauch der Gefechte verzogen, in denen sich meist nur schemenhaft erkennbare Gegner gegenüberstanden. Über zu Grabmälern erstarrten Kampfbegriffen zieht sich inzwischen der Firnis der Geschichte. Zurück zur Tagesordnung, das war die Devise nach dem Ende der Kampfhandlungen, die in der sozialwissenschaftlichen Diskussion allem Anschein nach keine tieferen Spuren hinterlassen haben. Gleichwohl scheinen die Konflikte nicht wirklich gelöst, die Probleme nicht bewältigt zu sein. Wie ein schwerer Stein liegt die Postmoderne weiter im sozialwissenschaftlichen Verdauungstrakt, um von Zeit zu Zeit ein schwer lokalisierbares Rumoren auszulösen.

Bunte Bilder, virtuelle Welten, plurale Plots – das evozierte und evoziert gewöhnlich das Schlagwort der Postmoderne.[1] Hat der Streit um die Postmoderne lediglich MTV, Madonna und Mickey Mouse auf die sozialwissenschaftliche Leinwand geworfen? Vielleicht hätte die Postmoderne der Anlaß für ein reinigendes Gewitter zwischen den Vertretern der betroffenen Disziplinen sein können. Doch ungeachtet der polemischen Schärfe – die Vorwürfe reichen bekanntlich von »Neokonservatismus« über »Beliebigkeit« bis zu »Irrationalismus«[2] – scheint es zu mehr als einem lautstarken Anschweigen zwischen den Vertretern der betroffenen Disziplinen nicht gekommen zu sein.

Im folgenden werden die Ansätze zur Postmoderne entlang einer Konfliktlinie sortiert, die die Sozialwissenschaften gewöhnlich von

---

1 Siehe zum Beispiel Welsch, Wolfgang, *Unsere postmoderne Moderne*, Weinheim 1987; Vester, Heinz-Günter, *Soziologie der Postmoderne*, München 1993.

2 Callinicos, Alex, *Against Postmodernism: A Marxist Critique*, New York 1990; Habermas, Jürgen, *Der philosophische Diskurs der Moderne. Zwölf Vorlesungen*, Frankfurt/M. 1993; Eagleton, Terry, *The Illusions of Postmodernism*, Oxford 1996.

den Literatur- und Kulturwissenschaften trennt. Während sich die Postmoderne in den letzteren als Signalwort für die Repräsentationsprobleme kulturellen Wandels etablierte, wurde die Postmoderne in den Sozialwissenschaften gewöhnlich als Alternative zu Theorien gesellschaftlicher Modernisierung aufgenommen. Daß die kulturwissenschaftliche These eines postmodernen Kulturwandels bald mit sozialtheoretischen Annahmen unterfüttert wurde, scheint die interdisziplinären Kommunikationsverhältnisse dabei so wenig verbessert zu haben wie die Versuche von Sozialwissenschaftlern, die kulturelle Dimension sozialen Wandels in den Vordergrund zu heben. Es ist, als ob sich beide Seiten in den eigenen Problematiken festgebissen hätten, ohne zu merken, wie die jeweils andere Seite dadurch angesprochen (und verfehlt) wurde. Vor diesem Hintergrund schlage ich vor, die Begriffe Modernismus und Postmodernismus im Sinne einer Periodisierung von Repräsentationsregimen für Theorien kulturellen Wandels vorzusehen, Moderne und Postmoderne dagegen im Sinne funktionaler Differenzierung für Theorien sozialen Wandels. Im Licht dieser Gegenüberstellung soll dann die Frage nach den Konsequenzen gestellt werden, die der Diskurs über die Postmoderne für die sozialwissenschaftliche Reflexion sozialen Wandels haben kann.

Modernismus und Postmodernismus in kulturwissenschaftlicher Perspektive

Mitte der 1970er Jahre wird der Postmodernismus zum Thema der ästhetischen Debatte in den nordamerikanischen Geisteswissenschaften. Es sind zunächst einige Kunst-, Literatur- und Architekturtheoretiker, die die Schwächung modernistischer Vorbilder in der zeitgenössischen Kunstszene diagnostizieren.[3] Die Pop-art (zum Beispiel Andy Warhol, Robert Rauschenberg, Claes Oldenburg, Richard Hamilton), die nun ihren Höhepunkt erlebt, distinguiert sich von vorhergehenden Avantgarden durch ihren »populären« Kunstbegriff und weicht die Kluft zwischen Hoch- und Massenkultur auf. Während Cindy Shermans inszenierte Photographie die Grenze von Realität und Fiktion unterspült, lösen Hyperrealisten wie Duane Hanson oder Chuck Close die Unterscheidung von Bild und Gegenstand

---

3 Foster, Hal (Hg.), *The Anti-Aesthetic. Essays on Postmodern Culture*, Port Townsend 1983; Hutcheon, Linda, *The Politics of Postmodernism*, London/New York 1989.

auf, indem sie Bilder zum Gegenstand künstlerischer Darstellung machen. In der Architektur richten sich eklektische, neohistoristische und antifunktionalistische Entwürfe gegen die konzeptuelle Reinheit ihrer modernistischen Vorläufer.[4] Mit John Cage oder Philipp Glass kündigen sich reflexive Dezentrierungen des musikalischen Kunstwerks an. Und es öffnet sich die narrative Struktur des Romans (zum Beispiel bei Thomas Pynchon), der sein eigenes symbolisches Spiel reflektiert (zum Beispiel bei Italo Calvino). Diese und andere Tendenzen in Nordamerika und Teilen Europas zeugen von einem markanten kulturellen Stilwandel um 1970, in dessen Verlauf die ästhetischen Ausdrucksformen des Modernismus, die in Europa in der ersten Hälfte des 20. Jahrhunderts dominieren, ihre Vorbildfunktion einbüßen.[5]

Die These eines postmodernistischen Kulturwandels wird oft in einem Atemzug mit dem Poststrukturalismus (»Theory«) genannt, der zu gleicher Zeit Einzug in die amerikanischen Geisteswissenschaften (*humanities*) hält. Für diese Assoziation spricht, daß bestimmte sozialwissenschaftliche Forschungstendenzen im Anschluß an die *Theory*-Debatte der *humanities* das Etikett »postmodern« bemühen, etwa in der Anthropologie und Ethnographie,[6] der qualitativen Soziologie,[7] der Geschichte,[8] der Geographie[9] oder im Feminismus.[10] Doch ist zu fragen, ob es sich bei dem Auftauchen von Postmoderne und Poststrukturalismus um mehr als eine bloß zeitliche Koinzidenz

---

4 Venturi, Robert/Scott Brown, Denise/Izenour, Steven, *Learning from Las Vegas*, Cambridge 1972.

5 Huyssen, Andreas, *After the Great Divide. Modernism, Mass Culture, Postmodernism*, Bloomington, Indianapolis 1986; Connor, Steven, *Postmodernist Culture: An Introduction to Theories of the Contemporary*, Oxford 1995.

6 Clifford, James/Marcus, George E., (Hg.), *Writing Culture. The Poetics and Politics of Ethnography*, Berkeley/Los Angeles/London 1986; Geertz, Clifford, *Works and Lives. The Anthropologist as Author*, Stanford, CA 1988.

7 Denzin, Norman, *Interpretive Interactionism*, Newbury Park/London/New Delhi 1989.

8 White, Hayden, *Metahistory. The Historical Imagination in Nineteenth-Century Europe*, London 1993. [Dt.: *Metahistory. Die historische Einbildungskraft im 19. Jahrhundert in Europa*, Frankfurt/M. 1994.]

9 Soja, Edward, *Postmodern Geographies. The Reassertion of Space in Critical Social Theory*, London/New York 1989.

10 Fraser, Nancy, *Unruly Practices. Power, Discourse and Gender in Contemporary Social Theory*, Cambridge, UK 1989. [Dt.: *Widerspenstige Praktiken. Macht, Diskurs, Geschlecht*, Frankfurt/M. 1996.]

handelt, denn zumindest die französischen Theoretiker und Theoretikerinnen, auf die sich der Poststrukturalismus in der Regel stützt, stehen der Postmodernismusdiskussion eher fern. Bei vielen von ihnen – man denke etwa an Jacques Lacan oder Louis Althusser – dominiert ein antihistoristischer Reflex, der die Frage nach sozialem oder kulturellem Wandel in den Hintergrund drängt. Eine Ausnahme stellen Michel Foucaults genealogische Untersuchungen dar, die in den Zeugnissen der Vergangenheit die historischen Linien der Gegenwart herauszuarbeiten suchen. Genausowenig wie Foucault, für den ästhetische Fragen eher am Rande stehen, berufen sich Gilles Deleuze und Félix Guattari in ihren Gegenwartsdiagnosen auf die Postmoderne. Um die Fluchtpunkte und Kontingenzmomente eines sich verflüssigenden Jetzt zu bestimmen, orientieren sich Deleuze/Guattari an Foucaults Studien zur Gouvernementalität. Dagegen bleibt Jacques Derridas dekonstruktive Philosophie gleichsam vor der Postmoderne stehen (auch wenn sie bestimmte postmodernistische Kulturtendenzen wie beispielsweise die dekonstruktivistische Architektur Peter Eisenmans beeinflußt hat). Derridas an Heidegger angelehnte These eines andauernden Versuchs der Philosophie, aus der metaphysischen Tradition der Präsenz auszubrechen, ist, soweit sie überhaupt als historische These verstanden werden will, in erster Linie von philosophiegeschichtlichem Interesse.

Doch nicht für alle Theoretiker des Poststrukturalismus ist die Postmoderneproblematik von untergeordneter Bedeutung.[11] Eine Ausnahme stellt Jean-François Lyotards *Das postmoderne Wissen* dar.[12] Für Lyotard markiert die Krise von Republikanismus und Marxismus ein Ende der »großen Erzählungen«, namentlich der Erwartung auf große jakobinische oder kommunistische Revolutionen. Doch obwohl Lyotard gemeinhin – und dies gerade im angloamerikanischen Sprachraum – als Vorzeigetheoretiker der Postmoderne geführt wird, ist zu fragen, ob seine politisch-theoretische Diagnose wirklich Eingang in die breitere Debatte gefunden hat. In der Tat sind seine historischen Beispiele und Bezugspunkte – der postrevolutionäre französische Staat und die französische Kommunistische Partei – eng mit dem Erfahrungshorizont der französischen Republik verknüpft. So versucht Lyotard dem Wandel der politischen Se-

---

11 Bürger, Peter, *Ursprung des postmodernen Denkens*, Weilerswist 2000.
12 Lyotard, Jean-François, *La Condition postmoderne*, Paris 1979. [Dt.: *Das postmoderne Wissen. Ein Bericht*, Wien 1986.]

mantik nach dem »Ende der Ideologie« mit einem anspruchsvollen Modell sprachlichen Handelns Rechnung zu tragen, wohingegen für die Mehrzahl seiner nordamerikanischen Kommentatoren die Repräsentationsprobleme von Hoch- und Massenkultur im Vordergrund stehen. Vor diesem Hintergrund wurde Lyotards Plädoyer für die »kleinen« Erzählungen der Postmoderne als der Versuch begrüßt, den neuen ideologischen Tendenzen, die sich etwa mit den »neuen sozialen Bewegungen« oder dem Wertewandel der 1970er Jahre ankündigen, gerecht zu werden. Mit Lyotard kann daran erinnert werden, daß Geschichte eine narrative Form braucht, um erfahren werden zu können.[13]

Ein Theoretiker des Poststrukturalismus, der mit Fug und Recht als Wegbereiter der Postmodernismusdiskussion gelten kann, ist hingegen Jean Baudrillard. Baudrillards frühe kultursemiotische Arbeiten wenden Saussures Differenztheorie auf Dinge des alltäglichen Lebens an, etwa auf die Organisation von Wohnungseinrichtungen.[14] Wenig später akzentuiert Baudrillard die Grenzen des Saussureschen Zeichenmodells, das zwischen innersymbolischen Zeichen und außersymbolischen Referenten unterscheidet. Ab Anfang der 1970er Jahre macht er die These einer Implosion dieser Unterscheidung stark.[15] Genausowenig wie Gebrauchs- und Tauschwert lassen sich Signifikat und Signifikant noch auseinanderhalten. Ökonomische Produktion stellt keine von medialer Zeichenproduktion abgehobene Realität dar. Die Massenmedien durchdringen den Alltag auf eine Weise, daß sie ihre Repräsentationsobjekte selbst hervorbringen. An die Stelle von Zeichen, die auf Objekte in der Welt verweisen, treten Zeichen, die wiederum auf Zeichen verweisen. Aus dem Zusammenbruch von Medien und Realem geht das Hyperreale hervor, dessen Simulakren Kopien von Kopien ohne Original darstellen. Baudrillard faßt die Massenmedien als eine selbstreferentielle symbolische Welt, aus der kein Entkommen ist. Massenmedien werden von außersymbolischen Realitäten abgeschnitten, ja, das Konzept von Realität selbst wird fragwürdig.

In den 1970er Jahren verschwindet der marxistische Hintergrund

13 Vgl. White, *Metahistory*, a. a. O.
14 Baudrillard, Jean, *Le Système des objets*, Paris 1968. [Dt.: *Das System der Dinge: Über unser Verhältnis zu den alltäglichen Gegenständen*, Frankfurt/M./New York 1991.]
15 Baudrillard, Jean, *Pour une critique de l'économie politique du signe*, Paris 1972.

Baudrillards, der nun bevorzugt mit kulturpessimistischen Essays hervortritt. Gleichwohl wird der Postmodernismus auch später noch gerade von marxistischen Kulturwissenschaftlern thematisiert, die den Postmodernismus als das kulturelle Symptom eines tiefgreifenden Umbruchs in der sozioökonomischen Struktur des Kapitalismus sehen. Ein konsequenzenreicher Beitrag kommt in diesem Zusammenhang von Fredric Jameson, der den Postmodernismus Ende der 1960er Jahre, am Übergang vom »Monopol-« zum »Spätkapitalismus«, entstehen sieht.[16] Nach Jameson erweisen sich zentrale ästhetische Merkmale, die die kulturelle Logik des Modernismus ausgezeichnet hatten, nun als problematisch, was eine Reihe von Binäroppositionen in Frage stellt, wie innen vs. außen, Wesen vs. Erscheinung, latent vs. manifest, Authentizität vs. Entfremdung und Signifikant vs. Signifikat.[17] Hermeneutische, psychoanalytische oder semiotische Tiefenmodelle klappen sich im Postmodernismus in multiple Oberflächen auf, in denen Ursprünge und Zentren von einem Spiel symbolischer Differenzen und Praktiken eingeholt werden. Im Postmodernismus ist der kulturelle Text kein Behältnis für einen Kern sinnhafter Erfahrung mehr. Statt der Gesellschaft als ein entfremdetes Subjekt gegenüberzutreten, das deren innere Widersprüche aufzeichnet und ihre utopischen Energien kristallisiert, ist das Subjekt den ästhetisch-sinnlichen Eindrücken im Postmodernismus gleichsam direkt ausgeliefert. Im Postmodernismus fällt es dem Subjekt schwer, ein stabiles Sediment historischer oder sozialer Erfahrungen aufzubauen; es entwickelt keinen Sinn für ein historisches Davor und Danach oder ein sozialstrukturelles Oben und Unten. Geschichte wird zu einer Abfolge »ewiger Gegenwarten« ohne übergreifenden historischen Sinn. Die Verortung in der postmodernistischen Situation wird vor diesem Hintergrund zu einer eigenen politischen Herausforderung. Mit dem Plädoyer für ein *cognitive mapping* unterstreicht Jameson, daß es um die Zurückgewinnung eines Orts im kulturellen Repräsentationsraum geht, von dem aus Position in der geschichtlichen und gesellschaftlichen Totalität bezogen werden kann.

Jamesons Versuch einer historischen Verortung des Postmoder-

---

16 Jameson, Fredric, *Postmodernism, or The Cultural Logic of Late Capitalism*, Durham 1991. [Dt.: »Postmoderne. Zur Logik der Kultur im Spätkapitalismus«, in: *Postmoderne. Zeichen eines kulturellen Wandels*, hg. v. Andreas Huyssen/Klaus R. Scherpe, Reinbek 1986, S. 103-127.]

17 Ebd.

nismus stellt alles andere als eine kleine Erzählung dar. Den drei Stadien, die der Kapitalismus seit Anfang des 19. Jahrhunderts durchlaufen hat – dem von Marx theoretisierten Zeitalter des freien Unternehmers, dem »Monopolkapitalismus«, den Lenin mit seiner Imperialismusthese umreißt, und dem »Spätkapitalismus«[18] –, entsprechen nach Jameson unterschiedliche ästhetische Repräsentationsweisen, namentlich Realismus, Modernismus und Postmodernismus. Während die Kunst im Übergang von Realismus zu Modernismus eine Repräsentationskrise erlebt, als sie ihren Auftrag verliert, über und für die Gesellschaft zu sprechen, kündigt sich im Postmodernismus eine weitere Repräsentationskrise an. Im Sinne der kulturellen Logik des Spätkapitalismus beginnen sich Kultur und Ökonomie gegenseitig zu durchdringen, was mit der Dezentrierung des schöpferischen Subjekts, des Verlusts eines objektiven Referenten und mit einer Schwächung des Gegensatzes von Hochkultur und Massenkultur einhergeht. Jamesons dreigliedriger Periodisierungsvorschlag (Realismus – Modernismus – Postmodernismus), der sich schon in Baudrillards »politischer Zeichenökonomie«[19] andeutet, wird von einer Reihe marxistisch inspirierter Kulturtheoretiker übernommen, zum Beispiel von Scott Lash, der angesichts eines Übergangs von organisierter zu unorganisierter kapitalistischer Produktion die kulturelle Ökonomie mit ihren »Bedeutungsweisen« korreliert;[20] von David Harvey, der die Entstehung postmodernistischer Kultur in den Kontext einer Flexibilisierung kapitalistischer Akkumulation stellt;[21] oder von Stuart Hall, der unter dem Stichwort der Postmoderne das Verhältnis des »Westens« zum »Rest« abhandelt.[22] Für marxistische Kulturtheorien ist der Postmodernismus kein Problem, das nach moralisierenden Positionsbestimmungen verlangt; er ist ein Gegenstand, den es soziohistorisch zu verorten gilt.

Marxistisch inspirierte Theorien des Postmodernismus haben der literatur- und kulturwissenschaftlichen Diskussion seit den 1980er

---

18 Vgl. Mandel, Ernest, *Der Spätkapitalismus: Versuch einer marxistischen Erklärung*, Frankfurt/M. 1972.

19 Baudrillard, *Pour une critique de l'économie politique du signe*, a. a. O.

20 Lash, Scott, *The Sociology of Postmodernism*, London/New York 1990.

21 Harvey, David, *The Condition of Postmodernity. An Enquiry into the Origins of Cultural Change*, Oxford/Cambridge (MA) 1989.

22 Hall, Stuart, »Postmoderne und Artikulation«, in: *Cultural Studies. Ein politisches Theorieprojekt. Ausgewählte Schriften, Band 3*, Hamburg 2000, S. 52-77.

Jahren wichtige Impulse gegeben, stützen sie doch die Wende von einer philologisch-literaturwissenschaftlichen Besprechung kanonischer Texte zu einer Untersuchung von Massenkultur als Text. Das Drei-Stadien-Modell der marxistischen Kulturtheorie geht in das grundbegriffliche Inventar der Cultural Studies und oft auch der poststrukturalistischen *Theory* ein, die sich auf diese Weise von den humanistisch angehauchten Abendlanderzählungen der traditionellen Literaturwissenschaft distanzieren. Mit dem Bezug auf den Postmodernismus verorten sich die Cultural Studies in einer Gegenwart, in der die Produktion des Kulturellen zu einer zentralen sozioökonomischen Aufgabe geworden ist. Als Produkt einer Art postmodernen »Kulturindustrie« wird Gesellschaft selbst zu einem kulturellen Text, dessen Logik es zu entziffern gilt.

Epoche	Zeitraum	ästhetische Tendenz
Realismus	Mitte des 19. Jahrhunderts	Kunst mit dem Auftrag, für und über Gesellschaft zu sprechen
Modernismus	Ende des 19. Jahrhunderts bis 1960er Jahre	Kunst als gegengesellschaftlicher Ort
Postmodernismus	seit den 1970er Jahren	Gesellschaft als kultureller Text

Abbildung 1: Kultureller Wandel als Abfolge von Repräsentationsregimen

Moderne versus Postmoderne in den Sozialwissenschaften

In den Sozialwissenschaften erfährt der Topos der Postmoderne ungleich weniger Resonanz. Liegt dies daran, daß das historische Imaginäre der Sozialwissenschaften, anders als in den angloamerikanischen Kulturwissenschaften, weit ins 19. Jahrhundert zurückreicht? So registrieren die Soziologen, die um 1900 die theoretischen Grundlagen für ihre Disziplin legen, nicht nur das verbreitete Verlangen nach sozialwissenschaftlich reflektierter Reflexion von Industrialisierung, Kolonialisierung und Krisenerscheinungen des Modernisierungsprozesses. Sie stehen auch noch unter dem Eindruck der großen geschichtsphilosophischen Entwürfe, die in Hegels dialektischer

Philosophie ihren Höhepunkt gefunden hatten. Es ist die Zeit der großen abendländischen Erzählung, die in Gestalt von Modernisierungstheorien in die sozialwissenschaftliche Debatte eingehen wird. Daß Modernisierung keinen einheitlichen, linearen und kontinuierlichen Verlauf impliziert und auf keinen allgültigen Gesetzen und Prinzipien beruhen muß, dies wurde im Anschluß an Durkheim und Weber immer wieder geltend gemacht. Gleichwohl hat sich die Unterstellung, *daß* es einen übergreifenden historischen Sinn sozialen Wandels gäbe, der sich mit dem Gegensatz von »Tradition« und »Moderne« einfangen ließe, erstaunlich lange gehalten. So gehört es zu den hartnäckigen Reflexen eines großen Teils der Gesellschaftstheorie des 20. Jahrhunderts, die Vielfalt des sozialen Geschehens in binäre Geschichts- und Zeitlichkeitsrepräsentationen zu pressen.

Doch ist die Semantik der Moderne auch in den Sozialwissenschaften in die Krise geraten, und zwar schon lange vor Beginn der Debatte über Postmodernismus und Poststrukturalismus.[23] Als erste Symptome dieser Krise kann möglicherweise die Diskussion über die nachindustrielle Gesellschaft,[24] den Bericht des Club of Rome[25] oder den Wertewandel[26] gelten, in der gemeinhin die Rolle nichtökonomischer Dimensionen sozialen Wandels unterstrichen wird. Und dann sind es wieder marxistisch inspirierte Kapitalismustheoretiker, die wichtige Impulse gegen linear-progressive Geschichtsmodelle vorbringen. Schon Ernest Mandel hatte mit dem »Spätkapitalismus« auf die Wende zu einem wissensbasierten Produktionsregime hingewiesen.[27] Seit den späten 1970er Jahren wird im Umfeld der Regulationstheorie[28] die Postfordismusthese stark gemacht, die auf Flexibilisierungs- und Beschleunigungsprozesse des Produktionsprozesses nach dem Ende des keynesianistischen Zeitalters abhebt.[29] In diesem Zusammenhang werden die Grenzen des Vorhabens zunehmend deutlich,

23 Vgl. Reckwitz, Andreas, *Das hybride Subjekt. Eine Theorie der Subjektkulturen von der bürgerlichen Moderne zur Postmoderne*, Weilerswist 2006.

24 Bell, Daniel, *The Coming of Post-Industrial Society. A Venture in Social Forecasting*, New York 1973. [Dt.: *Die nachindustrielle Gesellschaft*, Frankfurt/M. 1975.]

25 Club of Rome, *The Limits to Growth. A Report for the Club of Rome's Project on the Predicament of Mankind*, New York 1972.

26 Inglehart, Ronald, *The Silent Revolution. Changing Values and Political Styles Among Western Publics*, Princeton 1977.

27 Mandel, *Der Spätkapitalismus: Versuch einer marxistischen Erklärung*, a. a. O.

28 Boyer, Robert, *La théorie de la régulation. Une analyse critique*, Paris 1986.

29 Vgl. Lash, Scott/Urry, John, *The End of Organized Capitalism*, Cambridge 1993.

den sozialen und kulturellen Wandel seit den 1970er Jahren mit den Kategorien und Modellen der klassischen Soziologie einzufangen.

Auf die sich abzeichnende Krise der Moderne reagiert die disziplinäre Soziologie zunächst mit einer Reihe von Defensivstrategien. So konstatiert Anthony Giddens den Anbruch einer zweiten Moderne, die die Tendenzen der ersten Moderne (Individualisierung, Rationalisierung, …) radikalisiert.[30] Für Ulrich Beck kündigt sich seit den 1970er Jahre hingegen eine reflexive Moderne an, in der die Konsequenzen der klassischen Moderne zum Gegenstand werden.[31] Auch in der von Shmuel N. Eisenstadt angestoßenen Debatte über multiple Modernitäten wird versucht, der Moderne eine zweite Chance zu geben.[32] Aber kann sich, so ist kritisch zu bemerken, die Moderne ihrer Probleme entledigen, wenn sich jede und jeder seine eigene Moderne wählen oder die Moderne immer wieder neu anfängt?

Eine andere Reaktion auf die Krise der Moderne war die Moralisierung der Postmoderne, und bekanntlich war es Jürgen Habermas, der die Postmoderne in der sozialwissenschaftlichen Diskussion mit dem Plädoyer etablierte, an der Moderne doch festzuhalten. Im Unterschied zu den angloamerikanischen Kulturwissenschaften versteht Habermas die Postmoderne nicht als Reaktion auf die künstlerischen Bewegungen des Modernismus, sondern als Reaktion gegen die politische Moderne, die Aufklärung des 18. Jahrhunderts, die die Figur des autonomen Subjekts gegen etablierte Ordnungen und traditionelle Herrschaftszusammenhänge ins Feld führt. Im *Philosophischen Diskurs der Moderne* erkennt Habermas in den genannten Theoretikern des Poststrukturalismus die Urheber dieses postmodernen Backlashs, der das Erbe der Aufklärung in Frage zu stellen und eine diskreditierte deutsche Philosophietradition zu rehabilitieren sucht.[33] Nach Habermas wird mit der Postmoderne die Möglichkeit aufgegeben, Kritik an den gesellschaftlichen Verhältnissen auf rationaler Basis zu üben. Die universalen Werte der politischen Mo-

---

30 Giddens, Anthony, *The Consequences of Modernity*, Cambridge 1990. [Dt.: *Konsequenzen der Moderne*, Frankfurt/M. 1995.]

31 Vgl. Beck, Ulrich/Giddens, Anthony/Lash, Scott, *Reflexive Modernisierung. Eine Kontroverse*, Frankfurt/M. 1996.

32 Eisenstadt, S. N., »Multiple Modernities«, in: *Daedalus. Journal of the American Academy of Arts and Sciences* 129, 2000, S. 1-29.

33 Habermas, Jürgen, *Der philosophische Diskurs der Moderne. Zwölf Vorlesungen*, Frankfurt/M. 1993.

derne stellen für ihn den normativen Horizont dar, an dem sich der gesellschaftliche Prozeß zu messen hat.[34]

Ungeachtet dieser verschiedenen Versuche, die Moderne als zentralen Bezugspunkt für die disziplinäre Identität der Sozialwissenschaften aufrechtzuerhalten, werden im Laufe der 1990er Jahre immer wieder Periodisierungsangebote in die Diskussion eingeführt, die die Distanz gegenüber Standardnarrativen der Moderne erkennen lassen, ohne sich jedoch auf die Postmoderne zu berufen. Den marxistischen Faden einer »Entfesselung« der kapitalistischen Akkumulationsweise nimmt in den 1990er Jahren die Globalisierungsdiskussion auf. Unter dem Stichwort der Globalisierung wird die Krise nationalstaatlicher Institutionen behandelt, die sich unter dem Eindruck einer zunehmend finanzmarktgetriebenen Ökonomie ankündigt[35] und zu einer Hybridisierung (»Glokalisierung«) kultureller Identitäten und Bezüge führt.[36] Während sich von »oben« postnationale Souveränitätsordnungen durchsetzen,[37] die sich bewußter Steuerung entziehen,[38] sieht beispielsweise Richard Sennett »unten« einen Verlust an »Lesbarkeit« des Sozialen, was er auf die Flexibilisierung des neuen kapitalistischen Arbeitsregimes zurückführt.[39] In diese Richtung gehen auch die Untersuchungen, die sich im Anschluß an Foucaults Gouvernementalitätsansatz ausbilden.[40] In der neolibera-

---

34 Daß die Postmoderne nicht zurückgewiesen werden muß, um als moraltheoretisches Problem betrachtet zu werden, das unterstreicht Bauman, Zygmunt, Postmodern Ethics, Oxford 1996. [Dt.: *Postmoderne Ethik*, Hamburg 1995.] Ausgehend von der Diagnose einer Entgrenzung und Pluralisierung gesellschaftlicher Beziehungen streicht Bauman die normativen Herausforderungen der Postmoderne heraus. Bauman plädiert für einen Humanismus, der die Fragmentierungen der Gesellschaft und die Dezentrierungen des Subjekts in der Postmoderne reflektiert.

35 Arrighi, Giovanni, *The Long Twentieth Century*, London/New York 1994.

36 Robertson, Roland, *Globalization. Social Theory and Global Culture*, London/ Newbury Park/New Delhi 1992.

37 Hardt, Michael/Negri, Antonio, *Empire*, Cambridge (MA)/London 2000. [Dt.: *Empire. Die neue Weltordnung*, Frankfurt/M. 2002.]

38 Ashley, David, *History Without a Subject. The Postmodern Condition*, Boulder (CO)/Oxford 1997.

39 Sennett, Richard, *The Corrosion of Character: The Personal Consequences of Work in the New Capitalism*, New York 1998. [Dt.: *Der flexible Mensch: die Kultur des neuen Kapitalismus*, Berlin 1998.]

40 Foucault, Michel, *Territoire, population, sécurité*, Paris 2004. [Dt.: *Geschichte der Gouvernementalität 1: Sicherheit, Territorium, Bevölkerung. Vorlesung am College de France 1977/1978*, Frankfurt/M. 2006.]

Epoche	Zeitraum	Sozialer Wandel	Kulturell-norma-tive Konsequenzen
Erste Moderne	18. Jahrhundert	Ausdifferenzierung von »Kultur« (Medien und Presse) gegenüber Politik und Wirtschaft	Erste Aufklärung und »bürgerliche Öffentlichkeit«
Zweite Moderne	Zweite Hälfte 19. Jahrhundert	Politik: National-staatsbildung und Kolonialisierung; Wirtschaft: Industrialisierung; Ausdifferenzierung von »Kultur« in autonome Felder (Journalismus, Kunst, Wissenschaft)	Zweite oder (sozial-)wissenschaftliche Aufklärung
Postmoderne	seit den 1970er Jahren	Neoliberale Globalisierung als Entdifferenzierung von Politik, Wirtschaft, Kultur	Wissensbasierte Netzwerk- und Weltgesellschaft

Abbildung 2: Sozialer Wandel als Differenzierung und Entdifferenzierung des Sozialen

len Globalisierung steht das Individuum unter dem Zwang, sich selbst zu regieren.

Die Liste mit aktuellen Beiträgen zur neoliberalen Globalisierung könnte leicht fortgesetzt werden. Auch wenn in dieser Diskussion von der Postmoderne nur manchmal gesprochen wird, ist diesen Beiträgen doch eines gemein – die Annahme, daß der Prozeß der funktionalen Differenzierung von Gesellschaft, den die klassische Soziologie unter den Stichworten der Rationalisierung oder der Arbeitsteilung thematisiert, an sein Ende gelangt. Nach dem Zusammenbruch des Systemgegensatzes wird bisweilen eine Tendenz zur Entdifferenzierung und Entgrenzung gesellschaftlicher Funktionsbereiche konstatiert.[41] Es schwinden die räumlichen Grenzen zwischen einem Innen und einem Außen von Gesellschaft,[42] was die Ambi-

41 Lash, *The Sociology of Postmodernism*, a. a. O.
42 Vgl. hierzu auch Bonacker zu »Gesellschaft« in diesem Band, S. 27-42.

valenz soziokultureller Verhältnisse radikalisiert[43] und zu einer Problematisierung des Durkheim'schen Gesellschaftsbegriffs beiträgt.[44] »Post-sozietale« Begriffe des Sozialen (Urry) wie die wissensbasierte »Netzwerkgesellschaft« (Castells) oder die »Weltgesellschaft« (Luhmann) können als Symptom für ein Ende der modernen Gesellschaft gelesen werden, wie sie die klassische Soziologie thematisiert hatte.[45]

Sozialen Wandel erzählen

Der Abschied von der Moderne fällt nicht leicht – besonders nicht den modernen Sozialwissenschaften, die aus der klassischen Soziologie des späten 19. Jahrhunderts hervorgegangen sind. Modern sind sie insofern, als Modernisierung ihr zentrales Thema ist. Modern sind sie aber auch in dem Sinne, daß sie sich selbst als Träger modernen Wissens begreifen. Die klassische Soziologie erforscht nicht nur die Moderne; sie nimmt geradewegs in ihr Platz.

Doch hat die Moderne für die disziplinäre Selbstvergewisserung der Sozialwissenschaften unübersehbar an Überzeugungskraft eingebüßt. Zum einen stößt die Modernisierungsthese auf empirische Widerstände, denn von einer andauernden Differenzierung (Durkheim) oder Rationalisierung (Weber) des Sozialen mag man angesichts der vorgebrachten Diagnosen des Postfordismus und der wissensbasierten Netzwerkgesellschaft, der Globalisierung und der Biopolitik oder einer postmodernen »Kulturindustrie« kaum noch ausgehen. Zum anderen erweist sich die Moderne als fragwürdiger normativer Maßstab. Das Problem der Moderne liegt darin, daß sie Geschichte gleichsam zwischen einem Ursprungs- und Zielpunkt aufhängt. Von einem Ursprung geht die menschlich-gesellschaftliche Entwicklung aus; zu

43 Bauman, Zygmunt, *Modernity and ambivalence*, Cambridge 1991. [Dt.: *Moderne und Ambivalenz: das Ende der Eindeutigkeit*, Hamburg 1992.]

44 Latour, Bruno, *Nous n'avons jamais été modernes. Essai d'anthropologie symétrique.* Paris 1991. [Dt.: *Wir sind nie modern gewesen. Versuch einer symmetrischen Anthropologie*, Frankfurt/M. 1998.]

45 Vgl. dazu Urry, John, *Sociology Beyond Societies. Mobilities for the Twenty-First Century*, London/New York 2000. Castells, Manuel, *End of Millennium*, Oxford 1998. [Dt.: *Das Informationszeitalter. Wirtschaft, Gesellschaft, Kultur. Band 3: Jahrtausendwende*, Wiesbaden 2002.] Luhmann, Niklas, *Die Gesellschaft der Gesellschaft*, Frankfurt/M. 1998.

einem Zielpunkt strebt sie hin, wobei sich der Erzähler der Moderne in der Regel in den »modernen« Regionen des so aufgespannten historischen Zeitstrahls verortet. Repräsentiert die Moderne aus kulturwissenschaftlicher Perspektive historische Zeitlichkeit nicht als einen aufwärtsgerichteten historischen Prozeß, von dessen Endpunkt auf das »traditionelle« Davor, den »vormodernen« Anderen oder die »einfachen« Gesellschaften herabgeblickt werden muß?

Doch auch wenn der Bedarf selten größer erschien, sozialen Wandel nach und jenseits der Moderne darzustellen, sind postmoderne Semantiken in das theoretische Repertoire der Sozialwissenschaften nur vereinzelt eingesickert. Warum können sich postmoderne Repräsentationen historischer Zeitlichkeit in den europäischen Sozialwissenschaften kaum durchsetzen? Dieser Beitrag hat die verschiedenen Impulse marxistischer Kultur- und Gesellschaftstheorien unterstrichen. Vor dem Hintergrund der hier vorgebrachten Alternativen zur Semantik der Moderne scheint nicht unbedeutend zu sein, daß es marxistische Theorien seit den 1980er in den europäischen Sozialwissenschaften wesentlich schwerer haben als in den amerikanischen *humanities*. So haben sich die »postmodernen«, das heißt im Umfeld von 1968 sozialisierten Generationen in den USA oft in Verbindung mit marxistischen und poststrukturalistischen Theoretikern im kulturwissenschaftlichen Diskurs etabliert,[46] während die Entmarxifizierung des intellektuellen Lebens in (Kontinental-)Europa in den 1980er Jahren ihren Höhepunkt erreichte.[47] Aber es ist nicht nur diese Ungleichzeitigkeit der intellektuellen Diskussion, die der amerikanischen Postmoderne-Debatte in Europa einen schweren Stand beschert hat. Die Rezeption amerikanischer Postmodernetheorien in Deutschland und Frankreich dürfte auch verzögert haben, daß der sozioökonomische Umbruch, der mit den Begriffen des Postfordismus, der flexiblen Akkumulation oder des Spätkapitalismus bezeichnet wird, in der angloamerikanischen Welt früher und einschneidender (Reagan, Thatcher!) ausfiel und erfahren wurde als in Europa, wo neoliberale Politik vielfach erst in den 1990er Jahren umgesetzt

46 Angermüller, Johannes, »*French Theory* in den USA. Diskursanalytische Betrachtungen eines internationalen Rezeptionserfolgs«, in: *Sociologia Internationalis* 42, 2004, S. 71-101.
47 Angermüller, Johannes, *Nach dem Strukturalismus. Theoriediskurs und intellektuelles Feld in Frankreich*, Bielefeld 2007.

wurde. Und nicht zuletzt mag es der Attraktivität der Postmoderne in Europa geschadet haben, daß in der amerikanischen Debatte *modernity* oft unterschwellig als »europäische Moderne« konnotiert war, deren Hierarchien und Rigiditäten von der »amerikanischen« Postmoderne schließlich überwunden würden.

Doch ganz gleich wie man die Geschichte erzählen mag, sicher bedeutet der Diskurs über die Postmoderne nicht, daß sich die Sozialwissenschaften nicht mehr mit der Moderne zu beschäftigen brauchten. Und vielleicht will die Postmoderne die Moderne ja gar nicht überwinden, sondern, ganz im Gegenteil, aufbauen, entwickeln, fortschreiben, und zwar ohne die Vielfalt der anderen möglichen Erzählungen zu unterschlagen, mit denen sich Geschichte eben auch repräsentieren läßt. Von den Kulturwissenschaften können sich die Sozialwissenschaften daran erinnern lassen, daß auch historische Zeitlichkeit konstruiert, dargestellt, erzählt werden muß. Könnte sich die Postmoderne dann nicht als ein narrativer Code für eine nichtlineare, heterogene und nichtaxiologische Zeitlichkeit anbieten? Vielleicht gibt die Postmoderne doch noch den Anlaß für einen Streit, in dem das Pulver nicht nur verschossen wird, um Rauch zu erzeugen, sondern um den theoretischen Diskussionsverlauf zu verändern.

Auswahlbibliographie

Angermüller, Johannes, *Nach dem Strukturalismus. Theoriediskurs und intellektuelles Feld in Frankreich*, Bielefeld 2007.

Foster, Hal (Hg.), *The Anti-Aesthetic. Essays on Postmodern Culture*, Port Townsend 1983.

Harvey, David, *The Condition of Postmodernity. An Enquiry into the Origins of Cultural Change*, Oxford/Cambridge (MA) 1989.

Hutcheon, Linda, *The Politics of Postmodernism*, London/New York 1989.

Huyssen, Andreas, *After the Great Divide. Modernism, Mass Culture, Postmodernism*, Bloomington (IN)/Indianapolis (IN)1986.

Jameson, Fredric, *Postmodernism, or The Cultural Logic of Late Capitalism*, Durham 1991. [Dt.: »Postmoderne. Zur Logik der Kultur im Spätkapitalismus«, in: *Postmoderne. Zeichen eines kulturellen Wandels*, hg. v. Andreas Huyssen/Klaus R. Scherpe, Reinbek 1986, S. 103-127.]

Lash, Scott, *The Sociology of Postmodernism*, London/New York 1990.

Lyotard, Jean-François, *La Condition postmoderne*, Paris 1979. [Dt.: *Das postmoderne Wissen. Ein Bericht*, Wien 1986.]

Reckwitz, Andreas, *Das hybride Subjekt. Eine Theorie der Subjektkulturen von der bürgerlichen Moderne zur Postmoderne*, Weilerswist 2006.
Welsch, Wolfgang, *Unsere postmoderne Moderne*, Weinheim 1987.

II.
Sozialwissenschaftliche Forschungsfelder

Julia Reuter
Globalisierung
Phänomen – Debatte – Rhetorik[1]

Globalisierung zählt in den Sozialwissenschaften zu einem der am häufigsten gebrauchten wie mißbrauchten Begriffe. Knapp 20 Jahre alt ist die Diskussion um die »die Prozesse, in deren Folge die Nationalstaaten und ihre Souveränität durch transnationale Akteure, ihre Machtchancen, Orientierungen, Identitäten und Netzwerke unterlaufen und querverbunden werden«.[2] Dabei zählte die Soziologie zu einem der aktivsten »Dolmetscher« der Globalisierung, sahen sich ihre Fachvertreter doch vor die Herausforderung gestellt, ihre ureigenste Kernkompetenz – das Verstehen und Erklären der Sozio-Logik sozialen Wandels – knapp hundert Jahre nach Gründung der Disziplin erneut unter Beweis zu stellen. Ebenso vielfältig wie die empirischen Parameter, gesellschaftlichen Dimensionen und prognostizierten Konsequenzen der Globalisierung sind auch die theoretischen Modelle und Konzepte, um die Neukonfigurationen von Raum und Zeit, Wirtschaft und Gesellschaft, Kultur und Identität, Politik und Umwelt durch die Handlungsverflechtungen über Grenzen hinweg zu beschreiben. Dominierten in der ersten Phase soziologischer Erklärungsmodelle noch makrosoziologische Entwürfe, die *den* globalen Wandel in Gestalt einer *Synchronisierung* (nach westlichen Standards) in *der Welt* heraufkommen sahen, der sich relativ monokausal von Parametern wie dem technologischen Fortschritt, der erhöhten Mobilität, bi- beziehungsweise multilateralen politischen Abkommen, vor allem aber der Liberalisierung der Wirtschaft ableiteten

---

1 Der Artikel enthält Passagen aus früheren Arbeiten: Reuter, Julia, »Neue Orte der Globalisierung«, in: *Strand, Bar, Internet. Neue Orte der Globalisierung*, hg. v. Julia Reuter/Corinne Neudorfer/Christoph Antweiler, Münster 2006, S. 18-38; Reuter, Julia, »Postkoloniales Doing Culture. Oder: Kultur als translokale soziale Praxis«, in: *Doing Culture. Neue Positionen zum Verhältnis von Kultur und sozialer Praxis*, hg. v. Julia Reuter/Karl H. Hörning, Bielefeld 2004, S. 245-261; Reuter, Julia/Bucakli, Özkan, »Bedingungen und Grenzen der Hybridisierung«, in: *PostModerne Dekonstruktionen. Ethik, Politik und Kultur*, hg. v. Susanne Kollmann/Kathrin Schödel, Münster 2004, S. 171-182.

2 Beck, Ulrich, *Was ist Globalisierung? Irrtümer des Globalismus – Antworten auf Globalisierung*, Frankfurt/M. 1998, S. 29.

ließ, gewannen Mitte der 1990er Jahre zunehmend kulturtheoretisch beeinflußte Ansätze an Bedeutung, die auf die Vielfalt und Konflikte *globaler Prozesse* in unterschiedlichen *lokalen Welten* hinwiesen und eher von *Fragmentierungen* sprachen. Insbesondere seit der Jahrtausendwende erlebt die Globalisierungsdiskussion durch die zunehmende Rezeption poststrukturalistisch informierter Ansätze eine neue Brisanz, nicht nur weil sie neue Narrative der Globalisierung wie etwa das der Hybridisierung in die Diskussion einbrachten und neue empirische Forschungsfelder erschlossen, sondern gerade auch weil sie die Debatte um Globalisierung zum Anlaß nahmen, die Identität und die Kategorien der Soziologie kritisch zu hinterfragen.

Herkömmliche Ansätze

Sprach man zu Beginn der 1990er Jahre von Globalisierung, so war damit vor allem die Zunahme an wirtschaftlichen Verflechtungen und die Herausbildung einer internationalen Arbeitsteilung im Kontext einer expandieren Weltwirtschaft gemeint. Ökonomisch-technologischen Entwicklungen wurde eine zentrale, wenn nicht determinierende Rolle zugeschrieben, die im Szenario der »Hyperglobalisierung« mit vollständig integrierten globalen Märkten und angepaßten nationalen und lokalen Akteuren kulminierte.[3] Ulrich Beck bezeichnete später diese monokausale Fixierung auf das Ökonomische mit dem Begriff des »Globalismus«. Was nach Ende des Kalten Krieges in den gestiegenen Direktinvestitionen und Exportzahlen, vor allem aber in der Produktionsstättenverlagerung in Freihandelszonen beziehungsweise freie Exportzonen besonders sichtbar wurde, schien aus soziologischer Perspektive zunächst nicht als etwas qualitativ Neues. Vielmehr entdeckte man im neuen globalen Wirtschaftsleben die vom Marxismus hinlänglich entlarvten altbekannten kapitalistischen Herrschafts- und Ungleichheitsstrukturen, die bereits seit dem 16. Jahrhundert durch expandierende staatliche Handelsbeziehungen und später durch die Industrialisierung angelegt waren und laut Manuel Castells, Michael Hardt und Antonio Negri auch in der sogenannten Epoche der Informatisierung konstitutiv sind.[4]

3 Held, David et al. (Hg.), *Global Transformations: Politics, Economics and Culture*, Stanford 1999.
4 Castells, Manuel, *The Network Society. The Information Age: Economy, Society and*

Eine wichtige Bezugsquelle für diese ökonomistische Globalisierungsrezeption stellte dabei Immanuel Wallersteins Weltsystemtheorie dar, der in den 1970er und 1980er Jahren die historische Entstehung des kapitalistischen Weltsystems in seinem dreibändigen Werk rekonstruiert hatte.[5] Anders als Niklas Luhmann, der die Weltgesellschaft als abstrakten Bezugsrahmen für eine hypothetisch entgrenzte globale Kommunikation gleichwertiger funktional differenzierter Systeme betrachtet,[6] ist für Wallerstein das Weltsystem klar durch die Dominanz eines wirtschaftlichen Funktionssystems geprägt. Insofern spricht er auch von einem *kapitalistischen* Weltsystem, in dem Produktionsbeziehungen, aber auch inner- und zwischenstaatliche Politik durch die Beziehung von Kapital und Arbeit geprägt sind und das sich in unterschiedlichen Zonen mit je eigenen Produkten und Arbeitsmethoden ausdifferenziert: der Zone des ökonomisch weit fortgeschrittenen und spezialisierten Zentrums, in dem eine hohe Arbeitsteilung herrscht, höherwertige Güter vor allem in Lohnarbeit und selbständiger Arbeit produziert werden, und einer Peripherie, in der mit Hilfe billiger Rohstoffe und unter Einsatz ungelernter Arbeitskräfte für einen Weltmarkt produziert wird. Eine Semiperipherie dient als »Puffer« für die Funktionsfähigkeit der Weltökonomie: Sie federt den politischen Druck aus der Peripherie zum Zentrum ab, und sie fungiert zudem häufig als Zentrum für die Peripherie. Insgesamt ist das kapitalistische Weltsystem durch die Hierarchie vom Zentrum zur Peripherie geprägt; für Wallerstein bilden die Kapitalakkumulation durch die Mächtigen in den Zentren und das Prinzip des ungleichen Tauschs den Kern seiner Theorie.

Ganz ähnlich argumentierte auch die amerikanische Stadt- und Wirtschaftssoziologin Saskia Sassen einige Jahre später in ihren weniger theoretisch, dafür stärker empirisch fundierten Arbeiten zur Global City, die sie als neues »Zentrum« des kapitalistischen Weltsystems identifiziert.[7] Sassen geht von der Ausbildung einer *headquarter economy* im Zeitalter der Globalisierung aus, in denen Städte zu

Culture, Oxford 1996. [Dt.: *Das Informationszeitalter*, 3 Bde., Opladen 2002/ 2003.] Hardt, Michael/Negri, Antonio, *Empire*, Harvard 2000. [Dt.: *Empire. Die neue Weltordnung*, Frankfurt/M. 2002.]

5 Wallerstein, Immanuel, *The Modern World System*, 3 Bde., New York 1974.

6 Luhmann, Niklas, »Die Weltgesellschaft«, in: ders., *Soziologische Aufklärung 2*, Opladen, S. 51-71.

7 Sassen, Saskia, *The Global City. New York, London, Tokyo*, Princeton 1991.

sichtbaren Knotenpunkten der Weltwirtschaft und zu Schaltzentralen für globale Konzerne gerade im Bereich der internationalen Finanzindustrie werden. »In solchen Städten siedeln sich die Hauptsitze von Banken und transnationalen Unternehmen an und verbinden sich mit den internationalen Finanzplätzen zu einer *headquarter economy*, deren operativer Handlungsraum sich weitgehend vom regionalen Kontext abgekoppelt hat.«[8] Es sind Städte wie Paris, New York, London, Tokio, Amsterdam oder auch Frankfurt am Main, die aufgrund ihrer hochentwickelten informationstechnologischen Infrastruktur, ihrer Konzentration von Kapital und Expertenwissen, ihrer Nähe zu anderen wichtigen Dienstleistungen, vor allem aber auch wegen ihrer großen Reserve an billigen Arbeitskräften (in erster Linie Migranten und Migrantinnen) ihre Zentralität behaupten. Letztere manifestiert sich aber auch in einem spezifischen Zeichenreservoir von Global Cities, eine Symbolik, die für Globalität und Modernität steht und sich zum Beispiel in spektakulären Entwürfen von Stararchitekten (Hochhaus der Deutschen Bank in Frankfurt am Main, Grande Arche im neuen Pariser Finanzzentrum La Défense usw.) widerspiegelt.

Ähnlich wie Wallerstein sieht Sassen den Prozeß der urbanen Agglomeration als ambivalente Entwicklung. Denn wo einerseits in Global Cities hochdynamische, technologisch fortschrittliche Wachstumssektoren und ebenso hochwertige und in der Regel gutbezahlte Dienstleistungen (Buchhaltung, Werbung, Beratung usw.) für eine *global urban class* entstehen, kommt es laut Sassen auch zu einer Ausweitung informeller, reproduktionsbezogener und schlechtbezahlter Dienstleistungen (Haushaltsdienstleistungen, Reinigungsservice, Sicherheits- und Fahrdienste usw.): »Die Entwicklungen in den Großstädten führten nicht nur zu einer Zunahme an gutbezahlten Jobs, sondern auch zu einer Masse niedrig entlohnter Jobs und zu einer Deregulierung des Arbeitsmarktes.«[9] Aber auch industrielle Heim-

---

8 Grimm, Sabine/Ronneberger, Klaus, »Weltstadt und Nationalstaat. Frankfurter Dienstleistungsangestellte äußern sich zur multikulturellen Gesellschaft«, in: *Rechtsextremismus und Fremdenfeindlichkeit*, hg. v. Institut für Sozialforschung, Frankfurt/M. 1994, S. 92. Die an Saskia Sassens Arbeiten angelehnte Studie über international orientierte Berufsmilieus in der Finanz-, High-Tech- und EDV-Branche rekonstruiert auf der Datenbasis von über 100 Interviews das Selbst- und Fremdverständnis der *urban professionals* in der »Weltstadt« Frankfurt/M.

9 Sassen, Saskia/Klimkiemcz, Halina, »Die Immigration in der Weltwirtschaft«, in: *Journal für Entwicklungspolitik* (1995) 3, S. 261-284, hier S. 268.

arbeit oder Sweatshops – als »produktiver« Unterbau – weiten sich aus. Sassen spricht von einer Auf- und Abwertungsdynamik innerhalb des neuen Beschäftigungsregimes in Global Cities. Sie sieht, daß jedes globale Unternehmen eine erhöhte Nachfrage nach günstigen Dienstleistungen der informellen Wirtschaft, also gering entlohnte »Sackgassenarbeitsplätze« nach sich zieht. So entsteht ein neues Beschäftigungsregime, das Sassen als integralen Bestandteil des neuen ökonomischen Wachstums begreift: »Die hochentwickelten Wirtschaftssysteme haben tendenziell ein hohes Durchschnittsniveau der Ausbildung und eine ständig wachsende Zahl an hochbezahlten Jobs; zugleich stellen wir fest, daß es ein großes Angebot an unqualifizierten, schlecht entlohnten Jobs gibt *und* es zu einer Entwertung der meisten Jobs im Produktionsbereich kommt.«[10]

Im Gegensatz zu Sassens ökonomischer Lesart der Global Cities interessiert sich – beinahe zeitgleich – der französische Stadtethnologe Marc Augé in seiner kulturkritischen Auseinandersetzung mit »übermodernen« Gesellschaften für deren soziale Qualität.[11] Anstatt von neuen Zentralitäten spricht Augé von »Nicht-Orten« als Symptom einer uniformen Weltkultur und Ergebnis massiver zeitlicher Beschleunigungsprozesse sowie einer Ökonomisierung des Sozialen. Auch er identifiziert »Nicht-Orte« vor allem in und um Global Cities. Konzeptionell unterscheidet Augé idealtypisch zwischen (1) Nicht-Orten des Konsums, wie etwa Fast-Food-Ketten, Duty-Free-Shops oder Einkaufszentren, (2) Nicht-Orten der Freizeit, wie beispielsweise Vergnügungsparks, Hotelanlagen oder Fitneßcentern, (3) Nicht-Orten des Verkehrs, wie beispielsweise Flughäfen, Bahnhöfen oder Autobahnkreuzen, und (4) Nicht-Orten der Kommunikation, wie etwa Bildschirme aller Art, Wellen und Kabel. Der Begriff »Nicht-Ort« bezeichnet dabei einen Raum, »der keine Identität besitzt und sich weder als relational noch als historisch bezeichnen läßt«.[12] Insofern steht der Nicht-Ort laut Augé für eine Vereinheitlichung, wenn nicht gar Zerstörung des Raums im Zeitalter der Globalisie-

---

10 Ebd., S. 279.
11 Augés zentraler Begriff ist nicht Globalisierung, sondern Übermoderne. Darunter versteht er eine gesellschaftliche Gesamtsituation (weniger ein Zeitalter), das durch Übermaß, Überfülle und Überreizung geprägt ist. Augé, Marc, *Orte und Nicht-Orte. Vorüberlegungen zu einer Ethnologie der Einsamkeit*, Frankfurt/M. 1994.
12 Ebd., S. 92.

rung. Schließlich besitzt er einen quantitativ standardisierten Charakter, fungiert eher als Übergangs- denn Lebensraum und zeichnet sich dadurch aus, daß in ihm physische und soziale Nähe entkoppelt ist. Insofern bilden Augés Arbeiten einen klaren Kontrast zur oft bemühten Metapher des globalen Dorfs. Während das in Anlehnung an den Medientheoretiker Marshall McLuhan skizzierte Bild des globalen Dorfs sich die globale Welt als einen Ort vorstellen, in denen die Bewohner untereinander in engem Kontakt stehen und eine gemeinsame Identität teilen, sieht Augé in den durch expandierenden Tourismus, globale Migration und weltweite Vernetzung hervorgetriebenen Raumgebilden gewissermaßen die Dystopie des Sozialraums schlechthin: asoziale Raumgebilde, in denen die Menschen als einsame Raumtouristen und -konsumenten ihre Kommunikation ritualisiert abwickeln.[13]

Poststrukturalistische Neukonfigurationen

Praxiszentrierte Kulturanalysen in der Tradition poststrukturalistischer Soziologien konnten dieses Szenario einer »entlokalisierten« uniformen Weltkultur, in der seitens der Kapitalbesitzer und Großkonzerne strategisch produziert, auf seiten der Arbeitnehmer und Alltagsakteure aber relativ ritualisiert-mechanisch konsumiert wird, teilweise entkräften.[14] Auch wenn die von George Ritzer diagnostizierte »McDonaldisierung der Gesellschaft« augenscheinlich voranschreitet, da immer mehr gesellschaftliche Teilbereiche – nicht nur Fast-food-Restaurants, sondern auch andere Arbeitsverhältnisse, ja sogar Freizeit und Familie – den Prinzipien der Effizienz, Kalkulierbarkeit, Voraussagbarkeit und Kontrolle gehorchen, lassen sich doch auf der Ebene der Alltagspraxis durchaus auch produktive, wenn nicht widerständige Konsum- und Verarbeitungsformen von globa-

---

13 McLuhan, Marshall, *The Gutenberg Galaxy*, London 1962. [Dt.: *Die Gutenberg-Galaxis. Das Ende des Buchzeitalters*, Münschen 1968.]

14 Einen guten Überblick liefert Andreas Reckwitz in seiner praxistheoretischen Rahmung des »Forschungsprogramms« der »kulturellen Globalisierung«: vgl. Reckwitz, Andreas, »Kulturelle Differenzen aus praxeologischer Perspektive: Kulturelle Globalisierung jenseits von Modernisierungstheorie und Kulturessentialismus«, in: *Kulturen vergleichen. Sozial- und kulturwissenschaftliche Grundlagen und Kontroversen*, hg. v. Ilja Srubar et al., Wiesbaden 2005, S. 92-111.

len »Fremdeinflüssen« ausmachen.[15] So richtete sich gerade die Kritik der neuen Globalisierungsanalysen gegen das ökonomistische Vorurteil, wonach nur in der Produktion der mächtigen Unternehmen – dem Machtblock –, nicht aber im Konsum der »einfachen« Leute produktive Kräfte am Werk seien. Unterschiedliche soziokulturell geformte Aneignungsweisen und Durchmischungen statt kulturelle Standardisierung lautete ihr Credo. Neben den stark raumsoziologisch argumentierenden Arbeiten von Anthony Giddens und Roland Robertson, die auf die Gleichzeitigkeit und wechselseitige Durchdringung des Globalen und Lokalen verweisen, wurde dieser Perspektivwechsel vor allem von Autoren und Autorinnen aus den disziplinübergreifenden Diskussionszusammenhängen von Cultural Anthropology, Cultural und Postcolonial Studies angeführt.[16] Stellvertretend sei hier auf Arjun Appadurai, Ulf Hannerz, Jan Nederven Pieterse oder Stuart Hall als Vertreter dieses *cultural turn* in der Globalisierungsdiskussion verwiesen.[17] Postkolonial bedeutet in diesem Zusammenhang, daß keineswegs nur (historische) koloniale Beziehungen, sondern auch ihre Nachwirkungen und Effekte in der Gegenwart und damit Fragen der Macht, der Dominanz, der Subordination und der Subjektpositionen im Vordergrund stehen.[18]

Trotz unterschiedlicher konzeptioneller und empirischer Schwerpunktsetzung konvergieren sie in mehreren Punkten: Sie lehnen das (imperialistische) Szenario einer *kulturellen Konvergenz* ab, das heißt die Vorstellung einer wachsenden globalen Interdependenz, die zu einer zunehmenden kulturellen Angleichung führt und unter Schlagworten wie »McDonaldisierung«, »Coca-Kolonisierung«, »Amerika-

---

15 Ritzer, George, *The McDonaldization of Society. An Investigation into the Changing Character of Contemporary Social Life*, Newbury Park 1993.

16 Giddens, Anthony, *The Consequences of Modernity*, Cambridge 1995; Robertson, Roland, *Globalization. Social Theory and Global Culture*, London 1992.

17 Vgl. hierzu exemplarisch: Appadurai, Arjun, *Modernity at Large: Cultural Dimensions of Globalization*, Minnesota 1996; Hannerz, Ulf, *Cultural Complexity. Studies in the social organization of meaning*, New York 1992; Nederveen Pieterse, Jan, »Der Melange-Effekt. Globalisierung im Plural«, in: *Perspektiven der Weltgesellschaft*, hg. v. Ulrich Beck, Frankfurt/M. 1999, S. 87-125; Hall, Stuart, »Kulturelle Identität und Globalisierung«, in: *Widerspenstige Kulturen. Cultural Studies als Herausforderung*, hg. v. Karl H. Hörning/Rainer Winter, Frankfurt/M. 1999, S. 339-379.

18 Vgl. Ashcroft, Bill/Griffith, Gareth/Tiffin, Helen (Hg.), *The Post Colonial Studies Reader*, London 1995.

nisierung« beziehungsweise »Verwestlichung« firmiert. Statt dessen sehen sie Prozesse der *kulturellen Hybridisierung* als kennzeichnend für die globalisierte soziale Welt.[19] Auch wenn Strukturen und Institutionen westlichen Ursprungs dominieren, lassen sich immer mehr Beispiele für die nachhaltige Beeinflussung des Westens durch andere Regionen anführen – gerade auch für solche gesellschaftlichen Bereiche, die in der ökonomistischen Globalisierungsdiskussion lange Zeit ausgeblendet wurden wie beispielsweise Kochkunst, Musik, Literatur oder spirituelle Lebensformen, wie Joana Breidenbach und Ina Zukrigl anschaulich zeigen können.[20] Beispiele des *fusion cooking*, des Ethno-Jazz oder synkretistischer Glaubensformen und -praktiken verdeutlichen nicht nur die globale Durchdringung des Alltags. Sie werden von den Autoren und Autorinnen zum Anlaß genommen, neben den phänomenologischen auch die epistemologischen Formen von Kultur zu diskutieren. So ist die poststrukturalistische Globalisierungsdiskussion vor allem eine kulturtheoretische Diskussion um die basalen Fragen: Was ist Kultur? Was ist kulturelle Identität? Wie lassen sich Eigen- und Fremdgruppen im Zeitalter der Globalisierung unterscheiden?

Die Antwort auf diese Fragen erscheinen ebenso simpel wie folgenreich: Die Autonomie einzelner homogener »Paket«-Kulturen ist ein Mythos, Kultur ist vielmehr ein Fluß, der sich aus vielfältig synchron und diachron verknüpften Bedeutungen und Praktiken speist.[21] Bedeutungen, Identitäten und Praktiken liegen dann nicht *entweder* in *der* einen *oder der* anderen Kultur, sie gehen *durch* sie *hindurch* und beziehen sie aufeinander – die Formel hierfür lautet: »hybrid«. Die Welt gleicht dann weniger einem Mosaik, dessen Steinchen die einzelnen Kulturen sind. Sie gleicht vielmehr einer Kultur*melange* im Sinne einer wechselseitigen kulturellen Durchdringung globaler und lokaler Sinnbezüge, die in den alltäglichen Praktiken mobilisiert und reproduziert werden.[22]

19 Vgl. Rademacher, Claudia, »Ein ›Liebeslied für Bastarde‹?«, in: *Spiel ohne Grenzen? Ambivalenzen der Globalisierung*, hg. v. dies./Markus Schroer/Peter Wiechens, Opladen 1999, S. 255-269.

20 Breidenbach, Joana/Zukrigl, Ina, *Tanz der Kulturen. Kulturelle Identität in einer globalisierten Welt*, Reinbek bei Hamburg 2000.

21 Vgl. Hannerz, Ulf, »›Kultur‹ in einer vernetzten Welt. Zur Revision eines ethnologischen Begriffs«, in: *Kulturen – Identitäten – Diskurse. Perspektiven europäischer Ethnologie*, hg. v. Wolfgang Kaschuba, Berlin 1995, S. 64-84.

22 Vgl. Reuter, Julia 2004, S. 242.

Autoren und Autorinnen der Cultural und Postcolonial Studies haben diese hybriden Identitäten und Praktiken in ihren Studien vielfach beschworen: Verräumlichungs- und Vergemeinschaftungsformen afrokaribischer, mexikanischer oder asiatischer Migranten und Migrantinnen in den USA, Fernseh- und Kleidungskonsum jugendlicher Migranten und Migrantinnen in Großstädten Großbritanniens, Glaubens- und Verkörperungspraktiken muslimischer Frauen in unterschiedlichen europäischen Ländern, aber auch Beziehungs- und Geschlechterpraktiken europäischer Touristen im »Ausland« ebenso wie Reise- und Familienformen nichteuropäischer »Dienstmädchen« im »Inland«.[23] Auch ich beschäftige mich derzeit unter anderem mit Fragen hybrider Glaubenspraktiken und Spiritualitätsdiskurse Jugendlicher auf religiösen Events wie auch mit hybriden Vergemeinschaftungsformen und Identitätspolitiken muslimischer Frauen in Deutschland.[24] Hybride Glaubenspraktiken drücken sich etwa darin aus, daß jugendliche Teilnehmer des Weltjugendtags in Köln 2005 nicht nur spaßorientierte und religiöse Komponenten in souveräner Manier miteinander kombinieren, sondern rituelle Praktiken aus unterschiedlichen kulturellen Kontexten – Taizé-Medidation und katholische Gebete, Gospel-Gesänge und »buddhistische« Körpertechniken – zu einer eigenen Form von Spiritualität »zusammenbasteln«. Oder im anderen Fall, daß muslimische Frauen den Islam vor dem Hintergrund ihrer traditionellen Herkunftskultur und der deutschen Gesellschaft rekontextualisieren und in diesem Spannungsfeld neue private Lebensentwürfe und öffentliche Repräsentationsformen als Neo-Muslima entwickeln.

23 Aus der Fülle an empirischen Studien sei an dieser Stelle lediglich eine Auswahl getroffen: Cohen, Robin, *Global Diasporas: An Introduction*, London 1997; Pries, Ludger, *Wege und Visionen von Erwerbsarbeit. Erwerbsverläufe und Arbeitsorientierungen abhängig und selbständig Beschäftigter in Mexiko*, Frankfurt/M. u. a. 1997; Gillespie, Marie, *Television, Ethnicity and Cultural Change*, London/New York 1995; Salih, Ruba, *Gender in Transnationalism: Home, Longing and Belonging Among Moroccan Migrant Women*, London 2003; Schlehe, Judith, »Gender und Globalisierung in neuen Begegnungsräumen«, in: *Geschlecht und Globalisierung. Kulturwissenschaftliche Streifzüge durch transnationale Räume*, hg. v. Sabine Hess/Ramona Lenz, Königstein/Taunus 2001, S. 9-101; Hess, Sabine, *Globalisierte Hausarbeit. Au-pair als Migrationsstrategie von Frauen aus Osteuropa*, Wiesbaden 2005.

24 Vgl. Forschungskonsortium WJT, *Megaparty Glaubensfest. Weltjugendtag: Erlebnis – Medien – Organisation*, Opladen 2007.

Dies alles sind sicherlich Beispiele, die auf den ersten Blick weniger die »großen« Fragen nach der Integration und Stabilität von (nationaler oder Welt-)Gesellschaft noch die Fragen politischer Steuerung oder institutioneller Regulierung von Globalisierungsprozessen berühren. Es sind eher Beispiele für die von Ludger Pries begrüßte »Lokalisierung der Globalisierungsdiskussion«, die weniger von *der* Globalisierung als von unterschiedlichen »globalisierten Strategien der Lokalisierung« spricht.[25] Diese Strategien sind dadurch gekennzeichnet, »dass die Gegensatzpaare universell-partikular, homogen-differenziert oder auch global-lokal keineswegs in einem Null-Summen-Verhältnis zueinander stehen dergestalt, dass die Ausdehnung der einen Tendenz notwendigerweise zu Lasten der gegenteiligen Tendenz erfolgen muss«.[26]

Wenngleich Pries die alte Frage, ob die Globalisierung gut oder schlecht sei, in der poststrukturalistischen Debatte für überflüssig hält, ist die normative Komponente insbesondere in den postkolonialen Globalisierungsanalysen nicht zu übersehen. So dreht sich eine Vielzahl der Arbeiten lediglich auf den ersten Blick um Alltagsprobleme spezifischer Sub- und Randgruppen, das Erkenntnisinteresse geht über den privaten Mikrokontext aber weit hinaus. Da werden die Bekleidungsgewohnheiten indischer Migranten und Migrantinnen in der Londoner Diaspora oder die Flirtstrategien australischer Touristen und Touristinnen auf Bali zum Seismographen für die ganz grundlegende Problemstellung, wie die europäische und die außereuropäische Welt miteinander verwoben sind und – was vielleicht noch bedeutsamer ist – wie sie im öffentlichen und im wissenschaftlichen Diskurs repräsentiert werden. Gemäß der Vorstellung, daß unser Globalisierungsverständnis immer auch ein Wirkfaktor in unserem globalisierten Leben ist, findet sich in vielen postkolonialen Arbeiten ein Vokabular, das »westliche« Vorstellungen vom Subjekt, von Kultur oder Nation und separatistische Gegenüberstellungen von Subjekten, Kulturen und Nationen grundsätzlich ablehnt beziehungsweise umdeutet. Solche Vorstellungen galten vielmehr als das Ergebnis der Artikulation von Kultur im Kontext der kolonialisierenden und imperialistischen Strukturen des modernen Euro-

---

25 Pries, Ludger, »Von der Globalisierung zur Lokalisierung der Globalisierungsdiskussion«, in: *Soziologische Revue* 1, 2007, S. 11-23, hier: S. 22.
26 Ebd.

pas.[27] Dies verwundert nicht, wenn man bedenkt, daß sich nicht nur gesellschaftliche Phänomene, sondern auch die Diskussion über sie globalisiert hat: War die erste Phase der Globalisierungsdiskussion noch durch westliche Autoren und Autorinnen dominiert, finden wir unter den poststrukturalistischen Arbeiten eine Vielzahl an Autoren und Autorinnen aus der sogenannten Dritten Welt, die durch die schmerzliche Erfahrung von Migration und Marginalisierung in kolonialisierten Ländern geprägt sind. Ihnen geht es um mehr als um die Beschreibung der »schönen bunten Mischung«, die sich aus der komplizierten lokalen Verarbeitung von globalen Fremdeinflüssen ergibt. Ihnen geht es wesentlich um einen revisionistischen Impuls im Hinblick auf die europäischen und amerikanischen Tendenzen, partikulare Positionen – eben auch in der Globalisierungsdiskussion – mittels globaler Interpretationsschemata zu universalisieren.

In ihren Globalisierungsanalysen findet sich immer auch und mehr oder weniger explizit eine Kritik an »der Moderne« als imperialistischer Teleologie des Westens. Die »Erfolgsgeschichte« der Moderne wird gewissermaßen vom exterritorialen Standpunkt des Anderen, des von der Moderne ausgegrenzten Fremden umgeschrieben und in Frage gestellt.[28] Die poststrukturalistische, insbesondere postkoloniale Kritik richtet sich gegen die Vorstellung, daß sich Modernisierungsprozesse und soziale Formationen aller Gesellschaften an einer für das westliche Europa und das nördliche Amerika typischen historischen Entwicklung messen müssen. Als Folge davon würden die Unterschiede und Besonderheiten nichtwestlicher Gesellschaften und Menschen(-gruppen) in einer »Sprache des Mangels« beschrieben.[29] Vor diesem Hintergrund wird deutlich, daß die poststrukturalistisch informierte Globalisierungsdiskussion zwar auch eine Auseinandersetzung mit Globalisierung, vor allem aber eine Auseinandersetzung mit westlichen Modernisierungsmythen und Diskursstrate-

27 Vgl. Conrad, Sebastian/Randeria, Shalini (Hg.), *Jenseits des Eurozentrismus. Postkoloniale Perspektiven in den Geschichts- und Kulturwissenschaften*, Frankfurt/M./New York 2002.

28 Vgl. hierzu exemplarisch Sudhir Chandras Kritik am »Siegeszug des imperialistischen Modernisierungsdiskurses« aus der Sicht der indischen Gesellschaft: Chandras, Sundhir, »Die repressive Gegenwart«, in: *Konfigurationen der Moderne – Diskurse zu Indien. Soziale Welt: Sonderband 15*, hg. v. Shalini Randeria/Martin Fuchs/Antje Linkenbach, Baden-Baden 2004, S. 37-47.

29 Vgl. Conrad/Randeria, *Jenseits des Eurozentrismus*, a. a. O., S. 12.

gien und deren Resistenz in der aktuellen Globalisierungsdiskussion ist.[30]

Herausforderungen

Angesichts der Vielzahl an soziologischen Neuerscheinungen und Konferenzen, aber auch an Lehrplänen und Stellenbeschreibungen, die auf den Begriff »Globalisierung« zurückgreifen, drängt sich bisweilen der Eindruck auf, daß es keine Gesellschaftsanalyse mehr ohne Globalisierung geben kann. Schließlich zeigen die Arbeiten der letzten Jahre mehr als deutlich, daß nicht nur die politische Bühne, die Finanzmärkte, die Tourismus- oder Modeindustrie (wie schon immer) globalisiert sind, sondern selbst unsere »intimsten« Praktiken – Flirt- und Partnerschaftspraktiken, Gebets- und Verkörperungspraktiken, Essens- und Einrichtungspraktiken – durch überlokale, transnationale oder globale Bezüge geprägt sind.[31] Auch das Vokabular der sozialwissenschaftlichen Globalisierungsdiskussion ist längst in die Alltagsgespräche »hinübergeschwappt«: Unterhaltungen in Partnerschaften drehen sich um Konkurrenzdruck am Arbeitsplatz aufgrund von *global players*, Teenager bitten ihre Eltern um die Erlaubnis zur Teilnahme an »globalen Events«, und die ältere Generation denkt über *domestic workers* aus Schwellenländern wie Polen oder Slowakei nach.

Aber es reicht aus poststrukturalistischer Sicht nicht aus, die Globalisierung des Alltagshandelns und -denkens zu konstatieren und empirisch nachzuvollziehen. Sie muß auch in eine Sprache übersetzt werden, die nicht dazu zwingt, in einfachen, »Entweder-Oder-Logiken« oder »Einbahnstraßenmodellen« zu denken, wie Ludger Pries es ausdrückt, sondern die es ermöglicht, die Dialektik, die Ambivalenz und Ungleichzeitigkeit der Globalisierung nachvollziehen zu können.[32] Inwieweit Neologismen wie Glokalisierung, Grobalisie-

---

30 Insofern widerspricht sie Martin Albrows Postulat vom »Ende der Moderne«. Vgl. Albrow, Martin, *The Global Age. State and Society Beyond Modernity*, London 1996.

31 Dies ist sicherlich auch der Tatsache geschuldet, daß sich in den letzten Jahren eine zunehmende »Empirisierung« der Globalisierungsdebatte abgezeichnet hat, in der vor allem ein qualitativ-ethnographischer Forschungsansatz dominiert.

32 Vgl. etwa Korff, Rüdiger, »Globale Integration und lokale Fragmentierung. Das Konfliktpotential von Globalisierungsprozessen«, in: *Gesellschaften im Umbruch*.

rung, Kosmopolitisierung, Hybridisierung oder Translokalisierung dies ausreichend leisten, kann an dieser Stelle nicht diskutiert werden. Poststrukturalistische Soziologien sehen jedenfalls in der »schönen neuen Begriffswelt« gerade nicht die von Pierre Bourdieu angemahnte Gefahr, sich einem symbolischen Imperialismus zu unterwerfen, der partikulare »Gemeinplätze über den ganzen Planeten verbreitet und – im streng geographischen Sinne des Begriffs – globalisiert, [sie] gleichzeitig aber auch jeder Partikularität ent[hebt]«.[33] Im Gegenteil, ihre komplexe, mit zahlreichen Neologismen gespickte Sprache wird bewußt als Instrument der Irritation eingesetzt; es geht den poststrukturalistischen Theorien gerade darum, durch Sprache die konventionelle Vorstellung von Wissenschaft zu unterlaufen und ihre rhetorische Konstitution offenzulegen.[34] Dennoch hat Bourdieu sicherlich recht, wenn er daran erinnert, daß *die* Globalisierung aus empirischer Sicht weder eine komplett neue Gesellschaft noch ganz andere soziale Beziehungen generiert. Die Umstellung der Narrative zur soziologischen Beschreibung gesellschaftlichen Wandels darf nicht dazu führen, daß bislang bewährte Begriffe wie Kapitalismus, Klasse, Ausbeutung, Herrschaft oder Ungleichheit verworfen werden, weil sie angeblich überholt sind.[35] Insbesondere Phänomene wie die Migration in »freien Exportzonen«, der religiöse Fundamentalismus in den Ghettos der Metropolen sowie die Polarisierung des Arbeitsmarktes entlang ethnischer, nationaler, geschlechtlicher und Alterscharakteristiken zeigen, daß in Zukunft gerade die Verknüpfung der neuen kulturalistischen Rhetorik der Globalisierung mit alten Begriffen der Sozialstrukturanalyse mehr denn je vonnöten ist.

Schließlich gilt es, die Debatte über Globalisierung, die Anthony Giddens als die wichtigste Debatte wertet, in der Soziologie selbst etwas »globaler« oder, wie Ulrich Beck und Ludger Pries es bereits vor mehreren Jahren gefordert haben, »transnationaler« zu betreiben.[36]

27. *Kongreß der Deutschen Gesellschaft für Soziologie in Halle an der Saale*, Bd. 2, hg. v. der Deutschen Gesellschaft für Soziologie, Opladen 1996, S. 309-323.

33 Bourdieu, Pierre, »Schöne neue Begriffswelt«, in: *Globalisierungswelten. Kultur und Gesellschaft in einer entfesselten Welt*, hg. v. Marcus S. Kleiner/Herrmann Strasser, Köln 2003, S. 71-77, hier S. 73.

34 Vgl. Reuter, Julia/Wieser, Matthias, »Postcolonial, gender und science studies als Herausforderung der Soziologie«, in: *Soziale Welt* 2, 2006, S. 177-193.

35 Ebd., S. 71.

36 Giddens, Anthony, »Die große Globalisierungsdebatte«, in: *Globalisierungswelten. Kultur und Gesellschaft in einer entfesselten Welt*, hg. v. Marcus S. Kleiner/Her-

Man wird »den Sozialwelten nicht gerecht, wenn man sie nur in der ›Weltsprache englisch‹ beschreibt« und ihre Erforschung im »Container« der westlichen Nationen betreibt.[37] Vielleicht liegt gerade hierin die nachhaltigste Wirkung poststrukturalistischer Ansätze, da sie auf die Frage »Was ist Globalisierung?« immer mit Gegenfragen antworten: »Was ist Globalisierung aus Frauensicht?«, »Was ist Globalisierung aus indischer Sicht?«, »Was ist Globalisierung aus soziologischer Sicht?«[38]

Auswahlbibliographie

Albrow, Martin, *The Global Age. State and Society Beyond Modernity*, London 1996.

Appadurai, Arjun, *Modernity at Large: Cultural Dimensions of Globalization*, Minnesota 1996.

Beck, Ulrich, *Was ist Globalisierung? Irrtümer des Globalismus – Antworten auf Globalisierung*, Frankfurt/M. 1998.

Breidenbach, Joana/Zukrigl, Ina, *Tanz der Kulturen. Kulturelle Identität in einer globalisierten Welt*, Reinbek bei Hamburg 2000.

Cohen, Robin, *Global Diasporas: An Introduction*, London 1997.

Kleiner, Marcus S./Strasser, Hermann (Hg.), *Globalisierungswelten. Kultur und Gesellschaft in einer entfesselten Welt*, Köln 2003.

Pries, Ludger, »Von der Globalisierung zur Lokalisierung der Globalisierungsdiskussion«, in: *Soziologische Revue* 1, 2007, S. 11-23.

Reuter, Julia/Neudorfer, Corinne/Antweiler, Christoph (Hg.), *Strand, Bar, Internet. Neue Orte der Globalisierung*, Münster 2006.

Robertson, Roland, *Globalization. Social Theory and Global Culture*, London 1992.

mann Strasser, Köln 2003, S. 33-48; Vgl. Beck, Ulrich, »Die Eröffnung des Welthorizonts: Zur Soziologie der Globalisierung«, in: *Soziale Welt* 50, 1999, S. 3-15.

37 Vgl. Pries, Ludger, »Die Transnationalisierung der sozialen Welt und die deutsche Soziologie«, in: *Soziale Welt* 50, 1999, S. 383-394, hier S. 391.

38 Auch hier sei aus der Fülle an Arbeiten auf wenige exemplarisch verwiesen: Klingebiehl, Ruth/Randeria, Shalini (Hg.), *Globalisierung aus Frauensicht*, Bonn 1998; Randeria, Shalini,/Fuchs, Martin/Linkenbach, Antje (Hg.), *Konfigurationen der Moderne: Diskurse zu Indien*, Baden-Baden 2004; Costa, Sergio et al. (Hg.), *The Plurality of Modernity: Decentring Sociology*, Mering 2006.

Martin Nonhoff
Politik und Regierung
Wie das sozial Stabile dynamisch wird und vice versa

Neben den mit ihnen eng verknüpften Begriffen von Macht und Herrschaft sind jene der Politik und der Regierung für die Politische Wissenschaft gewiß die Grundlagenbegriffe schlechthin. Aber auch für die Soziologie und die Ökonomie waren sie stets von hoher Bedeutung, so daß poststrukturalistische Theoriebildung auf ein vielfältig bestelltes sozialwissenschaftliches Feld traf und trifft. Mithin verwundert es nicht, wenn sich infolge des Imports dieser Theoriebildung zwar vielfach der Blickwinkel auf Politik und Regierung wandelt, zugleich aber auch lange bestehende Themen und Debatten in Variationen wiederkehren. Wenn nun im folgenden einige dieser poststrukturalistischen Variationen dargestellt werden, so geschieht dies – auch wenn die Begriffe in anderen sozialwissenschaftlichen Kontexten ebenfalls Verwendung finden – insbesondere im Kontrast zum Politik- und Regierungsverständnis der Politischen Wissenschaft und der Politischen Theorie, weil Politik und Regierung hier naturgemäß den wesentlichen Gegenstandsbereich bilden. Da die Begriffe der Politik und der Regierung in verschiedenen Strömungen der poststrukturalistischen Theorie zu Zentralbegriffen geworden sind, werde ich zunächst getrennt auf sie eingehen, um dann einige Gemeinsamkeiten herausstellen, die das spezifisch Poststrukturalistische ausmachen.

Politik

In der Politischen Ideengeschichte und der Politischen Theorie lassen sich – stark vergröbert – zwei Begriffe der Politik rekonstruieren. Der erste schließt an die antike griechische Politische Philosophie an und läßt sich insofern als normativ bezeichnen, als hier erstens das politische Tätigsein, das heißt das gemeinsame Beratschlagen und Handeln in gemeinschaftlichen Angelegenheiten, als wesentliches Merkmal menschlichen Seins gilt, weshalb zweitens dieses menschliche Sein nur als vollendet gelten kann, wenn es von politischem Tätigsein gerahmt ist, und weil schließlich drittens stets die Vorstellung mitschwingt, das politische Tätigsein ziele auf ein im allgemeinen Konsens erkennbares Gemeinwohl. Der zweite Begriff der Politik wird zumeist als realistischer Begriff der Politik bezeichnet und insbesondere mit den Namen Machiavelli, Hobbes und Weber in Verbindung gebracht. Hiernach läßt sich Politik als auf den öffentlichen Raum gerichtetes strategisches Handeln beschreiben, das in doppelter Hinsicht mit Macht eng verwoben ist, weil es zum einen auf den Erwerb von Machtmitteln abzielt und zum anderen den Einsatz ebendieser Mittel zur Überwindung möglicher Widerstände impliziert.[1] Der Bezug auf Widerstände und ihre Überwindung macht deutlich, daß der realistische Politikbegriff immer auch Konflikte als Teil von Politik mitdenkt. Besonders einflußreich in dieser Hinsicht ist der Begriff des Politischen,[2] wie er von Carl Schmitt formuliert wurde: Nach Schmitt liegt der Kern des Politischen in der »Unterscheidung von *Freund* und *Feind*«.[3] Angesichts der nur knapp aufzeigbaren Bandbreite und Verschiedenartigkeit des Begriffs der Politik in der Politischen Theorie nimmt es nicht wunder, daß auch der empirisch arbeitenden Politischen Wissenschaft keine einheitliche Begriffsbildung zugrunde liegt. Allerdings wird in verschiedenen Definitionen »Politik« regelmäßig in Bezug gesetzt zum kollektiven Handeln und zum kollektiv verbindlichen Entscheiden in einem von Macht und Konflikten durchdrungenen sozialen Raum. Die Politische Wissenschaft rekurriert in ihrer angewandten Forschung also stark auf den realistischen Politikbegriff, auch wenn Elemente des

---

1 Berühmt ist etwa die Formulierung Max Webers, wonach Politik »Streben nach Machtanteil oder nach Beeinflussung der Machtverteilung« ist. Vgl. Weber, Max, »Politik als Beruf«, in: ders., *Schriften zur Sozialgeschichte und Politik*, Stuttgart 1997, S. 271-339, hier S. 272.

2 Wenn der Begriff des Politischen von jenem der Politik unterschieden wird, so bezeichnet ersterer – als ontologischer Begriff – üblicherweise die besondere Qualität des »Politischseins« und liefert so auch einen Maßstab zur Einordnung bestimmter Sachverhalte, Konstellationen oder Handlungen als politisch (auch dort, wo diese nicht im Phänomenbereich dessen, was üblicherweise als Politik bezeichnet wird, verortet sind); wohingegen letzterer zumeist eine konkrete Praxis meint. Vgl. Vollrath, Ernst, *Grundlegung einer philosophischen Theorie des Politischen*, Würzburg 1987, S. 29 ff.; Frankfurter Arbeitskreis für Politische Theorie & Philosophie (Hg.), »Autonomie und Heteronomie der Politik«, in: ders., *Autonomie und Heteronomie der Politik. Politisches Denken zwischen Post-Marxismus und Poststrukturalismus*, Bielefeld 2004, S. 1-31, hier S. 4.

3 Schmitt, Carl, *Der Begriff des Politischen*, Berlin 1996, S. 26.

normativen Politikbegriffs wie die Orientierung am Gemeinwohl und das entsprechende Konsenserfordernis immer wieder mit eingebunden werden.[4]

Es dauerte vergleichsweise lange, ehe sich im vornehmlich linguistisch interessierten Theoriefeld des Poststrukturalismus eine Politische Theorie entwickelte. Vereinzelt setzten sich schon in den 1970er Jahren Theoretiker, die oft dem Spät- oder Poststrukturalismus zugeordnet werden, mit Fragen der Politischen Theorie auseinander. Michel Foucault etwa thematisierte vor allem die Gegenstände der Macht und der Subjektivierung durch Macht und setzte die Fragen nach der Konstituierung von Macht und Subjekten in seinen Vorlesungen der späten 1970er Jahre auch in Beziehung zum Staat. Allerdings rückte dabei weniger der Begriff der Politik als vielmehr der der Regierung ins Zentrum seines Interesses (siehe dazu unten). Den Bezug zwischen Subjektivierung und Staat stellte auch Louis Althusser mit seiner Kritik der »ideologischen Staatsapparate« her.[5] Dabei verband er eine strukturalistisch inspirierte Ideologie- und Subjektivierungstheorie mit einer marxistischen Theorie staatlicher Institutionen, wonach für den Klassenkampf neben den »repressiven Staatsapparaten« wie Polizei und Justiz auch die »ideologischen Staatsapparate«, allen voran die Schule, von höchster Bedeutung seien, weil sie qua ideologischer Subjektivierung die Reproduktion der Arbeitskraft der ausgebeuteten Klasse übernehmen. Althusser führte allerdings die »Programmierung« der ideologischen Staatsapparate nicht auf politischen Willen zurück, sondern sah sie als durch die ökonomischen Positionen und Interessen der herrschenden Klassen determiniert an. Somit eröffnete sich im Rahmen des strukturalen Marxismus kein wirklicher Freiraum für politisches Handeln. Ein weiterer Strang des »poststrukturalistischen Kanons«, die Dekonstruktion Jacques Derridas, wandte sich Fragen der Politischen Philosophie erst ab den 1990er Jahren zu. Auch hierbei spielt einerseits

4 Vgl. einführend zum Politikbegriff der Politischen Wissenschaft Rohe, Karl, *Politik: Begriffe und Wirklichkeiten. Eine Einführung in das politische Denken*, Stuttgart, Berlin/Köln 1994; Alemann, Ulrich von, »Politikbegriffe«, in: *Lexikon der Politik (Band 2: Politikwissenschaftliche Methoden)*, hg. v. Jürgen Kriz et al., Frankfurt/M. 1994, S. 297-301.

5 Vgl. Althusser, Louis, »Ideologie und ideologische Staatsapparate«, in: ders., *Ideologie und ideologische Staatsapparate. Aufsätze zur marxistischen Theorie*, Hamburg 1977, S. 108-153.

die Auseinandersetzung mit Marx und mit dem emanzipatorischen Versprechen der Marx'schen Theorie eine wichtige Rolle.[6] Andererseits ist die Politische Philosophie Derridas eng verwoben mit einer Ethik des gerechten Handelns, in deren Vordergrund die Forderung steht, dem einzelnen in seiner Singularität gerecht zu werden.[7] Auch bei Derrida spielt somit die Auseinandersetzung mit der Eigenlogik der Politik keine zentrale Rolle.

Allerdings bilden neben der Saussure'schen Linguistik und der – ihrerseits strukturalistisch informierten – Psychoanalyse Jacques Lacans sowohl die (frühe) Derrida'sche Dekonstruktion als auch der strukturale Marxismus Althussers maßgebliche Einflüsse für die Hegemonietheorie Ernesto Laclaus und Chantal Mouffes, die heute als der zentrale Beitrag des poststrukturalistischen Theorieraums für die Politische Theorie gelten kann. Den Grundstein ihres Denkens legten sie in ihrem gemeinsamen Hauptwerk *Hegemony and Socialist Strategy.*[8] In Auseinandersetzung mit der marxistischen Theoriegeschichte des 20. Jahrhunderts weisen sie dort Überlegungen, soziale Konflikte seien in letzter Instanz ökonomisch determiniert, kategorisch zurück[9] und schreiben statt dessen der Politik die maßgebliche Funktion zu, gesellschaftliche Formationen inklusive der stets vorhandenen (aber in ihrer je spezifischen Form nicht determinierten) Konfliktlinien zu transformieren. Sie entwickeln ihre Theorie der Politik im Rahmen einer Theorie der Formierung politisch-gesellschaftlicher Hegemonien, die ihrerseits diskurstheoretisch fundiert ist.

Die Prominenz des Diskursbegriffs ist ein markantes Kennzeichen dafür, daß die politische Theorie von Laclau und Mouffe einen wesentlichen Bezugspunkt in der (post-)strukturalistischen Linguistik hat. Diskurse werden als Folgen von Artikulationen verstanden und Artikulationen wiederum als das In-Beziehung-Setzen von Elementen, die in der Relation erst zu differenten Elementen und damit Be-

---

6 Vgl. Derrida, Jacques, *Marx' Gespenster. Der verschuldete Staat, die Trauerarbeit und die neue Internationale*, Frankfurt/M. 1995; ders., *Marx & Sons*, Frankfurt/M. 1999.

7 Vgl. vor allem Derrida, Jacques, *Gesetzeskraft. Der ›mystische Grund der Autorität‹*, Frankfurt/M. 1996.

8 Laclau, Ernesto/Mouffe, Chantal, *Hegemony and Socialist Strategy. Towards a Radical Democratic Politics*, London/New York 1985.

9 Für eine aktuelle Zusammenfassung der Marxismuskritik vgl. Laclau, Ernesto, »Ideologie und Post-Marxismus«, in: *Diskurs – radikale Demokratie – Hegemonie*, hg. v. Martin Nonhoff, Bielefeld 2007, S. 27-40.

deutungsträgern werden.[10] Diskurse sind somit artikulatorisch ange-
ordnete und bewegte Differenz- und Sinnsysteme. Entscheidend ist
nun zweierlei: Erstens begreifen Laclau/Mouffe die politisch-soziale
Realität nicht nur als diskursiv konstituiert, sondern sie gründen ihr
Denken auf die Annahme, daß diese Realität in ihrer Seins- und
Funktionslogik – mithin ontologisch – diskursiv *ist*. Das Soziale besteht demnach gleich dem Diskursiven aus sinnhaft miteinander ar-
tikulierten Elementen.[11] Zweitens sind die diskursiven und folglich
auch die sozialen Sinnsysteme – im Unterschied zum System der
langue in der strukturalistischen Linguistik Saussures – dadurch gekennzeichnet, daß sie notwendigerweise auf eine Schließung hinstre-
ben, aber gleichzeitig unabschließbar sind. Sprachliche Systeme etwa
tendieren zur Schließung, weil sie ja dazu dienen, Bedeutungen zu
generieren und möglichst eindeutig zu fixieren. Eine solche Bedeutungsfixierung ist aber nur dann möglich, wenn es eine geschlossene
Struktur von Differenzpositionen gibt, in der jedes Element tatsächlich *eine* Bedeutung erhält (ähnlich argumentiert auch die strukturalistische Linguistik Saussures mit Blick auf das System der *langue*).
In vergleichbarer Weise streben soziale Systeme nach Schließung,
weil nur so ein harmonisches Gefüge eindeutig verortbarer gesellschaftlicher Positionen Bestand haben kann. Dabei kann das Ausgeschlossene kein Element sein, das in einer normalen Differenzbeziehung zu den Elementen im Inneren steht, denn sonst wäre es ja Teil
des Differenzensembles, hätte also einen Ort *im* System. Vielmehr
kommt dem Ausgeschlossenen eine paradoxe Doppelfunktion zu: Einerseits muß es genau deshalb ausgeschlossen werden, weil es das Gefüge von Differenzpositionen in seiner Gesamtheit grundlegend in
Frage stellt. In pointierter Diktion spricht Laclau auch von der Konfrontation der »vollkommenen Gesellschaft« mit dem »generalisierten Verbrechen«.[12] Andererseits aber gibt das Ausgeschlossene dem
Gefüge eingeschlossener Positionen erst seine Gesamtidentität (qua

10 Vgl. zum Diskurs- und zum Artikulationsbegriff Laclau/Mouffe, *Hegemony and
Socialist Strategy*, a. a. O., S. 105-114.
11 Aus dieser Gleichsetzung des Sozialen mit dem Diskursiven folgt auch, daß La-
clau/Mouffe die Foucault'sche Unterscheidung von diskursiven und nichtdiskursiven Praktiken ablehnen. Vgl. zum Beispiel ebd., S. 107.
12 Laclau, Ernesto, »Identity and Hegemony: The Role of Universality in the Constitution of Political Logics«, in: Butler, Judith/Laclau, Ernesto/Žižek, Slavoj, *Contingency, Hegemony, Universality*, London/New York 2000, S. 44-89, hier S. 54f.

Abgrenzung), macht also die soziale Struktur als solche erst möglich. Die Beziehung zwischen innen und außen ist also zwar eine bedrohliche, aber notwendige. Diese Beziehung wird von Laclau und Mouffe als Antagonismus bezeichnet. Daß Systeme zur antagonistischen Schließung tendieren, ist aber nur die eine Seite der Angelegenheit. Zugleich ist nämlich das Diskursive beziehungsweise das Soziale unhintergehbar von Kontingenz durchdrungen, insbesondere in der Form von unvorhergesehenen Ereignissen sowie sich wandelnden und nicht kontrollierbaren Machtverhältnissen. Kontingenz führt dazu, daß keine Schließung jemals vollkommen sein oder endlos aufrechterhalten werden kann. Das Außen widersetzt sich dem Ausschluß in stets unvorhersehbarer Weise, es dringt immer wieder überraschend in die Systeme ein, destabilisiert und verschiebt sie. Das Soziale ist also – wie auch das Diskursive – konstitutiv antagonistisch verfaßt, der Antagonismus ist für die Ontologie des Sozialen wesentlich. Aber ontisch kann keine antagonistische Grenzziehung je endgültig sein.

Wenn nun der Antagonismus den Bruch, die Lücke im Sozialen darstellt, so ist er zugleich der wesentliche Aspekt des Politischen. Denn die Logik des Politischen besteht in der Dynamik, die aus den konfligierenden Versuchen zur Schließung der Lücke resultiert – Versuche, die freilich niemals endgültigen Erfolg haben können. Während also mit dem Begriff des Sozialen die (in sich gebrochene) Struktur bezeichnet wird, wird mit dem Politischen auf die Instituierung und die Veränderung der Strukturen, also die (nie endenden) Struktur*ierung*en verwiesen.[13] Anders ausgedrückt ist das Soziale das Moment der Ordnung der Elemente, wohingegen das Politische das Moment des immer neuen Ordnens beschreibt.

Die Logik des Politischen übersetzt sich in konkrete Politik im Modus der Hegemonie: Im hegemonialen Kampf ringen konkurrierende Projekte unaufhörlich um die Gestalt(ung) der Gesellschaft und streben danach, einen »gemeinsamen Willen« zu etablieren. Mit Laclau und Mouffe lassen sich drei wesentliche Aspekte der hegemonialen Praxis ausmachen: Erstens verknüpfen sich verschiedene, nicht erfüllte gesellschaftliche Forderungen, das heißt, es bildet sich eine

13 Vgl. Laclau, Ernesto/Mouffe, Chantal, »Preface to the Second Edition«, in: dies., *Hegemony and Socialist Strategy. Towards a Radical Democratic Politics*, London/New York 2001, S. vii-xix, hier S. xii; Laclau, Ernesto, *On Populist Reason*, London/New York 2005, S. 117.

sogenannte Äquivalenzkette. Hierzu ist eine Konstruktionsleistung seitens der Protagonisten der Forderungen notwendig. Denn diese Forderungen lassen sich nicht einfach aufgrund einer positiven Gemeinsamkeit verbinden (sie sind ja verschiedene, *differente* Forderungen), sondern brauchen als gemeinsamen Fokus ein Gegenüber: eine bestimmte Variante des »generalisierten Verbrechens«, das bewirkt, daß sie bislang alle unerfüllt geblieben sind. Im einzelnen kann das »generalisierte Verbrechen« dabei in sehr verschiedenen Formen auftreten: als politisches Regime, als ökonomisches Paradigma, als bestimmte ethnische oder soziale Gruppe etc. In jedem Fall stellt sich somit zweitens eine antagonistische Zweiteilung des diskursiv-sozialen Raums ein: dort das Andere, das »generalisierte Verbrechen«, das nicht nur nicht ins wohlgeordnete soziale Gefüge hineinpasst, sondern dieses nachgerade verhindert; hier die Hand in Hand gehenden Forderungen, die gemeinsam auf die Überwindung des Verbrechens und damit auf die Herstellung einer harmonischen Ordnung abzielen. Drittens schließlich etabliert ein hegemoniales Projekt üblicherweise früher oder später auch einen Repräsentanten für die verschiedenen Forderungen einer Äquivalenzkette beziehungsweise für den gemeinsamen Willen der betroffenen sozialen Kräfte: eine hegemonial werdende Zentralforderung, die beispielsweise ein Schlagwort sein kann wie »Freiheit!« oder »Soziale Marktwirtschaft!«[14] oder auch der Eigenname einer Führungsperson wie »Perón!«. Der Repräsentant steht für das doppelte Versprechen der Überwindung jedes einzelnen Aspekts des »generalisierten Verbrechens« und der Erfüllung aller Forderungen der Äquivalenzkette. Dabei übernimmt kein bestimmter Repräsentant diese Rolle notwendigerweise, keine hegemoniale Ordnung ist unausweichlich. Als Folge von Machtungleichgewichtungen und von politischer Praxis sind sie vielmehr kontingent.

Mit dem Repräsentanten wird stets – in einer ganz und gar unmöglichen Operation – ein Partikulum zur Verkörperung des Allgemeinen (des »Ganzen«, des Gemeinwohls, der Gerechtigkeit etc.) einer bestimmten sozialen Formierung.[15] Universalität tritt durch

14 Vgl. zur hegemonialen Forderung »Soziale Marktwirtschaft!« Nonhoff, Martin, *Politischer Diskurs und Hegemonie. Das Projekt ›Soziale Marktwirtschaft‹*, Bielefeld 2006.

15 Die Unmöglichkeit dieser Operation hat zwei Aspekte. Erstens erschließt sie sich aus der folgenden Argumentation: Sinntragende Einheiten beziehungsweise Signi-

das Partikulare in Erscheinung, in dessen jeweiligem Anspruch auf Allgemeinheit. Weil aber derartige Ansprüche nur durch den antagonistischen Ausschluß anderer Positionen möglich werden, verbindet sich in der hegemonialen Praxis notwendigerweise eine Orientierung am Gemeinwohl mit Macht und Konflikt.[16] Obwohl die Hegemonietheorie also vornehmlich eine Konflikttheorie der Politik ist, nimmt sie, indem sie auf das Erfordernis der Gemeinwohlorientierung verweist, auch ein wesentliches Element des normativen Politikbegriffs auf, wenn auch in einer entsubstantialisierten Fassung.

Das poststrukturalistische Denken der Politik, wie es insbesondere von Ernesto Laclau vorangetrieben wurde, ist in seinem Kern keine normative Theorie, sondern eine formal-ontologische Analyse der Politik. Dennoch erwächst aus ihr eine normative Auszeichnung der Demokratie als erstrebenswerter politischer Ordnung, denn allein die Demokratie birgt das Potential, der Dynamik des Politischen und der Unabschließbarkeit des hegemonialen Prozesses angemessen Rechnung zu tragen und sich als »Ordnung ohne letzten Grund« zu konstituieren.[17] Schöpft sie dieses Potential aus, dann nimmt sie ihre eigene Wandelbarkeit, ihr Fundiertsein ausschließlich in Praxis

fikanten konstituieren sich ausschließlich in Differenz zu anderen solchen Einheiten, das heißt, die Funktion von Signifikanten besteht darin, *als differente Elemente* Sinn zu generieren. Hieraus folgt nun aber, daß ein solches Differenzelement nicht auf die Aufhebung aller Differenz, auf das *Allgemeine* oder das *Ganze* verweisen kann. Dennoch gibt es nur diese Möglichkeit, wodurch es zu dem unmöglichen Kurzschluß zwischen differentem Partikulum (dem Repräsentanten) und dem Allgemeinen kommt. Signifikanten, die diese Funktion übernehmen, nennt Ernesto Laclau »leere Signifikanten«, deren Leere weniger darin besteht, daß sie nicht auf ein Signifikat verweisen oder daß sie keinen Sinn erzeugen, sondern darin, die Signifikationsfunktion selbst zu unterlaufen; vgl. Laclau, Ernesto, *Emancipation(s)*, London/New York 1996, S. 36-46. Zweitens ist die Signifikationsoperation eine unmögliche, weil kein Repräsentant jemals *tatsächlich* das Ganze einer harmonischen Ordnung verkörpern kann. Vorstellungen, die von einer solchen Tatsächlichkeit ausgehen, lassen sich als ideologische Vorstellungen bezeichnen; vgl. ders., »The Death and Resurrection of the Theory of Ideology«, in: *MLN – Modern Language Notes* 112, 1997, S. 297-321, hier S. 303.

16 Vgl. Hetzel, Andreas, »Demokratie ohne Grund. Ernesto Laclaus Transformation der Politischen Theorie«, in: *Die Rückkehr des Politischen. Demokratietheorien heute*, hg. v. Oliver Flügel et al., Darmstadt 2004, S. 185-210, hier S. 199.

17 Vgl. Marchart, Oliver, »Politik und ontologische Differenz: Zum ›streng Philosophischen‹ im Werk Ernesto Laclaus«, in: *Diskurs – radikale Demokratie – Hegemonie*, hg. v. Martin Nonhoff, Bielefeld 2007, S. 103-121, hier S. 119.

und damit ihre Kontingenz wahr und ernst: Sie konstituiert sich als radikale Demokratie. Als solche gibt sie dem hegemonialen Konflikt Raum, versteht aber dessen Resultate niemals als notwendige, einzig rationale oder materiell beste Resultate. Damit verbietet sich eine theoretische Auszeichnung sowohl materieller als auch institutionell-prozessualer Normen; diese können allein der Praxis demokratischer Politik erwachsen.[18] Dennoch gehen mit der normativen Auszeichnung der (radikalen) Demokratie zwei Grenzziehungen einher. Zum einen müssen politische Ordnungen um so fragwürdiger erscheinen, je mehr sie zur ultimativen Schließung, zur völligen Fixierung des Gemeinwohls neigen. Totalitäre Regime etwa verhindern gewaltsam die freie Entfaltung des hegemonialen Kampfes und setzen statt dessen eine »beste« Ordnung fest. Zum anderen sind alle politischen Ordnungen – und das gilt auch für viele Demokratien – mit dem Problem des dauerhaften Ausschlusses bestimmter Gruppen, die oft gar nicht als relevante Gruppe wahrgenommen werden,[19] konfrontiert. Auch dies verhindert aber die freie Entfaltung des hegemonialen Kampfs, weil bestimmte Positionen in ihn nicht eingreifen können. Deshalb stellt Laclau fest: »Democracy is only radical if it involves an effort to give a political voice to the underdog.«[20] Im Kern ist die radikale Demokratie mithin deshalb erstrebenswert, weil sie die Freiheit der politischen Praxis garantiert: sowohl hinsichtlich ihrer Inhalte und Ziele als auch hinsichtlich ihrer Beteiligungsmöglichkeiten.

Zentral für den Politikbegriff des Poststrukturalismus, wie er von Laclau und Mouffe maßgeblich geprägt wurde, ist somit erstens die Überlegung, daß sich gesellschaftliche Formierungen wie sprachliche Formierungen als Differenzsysteme begreifen lassen; zweitens, daß gesellschaftliche Formierungen antagonistisch, das heißt durch kontingenten Ausschluß fundiert sind; drittens, daß Politik die konkrete Ausprägung des Antagonismus organisiert, das kontinuierliche Re-

18 Vgl. zur Frage der Normen und der Ethik in der Politik Laclau, »Identity and Hegemony: The Role of Universality in the Constitution of Political Logics«, a. a. O., S. 79-86; ders., »Glimpsing the Future«, in: *Laclau. A Critical Reader*, hg. v. Simon Critchley/Oliver Marchart, London/New York 2004, S. 279-328, hier S. 286-295. Vgl. zur Auseinandersetzung mit institutionellen Normen, etwa im Sinn der Habermas'schen Diskurstheorie des Rechts, ebd., S. 296-298.

19 Vgl. auch Rancière, Jacques, *Das Unvernehmen. Politik und Philosophie*, Frankfurt/M. 2002.

20 Laclau, »Glimpsing the Future«, a. a. O., S. 295.

arrangement des Sozialen vorantreibt und somit den Grund für dessen Dynamik und die Unabschließbarkeit dieser Formierungen darstellt. Viertens schließlich besteht Politik in der hegemonialen Praxis der Konstruktion eines gemeinsamen Willens. Hier nehmen Laclau und Mouffe gerade die Linke, die sie gegenwärtig angesichts der neoliberalen Hegemonie in der Defensive sehen, in die Pflicht: »[What is required] from the Left [is] an adequate grasp of the nature of power relations, and the dynamics of politics. What is at stake is the building of a new hegemony. So our motto is: ›Back to the hegemonic struggle‹.«[21]

Regierung

Alltagssprachlich, aber auch in vielen juristischen oder sozialwissenschaftlichen Kontexten verweist der Begriff der Regierung auf die institutionalisierte Führung des Staates. Meist wird er entweder direkt mit der politischen Exekutive verknüpft – so etwa im Begriff der Bundes*regierung* –, oder er bezieht sich auf die Gesamtheit der politischen Steuerungsinstitutionen (unter Ausklammerung der Judikative) und umfaßt somit auch die Gesetzgebung und die Verwaltung. Häufig schwangen und schwingen im Begriff der Regierung neben der institutionellen Bedeutungskomponente auch eine normative Konnotation des guten Regierens im Sinne der guten Politik oder der funktionale Aspekt des Führung-Übernehmens mit. Insgesamt läßt sich allerdings keine eindeutige sozialwissenschaftliche Definition der Regierung konstatieren.[22]

Wenn im poststrukturalistischen Theoriefeld von »Regierung« die Rede ist, so schließt dies am häufigsten an Michel Foucault an, in dessen späteren Schriften der Regierungsbegriff eine bedeutende Rolle einnimmt. Ein wesentliches Kennzeichen der Foucault'schen Analysen wie auch der vielen Arbeiten, die im Anschluß an Foucault unter dem Etikett »Gouvernementalitätsstudien« entstanden, ist dabei die Loslösung des Begriffs der Regierung vom Staat. Das Regieren wird in allgemeiner Weise als Führung verstanden, wobei weder die

21 Laclau/Mouffe, »Preface to the Second Edition«, a. a. O., S. xix.
22 Vgl. Murswieck, Axel, »Regieren/Regierbarkeit/Unregierbarkeit«, in: *Lexikon der Politik, Band 1: Politische Theorien*, hg. v. Dieter Nohlen/Rainer-Olaf Schultze, Frankfurt/M. 1995, S. 533-539, hier S. 533-535.

führenden noch die geführten Subjekte Staatssubjekte sein müssen, das heißt als Staatsrepräsentanten oder Staatsbürger in Erscheinung treten. Allerdings ist die poststrukturalistische, an Foucault anschließende Lösung vom Staat keineswegs einzigartig: Es ist etwa auch im Rahmen der politikwissenschaftlichen Governance-Diskussion seit vielen Jahren darauf hingewiesen worden, daß gesellschaftliche Steuerungsleistungen nicht nur im Rahmen des Govern*ment* – also durch staatlich-hierarchische Steuerung – erbracht werden. Mit dem Begriff der Govern*ance* wird statt dessen auf ein breiteres Feld politischer Steuerung verwiesen, wobei häufig insbesondere jene Formen der Steuerung hervorgehoben werden, die auf der Kooperation von staatlichen und (nichtstaatlichen) gesellschaftlichen Akteuren beruhen. Häufig impliziert die Verwendung der Governance-Terminologie dabei ein normatives Bias, wonach konsensuelle Steuerung, sei es unter Beteiligung staatlicher Akteure oder ohne sie, zu »besserer«, rationaler Problemlösung führe. Entsprechend verweist die weitverbreitete Rede von *good governance* auf den Gedanken einer »guten«, das heißt problemlösenden politischen Steuerung unter Einbindung aller betroffenen Interessen.[23]

In Michel Foucaults Denken wird der Begriff der Regierung vergleichsweise spät prominent. Zum wichtigen theoretischen Referenzpunkt entwickelt er sich insbesondere in den Vorlesungen zur Geschichte der Gouvernementalität, die in den Jahren 1978 und 1979 gehalten wurden.[24] Dabei trägt allerdings immer wieder zur Verwirrung bei, daß es einerseits eine analytische und andererseits eine historische Verwendungsweise des Begriffs »Regierung« gibt. Analytisch

23 Vgl. zum Überblick über die Governance-Forschung: Benz, Arthur/Lütz, Susanne/Schimank, Uwe/Simonis, Georg, »Einleitung«, in: *Handbuch Governance. Theoretische Grundlagen und empirische Anwendungsfelder*, hg. v. Arthur Benz/Susanne Lütz/Uwe Schimank/Georg Simonis, Wiesbaden 2007, S. 9-25; Blumenthal, Julia von, »Governance – eine kritische Zwischenbilanz«, in: *Zeitschrift für Politikwissenschaft* 15, 2005, S. 1149-1180; Mayntz, Renate, »Governance Theory als fortentwickelte Steuerungstheorie?«, in: *Governance-Forschung. Vergewisserung über Stand und Entwicklungslinien*, hg. v. Gunnar Folke Schuppert, Baden-Baden 2005, S. 11-20; kritisch zum Governance-Diskurs: Brand, Ulrich, »Governance«, in: *Glossar der Gegenwart*, hg. v. Ulrich Bröckling/Susanne Krasmann/Thomas Lemke, Frankfurt/M. 2004, S. 111-117.
24 Foucault, Michel, *Geschichte der Gouvernementalität I: Sicherheit, Territorium, Bevölkerung*, Frankfurt/M. 2004; ders., *Geschichte der Gouvernementalität II: Die Geburt der Biopolitik*, Frankfurt/M. 2004.

erhält er Bedeutung im Kontext von Foucaults langjährigem Projekt einer Analytik der Macht. Foucault hatte bis dahin zwischen einer juridischen und einer strategischen Form der Macht unterschieden.[25] Als juridisch begreift er eine Form der Macht, die sich an einem Punkt verorten läßt und auf Ausschließung und Verbot beruht; strategisch verstanden hingegen gibt es Macht nur als Macht*beziehung*, die stets als konfliktive Beziehung gedacht wird. So einleuchtend diese Unterscheidung einer juridischen von einer strategischen Form der Macht ist, gelangt Foucault dennoch mehr und mehr zu der Ansicht, daß damit das Terrain der Macht noch nicht hinreichend erfaßt ist, und sucht nach einer allgemeineren Beschreibung. Zu dieser kommt er, indem er Macht im Handeln verortet, und zwar in jenem Handeln, welches das Handeln anderer beeinflußt: Machtausübung »ist auf Handeln gerichtetes Handeln«.[26] Dieser allgemeine Begriff der Macht wird sodann in Beziehung gesetzt zu jenen der Führung und der Regierung: »Der Ausdruck ›Führung‹ (*conduite*)«, schreibt Foucault, »vermag in seiner Mehrdeutigkeit das Spezifische an den Machtbeziehungen vielleicht noch am besten zu erfassen. ›Führung‹ heißt einerseits, andere (durch mehr oder weniger strengen Zwang) zu lenken, und andererseits, sich (gut oder schlecht) aufzuführen, also sich in einem mehr oder weniger offenen Handlungsfeld zu verhalten. Machtausübung besteht darin, ›Führung zu lenken‹, also Einfluß auf die Wahrscheinlichkeit von Verhalten zu nehmen. Macht gehört letztlich weniger in den Bereich der Auseinandersetzung zwischen Gegnern oder der Vereinnahmung des einen durch den anderen, sondern in den Bereich der ›Regierung‹ in dem weiten Sinne, den das Wort im 16. Jahrhundert besaß. [...] In diesem Sinne heißt regieren, das mögliche Handlungsfeld anderer zu strukturieren. Der für Macht typische Beziehungstyp ist daher nicht im Bereich der Gewalt und des Kampfes zu suchen und auch nicht im Bereich des Vertrags und der freiwilligen Bindung [...], sondern im Bereich jenes einzigartigen, weder kriegerischen noch juristischen Handlungsmodus, den das Regieren darstellt.«[27]

---

25 Vgl. vor allem Foucault, Michel, *Überwachen und Strafen. Die Geburt des Gefängnisses*, Frankfurt/M. 1995; ders., *Der Wille zum Wissen. Sexualität und Wahrheit 1*, Frankfurt/M. 1997.

26 Foucault, Michel, »Subjekt und Macht«, in: ders., *Schriften in vier Bänden. Dits et Écrits. Band IV. 1980-1988*, Frankfurt/M. 2005, S. 269-294, hier S. 286.

27 Ebd., S. 286 f.

Es ist damit offensichtlich, daß das Foucaultsche Verständnis von Regierung, auch wenn es sich mit jenem der Governance-Forschung darin trifft, über die staatlich-institutionelle Form der Regierung hinauszugehen, sich von jenem doch deutlich unterscheidet: Geht es der Governance-Forschung um die problemlösungsorientierte *Steuerung von Gesellschaften*, so faßt Foucault unter Regierung die unterschiedlichsten Formen und Modi der *Führung von Menschen*, »die Gesamtheit der Institutionen und Praktiken, mittels deren man die Menschen lenkt, von der Verwaltung bis hin zur Erziehung, [...] die Gesamtheit von Prozeduren, Techniken, Methoden, welche die Lenkung der Menschen untereinander gewährleisten«.[28] Thomas Lemke hat darauf hingewiesen, daß damit Regierung zu einer dritten, einer intermediären Ebene der Machtanalytik wird: Die verschiedenen Arrangements und Technologien der Regierung, die eng verwoben sind mit spezifischen Formen des Regierungswissens, vermitteln zwischen den in allen menschlichen Beziehungen allgegenwärtigen strategischen Machtbeziehungen und den geronnenen Herrschaftsbeziehungen.[29] Indem Foucault die Führung von Menschen und nicht die Steuerung von Gesellschaften betont, wird der Begriff der Regierung durchweg strategisch gedacht, das heißt, Regierung zielt zuallererst nicht, wie in der Governance-Forschung, auf eine »beste« oder »rationale« Lösung gesellschaftlicher Probleme, sondern auf die Stabilisierung von Machtbeziehungen.[30] Ein zweiter wesentlicher Unterschied zum Regierungsverständnis der Governance-Forschung liegt darin, daß Foucault einen engen Konnex zwischen Regierung und Subjektivierung herstellt, das heißt, Regierungstechnologien zwingen die Menschen nicht einfach äußerlich zu diesem oder jenem Verhalten, ihr Erfolg beruht vielmehr vor allem auf der freiwilligen

28 Foucault, Michel, »Gespräch mit Ducio Trombadori«, in: ders., *Schriften in vier Bänden. Dits et Écrits. Band IV. 1980-1988*, Frankfurt/M. 2005, S. 51-119, hier S. 116.

29 Siehe Lemke, Thomas, »Geschichte und Erfahrung: Michel Foucault und die Spuren der Macht (Nachwort)«, in: Foucault, Michel, *Analytik der Macht*, Frankfurt/M. 2005, S. 317-347, hier S. 339; vgl. Foucault, Michel, »Die Ethik der Sorge um sich als Praxis der Freiheit«, in: ders., *Schriften in vier Bänden. Dits et Écrits. Band IV. 1980-1988*, Frankfurt/M. 2005, S. 875-902, hier S. 900.

30 Vgl. Lemke, Thomas, »Eine unverdauliche Mahlzeit? Staatlichkeit, Wissen und die Analytik der Regierung«, in: *Michel Foucaults »Geschichte der Gouvernementalität« in den Sozialwissenschaften. Internationale Beiträge*, hg. v. Susanne Krasmann/Michael Volkmer, Bielefeld 2007, S. 47-73, hier S. 61.

Aneignung von bestimmten Verhaltensmustern durch das Subjekt (wobei Anteile von Zwang jedoch nicht grundsätzlich ausgeschlossen sind). Hiermit hängt auch zusammen, daß Regierung zwar einerseits auf Herrschaftstechniken, also Techniken der Fremdführung rekurriert, andererseits aber auch auf »Technologien des Selbst«, das heißt auf Techniken, anhand deren sich ein Subjekt selbst auf eine Weise führt, die den gesellschaftlichen Anforderungen entspricht.

Damit nähern wir uns der historischen Bedeutungskomponente von »Regierung«, denn Foucault verbindet diesen Begriff auch mit einer bestimmten Ordnung der Herrschaftsausübung, deren Anfänge er zwischen dem 16. und dem 18. Jahrhundert ortet und die schließlich in den Liberalismus mündet: der Ordnung der Gouvernementalität. Dieser historische Regierungsbegriff steht neben dem eben dargestellten systematischen und überschneidet sich mit ihm nur teilweise.[31] Im Rahmen der Ordnung der Gouvernementalität wird Regierung als Machttypus ausgezeichnet, der gegenüber der juridisch-souveränen und der disziplinierend-konfrontativen Macht Vorrang erlangt.[32] Das bedeutet erstens, daß rechtliche Normen und präskriptive Normen der Disziplin mehr und mehr ergänzt werden durch auf Statistik beruhende Normalisierung und durch Sicherheitstechnologien, die die Einhaltung der statistischen Norm garantieren sollen. Regierung als Machttypus hat also einen engen Konnex zur Statistik, und das hängt damit zusammen, daß die Bevölkerung als wesentliche Größe der Politik in Erscheinung tritt: Damit ihr Wohlergehen möglichst effizient und erfolgreich gemanagt werden kann, ist statistisches Wissen über die Bedürfnisse, Fähigkeiten und Probleme der Bevölkerung unerläßlich.[33] Zweitens entsteht aber auch ein Modus der Herrschaftsausübung, den Foucault als »ökonomisch« qualifiziert, einerseits weil es in allgemeiner Hinsicht zunehmend darauf ankommt, Menschen und Dinge möglichst effizient und zweckorientiert – eben ökonomisch – miteinander zu verbinden, andererseits weil es tatsächlich die Sorge um die wirtschaftliche Wohlfahrt der Bevölkerung ist, die zentral wird. Dieser historisch verortete Modus

---

31 Vgl. auch Lemke, Thomas/Krasmann, Susanne/Bröckling, Ulrich, »Gouvernementalität, Neoliberalismus und Selbsttechnologien. Eine Einleitung«, in: *Gouvernementalität der Gegenwart*, a. a. O., S. 7-40, hier S. 18.

32 Vgl. Foucault, *Geschichte der Gouvernementalität I*, a. a. O., S. 162 f.

33 Vgl. ebd., S. 155 ff.

der »ökonomischen« Herrschaftsausübung erhält ebenfalls das Etikett »Regierung«, er formt den »Regierungsstaat«.[34]

Eine besondere Prägung erhält die Regierung im Rahmen der liberalen Gouvernementalität: Sie wird zur Regierung der Freiheit.[35] Dies hat wiederum zwei Aspekte: Einerseits setzt die Regierung der Freiheit insbesondere auf die »Freiheit der sich selbst Führenden«, also auf Technologien, anhand deren sich das als verantwortungsbewußt angerufene Subjekt freiwillig in angemessener Weise führt. Freiheit wird damit zum wesentlichen Medium von Macht.[36] Andererseits wird Freiheit insofern zum Gegenstand der liberalen Regierung, als diese nun darauf abzielt, Freiheitsräume wirklich zu achten[37] und kontinuierlich an der Ausdehnung und am Schutz dieser Räume zu arbeiten.[38] Gerade letzteres, der Schutz der Freiheit, ist von zentraler Bedeutung für die liberale Gouvernementalität, denn sie impliziert anhaltende Regierungsinterventionen zum Schutz der Freiheit und zur Abwehr von Gefahren, die erst mit der Freiheit entstehen. Das Wechselspiel von Freiheitsermöglichung und Sicherheitsstrategie nennt Foucault die »Ökonomie der Macht, [...] die dem Liberalismus eigentümlich ist«.[39]

Es sind insbesondere die Analysen Foucaults zur liberalen und zur neoliberalen[40] Gouvernementalität, die in der Sozialwissenschaft weitere Forschungen angestoßen haben. In den Gouvernementalitätsstudien[41] werden dabei die beiden eben genannten Aspekte der (neo-)liberalen Regierung der Freiheit an verschiedenen empirischen Fällen rekonstruiert. Das Zusammenspiel von Freiheit und Sicherheitstech-

---

34 Ebd., S. 164.

35 Vgl. Saar, Martin, »Macht, Staat, Subjektivität. Foucaults *Geschichte der Gouvernementalität* im Werkkontext«, in: *Michel Foucaults »Geschichte der Gouvernementalität« in den Sozialwissenschaften. Internationale Beiträge*, hg. v. Susanne Krasmann/Michael Volkmer, Bielefeld 2007, S. 23-45, hier S. 36ff.

36 Diese Argumentation verfolgt Foucault insbesondere in Foucault, »Subjekt und Macht«, a. a. O., hier S. 287f.

37 Vgl. Foucault, *Geschichte der Gouvernementalität I*, a. a. O., S. 506f.

38 Vgl. Foucault, *Geschichte der Gouvernementalität II*, a. a. O., S. 97ff.

39 Ebd., S. 100.

40 Die ordo- beziehungsweise neoliberale Gouvernementalität stand im Zentrum mehrerer Vorlesungen des Jahres 1979; siehe ebd., Vorlesungen 4 bis 10.

41 Vgl. zum Überblick Lemke, Thomas, »Neoliberalismus, Staat und Selbsttechnologien. Ein kritischer Überblick über die *governmentality studies*«, in: *Politische Vierteljahresschrift* 41, 2000, S. 31-47; Bröckling/Krasmann/Lemke (Hg.), *Gouvernementalität der Gegenwart*, a. a. O.

nologie spielt etwa bei Analysen eine Rolle, in denen die Risiken, die mit den produzierten (meist: ökonomischen) Freiheitsräumen entstehen, wieder mit staatlichen, oft sozialstaatlichen Mitteln eingedämmt werden.[42] Zugleich richten die Gouvernementalitätsstudien auch einen genauen Blick darauf, wie das freie Subjekt, besonders das freie *Markt*subjekt, zum sich selbst regierenden Subjekt wird, wie seine Selbstbestimmung und Wahlfreiheit zum Instrument wird, sein Verhältnis zu sich selbst und zu den anderen zu reartikulieren. Die neoliberale Förderung der Freiheit geht also mit der moralisch aufgeladenen Forderung einher, von ihr angemessenen Gebrauch zu machen, das heißt zum Beispiel, Initiative und Flexibilität zu entwickeln oder dynamisch und mobil zu sein.[43] Die Gouvernementalitätsstudien analysieren damit also insbesondere, wie sich der Foucault'sche Machttypus der »Regierung« im Kontext der neoliberalen Freiheitspolitik niederschlägt.

Politik und Regierung im Poststrukturalismus

Die als Poststrukturalismus bezeichnete Theorieformation bildet gewiß in keiner Weise ein homogenes Lager. Gerade in Frankreich, woher die meisten als »poststrukturalistisch« etikettierten Ansätze stammen, werden zum einen gerne die weitreichenden Unterschiede dieser Ansätze betont und zum anderen auch die zunächst dem nordamerikanischen Raum entstammende Bezeichnung »Poststrukturalismus« oft eher irritiert zur Kenntnis genommen.[44] Dennoch lassen sich zwei Gemeinsamkeiten der poststrukturalistischen Ansätze ausmachen: Erstens teilen sie die insbesondere an den linguistischen Strukturalismus de Saussures anschließende Auffassung, daß sich sprachliche Bedeutungen und sozialer Sinn ausschließlich durch Differenzen konstituieren, so daß sie in bestimmter Hinsicht als unbegründet gelten müssen. (Im Unterschied zum klassischen Strukturalismus gehen die poststrukturalistischen Ansätze jedoch von einer unabschließbaren und damit dynamischen, temporalisierten Struk-

---

42 Vgl. vor allem Ewald, François, *Der Vorsorgestaat*, Frankfurt/M. 1993.

43 Vgl. Lemke/Krasmann/Bröckling, »Gouvernementalität, Neoliberalismus und Selbsttechnologien. Eine Einleitung«, in: *Glossar der Gegenwart*, a. a. O., S. 30.

44 Vgl. Angermüller, Johannes, *Nach dem Strukturalismus. Theoriediskurs und intellektuelles Feld in Frankreich*, Bielefeld 2007, S. 9 ff.

tur aus.) Hieraus folgend sind sie zweitens antifundamentalistisch, das heißt, sie weisen sowohl die Vorstellung einer korrespondenztheoretisch erschließbaren Wirklichkeit zurück als auch diejenige einer einheitlichen substantiellen oder prozeduralen Vernunft.[45] Dies hat für die Analyse des Sozialen und der Politik zwei maßgebliche Konsequenzen, die man auch als Maximen sozialwissenschaftlichen Arbeitens, sofern es an den Poststrukturalismus anschließt, bezeichnen kann. Einerseits geht es auf die eine oder andere Weise – sei es dekonstruktivistisch, genealogisch oder hegemonietheoretisch ausgerichtet – stets um die »Denaturalisierung« des vermeintlich Natürlichen, Rationalen oder Normalen. Dies gilt gleichermaßen in den Kontexten des Wissens, der politischen Herrschaft und den Subjektivitäten. Andererseits wird aber im Anschluß an die Rekonstruktion der Nichtnatürlichkeit des Nichtnatürlichen stets auch danach gefragt, welche allgemeinen Mechanismen und welche spezifischen historischen Konstellationen von Machtverhältnissen und Strategien bestimmte Formen der Naturalisierung bewirkt haben. Methodisch spielen dabei regelmäßig verschiedene Ansätze der Diskursanalyse eine wichtige Rolle.[46] Es ist gerade die Verknüpfung der Untersuchung von wandelbaren – sprachlichen wie materiellen – Strukturen sozialen Sinns mit der Frage nach der Verankerung dieser Strukturen im Subjekt und der Analyse von Machtwirkungen, die man als Kern der poststrukturalistisch informierten Sozialwissenschaften bezeichnen kann, wenn und soweit sie mit den Begriffen der Politik und der Regierung arbeiten. Dabei werden diese Begriffe nicht auf völlig neue Weise verwendet, aber doch so remodelliert, daß mit ihrer Hilfe die Maximen des Poststrukturalismus – Denaturalisierung und Rekonstruktion der historisch-sozialen Gründe des »Natürlichen« – auch für die Politische Theorie fruchtbar gemacht werden können.

---

45 Vgl. Frankfurter Arbeitskreis für Politische Theorie und Philosophie, »Autonomie und Heteronomie der Politik«, a. a. O., hier S. 13 f.

46 Vgl. zur Übersicht Keller, Reiner/Hirseland, Andreas/Schneider, Werner/Viehöver, Willy (Hg.), *Handbuch Sozialwissenschaftliche Diskursanalyse. Band 1: Theorien und Methoden*, Opladen 2001; Keller, Reiner/Hirseland, Andreas/Schneider, Werner/Viehöver, Willy (Hg.), *Handbuch Sozialwissenschaftliche Diskursanalyse. Band 2: Forschungspraxis*, Opladen 2003; Nonhoff, *Politischer Diskurs und Hegemonie*, a. a. O.

Auswahlbibliographie

Bröckling, Ulrich/Krasmann, Susanne/Lemke, Thomas (Hg.), *Gouverne-mentalität der Gegenwart*, Frankfurt/M. 2000.

Foucault, Michel, *Geschichte der Gouvernementalität I: Sicherheit, Territo-rium, Bevölkerung*, Frankfurt/M. 2004.

Foucault, Michel, *Geschichte der Gouvernementalität II: Die Geburt der Bio-politik*, Frankfurt/M. 2004.

Foucault, Michel, »Subjekt und Macht«, in: ders., *Schriften in vier Bänden. Dits et Écrits. Band IV. 1980-1988*, Frankfurt/M. 2005, S. 269-294.

Krasmann, Susanne/Volkmer, Michael (Hg.), *Michel Foucaults »Geschichte der Gouvernementalität« in den Sozialwissenschaften. Internationale Bei-träge*, Bielefeld 2007.

Laclau, Ernesto, *On Populist Reason*, London/New York 2005.

Laclau, Ernesto/Mouffe, Chantal, *Hegemony and Socialist Strategy. Towards a Radical Democratic Politics*, London/New York 1985.

Nonhoff, Martin (Hg.), *Diskurs, radikale Demokratie, Hegemonie. Zum poli-tischen Denken von Ernesto Laclau und Chantal Mouffe*, Bielefeld 2007.

Nonhoff, Martin, *Politischer Diskurs und Hegemonie. Das Projekt ›Soziale Marktwirtschaft‹*, Bielefeld 2006.

Rancière, Jacques, *Das Unvernehmen. Politik und Philosophie*, Frankfurt/M. 2002.

Urs Stäheli
Ökonomie
Die Grenzen des Ökonomischen

Eine der wichtigen, wenn auch keineswegs unproblematischen Frontlinien, welche die Diskussion über die Ökonomie organisiert hat,
trennt einen formalen Begriff der Ökonomie von einem substantiellen. Die formal bestimmte Rationalität ökonomischer Akteure wird
ökonomischen Praktiken, die vielfältig vernetzt sind, gegenübergestellt.[1] Für eine formale Position steht die Neoklassik, welche die
Ökonomie als Markt versteht, auf dem selbstinteressierte, sich an
einem Kosten-Nutzen-Kalkül orientierende Individuen um knappe
Ressourcen konkurrieren. Ökonomisches Handeln wird als Tausch
aufgefaßt, der sich dank der den Handelnden notwendigerweise
unterstellten Rationalität formalisieren läßt. Dieses Verständnis löst
das Marktgeschehen aus partikularen sozialen und kulturellen Kontexten, wobei dem Markt selbst eine abstrahierende Kraft zugesprochen wird. Das formale Modell verlangt eine überhistorische
Gültigkeit und bezieht seine Überzeugungskraft aus seinen ebenso
schlanken wie weitreichenden Grundannahmen: ökonomische Rationalität, methodologischer Individualismus und das Knappheits-
problem. Aus der unplanbaren Verkettung individueller Entscheidungen entsteht der Markt als emergentes Phänomen. Auf diese
Weise gelingt es dem formalen Modell, die Ökonomie als eigenständigen und in sich geschlossenen Gegenstand zu konzipieren.

Der substantielle Ökonomiebegriff dagegen bezweifelt einen solchen ahistorischen Formalismus und verortet diesen wissenssozio-
logisch: Die Entstehung eines derartigen formalen Verständnisses
gilt nun als eine Krisenerscheinung, die durch die Moderne hervorgerufen wird. Klassisch ist in diesem Zusammenhang Karl Polanyis
Analyse der Ein- und Entbettung (*disembedding*) der Ökonomie.[2]
Sein Krisennarrativ erzählt, wie sich die Einbettung ökonomischen
Handelns in soziale und kulturelle Institutionen zunehmend lockert

1 Vgl. zur Diskussion dieser aus der Anthropologie stammenden Unterscheidung
  Wilk, Richard, *Economies and Cultures. Foundations of Economic Anthropology*,
  Boulder (CO) 1996, S. 1-26.

2 Polanyi, Karl, *The Great Transformation*, New York 1944, S. 57.

und schließlich nahezu vollständig auflöst. Eine eingebettete Ökonomie war gerade durch diese Einbettung sich selbst nie genug, sondern ordnete sich nichtökonomischen sozialen Beziehungen (zum Beispiel dem Haushalt als *oikos*, der Familie oder der Gemeinschaft) unter. Im 18. Jahrhundert setzte ein radikaler Prozeß der Entbettung ein, der zur Idee eines selbstregulierten, unabhängigen Marktes führte. Damit formuliert Polanyi eine frühe Ökonomisierungsthese, die den zum Selbstzweck mutierten Markt als ausgreifendes Zentrum der kapitalistischen Gesellschaft kritisiert: »[I]nstead of the economic system being embedded in social relations, these relationships were now embedded in the economic system.«[3] An Polanyis Diskussion der Ein- und Entbettung knüpft die »New Economic Sociology« an, wobei sie Polanyis große Erzählung enthistorisiert und den Einbettungsbegriff als überhistorische Kategorie fassen wird.[4] Einbettung wird nun als notwendige Bezugnahme ökonomischer Prozesse auf soziale Netzwerke verstanden, ohne jedoch von einem epochalen Umbruch auszugehen. Denn für die »New Economic Sociology« war die Ökonomie immer schon von Netzwerkbeziehungen abhängig – wobei durch diese Soziologisierung häufig die für Polanyi wichtige kulturelle Dimension vernachlässigt wird.[5]

Die Formalismus-Substantialismus-Unterscheidung ist selbst keineswegs unumstritten, suggeriert sie doch wie jede binäre Unterscheidung, daß entweder eine Seite bezogen werden muß oder eine Synthese anzustreben sei.[6] So stellen sich etwa (neo)marxistische Konzeptionen der Ökonomie quer zu dieser Unterscheidung. Ökonomie ist auch hier nie reine, selbstbezügliche Ökonomie, sondern immer politische Ökonomie.[7] Eine spezifische Produktionsweise durchdringt die ganze Gesellschaft, sie fungiert als inneres Wesen, das keinen gesellschaftlichen Bereich unberührt läßt. Die enge Verbindung zwischen Ökonomie und Politik wird über die Klassentheo-

3 Ebd., S. 170.

4 Granovetter, Mark, »Economic Action and Social Structure: the Problem of Embeddedness«, in: *American Journal of Sociology* 91, 1985, S. 481-493.

5 Für die Berücksichtigung der kulturellen Dimension innerhalb der New Economy siehe die Arbeiten von Zelizer, Viviana, insbesondere: *The Social Meaning of Money. Pin Money, Paychecks, Poor Relief, and Other Currencies*, New York 1994.

6 Vgl. Wilk, *Economies and Cultures*, a. a. O., S. 3 ff.

7 Siehe etwa den Ansatz einer »cultural political economy« von Jessop, Bob, »Critical Semiotic Analysis and Cultural Political Economy«, in: *Critical Discourse Studies* 1, 2004, S. 159-174.

rie hergestellt: Klassen werden durch ihre Position im Produktions-
prozeß objektiv bestimmt und fungieren gleichzeitig als politische
Akteure im Klassenkampf. Gerade dieses Zusammenschweißen ökonomischer Widersprüche mit politischen Kämpfen wird zu einem
der poststrukturalistischen Hauptkritikpunkte an der marxistischen
politischen Ökonomie werden.

Neukonfiguration des Feldes

Obwohl poststrukturalistische Arbeiten zur Ökonomie sowohl den
formalen wie auch den substantiellen Argumentationsstrang verwerfen, bleibt der Dualismus auch für die späteren Debatten nicht fol-
genlos. Denn es macht einen Unterschied, wo die dekonstruktive
oder diskursanalytische Neukonfiguration des Feldes ansetzt: ob sie
sich also dafür interessieren wird, das formale Theoriegebäude zum
Implodieren zu bringen oder das substantielle Narrativ in diskursive
Regelmäßigkeiten zu zerlegen.

Bevor überhaupt über die Folgen der Formalismus-Substantialismus-Unterscheidung für gegenwärtige Debatten diskutiert werden
kann, ist aber nach dem Auftauchen der Ökonomie auf den Bild-
schirmen poststrukturalistischer Theoriebildung zu fragen. Ernesto
Laclau und Chantal Mouffe haben in den 1980er Jahren den marxistischen Nexus zwischen Ökonomie und dem Politischen einer
vielbeachteten dekonstruktiven Lektüre unterworfen, um auf diese
Weise das ontologische Primat des Politischen herauszuarbeiten.[8]
Diese Dekonstruktion hat erfolgreich einen Raum des Politischen
freigelegt, sich aber gleichzeitig nahezu ausschließlich für die politische Logik hegemonialer Formationen interessiert. Zwar wurde ein
breiter diskurstheoretischer Rahmen für eine Neukonzeptualisierung
des Sozialen entworfen, innerhalb dessen unterschiedlichste soziale
und kulturelle Identitäten dekonstruiert wurden; in den britischen
Cultural Studies wurden insbesondere Klasse, Geschlecht und Ethnizität zum Gegenstand einer solchen Dekonstruktion »alter«, essentia-
listischer Identitäten;[9] ökonomische Diskurse oder ein Verständnis
der Ökonomie als Diskurs blieben aber vernachlässigte Kategorien.

8 Laclau, Ernesto/Mouffe, Chantal, *Hegemony and Socialist Strategy*, London 1984.
9 Vgl. Hall, Stuart, »Old and New Identities, Old and New Ethnicities«, in: *Culture,
Globalization and the World System*, hg. v. Anthony King, London 1991, S. 41-68.

Der neugewonnene Freiraum politischer Identitäten, die vorher im Korsett der marxistischen Klassentheorie oder ökonomischer Kosten-Nutzen-Kalküle eingesperrt waren, ließ die Ökonomie als das zu überwindende Andere poststrukturalistischer Sozialtheorie erscheinen. Denn die Ökonomie galt als der Ort, an dem sich all die »Sünden« klassischer Denkweisen in geballter Form versammeln: Als *essentialistisches* oder *substantialistisches* Konzept wird die Ökonomie als Wesenskern und Motor gesellschaftlicher Strukturierung und Dynamiken installiert. Sie entfaltet auf diese Weise eine *determinierende* Kraft, welche politischen und kulturellen Diskursen nur eingeschränkte Freiheit läßt. Gewiß, hierbei handelt es sich um ein Zerrbild der Ökonomie, aber um ein Zerrbild, das als antagonistische Fiktion für poststrukturalistische Theoriebildung in den Sozialwissenschaften von größter Bedeutung gewesen ist. Weil die Ökonomie als Ort des Substantialismus, Essentialismus und kausalen Determinismus galt, wurde sie lange Zeit keiner eigenen Diskursanalyse oder einer dekonstruktiven Lektüre unterzogen.[10] Diese Entwicklung ist in mehrfacher Hinsicht fatal: Erstens bleibt die Analyse des Ökonomischen damit dem Bereich gerade jener »essentialistischen« Perspektiven verpflichtet, welche so heftig kritisiert werden; zweitens entsteht dadurch in vielen poststrukturalistischen Analysen eine politizistische Schieflage, die das Ökonomische ins Politische überführt; drittens übersieht eine voreilige Verabschiedung des Ökononomischen oder gar dessen Dämonisierung die immanente Heterogenität ökonomischer Praktiken und Diskurse.

Eine poststrukturalistische Analyse der Ökonomie setzt voraus, daß diese nicht einfach als zu verabschiedender Hort des Essentialismus fungiert, sondern daß sie selbst als Ort diskursiver und affektiver Ströme verstanden wird. Auf diese Weise gerät die *Ökonomie als Diskurs* in das Blickfeld: »Economic discourse [...] is not simply a matter of beliefs, values and symbols but rather a form of representational and technological (i. e. ›cultural‹) practice that constitutes the spaces within which economic action is formatted and framed.«[11]

---

10 Vgl. aber Foucaults Analyse ökonomischen Wissens in *Die Ordnung der Dinge* – eine Analyse, die seltsamerweise lange Zeit recht wirkungslos geblieben ist. Foucault, Michel, *Die Ordnung der Dinge. Eine Archäologie der Humanwissenschaften*, Frankfurt/M. 1974.

11 du Gay, Paul/Pryke, Michael, »Cultural Economy. An Introduction«, in: dies. (Hg.), *Cultural Economy*, London 2002, S. 2.

Es gilt, den Realitätseffekt und die Naturalisierungsstrategien, welche dem Ökonomischen einen nahezu undekonstruierbaren Platz einzuräumen scheinen, auf ihre Funktionsweise hin zu untersuchen. Erst so kann das Ökonomische seines objektiven, immer schon gegebenen Charakters entledigt werden sowie als prekäre soziale und kulturelle Konstruktion sichtbar werden. Was ansonsten als selbstverständlich gilt, wird nun erst einmal eingeklammert: Es *gibt* das Ökonomische nicht – sondern diese ontologische Gewißheit muß verfertigt werden. Auf dem Spiel stehen damit also auch die Bestimmung dessen, was überhaupt als »ökonomisch« gelten kann, das heißt, wo die Grenzen des Ökonomischen verlaufen, sowie die kulturellen und politischen Formen, die zur Wirkmächtigkeit dieser Grenzen führen.[12]

In den Blick poststrukturalistischer Analysen gerät damit auch die in den substantiellen, formellen, aber auch in den neomarxistischen Konzeptionen implizierte Anthropologie des ökonomischen Menschen. Im 19. Jahrhundert wird der Homo oeconomicus als moderne Figur radikaler Endlichkeit etabliert: »Der homo oeconomicus [...] ist derjenige, der sein Leben verbringt, verbraucht und verliert, indem er versucht, der Drohung des Todes zu entgehen.«[13] Dieser Kampf gegen den Tod ist aber nicht mehr an die Erfüllung von vorgegebenen Bedürfnissen gekoppelt, sondern verfehlt »das Maß von Bedarf und Nützlichkeit systematisch«.[14] Mit der *formalist revolution*[15] des 19. Jahrhunderts, also der Etablierung der Grenznutzenlehre, wird das Problem der Endlichkeit zunehmend in Form der ökonomischen Knappheitssemantik naturalisiert und vom Problem der Sterblichkeit losgelöst.[16] Gleichzeitig verliert das ökonomische Subjekt seinen exklusiven Halt in einer Anthropologie der Arbeit:

---

12 Vgl. als genealogische Analyse nicht nur der Naturalisierung der Ökonomie, sondern auch ihrer Fähigkeit, Wahrheit zu schaffen; Tellmann, Ute, *The Economy and the Foundation of the Modern Body Politic: Keynes and Malthus as Political Philosophers*, Ph. D.-thesis, Cornell University 2007.

13 Foucault, *Die Ordnung der Dinge*, a. a. O., S. 315.

14 Vogl, Joseph, *Kalkül und Leidenschaft. Poetik des ökonomischen Menschen*, München 2002, S. 338.

15 Ruccio, David/Amariglio Jack, *Postmodern Moments in Modern Economics*, Princeton 2003, S. 96.

16 Vgl. dazu auch Escobar, Arturo, »Economics and the Space of Modernity«, in: *Cultural Studies*, 19, 2005, S. 169, und Baudrillard, Jean, *Der symbolische Tausch und der Tod*, München 2005.

Der arbeitende Körper wird durch den schmerzvermeidenden Körper ersetzt.[17] Erst im 20. Jahrhundert scheint der Körper als Grundlage ökonomischen Handelns ganz zu verschwinden und durch eine körperlose Abstraktion ersetzt zu werden.[18] David Ruccio und Jack Amariglio heben jedoch entgegen dieser klassischen Lesart hervor, daß der ökonomische Mensch sich nicht plötzlich in eine Schattengestalt verwandelt, sondern daß die Fiktion eines *einheitlichen* Körpers bedroht ist. Mit dem Formalismus der »zweiten neoklassischen Revolution« im 20. Jahrhundert geht ein – von dieser nicht theoretisiertes, dennoch jedoch betontes – neues Konzept des Körpers einher, das am ehesten mit einer postmodernen Theorie des Körpers zu erfassen ist. Der einheitliche Körper wird fragmentiert und differenziert, löst sich aber nicht einfach auf: »[I]t is precisely the attempt on the part of Samuelson, Arrow, Debreu, and others to displace the deep, hierarchical ordering of the body in favor of theories of consumption, production, and distribution based on the horizontal linkages among a wide variety of bodily functions that leads to the differentiated and dispersed [...] body.«[19] Diese Schaffung eines sich in körperliche Funktionen zerstreuenden Subjektes ist die Grundstruktur des postmodernen Homo oeconomicus – sowohl in seiner Eigenschaft als Produzent wie auch in jener als Konsument; und diese Struktur wird auch neue Machttechnologien der Steuerung und Kontrolle benötigen.

Ausgehend von einer allgemeinen Anthropologie des ökonomischen Menschen beschäftigen sich poststrukturalistische Studien mit dessen unterschiedlichen Subjektivierungsweisen und der Herstellung ökonomischer Identitäten. Die Anthropologie der *Arbeit* erfährt im Übergang von der Disziplinar- zur Kontrollgesellschaft eine tiefgreifende Wendung, indem etwa die Logik des Tests durch eine theatrale und interaktive Logik des Assessmentcenters abgelöst und so die permanente Flexibilität zur Norm gemacht wird.[20] Die Gouver-

---

17 Ich folge hier Ruccios/Amariglios Analyse von unterschiedlichen ökonomischen Körperkonzepten: Ruccio/Amariglio, *Postmodern Moments in Modern Economics*, a. a. O.

18 Die frühe neoklassische Theorie des 19. Jahrhunderts hält implizit ebenfalls noch an der Idee des ganzen Körpers fest, wenn sie vom Prinzip der Schmerzvermeidung ausgeht.

19 Ruccio/Amariglio, *Postmodern Moments in Modern Economics*, a. a. O., S. 119.

20 Vgl. Horn, Eva, »Test und Theater«, in: *Anthropologie der Arbeit*, hg. v. Eva Horn/ Ulrich Bröckling, Tübingen 2002, S. 109-126.

nementalitätsstudien werden in der Figur des *Unternehmers seiner selbst* die zentrale Figur des 20. Jahrhunderts ausmachen.[21] Die Figur des *Konsumenten* schafft die fragile Identität eines unendlich das Begehren begehrenden Subjektes, das durch die zunächst ökonomiefeindliche Romantik möglich gemacht wurde.[22] Eine weitere Steigerung dieses »Begehren des Begehrens« findet sich in der Figur des *Spekulanten*, der sich weder am Nutzen der Dinge noch primär an der Profithoffnung, sondern am Thrill der Spekulation orientiert. An der ins Unermeßliche gesteigerten ökonomischen Selbstreferenz genießt er eine ins Spektakuläre gewendete Kontingenz.[23] Bereits Georg Simmel hatte in seiner *Philosophie des Geldes* gezeigt, wie in den Figuren des Geizigen und des Verschwenders die selbstbezügliche Logik des Geldes zum bestimmenden Faktor wird: So unterschiedlich beide Figuren sein mögen, so sehr entziehen sie sich einer Welt konkreter Dinge und Nützlichkeit und lassen sich von der reinen Möglichkeit der Verschwendung oder eben ihrer Verweigerung mitreißen.[24]

Die genannten Studien zur Genealogie und Funktionsweise von gegenwärtigen ökonomischen Subjektivierungsweisen folgen keineswegs alle einem – glücklicherweise nicht existenten – einheitlichen poststrukturalistischen Programm. Ihnen gemeinsam ist, daß sie ökonomische Subjekte nicht als gegebene Voraussetzung akzeptieren, sondern sich für deren Konstruktionsweise sowie das diese ermöglichende und kontrollierende Wissen interessieren.

Wichtige Unterschiede dieser Denaturalisierung des Ökonomischen eröffnen sich aber spätestens dann, wenn es um den Ausgangspunkt dieser Analysen geht. Hier wird die eingangs erwähnte Unterscheidung zwischen einer »postsubstantialen« und einer »postformalen« Konzeption der Ökonomie bedeutsam. Zwar geht es in beiden Fällen darum, diese Unterscheidung kollabieren zu lassen; aber der Aus-

---

21 Foucault, Michel, *Geschichte der Gouvernementalität II. Die Geburt der Biopolitik*, Frankfurt/M. 2004; Bröckling, Ulrich, *Das unternehmerische Selbst*, Frankfurt/M. 2007; Opitz, Sven, *Gouvernementalität im Postfordismus. Macht, Wissen und Techniken des Selbst im Feld unternehmerischer Rationalität*, Hamburg 2004; du Gay, Paul, *Organizing identity. Persons and Organizations »after theory«*, London 2007.

22 Campbell, Colin, *The Romantic Ethic and the Spirit of Modern Consumerism*, London 1987.

23 Vgl. dazu Stäheli, Urs, *Spektakuläre Spekulation. Zum Populären der Ökonomie*, Frankfurt/M. 2007.

24 Simmel, Georg, *Philosophie des Geldes*, Frankfurt/M. 2001.

gangspunkt der poststrukturalistischen Versuche wird im Zusammenbruch unterschiedliche Spuren hinterlassen.

Poststrukturalistische Arbeiten, die implizit an die substantialistische Kritik der neoklassischen Ökonomie anschließen, heben das heterogene Geflecht, innerhalb dessen ökonomische Praktiken sich bewegen, hervor. Die Idee, daß es sich bei der Ökonomie um einen eigenen, selbstbezüglichen sozialen Bereich handeln könnte, wird aufgrund der vielfältigen und kaum durchschaubaren Vernetzungen zurückgewiesen. Das Ökonomische wird nun zu einem situativ herzustellenden Ereignis, das auf komplexen Mechanismen des *dis-* und *re-entangling* beruht: Soziale Beziehungen müssen erst einmal als ökonomische gerahmt werden.[25] Die Herstellung des Ökonomischen kann daher nur punktuell, in Abhängigkeit von immer wieder neu auszuhandelnden Rahmungen geschehen. Damit wird bereits die Konstitution des Ökonomischen unmittelbar mit Machtprozessen verhängt, ist doch die »Rahmungsfähigkeit« stets asymmetrisch verteilt.

Auch die an Foucaults Spätwerk anknüpfenden Governmentality Studies konzentrieren sich auf den Nexus von Macht, Politik und Ökonomie. Foucault identifiziert im Programm der Ökonomisierung des Sozialen, das vom deutschen Ordoliberalismus und der Chicago School entworfen wird, einen neuen Machttypus, der sich nicht mehr auf die Mechanismen der Disziplinierung reduzieren läßt.[26] Der Markt interessiert als Bestandteil eines Regierungsprogramms, das sich nicht auf die Ökonomie, sondern auf die *Gesellschaft* richtet. Foucaults Epistemologie des Marktes arbeitet heraus, wie der Markt die Rolle eines »Wahrheitstests« für neoliberales Regierens einnimmt:[27] Die Qualität von Regierungsweisen bemißt sich an ihrer Effizienz, an ihrer Fähigkeit, den Markt zu fördern, indem etwa mit der bereits erwähnten Figur des Unternehmers ein neuer Typus des

25 Callon, Michel (Hg.), *The Laws of the Market*, Oxford 1998, S. 19. Dieser Begriff ist auch als Kritik an der Idee der Einbettung, welche Polanyi und die neuere Wirtschaftssoziologie hervorheben (*embeddedness*), zu verstehen. Denn die Rede von der Einbettung läßt die Möglichkeit offen, daß es einen vollständig konstituierten ökonomischen Bereich geben könnte, der nachträglich in soziale, politische und kulturelle Kontexte eingebettet wird. Siehe dazu auch Tellmann, Ute, *Markt als Dispositiv?*, Bielefeld 1999 (unveröff. Diplomarbeit).

26 Foucault, *Die Geschichte der Gouvernementalität II*, a. a. O.

27 Vgl. dazu auch Tellmann, Ute, »The Truth of the Market«, in: *Distinktion* 7, 2003, S. 49-63.

Homo oeconomicus installiert wird: »[der] Unternehmer seiner selbst [...], der für sich selbst sein eigenes Kapital ist, sein eigener Produzent, seine eigene Einkommensquelle«.[28] Diese Figur des Unternehmers erfährt einen gesellschaftsweiten Erfolg; selbst der Konsument wird dafür verantwortlich, seine eigene Befriedigung zu produzieren,[29] und muß sogar seine Freizeit unternehmerisch und kreativ gestalten.[30] Die Analytik neoliberaler Gouvernementalität verzahnt auf enge Weise zwei unvereinbare soziale Logiken: Es gilt, eine Regierungsform zu etablieren, die so wenig wie möglich regiert – und damit Foucaults kritischem Ideal, »weniger regiert zu werden«, gefährlich nahezukommen droht – und deshalb auf Modi der Selbstreg(ul)ierung des unternehmerischen Selbst setzt. Das Verlangen nach Regierbarkeit stößt auf Nichtregierbarkeit – und macht gerade diese Differenz zum politischen (und eben nicht ökonomischen!) Programm. Die Unvereinbarkeit dieser beiden Logiken wird besonders gut in Foucaults Lektüre der »unsichtbaren Hand« des Marktes nachvollziehbar: Nicht die Hand als Substitut einer göttlichen Regulierungsinstanz interessiert, sondern deren *Unsichtbarkeit*. Es ist diese Unsichtbarkeit, welche den Markt charakterisiert und für eine konstitutive Intransparenz des Ökonomischen steht: Die Schwierigkeiten und Chancen eines neoliberalen Regierungsprogramms ergeben sich also dadurch, daß politische Souveränität auf die Unmöglichkeit ökonomischer Souveränität trifft und damit auch die Möglichkeit politischer Souveränität gefährdet: »Die Ökonomie ist

28 Foucault, *Die Geschichte der Gouvernementalität II*, a. a. O., S. 314. Siehe Bröckling, *Das unternehmerische Selbst*, a. a. O., und Opitz, *Gouvernementalität im Postfordismus*, a. a. O. für eine Analyse gegenwärtiger Formen des Unternehmers seiner selbst.

29 Ebd., S. 315. Aus dieser Perspektive verliert die Verherrlichung des aktiven und produktiven Konsumenten in den Cultural Studies (Fiske; de Certeau) ihre subversive Bedeutung, da sich der kreative und selbstverantwortliche Konsument – im Gegensatz zur apathischen Indifferenz der Massen (vgl. Baudrillard, Jean, »Im Schatten der schweigenden Mehrheit«, in: *Freibeuter* 1/2, S. 17-55) – perfekt in das neoliberale Regierungsprogramm einfügt. Auch neue Brandingstrategien beruhen auf der Interaktion mit aktiven Konsumenten und keineswegs dem Versuch einer möglichst unmittelbaren Manipulation. Postoperaisten mögen dies als Abschöpfen des durch immaterielle Arbeit zustande gekommenen Mehrwertes beklagen (Arvidsson, Adam, *Brands. Meaning and Value in Media Culture*, London 2006).

30 Greco, Monica, »Psychosomatic Subjects and the ›Duty to be Well‹. Personal Agency within Medical Rationality«, in: *Economy and Society* 22, 1993, S. 357-372.

eine Disziplin ohne Gott; die Ökonomie ist eine Disziplin ohne Totalität; die Ökonomie ist eine Disziplin, die nicht nur die Nutzlosigkeit, sondern die Unmöglichkeit einer souveränen Perspektive manifestiert.«[31] Wenn es richtig ist, daß die Ökonomie ihrer eigenen Totalisierung enträt, dann erfährt auch die häufig voreilige Rede von einer Ökonomisierung des Sozialen eine entscheidende Wendung: Neoliberale Gouvernementalität bedeutet gerade nicht, daß die ganze Gesellschaft aufgrund eines ökonomischen Kalküls regiert wird – gerade dazu ist die Ökonomie, welche konstitutiv untauglich zur Souveränität ist, nicht fähig. Sie kann nur »Hilfswissenschaft« der neoliberalen Regierungskunst sein, und die gouvernementalen Technologien müssen sich damit begnügen, günstige Bedingungen für diesen ebenso intransparenten wie unsicheren Bereich des Ökonomischen zu schaffen.[32]

Während also die »postsubstantielle« Sichtweise mit der Annahme schließt, daß das Ökonomische empirisch nicht totalisierbar ist, heben die »postformalen« Positionen die *Unmöglichkeit* ökonomischer Totalisierung hervor. Unmöglichkeit meint hier nicht, daß keine Totalisierung des Ökonomischen stattfindet, sondern daß das Scheitern solcher Versuche interessiert. Daher wird die Idee selbstreferentieller Geschlossenheit des Ökonomischen soweit ernst genommen, um sich gerade mit dieser überbordenden und sich unterminierenden Selbstreferentialität zu beschäftigen.

Mit der Einführung des Papiergeldes, mit den sich etablierenden Spekulationspraktiken und mit der Etablierung einer neoklassischen ökonomischen Theorie hat ein tiefgreifender Bruch des Ökonomischen stattgefunden – ein Bruch, der die Ökonomie erst als selbstregulierte Einheit im 19. Jahrhundert denkbar gemacht hat. Das Produktionsparadigma wird durch ein Paradigma der Anschlußfähigkeit und der *flows* rekonfiguriert oder sogar ersetzt.[33] Deutlich wird so, daß die Ökonomie, welche lange Zeit als der »realste« und »unmittelbarste« Bereich der Gesellschaft gegolten hat, zum unendlichen

---

31 Foucault, *Die Geschichte der Gouvernementalität II*, a. a. O., S. 387.

32 Ebd., S. 393.

33 Selbst die postoperaistischen Positionen, welche von einem emphatischen Produktionsbegriff ausgehen, sind nahe daran, diesen als Kommunikation zu rekonfigurieren (vgl. Hardt, Michael/Negri, Antonio, *Empire. Die neue Weltordnung*, Frankfurt/M. 2003; Toni Negri/Maurizio Lazzarato/Paolo Virno, *Umherschweifende Produzenten*, Berlin 1998).

Spiel sich aufeinander beziehender Zeichen mutiert ist: »[A] piece of paper money is almost always a representation, a symbol that claims to stand for something else [...]. It is not that paper depicts and represents coins, but that paper, coins, and money, generally, all stand in the place of something else.«[34] Mit dem Fall des Goldstandards hat dieses Zeichenspiel seine letzte, imaginäre Referenz verloren. Auch wenn diese selbstbezügliche Fiktionalität für alle Bereiche einer geldvermittelten Ökonomie zutrifft, so kommt sie in der Finanzökonomie am deutlichsten zum Ausdruck.[35] Hier verändert sich sogar die Struktur des Produkts selbst, dessen Wert, losgelöst vom Produktionsparadigma, erst durch einen zukünftigen Vergleich geschaffen wird.[36] Die Parallelen zur poststrukturalistischen Kritik des Zeichens sind unübersehbar. So sieht Jean-Joseph Goux im *stock exchange paradigm* das referenzlose Spiel der Zeichen, das einen großen Teil poststrukturalistischer Autoren seit den 1960er Jahren fasziniert, schon am Ende des 19. Jahrhunderts als finanzökonomische Praktik realisiert.[37]

Die poststrukturalistische Beschäftigung mit der Selbstreferenz einer Ökonomie, die ihr letztes Fundament verloren hat, vollzieht allerdings nicht einfach neoklassische oder systemtheoretische Beschreibungen nach, sondern zeigt sich an der Unkontrollierbarkeit dieser gesteigerten Selbstreferenz interessiert. Ökonomische Selbstreferenz mag wie im Geldspiel und der Börsenspekulation zum rauschhaften Spektakel wilder Kontingenz werden.[38] Der Abstraktionsprozeß, welcher durch die ökonomische Selbstreferenz ermöglicht und

---

34 Shell, Marc, »The Issue of Representation«, in: *The New Economic Criticism. Studies at the Intersection of Literature and Economics*, hg. v. Martha Woodmansee/Mark Osteen, London 1999, S. 61.

35 Stäheli, Urs, *Spektakuläre Spekulation*, a. a. O.

36 Vgl. dazu »Performance is assessed according to a benchmark whose value is only known at the end of future periods of time« (Clark, Gordon L./Thrift, Nigel/Tickell, Adam, »Performing Finance: The Industry, the Media and Its Image«, in: *Review of International Political Economy* 11, 2004, S. 289-310, hier S. 302).

37 Goux, Jean-Joseph, »Values and Speculations: The Stock-Exchange Paradigm«, in: *Cultural Values* 1, 1998, S. 159-177. Vgl. auch Taylor, Mark C., *Confidence Games. Money and Markets in a World without Redemption*, Chicago 2004. Mit dem Fall des Goldstandards geschieht in der Ökonomie das Äquivalent zum Tod Gottes in der Religion: Die Ökonomie hat ihr Fundament verloren und verwandelt sich nun in ein volatiles, sich selbst regulierendes System (S. 52).

38 Vgl. Stäheli, *Spektakuläre Spekulation*, a. a. O.

beschleunigt wird, entfaltet eine eigene, immanente Materialität und Affektivität. Der Exzeß des Ökonomischen wird nicht außerhalb der Ökonomie produziert; er benötigt kein der Ökonomie vorgängiges Begehren, sondern veräußert sich gerade in ihrer selbstreferentiellen Ekstase.[39] Es ist also dieses Moment gesteigerter Selbstreferenz, das in den postformalistischen Ansätzen im Vordergrund steht. Das Interesse an Selbstreferenz bedeutet keineswegs, daß die Grenzen zwischen der Ökonomie und dem Nichtökonomischen präzise festgelegt sind – daß also die ökonomische »difference-engine« (Taylor) immer schon weiß, wie sie sich auf sich selbst zu beziehen hat. Vielmehr führt gerade die Steigerung von Selbstreferenz – analog zum Begriff des »leeren Signifikanten« (Laclau) – zu einer Entleerung von Bedeutung. Dieses Moment legt die Affektivität ökonomischer Prozesse frei, die nicht mehr auf rein sinnhafte Prozesse reduziert werden kann.[40] Ein derartiges Denken von Selbstreferenz nimmt diese also nicht mehr im Sinne der Bewußtseinsphilosophie als Garantin für die Geschlossenheit eines Systems, sondern liest sie zugleich als Einfallstor für unkontrollierbare sinnhafte und nichtsinnhafte Logiken. Analyse der Selbstreferenz heißt deshalb immer auch eine Analyse der Unentscheidbarkeiten und Grenzkonflikte. Die Selbstreferenz des Ökonomischen sowie die imaginären Konstruktionen dieser selbstreferentiellen Geschlossenheit stellen immer wieder die Frage nach dem »konstitutiven Außen« der Ökonomie. Eine Analyse des Marktes als Imaginäres der modernen Ökonomie interessiert sich nicht nur für die Aufarbeitung von diskursiven Regelmäßigkeiten und von Machttechnologien, sondern muß sich mit jenen Fi-

39 Zum Begriff der Verschwendung in einer unbeschränkten Ökonomie siehe Bataille, Georges, *Die Aufhebung der Ökonomie*, München 2001. Während für Bataille das ekstatische Moment der Ökonomie – die Verausgabung und Verschwendung – immer auch ein kritisches war, wird in Re-Lektüren Batailles vor dem Hintergrund der Blase der New Economy dieses Moment des Exzesses als prägendes und nicht notwendigerweise dysfunktionales Element des Ökonomischen gesehen. Vgl. dazu Goux, Jean-Joseph, »General Economics and Postmodern Capitalism«, in: *Yale French Studies*, No. 78, 1990, S. 206-224.

40 Zum Zusammenhang von Selbstreferentialität und Affektivität siehe Massumi, Brian, *Parables for the Virtual. Movement, Affect, Sensation*, Durham 2002. Darauf aufbauend und auf ökonomische Prozesse bezogen siehe Stäheli, Urs, »Poststrukturalismus und Ökonomie: Eine programmatische Skizze der Affektivität ökonomischer Prozesse«, in: *Der Eigensinn des Materials*, hg. v. Caroline Arni/Andrea Glauser, Frankfurt/M. 2008, S. 503-520.

guren des »Nicht-Marktes« beschäftigen, die vom Marktdiskurs notwendigerweise ausgeschlossen werden, damit dieser überhaupt funktionieren kann. Dieses Außen ist nicht einfach ein sozialer Bereich, der aus historischen Zufällen noch nicht von der Marktlogik durchdrungen ist, sondern bleibt ihr notwendig äußerlich.[41]

Eine postformale Perspektive interessiert sich also für die Möglichkeits- und Unmöglichkeitsbedingung formaler ökonomischer Konzepte. Damit öffnet sie sich zum einen für eine Genealogie formaler Konzepte (worin eine Verwandtschaft mit der postsubstantialistischen Analytik liegt), zum anderen arbeitet sie heraus, wie die formale Logik sich selbst unterläuft und kontaminiert. Dies kann etwa durch die Analyse der Rhetorizität sowohl der Ökonomie als Wissensform wie auch als Praktik geschehen. Der »New Economic Criticism« analysiert die rhetorische Struktur ökonomischer Theorie und identifiziert in ihrer Persuasionskraft ein Moment, das die formallogische Argumentationsstruktur als nicht immer harmloses Supplement vervollständigt und ihr sogar entgegenlaufen kann.[42] Auch die Rolle von Fundierungsmythen und -narrativen, wie etwa die Robinsonade als Urszene eines modernen, individualistischen Ökonomieverständnisses, wird ihrer untergeordneten und beiläufigen Rolle als bloße Illustration eines übergeordneten Arguments enthoben. Die rhetorischen Analysen ökonomischen Wissens öffnen die Selbstreferenz eines »reinen« ökonomischen Gegenstandes nicht nur dadurch, daß sie eine immanente Rhetorizität ökonomischen Wissens ausarbeiten, sondern auch durch dessen Einbettung in ein diskursübergreifendes rhetorisches Feld. Die Arbeiten von Jean-Christophe Agnew analysieren beispielsweise die Anfänge des sich im 16. Jahrhundert etablierenden Marktes und die Entstehung des englischen Theaters als zwei ähnliche, parallel ablaufende historische Prozesse.[43] Im Theater werden gerade jene semantischen, rhetorischen und diskursiven Formen experimentell erkundet, die für die Formierung des Marktes notwendig werden: Theater und Markt sind beides experimentelle,

---

41 Mitchell, Timothy, *Rule of Experts. Egypt, Techno-Politics, Modernity*, Berkeley 2003, S. 245.

42 Woodmansee, Martha (Hg.), *The New Economic Criticism. Studies at the Intersection of Literature and Economics*, London 1999.

43 Agnew, Jean-Christophe, *Worlds apart*, Cambridge 1988; Vgl. auch Baecker, Dirk, *Wirtschaftssoziologie*, Bielefeld 2006, S. 103-107, zur Rolle des Publikums für die Etablierung des Marktes.

erforschende und ortlose soziale Repräsentationsweisen, die ein neues Beobachtungsarrangement installieren.

Perspektiven

Die postsubstantielle und die postformale Perspektive sind keine klar voneinander abgegrenzten Analytiken der Ökonomie; in vielfältiger Weise überkreuzen und ergänzen sie sich. Die Unterscheidung dieser Perspektiven dient als Heuristik, die zwei unterschiedliche Umgangsweisen mit der Totalisierung der Ökonomie sichtbar macht. Für beide ist die Ökonomie als Einheit problematisch – und muß durch genealogische und dekonstruktive Leseweisen entnaturalisiert werden.

Die postsubstantielle Perspektive in der Gestalt der gegenwärtigen Gouvernementalitätsstudien weist mit Foucault die Idee einer totalisierbaren Einheit des Ökonomischen zurück: Für die neoliberale Regierungskunst kann die Ökonomie nur ein intransparenter Raum, eine Sphäre des Nichtwissens sein. Damit bleiben die Gouvernementalitätsstudien aber soweit den politischen Rationalitäten verhaftet, daß sie den Markt ausschließlich hinsichtlich seiner Funktion für neoliberale Regierungsformen – als außerpolitisch gesetzten Wahrheitsgaranten der Politik – verstehen können. So wird zwar sichtbar, daß sich ökonomische Rationalitäten zu keiner Totalisierung zusammenfügen lassen, daß der Markt immer in Abhängigkeit gouvernementaler Selbsttechnologien zu denken ist. Gleichzeitig wird aber die Paradoxie eines nichttotalisierbaren Raums des Ökonomischen hervorgerufen, der als eigenständige Wahrheitsmaschine wirkt. Die Verflechtung von Ökonomie, Macht und Politik hat zu einem nicht analysierbaren Markt geführt – konsequenterweise beschäftigen sich die meisten Gouvernementalitätsstudien denn auch im Foucault'schen Sinne gerade mit den Möglichkeitsbedingungen einer Regierung der Gesellschaft und nicht mit der unmöglichen Regierung des Marktes. Eine derartige Perspektive erweist sich als fruchtbar für die Analyse neoliberaler Techniken, gerät aber dann an ihre Grenzen, wenn mit ihrer Hilfe das Ökonomische als diskursiv-affektives Amalgam gedacht werden soll. Gerade weil sie manchmal »politizistisch« den Markt auf die Funktion einer Wahrheitsmaschine *des Politischen* reduziert, fehlen ihr Begriffe, um die Heterogenität des Ökonomischen selbst denken zu können. Diese letztlich kaum genealogische Tendenz zur Homogenisierung zeigt sich etwa daran, daß die Figur des »Unternehmers seiner selbst« häufig zu *der* hegemonialen Figur des gegenwärtigen ökonomischen Subjekts wird: Ob Spekulant, Konsument, Sozialhilfeempfänger oder Patient – sie alle verkörpern, mit kleinen technischen Variationen, eine einzige politische Rationalität.[44]

Eine Analyse der Fissuren des Ökonomischen fällt den postformalistischen Ansätzen letztlich leichter als den postsubstantiellen, da diese sich dekonstruktiv auf die unmögliche (das heißt dennoch aber stets wieder angestrebte) Schließung des Ökonomischen eingelassen haben. Nun interessieren Gestalt und Effekte eines »konstitutiven Außen« der Ökonomie – und zwar nicht als ein topographisches Außen, sondern als »inneres Äußeres«; nun geht es um die Paradoxien, welche etwa durch eine gesteigerte Selbstreferenz des Ökonomischen geschaffen werden. Auf diese Weise treten die diskursiven Techniken und Wissensformen hervor, welche sich mit der Inszenierung und Kontrolle ökonomischer Grenzen beschäftigen. Die Unfaßbarkeit und Nichterkennbarkeit des Ökonomischen ist konstitutiv auf heterogene wissenschaftliche und populäre Repräsentationsweisen angewiesen, in welchen über den Status des Ökonomischen verhandelt wird.[45] Die Vertreter und Vertreterinnen der »cultural economy«[46] betonen daher auch die unhintergehbare Verwobenheit von Kultur und Ökonomie: Ökonomische Prozesse lassen sich nicht mehr ihren Repräsentationen gegenüberstellen, sondern ökonomische Praktiken müssen immer auch als signifikatorische Praktiken gedacht werden.

---

44 Vgl. Campbell, Jones, »Entrepreneurial Excess«, in: *The Passion of Organizing*, hg. v. Stephen Linstead/Joanna Brewis/David M. Boje, Kopenhagen 2006, für eine Kritik an der von den Gouvernementalitätsstudies entworfenen Figur des Unternehmers. Er stimmt mit der Annahme überein, daß es sich um eine zentrale Figur der modernen Ökonomie handelt, unterstreicht aber gerade das transgressive Potential des Unternehmers: Eine Affektlogik der Verausgabung und des Exzesses kennzeichnet den Unternehmer. Siehe auch Opitz, *Gouvernementalität im Postfordismus*, a. a. O., der die Untertheoretisierung der affektiven Verankerung von Regierungstechnologien kritisiert.

45 Ruccio, David (Hg.), *Economic Representations: Everyday and Academic*, London 2008.

46 Vgl. Insbesondere auch die Einleitung in Amin, Ash/Thrift, Nigel (Hg.), *The Blackwell Cultural Economy Reader*, Malden 2004.

Ein solches Verständnis ökonomischer Repräsentation ist allerdings mit dem Problem konfrontiert, wie sich die repräsentationalen Logiken in die ökonomischen Operationen einschreiben. Eine bloße sozialkonstruktivistische oder kulturalistische Negierung der »Materialität von Kommunikation« würde dieses Problem zu einfach eskamotieren; eine zu enge Kopplung an das »Reale« der Ökonomie würde den alten Dualismus zwischen Basis und Überbau wieder auferstehen lassen. Erfolgsversprechender erscheinen Versuche, die Materialität des Ökonomischen an der Schnittstelle von Affektivität und Selbstreferenz festzumachen.[47] Dabei muß sie der Gefahr entgehen, Affekte funktionalistisch zu integrieren. Vielmehr ginge es darum, die neuen Ambivalenzen zu denken, welche durch ökonomische Affekte produziert werden. Entgegen einer Entzauberungs- und Disziplinierungsthese müßte in den Blick geraten, auf welche Weise die gegenwärtige Ökonomie sich wieder verzaubert, wie die Rationalität von auf Freiheit beruhenden Regierungstechnologien durch diese selbst unterlaufen wird.[48] Wenn es richtig ist, daß der neue *soft* oder *network capitalism* gerade dadurch funktioniert, daß er »Spaß macht«, zur Erfahrung und zum sinnlichen Erlebnis wird (*experience economy*), daß er also Intensitäten produziert, dann müßte es darum gehen, eine Affektanalyse (und eben nicht: Psychoanalyse) dieses »intensiven Kapitalismus«[49] zu entwerfen.

47 Thrift, Nigel, *Knowing Capitalism*, London 2005; Massumi, Brian, »The Autonomy of Affect«, in: *Cultural Critique* 31, 1995, S. 83-109; Stäheli, Urs, »Poststrukturalismus und Ökonomie: Eine programmatische Skizze der Affektivität ökonomischer Prozesse«, in: *Der Eigensinn des Materials*, hg. v. Caroline Arni/Charlotte Müller, Frankfurt/M. 2007, S. 489-507.

48 Siehe Sven Opitz' Analyse der Gouvernementalitätstudien. Er kritisiert deren »relative Blindheit für die Abweichungen, Verzerrungen und Modifikationen der programmatischen Rationalität«. Opitz, *Gouvernementalität im Postfordismus*, a. a. O., S. 193.

49 Vgl. Lash, Scott, *Intensive Capitalism*, ⟨http://roundtable.kein.org/node/414⟩, 2006.

Auswahlbibliographie

Bröckling, Ulrich, *Das unternehmerische Selbst*, Frankfurt/M. 2007.

Foucault, Michel, *Geschichte der Gouvernementalität II. Die Geburt der Biopolitik*, Frankfurt/M. 2004.

Gibson-Graham, J. K., *The End of Capitalism (as we knew it). A Feminist Critique of Political Economy*, Malden 1997.

Miller, Peter/Nikolas Rose, »Governing Economic Life«, in: *Economy & Society* 19, 1990, S. 1-31.

Mirowski, Philip, *More Heat than Light: Economics as Social Physics*, New York 1989.

Mitchell, Timothy, *Rule of Experts. Egypt, Techno-Politics, Modernity*, Berkeley 2003.

Ruccio, David/Amariglio, Jack, *Postmodern Moments in Modern Economics*, Princeton 2003.

Stäheli, Urs, *Spektakuläre Spekulation. Das Populäre der Ökonomie*, Frankfurt/M. 2007.

Thrift, Nigel, *Knowing Capitalism*, London 2005.

Vogl, Joseph, *Kalkül und Leidenschaft. Poetik des ökonomischen Menschen*, Zürich/Berlin 2004.

Rainer Maria Kiesow
Recht
Über strukturelle Irrtümer

I. Stand der Rechtsdinge

Was ist Recht? Eine jahrtausendealte Frage, Substanz und Definition erheischend. Die klassische Antwort darauf ist: Recht ist die gültige Anleitung zur Verwirklichung der Gerechtigkeit. Gerechtigkeit ist immer wieder von der Ausübung des Rechts gefordert worden. Berühmt und für die folgenden zwei Jahrtausende bis heute das Vorbild abgebend, die Digestenstelle (Ulpian D.1.1.1pr.): *ius est ars boni et aequi* – das Recht ist die Kunst des Guten und Gleichen, des Guten und Billigen, des Guten und Gerechten. Massenhaft wurde seit diesem von dem römischen Juristen Celsus stammenden und von seinem nachgeborenen Kollegen Ulpian zitierten Satz versucht, der Welt durch Recht Gerechtigkeit einzupflanzen. Die Ergebnisse sind bekannt: Menschenrechte und Leichenfelder.

Noch einmal – was ist Recht? Auf andere Weise substantiell gesehen: Gesetze, rechtsdogmatische Literatur, Rechtsprechung, Rechtsgewohnheiten. Doch worauf ist dieser wortmächtige Rechtskomplex gegründet? Die Geschichte hat darauf mehrere Antworten gefunden. Früher lag der Grund des Rechts geborgen in: Gott, Natur, Vernunft. Heute spricht kaum noch jemand von einem göttlichen, einem natürlichen, einem vernünftigen Recht.

Gott ist tot.

Die Natur ist zerstört, und das Naturrecht war historisch so, wie man sich jeweils die gründende Natur vorgestellt hat. Grundsichernde Festigkeit – nirgends. Nur politische Klein- und Großwetterlagen. Die Vernunft, das Vermögen menschlichen Denkens, ist – spätestens – im Nationalsozialismus und im nationalsozialistischen Recht untergegangen. Totale Vernunft führt zu totaler Zerstörung. Die Dialektik der Aufklärung erfaßt auch das Recht.

Was ist Recht? Welches ist der Grund des Rechts? Grundlegende Was- und Warum-Fragen haben ausgedient. Fragen nach dem Grund sind unbeantwortbar. Der Grund der Welt ist verloren. Wer wollte die Massaker und Kriege, die internationalen und privaten Schrecklichkeiten erklären. Warum dies alles geschieht? Eine sinnlose Frage, weil es keine Antwort darauf gibt.

Mit dem Recht verhält es sich ebenso. Was es ist? Warum es ist? Das Recht braucht keine Antwort auf diese Fragen nach dem Sein, dem Anfang und dem Grund. Es gibt andere Fragen. Wozu Recht?

Das ist die funktionale Frageperspektive. Und hier hat man in der Staatsphilosophie der Neuzeit die bis heute zu vernehmenden Antworten gefunden. Die Vertrags- und Vernunftlehren (Hobbes, Locke, Rousseau, Kant etc.) besagen vor allem eines: Die Organisation von Gesellschaft muß erreichen, daß die Menschen nicht einander totschlagen. Recht hat hierbei die Aufgabe, Konflikte zu lösen, und zwar auf zivile Art und Weise. Recht ist der freundliche Zivilisator des bösen Menschengeschlechts. Recht wurde so ein Projekt des Fortschritts. Seit dem späteren 18. Jahrhundert wird mit neuen Gesetzen dieser Fortschrittsidee gehuldigt. Von der Kodifikationsbewegung, die 1804 in Frankreich mit dem Code civil einen frühen Höhepunkt erreichte und 1900 in Deutschland mit dem Bürgerlichen Gesetzbuch eine knapp hundertjährige Verspätung erfuhr, über die parlamentarischen Normfabriken bis hin zum europäischen Verordnungsstachanowismus ist das Gesetz zur Form der Politik geworden. Die Idee der fortschreitenden Zähmung der Gewalt hat sich dabei allerdings als illusorisch erwiesen. Schon Darwin war es mehr um Evolution als um Fortschritt zu tun. Und das 20. Jahrhundert war die brutalste Zeit der Geschichte. Das 21. Jahrhundert hat nicht gerade friedlich begonnen.

Weniger fortschrittsidealistisch, dafür radikal funktionalistisch kann man sagen (hat man gesagt: Niklas Luhmanns Œuvre passim), daß Recht ein Erwartungssicherungsinstrument ist. Nicht nur im Konfliktfall, sondern auch und gerade für den Normalfall. Die Rechtsgenossen dürfen normgemäßes Verhalten erwarten. Allerdings werden diese Erwartungen immer wieder enttäuscht. Und das zeigt letztlich, daß es bei den Fällen des Rechts weniger um Gerechtigkeit als um die verfahrensmäßige Abwicklung von Wünschen, Erwartungen, Enttäuschungen, Konflikten geht. Die Betriebsanleitung für diesen Konfliktabwicklungsmotor bietet die Rechtsordnung.

Recht ist also eine verfahrensmäßig ausgestaltete Ordnung zur Regelung und Verarbeitung von menschlichen Handlungen. Dieses Recht wäre allerdings bedeutungslos, zahnlos, wenn es nicht durchgesetzt werden könnte. Recht haben ist nutzlos. Recht bekommen ist entscheidend. Das bedeutet, daß das Entscheidende im Rechtssystem weder die Gesetze – die von der Politik, dem Parlament, erlassenen Programme – noch die dogmatischen Lehren – die sogenannten wissenschaftlichen Meinungen der Rechtslehrer – sind, sondern die Entscheidungen der Gerichte. Die Gerichte stehen im Zentrum des Rechts. Denn erst und nur dort werden echte Fälle verhandelt. Im Gericht kommt das Recht zum Leben. Radikal betrachtet und jenseits substantieller oder funktionaler Ansätze lautet die Antwort auf die Ausgangsfrage also: Recht ist Rechtsprechung.

II. Poststrukturalistische Rechtsgänge

»Gerade hat man noch das Markenzeichen der Moderne: die Rationalität aufs höchste gepriesen, da hält auch bei uns – aus den USA und aus Frankreich kommend – die ›Postmoderne‹ Einzug, und das bedeutet nichts weniger als die Wiederkunft des Irrationalen.«[1] Diese in der angesehenen, von Kaufmann und Hassemer herausgegebenen *Einführung in die Rechtsphilosophie und Rechtstheorie der Gegenwart* zu findende Einschätzung der Postmoderne und des Poststrukturalismus ist nicht untypisch für die Mehrzahl der Juristen, ja, sie ist sicher herrschende Meinung. Recht gilt den Juristen (und Nichtjuristen) gemeinhin nicht als etwas Unsicheres, Prekäres, der Vernunft Fernstehendes, sondern als ein Instrument, mittels Rechtsprechung für klare Verhältnisse in einem Streitfall zu sorgen, also eine Entscheidung herbeizuführen, die nicht auf Vogelschau, sondern auf dem Gesetz beruht. Die Angst vor der postmodernen Geistes- und Vernunftverwirrung ist allerdings unbegründet. Sie beruht auf Unkenntnis und Nichtlektüre der postmodernen/poststrukturalistischen Autoren, die ihrerseits in Unkenntnis der Welt des Juridischen erstaunliche Vorstellungen von Recht präsentieren. Dieser doppelte strukturelle Irrtum ist in der gebotenen Kürze zu entfalten.

Die prominentesten Autoren des Poststrukturalismus – Derrida, Foucault, Lyotard, Deleuze, Lacan (es sei dahingestellt, ob, was eher zweifelhaft erscheint, sich diese und andere Autoren mit der Etikettierung »Poststrukturalismus« oder »Postmoderne« angefreundet hätten, zum Teil lehnten sie derartiges explizit ab) – haben sich mit dem

---

1 Kaufmann, Arthur/Hassemer, Winfried (Hg.), *Einführung in die Rechtsphilosophie und Rechtstheorie der Gegenwart*, Heidelberg 1994, S. 20.

Recht auseinandergesetzt, es zum Teil sogar in das Zentrum ihrer gesellschaftstheoretischen oder philosophischen Analyse und Kontemplation gestellt. Zu einem erheblichen Teil beruht diese Beschäftigung mit Recht (und Gerechtigkeit) auf einem grundstürzenden Mißverständnis, einem nachgerade vormodernen Begriff von Recht als feststehendem Gesetz, das als Regel ein sicheres Urteil ermöglichen soll.

Eines der berühmtesten Bücher der französischen dunklen Denker, wie sie von den Hochhaltern der Vernunft gerne genannt werden, ist *Le différend, Der Widerstreit* von Jean-François Lyotard.[2] Es beginnt im ersten (berühmten) Satz mit einer Unterscheidung, die das ganze Dilemma der postmodernen Rechtsbetrachtung bezeichnet: »Im Unterschied zu einem Rechtsstreit [*litige*] wäre ein Widerstreit [*différend*] ein Konfliktfall zwischen (wenigstens) zwei Parteien, der nicht angemessen entschieden werden kann, da eine auf beide Argumentationen anwendbare Urteilsregel fehlt.« Das heißt nichts anderes, als daß es im Recht »angemessene« Entscheidungen gibt, da hier Urteilsregeln, Gesetze, angewendet werden. Und diese Gesetze gelten für beide Streitparteien gleichermaßen. Das ist insofern zutreffend, als vor Gericht von allen Beteiligten die Sprache des Rechts gesprochen wird, also nicht etwa auf Gottes Eingebungen gewartet oder der Colt gezogen wird. Im übrigen aber ist das Recht oder das Gesetz nicht das GESETZ und das RECHT und schon insofern auch nicht Jacques Lacans oder Pierre Legendres oder Alain Supiots VATER[3] oder DRITTER.[4] Vor Gericht wird ein Theater der Interpretation aufgeführt, in dem die Gegensätze so inkommensurabel aufeinanderprallen wie im blutigsten Widerstreit. Gerade weil, wie Lyotard selbst am besten weiß (und schreibt), mit Wittgenstein der Gebrauch über die Bedeutung des Ausdrucks entscheidet, gerade weil die Anwendung der Urteilsregel über diese selbst befindet, wird die Urteilsregel im Rechtsprozeß zerstört, um immer wieder neu kreiert zu werden. Von »universalen Urteilsregeln«[5] kann gar keine Rede sein, dort, wo mit jedem Urteil das Recht radikal in die Zeit

2 Lyotard, Jean-François, *Der Widerstreit*, München 1989.

3 Legendre, Pierre, *Das Verbrechen des Gefreiten Lortie. Abhandlung über den Vater*, Freiburg im Breisgau 1998.

4 Supiot, Alain, *Homo Juridicus. Essai sur la fonction anthropologique du droit*, Paris 2005.

5 Lyotard, Jean-François, *Der Widerstreit*, München 1989, S. 9.

gestellt wird, in eine unwiederbringlich vergehende Zeit, die immer nur neue, jederzeit gegenwärtige Urteile zuläßt. Keine Rechtsapplikation, sondern Rechtsproduktion in einer Zeitmaschine, die mit jedem, ja jedem Urteil kurz anhält, den Prozeß des Rechts stoppt (*arrêt*, frz. = Gerichtsurteil = Haltestelle) und sich neu justiert. Hier liegt auch das Unverständnis Lyotards in seiner Auseinandersetzung mit Luhmann und dessen kalter Sicht auf das Rechtssystem. Wieder: Regel, Homöostase, Hochmut der Entscheider – vom System gedeckt und gesichert. Das bedeutet für Lyotard »Terrorismus«.[6] Wenn Terrorismus, dann aber sicher nicht derjenige einer geregelten, sicheren, stabilen Ordnung, sondern ein Terrorismus des Chaos, der Verschiedenheit, der Fragmente der Entscheidungen. Lyotard ist im Hinblick auf das Recht der Gefangene der Struktur, einer eingebildeten Struktur.

Derrida macht dada und mürrisch. Gerade weil er das ständige Balancieren, Justieren, Konfektionieren dessen, was Recht und Unrecht ist, sieht. Gerade weil er eigentlich sieht, was zu sehen ist: Brüche, Inkonsistenzen, Loslösungen, Freiheiten, Fragmente – den Wahnsinn der Entscheidung in der Nacht des Nichtwissens, das ständige Neuerfinden der Regel. Hier, in der *force de loi*, der *Gesetzeskraft* – welch unglücklicher Titel! –, hat er dem Gesetz jede traditionelle Stärke ausgetrieben. So weit, so gut. Doch geht bei Derrida einiges durcheinander, wenn er vom Recht spricht. Mal ist Gesetz gleich Recht,[7] mal werden Recht und Gerechtigkeit gleichgesetzt (»wenn Sie wollen«),[8] um einige Sätze weiter voneinander geschieden zu werden. Da wird »richtig subsumiert«, zudem: »Das Recht ist das Element der Berechnung«, weiter »werde ich dem objektiven Recht gemäß handeln« und »begnüge ich mich damit, eine angemessene, richtige Regel anzuwenden«.[9] »Satzungsgemäß, berechenbar, ein System geregelter, eingetragener, codierter Vorschriften«,[10] »der Richter als eine Rechenmaschine«,[11] nicht immer, aber manchmal. Es ist

6 Lyotard, Jean-François, *La condition postmoderne*, Paris 1979, S. 103.

7 Derrida, Jacques, *Gesetzeskraft. Der »mystische Grund der Autorität«*, Frankfurt/M. 1991, S. 25.

8 Ebd., S. 30.

9 Ebd., S. 33-35.

10 Ebd., S. 44 f.

11 Ebd., S. 48.

nachgerade ein traditioneller Gesetzespositivismus, der hier an allen Ecken der Dekonstruktion hervorlugt.

Dann aber auch – dazwischen, immer wieder – der Derrida als der große Verschieber. Différance. Von *différer*. Als intransitives Verb bedeutet das: verschieden sein, verschiedener Meinung sein. Transitiv – und das ist der Derridasche Verwirrungsmehrwert –: aufschieben, verschieben, verzögern, anstehenlassen (eine Zahlung etwa). Gerechtigkeit ist nun bei Derrida gerade dieses transitive, also handlungsanleitende und zielende Aufschieben. Das Recht und seine Gerechtigkeit werden zu einem Verschiebebahnhof, auf dem nichts stillsteht, auf dem man immer auf etwas und auf etwas anderes wartet und der nie eine Feststellung zuläßt. Also: »Die Dekonstruktion ist die Gerechtigkeit.« Das Andere, der Andere wird zum Fluchtpunkt. Und dieser Andere, dieses immer wieder Andere, dieses unendliche Andere, läßt auch das Recht unendlich werden – und aporetisch. Drei Aporien:[12] 1. Die Regel, die ohne Regel auskommen muß, die das Gesetz enthält und zugleich zerstört, die ständige Neuerfindung der Regel, 2. die Entscheidung des Unentscheidbaren, und 3. die Überstürzung der Entscheidung, die das Wissen nicht mehr zuläßt.

Hier wird endlich mit dem wilden, dem strukturvergessenen, dem poststrukturalistischen Denken ernst gemacht. Kein Kalkül mehr, keine Regel, keine Vernunft, keine Rationalität, keine Ordnung, keine Beherrschung. Der Weg zur Paradoxie wird frei, das Dilemma zum Prinzip erhoben. Das gilt für jede Entscheidung, jede Alternative zu jeder Entscheidung. Jede Entscheidung könnte auch anders sein, kann anders gedacht werden. Alles ist möglich. Also Unentscheidbarkeit. Oder muß man nicht sagen: Entscheiden läßt sich nur Unentscheidbares? So Derrida und (!) Luhmann. Keine Illusionen mehr über das, was Recht sein könnte. Sowohl in der Begründung des Rechts (am Anfang steht die Unterscheidung: Recht und Unrecht – ist diese Unterscheidung selbst Recht oder Unrecht?) als auch in der Entscheidung des Rechts (entscheiden läßt sich nur Unentscheidbares – wäre dies anders, käme es etwa nur auf das Erkennen an, brauchte ja gerade nicht mehr entschieden zu werden), also sowohl in der Begründung als auch in der Entscheidung des Rechts schaltet und waltet das Paradoxon. Es gibt kein Ende. Es gibt kein System.

12 Ebd., S. 46 ff.

Es gibt nur noch, wie Gunther Teubner schreibt: »Willkür, Widersprüche, Antinomien, Paradoxien, Irrationalität, ja Gewalt.«[13] Das paradoxale, dekonstruktive, poststrukturalistische Denken führt zur Auflösung, nicht eigentlich des Rechts, sondern jeder Einheitsvorstellung von Recht. Das RECHT zerfällt, löst sich auf, modert vor sich hin.

Und doch macht Derrida uns mürrisch, weil er seine Dekonstruktion und den Wahn nicht durchhält. Ja, die Dekonstruktion »ist im Recht oder in der Geschichte des Rechts am Werk«.[14] Aber warum dann immer wieder der Rekurs auf eine Art juristischer Vernunftmathematik? Warum dieses Spiel mit Worten, das im juridischen Zusammenhang dann doch im Ernst einheitsstiftender Substanz zelebriert wird? Am Ende von *Préjugés. Devant la loi*,[15] wo es um Lyotard und Kafka geht, zitiert Derrida einen Gesprächsfetzen von Kafka: »Zwar bin ich auch der Gerichtssaaldiener, doch kenne ich die Richter nicht. Wahrscheinlich bin ich ein ganz kleiner Aushilfsgerichtsdiener. Ich habe nichts Definitives.« Derrida kommentiert behende, daß zweifelsohne auch »dezisiv«, »entscheidend« gemeint gewesen sei. Mag sein. Mag nicht sein. Wer weiß schon, was Kafka meinte. Derrida insinuiert auch hier wieder definitive (»letzte«) Urteile. Als ob ein Urteil ein winzig kleines Gesetz wäre, an das man sich halten könnte. Ein Urteil bricht die Argumentationen und Konsiderationen ab, insofern hält es den Lauf der Interpretation an. Aber nur für einen Moment. Es kommen weitere, andere, neue Urteile usw. usw. »Letztes« gibt es im Recht nicht. Weder die Gesetze noch die Doktrinen, noch die Urteile bieten eine solche letzte Sicherheit. Eine solche böte die Struktur. Und die Struktur ist uns doch gerade abhanden gekommen. Kafka übrigens fügt seiner Bemerkung nach einem Lachen ernst hinzu: »Definitiv ist nur das Leid.« Dazu hat Derrida nichts mehr zu sagen.

Vor allem aber ist erstaunlich, wie trüb letztlich der Blick von Derrida hinsichtlich der Fragmentierung des Rechts auf allen Ebenen (Gesetze, Doktrinen, Urteile) ist. Kafkas berühmter Satz »Richtiges

13 Teubner, Gunther, »Ökonomie der Gabe – Positivität der Gerechtigkeit: Gegenseitige Heimsuchungen von System und *différance*«, in: *Widerstände der Systemtheorie. Kulturtheoretische Analysen zum Werk von Niklas Luhmann*, hg. v. Albrecht Koschorke/Cornelia Vismann, Berlin 1999, S. 199 ff., hier S. 200.

14 Derrida, *Gesetzeskraft.*, a. a. O., S. 52.

15 Derrida, Jacques, *Préjugés. Vor dem Gesetz*, Wien 1992.

Auffassen einer Sache und Mißverstehen der gleichen Sache schließen einander nicht vollständig aus« wird dementsprechend auch
nur – wie so häufig – im exegetisch-talmudischen Kontext gesehen[16]
und nicht in dem mindestens genauso naheliegenden juristischen.
Dabei hätten der Wahnsinn der Entscheidung, der Schwindel und
Taumel der Rechtfertigungen und Rechtsbegründungen und der Ent-
scheidungsgründe, die Widersprüchlichkeiten eben der Gesetze, Doktrinen und Urteile den Weg zu einer poststrukturalistischen Sicht
auf das Recht freigegeben. Doch beim Recht traut Derrida dem Re-
chenmeister Gesetz zu sehr, als daß die Struktur des Rechts angemessen aufgelöst werden könnte. Wie schon Lyotard bleibt Derrida auf
das Recht bezogen ein gar nicht so heimlicher Strukturalist. Wo
kämen wir auch hin, wenn Gesetz und Recht als Rechenoperation
nicht mehr zu trauen wäre? Dann könnte das Gesetz der Dekonstruktion keine Gerechtigkeit mehr bieten. Beim Recht hört die radikale Dekonstruktion auf.

»Tatsächlich hat die Philosophie immer gewisse auf Unwissenheit
beruhende Probleme mit dem Recht gehabt« – Foucault war in seinen Vorträgen in Rio de Janeiro über *Die Wahrheit und die juristischen Formen* luzide.[17] Und er macht als einziger »Poststrukturalist«,
der sich mit dem Recht befaßt, Ernst mit dem antistrukturellen Prozeß gegen das Recht. Foucault ist »absolut kein Strukturalist«.[18]
Recht ist Kampf, ständiger Kampf ums Subjekt, ein Subjekt, das immer wieder, ständig neu, ohne Unterlaß geschichtlich hergestellt wird.
Die juristischen Praktiken sind dabei besonders wichtig. Mit ihnen
werden der Behauptung und Ausschmückung des Subjekts die rhetorischen Mittel zum Kampf bereitgestellt. »Das Recht ist also die
rituelle Form des Krieges.«[19] »Es geht darum, die Rhetorik, den Red-
ner, den Redestreit wieder in das Feld der Analyse einzubringen«[20] –
nicht in linguistischer Weise, sondern um zu zeigen, daß es im Recht
um das Gewinnen geht. Sieg oder Niederlage – wer das Recht anruft,
will einen Sieg produzieren, dafür kämpft er um die richtige Entscheidung, die eben keine richtige ist, sondern eine zielführende sein

16 Ebd., S. 92 f.
17 Foucault, Michel, *Die Wahrheit und die juristischen Formen*, Frankfurt/M. 2003,
   S. 138.
18 Ebd., S. 30.
19 Ebd., S. 56.
20 Ebd., S. 138.

soll. Juristische Rhetorik als Kriegsform – keine Zivilisierungsträume mehr, keine Totschlagsvermeidung, kein Fortschritt des Menschengeschlechts, sondern Diskurspraktiken als Gewinnmaximierungsstrategie. In Rio und in *Überwachen und Strafen*[21] wird das Feld des juristischen Krieges betreten. Keine feststehenden Gesetze, kein Kotau vor angeblicher Richtermathematik, keine Rechtssicherheit. Nirgends.

Foucault hat im Oktober 1978 in der Tageszeitung *Le monde* einen kurzen Text mit einem rätselhaften Titel veröffentlicht: »Le citron et le lait«.[22] Dabei ist es doch so: Milch *und* Zitrone geht nicht. Ekelhaft! Erstaunlicherweise geht es in dem Artikel um Recht. Die Rechtsprechung, in gewisser Weise das Recht tout court, hat die Gesetze anzuwenden, sosehr sie sich dabei auf Krücken stützen und hinken mag. Die Rechtsprechung, das Recht, ist nicht dazu da, die soziale Ordnung herzustellen. Foucault spricht es in der Zeitung so deutlich aus, wie nirgends sonst: Nichts hält er von Forderungen nach einer Politisierung der Justiz, wobei er natürlich nicht verkennt, daß die Justiz politisch ist. Das ist der alte Unterschied zwischen Präskription und Deskription. Das 18. Jahrhundert hatte den Ozean der vielen Gesetze und der vielen Urteile trockenlegen wollen, das 19. Jahrhundert hat schließlich das eine einheitliche Gesetz hervorgebracht, aber die damit gehegte Erwartung ging nicht in Erfüllung. Oder wie Foucault schreibt: »Die Architektur des Rechts kann nicht zugleich eine Mechanik der Ordnung sein.« Bei der Teezeremonie heißt es: Milch *oder* Zitrone. Im Rahmen einer Theorie der Gesellschaft muß es also heißen: Gesetz *oder* Ordnung. Denn die Gesetze werden wegen der Eigenlogik des Rechtssystems die Ordnung nicht bringen, und die Ordnung mit Gesetzen ist nicht nur die Devise eines globalen Konservatismus, sondern vor allem ein hybrides Monster: Law and Order.

Law and Order ist das Gespenst, das etwa in dem allseits so gepriesenen internationalen Strafgerichtshof lauert, der nicht zuletzt auch das späte Glück des Massenmörders und eingebildeten Märtyrers Slobodan Milošević war. Der Einsatz der (nicht ganz) internationalen Gemeinschaft ist hoch. Die Münze ist globale Gerechtig-

---

21 Foucault, Michel, *Überwachen und Strafen. Die Geburt des Gefängnisses*, Frankfurt/M. 1976.

22 Foucault, Michel, »Le citron et le lait«, in: ders., *Dits et Écrits. 1954-1988*, Band III (1976-1979), Paris 1994, S. 695 ff. (Zitate in Übersetzung von RMK).

keit. Schon Beccaria hatte davon geträumt, mit einem modernen Strafrecht endlich die Verbrecher bis in den letzten Winkel des Landes jagen zu können: »Innerhalb der Grenzen eines Landes darf es keinen Ort geben, der dem Gesetz entzogen wäre. Seine Macht muß jedem Bürger überallhin folgen wie der Schatten dem Körper.«[23] Der liberale Beccaria? Modernes Recht und Gerechtigkeit. Die Häscher warten schon.

Recht ist, weil Gewalt ist. Ein Anagramm: Ivs und vis. So jedenfalls die Perspektive des Mannes von der Straße auf das Recht. Recht ist aburteilend. Recht ist Strafrecht – so auch weite Teile der Philosophie, siehe etwa jüngst die menschelnde, ein wenig predigthafte, anerkennungssüchtige und vergebungsheischende[24] *Kritik der ethischen Gewalt* von Judith Butler. Schon immer hat sich das Publikum nur für das Theater des Schreckens und die dazugehörende Komödie der Justiz interessiert. Die juristische Chronik des Zivilen interessiert (fast) niemanden. Das Recht zu strafen, die Pflicht zu strafen, die die böse Tat (abstrakt oder konkret) spiegelnde Strafe ist es, was fasziniert. Das Spiel mit Leben und Tod – auf seiten des Verbrechens, auf seiten des Rechts. Kritik – zwecklos. Gewalt regiert. Der Krieg. Das Recht ist als eingebildeter Aufhalter der Gewalt selbst gewalttätig. Die stärkste Gewalt des Rechts – noch vor den Gefängnissen, Todeszellen, Zwangsvollstreckungen – ist die Macht der Interpretation. Die Justiz ist ein Theater der Auslegung. Dieser oder jener. Nie weiß man, wann der Vorhang fällt und diese oder jene Interpretation siegreich übrigbleibt. Die Macht der Wörter und deren Auswirkungen auf das Leben der Menschen – das ist die unheimliche Gewalt der juridischen Verfaßtheit des gesellschaftlichen Zusammenlebens. Die Gewalt findet kein Ende. Ob etwas anderes imaginiert werden kann? Recht und Ordnung stehen auf dem Programm. Immer noch. Schon wieder. Ermattet von der liberalen, libertinären Postmoderne heißt es wie in der Prämoderne: Law and Order!

Kritik – sowohl an der juristischen Alleskönnerei als auch an der Gewalttätigkeit der Rechtsordnung – würde einen Standpunkt voraussetzen. Doch gerade dieser ist uns abhanden gekommen. Allenfalls eine politische Meinung läßt sich noch ins Feld führen, um Rechtszustände zu kritisieren. Man kann nicht mehr glauben,

---

23 *Traité des délits et des peines, traduit de l'italien d'après la sixième édition*, Paris 1773, S. 199 (§ 35).
24 Butler, Judith, *Kritik der ethischen Gewalt*, Frankfurt/M. 2007, S. 180.

was man sagt, oder besser: Man kann nur noch *glauben*, was man sagt.

Was bedeutet das immer wieder beschworene Begriffspaar »Politik und Recht«, das schon lange kritisch und modern in Frage gestellt wird (vom Unbehagen an der Kabinettsjustiz bis zur Klassenjustiz und dem Bundesverfassungsgericht)? Wenn Recht politisch wird oder politisch kritisiert wird, dann durchweg mit Hinweis auf etwas, was jenseits liegt, jenseits der positiven (positivistischen?) oder liberalen (neoliberalen?) Vorstellungskraft. Wo bleibt die Gerechtigkeit? Foucault macht sich keine Illusionen, nicht einmal dekonstruktivistische à la Derrida.

Führen wir uns noch einmal kurz das Ghetto des Juridischen vor Augen, das Ghetto des Rechts. Dieses Ghetto wird bewohnt von Juristen. Professoren, Kommentatoren, Richtern. Auf die Richter kommt es an. Die Gerichte haben seit jeher die Macht des Zivilen ausgeübt. Unscheinbar, ja unsichtbar. Das Zivilrecht eignet sich kaum als großes Theater. Fragmentarisch, widersprüchlich, situativ und fallbezogen, besaß und besitzt es nicht die schneidende Schärfe eines Strafrechts, in dem es um Leben und Tod geht. Michel Foucault schreibt in »Le citron et le lait« vom »stillen Funktionieren« der Gerichtsbarkeit, die, indem sie unordentlich, zersplittert, zerstückelt, uneinheitlich ist, an ein verschlungenes und wirres Kunstwerk Tinguelys erinnert.[25] In diesem Wirrwarr gibt es nicht einmal (systemtheoretische?) Irritationen – Foucault spricht von »Perturbationen« –, sondern nur »Mechanismen des Funktionierens«. All die Rädchen und Teilchen der Maschine scheinen uns zuzulächeln: All diese Elemente, die nicht laufen, führen letztlich dazu, daß es läuft. Ein Spiel der Unordnung. Und Foucault hat völlig recht, wenn er sagt: »Unsere Gerichtsbarkeit ist nicht entehrt, wenn man sie mit derjenigen des Ancien régime vergleicht.« In der Tat: Weder die neuen modernen Gesetzbücher noch die moderne neue Wissenschaft oder Doktrin des Rechts haben dem Malstrom der irren Urteile Einhalt gebieten können. Rechts*anwendung* »hinkt« immer. Auf seiten der Normen und auf seiten der Fakten.

Drei große Autoren des Poststrukturalismus. Als solche gelten Lyotard, Derrida, Foucault. Sic? Der einzige, der die seit jeher bestehende postrukturale Struktur des Rechts konsequent gesehen und,

25 Foucault, »Le citron et le lait«, a. a. O., S. 695 ff. (Zitate in Übersetzung von RMK).

wenn auch nur beiläufig, benannt hat, war Michel Foucault. Er war auch derjenige, der selbst jenseits von Strukturen, gar jenseits wissenschaftlicher Strukturen in Sorge um sich selbst, gearbeitet hat. Wissenschaft und Poststrukturalismus schließen sich aus. Wissenschaft und Recht ebenso – nur im deutschsprachigen Raum studiert und lehrt man Rechts*wissenschaft*, im Rest der Welt nur Recht. Die Auflösung des RECHTS in der unzähmbaren Mannigfaltigkeit der Rechtspraktiken – das ist die poststrukturale *tache/tâche* (Makel und Aufgabe zugleich) der juristischen Welt von Beginn an. Die Postmoderne hat dies nicht wahrgenommen, sie hängt, wenn sie überhaupt das Recht in Augenschein nimmt, in erheblichem Maße dem Bild eines ziemlich festgefügten juristischen Kosmos an. Das Unbehagen mancher Juristen an der Postmoderne ist unbegründet. Hat doch diese selbst keinen postmodernen Blick fürs Recht. Dabei ist das Recht schon immer postmodern gewesen. Keine Struktur, nirgends. Allenfalls theoretisch, praktisch niemals. Und auf die Praxis kommt es an. Foucault hat dies gesehen. Vielleicht auch deshalb, weil er nie alles unterschreiben wollte, was er geschrieben hatte. Der Postrukturalismus des eigenen Denkens. »Im Grunde schreibe ich nur zum Vergnügen.«[26] Eben ein Poet, wie Deleuze meinte. Poesie – das wäre die radikale Perspektive auf die Welt des Rechts. Wenn man will, mag man das dann Poststrukturalismus après la lettre nennen.

III. ... post ...

Ein doppelter struktureller Irrtum also: Die Juristen sehen nicht, daß die Poststrukturalisten überwiegend das Recht gar nicht irrationalistisch auflösen, und die Poststrukturalisten sehen überwiegend nicht, daß die Irrationalität des Rechtsdiskurses für Analysen jenseits von Strukturen ein gefundenes Fressen darstellt. Mit anderen Worten: Beim Recht hat der Poststrukturalismus Angst vor der eigenen Courage. Das hängt sicher auch mit der laienhaften Vorstellung der Nichtjuristen zusammen, es müsse doch klar aus dem Gesetz ableitbar sein, was Recht sei. Nichts irriger als das.

Was also tun, forschungsmäßig gesehen? Nun, vor allem müßte die Sehnsucht nach dem Ganzen und Einen endlich auch im Nach-

26 Foucault, Michel, *Die Wahrheit und die juristischen Formen*, a. a. O., S. 152.

denken über Recht verabschiedet, Lyotards Forderung nach einem »Krieg dem Ganzen«[27] wirklich bedacht werden. Es gibt – sehr wenige – Beispiele, die zudem keineswegs in irgendeiner rational-konzisen Weise auf Poststrukturalismus, Nomadendenken[28] oder Alterität[29] verweisen, bauen, hoffen. Die Heterogenität des Poststrukturalismus entspricht der Heterogenität der sich der Condition poststructuraliste bewußten Forschung. So wird auf der einen Seite vor allem *über* Theorie geredet.[30] Das sind die Theorietheoretiker. Auf der anderen Seite sind die – noch spärlicheren – Autoren, die das Recht selbst anders denken.[31] Anstatt antipoststrukturalistisch dieses Forschen »einzuordnen«, hier ein Vorschlag, wie es gehen könnte, wenn dem Ganzen der Krieg angesagt wird:

Recht steht im Zentrum des »Neuen Europas«, so scheint es. Juristische Garantien und Prozeduren sind eminente Bedingungen

---

27 Lyotard, Jean-François, »Beantwortung der Frage: Was ist postmodern?«, in: *Postmoderne und Dekonstruktion. Texte französischer Philosophen der Gegenwart*, hg. v. Peter Engelmann, Stuttgart 1990, S. 33-48., hier S. 48.

28 Deleuze, Gilles, »Pensée nomade«, in: ders., *L'île déserte et autres textes. Textes et entretiens 1953-1974*, Paris 2002, S. 351 ff.

29 Lévinas, Emmanuel, »Les droits de l'autre homme«, in: ders., *Altérité et transcendance*, o. O., Fata Morgana 1995, S. 149 ff.

30 Erhellend vor allem folgende Juristen: Buckel, Sonja/Christensen, Ralph/Fischer-Lescano, Andreas (Hg.), *Neue Theorien des Rechts*, Stuttgart 2006; De Cristofaro, Ernesto, *Sovranità in frammenti. La semantica del potere in Michel Foucault e Niklas Luhmann*, Verona 2007; Ladeur, Karl-Heinz, *Postmoderne Rechtstheorie. Selbstreferenz – Selbstorganisation – Prozeduralisierung*, Berlin 1992; Neumann, Ulfrid, *Wahrheit im Recht. Zu Problematik und Legitimität einer fragwürdigen Denkform*, Baden-Baden 2004; Schauer, Christian, *Aufforderung zum Spiel. Foucault und das Recht*, Köln u. a. 2006; Schütz, Anton, »Thinking the Law with and against Luhmann, Legendre, Agamben«, in: *Law and Critique* 11, 2000, S. 107 ff.; Teubner, Gunther, »Ökonomie der Gabe – Positivität der Gerechtigkeit: Gegenseitige Heimsuchungen von System und *différance*«, a. a. O., S. 199 ff.

31 Etwa die Juristen: Fischer-Lescano, Andreas/Teubner, Gunther (Hg.), *Regime-Kollisionen. Zur Fragmentierung des globalen Rechts*, Frankfurt/M. 2006; Kiesow, Rainer Maria, *Das Alphabet des Rechts*, Frankfurt/M. 2004; Ladeur, Karl-Heinz, *Postmoderne Rechtstheorie. Selbstreferenz – Selbstorganisation – Prozeduralisierung*, Berlin 1992; Legendre, Pierre, *Das Verbrechen des Gefreiten Lortie. Abhandlung über den Vater*, Freiburg im Breisgau 1998; Luhmann, Niklas, *Das Recht der Gesellschaft*, Frankfurt/M. 1993; Seibert, Thomas-Michael, *Gerichtsrede. Wirklichkeit und Möglichkeit im forensischen Diskurs*, Berlin 2004; Supiot, Alain, *Homo Juridicus. Essai sur la fonction anthropologique du droit*, Paris 2005. Und natürlich Rudolf Wiethölter.

für Beitrittsstaaten, die »Europäische Verfassung« steht, ihres Namens und ihrer Verfassungsmythologie entkleidet, als juristisches Vertragskonglomerat mehr oder weniger vor der Tür, ohne Demokratie und Rechtsstaat geht nichts in Europa, in einem hypermodernen Europa, das seit knapp zwei Jahrzehnten aufs neue vereint (zum Beispiel Deutschland) und zugleich aufs neue fragmentiert ist (zum Beispiel Balkan). Neben wirtschaftlichen (Wohlstand), politischen (Mitwirkung), touristischen (Mobilität) Hoffnungen sind es juristische Hoffnungen, die das »Neue Europa« bestimmen. Es geht um Gerechtigkeit, wenigstens um rechtmäßige Verfahren, es geht um die zivilisatorische Doppelerrungenschaft »Demokratie und Recht«, kurz um den Rechtsstaat. Und hier kommt den Propagandisten des Europäischen Rechtsstaats die Geschichte in den Sinn, genauer eine alte Rechtsgeschichte. Ist es doch nach der Meinung dieser bildungsbeflissenen Rechtskultureuropäer vor allem das alte Römische Recht, manchmal auch nur das auf diesem beruhende Ius Commune der Neuzeit, das die (friedliche, kulturelle, zivile, ökonomische, rechtsstaatliche) Basis des modernen und erst recht des »Neuen Europas« bildet – eine spezifische Form von (juristischer) Erinnerungskultur.

Doch welches Recht, welche Form von Recht wird von den geschichtsoptimistischen Rechtskultureuropäern (Juristen, Historikern, aber auch Politikern und Publizisten allerorten) imaginiert und erinnert? Es ist ein feststehendes, garantierendes, verbürgendes, man könnte sagen ein freundliches und anfaßbares Recht. Ein Recht, das man haben, auf das man sich verlassen kann. Aber ist diese Idylle des Rechts, dieses positive Bild vom Recht, diese aus der – erfundenen! – Geschichte genährte Hoffnung auf das Recht nicht ein Trugbild, eine zurechtgezimmerte Erinnerung, eine Fabrikation, die das eigentliche Moment des modernen (und gerade auch schon des antiken) Rechts vollständig verkennt? Um dieses Trugbild, diese geradezu volkstümliche Idee eines fest-stehenden Rechts-Europas zu hinterfragen, mag eine Reflexion über die Grundlagen des Rechts, seine Theorie und seine Geschichte in Europa nützlich sein.

Es gibt (wenigstens) drei Felder des modernen Rechts: das Naturgesetz des Rechts, das Alphabet des Rechts, das positive Recht. Die vergangenen Vorstellungen einer naturwissenschaftlichen Begründung und Entwicklung des Rechts, die vergangenen und gegenwärtigen Versuche einer Ordnung des juridischen Wissens in Europa sowie das Aufsteigen des positiven Rechts erzählen, nicht nur, aber auch, eine Geschichte des Scheiterns des modernen Rechts. Zum einen mißlang der Versuch, dem Recht ein sicheres, den Naturgesetzen vergleichbares Fundament zu geben. Zum anderen scheiterte die Anstrengung, die bereits von den Alten als eine Ansammlung von Fragmenten wahrgenommene Jurisprudenz zu zähmen und wenigstens ein verläßliches Arrangement der sich unendlich entzweienden Gesetze, Rechtsprechungen, Doktrinen anzubieten. Und auch das Bemühen, die verschiedenen Rechtsprechungen in das vom Staat geführte Gefängnis des RECHTS einzusperren, verpuffte.

Die lange Geschichte des Rechts ist keineswegs eine des »juristischen Determinismus«,[32] sondern – es kann nicht genug betont werden – diejenige eines Rechts, das zweideutig, unsicher, unordentlich, fragmentarisch ist. Recht ist nie modern gewesen. Denn Modernität kann einem immerwährenden, täglich, stündlich aufgeführten Spektakel, gegeben vom Sprechtheater des Rechts, nicht eigen sein. Eine im Rahmen der Analysen der naturgesetzlichen und ordentlichen Rechtsbegründungen immer wieder gemachte Beobachtung bleibt erstaunlich und erklärungsbedürftig: Das Recht wurde seit der Antike als etwas Prekäres wahrgenommen, weswegen es zerteilt und gesammelt (Digesten), rearrangiert und als Ganzes zusammengestellt (Pandekten), in (mittelalterlichen) Glossen und Kommentaren in den Rändern freigelassen und zugleich als Text festgehalten, in der Neuzeit abwechselnd auf Gott, Natur, Vernunft gebaut und schließlich durch System, Wissenschaft, neue Gesetze eingehegt wurde – doch die lange Geschichte der Versuche, das prekäre Recht zu sichern, endeten stets in zeitgenössischen Feststellungen, daß das Recht prekär geblieben sei und so weiter gesichert werden müsse. Ein Prozeß der Verunsicherung, Sicherung, Verunsicherung, Sicherung etc., der bis heute andauert. Erstaunlich ist nun folgendes: Warum hat Recht seine Funktion, die Erwartungen der Gesellschaftsmitglieder gegeneinander berechenbar zu halten oder Konflikte beizulegen oder Macht »zivil« auszuüben, nicht schon längst verloren, da es doch offenbar ein ganz unsicherer Kantonist ist? Warum steht Recht nach wie vor hoch im Kurs, obwohl es entgegen dem an ihn herangetragenen und auch von ihm selbst vertretenen Anspruch vielleicht sogar das am stärksten auf Unsicherheit basierende Funktionssystem der Gesellschaft ist? Wie kommt es, daß als Apotheose der histori-

32 Lévinas, Emmanuel, »Les droits de l'autre homme«, in: ders., *Altérité et transcendance*, a. a. O., S. 149.

schen gesellschaftlichen Entwicklung häufig der Rechtsstaat angesehen wird – wie gerade in der jüngsten europäischen Geschichte wieder zu beobachten war, was sich nicht zuletzt in den (nicht etwa nur menschen-)rechtlichen Anforderungen an EU-Beitrittskandidaten oder an außereuropäische Schurkenstaaten ausdrückt (Afghanistan muß ein demokratischer Rechtsstaat werden!) –, obgleich damit die Unsicherheit sogar als Grundprinzip des modernen, gerechten, sozialen Staates inthronisiert wird?

Vielleicht lassen sich diese interrogativen Paradoxien entfalten, wenn man die poetische Verfaßtheit des Rechts in den Blick nimmt. Eine »Poesie des Rechts« könnte dies vielleicht einmal historisch, philosophisch, theoretisch betrachten. Im Recht und in dessen Zentrum, der Rechtsprechung, werden ständig, immer wieder neu, sowohl der Sachverhalt als auch die Norm hergestellt. Dies geschieht durch argumentative Strategien seitens der Parteien in einem Rechtsstreit und durch die letztendliche Entscheidung des Richters. Im Recht also wird entschieden und gerade nicht die Realität erkannt, sondern nur als Recht erkannt. Recht prozessiert in diesem Sinne unablässig Unsicherheit und Zweideutigkeiten. Also keine Applikation einer festen Regel und damit das Extrahieren eines klandestin feststehenden Sinns, sondern dessen Konstruktion, dessen Poiesis.

Dieses poietische Prinzip des Rechts beruht auf der Dompteurkunst der Juristen, die das Recht »machen«. Den stets enormen Überschuß von (verschiedenen und widersprechenden) Bedeutungen und Möglichkeiten versucht die Trias von Doktrin, Rechtsprechung und Gesetzgebung zu bändigen. Heraus kommt dabei jeweils eine weitere Bedeutung, die den Überschuß weiter füttert, heraus kommt bei diesem juristischen Geschäft am Ende also immer wieder eine neu gemachte Hinzufügung. Überschuß von Bedeutungen: Genau das ist auch das Grundgesetz der Poesie.

Die ewige Poesie des Rechts beruht auf der These, daß es gerade die in das Recht eingeschriebene Poesie ist, daß es gerade die schillernden Bedeutungen des Rechts und dessen unhintergehbar rhetorische Qualitäten sind, die das Recht so attraktiv, so fungibel und so instrumentalisierbar gemacht haben in so vielen verschiedenen historischen und gegenwärtigen Gesellschaften. Und ist es nicht zuletzt diese Fungibilität des Rechts, die in der europäischen Geschichte der letzten 200 Jahre ganz im Gegensatz zu den Hoffnungen steht, die eben auf dieses Recht gesetzt wurden und werden? Und so wird

Recht just möglich, weil es unmodern ist, weil es nichts als ein ewiges Tagesgeschäft ist. Recht ist, weil Recht nie modern gewesen ist. Die strukturierende Vernunft ist am Ende. Nur deren Fratze bleibt übrig. Ansonsten: Spiele, Teile, Fragmente, Fetzen, Balkanisierung. Dies zu entfalten: Wenn das kein Poststrukturalismus ist!

Auswahlbibliographie

Texte von Nichtjuristen

Deleuze, Gilles, *Présentation de Sacher-Masoch: La Vénus à la fourrure*, Paris 1967.

Deleuze, Gilles, »Sur quatre formules poétiques qui pourraient résumer la philosophie kantienne«, in: ders., *Critique et clinique*, Paris 1993, S. 40ff.

Deleuze, Gilles, »Pour en finir avec le jugement«, in: ders., *Critique et clinique*, Paris 1993, S. 158ff.

Derrida, Jacques, »Titel (noch zu bestimmen). Titre (à préciser)«, in: *Austreibung des Geistes aus den Geisteswissenschaften. Programme des Poststrukturalismus*, hg. v. Friedrich A. Kittler, Paderborn u. a. 1980, S. 15ff.

Derrida, Jacques, *Gesetzeskraft. Der »mystische Grund der Autorität«*, Frankfurt/M. 1991.

Derrida, Jacques/Descombes, Vincent/Kortian, Garbis/Lacoue-Labarthe, Philippe/Lyotard, Jean-François/Nancy, Jean-Luc, *La faculté de juger*, Paris 1985.

Foucault, Michel, *Überwachen und Strafen. Die Geburt des Gefängnisses*, Frankfurt/M. 1976.

Foucault, Michel, *Die Wahrheit und die juristischen Formen*, Frankfurt/M. 2003.

Lyotard, Jean-François, *La condition postmoderne*, Paris 1979.

Lyotard, Jean-François, *Der Widerstreit*, München 1989.

Texte von Juristen

Fischer-Lescano, Andreas/Teubner, Gunther, *Regime-Kollisionen. Zur Fragmentierung des globalen Rechts*, Frankfurt/M. 2006.

Kiesow, Rainer Maria, *Das Alphabet des Rechts*, Frankfurt/M. 2004.

Ladeur, Karl-Heinz, *Postmoderne Rechtstheorie. Selbstreferenz – Selbstorganisation – Prozeduralisierung*, Berlin 1992.

Legendre, Pierre, *Das Verbrechen des Gefreiten Lortie. Abhandlung über den Vater*, Freiburg im Breisgau 1998.

Luhmann, Niklas, *Das Recht der Gesellschaft*, Frankfurt/M. 1993.
Seibert, Thomas-Michael, *Gerichtsrede. Wirklichkeit und Möglichkeit im forensischen Diskurs*, Berlin 2004.

Antke Engel
Geschlecht und Sexualität
Jenseits von Zweigeschlechtlichkeit
und Heteronormativität

»Die oppositionelle Dualität einer männlichen oder weiblichen Identität oder Essenz ist *in realiter* nichts anderes als eine semantische Konstruktion, [...] die danach strebt, das sich auffächernde Bedeutungspotential der Termini ›Mann/männlich‹ und ›Frau/weiblich‹ abzugrenzen und in einer Opposition zu konsolidieren. Diese *oppositionelle* Konsolidierung ist somit der Effekt einer Beherrschungsstrategie und daher nicht notwendig. Ebensowenig ist es notwendig, daß wir jeweils nur diese zwei Termini privilegieren. [...] Gibt es nicht zahllose andere körperliche Zeichen – Gebärden, Blicke, das Timbre einer Stimme, der Geruch –, die sexuelle Zeichen werden können? Wenn dies der Fall ist, dann brauchen die sexuellen Zeichen nicht auf die Zahl zwei beschränkt bleiben.«[1]

Veronica Vasterling interpretiert die duale Strukturierung von Geschlecht als eine Beherrschungsstrategie und propagiert im Anschluß an Jacques Derrida eine Multiplizität des Geschlechts als Möglichkeit, Herrschaftsrelationen zu unterbrechen – nicht eine »Unentscheidbarkeit«, wie Derrida sie noch in *Sporen* vertreten habe, die jedoch der Dualität unterworfen bleibe, sondern eine disseminale Multiplizität, eine differierende Bewegung, die sich der Bedeutungsidentifikation widersetze.[2] Der vorliegende Text wird die Infragestellung der rigiden Zweigeschlechtlichkeit aufgreifen und sie durch queer/feministische Perspektiven erweitern, die das Zusammenspiel von Zwei-Geschlechter-Ordnung und normativer Heterosexualität analysieren.[3] Insofern ich davon ausgehe, daß es keinen poststruktu-

---

1 Vasterling, Veronica, »Dekonstruktion der Identität – Zur Theorie der Geschlechterdifferenz bei Derrida«, in: *Phänomenologie und Geschlechterdifferenz*, hg. v. Silvia Stoller/Helmuth Vetter, Wien 1997, S. 132-147, hier S. 140.

2 Derrida, Jacques, »Sporen – Die Stile Nietzsches«, in: *Nietzsche aus Frankreich*, hg. v. Werner Hamacher, Frankfurt/Berlin 1986, S. 129-168; Derrida, Jacques, *Geschlecht (Heidegger)*, Wien 1988.

3 »Queer Theory« ist ein interdisziplinäres Theorie- und Forschungsfeld, das sich mit den kulturellen Vorstellungen, sozialen Praktiken und gesellschaftlichen Institutionalisierungsformen von Geschlecht und Sexualität befaßt. Die historischen For-

ralistischen Umgang mit Geschlecht und Sexualität – und vielleicht generell keine poststrukturalistische Theorie – ohne Machtanalytik geben kann, sehe ich eine Affinität zu queer/feministischen Theorien, die zudem die herrschaftskritische Perspektive stärken und Theorie in kritischer Tradition mit gesellschaftspolitischen Veränderungsanliegen verknüpfen. Darüber hinaus wird die von poststrukturalistischer Seite aus zeichen-, text- und diskurstheoretisch begründete Infragestellung von Zweigeschlechtlichkeit und normativer Heterosexualität im Kontext der Queer Theorie durch sozialkonstruktivistische, materialistische, phänomenologische und naturwissenschaftliche Argumentationen erweitert, die die physischen Dimensionen von Geschlechtskörpern, KörperSubjektivitäten und materiellen gesellschaftlichen Verhältnissen stärken, ohne sie ihrer sprachlich-diskursiven Verfaßtheit zu entledigen.[4]

Für Transgender, Transsexuelle und Intersexuelle ist die Infragestellung der Zwei-Geschlechter-Ordnung kein theoretisches Konstrukt, sondern Teil ihrer persönlichen und sozialen Lebenswirklichkeit, die sich oftmals durch Erfahrungen der Diskriminierung und der Negation ihrer spezifischen KörperSubjektivität auszeichnet. Der

men rigider Zweigeschlechtlichkeit und normativer Heterosexualität werden als Machtregime analysiert. Ansätze, die hierbei nicht nur Normativität und Normalisierungsmacht, sondern auch daran geknüpfte Hierarchisierungen problematisieren und ein komplexes Zusammenspiel verschiedener Macht- und Herrschaftsrelationen betonen, kennzeichne ich als queer/feministisch. Vgl. Engel, Antke, »Entschiedene Interventionen in der Unentscheidbarkeit. Von queerer Identitätskritik zur VerUneindeutigung als Methode«, in: *Forschungsfeld Politik*, hg. v. Cilia Harders et al., Wiesbaden 2005, S. 261-284.

4 Vgl. Stryker, Susan (Hg.), »The Transgender Issue«, in: *GLQ. Journal of Lesbian and Gay Studies* 4, 2, 1998; Genschel, Corinna, »Erstrittene Subjektivität. Die Diskurse der Transsexualität«, in: *Das Argument* 243, 6, 2001, S. 281-283; Klöppel, Ulrike, »XX0XY ungelöst. Störungsszenarien in der Dramaturgie der zweigeschlechtlichen Ordnung«, in: *(K)ein Geschlecht oder viele? Transgender in politischer Perspektive*, hg. v. polymorph, Berlin 2002, S. 153-180; Dietze, Gabriele, »Allegorien der Heterosexualität. Intersexualität und Zweigeschlechtlichkeit – eine Herausforderung der Kategorie Geschlecht«, in: *Die Philosophin* 28, 2003, S. 9-35. Einige feministische Biologinnen unterlaufen die biologistische Naturalisierungen der Zweigeschlechtlichkeit, indem sie Körper, Zellen und sogar Gene als »semiotisch-materielle« oder »bio-kulturelle« Systeme bezeichnen, die Veränderungen durch sozio-historische Machtverhältnisse unterliegen: Vgl. Haraway, Donna, *Simians, Cyborgs, and Women. The Reinvention of Nature*, New York 1991; Fausto-Sterling, Anne, *Sexing the Body. Gender Politics and the Construction of Sexuality*, New York 2002.

ethische Anspruch, dies deutlich zu machen, ähnelt der Forderung, Begehrensrelationen nicht auf die Alternative homo-, hetero- oder bisexuell zu beschränken, die aus den Praktiken entwerteter, negierter oder verworfener sexueller Existenzweisen erwächst. Dennoch stehe ich Vasterlings Behauptung eines »*in realiter*« skeptisch gegenüber. Vielmehr möchte ich die These aufstellen, daß die queer/feministische Denaturalisierung und Delegitimierung von Zwei-Geschlechter-Ordnung und normativer Heterosexualität ein Wissen hervorbringt, das keine universellen Wahrheitsansprüche transportiert. Entscheidend erscheint mir, daß es dennoch sozio-politische Relevanz entfaltet, ja politische Relevanz gerade dadurch entfaltet, daß die Bedingtheit und Kontingenz des Wissens in Anschlag gebracht und auf Autorisierung verzichtet wird. Die Kritik der Heteronormativität gewinnt dadurch Bedeutung, daß sie für Menschen handlungsleitend wird und praktische Effekte zeitigt. Insofern es sich performativ entfaltet, erscheint das Wissen nicht länger als Wahrheitswissen, als Begründung oder Rechtfertigung sozialer Existenz, sondern als Herstellungsverfahren und gleichzeitig Effekt ebendieser.[5]

Begriffe wie Subjekt und Körper, Rolle und Trieb, Kultur und Natur, Handlung, Struktur und Gesellschaft, die die bisherigen sozialwissenschaftlichen Zugänge zur Geschlechter- und Sexualitätenforschung bestimmt haben, fallen somit einer dekonstruktiven Umarbeitung anheim. Leitend ist hierbei die These, daß diese scheinbar neutralen Begriffe von den Prämissen binär-hierarchischer Geschlechterdifferenz und normativer Heterosexualität durchzogen sind. Letztere sind, verstanden als historisch spezifische Machtformationen, konstitutiv für die semiotisch-materiellen Ausprägungen, die Subjektivität und Gesellschaft unter den gegebenen geohistorischen Bedingungen annehmen, und werden zugleich mittels subjektiver und sozialer Praktiken fortwährend performativ hervorgebracht und verändert.[6] Der Begriff Heteronormativität faßt beide Formationen zu-

5 Vgl. Engel, Antke, »Unter Verzicht auf Autorisierung. Foucaults Begriff der Akzeptanz und der Status des Wissens in queerer Theorie und Bewegung«, in: *Ordnungen des Denkens. Debatten um Wissenschaftstheorie und Erkenntniskritik*, hg. v. Ronald Langner et al., Münster 2007, S. 269-286.

6 Ich verwende die Begriffe performativ und Performativität in Butlers Sinn als eine diskursive Wiederholung von Normen, mittels deren soziale Machtverhältnisse und Identitäten nicht etwa gespiegelt, sondern hervorgebracht werden. Vgl. Butler, Judith, *Körper von Gewicht. Die diskursiven Grenzen des Geschlechts*, Berlin 1995, S. 31ff. und S. 304ff.

sammen und wird zum Leitbegriff »kritischer Untersuchungen der Machtverhältnisse, die sich um Heterosexualität und Zweigeschlechtlichkeit entfalten«,[7] Machtverhältnisse, in denen Geschlecht und Sexualität wohlgemerkt weder als in sich einheitlich oder überhistorisch erscheinen noch isoliert auftreten. Ebenso wie sich aus poststrukturalistischer Perspektive keine Ontologie des Geschlechts, keine essentielle Charakterisierung von Männlichkeit oder Weiblichkeit, Trans- oder Intergeschlechtlichkeit, keine natürliche Heterosexualität oder Komplementarität des Begehrens behaupten läßt, kann auch kein universelles Unterdrückungs- oder Herrschaftssystem statuiert werden. Das Patriarchat, der Heterosexismus, die rassistische Eugenik (oder welches Modell sonst herangezogen wird, um zu erklären, wie Geschlecht und Sexualität eingesetzt werden, um soziale Hierarchien und Ausschlüsse zu installieren) treten nunmehr in heterogenen Formen auf, deren Bedeutung sich kontextuell entfaltet, in komplexen Verflechtungen mit anderen Herrschaftsformen oder Mechanismen sozialer Differenzierung und Hierarchisierung.[8] Deshalb wird verschiedentlich argumentiert, daß Heteronormativitätskritik und intersektionelle Macht- und Herrschaftsanalysen optimal, wenn nicht notwendig miteinander zu verbinden seien, wobei zugleich kritisiert wird, daß dieser Anspruch zumeist programmatisch bleibe.[9]

Wenn im vorliegenden Text dennoch lediglich Geschlecht und Sexualität in einen systematischen Zusammenhang gestellt werden, so

---

7 Klesse, Christian, »Heteronormativität und qualitative Forschung. Methodische Überlegungen«, in: *Heteronormativität. Empirische Studien zu Heterosexualität als gesellschaftlichem Machtverhältnis*, hg. v. Jutta Hartmann et al., Wiesbaden 2007, S. 34-51, hier S. 35.

8 Vgl. folgende Sammelbände: Cruz-Malavé, Arnaldo/Manalasan IV, Martin F. (Hg.), *Queer Globalizations. Citizenship and the Afterlife of Colonialism*, New York 2002; *Social Text* 84-85, 2005; *femina politica. Zeitschrift für feministische Politikwissenschaft* 14, 2005; Johnson, Patrick E./Henderson, Mae G. (Hg.), *Black Queer Studies. A Critical Anthology*, Durham/London 2005.

9 Vgl. Cohen, Cathy J., »Punks, Bulldaggers, and Welfare Queens: The Radical Potential of Queer Politics?«, in: *Black Queer Studies. A Critical Anthology*, a. a. O., S. 21-51; El-Tayeb, Fatima, »Rassismus als Nebenwiderspruch. Ausgrenzungspraktiken in der queer community«, in: *iz3w* 280, 2004, S. 20-23; Klesse, »Heteronormativität und qualitative Forschung«, a. a. O.; Gutiérrez Rodríguez, Encarnación, »›Sexuelle Multitude‹ und prekäre Subjektivitäten. Queers, Prekarisierung und transnationaler Feminismus«, in: *Empire und biopolitische Wende. Die internationale Debatte im Anschluss an Hardt und Negri*, hg. v. Marianne Pieper et al., Frankfurt/M. 2007, S. 125-139.

deshalb, weil eine spezifische Machtformation, nämlich ein Verhältnis gegenseitiger Hervorbringung und Absicherung zwischen normativer Heterosexualität und hierarchisierter Geschlechterdifferenz hervorgehoben werden soll. In provokanter Weise ist dieses Argument von Judith Butler in ihrem Buch *Das Unbehagen der Geschlechter* entwickelt worden.[10] Dort vertritt sie die These, daß eine »Matrix der Heterosexualität« die rigide zweigeschlechtliche Unterscheidung der Körper organisiere und sich durch deren Naturalisierung selber legitimiere. Indem Butler die Kohärenz zwischen Geschlechtskörper (*sex*), sozialem Geschlecht (*gender*), Geschlechtsidentität und Begehren nicht als Naturgegebenheit, sondern als normatives Ideal und als Effekt mühsamer Zurichtungsmaßnahmen faßt, kann sie das heteronormative Herrschaftsregime aufzeigen, das diese Prozesse anleitet. Damit gerät jedoch die feministische *Sex/gender*-Unterscheidung, die bis dahin nützlich war, um die Naturalisierung von Geschlecht anzufechten, in die Kritik, weil im Begriff des *sex* eine binäre Geschlechterdifferenz vorausgesetzt werde, die sich nun als Absicherung der normativ heterosexuellen, hierarchischen Geschlechterordnung erweise.[11]

Sozialwissenschaftliche Thematisierungsweisen

Der machtanalytische Zugang zu Geschlecht und Sexualität ist kein Privileg poststrukturalistischer Ansätze, sondern begleitet die Sozialwissenschaften, deren Entstehung zeitgleich mit der Ersten Frauenbewegung erfolgte, von ihren Anfängen an. Wenngleich zu Beginn des 20. Jahrhunderts ein erheblicher Anteil gesellschaftstheoretischer Reflexion zu Geschlecht und Arbeit, Bildung, Politik, Krieg und Nation ebenso wie zu sexuellen Fragestellungen wie Abtreibung, Prostitution, Reproduktion außerhalb der Universitäten entwickelt wurde, lassen sich die akademischen Beiträge frauenbewegter Theoretikerinnen, die weibliche Lebenswelten und patriarchale Privilegien

10 Butler, Judith, *Das Unbehagen der Geschlechter*, Frankfurt/M. 1991.
11 Sozialwissenschaftlich vgl. Gildemeister, Regine/Wetterer, Angelika, »Wie Geschlechter gemacht werden. Die soziale Konstruktion der Zweigeschlechtlichkeit und ihre Reifizierung in der Frauenforschung«, in: *Traditionen Brüche. Entwicklungen feministischer Theorie*, hg. v. Gudrun-Axeli Knapp/Angelika Wetterer, Freiburg 1992, S. 201-254.

untersuchten, nicht leugnen.[12] Von seiten marxistischer und Kritischer Theorie, der Sexualwissenschaften und der Psychoanalyse wurde ebenfalls bereits damals ein gesellschaftstheoretisches Interesse an Geschlecht und Sexualität formuliert, das sich auf die Befreiung von Entfremdung, Funktionalisierung oder Unterdrückung richtete, jedoch im Hintergrund des Emanzipationsdiskurses die Figur einer authentischen oder sogar natürlichen Geschlechtlichkeit und Sexualität reproduzierte.[13] Simone de Beauvoirs These, wir würden nicht als Frau geboren, sondern zur Frau sozialisiert, und Michel Foucaults Zurückweisung der Repressionshypothese können als paradigmatische Ansätze eines im weiten Sinne konstruktivistischen Umgangs mit Geschlecht und Sexualität gelesen werden, im Rahmen dessen sich die Aufmerksamkeit auf die soziokulturellen Prozesse verschiebt, mittels deren Geschlechterdifferenzen und -hierarchien sowie sexuelle Identitäten und Devianzen hervorgebracht werden.[14] Nicht länger naturgegeben, sondern sozial konstruiert und historisch veränderlich, gelten sie als Schauplätze, Instrumente sowie als Effekte gesellschaftlicher Macht und Herrschaft, die als konstituierte wiederum

12 Vgl. Honegger, Claudia/Wobbe, Theresa (Hg.), *Frauen in der Soziologie. Neun Portraits*, München 1998.

13 Freudo-marxististisch wurde die These eines Zusammenhangs von Sexualunterdrückung und Faschismus vertreten, vgl.: Reich, Wilhelm, *Massenpsychologie des Faschismus*, Frankfurt/M. 1972; Marcuse, Herbert, *Triebstruktur und Gesellschaft: Ein philosophischer Beitrag zu Sigmund Freud*, Frankfurt/M. 1990. Zur Sexualwissenschaft vgl.: Lautmann, Rüdiger (Hg.), *Homosexualität. Handbuch der Theorie und Forschungsgeschichte*, Frankfurt/M. 1993; zu Sexualität als Kategorie politischer Kämpfe vgl. zur Nieden, Susanne (Hg.), *Homosexualität und Staatsräson. Männlichkeit und Politik in Deutschland 1900-1945*, Frankfurt/M. 2005.

14 Beauvoir, Simone de, *Das andere Geschlecht. Sitte und Sexus der Frau*, Reinbek 1987; Foucault, Michel, *Der Wille zum Wissen. Sexualität und Wahrheit Bd. I*, Frankfurt/M. 1983. Zum weiten Gebrauch des Begriffs »Geschlecht als soziale Konstruktion« vgl. Helduser, Urte et al. (Hg.), *Under construction? Konstruktivistische Perspektiven in feministischer Theorie und Praxis*, Frankfurt/M. 2004. Frühe Referenzen queer/feministischer Geschlechter- und Sexualitätsforschung sind Ethnomethodologie, Symbolischer Interaktionismus und Rollentheorien der 1970er Jahre, aus denen die Konzepte des »doing gender« und der »Stigmatisierung« hervorgegangen sind. Der *shift* von der Frauen- zur Geschlechterforschung mit Fokus auf gesellschaftsstrukturierenden Effekten von Geschlecht hat Begriffe wie Geschlecht als Prozeß- und Strukturkategorie, Geschlecht als Existenzweise, Geschlechterverhältnisse als Produktionsverhältnisse oder Sexualität als Kategorie der Macht hervorgebracht. Vgl. Hark, Sabine, *Dissidente Partizipation. Eine Diskursgeschichte des Feminismus*, Frankfurt/M. 2005.

ihrerseits konstitutive Kraft entfalten und Subjektivität, soziale Beziehungen sowie gesellschaftliche Institutionen und kulturelle beziehungsweise epistemische Ordnungssysteme gemäß einer binär-hierarchischen Geschlechterkomplementarität organisieren.[15]

Im Unterschied zu den macht- und herrschaftskritischen Thematisierungsweisen zeichnen sich weite Teile der insbesondere quantitativ-empirischen und rationalitätstheoretischen Sozialwissenschaft von den Anfängen bis heute durch ihre Resistenz gegenüber einer Auseinandersetzung mit Geschlecht und Sexualität aus. Wenn überhaupt, werden Geschlecht und Sexualität als biologisch fundierte oder sozial konstruierte, jedoch in sich neutrale, objektive Kategorien oder statistische Differenzierungseinheiten betrachtet, deren sozial stratifizierende Bedeutung untersucht werden kann, die jedoch nicht als konstitutive Größen des eigenen Begriffsapparats und Forschungssettings angesehen werden.[16]

Die Infragestellung der Zweigeschlechtlichkeit

In *Körper von Gewicht* verdeutlicht Butler den Zwangscharakter und die Gewaltförmigkeit der heteronormativen Geschlechterordnung. Sie stelle kein Minderheitenproblem dar, sondern treffe alle Menschen: Um eine sozial verstehbare Existenz zu führen, müssen als »normal« anerkannte Geschlechtsidentitäten ausgebildet, und das heißt, die Vorgaben einer zweigeschlechtlichen und heterosexualisierten »Matrix der Intelligibilität« erfüllt werden. Wem dies nicht gelingt, erleide als verworfenes Wesen einen »sozialen Tod«. Weniger metaphorisch, stellen andere Ansätze die konkreten, juridischen, medizinischen und sozialen Maßnahmen heraus, mittels deren sich die zum Teil gewaltförmige Normalisierungsmacht durchsetzt und Menschen sehr wohl

---

15 Für Überblicke über die Theorieentwicklung seit den 1970er Jahren vgl. Alsop, Rachel et al. (Hg.), *Theorizing Gender*, Cambridge 2002; von Braun, Christina/Stephan, Inge (Hg.), *Gender@Wissen. Ein Handbuch der Gender-Theorien*, Köln 2005. Bezüglich Sexualität vgl. Vance, Carole, *Pleasure and Danger. Exploring Female Sexuality*, London 1992; Richardson, Diane/Seidman, Steven (Hg.), *Handbook of Lesbian and Gay Studies*, London u. a. 2002.

16 Zur feministischen Wissenschaftskritik vgl. Ernst, Waltraud, *Diskurspiratinnen. Wie feministische Erkenntnisprozesse die Wirklichkeit verändern*, Wien 1999; Scheich, Elvira (Hg.), *Vermittelte Weiblichkeit. Feministische Wissenschafts- und Gesellschaftstheorie*, Hamburg 1996.

auf unterschiedliche Weise trifft: die Notwendigkeit, sich identitär einer der beiden im Personenstandsgesetz vorgegebenen Geschlechtskategorien zuzuordnen, in Form der geschlechtsvereindeutigenden Operationen an nichtzustimmungsfähigen Säuglingen und Kleinkindern, in Form der erzwungenen Sterilisation von Menschen, die einen Geschlechtswechsel vollziehen wollen.[17] Diese Gewaltförmigkeit verhindere jedoch nicht, daß auch die »Verworfenen« soziale Räume bewohnen, Repräsentationen schaffen, Subjektivitäten ausbilden und womöglich Subjektstatus und politische Handlungsmächtigkeit für sich reklamieren.[18]

Die Infragestellung der Zweigeschlechtlichkeit resultiert also maßgeblich aus sozialen Lebenspraktiken, die für einzelne – nicht nur, aber immer auch – mit der Erfahrung einhergehen, in der gegebenen gesellschaftlichen Ordnung keinen sozialen Ort und keine Ausdrucksformen für ihre Subjektivität vorzufinden beziehungsweise als deviant, pathologisch oder als gänzlich unverständlich angesehen zu werden. Neben diesem Rekurs auf gesellschaftliche Diskriminierungs- und Ausschlußpraktiken läßt sich die Infragestellung der Zweigeschlechtlichkeit jedoch aus poststrukturalistischer Perspektive auch als Konsequenz der Kritik an Identitätslogik und ontologisierendem Denken begründen. Das im westlich-abendländischen Denken dominante Identitätsprinzip organisiert die Welt der Zeichen und Dinge in klar umgrenzten, stabilen (Bedeutungs-)Einheiten. Auf der Basis des Identitätsprinzips formiert sich die Binarität als eine spezifische Form, Differenz zu denken, die sich nicht nur dadurch auszeichnet, Hierarchien zu bilden, sondern diese an einer monolithischen und damit normativen Figur auszurichten. Gemäß einem binären Differenzverständnis wird eine singuläre Einheit (zum Beispiel der Phallus oder die Heteronorm) als Zentrum gesetzt, dem gegenüber jede Dif-

---

17 Vgl. Kessler, Suzanne, *Lessons from the Intersexed*, New Brunswick 1998; Plett, Konstanze, »Intersexuelle – gefangen zwischen Recht und Medizin«, in: *Gewalt und Geschlecht. Konstruktionen, Positionen, Praxen*, hg. v. Frauke Koher/Katharina Pühl, Opladen 2003, S. 21-41; Neue Gesellschaft für Bildende Kunst e. V. (Hg.), *1-0-1 intersex. Das Zwei-Geschlechter-System als Menschenrechtsverletzung*, Berlin 2005.

18 Hale, Jacob, »Consuming the Living, Dis(re)membering the Dead in the Butch/FTM Borderlands«, in: *GLQ* 4, 1998, S. 311-348; Halberstam, Judith, *Female Masculinity*, Durham/London 1998; Munoz, José Esteban, *Disidentifications. Queers of Color and the Performance of Politics*, Minneapolis/London 1999; Genschel, »Erstrittene Subjektivität«, a. a. O.

ferenz nur als Abweichung, als das Andere, das Verworfene angesehen werden kann. In der logischen Figur A/Nicht-A vereinen sich also normatives Identitätsprinzip und Hierarchie.[19]

Übertragen ins Feld machtkritischer Geschlechter- und Sexualitätenforschung, bedeutet dies, daß nicht nur Hierarchien oder Dominanzrelationen, sondern auch die Normativität, die soziale Klassifizierungen und Identitäten mit sich bringen, als Problem angesehen werden. Zwei unterschiedliche Machtformen geraten in den Blick: Hierarchisierungen und Normalitätsregime. Als Konsequenz aus der Identitätskritik verändern sich aus queer/feministischer Sicht politische Zielformulierungen: Weil mit den Forderungen nach rechtlicher Gleichstellung und sozialer Integration allzuoft eine stigmatisierende Markierung »sexueller Minderheiten«, »ethnisierter Bevölkerungen« oder »devianter Geschlechter« einhergehen, wird der Fokus politischer Praxis statt dessen auf die Problematisierung hegemonialer Verhältnisse gelegt: Hinsichtlich der Untersuchung von Sexualität bedeutet dies die kritische Auseinandersetzung mit Heterosexualität; Geschlecht gilt es jenseits der Zwei-Geschlechter-Norm zu fassen.[20] Wenn zudem der Anspruch ernst genommen wird, das vielfältige und widerstreitende Zusammenspiel komplexer sozialer Differenzierungen zu denken, dann besteht die übergreifende Herausforderung darin, Differenz anders als identitätslogisch denken. Hier treffen sich queertheoretische und poststrukturalistische Anliegen.

Queer Theorie als poststrukturalistisches Denken von Geschlecht und Sexualität

Queer Theorie läßt sich als eine Denkrichtung fassen, die dem ethisch-politischen Projekt eines anerkennenden Umgangs mit Differenz und Alterität nahesteht, das für poststrukturalistisches Denken charakteristisch ist. Ausgehend von einer Kritik an Identitätslogik und binärer Differenz im Kontext der Geschlechter- und Sexualitätsstudien, befördert die Queer Theorie ein Verständnis des Subjekts, das

---

19 Vgl. Engel, Antke, *Wider die Eindeutigkeit. Sexualität und Geschlecht im Fokus queerer Politik der Repräsentation*, Frankfurt/M. 2002.

20 Vgl. Seidman, Steven, *Difference Troubles: Queering Social Theory and Sexual Politics*, Cambridge/MA 1997; Warner, Michael, *The Trouble With Normal. Sex, Politics, and the Ethics of Queer Life*, Cambridge/MA 1999.

sich nicht durch rigide Abgrenzung vom Anderen konstituiert. Queering, im Sinne einer dekonstruktiven Praxis, die sich die *différance* (Derrida) zunutze macht, bezieht sich dann nicht nur auf Geschlecht und Sexualität, sondern auf jegliche Form der Identitätskonstruktion: Es öffnet diese für die/den/das Andere der Identität/Differenz, untergräbt die Bedeutungsfixierung und geht doch das Risiko ein, zeitweilige Schließungen zu vollziehen, um Möglichkeiten der Selbstrepräsentation in den Löchern der Diskurse (de Lauretis) zu reklamieren.[21] Diese »Aporie der Differenz« nicht zu umgehen, sondern auszuspielen erscheint mir charakteristisch für die Queer Theorie: Während Differenz einerseits als Machteffekt von Klassifikationen und Kategorisierungen zurückgewiesen wird, wird andererseits darauf bestanden, Differenz zu artikulieren und sie – in ihrer Spezifik – anerkannt zu finden.[22] Damit fügt sich die Queer Theorie in ein poststrukturalistisches Verständnis des Politischen ein, das am Anderen und der irreduziblen Andersheit des Anderen ausgerichtet ist und sich der ethischen Anforderung stellt, Entscheidungen in der Unentscheidbarkeit zu treffen.[23] Das Politische gilt als ein hete-

21 Lauretis, Teresa de, »Technologien des Geschlechts«, in: *Vermittelte Weiblichkeit. Feministische Wissenschafts- und Gesellschaftstheorie*, hg. v. Elvira Scheich, Hamburg 1996, S. 57-93.

22 Vgl. Probyn, Elspeth, *Outside Belongings*, London/New York 1996. Vgl. auch Moebius, Stephan, *Die soziale Konstituierung des Anderen. Grundrisse einer poststrukturalistischen Sozialwissenschaft nach Lévinas und Derrida*, Frankfurt/M. 2003, wo queer als *différance* und die Aporie der Differenz als politische Herausforderung formuliert ist, insofern sich »die Entscheidung in einer unendlichen Bewegung der Unentscheidbarkeit sowohl angesichts einer irreduziblen, singulären Andersheit als auch angesichts der Notwendigkeit repräsentierbarer Identitäten und binärer Codes ereignen muss.«, ebd., S. 330. Vgl. auch den Beitrag zu »Handlung und Praxis« von Stephan Moebius in diesem Band, S. 58-74.

23 Bezüglich poststrukturalistischer Zugänge zum Politischen mit Aufmerksamkeit für Geschlecht und/oder Sexualität vgl. Butler, Judith/Scott, Joan W. (Hg.), *Feminists Theorize the Political*, New York/London 1992; Elam, Diane, *Feminism and Deconstruction. Ms. en Abyme*, New York 1994; Butler, *Körper von Gewicht*, a. a. O.; Marchert, Oliver (Hg.), *Das Undarstellbare der Politik. Zur Hegemonietheorie Ernesto Laclaus*, Wien 1998; Pulkkinen, Tuija, *The Postmodern and Political Agency*, Jyväskylä 2000; Derrida, Jacques, *Politik der Freundschaft*, Frankfurt/M. 2002; Engel, *Wider die Eindeutigkeit*, a. a. O.; Moebius, *Die soziale Konstituierung des Anderen*, a. a. O.; Adkins, Lisa/Skeggs, Beverley, »Feminism after Bourdieu«, in: *The Sociological Review Monographs*, 2004; Lummerding, Susanne, *agency@? Cyber-Diskurse, Subjektkonstituierung und Handlungsfähigkeit im Feld des Politischen*, Wien 2005.

rogenes Feld von Kräften, zwischen denen sich komplexe, teilweise gegenläufige, teilweise einander verstärkende Machtverhältnisse entfalten, die, auch wenn sich temporäre Verfestigungen einstellen, prinzipiell dynamisch und umkämpft bleiben. Entsprechend ist das Politische durch fortwährende Auseinandersetzungen gekennzeichnet, sowohl was den Zugang zum Politischen als auch was die symbolischen und soziomateriellen Ressourcen betrifft, die die Teilnahme am Politischen regulieren.

Sollen Geschlecht und Sexualität als Kategorien des Politischen verstanden werden, beinhaltet dies drei miteinander verwobene Dimensionen, die auf je eigene Weise dazu einladen, aus poststrukturalistischer Perspektive betrachtet zu werden: Erstens gilt es, Geschlecht und Sexualität als Momente der Konstituierung von Subjektivität in Betracht zu ziehen, und zwar im Hinblick auf postidentitäre Verständnisse des politischen Subjekts beziehungsweise politischer Handlungsmächtigkeit jenseits des Subjektstatus.[24] Zweitens werden Geschlecht und Sexualität als konstitutive Momente gesellschaftlicher und global-politischer Prozesse und Institutionen reflektiert, wobei sich die Frage stellt, inwiefern die Denaturalisierung normativer Heterosexualität und rigider Zweigeschlechtlichkeit zur Reartikulation abendländischer Vorstellungen des Politischen beitragen und die Neuformierung politischer Ordnungen inspirieren kann.[25] Drittens eröff-

24 Flax, Jane, *Disputed Subjects: Essays on Psychoanalysis, Politics, and Philosophy*, New York 1993; Butler, *Körper von Gewicht*, a. a. O.; Probyn, *Outside Belongings*, a. a. O.; Gutiérrez Rodríguez, Encarnación, *Intellektuelle Migrantinnen – Subjektivitäten im Zeitalter von Globalisierung. Eine postkoloniale dekonstruktive Analyse von Biographien im Spannungsverhältnis von Ethnisierung und Vergeschlechtlichung*, Opladen 1999. Bezüglich des Ineinandergreifens von Subjektivierungsweisen und Herrschaftsformen wird Michel Foucault queer/feministisch aufgegriffen bei Hark, Sabine, *Deviante Subjekte. Die paradoxe Politik der Identität*, Opladen 1996; Halperin, David M., *Saint Foucault. Towards a Gay Hagiography*, New York/Oxford 1995; Turner, William B., *A Genealogy of Queer Theory*, Philadelphia 2000.

25 Vgl. Fn. 23 und, bezogen auf Sexualität als Kategorie des Politischen, vgl. Hark, Sabine/Genschel, Corinna, »Die ambivalente Politik von *Citizenship* und ihre sexualpolitische Herausforderung«, in: *Achsen der Differenz. Gesellschaftstheorie und feministische Kritik II*, hg. v. Gudrun-Axeli Knapp/Angelika Wetterer, Münster 2003, S. 134-169; Duggan, Lisa, *The Twilight of Equality. Neoliberalism, Cultural Politics, and the Attack on Democracy*, Boston 2003; Butler, Judith, »The Question of Social Transformation«, in: dies., *Undoing Gender*, London/New York 2004, S. 204-231; Boudry, Pauline et al. (Hg.), *Sexuell arbeiten. Heterosexualität, Arbeit und Zuhause 2*, Berlin 2007.

net sich eine repräsentationspolitische Dimension, so Repräsentation nicht als Abbild/Ausdruck vorgängiger Bedeutung oder Wirklichkeit, sondern als Bedeutungsproduktion, Wirklichkeitskonstruktion und soziale Intervention verstanden wird: Gelingen Selbstrepräsentationen, die Geschlecht und Sexualität den heteronormativen Vorgaben entwinden, verändert dies zugleich die soziomateriellen Bedingungen, um dissidente geschlechtliche und sexuelle Existenzweisen zu leben, denn das »Archiv« der kulturell verfügbaren Bilder stellt die Ressourcen für die Prozesse der Identifizierung und des Begehrens.[26]

Identifizierung und Begehren sind laut Psychoanalyse die Prozesse, mittels deren sich Subjektivität, und zwar als »Subjektivität in Beziehung«, psychosozial ausbildet. Doch was bedeutet es, Identifizierung so zu denken, daß sie Menschen nicht auf stabile Identitäten oder eine Kohärenz körperlicher, sozialer und psychischer Lebensweisen festschreibt? Wie läßt sich der psychoanalytischen Norm entkommen, wonach sich die Beziehung als heterosexuelle Komplementarität gestalte? Und lassen sich Identifizierung und Begehren so voneinander entkoppeln, daß Begehren nicht an vorgängige Identifizierungen gebunden ist und Identifizierungen nicht in ein bestimmtes Begehren münden? Butlers jüngere Überlegungen zur postödipalen Triangulierung, die sie im Anschluß an Jessica Benjamin entwickelt, bieten ein Verständnis von Identifizierung und Begehren an, das die Rückbindung an eine heteronormative Ordnung unterläuft.[27] Indem multiple Identifizierungsprozesse zugelassen werden, die die »Anderen im Selbst« und die unhintergehbare »Andersheit des Anderen« einbeziehen, kann Begehren entstehen, das sich nicht als Subjekt-Objekt-Dynamik entfaltet. Vielmehr dreht es sich um ein »Drittes«, das nicht der Phallus ist, sondern die dynamischen und unkalkulierbaren Begegnungen der diversen *Others of the Other*.

Was würde es bedeuten, dieses Modell auf die Konstituierung politischer Subjekte und Praktiken zu übertragen? Nähert sich Butler hier womöglich von psychoanalytischer Seite Elspeth Probyns radikaler Kritik an psychoanalytischen Identitätstheorien? Probyn bietet im Anschluß an Gilles Deleuze und Félix Guattari ein Verständnis

---

26 Vgl. Lauretis, »Technologien des Geschlechts«, a. a. O.; Halberstam, *Female Masculinity*, a. a. O.; Engel, *Wider die Eindeutigkeit*, a. a. O.

27 Butler, Judith, »Longing for Recognition«, in: dies., *Undoing Gender*, London/New York 2004, S. 131-151.

des Begehrens an, das nicht nur Subjektivität konstituiert, sondern gesellschaftlich produktiv wird – und zwar bis hinein in makropolitische Prozesse und Institutionen. Begehren ist bei Probyn ein »Oberflächenphänomen«, das sich als Bewegung entfaltet und sich in den spezifischen und immer singulären Kräfteverhältnissen des Sozialen manifestiert. Insofern das Begehren vermittels kultureller Bilder transportiert wird, ist die Veränderung und Veränderbarkeit sozialer Macht- und Herrschaftsrelationen für Probyn daran gebunden, daß Bilder nicht in Kategorien oder Identitäten fixiert werden.[28] Entsprechend eröffnen kulturelle Politiken beziehungsweise repräsentationspolitische Interventionen, wie ich sie mit der Strategie der VerUneindeutigung vertrete, Möglichkeiten auch die materiellen Ausprägungen sozialer Verhältnisse zu verändern.[29]

VerUneindeutigung, Denormalisierung und Enthierarchisierung

Die Strategie der VerUneindeutigung ist als Alternative zu den identitätslogisch gebundenen Strategien der Auflösung oder Vervielfältigung der Geschlechter konzipiert und zielt darauf ab, Differenzen zu artikulieren, ohne Kategorisierungen zu bedienen. Sie setzt direkt beim Identitätsprinzip an: Sie interveniert dort, wo eine Eindeutigkeit behauptet, eine Grenze gezogen, eine Einheit abgeschlossen wird – also grundsätzlich kontextspezifisch und bezogen auf die dort gültigen Normen oder Normalitäten. Entsprechend geht es nicht einfach darum, eine Vielfältigkeit oder Ambiguität der Geschlechter und Sexualitäten zu behaupten oder zu erstreben. Denn diese Formen der Unbestimmtheit oder Unabschließbarkeit können zum einen selbst hegemonial werden und zum anderen die Ausbildung sozialer Hierarchien, sei es bezogen auf andere Formen von Geschlechtlichkeit beziehungsweise Sexualität oder bezogen auf deren Privilegierung gegenüber anderen Differenzmomenten, legitimieren. Im Kontext spätmoderner Gesellschaften, wo die Regulierung von Geschlecht und Sexualität weniger über Verbot und Repression als über differenzierte und normalisierende Anerkennung und Integration reifizierter Differenzen erfolgt, kann sich die Kritik nicht auf Grenzziehun-

28 Probyn, *Outside Belongings*, a. a. O.
29 Zur VerUneindeutigung vgl. Engel, *Wider die Eindeutigkeit*, a. a. O.

gen und Ausschlüsse beschränken. Um auch die medial popularisierte Vorstellung zu problematisieren, daß Geschlecht und Sexualität Felder individueller Gestaltung und fortwährender Umgestaltung im Sinne eines konsumlogisch bestimmten Lifestyles seien, schlage ich vor, die VerUneindeutigung mit den Kriterien der Denormalisierung und der Enthierarchisierung zu verbinden. Diese Kriterien sind bewußt so formuliert, daß sie keine positiven Setzungen beinhalten oder abstrakt-vereinheitlichte Ziele (wie zum Beispiel egalitäre Partizipation, individuelle Freiheit, Verteilungsgerechtigkeit) festlegen, aber doch klare Urteilskriterien bereitstellen, um kontextspezifisch zu fragen, ob konkrete Hierarchien und konkrete Normalitätszwänge abgebaut oder verstärkt werden. Die Frage, welche Hierarchien und welche Normalitäten als problematisch angesehen werden, wird hierbei offengehalten und kann – im Sinne einer Politik der fortwährenden Auseinandersetzung – politisch umstritten bleiben. Enthierarchisierung und Denormalisierung mögen als schwache Kriterien erscheinen, aber sie ermöglichen es, Ausbeutung, Unterdrückung und Gewalt ebenso zurückzuweisen wie subtile Formen der Entwertung oder Ignoranz. So können, um im Kontext der Sexualität zu bleiben, mittels dieser Kriterien sehr wohl homo- oder transphobe Morde, Vergewaltigungen, sexuelle Mißhandlung von Kindern oder die medizinische Zurichtung von Intersexuellen zum Problem erhoben werden, weil sie soziale Hierarchiebildungen forcieren sowie Formen von Geschlecht und Sexualität normalisieren, die an Dominanz- und Unterwerfungspraktiken gebunden sind. Im Rahmen einer normativitätskritischen, denormalisierenden Perspektive werden aber auch die unhinterfragten Formen der Gewalt, die keine soziale Ächtung erfahren, sondern legitimiert oder sogar positiv sanktioniert sind, zum Problem erhoben. Heteronormativitätskritik besteht nicht zuletzt darin, die subtile Gewaltförmigkeit zweigeschlechtlich heteronormativen Alltags sichtbar zu machen. Die verschiedenen Theorien und Praktiken der Infragestellung der Zweigeschlechtlichkeit müssen sich also daran messen, ob sie gesellschaftliche Veränderungen fördern, die im Vergleich zu einem konkret benennbaren Vorher einen Abbau sozialer Hierarchien und Normalitätsregime darstellen.

Ausblick

Erst wenn das gegenseitige Konstituierungsverhältnis zwischen normativer Heterosexualität und rigider Zweigeschlechtlichkeit an Relevanz verliert, wird die Frage, wie Geschlecht und Sexualität – in unterschiedlichen geohistorischen Kontexten – miteinander und mit anderen Momenten sozialer Differenzierung zusammenhängen, überhaupt zur offenen Frage. Dann ließe sich darüber spekulieren, wofür Geschlecht und/oder Sexualität einstehen, sollten sie einmal nicht länger Funktionen sozialer Normierung und Hierarchisierung erfüllen. Was hieße es, sie als Modi postidentitärer Identifizierungen und Differenzierungen zu verstehen? Die psychoanalytische Auffassung, daß Subjektkonstituierung über Prozesse der Identifizierung und des Begehrens erfolge, lädt dazu ein, das Verständnis des Geschlechtlichen dadurch zu erweitern und zu veruneindeutigen, daß alle möglichen Andersheiten Anderer identifizierend in die KörperSubjektivitäten eingehen. Für intersektionell argumentierende Ansätze ist dies längst der Fall, insofern KörperSubjektivitäten immer auch, manchmal auch überwiegend, über Rassisierungen, Ethnisierungen oder körperliche Befähigungen erfahren werden – entwertet und abgelehnt und/oder gelobt, erotisiert oder begehrt. In diesem Sinne wird Begehren als Produktivität und Bewegung verstanden, statt Ausdruck von Identitäten oder tiefen inneren Wahrheiten zu sein.

Doch welche soziokulturellen Bedingungen sind nötig, damit Geschlecht und Sexualität so verstanden und gelebt werden können, daß sie nicht erneut Hierarchisierungen und Normalisierungen forcieren, sondern zu Differenzen einladen, die sich als irreduzible Andersheit des Anderen, als Andersheit des Selbst sowie als Heterogenität des Gesellschaftlichen manifestieren und in eine offene Zukünftigkeit münden? Welche Strategien sind geeignet, um in diejenigen gesellschaftlichen Felder zu intervenieren, die durch heteronormative Prämissen von Geschlechtlichkeit und Sexualität organisiert sind und die ebendiese Heteronormativität durch Institutionalisierung oder hegemonialen Konsens absichern? Und welche politischen Konsequenzen sollen aus der Denaturalisierung und Delegitimierung rigider Zweigeschlechtlichkeit und normativer Heterosexualität gezogen werden? Würden Geschlecht und Sexualität nicht länger Funktionen sozialer Normierung und Hierarchisierung erfüllen, hieße dies nicht, daß sie jenseits von Macht- und Herrschaftsverhältnissen stünden. Differenzen, auch dann, wenn sie sich in einem Prozeß permanenter Umdeutung befinden, sind nichtsdestotrotz Anlaß für Deutungskämpfe, Kämpfe um Artikulations- und Gestaltungsmacht und Kämpfe um Anerkennung und Ressourcen. Auch dann, wenn ein agonal-pluralistisches Gesellschaftliches die Festschreibung von Herrschaftsrelationen verhindert, bewirkt Hegemoniebildung dennoch soziale Hierarchien, Dominanz und Privilegien. Weiterhin stellt sich die Herausforderung, Handlungsmächtigkeit unter ungleichen Bedingungen zu entfalten und Strategien zu entwickeln, um von sozial marginalisierten oder delegitimierten Positionen aus dennoch soziokulturelle Interventionen zu leisten. Womöglich bieten Geschlecht und/oder Sexualität diesbezüglich irgendwann ein Repertoire ermächtigender Möglichkeiten, die nicht auf der Unterordnung, dem Ausschluß oder der Verwerfung Anderer beruhen.

Auswahlbibliographie

Alsop, Rachel et al. (Hg.), *Theorizing Gender. An Introduction*, Cambridge 2002.

Braun, Christina v./Stephan, Inge (Hg.), *Gender@Wissen. Ein Handbuch der Gender-Theorien*, Köln 2005.

Butler, Judith/Scott, Joan W. (Hg.), *Feminists Theorize the Political*, New York/London 1992.

Cruz-Malavé, Arnaldo/Manalansan IV, Martin F. (Hg.), *Queer Globalizations. Citizenship and the Afterlife of Colonialism*, New York/London 2002.

Eng, David L. et al. (Hg.), »What's Queer about Queer Studies Now?«, in: *Social Text* 84-85, 2005, S. 1-17.

Engel, Antke et al. (Hg.), »Queere Politiken. Analysen, Kritik, Perspektiven«, in: *femina politica. Zeitschrift für feministische Politikwissenschaft* 14, 2005, S. 23-36.

Haase, Matthias et al. (Hg.), *Outside. Die Politik queerer Räume*, Berlin 2005.

Hartmann, Jutta et al. (Hg.), *Heteronormativität. Empirische Studien zu Heterosexualität als gesellschaftlichem Machtverhältnis*, Wiesbaden 2007.

Nicholson, Linda/Seidman, Steven (Hg.), *Social Postmodernism. Beyond Identity Politics*, Cambridge (MA) 1995.

quaestio (Hg.), *Queering Demokratie. Sexuelle Politiken*, Berlin 2000.

Stryker, Susan (Hg.), »The Transgender Issue«, in: *GLQ. Journal of Lesbian and Gay Studies* 4, 1998, S. 189-212.

Richardson, Diane/Seidman, Steven (Hg.), *Handbook of Lesbian and Gay Studies*, London et al. 2002.

Andreas Hetzel
Religion
Eine postsäkulare Soziologie

Worin, so werde ich im folgenden fragen, liegt der spezifische Beitrag poststrukturalistischer Ansätze für die Religionssoziologie? Bevor ich mich um eine Antwort bemühe, möchte ich zunächst zwei mögliche Lesarten dieser Frage zurückweisen. Zum einen soll die Rede von einer poststrukturalistischen Religionssoziologie nicht implizieren, daß Religion als ein klar umrissener Gegenstand einer säkularen Soziologie begriffen werden kann – etwa so, als würde sich Religion in einem gesellschaftlichen Teilsystem erschöpfen, das sich aus der Perspektive verschiedener Soziologien unterschiedlich beschreiben ließe. Als säkulare Disziplin würde die Soziologie ihren Gegenstand dabei notwendig in funktionale Begriffe »übersetzen«, ihn etwa als einen ideologischen Überbau dechiffrieren, der bestimmte gesellschaftliche Produktions- und Reproduktionsbedingungen flankiert. Zum anderen bin ich skeptisch in bezug auf ein Verständnis des Poststrukturalismus als Epochenbegriff. Ich verstehe den Poststrukturalismus nicht als Paradigma, das zu einem bestimmten Zeitpunkt, etwa Mitte der sechziger Jahre des 20. Jahrhunderts, andere, strukturalistische, hermeneutische oder phänomenologische Paradigmen ablöst. Wesentliche Einsichten poststrukturalistischer Konzeptualisierungen des Sozialen, etwa die Verschränkung von Möglichkeits- und Unmöglichkeitsbedingungen der Kommunikation, die Performativität und partielle Ungegründetheit des Sozialen, das gleichzeitige Gelingen und Mißlingen von Subjektivierungsprozessen, werden bereits von den Klassikern der modernen Soziologie und Sozialphilosophie artikuliert.[1] Bei einer »poststrukturalistischen Religionssoziologie« könnte es sich also nur darum handeln, die Konfiguration der Begriffe Soziologie und Religion jeweils in sich sowie in ihrem Verhältnis zueinander zu verschieben. Eine solche Verschiebung deute ich mit dem Titel einer »postsäkularen Soziologie« an. Die postsäkulare Soziologie hätte weder die Religion zu ihrem Gegenstand, den sie

---

1 Vgl. hierzu Wiechens, Peter, »Dekonstruktive Sozialtheorie als Ethik jenseits des Sozialen«, in: *Negativität und Unbestimmtheit. Festschrift für Gerhard Gamm*, hg. v. Andreas Hetzel, Bielefeld 2008.

theoretisch vollständig distanzieren könnte, noch wäre sie einfach Ausdruck eines neuen Paradigmas, das in einem gewissen Sinne moderner wäre als die Moderne selbst, säkularer als die Säkularisierung. Ich begreife den Poststrukturalismus eher als Form einer Skepsis, die einfache Ordnungsschemata wie die Dichotomie zwischen einer religiösen Vormoderne und einer säkularisierten Moderne zurückweist. Die Frage nach Religion und Transzendenz hat sich für den Poststrukturalismus mit anderen Worten nicht erledigt.

In diesem Sinne werde ich, nach einigen einleitenden Bemerkungen zum Verhältnis von Soziologie und Säkularisierung (1), bei zwei zeitgenössischen Autoren, Jacques Derrida (2) und Giorgio Agamben (3), Momente einer dekonstruktiven Religionssoziologie aufsuchen; Figuren wie das Messianische, das Ereignis, die Gabe, der Rest und die Gewalt werden von beiden Autoren als außersoziale Ermöglichungsbedingungen des Sozialen beschrieben, als Statthalter einer Transzendenz in der Immanenz.

1. Soziologie und Säkularisierung

Die Soziologie definiert sich seit Comte und Marx als Wissenschaft der Moderne und zugleich als moderne Wissenschaft. Sie partizipiert sowohl auf der Ebene ihrer Gegenstände als auch ihrer Methoden an der Modernisierungserzählung. Ohne Abkopplung von der Religion ließe sich das Soziale nicht vergegenständlichen und zum Objekt einer positiven Beschreibung machen. In diesem grundlegenden Sinne ist jede Soziologie positivistisch oder, was auf das gleiche hinausläuft, säkular. Comte, Marx, Weber, Durkheim und Schmitt erzählen die Genese dessen, was wir als die Gesellschaft, das Soziale oder das Politische zu begreifen gelernt haben, als Geschichte einer Emanzipation der Formen menschlichen Zusammenlebens von einer höheren, göttlichen Sphäre. Eine funktional ausdifferenzierte Gesellschaft entsteht aus der Sicht der modernen Soziologen, weil sie sich nicht länger aus einem verbindlichen letzten Grund heraus legitimiert, sondern aus sich selbst. Die Gesellschaft und das Soziale umschreiben Räume der Immanenz. Das Religiöse erfüllt innerhalb dieser Modernisierungserzählung eine doppelte Funktion. Einerseits bildet es den Punkt, von dem aus sich die moderne Gesellschaft entwickelt, indem sie sich von ihm abkehrt, sich seiner Kontrolle entzieht; zum anderen taucht das Religiöse aber auch in der Gesellschaft, als deren Funktionssystem, wieder auf. Dieses Funktionssystem hat dabei eine paradoxe und gespenstische Struktur: die Struktur eines falschen Bewußtseins oder eines Anachronismus. Seine Selbst- und seine Fremdwahrnehmung differieren. Während diejenigen Individuen, die eine Religion praktizieren, nach wir vor glauben, sich auf eine Transzendenz beziehen zu können, zeigt der aufgeklärte Soziologe, daß die Religion »in Wirklichkeit« eine sozialintegrative Funktion hat und sich in dieser Funktion erschöpft. Das Ziel einer soziologischen Aufklärung der Religion besteht letztlich in einer kommunikativen Verflüssigung ihres Transzendenzbezugs, in einer »Versprachlichung des Sakralen«.[2] Diese Tendenz deutet sich bereits in Hegels Religionsphilosophie an, die den Heiligen Geist als Gemeinde interpretiert und ihn somit in Gesellschaft aufhebt.

An der Säkularisierungsthese, wie sie von der Soziologie und Politologie vertreten wird, wurde schon früh Kritik geübt. Die Moderne konnte sich ihrer selbst nie gänzlich sicher sein.[3] So produziert das Streben nach Immanenz und Welt immer auch das, wovon es sich abzugrenzen sucht. Jeder Rationalisierungsschub provoziert Gegenbewegungen und generiert Transzendenzbedürfnisse. Hannah Arendt äußert darüber hinaus den Verdacht, die Säkularisierung könne eher zu einem Weltverlust als zu einem Weltgewinn geführt haben: »Was immer wir meinen mögen, wenn wir von Säkularisierung sprechen, historisch kann sie auf keinen Fall als ein Verweltlichungsprozeß im strengen Sinne des Wortes angesehen werden; denn die Moderne hat nicht eine diesseitige Welt für eine jenseitige eingetauscht, und genaugenommen hat sie nicht einmal ein irdisches, jetziges Leben für ein jenseitig-künftiges gewonnen [...]. Die Weltlosigkeit, die mit der Neuzeit einsetzt, ist in der Tat ohnegleichen.«[4] Die Menschen werden in der Neuzeit nicht auf die Welt oder das Diesseits zurückgeworfen, sondern auf sich selbst, auf ihre leere Innerlichkeit, für die das *cogito* steht, auf dem Descartes die Philosophie neu begründen will. In der Hoffnung, etwas Neues dafür zu bekommen, haben wir, so Arendt, die jenseitige Welt aufgegeben. Doch das ökonomische

2 Habermas, Jürgen, *Theorie des kommunikativen Handelns. Bd. 2. Zur Kritik der funktionalistischen Vernunft*, Frankfurt/M. 1988, S. 118.

3 Vgl. Blumenberg, Hans, *Die Legitimität der Neuzeit*, Frankfurt/M. 1997.

4 Arendt, Hannah, *Vita Activa oder Vom tätigen Leben*, München/Zürich 1994, S. 312.

Kalkül ging nicht auf. Heute sehen wir, daß wir einfach nur etwas verloren, an seiner Stelle aber nichts gewonnen haben.

Der Poststrukturalismus löst den Strukturalismus nicht einfach ab, sondern radikalisiert ihn. Autoren wie Lacan, Foucault und Derrida akzeptieren die Grundüberzeugung der älteren Strukturalisten, daß die Strukturen universal sind, daß wir Codes folgen, daß nicht das Subjekt spricht und handelt, sondern die Sprache durch es hindurch. Das Subjekt wird im Strukturalismus durch Techniken der Subjektivierung ersetzt. Der Poststrukturalismus wendet den Strukturalismus in gewisser Weise auf sich selbst an. Konzepte wie Sprache, Code, Struktur und Subjektivierung werden nun selbst als brüchig, unvollständig und prekär beschrieben. Sie werden ihrer fundierenden Rolle beraubt, gelten nicht länger als unbedingt. So weisen etwa avancierte poststrukturalistische Subjektivierungstheorien wie diejenigen von Lacan, Laclau oder Butler darauf hin, daß die symbolische Ordnung nicht an sich existiert, sondern erst in dem Moment konstituiert wird, in dem das Subjekt sie ergreift, sie verbindlich und zu seiner eigenen Sache macht. Die Subjektivierung ist also eine wechselseitige. Mindestens ebenso wie die symbolische Ordnung das Subjekt hervorbringt, subjektiviert das Subjekt auch die symbolische Ordnung. Das Subjekt erscheint insofern als Punkt des Mangels und der Unvollständigkeit der symbolischen Ordnung. Derrida spricht unter Rückgriff auf die Terminologie der Transzendentalphilosophie immer wieder davon, daß sich die Bedingungen der Möglichkeit von etwas mit den Bedingungen seiner Unmöglichkeit verschränken. Subjekt und Symbolisches bringen sich gerade dadurch wechselseitig hervor, daß sie die jeweils andere Seite partiell verunmöglichen, sie daran hindern, sich zu totalisieren. In vergleichbarer Weise analysiert Derrida das Verhältnis von Recht und Gerechtigkeit, Ökonomie und Gabe, Entscheidung und Unentscheidbarkeit. So wie jedes Rechtssystem auf der grundstürzenden Idee einer unbedingten Gerechtigkeit gründet,[5] so verweist jedes ökonomische System auf eine anökonomische Gabe als ihren Anfangspunkt[6] und jede Entscheidung auf das, was sich prinzipiell nicht entscheiden läßt – ansonsten

5 Vgl. Derrida, Jacques, *Gesetzeskraft. Der »mystische Grund der Autorität«*, Frankfurt/M. 1991.

6 Vgl. Derrida, Jacques, *Falschgeld. Zeit geben I*, München 1993; dazu Hetzel, Andreas, »Die Gabe der Gerechtigkeit. Ethik und Ökonomie bei Jacques Derrida«, in: *Phänomenologische Forschungen*, Jg. 2002, S. 231-250.

wäre immer schon alles entschieden.[7] Eine poststrukturalistische Soziologie beschreibt das Soziale als antinomisch, oder besser: als in seinen Antinomien gegründet. Es gilt ihr als ebenso grundlos wie unvollständig. Sie sucht die konkreten Orte der Antinomien auf, die auch als sakrale, heilige Orte beschrieben werden können, als Quellpunkte einer zugleich irreduziblen und sich jeder Erklärung verweigernden Gebung sozialer Ordnungen. Es sind Orte eines Sich-Ereignens oder einer Emanation, die sich weder im Rekurs auf einen Gott fassen lassen noch auf die Intentionen von Akteuren zurückgeführt, noch aus den sozialen Situationen selbst heraus abgeleitet werden können. Insofern ist jede poststrukturalistische Philosophie zugleich postsäkular.

Der Poststrukturalismus insgesamt kann als Dekonstruktion der Säkularisierungsthese gelesen werden. Postsäkular ist die poststrukturalistische Soziologie insofern, als sie weder an der Modernisierungsthese festhält noch auch an die substantielle Sittlichkeit und den vermeintlich reinen Glauben vormoderner Kulturen anknüpfen zu können glaubt. Sie weist die Alternative von vormodern oder modern beziehungsweise sakral oder säkular zurück. Das Religiöse wird statt dessen recodiert. Es bindet sich nicht länger an die Figur einer absoluten Fülle, sondern eher an einen Mangel, an die Vision, daß das, was ist, nicht alles ist, daß sich nichts in der Welt absolut setzen kann. In den Worten Claude Leforts: »Daß die menschliche Gesellschaft nur eine Öffnung auf sich selbst hat, indem sie in eine Öffnung hineingenommen wird, die sie nicht erzeugt, genau das *sagt* jede Religion, jede auf ihre Weise.«[8]

Vor diesem Hintergrund erklärt sich auch eine gewisse Renaissance des Christentums im Poststrukturalismus. Žižek, der sich hier eng an Badiou anschließt, interpretiert die Botschaft des Christentums in dem Sinne, daß die »Positivität des Seins, die Ordnung des Kosmos, die von eigenen Gesetzen reguliert wird [...] nicht ›alles [ist], was es gibt‹«.[9] Die christliche Tradition steht für die Möglichkeit der Verzeihung und Vergebung, dafür also, daß wir nicht notwendig auf alte Geschichten festgelegt bleiben, sondern daß ein »radikaler Neuanfang«[10] in der Welt möglich ist. Das Christentum formuliert eine akosmistische oder antiontologische Position. Es steht

---

7 Vgl. Derrida, *Gesetzeskraft*, a. a. O., S. 50 f.
8 Lefort, Claude, *Fortdauer des Theologisch-Politischen?*, Wien 1999, S. 45.
9 Žižek, Slavoj, *Die Tücke des Subjekts*, Frankfurt/M. 2001, S. 199.
10 Ebd.

als Ganzes für das Ereignis des Ereignisses, für einen Bruch mit jedem Schicksal und jeder Notwendigkeit. Es indeterminiert den sozialen Raum.

Die klassische Soziologie neigt dazu, das Soziale absolut zu setzen. Die Emanzipation des Sozialen von allen theologischen Gründen wird um den Preis erkauft, das Soziale selbst als letzten Grund zu betrachten, es als Substanz zu beschreiben. Die Bewegung der Säkularisierung überträgt die Unbedingtheit Gottes auf das Soziale. Es liegt insofern in der Konsequenz der modernen Soziologie, sich, wie etwa in Luhmanns Systemtheorie, zu einer Supertheorie aufzuspreizen, zu einer Theorie von allem. Gleichzeitig stößt die Luhmann'sche Systemtheorie aber auch an die Grenzen sowohl des Sozialen als auch der soziologischen Theoriebildung und bereitet, wie etwa Stäheli zeigt, deren Dekonstruktion vor.[11]

Der Begriff des Postsäkularen bricht mit der Entgegensetzung von sakral und profan, modern und vormodern. Vorläuferkonzepte postsäkularen Denkens wären etwa Hölderlins sakrale Nüchternheit, Benjamins profane Erleuchtung oder Musils taghelle Mystik. Diese Konzepte weisen die einfache Entgegensetzung von sakral und profan zurück. Da es sich nicht mehr ungebrochen substantialisieren läßt, wird das Sakrale in der Moderne zu einem Problembegriff. Es steht weniger für eine außerweltliche metaphysische Präsenz als vielmehr für eine Transzendenz von innen. Die Hinwendung zum Sakralen in der Durkheim-Schule kann immer auch vor diesem Hintergrund verstanden werden. Autoren wie Mauss,[12] Caillois[13] und Bataille[14] oder, unabhängig von diesen, Bachtin[15] und Otto[16] konzep-

11 Vgl. Stäheli, Urs, *Sinnzusammenbrüche. Eine dekonstruktive Lektüre von Niklas Luhmanns Systemtheorie*, Weilerswist 2000.

12 Vgl. Mauss, Marcel, *Entwurf einer allgemeinen Theorie der Magie*, in: ders., *Soziologie und Anthropologie*, Bd. 1, Frankfurt/M. 1989, S. 43-179. Vgl. auch Moebius, Stephan, *Marcel Mauss*, Konstanz 2006.

13 Caillois, Roger, *Der Mensch und das Heilige*, München/Wien 1983.

14 Bataille, Georges, *Die Erotik*, München 1994; zusammenfassend zu Batailles *Collège de Sociologie*, das sich auch als *collegium sacrum* begreift, vgl. Moebius, Stephan, *Die Zauberlehrlinge. Soziologiegeschichte des Collège de Sociologie (1937-1939)*, Konstanz 2006.

15 Vgl. Bachtin, Michail, *Rabelais und seine Welt. Volkskultur als Gegenkultur*, Frankfurt/M. 1987.

16 Vgl. Otto, Rudolf, *Das Heilige. Über das Irrationale in der Idee des Göttlichen und sein Verhältnis zum Rationalen*, München 1963.

tualisieren das Sakrale als exorbitanten Punkt der Selbstüberschreitung des Sozialen.

Spätestens mit Bachtin und Bataille wird die Dichotomie von Sakralität und Profanität ihrer Grundlage beraubt und damit eine postsäkulare Soziologie eingeläutet. Bachtin und Bataille postulieren eine prinzipielle Austauschbarkeit der Positionen des Sakralen und des Profanen. Gerade das radikal Profane wird von beiden Autoren als potentieller Sitz eines neuen Sakralen dechiffriert. Was eine Kultur als trivial, profan oder böse auszuschließen trachtet, erkennt sie gleichzeitig als Bedingung ihrer eigenen Möglichkeit an und wertet es somit implizit auf. Das Sakrale ist insofern immer ambivalent: *sacer* – *heilig* und *verflucht* zugleich. Sakrales und Profanes können mit anderen Worten nicht einfach voneinander unterschieden werden, sondern stehen in einem Verhältnis wechselseitiger Ermöglichung und Verunmöglichung.

An dieser Logik partizipiert auch René Girards Theorie des Sündenbocks und des Opfers.[17] Im Mittelpunkt der Werke Girards steht die Frage nach den Ursachen sozialer Gewalt. Er entwickelt eine breit angelegte Kulturanthropologie, welche dem Konzept eines »mimetischen Begehrens« einen zentralen Stellenwert einräumt. Jedes menschliche Begehren imitiert aus der Perspektive Girards das Begehren eines anderen. Der Ursprung des Begehrens liegt weder in einer natürlichen Triebhaftigkeit des Menschen noch im begehrten Objekt selbst, sondern in einem wechselseitig unterstellten Begehren. Die soziale »Mimesis des Begehrens« führt fast zwangsläufig zu einer Rivalität in bezug auf das begehrte Objekt, welche ständig in eine Mimesis wechselseitiger Gewalt umzuschlagen droht; jeder erste Gewaltakt erzeugt potentiell eine unendliche Kette von Gewalt und Gegengewalt. Die fatale Kette von Vergeltung und Gegenvergeltung kann nur dann unterbrochen werden, wenn es gelingt, die gegeneinander ausgeübte Gewalt gemeinsam auf einen ausgeschlossenen Dritten zu übertragen. Die wechselseitige Mimesis der Gewalt wird in diesem Fall aufgehoben in der Gewalt gegen einen Sündenbock. Indem dieser geopfert wird, befreit er die Opfernden aus dem Zirkel der Rache. Die Opferhandlung erweist sich somit als Macht stiftende und Gemein-

17 Vgl. Girard, René, *Das Ende der Gewalt*, Freiburg/Basel/Wien 1983; ders., *Der Sündenbock*, Zürich 1988; ders., *Das Heilige und die Gewalt*, Frankfurt/M. 1992; vgl. zusammenfassend Palaver, Wolfgang, *René Girards mimetische Theorie. Im Kontext kulturtheoretischer und gesellschaftspolitischer Fragen*, Münster u. a. 2004.

schaft begründende Tat. Als Erlöser von der Gewalt wird das Opfer symbolisch wieder in eine Gemeinschaft eingeschlossen, welche ohne die Opferhandlung nicht möglich gewesen wäre. Das Opfer als zugleich aus- und eingeschlossener Dritter gilt dann als sakral. Soziale Bindungen und Institutionen basieren für Girard immer auf einem Akt der Gewalt und Exklusion, auf dem Prinzip des ausgeschlossenen Dritten, der als ausgeschlossener zur Bedingung der Möglichkeit von Sozialität wird, symbolisch wieder in die Gemeinschaft integriert und zugleich sakralisiert wird. In diesem Sinne ist das Sakrale für Girard in jeder sozialen Struktur anwesend.

Girards »neomimetischer Diskurs« wurde in den letzten Jahren von seinen Schülern (Paul Dumouchel, Jean-Pierre Dupuy, Robert Hamerton-Kelly, Andrew McKenna) zu einer umfassenden Sozialphilosophie der Macht ausgebaut, die sich insbesondere auf den Feldern der Wirtschaftssoziologie und der Theorie politischer Konflikte bewährt hat.[18] Kultur, Wirtschaft und Recht werden im neomimetischen Diskurs beschrieben als gewaltförmige, sich selbst als gewaltfrei verkennende Versuche einer Unterbindung von Gewalt.[19] Girards zentrale Thesen korrespondieren dabei über weite Strecken mit den sozialphilosophischen Implikationen der Derrida'schen Dekonstruktion und der politischen Philosophie Agambens.

Bei Girard kommt es wie bei Badiou und Žižek zu einer Wiederaufwertung des Christentums. Girard liest die christliche Offenbarung als Kritik der Logiken des Opfers und des Sündenbocks. Die neutestamentarischen Texte deuten darauf hin, daß es eine andere,

---

18 Vgl. Dumouchel, Paul/Dupuy, Jean-Pierre, *L'enfer des choses*, Paris 1979; Dumouchel, Paul, *Le corps social. Essai sur les émotions*, Paris 1995; Hamerton-Kelly, Robert, *The Gospel and the Sacred: Poetics of Violence in Mark*, Minneapolis 1994; McKenna, Andrew J., *Violence and Difference. Girard, Derrida and Deconstruction*, Urbana/Chicago 1992.

19 Stark von Girard beeinflußt ist ferner der in Nottingham lehrende Theologe John Milbank, der eine originelle und höchst umstrittene, letztlich orthodox zu nennende Position zum Verhältnis von Theologie und Sozialwissenschaften einnimmt. Für Milbank ist die moderne Soziologie das Produkt einer gewaltförmigen Säkularisierungsgeschichte. Die Theologie sollte sich insofern nicht auf einen Dialog mit den Sozialwissenschaften einlassen, sondern sich auf ihre eigenen Mittel der Konzeptualisierung des Sozialen besinnen, die in ihrer Differenzierungskraft denen der Soziologie um nichts nachstehen. Vgl. Milbank, John, *Theology and Social Theory: Beyond Secular Reason*, Oxford 1990; ferner Davis, Creston/Milbank, John/Žižek, Slavoj (Hg.), *Theology and the Political. A New Debate*, Durham 2005.

nichtexkludierende Weise sozialer Integration geben könnte, ein Jenseits der Gewalt. Für Girard weiß die Religion dabei mehr über die Soziologie als die Soziologie über die Religion. Badiou und Žižek weisen heute im gleichen Sinne auf den rationalen Gehalt des Christentums hin: auf einen unbedingten Universalismus, der ebenfalls nicht exkludiert, und einen Akosmismus, der dafür steht, daß ein Neubeginn in der Welt möglich ist.

2. Exodus und Dekonstruktion

Jacques Derridas Dekonstruktion versteht sich von Anfang an auch als Dekonstruktion der Theologie. In einem Text aus dem Jahr 1964, *Edmond Jabès und die Frage nach dem Buch*, deutet sich eine Art verschobener Religion, eine Exodus-Religion[20] an, die Idee eines gebrochenen Gottes, eines ewigen Umwegs und Exils. In diesem Sinne fühlt sich Derrida der jüdischen Tradition verpflichtet. So wie Girard sagt, daß heute alles darauf ankommt, intelligente Interpretationen des Christentums zu liefern, ist Derridas Philosophie immer auch als Bemühung um eine intelligente Interpretation der jüdischen Überlieferung zu verstehen. Der Jude wurde »nicht hier, sondern dort geboren«; er »irrt« und bleibt »von seiner wahren Geburt getrennt«; er ist »allein aus der Sprache und der Schrift, aus dem Gesetz selbst hervorgewachsen«.[21] Doch das Gesetz weist von Anfang an einen Bruch auf, eine Unbestimmtheitsstelle. Aus dem Mangel des Gesetzes geht die Schrift hervor, die sich von allen Ursprüngen unendlich entfernt hat. Sie entgründet alle Kultur und alles Soziale: »Zwischen den Bruchstücken der zerbrochenen Tafel wächst das Gedicht und faßt das Recht zur Rede Wurzel. Damit hebt das Abenteuer des Textes als vogelfreies Unkraut wieder an, weit von ›der Heimat der Juden‹ entfernt, die ›ein sakraler Text inmitten der Kommentare ist‹.«[22] Die Schrift legt nicht, wie im Hymnus der negativen Theologie, Zeugnis von ihrer eigenen Unangemessenheit gegenüber Gott und damit von

---

20 Vgl. zu einer politischen Reaktualisierung dieses Motivs auch Walzer, Michael, *Exodus und Revolution*, Frankfurt/M. 1995, sowie, im Bezug auf Walzer: Mouffe, Chantal, *Exodus und Stellungskrieg. Die Zukunft radikaler Politik*, Wien 2005.
21 Derrida, Jacques, »Edmond Jabès und die Frage nach dem Buch«, in: ders., *Die Schrift und die Differenz*, Frankfurt/M. 1976, S. 102-120, hier S. 105.
22 Ebd.

Gottes Macht und Größe ab, sondern von der Unmöglichkeit Gottes, von seiner konstitutiven Gespaltenheit: »Der Bruch der Tafeln bezeichnet zunächst den Bruch in Gott als dem Ursprung der Geschichte.«[23] Die Schrift beschreibt einen »unendlichen Umweg«, der uns immer schon von allen Ursprüngen getrennt hat: »Dieser Weg, dem keine Wahrheit vorangeht, um ihm seine Geradheit vorzuschreiben, ist der Weg in die Wüste. Die Schrift ist das Moment der Wüste als Moment der Trennung.«[24] Derridas Religion stellt den Exodus auf Dauer, sie beschreibt einen Weg durch eine Wüste ohne die Vision eines gelobten Landes. Zusammenfassend: »Jude wäre ein anderer Name für diese Unmöglichkeit, ein Selbst zu sein.«[25]

In einem späten Text führt Derrida seine dekonstruktive Lektüre religiöser Texte fort. Er bringt hier noch einmal die Anfangsfiguration der Dekonstruktion ins Spiel, das Verhältnis von Unmittelbarkeit und Schrift, indem er zeigt, daß Religionen einerseits vorgeben, auf einen exorbitanten, vorbegrifflichen und transdiskursiven Seinsbereich zugreifen zu können, auf eine einmalige und absolute Präsenz; gleichzeitig müssen sie sich, um diesen Anspruch artikulieren und kommunizieren zu können, bestimmter Teletechniken bedienen, von der Schrift bis zum Internet. Derridas Kritik zielt dabei vor allem auf die institutionalisierten monotheistischen Religionen, die Religionen des Vaters. Er bezeichnet sie auch, um auf ihre gemeinsame Genealogie hinzuweisen, als abrahamitische Religionen. Der monotheistische »Diskurs über die Religion« verweist für ihn auf einen »Diskurs über das Heil, das Heile, Gesunde, Sakrale, Weihevolle, Geborgene, Unversehrte, Immune«[26] und damit zugleich auf das Gegenteil des Heilen, auf das Böse und Verfemte. Jede soziale Bindung im Namen der Religion wird um den Preis einer Exklusion anderer erkauft. In der Religion geht der Glaube ein Bündnis mit dem Wissen, der Macht und der Technik ein.[27] Die Religion funktioniert wie eine Maschine oder ein Herrschaftsinstrument. »Über ›Religion‹ nachzudenken bedeutet« letztlich, »das ›Römische‹ zu den-

23 Ebd., S. 106.
24 Ebd., S. 107.
25 Ebd., S. 116.
26 Derrida, Jacques, »Glaube und Wissen. Die beiden Quellen der ›Religion‹ an den Grenzen der bloßen Vernunft«, in: *Die Religion*, hg. v. Jacques Derrida/Gianni Vattimo, Frankfurt/M. 2001, S. 9 f.
27 Derrida, »Glaube und Wissen«, a. a. O., S. 11.

ken«,[28] Rom als Imperium. Als »europäische Angelegenheit« gehört die Religion »in den Sprachraum des Lateinischen«,[29] sie ist Teil einer okzidentalen und imperialen Formation. Derrida geht davon aus, daß »die weltweite Latinisierung (jenes eigentümliche Bündnis des Christentums als Erfahrung von Gottes Tod mit dem fernwissenschaftstechnischen Kapitalismus) eine hegemonische Position einnimmt und zugleich an ihr Ende gelangt, übermächtig und fast schon erschöpft«.[30]

Von der Religion hebt er den Glauben ab: »Wir werden Glaube und Religion unterscheiden müssen: Nicht immer ist es möglich gewesen und nicht immer wird es möglich sein, den Glauben mit der Religion zu identifizieren«.[31] Der Glaube bindet sich im Gegensatz zur Religion nicht an ein Wissen, sondern eher an einen Zweifel. Den Glauben beschreibt Derrida auch hier nicht in Begriffen eines »Gelobten Landes«, sondern in solchen einer »gewissen Wüste, die nicht die Wüste der Offenbarung ist, sondern eine Wüste in der Wüste, welche die Wüste ermöglicht, eröffnet, gräbt, aushöhlt, ins Unendliche verlängert«.[32] Ein anderer Name hierfür ist das Messianische: »*das* Messianische, *das Messianistische ohne Messianismus. Genannt ist damit eine Öffnung auf die Zukunft hin, auf das Kommen des anderen als widerfahrende Gerechtigkeit, ohne Erwartungshorizont, ohne prophetisches Vorbild, ohne prophetische Vorausdeutung und Voraussicht. Das Kommen des anderen kann nur dort als besonderes und einzigartiges Ereignis hervortreten, wo keine Vorwegnahme den anderen kommen sieht; nur dort, wo der andere, der Tod und das radikal Böse (uns) jederzeit überraschen können. Möglichkeiten, die die Geschichte zu eröffnen und zugleich zu unterbrechen vermögen, zumindest den gewöhnlichen Lauf der Geschichte.«[33] Das Messianische wird hier zum Fokus zentraler dekonstruktiver Figuren: Ereignis, Versprechen, das Performative, die Gabe, die Gerechtigkeit, der Andere. All dies sind Figuren eines anderen Denkens des Sozialen. Das Soziale erscheint bei Derrida nicht nur als Bedingungsgefüge, sondern als durchsteppt von einem anderen, einem Ethischen oder Religiösen. Das Religiöse bedeutet hier vor allem, daß das Bezugsgewebe mensch-

28 Ebd., S. 13.
29 Ebd., S. 14.
30 Ebd., S. 25.
31 Ebd., S. 19.
32 Ebd., S. 30.
33 Ebd., S. 31f.

lichen Handelns unvollständig und mangelhaft ist, daß es sich nicht vollständig in sich und aus sich selbst heraus zu begründen vermag. Etwas am Sozialen bleibt unerklärlich, widersetzt sich der Möglichkeit einer sich als positive Wissenschaft definierenden Soziologie. »Die Geschichte unterbrechen oder entzweien, Geschichte machen, indem man darin eine Entscheidung trifft, eine Entscheidung, die zum Kommen des anderen führen kann und die dann die dem Anschein nach untätige Gestalt einer Entscheidung des anderen annimmt [...]; sie kommt stets von einem anderen, ist stets Entscheidung des anderen, ohne daß ich darum von irgendeiner Verantwortung entlastet wäre. Das Messianische setzt sich der absoluten Überraschung aus.«[34] Dieses Messianische markiert keinen gesonderten Bereich des Seins, sondern steht für eine »allgemeine Struktur der Erfahrung«.[35] Das Soziale läßt sich nicht vom Ego her denken, nicht von der *religio*, der Rückwendung zum Ursprung, sondern nur von der Gebung, der Verräumlichung, die alles Eigene durchkreuzt. An die Stelle einer Theorie der Intersubjektivität würde sich hier ein Denken der Alterität setzen. Das Recht verweist für dieses Denken der Alterität auf Gerechtigkeit, die Sprache auf das Versprechen, die Entscheidung auf das Unentscheidbare, der Tausch auf die Gabe. Im Ausgang von der Alterität deutet sich die Möglichkeit einer sehr konkreten Soziologie an, die zugleich an den Grenzen dieser Disziplin operiert, sie in ihrer säkularen Selbstgewißheit und modernistischen Abgeklärtheit erschüttert. »Ohne diese Wüste in der Wüste gäbe es weder ein Glaubensbekenntnis oder eine Glaubensbekundung noch ein Versprechen, eine Zukunft, ein erwartungsloses Erwarten des Todes und des anderen; es gäbe keinen Bezug zur Besonderheit des anderen.«[36] Ein möglicher Name für das Messianische wäre der andere, der Andere im mir konkret begegnenden anderen, der mich noch vor jeder symbolischen Interaktion in die Verantwortung nimmt. Von dieser Verantwortung werde ich angerufen und subjektiviert.[37] Eine postsäkulare

34 Ebd., S. 32.
35 Ebd., S. 32.
36 Ebd., S. 34.
37 Hier lehnt sich Derrida an Lévinas an; vgl. Emmanuel Lévinas, *Jenseits des Seins oder anders als Sein geschieht*, Freiburg 1998; vgl. hierzu Critchley, Simon, *The Ethics of Deconstruction*, Oxford 1992; Moebius, Stephan, *Die soziale Konstituierung des Anderen. Grundrisse einer poststrukturalistischen Sozialwissenschaft nach Lévinas und Derrida*, Frankfurt/M./New York 2003.

Soziologie wäre eine solche, die diesen vorsozialen Anspruch zulassen könnte.

Derrida zeigt in seinem gesamten Werk, daß alle Formen des Sozialen von etwas heimgesucht werden, was sich nicht in Begriffen der Säkularisierung beschreiben läßt: Anderer, Ereignis, Gabe und Ja. Diese Konzepte haben nichts mit einem väterlichen Gott zu tun. Sie stehen für ein Unbedingtes in der Welt der Bedingungen, dafür, daß sich in der sozialen Welt nicht alles am Leitfaden des Grundes explizieren läßt. Damit sprengen diese Konzepte den Bereich der Soziologie als positiver oder säkularer Wissenschaft.

3. Soziologischer Messianismus

Giorgio Agamben knüpft wie Badiou und Žižek an Paulus an, speziell an den Messianismus des Römerbriefes. Er gibt dem Messianismus eine Deutung, die der von Derrida vorgeschlagenen sehr nahekommt. Der Messianismus verweist auch hier nicht auf ein Jenseits, eine Transzendenz, sondern eher auf eine Entgründung des Sozialen, auf ein Aussetzen identifizierender Anrufungen: »Die messianische Berufung ist die Widerrufung jeder Berufung«,[38] etwa der durch die »Klasse« markierten Berufung, die Agamben etymologisch auf *klesis*, den Ruf oder Anruf, zurückführt. Die Angehörigen einer Klasse sind die, die in einer bestimmten Weise angerufen werden. Agambens Theorie des Sozialen bemüht sich nun darum zu zeigen, was sich derartigen Anrufungen entzieht. Agamben interessiert sich für den Akteur jenseits der Klasse, an deren Konstitution die »klassische« Soziologie in ihren Beschreibungen Anteil hat. Das Entscheidende am Messianischen ist die Figur des »Als-ob-nicht«.[39] Im Lichte des Messianismus betrachten wir soziale Differenzkategorien als ausgesetzt, als ob nicht beschnitten/unbeschnitten, Freier/Sklave, Mann/Frau. Der messianische Blick macht diese Differenzkategorien, die immer auch ein Herrschaftsgefälle implizieren, unwirksam. Badiou, der dieses Moment ebenfalls immer wieder hervorhebt, knüpft hierzu an den Galaterbrief des Paulus an: »Hier ist nicht Jude noch Grieche, hier ist nicht Knecht noch Freier, hier ist nicht Mann noch Weib«

---

38 Agamben, Giorgio, *Die Zeit, die bleibt. Ein Kommentar zum Römerbrief*, Frankfurt/M. 2006, S. 34.
39 Ebd., S. 35.

(Gal. 3,28). Badiou, Agamben und Žižek interpretieren Paulus als Exponenten einer radikal antiexkludierenden Politik.

Wie Derrida unterscheidet auch Agamben zwischen Glaube und Religion. Die Geschichte der institutionalisierten christlichen Religion begreift er als Geschichte der Verdrängung des Messianismus und damit der Sanktionierung von sozialen Differenzen. Der Messianismus »teilt die vom Gesetz definierten Teilungen«.[40] Das bedeutet, »daß die messianische Teilung in die große nomistische Teilung der Völker einen Rest einführt, daß also Juden und Nichtjuden konstitutiv ›nicht alle‹ sind«.[41] Dieser Rest ist für Agambens Verständnis des Sozialen entscheidend. Er wird vom Homo sacer verkörpert, der als der radikal Anteilslose und Machtlose einerseits außerhalb aller soziologischen Differenzkategorien steht, dem aber andererseits die Möglichkeit zukommt, außerhalb des Zugelassenen zu handeln, eine Politik im genuinen Sinne zu betreiben, die die Konfiguration des Politischen selbst verschiebt. Der Rest, der Homo sacer, ist »nicht-nicht im Gesetz«,[42] er ist der »Nicht-Nichtjude«, »Jude als ob nicht Jude«.[43] Der Messianismus steht für die Unmöglichkeit, »mit sich selbst und untereinander identisch zu sein«,[44] für die Unmöglichkeit einer exklusiven Gemeinschaft. Der Messianismus bezieht sich nicht auf das Ende der Zeit, sondern auf die Zeit des Endes im Hier und Jetzt, des Endes sozialer Differenz.

Gegen das soziologische Konzept der Säkularisierung klagt Agamben einen Begriff der Profanierung ein. Das Sakrale bezeichnet für ihn »den Austritt der Dinge aus der Sphäre des menschlichen Rechts«.[45] Das Profanieren überführt die abgesonderten, den Menschen entzogenen Dinge wieder dem Gebrauch: »Als Religion läßt sich definieren, was die Dinge, Orte, Tiere oder Menschen dem allgemeinen Gebrauch entzieht und in eine abgesonderte Sphäre versetzt.«[46] Die Religion verbindet nicht Götter und Menschen, sondern trennt sie, etabliert Hierarchien und Kategorisierungen. Eine Säkularisierung vermag dem nicht zu entkommen: »Die Säkularisierung ist eine Form

40 Ebd., S. 62.
41 Ebd., S. 63.
42 Ebd.
43 Ebd., S. 65.
44 Ebd., S. 67.
45 Agamben, Giorgio, *Profanierungen*, Frankfurt/M. 2005, S. 70.
46 Ebd., S. 71.

von Verdrängung, welche die Kräfte weiterwirken läßt und sich auf deren Verschiebung von einem Ort zum anderen beschränkt.«[47] Die politische Säkularisierung stattet den irdischen Herrscher mit einer göttlichen Macht aus, läßt die Macht an sich aber unangetastet.

4. Desiderate

Eine postsäkulare Soziologie beugt nicht länger das Knie vor der Entzauberungsthese der soziologischen Klassiker, sondern begreift einerseits, »daß die entzaubernde Wissenschaft weitgehend ein Ersatz des Zaubers ist«, andererseits, daß »das Heilige nicht vergangen ist, sondern als Verschobenes, Verborgenes, Verdrängtes«[48] aktuell bleibt und seiner soziologischen Beschreibung harrt. So wie wir nach Derridas Einsicht der Metaphysik nicht einfach entkommen können, so stellt sich auch die Religion in unseren vermeintlich säkularen Weltverhältnissen wie in unseren aufgeklärten und wissenschaftlichen Theorien immer wieder neu ein.

In den Werken von Girard, Derrida und Agamben finden sich allenfalls Programmskizzen zu einer postsäkularen Soziologie, nicht dagegen diese selbst. Eine postsäkulare Philosophie hätte die von der klassischen Soziologie beschriebenen Felder noch einmal zu beschreiben, allerdings in einer gänzlich anderen, nicht von der Epistemologie des Grundes und der Begründung regierten Sprache. Die postsäkulare Soziologie hätte in konkreten Analysen auf die sozialintegrative Kraft von desintegrativen Momenten abzuheben, auf das Aussetzen aller ökonomistischen und funktionalistischen Kalküle im Glauben, Versprechen, Verzeihen, Geben und in einem Kommunizieren, in dem sich die kommunizierenden Subjekte nicht wechselseitig auf Bedingungen der Kommunikation verpflichten, sondern sich in ihrer Selbsterhaltung aufs Spiel setzen. Dabei könnte sich die postsäkulare Soziologie methodologisch auf Spuren eines gegen Letztbegründungen gerichteten Denkens in den Werken der Klassiker moderner Soziologie besinnen, Spuren, die von Webers »Charisma« über Simmels »Vertrauen« zu Meads »I« und der Mausschen »Gabe« reichen.

47 Ebd., S. 74.
48 Kamper, Dietmar/Wulf, Christoph, »Einleitung«, in: dies. (Hg.), *Das Heilige. Seine Spur in der Moderne*, Frankfurt/M. 1987, S. 1.

Auswahlbibliographie

Agamben, Giorgio, *Profanierungen*, Frankfurt/M. 2005.

Agamben, Giorgio, *Die Zeit, die bleibt. Ein Kommentar zum Römerbrief*, Frankfurt/M. 2006.

Blumenberg, Hans, *Die Legitimität der Neuzeit*, Frankfurt/M. 1997.

Caillois, Roger, *Der Mensch und das Heilige*, München/Wien 1983.

Derrida, Jacques/Vattimo, Gianni, *Die Religion*, Frankfurt/M. 2001.

Girard, René, *Das Heilige und die Gewalt*, Frankfurt/M. 1992.

Kamper, Dietmar/Wulf, Christoph (Hg.), *Das Heilige. Seine Spur in der Moderne*, Frankfurt/M. 1987.

Lefort, Claude, *Fortdauer des Theologisch-Politischen?*, Wien 1999.

Milbank, John, *Theology and Social Theory: Beyond Secular Reason*, Oxford 1990.

Nagl, Ludwig (Hg.), *Religion nach der Religionskritik*, Wien/München/Berlin 2003.

Eva Horn
Literatur
Gibt es Gesellschaft im Text?

Text und Gesellschaft

Literatur ist ein sozialer Gegenstand: Sie ist Objekt und Resultat sozialer Praxis und Darstellung des Gesellschaftlichen – und doch ist der literarische Text weder auf eine Struktur der »Darstellung« noch auf einen Inhalt namens »Soziales« zu reduzieren. Lange wurde diese Frage nach dem Sozialen (in) der Literatur als Frage nach deren ästhetischen Autonomie oder Heteronomie verhandelt, als Frage also nach den Abhängigkeiten des Textes von den Bedingungen seiner Produktion und Zirkulation, aber auch von den gesellschaftlich verbindlichen Weltbildern, in deren zeitlichem und kulturellem Umkreis er entsteht. Diese verschiedenen Fragen nach dem gesellschaftlichen Ort der Entstehung, der Rezeption und Marktfähigkeit von Texten auf der einen Seite, ihrem Gehalt an vom »sozialen Standort« des Autors bedingter »Ideologie« auf der anderen Seite prägten eine in den 60er und 70er Jahren des 20. Jahrhunderts entwickelte Literatursoziologie, die sich weniger als soziologischer Zugriff auf Literatur denn als genuin *literaturwissenschaftliche* Methode verstand. Kernfrage der Literatursoziologie ist die nach dem Verhältnis von Textstruktur und Gesellschaftsstruktur, wobei dieses Verhältnis – anders als es der Methode später vorgeworfen wurde – durchaus nicht als simples Abbildungsverfahren (»Literatur bildet gesellschaftliche Wirklichkeit ab«) oder als Beeinflussungsmodell (»Schriftsteller schreiben, wie es ihnen ihr sozialer Standpunkt vorgibt«) gedacht wurde. Die Frage nach den strukturellen Beziehungen zwischen literarischen Texten und Gesellschaft ergibt nur Sinn, wenn gesellschaftliche Wirklichkeit an sich schon als »soziolinguistische Situation«[1] verstanden wird, in deren Sprache sich ihre ökonomische Tiefenstruktur, ihre Schichtungen und Machtverhältnisse niederschlagen. Indem Literatur diese Sprachsituation aufgreift und bearbeitet, wird die sozioökonomische Tiefenstruktur in ihr lesbar: als das, was der Text voraus-

---

1 Zur Konturierung der Textsoziologie gegenüber anderen Theorien vgl. Zima, Peter V., *Textsoziologie*, Stuttgart 1980, S. 66 ff.

setzt, auch wenn er es nicht zum Thema macht; als Wahl eines Stand-
punkts, der die Darstellungsstruktur des Textes ordnet; oder als das,
was der Text zu sagen gerade sorgsam vermeidet. Gerade die Aus-
blendung oder Verstellung dieser Tiefenstruktur in der Darstellung
ist dann das, was als »Ideologie« lesbar wird. Die Literatursoziologie
vor dem Poststrukturalismus ist, jedenfalls in ihren avanciertesten
Positionen, also durchaus keine plump »inhaltistische« Reduktion
literarischer Texte auf Themen und Standpunkte.[2] Sie öffnete vielmehr einem auf Textimmanenz und ästhetische Autonomie pochen-
den Literaturverständnis der Nachkriegszeit den Blick für die kulturellen und politischen Spieleinsätze und Konfliktlinien, die sich in
Literatur niederschlagen und in ihr reflektiert werden: Etwa die So-
zialisationsspiele der Kleinfamilie, die in den Romanen und Trauer-
spielen des 18. Jahrhunderts die schmerzhafte Geburt des bürgerlichen
Subjekts einleiten; die juristischen, wirtschaftlichen und sozialen
Wandlungen des Autors und der von ihm adressierten Öffentlichkeit;
die Vorstellung von literarischen Gattungen als Formaten sozialer
Kommunikation; oder die Strategien der Subjektwerdung im Hoch-
kapitalismus, von dem die großen Romane des 19. Jahrhunderts handeln. Daß gesellschaftliche Strukturen und Transformationsprozesse
im Text nicht einfach als Thema vorliegen, sondern in seiner Darstellungsstruktur aufgesucht werden müssen, also in der Art und Weise,
wie ein Text ein Feld der Wahrnehmung und der Sagbarkeit konfi-
guriert, bedeutet, daß eine soziologische Lektüre von Literatur eine
»lecture symptomale« im Sinne Althussers durchführen muß. Sie
muß das freilegen, wovon der Text nicht explizit spricht, sondern
in der Form seiner Sprache und seiner Darstellung, insbesondere aber
auch in seinen Brüchen und Widersprüchen.[3] Eine der interessante-
sten Strategien einer solchen Lektüre ist die Ideologiekritik Fredric
Jamesons, der Literatur als »socially symbolic act« zu analysieren vorschlägt.[4] Jameson versteht Literatur als »(Re-)Textualisierung« einer

2 Das zeigt sich besonders deutlich an der hervorragenden Einführung von Link,
Jürgen/Link-Heer, Ursula, *Literatursoziologisches Propädeutikum*, München 1980.
Ferner auch Goldmann, Lucien, *Soziologie des Romans*, Neuwied/Berlin 1970.

3 Macherey, Pierre, *Zur Theorie der literarischen Produktion: Studien zu Tolstoi,
Verne, Defoe, Balzac*, Darmstadt 1974.

4 So der Untertitel seines Buchs *The Political Unconscious. Narrative as a Socially
Symbolic Act*, Ithaca (NY) 1981, deutsch etwas unscharf übersetzt als *Das politische
Unbewußte. Literatur als Symbol sozialen Handelns*, Reinbek 1988.

Geschichte, die dem Text als unverfügbarer Subtext zugrunde liegt, ohne daß dieser Subtext – Jameson verweist hier auf Lacans Begriff des Realen – als solcher, außerhalb seiner textlichen Formatierungen, greifbar wäre: »Das literarische Werk [...] erschafft genau die Situation – so als hätte diese vorher nicht existiert –, auf die es gleichzeitig [...] reagiert. Es artikuliert seine eigene Situation und textualisiert sie; und eben darin weckt und perpetuiert es die Illusion, daß die Situation an sich vorher nicht existent war.«[5] Gerade in den Aporien, Antinomien oder »double binds« des Textes schlagen sich, so Jameson, die im gesellschaftlichen Realen gegebenen Widersprüche ideologisch nieder und müssen als solche analysiert werden. Ort dieser Ideologeme ist weniger die Ebene des Inhalts oder der Aussagen eines Textes, sondern seine Form. Trotz seiner Anleihen bei Lacan oder auch Deleuze/Guattaris *Anti-Ödipus* trotz seiner Favorisierung einer Analyse der Form statt der Themen oder »Inhalte« eines Textes bleibt Jameson aber dem totalisierenden Begriff von Geschichte im Marxismus verpflichtet, mithin einer geschichtsphilosophischen Matrix, in der der Text zur »Allegorie« eines umfassenden Ganzen erklärt wird. Die Einzigartigkeit und der Eigensinn des Textes gehen in dieser Sichtweise aber in letzter Konsequenz ebenso verloren wie die Ahnung davon, daß »Gesellschaft« oder »Geschichte« möglicherweise doch keine in sich geschlossenen, totalisierbaren Einheiten sind.

Unlesbarkeit und *écriture*

Im literatursoziologischen Blick auf Literatur gibt es also zwei blinde Flecken. Einerseits unterstellt eine solche am Marxismus geschulte Lektüre von Literatur eine gleichsam monolithische, von einem einzigen fundamentalen Konflikt zugleich gespaltene und zusammengehaltene Gesellschaftsstruktur. Der Antagonismus der Klassen und die ökonomische Ordnung des Kapitalismus bleiben die fundierende Matrix all dessen, was als sozialer Gehalt in Literatur aufgefunden werden kann oder den Entstehungszusammenhang eines Textes prägt. Im Endeffekt findet man dann, in allen Texten und zu allen Zeiten, immer nur das eine: die »Geschichte von Klassenkämpfen« beziehungsweise ihre verstellten, im Text verborgenen Symptome, die ideo-

5 Jameson, *Das politische Unbewußte*, a. a. O., S. 73.

logiekritisch herauszupräparieren sind. Und natürlich schreibt die Matrix dieses Großkonflikts damit auch vor, was an ideologischen Gehalten überhaupt im Text lesbar werden kann. Der proklamierte Bruch mit den »großen Erzählungen« (Lyotard), deren wirkmächtigste neben der Psychoanalyse zweifellos das Gesellschaftskonzept des Marxismus war, aber entzieht dieser Matrix ihre Verbindlichkeit und mit dieser ihre grundlegenden Analysekategorien wie »Klasse«, »Ideologie«, »Bewußtsein« oder »Geschichte«. Prekär wird damit die Vorstellung einer zugrundeliegenden gesellschaftlichen Tiefenstruktur, die sich in der Sprache und den Diskursen einer Gesellschaft ausdrücke, dieser Sprache aber vorgängig sei.

Für das Verständnis von Literatur allerdings noch wichtiger aber ist der andere blinde Fleck: die Vorstellung einer einfachen – sei es symptomalen, sei es thematischen – *Lesbarkeit* literarischer Texte. Diese Vorstellung beruht auf der Annahme, daß die Sprache der Literatur exakt die Sprache (nichtliterarischer) gesellschaftlicher Kommunikation sei. Aber die Sprache der Literatur ist nicht die der Alltagskommunikation, sie ist in gewissem Sinne gar nicht auf »Kommunikation« zu reduzieren. Es ist dieses Beharren auf einer fundamentalen Ideosynkrasie und Intransparenz von literarischen Texten und literarischer Sprache, die die durchaus disparaten Theorien von Derrida, Lacan, Barthes, Foucault und Deleuze miteinander teilen. »Der Schriftsteller erfindet«, so Gilles Deleuze mit Verweis auf Proust, »innerhalb der Sprache eine neue Sprache, eine Fremdsprache gewissermaßen. Er fördert neue grammatikalische oder syntaktische Mächte zutage. Er reißt die Sprache aus ihren gewohnten Bahnen heraus und läßt sie delirieren.«[6] Wenn literarische Sprache der Alltagssprache äußerlich ist, wenn Literatur gerade nicht den Innenraum, sondern die *Grenzen* des alltagssprachlich Sagbaren auslotet oder überschreitet, dann öffnet sich mit ihr ein Raum, der nicht mehr auf Darstellung, nicht mehr auf Kommunikation und auch nicht auf Diskurse und Aussagen zu reduzieren ist. Damit bricht eine vom Poststrukturalismus informierte Theorie der Literatur mit den Grundvoraussetzungen und -begriffen einer traditionellen Literatursoziologie, die in der literarischen Sprache immer die Kontinuität zur nichtliterarischen Sprache und in der Form der Darstellung immer deren »Strukturhomologie« (Lucien Goldmann) zur Struktur ökonomischer

6 Deleuze, Gilles, *Kritik und Klinik*, Frankfurt/M. 2000, S. 9.

Tauschprozesse unterstellt hatte, ja, sie bricht – noch fundamentaler – mit der Vorstellung, daß Literatur in erster Linie Darstellung eines außerhalb ihrer liegenden Referenten sei – sei es das »Soziale«, sei es »Subjektivität«, sei es »Geschichte«. Derridas Insistieren auf der Vorgängigkeit der Schrift vor der Stimme und damit der Abwesenheit vor der Präsenz, des Sinnbruchs vor der Konstitution von Sinn, der Differenz vor der Identität, die er im Begriff der *écriture* kondensierte, entzieht den literarischen Text – ebenso wie den philosophischen – einer Lektüre, die ihn umstandslos auflöst in etwas, was in ihm repräsentiert sei. Die *écriture* ist die Chiffre für diese Widerständigkeit der Schrift. Diese Widerständigkeit ist nicht nur eine Kritik am Modell der Repräsentation (»der Text stellt xyz dar«), sondern auch eine an der Vorstellung einer transparenten und restlosen *Lesbarkeit* literarischer Texte.

Der wohl tiefgreifendste Umbruch des Poststrukturalismus für das gegenwärtige Verständnis von Literatur liegt in dieser Kritik der Repräsentation und der Lesbarkeit. Paul de Man brachte das auf die folgenreiche Formulierung, Texte seien immer auch die »Allegorie ihrer Unlesbarkeit«.[7] Der literarische Text entzieht nicht nur seine Sprache einer alltagssprachlichen Vorstellung von Kommunikation, sondern er entzieht sich jeder Vereinnahmung für universalisierende Konzepte, sei es nun »die Gesellschaft«, »das Subjekt«, »die Geschichte« etc. Der Text ist »mehr und etwas anderes als die zirkuläre Abgeschlossenheit seiner Darstellung. Er beschränkt sich nicht auf den Inhalt von Philosophemen, er erzeugt notwendigerweise einen gewaltigen Schreibvorgang, einen Schriftrest.«[8] Dieser resistente »Rest« an Schriftlichkeit, der Widerstand des Textes gegen seine umstandslose Auflösung in Bedeutung, erfordert eine Lektüre, die sich dieses Widerstands bewußt ist. Es erfordert eine Einsicht in die Singularität nicht nur der literarischen Sprache, sondern jedes einzelnen Textes, der nie auf eine These oder eine Darstellung zu reduzieren ist, sondern diese immer auch wieder unterläuft. Dekonstruktives Lesen im Zeichen Derridas und de Mans ist darum stets auch eine Übung im Scheitern: ein Lesen, das im Text nicht nur Bedeutung, sondern auch deren instabilen Grund mitliest und sich damit immer

7 de Man, Paul, »Lesen (Proust)«, in: ders., *Allegorien des Lesens*, Frankfurt/M. 1988, S. 111.
8 Derrida, Jacques, *Positionen*, Wien 1986, S. 148. Wichtige Essays Derridas zur Literatur finden sich gesammelt in ders., *Acts of Literature*, New York/London 1992.

über die diffizile Verbundenheit von »Einsicht und Blindheit« in jeder Lektüre im klaren ist.[9]

Einer der am vehementesten vorgetragenen Kritikpunkte gegen die dekonstruktive Theorie der Literatur war die Vorstellung, daß mit der Fixierung auf die Eigendynamik der *écriture* literarischen Texten jede Anschließbarkeit an gesellschaftliche Kontexte und Gehalte entzogen würde. Der Poststrukturalismus, so ein damals mit Rage vorgetragener Vorwurf, feiere Literatur als in sich abgeschlossenes Signifikantenspiel, in dem es um nichts mehr gehe; er sei ahistorisch und apolitisch. In der Tat ist das ein gängiges Mißverständnis der Dekonstruktion, vielleicht sogar ein Selbstmißverständnis bei einigen ihrer Vertreter, die sich tatsächlich eine Generation lang darauf konzentrierten, die internen Widersprüche von Texten auszubuchstabieren und sich in der Reflexivität ihrer Lektüren gegenseitig zu überbieten. Aber Derridas eigene Wendung von Fragen der Sprachphilosophie, Phänomenologie und Ästhetik hin zur Ethik und zur politischen Philosophie ist ein Hinweis darauf, daß die eigentliche Sprengkraft dekonstruktiven Lesens gerade darin besteht, die begrifflichen und diskursiven Grundlagen von Theorien der Gesellschaft, des Politischen oder des Rechts freizulegen. Nimmt man de Mans Diktum vom Text als Allegorie seiner Unlesbarkeit ernst, so heißt das durchaus nicht, daß jede Sinnkonstitution damit hinfällig würde, sondern nur, daß sie um den Preis einer konstitutiven Verkennung zustande kommt. Und diese Verkennung gilt es freizulegen, denn es ist eine Verkennung, die nicht nur eine des jeweiligen Textes und Lesers ist, sondern eine Selbstverkennung genau der Begriffe und Institute, die das Soziale überhaupt erst organisieren. Literatur wird so erkennbar als Ort der Dekonstruktion des Sozialen beziehungsweise der fundamentalen Kategorien seiner Selbstbeschreibung: Etwa, um nur zwei Beispiele zu nennen, indem die unhintergehbaren Aporien von Recht und Gerechtigkeit nachgezeichnet wurden, die das Werk Franz Kafkas prägen.[10] Oder indem Shakespeares *Hamlet* als ein Text gelesen wird, der in seiner arkanen, anspielungshaften Text-

---

9 So der programmatische Titel von Paul de Mans einflußreicher Aufsatzsammlung *Blindness and Insight. Essays in the Rhetoric of Contemporary Criticism*, London 1971.

10 Derrida, Jacques, *Préjugés. Vor dem Gesetz*, Wien 1992. Diese Aporien hat Derrida systematisch herausgearbeitet in ders., *Gesetzeskraft. Der »mystische Grund der Autorität«*, Frankfurt/M. 1996.

struktur eine geradezu bodenlose Verwicklung von Subjektivität und Macht freilegt und damit den Ungrund einer europäischen Tradition von Souveränität.[11] Dekonstruktion, das zeigen neuere Ansätze mit aller Deutlichkeit, ist alles andere als ein Absehen von den sozialen Spieleinsätzen von Literatur, aber sie nimmt sie nicht als ökonomisch vorgegeben und geschichtsphilosophisch vorgeordnet an, um sie dann in Literatur wieder aufzufinden. Sie will vielmehr das Spiel und die Irritation nachzeichnen, in das gerade der literarische Blick und die Singularität der literarischen Sprache das Soziale versetzt.

Autorschaft

Hatte die Dekonstruktion im Anschluß an Derrida die interne Struktur des literarischen Textes in den Blick genommen, so läßt sich – mit Foucault einerseits, Lacan andererseits – nach den Voraussetzungen für die Entstehung und Zirkulation von Literatur fragen. Die klassische literatursoziologische Frage nach dem »sozialen Standpunkt« des Autors, nach den Gesetzen des Markts und der Gattung, die ein Schriftsteller bedienen muß, um verkäuflich zu sein, verschiebt sich in einer poststrukturalistischen Perspektive hin zu den diskursiven, juristischen und medialen Grundlagen von Autorschaft. Autorschaft wird dabei nicht als subjektiver Ursprung eines Werks oder eines Stils gesehen, sondern als eine Regelungsfunktion von Diskursen. Im Anschluß an, aber auch in kritischer Reaktion auf Positionen, die die Irrelevanz des Autors proklamierten (»Die Geburt des Lesers ist zu bezahlen mit dem Tod des Autors«, so hatte etwa Barthes dekretiert),[12] fragt Foucault nach den Spielregeln und Effekten der »Funktion Autorschaft«.[13] Foucault koppelt also Autorschaft von empirischen Subjekten ab. Ihm geht es um die Frage, wie die Funktion Autorschaft Texte und Diskurse strukturiert und sie Subjekten überhaupt erst zuordnet. Eine Kategorie, die dem modernen Literatursystem als unfragliche Konstante erschienen war, wird damit radikal historisiert. Foucault fragt nach den diskursiven und sozialen Wir-

11 Haverkamp, Anselm, *Hamlet – Hypothek der Macht*, Berlin 2001.
12 Barthes, Roland, »Der Tod des Autors«, in: *Texte zur Theorie der Autorschaft*, hg. v. Fotis Jannidis et al., Stuttgart 2000, S. 185-197.
13 Foucault, Michel, »Was ist ein Autor?«, in: *Texte zur Theorie der Autorschaft*, a. a. O., S. 198-232.

kungsweisen der Funktion Autorschaft als einer kontingenten, nicht selten willkürlichen Zuordnung eines Textes oder sogar eines ganzen Diskursfeldes zu einem Personennamen (wie etwa im Fall des »Marxismus«). Die Funktion Autorschaft garantiert die »Autorität« eines Textes und mithin seine diskursive Anschlußfähigkeit; sie erzeugt die Einheit eines »Werks« aus dem disparaten Chaos schriftlicher Hinterlassenschaften; oder sie scheidet einen Diskurstyp »Wissenschaft« (der in der Moderne tendenziell ohne Autor auskommt) von einem Diskurstyp »Literatur« (der ohne Autor nicht zu denken ist). Und sie durchläuft – vom antiken Inspirationsmodell über die Erfindung des Copyright um 1800 bis zur Auflösung oder Relativierung der Autorfunktion in der modernen Literatur – tiefgreifende historische Wandlungen. Mit dieser Analytik der Autorfunktion stellt sich nicht nur die Frage nach dem konkreten Funktionieren ihres Regelsystems in historischen Situationen (»Was heißt es, ›Autor‹ zu sein um 1700? Was um 1800? Was sind die historischen Transformationen des Begriffs von Literatur?« etc.),[14] sondern auch nach den Mechanismen ihrer Ausschlüsse und Schweigegebote (»Ist zum Beispiel der Wahnsinnige Herr seiner eigenen Rede?«).

Es war diese diskurshistorische Analytik einer Funktion, die bis dato als gleichsam naturwüchsige Voraussetzung von Literatur hingenommen worden war, die von Friedrich Kittler aufgegriffen wurde. In *Aufschreibesysteme 1800/1900* legt er die institutionellen, subjekttheoretischen und vor allem medienhistorischen Grundlagen von Autorschaft in der Moderne frei: »Um 1800« ist es die Alphabetisierung durch liebende Mütter und die Einspeisung von Literatur in einen Medienverbund von Schule, Universität, Verlagswesen und Bibliothek, welche einen völlig neuen Texttyp hervorbringt, einen Text, der den Leser Bilder, Töne und Gefühle gleichermaßen halluzinieren läßt. »Um 1900« dagegen, so Kittler, zerfällt das »Universalmedium Literatur« der Goethezeit in einen ausdifferenzierten Medienbetrieb (Kino, Phonographie, Telegraphie) und besinnt sich dabei auf Schreibweisen, die sich in der Arbeit an der Buchstäblichkeit der Schrift ihr mediales Rückzugsgebiet suchen.[15] Nicht zuletzt liefert

---

14 Dazu grundlegend Rieger, Stefan, »Autorfunktion und Buchmarkt«, in: *Einführung in die Literaturwissenschaft*, hg. v. Miltos Pechlivanos et al., Stuttgart 1995, S. 164-169.

15 Kittler, Friedrich A., *Aufschreibesysteme 1800/1900*, München 1985. Zur Ausarbei-

eine solche Medienarchäologie der Literatur eine triftige historische Anmerkung zur Dekonstruktion und ihrem Begriff der *écriture*: Er hat sich paradigmatisch an einem Typus moderner Literatur (Mallarmé, Joyce, Beckett, Ponge, Kafka) geschärft, der auf das reflektiert, was ihr als ihr eigenes Medium geblieben ist: die Schrift. Das Forschungsprogramm einer Medienarchäologie der Literatur wurde von Kittler selbst für einige Zeit zugunsten einer Archäologie vor allem der digitalen Medien aufgegeben – neuerdings hat er es wiederaufgegriffen in Form einer Ursprungsgeschichte abendländischer Medien in der griechischen Antike.[16] Aber das Programm selbst war mehr als erfolgreich. Es hat einer schriftfixierten, im besten wie im beschränktesten Sinne »philologischen« Beschäftigung mit Literatur den Blick auf deren Medialität geöffnet, und das heißt auch auf ihre Einbindung in die Wissensproduktion und die Machtspiele der Institutionen, die Literatur erzeugen, in Umlauf bringen, anschlußfähig machen und speichern: Schule, Verlage, Bürokratie, Universitäten, Bibliotheken, Postwesen;[17] oder aber sie dem Schweigen und Vergessen überantworten. Als sozialer Gegenstand ist Literatur nicht mehr ohne den Blick auf diese Medialität und Materialität zu denken.

Diskurs/Wissen

Für die Frage nach dem Sozialen (in) der Literatur ist das Erbe Foucaults – ob nun diskursanalytisch oder mit Kittler medienhistorisch gewendet – heute in der deutschen Debatte wesentlich wirkmächtiger als das der Dekonstruktion. Foucaults Diskursanalyse trägt die

tung des »Aufschreibesystems 1900« publizierte Kittler ein Jahr später *Grammophon Film Typewriter*, Berlin 1986.

16 Kittler, Friedrich A., *Musik und Mathematik*, München 2006; ders./Ana Ofak (Hg.), *Medien vor den Medien*, München 2007, darin besonders Kittler, »Mousa oder Litteratura«, S. 17-29.

17 So, um nur einige Beispiele zu nennen, die Beiträge in Kittler, Friedrich A./Turk, Horst (Hg.), *Urszenen. Literaturwissenschaft als Diskursanalyse und Diskurskritik*, Frankfurt/M. 1977; Bosse, Heinrich, *Autorschaft ist Werkherrschaft. Über die Entstehung des Urheberrechts aus dem Geist der Goethezeit*, Paderborn 1981; Siegert, Bernhard, *Relais. Geschicke der Literatur als Epoche der Post*, Berlin 1993; Dotzler, Bernhard, *Papiermaschinen. Versuch über communication & control in Literatur und Technik*, Berlin 1996; Rieger, Stefan, *Speichern – Merken. Die künstlichen Intelligenzen des Barock*, München 1997.

Literatur ein in das ihr zeitgenössische Geflecht wissenschaftlicher, politischer, philosophischer, ästhetischer und populärer Redeweisen. Sie fragt nach den Mechanismen, etwa den Standards und Diskursregeln von Wissenschaftlichkeit, ebenso wie nach den Institutionen, die darüber bestimmen, was sichtbar, was sagbar und damit wißbar ist. Sie fragt auch nach den Formen der Differenzierung zwischen sich in der Moderne zunehmend spezialisierenden Diskursformen und den Weisen ihrer Zirkulation. Wenn Gesellschaft so mit Foucault als Ensemble diskursiver Praktiken und ihrer (wie Foucault am Beispiel des Strafvollzugs oder der Sexualität gezeigt hat) Wirkungen für die Konstitution von Subjektivität gesehen wird, dann stellt sich die Frage nach dem spezifischen Ort von Literatur im Geflecht dieser ausdifferenzierten Diskurse. Eine Möglichkeit besteht darin, Literatur als Ort eines »Interdiskurses« zu beschreiben, der Spezialdiskurse miteinander verbindet, sie integriert oder kombiniert, vor allem aber auch popularisiert und kollektiv anschließbar macht.[18] Literatur wird so zum Spezialfall eines integrierenden und entdifferenzierenden Diskurses, ein Spezialdiskurs mit eigenen internen Formierungsregeln unter anderen Spezialdiskursen, aber einer, der permanent diskursübergreifende Elemente wie Mythen, Kollektivsymbole, Metaphern und Bilder aufnimmt, verarbeitet und produziert. Literatur ist so ein elementarer Faktor der sozialen Integration und der Vermittlung geteilter Normen, Wissensbestände und Semantiken. Aber sie ist damit auch ein eminentes Mittel der Durchsetzung gesellschaftlicher Normalisierung: Es ist Literatur, so argumentiert Jürgen Link in seinem *Versuch über den Normalismus*, in der anschaulich (und nicht selten: akzeptabel) gemacht wird, was gesellschaftlich als »normal« zu gelten hat.[19] Die großen Familienromane des 19. Jahrhunderts, wie etwa Zolas Romanzyklus *Les Rougon-Macquart*, aber auch noch Thomas Manns *Buddenbrooks*, lassen sich so zum Beispiel als narrative Ausfaltungen eines biopolitischen Degenerationsdiskurses lesen, der darum bemüht ist, die »minderwertigen« und abweichenden Elemente der Gesellschaft sichtbar zu machen und sie medizinisch und statistisch zu erfassen. Sosehr Literatur, in einer diskurs-

18 Link, Jürgen/Link-Heer, Ursula, »Diskurs/Interdiskurs und Literaturanalyse«, in: *LiLi* 20, 1990, S. 88-99; Link, Jürgen, »Einleitung«, in: ders., *Elementare Literatur und generative Diskursanalyse*, München 1983.
19 Link, Jürgen, *Versuch über den Normalismus. Wie Normalität produziert wird*, Opladen/Wiesbaden 1999.

analytischen Perspektive, in die jeweils gültigen sozialen Normen und Normalitäten verstrickt sein mag, so ermöglicht das spezielle Sprachspiel, das Literatur ist, ihr allerdings auch Raum für Experimente, Gegen-Diskurse oder »Karnevalisierungen« (Bachtin) herrschender Spezialdiskurse.[20]

Die Frage nach der Normalisierungsleistung (aber auch: Normalisierungs*kritik*) von Literatur löst die Singularität ihrer Sprache und ihrer Darstellungsweisen, auf der die Dekonstruktion zu Recht insistiert hatte, auf in ihre kommunikative Funktion. Literatur ist so gesehen eine – wenn auch relativ komplizierte – Form sozialer Kommunikation. Zweifellos hat Literatur eminenten Anteil an Kommunikationsprozessen, aber sie geht nicht darin auf, so wie ihre Sprache nicht auf »Mitteilung« oder »Symbolisierung« zu reduzieren ist. Eine stärker an den Foucault der *Archäologie des Wissens* und der *Ordnung der Dinge* anschließende Blickrichtung nimmt daher eher die *Wissensformen* in den Blick, die Literatur aufgreift, verarbeitet oder auch generiert. Ihr geht es um die Art und Weise, wie Literatur Wissen formatiert und transformiert. Das bedeutet, zu fragen, wie Literatur den Raum des Sicht- und Sagbaren konstituiert, wie sie etwas darstellt oder genauer: ihren Gegenstand zunächst einmal in eine Sphäre der Darstellbarkeit erhebt. Es geht um die Formen der Inszenierung von Wissen, die Zonen der Sichtbarkeit und Unsichtbarkeit in einem Text. Dies setzt einen Begriff von Wissen voraus, der über die Wissenschaftsdisziplinen hinausgeht. Foucault ging es um ein »historisches Apriori«, das heißt »die Bedingungen des Auftauchens von Aussagen, das Gesetz ihrer Koexistenz mit anderen, die spezifische Form ihrer Seinsweise und die Prinzipien [...] nach denen sie fortbestehen, sich transformieren und verschwinden«.[21] Wissen durchzieht also Äußerungsweisen unterschiedlichster Art: das wissenschaftliche Traktat ebenso wie eine Experimentalanordnung, einen literarischen Text ebenso wie einen politischen Erlaß. Es liegt nicht nur in Form von Texten vor, sondern auch in Form von Dingen (Objekten etwa, die als Instrumente oder Medien bestimmte Formen von Erkenntnis überhaupt erst möglich machen), von diskursiven

---

20 Als eine solche Karnevalisierung zeitgenössischer Wissenschaftsdiskurse, aber auch esoterischen Wissens hat beispielsweise Renate Lachmann die Phantastik beschrieben. Lachmann, Renate, *Erzählte Phantastik. Zur Phantasiegeschichte und Semantik phantastischer Texte*, Frankfurt/M. 2002.

21 Foucault, Michel, *Die Archäologie des Wissens*, Frankfurt/M. 1981, S. 184.

Praktiken (Praktiken etwa der Aufzeichnung menschlichen Aussehens oder Verhaltens) oder als Institutionen, die die Erhebung, Speicherung und Zirkulation von Daten regeln (zum Beispiel Akten, Archive, Behörden, Kliniken, Universitäten). In einer solchen wissensgeschichtlichen Perspektive wird zweierlei sichtbar: Zum einen zeigt sich die gleichsam »poetologische« Verfaßtheit von Wissen. Wissen ergibt sich nicht von selbst aus einem Gegenstand, sondern entspringt einer spezifischen Zusammenkunft von Technik, Experimentalverfahren, sozialen oder politischen Erkenntnisinteressen und nicht zuletzt Schreibweisen, deren poetologische Struktur zu analysieren ist. Zum anderen wird Literatur so lesbar als eigenständige Wissensformation, die historisch virulente Wissensdiskurse aufgreift, in Szene setzt und deren Schreibweisen zitiert, simuliert oder transformiert (etwa in Form der Parodie). In dieser spezifisch literarischen Inszenierung von Wissen macht Literatur die Konstitutionsbedingungen, Wirkungen und nicht zuletzt die blinden Flecken von Wissensformen sichtbar. Diese Reflexionsleistung der Literatur zu analysieren ist das Programm einer »Poetologie des Wissens«.[22] Der Vorzug eines solchen Blicks auf Literatur ist dabei der einer flexiblen Kopplung: Indem er Literatur an alle in einer gegebenen Gesellschaft möglichen Diskurse und Wissensformen anschließbar macht, ohne das Verhältnis von Literatur und Wissenschaft, Literatur und Gesellschaft, Literatur und Subjekten als bereits geklärt anzunehmen, läßt er Raum für die Eigenart des jeweiligen Textes und seiner spezifischen Wissensinszenierung. Er vermeidet es auch, Texte auf Funktionen wie Kommunikation, Repräsentation oder symbolisches Handeln festzulegen. »Das Wesentliche«, so bemerkte Deleuze im Blick auf Foucaults Wissensarchäologie, »besteht nicht in der Überschreitung der Dualität Wissenschaft-Poesie. [...] Es liegt in der Entdeckung und Vermessung jenes unbekannten Landes, in dem eine literarische Fiktion, eine wissenschaftliche Proposition, ein alltäglicher Satz, ein schi-

22 Programmatisch dazu Vogl, Joseph, »Für eine Poetologie des Wissens«, in: *Die Literatur und die Wissenschaften 1770-1930*, hg. v. Karl Richter et al., Stuttgart 1997, S. 107-127. Exemplarische Studien, die die fruchtbare Verbindung von Literaturwissenschaft und Wissenschaftsgeschichte zeigen, welche die Poetologie des Wissens vorschlägt, sind etwa Schäffner, Wolfgang, *Die Ordnungen des Wahns. Zur Poetologie psychiatrischen Wissens bei Alfred Döblin*, München 1995, und Krause, Marcus/Pethes, Nicolas, *Literarische Experimentalkulturen. Poetologien des Experiments im 19. Jahrhundert*, Würzburg 2005.

zophrener Unsinn usw. gleichermaßen Aussagen sind, wenngleich ohne gemeinsames Maß, ohne jede Reduktion oder diskursive Äquivalenz. [...] Wissenschaft und Poesie sind gleichermaßen Wissen.«[23] Die Produktivität eines solchen Ansatzes liegt aber auch in der Erweiterung eines Begriffs von Wissen, der nicht nur wissenschaftliche Disziplinen umfaßt, sondern auch abgesunkene, arkane, populäre, esoterische, politische oder alltagspraktische Wissensformen. »Wissen« meint in dieser Perspektive eminent sozial wirksame Praktiken: etwa jene epistemischen Operationen, die nötig sind, eine Bevölkerung zu erfassen, Staatsbürger zu regieren oder kriegswichtige Informationen zu generieren. Jenseits der von Foucault gestellten Frage nach der Normalisierungs- und Disziplinierungsleistung bestimmter Diskurse hat sich so die Frage nach einem genuin politischen Wissen, seiner Geschichte, seinen Metaphern und Medien kristallisiert. Literatur wird so lesbar als Reflexion gesellschaftlicher Transformationen, die zuallererst die Transformation dessen ist, was eine Gesellschaft über sich weiß und wie sie sich epistemisch selbst faßt: etwa in den fiktiven Sozialexperimenten der literarischen Utopien und Robinsonaden, die elementare Formen von Tauschprozessen und Bevölkerungssteuerung durchspielen.[24] In literarischen Texten läßt sich so gleichsam *in nuce* die epistemische Struktur sozialer Selbstbeschreibung analysieren. Mit einer solchen Perspektive auf das Verhältnis von Literatur, Wissen und Gesellschaft kehrt sich die Fragerichtung einer Poetologie des Wissens um. Denn statt allein nach den wissenshistorischen Substraten der Literatur fragen, nach den Diskursen also, die aus den Diskussionen der Wissenschaftler, den Debatten der Politik oder dem zeitgeschichtlichen Alltag in die Literatur *eingehen*, muß umgekehrt auch gefragt werden, in welchem Maße Literatur wissenschaftliche, politische, religiöse oder populäre Diskurse informiert, wenn nicht *generiert*. Es sind Fiktionen, narrative Szenarien eines möglichen, denkbaren oder zu befürchtenden Ereignisses, die das, was eine Gesellschaft wissen will – über sich selbst und über die Welt – überhaupt erst auf den Plan rufen. Es sind nicht selten Erzählungen, die Typen von Ereignissen vorwegnehmen oder Probleme aufwerfen und sie damit überhaupt erst in den Denkraum der Wis-

---

23 Deleuze, Gilles, *Foucault*, Frankfurt/M. 1987, S. 34.
24 So etwa in Joseph Vogls Studie zum Erscheinen des *homo oeconomicus* in Literatur und Staatswissenschaften des 18. Jahrhunderts. Vogl, Joseph, *Kalkül und Leidenschaft. Poetik des ökonomischen Menschen*, München 2002.

senschaft, der Politik oder der Gesellschaft hineintragen. Literatur ist so nicht nur eine Analytik gegebenen Wissens, sondern vor allem auch ein Raum der Reflexion, gleichsam des Testens von möglichem Wissen. Fiktionen entwerfen Fragen, die noch nicht gestellt worden sind, aber gleichsam in der Luft – im epistemischen Raum des Denkbaren – liegen. So läßt sich beispielsweise zeigen, daß das moderne »Wissen vom Feind«, die Antizipation politischer Krisen und Konflikte, zuallererst von Fiktionen aufgeworfen worden ist, die es bereits publikumswirksam fordern, während Militär und Polizei der europäischen Großmächte noch nicht einmal davon träumen.[25] Die an Foucaults Wissensgeschichte anschließenden Konzepte von Literatur, die das gegenwärtige Verständnis einer neuen, kulturwissenschaftlichen Form der Literaturanalyse entscheidend geprägt haben, fassen also nicht nur Literatur in einem Kontinuum anderer gesellschaftlich akuter Diskurse, ohne deren Eigensinn und Eigenart aus dem Auge zu verlieren. Sie sehen umgekehrt auch Gesellschaft selbst als einen Komplex aus Diskursen, deren Möglichkeitsbedingen und Wirksamkeiten in Literatur nicht nur mit besonderer Prägnanz zu studieren sind, sondern von ihr überhaupt erst denkbar gemacht werden.

Kultur

Ein verwandter, ebenfalls an die Impulse poststrukturalistischer Theorie anknüpfender Vorschlag zum Verständnis von Literatur als sozialem Gegenstand nimmt statt einer wissenshistorischen Perspektive eher einen kulturtheoretischen und -historischen Blick auf Literatur ein: Anstelle (aber oft auch im Verein mit) einer »Poetologie des *Wissens*« geht es um eine »poetics of *culture*« (Stephen Greenblatt). Der New Historicism teilt dezidiert den diskurshistorischen Ansatz, erweitert ihn aber zu einem Blick auf Geschichte als Geflecht diskursiver, aber auch nichtdiskursiver kultureller Praktiken oder gesell-

25 Für die Wissensgeschichte der Secret Intelligence und deren intrikater Verwicklung mit literarischen Fiktionen habe ich das gezeigt in Horn, Eva, *Der geheime Krieg. Verrat, Spionage und moderne Fiktion*, Frankfurt/M. 2007. Niels Werber hat im Rückgriff auf Literatur und Film die geopolitischen Raumphantasien studiert, die in Fiktionen formatiert und plausibel werden, bevor sie in reale Raumpolitik umgesetzt werden. Werber, Niels, *Die Geopolitik der Literatur. Eine Vermessung der medialen Weltraumordnung*, München 2007.

schaftlicher Institutionen wie etwa Feste, Regeln des sozialen Wohl-
verhaltens, Kleidung, Körpertechniken, Rituale, politische Repräsentationsformen, Symbole und Bilder. Im Zentrum steht ein Begriff
von Kultur als »Netzwerk von Verhandlungen über den Austausch
von materiellen Gütern, Vorstellungen und – durch Institutionen
wie Sklaverei, Adoption oder Heirat – Menschen«.[26] Literatur ist damit ein Element in der historischen Rekonstruktion dieses komplexen Ganzen, der literarische Text ist ebenso Teil wie Schauplatz dieser »Verhandungen« und damit des Gewebes von Reden, Praktiken
und Techniken, aus denen Gesellschaft besteht. Greenblatt fragt explizit nach den sozialen Spieleinsätzen eines literarischen Textes, etwa
eines Theaterstücks im elisabethanischen England: »Welchen Verhaltensweisen und welchen Handlungsmodellen scheint dieses Werk
Geltung zu verschaffen? [...] Auf welchen gesellschaftlichen Selbstverständlichkeiten beruht das Werk?«[27] So hat Greenblatt in seinen
wegweisenden Shakespeare-Studien weniger Lektüren der Stücke vorgelegt als die Spuren historisch virulenter Konfliktlinien aufgewie-
sen, die die Stücke durchkreuzen: etwa die Debatte um den Exorzis-
mus in *King Lear*, die Einübung guter Sitten in *As you like it* oder die
Stufen der Selbstzerstörung politischer Autorität in *Richard II*. Kennzeichnend für den Literaturbegriff des New Historicism ist die Ein-
ziehung der traditionellen Unterscheidung zwischen literarischem
und nichtliterarischem Schreiben, Fiktion und Dokument, kano-
nischem Klassiker und vergessenem Text. Zwar ist der kanonische
Text – Greenblatts Paradigma ist Shakespeare – ein privilegiertes
Kraftfeld »sozialer Energie«, in dem sich Konflikte, Ängste, Wertvorstellungen und Gebräuche in besonders prägnanter Weise bündeln,
aber diese Prägnanz des Literarischen wird nur sichtbar im Nachweis
seiner untrennbaren Verflochtenheit mit seinem historischen Umfeld kultureller Praktiken und Bedeutungssysteme. Das Motto eines
solchen Blicks auf Literatur ist der Satz Paul Celans: »Jedes Gedicht
ist datierbar«. Es ist der literarische Text selbst – sein Entstehen, seine
Aufführung, seine Gegenstände, seine Rezeption –, der als geschicht-
liches Ereignis und soziales Faktum beschreibbar wird.[28]

26 Greenblatt, Stephen, »Kultur«, in: *New Historicism. Literaturgeschichte als Poetik
    der Kultur*, hg. v. Moritz Baßler, Frankfurt/M. 1995, S. 55.
27 Ebd., S. 50.
28 Der ambitionierteste und überzeugende Versuch, nach diesem Prinzip eine ganze

Auf einer noch elementareren Ebene setzen Ansätze an, die Literatur als »Kulturtechnik« betrachten. Sieht man das Schreiben und Lesen von literarischen Texten als eine Technik zur Konstitution von Kultur als der selbstgeschaffenen Umwelt des Menschen an, dann stellt man sie in den Kontext etlicher anderer – elementarer oder hochkomplexer – Kulturtechniken. Schreiben, Lesen und Rechnen, Speichern und Merken, aber auch die Techniken der Vermessung und Aneignung des Raums, der Einsatz von Bildern und Symbolen, die Disziplinen und Diätetiken des Körpers sind elementare Handlungsformen, die das Ensemble dessen überhaupt erst konstituieren, was als »Kultur« dann Gegenstand gesellschaftlicher Selbstbeschreibungen wird. »*Man* does not exist independently of cultural techniques of homization, *Time* does not exist independently of cultural techniques for calculating and measuring time, *Space* does not exist independently of cultural techniques for surveying and administering space.«[29] Literatur in den Kontext von Kulturtechniken einzutragen heißt, sie auf die elementaren Kulturtechniken zurückzuführen, aus denen sie hervorgegangen ist und deren Funktionen sie noch immer erfüllt: die Techniken des Aufschreibens und Verzeichnens, des Speicherns und Memorierens, die Praktiken der Aufführung und des Spiels, des Gesangs und Vortragens, des Erzählens und Beschreibens und nicht zuletzt des Inszenierens und Erfindens. Im Blick auf diese elementaren Techniken, die sich in einer Hochkultur zur komplexen Form des Literarischen kristallisiert haben, lassen sich elementare soziale Funktionen von Literatur identifizieren: etwa die Gemeinschaftsstiftung in der theatralen Aufführung oder im Vortrag vor Publikum, die Verzeichnung des Erinnerungswürdigen, die fiktionale Konstruktion eines kollektiven Imaginären oder die Transmission von kulturellem Wissen. Zugleich werden diese elementaren Funktionen von Literatur (nicht nur Schreiben und Lesen, sondern auch Speichern und Fingieren) als *Techniken* beschreibbar und somit eingetragen ins Ensemble anderer Techniken der Speicherung, Übertragung und Symbolisierung.[30] Literatur ist ein Medium in diesem

Literaturgeschichte zu strukturieren, ist Wellbery, David/Ryan, Judith/Gumbrecht, Hans Ulrich (Hg.), *Eine neue Geschichte der deutschen Literatur*, Berlin 2007.

29 Siegert, Bernhard, »Cacography or Communication? Cultural Techniques in German Media Studies«, in: *Grey Room: New German Media Theory* 29, 2007, S. 30.

30 Vgl. das Vorwort der Herausgeber in Nanz, Tobias/Siegert, Bernhard (Hg.), *Ex machina. Beiträge zur Geschichte der Kulturtechniken*, Weimar 2006.

technischen Sinne: ein Verfahren der Encodierung und Decodierung, aber auch der Auflösung von Codes und Symbolsystemen. »Media are not only culture techniques that suspend codes or disseminate, internalize, and institutionalize sign and symbol systems; they also serve to loosen cultural codes, erase signs, deterritorialize images and tones.«[31] Literatur als Kulturtechnik – genauer: als *Ensemble von Kulturtechniken* – zu betrachten heißt nicht nur, sie dezidiert im Gefüge anderer Medien zu verorten (wie Kittler und andere dies vorgeschlagen haben), sondern auch, sie im Gefüge derjenigen sozialen Operationen zu situieren, die am Ursprung jeder Akkulturation und jeder Vergesellschaftung liegen. Noch vor aller Rede von »Identität« und »Gemeinschaft« sind diese Operationen konstitutive Scheidungen: die Trennung zwischen Eigenem und Fremdem, Natur und Kultur, Innen und Außen, Sprache und Sprachlosigkeit, Freund und Feind, Zentrum und Rand. Die Codes und Symbole, die diese Scheidungen ermöglichen, müssen etabliert und *verzeichnet* werden; die Akte, die sie plausibel machen, memoriert und in eine Abfolge gebracht, mithin *erzählt* werden; die Mythen, die sie legitimieren, *erfunden* werden – all dies ist das genuine Operationsgebiet der Literatur. Sie nimmt teil an dieser Konstitution von Kultur und Gesellschaft, aber sie macht zugleich die Prinzipien (und nicht selten die Abgründe) dieser Konstruktion durchsichtig. Literatur ist ein soziales Agens – ein Medium im Gefüge anderer Medien von der Malerei bis zu den Massenmedien –, das die Vorstellungen einer Gesellschaft davon prägt, was sie überhaupt sei: was sie zusammenhält, was ihre Vergangenheit gewesen sein wird, was die Funktion und Berechtigung ihrer Institutionen ist. Diese Vorstellungen sind, so verbindlich und bindend sie sein mögen, Konstruktionen, die nicht auf ein gegebenes Reales referieren, sondern die letztendlich auf Prozessen der Anerkennung, des Glaubens oder des Glauben-Machens beruhen. In diesem Sinne sind sie *fiktiv*: kollektiv geteilte Annahmen, deren Wirksamkeit aber einzig und allein auf ihrer allgemeinen Akzeptanz beruht – ein Zirkel des Glaubens und Glauben-Machens. Zumal die Gesellschaftstheorien des Poststrukturalismus, die den Konstruktcharakter gesellschaftlicher Institutionen herausgearbeitet haben, führen zu der »Einsicht [...], daß die soziale und politische Ordnung selbst auf einer Ordnung des Imaginären beruht, welche Dichoto-

31 Siegert, »Cacography or Communication?«, a. a. O., S. 31.

mien vom Typ Basis-Überbau oder Realität-Fiktion durchkreuzt. Denn keine Gesellschaft existiert ohne Institutionen, und Institutionen sind in dem hier bezeichneten Sinn fiktiv. Allein damit sich eine Ansammlung von Individuen als kollektiver Agent begreifen kann, um sich überhaupt institutionsfähig zu machen, ist eine Reihe von schöpferischen ästhetischen Prozeduren erforderlich.«[32] Literatur ist der Ort solcher ästhetischen Prozeduren und wohl eines ihrer privilegierten Medien, wenn auch durchaus nicht das einzige. Literatur erzeugt diese Art von sozial integrierenden Fiktionen, sei es in der Plausibilität einer Erzählung, der schlagenden Persuasion einer dramatischen Rede oder in der Evidenz einer Metapher. Etwa die antike Metapher vom Kollektiv als Körper, die sich von Livius über Hobbes' Bild vom Leviathan bis zu modernen Führerbildern entfaltet, ist solch ein literarisches Konstrukt, an dem sich nicht nur die politische Wirksamkeit des Ästhetischen studieren läßt, sondern auch das, was in ihm verschwiegen und unterschlagen wird.[33] Literatur hat somit eminenten Anteil an der Konstruktion des Sozialen, aber in ihrer Form macht sie auch die Operationen sichtbar, die diese Konstruktion als willkürlich, kontingent und nicht selten gewaltsam ausweisen. Literatur ist damit nicht nur Konstruktion, sondern immer auch Dekonstruktion des Sozialen. Denn in der reflexiven Form der poetischen Sprache kann Literatur erzählen und zugleich implizit darauf verweisen, was sie *nicht* erzählt, sie kann bezeichnen und zugleich vermerken, was in dieser Bezeichnung unausgesprochen und unaussprechlich ist. In den Brüchen der Darstellung, den Doppelbödigkeiten auch noch des plausibelsten Narrativs oder der einleuchtendsten Metapher verweist Literatur auf einen Ungrund des Sozialen, auf die Fiktionen am Fundament aller sozialen Form.

32 Koschorke, Albrecht/Lüdemann, Susanne/Frank, Thomas/Matala de Mazza, Ethel, *Der fiktive Staat. Konstruktionen des politischen Körpers in der Geschichte Europas*, Frankfurt/M. 2007, S. 11.
33 Die Geschichte der Metapher vom Kollektivkörper vom 17. bis ins 19. Jahrhundert ist der exemplarische Gegenstand der genannten Studie *Der fiktive Staat.*

Deleuze, Gilles, *Kritik und Klinik*, Frankfurt/M. 2000.

De Man, Paul, *Allegorien des Lesens*, Frankfurt/M. 1988.

Derrida, Jacques, *Acts of Literature*, New York/London 1992.

Foucault, Michel, »Was ist ein Autor?«, in: *Texte zur Theorie der Autorschaft*, hg. v. Fotis Jannidis et al., Stuttgart 2000, S. 198-232.

Greenblatt, Stephen, »Kultur«, in: *New Historicism. Literaturgeschichte als Poetik der Kultur*, hg. v. Moritz Baßler, Frankfurt/M. 1995, S. 48-59.

Kittler, Friedrich A., *Aufschreibesysteme 1800/1900*, München 1985.

Koschorke, Albrecht/Lüdemann, Susanne/Frank, Thomas/Matala de Mazza, Ethel, *Der fiktive Staat. Konstruktionen des politischen Körpers in der Geschichte Europas*, Frankfurt/M. 2007.

Link, Jürgen/Link-Heer, Ursula, *Literatursoziologisches Propädeutikum*, München 1980.

Link, Jürgen/Link-Heer, Ursula, »Diskurs/Interdiskurs und Literaturanalyse«, in: *LiLi* 20, 1990, S. 88-99.

Siegert, Bernhard, »Cacography or Communication? Cultural Techniques in German Media Studies«, in: *Grey Room: New German Media Theory* 29, 2007, S. 26-47.

Vogl, Joseph, »Für eine Poetologie des Wissens«, in: *Die Literatur und die Wissenschaften 1770-1930*, hg. v. Karl Richter et al., Stuttgart 1997, S. 107-127.

Wellbery, David/Ryan, Judith/Gumbrecht, Hans Ulrich (Hg.), *Eine neue Geschichte der deutschen Literatur*, Berlin 2007.

Sophia Prinz/Hilmar Schäfer
Kunst und Architektur
Materielle Strukturen der Sichtbarkeit

1. Antiästhetische Haltungen in der Kunst- und Architektursoziologie

Die soziologische Perspektive ordnet Kunst und ästhetische Praktiken in den Horizont historisch-spezifischer gesellschaftlicher Zusammenhänge ein. Darin unterscheidet sich die Kunstsoziologie grundsätzlich sowohl von den Positionen der klassischen philosophischen Ästhetik, die das (Kunst-)Schöne allgemein zu definieren sucht, als auch von der traditionellen Kunstgeschichte, die das einzelne Werk und dessen Stilgeschichte in den Mittelpunkt stellt.

Die Gründungsväter der Soziologie haben sich nur peripher mit Kunst auseinandergesetzt, erst im Laufe des 20. Jahrhunderts bildeten sich im deutschsprachigen und frankophonen Raum sowie ab den 1970er Jahren auch in der angloamerikanischen Soziologie spezifisch kunstsoziologische Ansätze heraus,[1] die sich grob in fünf verschiedene Strömungen einteilen lassen: 1. Innerhalb der Kritischen Theorie, zu deren Vertretern Theodor W. Adorno und Walter Benjamin gehören, wurden unterschiedliche Auffassungen von der gesellschaftlichen Funktion der Kunst vertreten. Während Adorno den Wahrheitsgehalt der Kunst gegenüber den Verdinglichungen der Kulturindustrie verteidigte, befürwortete Benjamin die Dekonstruktion der bürgerlichen Kunsttradition durch die neuen Medien. Aufgrund ihres normativ-philosophischen Gehalts spielte die Kritische Theorie jedoch in der jüngeren kunstsoziologischen Diskussion kaum eine Rolle. 2. Der marxistische Kunstsoziologe und -historiker Arnold Hauser interpretierte Kunst als den Ausdruck eines gesellschaftlichen Verhältnisses. Hausers ideologiekritische Sozialgeschichte der Kunst wurde in der Soziologie nicht weiterverfolgt, aber später von der New Art History in veränderter Form aufgegriffen.

---

1 Für einen Überblick über die Entwicklung der Kunstsoziologie, insbesondere im Hinblick auf ihr Verhältnis zu ästhetischen Fragestellungen, vgl. Wuggenig, Ulf, »Soziologie und bildende Kunst«, in: *Kunst – Soziologie – Geschichte*, hg. v. Alfred Smudits/Helmut Staubmann, Frankfurt/M./New York 1997, S. 293-320.

3. In den 1960er Jahren nahm die empirische Rezeptionsforschung von Alphons Silbermann, der Kunstphänomene rein quantitativ erforschte und alle soziologischen Aussagen zur Ästhetik ablehnte, die positivistische Gegenposition zur Kunsttheorie der Frankfurter Schule ein. 4. In Amerika setzte sich Ende der 1970er Jahre schließlich der »Production-of-culture«-Ansatz durch, bis heute eine der dominanten Theoriepositionen im Bereich der Kunstsoziologie. Ausgehend von Howard S. Beckers These, Kunst sei kollektiv produziert, sowie Cynthia und Harrison Whites Arbeiten zum Pariser Galeriensystem im 19. Jahrhundert, entwickelten unter anderem Richard A. Peterson und Diana Crane eine Theorieperspektive, in der Erkenntnisse aus der Industrie-, Organisations- und Berufssoziologie auf Bereiche der Kultur übertragen wurden, um herauszuarbeiten, welche Auswirkungen Infrastrukturen, Gatekeeper oder Distributionssysteme auf die Inhalte und Formen künstlerischer Produktion haben.[2] 5. Als der wichtigste Vertreter der europäischen Kunstsoziologie gilt heute Pierre Bourdieu, der sowohl die sozialisationsbedingten Rezeptionsdispositionen der verschiedenen gesellschaftlichen Klassen erforschte als auch die spezifischen Regeln eines »relativ autonomen« Kunstfeldes analysierte.[3] In dieser soziologischen Perspektive, welche die kulturelle Reproduktion von Ungleichheit und sozialen Feldern im Blick hat, spielt die formalästhetische Beschaffenheit der Kunstwerke keine Rolle. Seit den 1970er Jahren wird die kunstsoziologische Theoriebildung vornehmlich von den beiden letzteren Ansätzen geprägt, welche sich auf die institutionellen und sozialen Bedingungen der Kunstproduktion und -rezeption konzentrieren.

Im Bereich der Architektursoziologie, die bis heute keinen eigenständigen Stellenwert unter den speziellen Soziologien erlangt hat, gibt es außerhalb der Ansätze in der Stadt- und Regional-, Raum- oder Wohnsoziologie bisher noch keine kanonisierten Theorien. Erst in jüngster Zeit beginnen sich die Konturen einer Architektursoziologie im engeren Sinne abzuzeichnen, welche die gesellschafts- und subjektkonstitutive Wirkung der formalen, materialen und ästheti-

---

2 Vgl. etwa Peterson, Richard A., »Kultursoziologie aus Sicht der Produktionsperspektive«, in: *Zeitgenössische amerikanische Soziologie*, hg. v. Hans-Peter Müller/ Steffen Sigmund, Opladen 2000, S. 281-312

3 Vgl. Bourdieu, Pierre, *Die feinen Unterschiede*, Frankfurt/M. 1982, und ders., *Die Regeln der Kunst*, Frankfurt/M. 1999.

schen Eigenschaften von gebauter Umwelt in den Blick nimmt.[4] Inwiefern das poststrukturalistische Theorieinstrumentarium diese Dimensionen von Architektur zu erfassen vermag, soll im folgenden diskutiert werden.

Zunächst sei hier jedoch auf einige zentrale Schwachstellen der feldtheoretischen Position und des »Production-of-culture«-Ansatzes verwiesen, um das theoretische Innovationspotential einer poststrukturalistisch inspirierten Kunst- und Architektursoziologie verdeutlichen zu können. So fällt etwa auf, daß die prominenten Ansätze der Kunstsoziologie dazu tendieren, die zentralen Prämissen der philosophischen Ästhetik – die Autonomie der Kunst, die Vorstellung von einem schöpferischen Genie sowie die Universalität des »reinen Blicks« (Bourdieu) und der ästhetischen Haltung – zugunsten einer Fokussierung auf die soziale Bedingtheit und Funktion der Kunst zu verwerfen. Das theoretische Ungleichgewicht der klassischen Ästhetik und Kunstgeschichte, welche die Autonomie der Kunst überschätzen, wurde von der Kunstsoziologie umgekehrt, indem die Priorität auf die außerästhetische soziale Struktur verschoben wurde, die nunmehr als das determinierende Prinzip des Ästhetischen galt.[5] Damit verlor die Dimension des ästhetischen Affekts nahezu vollständig an Bedeutung. Im Anschluß an poststrukturalistische Ansätze könnte dagegen die ästhetische Erfahrung als Irritation alltäglicher Wahrnehmungsschemata gedeutet und somit als strukturelles Prinzip einer soziologischen Analyse zugänglich gemacht werden. Die poststrukturalistische Analyse der ästhetischen Störung von Sinnmustern birgt zudem das Potential, eine kritische Kunstsoziologie zu reformulieren.

Ein weiteres Defizit der feld- und institutionstheoretischen Positionen liegt in deren Unvermögen, Mischungsverhältnisse, Uneindeutigkeiten und Strukturinstabilitäten theoretisch zu fassen. Beide Perspektiven gehen von relativ stabilen Produktions- und Rezeptionszusammenhängen aus. Bourdieu hält außerdem an einer eindeutigen Trennung von Hoch- und Populärkultur fest, die angesichts einer zunehmenden Rezeption von zeitgenössischer Kunst in den Medien

4 Vgl. Schäfers, Bernhard, *Architektursoziologie. Grundlagen – Epochen – Themen*, Opladen 2003 und Delitz, Heike, »Architektur als Medium des Sozialen. Ein Vorschlag zur Neubegründung der Architektursoziologie«, in: *Sociologia Internationalis* 43, 2005, S. 1-25.

5 Die Soziologisierung der Ästhetik wurde bereits von Janet Wolff (*Aesthetics and the Sociology of Art*, London 1983) kritisiert.

und in popkulturellen Szenen sowie eines differenzierten Spiels der Distinktionen und Codes im Bereich des Designs, der Mode oder der Popmusik nicht mehr sinnvoll erscheint. Ein ähnliches Mischungsverhältnis läßt sich zwischen wirtschaftlichen und künstlerischen Semantiken und Subjektivitäten beobachten.[6]

Aus der grundsätzlich antiästhetischen Haltung der klassischen Kultursoziologie resultierte zudem eine fast vollständige Vernachlässigung ästhetischer Formen und ihrer Räumlichkeit.[7] In ihrer »Objektblindheit« ist die Kunstsoziologie jedoch kein Ausnahmefall – der Grundsatz der klassischen Soziologie, Soziales mit Sozialem erklären zu wollen, stand einer soziologischen Analyse von Objektwelten und Artefakten lange entgegen.[8] Dies mag auch einer der Gründe dafür sein, daß im Bereich der Architektursoziologie noch größere Forschungsdesiderata bestehen.

2. Poststrukturalistische Gegenpositionen

Im Gegensatz zur Kunstsoziologie der 1970er Jahre, die sich von den Positionen der philosophischen Ästhetik scharf abzugrenzen bemühte, offenbaren die theoretischen Ansätze, die zum Poststrukturalismus gezählt werden, ein auffälliges Interesse für ästhetische Fragestellungen. Diese generelle Affinität belegen nicht nur die zahlreichen Beiträge zu einzelnen künstlerischen Arbeiten, sondern sie läßt sich auch daran ablesen, daß die zentralen Annahmen des poststrukturalistischen Denkens eine erstaunliche Ähnlichkeit mit Interessengebieten der künstlerischen und literarischen Avantgardebewegungen der Jahrhundertwende aufweisen, wie etwa die Überschreitung hin zum ganz

---

6 Zum Künstler als Modell neoliberaler Subjektivität vgl. etwa Chiapello, Ève/Boltanski, Luc, *Der neue Geist des Kapitalismus*, Konstanz 2003. Ebenso ließen sich Foucaults Konzepte des »unternehmerischen Selbst« und einer »ästhetischen Existenz« analytisch miteinander vergleichen.

7 Ausnahmen finden sich etwa bei Arnold Hauser, der im Rahmen seiner historisch-materialistischen Lesart der Kunst Bilder als formalen Ausdruck der sozial-ökonomischen Basis einer Zeit analysiert, in Benjamins materialistischer Theorie des reproduzierbaren Kunstwerks sowie auch in Hans-Peter Thurns *Soziologie der Kunst*, Stuttgart 1973.

8 Vgl. dazu Eßbach, Wolfgang, »Antitechnische und antiästhetische Haltungen in der soziologischen Theorie«, in: *Technologien als Diskurse. Konstruktionen von Wissen, Medien und Körpern*, hg. v. Andreas Lösch et al., Heidelberg 2001, S. 123-136.

anderen, die Gleichzeitigkeit von Sinn und Nicht-Sinn sowie die Fragmentierung des modernen Subjekts.[9] Eine poststrukturalistische Kunstsoziologie sieht sich somit vor die Aufgabe gestellt, dieses ästhetische Moment der Sinnbrüche und -instabilitäten als heuristisches Instrument in ihre Analyse des Kunstfeldes zu integrieren.

Einige poststrukturalistische Ansätze interpretieren ferner Raum, Materialität und kulturelle Sichtbarkeiten als Faktoren der Subjektivierungs- und Vergesellschaftungsprozesse und ermöglichen dadurch eine Analyseperspektive, die nicht nur die diskursive Bedeutungsproduktion, sondern auch die soziale Relevanz von konkreten ästhetischen Objekten, Displays und Architektur berücksichtigt.

Für eine solche doppelte »Reästhetisierung« der Kunst- und Architektursoziologie sind daher sowohl die ästhetischen Konzepte der Poststrukturalisten allgemein (a), ihre Aufwertung der Rezeption als produktives Moment und ihr Einbezug des ästhetischen Affekts im besonderen (b) als auch ihre Beiträge zur Theorie von Materialität, Sichtbarkeit und Räumlichkeit beziehungsweise Architektur (c) von Bedeutung.

(a) Positionen zur Ästhetik

Im Gegensatz zur Feld- oder Systemtheorie, für die eine klare Trennung zwischen Ästhetischem und Außerästhetischem grundlegend ist, läßt sich innerhalb des Poststrukturalismus eine Tendenz feststellen, die Unterschiede zwischen Kunst und nichtkünstlerischen Objekten sowie Kunst und Philosophie zu verwischen. Bereits in Roland Barthes' semiotischer Analyse der Mode, Fotografie und Werbung[10] sowie auch in den an die Semiotik anschließenden Positionen der Cultural Studies[11] wird tendenziell die Grenze zwischen bildender Kunst, Alltagsästhetik und Textualität unterlaufen. Eine ähnliche Tendenz läßt sich zudem für Jacques Lacans Theorie kulturell spezifi-

9 Vgl. Moebius, Stephan, »Die Aufhebung der Kunst in Lebenspraxis. Die historischen Avantgardebewegungen und die Postmoderne«, in: *Kunst im Kulturkampf,* hg. v. Lutz Hieber/Stephan Moebius/Karl-Siegbert Rehberg, Bielefeld 2005, S. 49-63. Darauf ist möglicherweise auch die breite Rezeption des Poststrukturalismus im gegenwärtigen künstlerischen Diskurs zurückzuführen.

10 Vgl. Barthes, Roland, *Mythen des Alltags,* Frankfurt/M. 1994 sowie ders., *Die Sprache der Mode,* Frankfurt/M. 1985.

11 Vgl. Hall, Stuart, *Representation. Cultural Representations and Signifying Practices,* London u. a. 1997.

scher Blickregime[12] und Michel Foucaults Dispositivbegriff aufzeigen, welcher der Ebene der Sichtbarkeit gegenüber der Macht, dem Diskurs und dem Subjekt eine spezifische Eigenlogik zuspricht (siehe Abschnitt 3 unten).

Die radikalste Position vertritt Jean Baudrillard mit dem Postulat einer totalen Ästhetisierung der Welt,[13] welches mit seiner zeitdiagnostischen These, daß in der Ordnung der Hyperrealität zwischen Realität und Simulation nicht mehr zu unterscheiden sei, einhergeht. Im Zeitalter einer Transästhetik der Simulation, die Kunst und Medien gleichermaßen betrifft, löse sich die Trennung zwischen Ästhetischem und Nichtästhetischem grundsätzlich auf, die Kunst verschwinde.[14] Im Unterschied dazu halten die anderen Ansätze an einer Eigenlogik des Ästhetischen fest, dem bei Derrida, Deleuze/Guattari und Lyotard das Potential zugesprochen wird, kulturell etablierte Sinnmuster zu irritieren und zu dekonstruieren.

Derrida zufolge, der sich in *Die Wahrheit in der Malerei* mit dem Problem der Unübersetzbarkeit von ästhetischen Werten in die Ordnung der Sprache beschäftigt, tritt im spezifisch ästhetischen Verstehen die prinzipielle Negativität des Sinns, die jeglichem Verstehen immer schon zugrunde liegt, hervor, da sich ein Überschuß an Nicht-Sinn einstellt. Derridas Lektüren künstlerischer Arbeiten sind daher auch keine Dekonstruktionen, sondern ästhetische Kommentare, welche die Negativität des Wahrheitsgeschehens an den Werken zahlreicher Künstler illustrieren.[15] Voraussetzung für die Analytik des spezifisch ästhetischen Urteils ist, eine Grenze zwischen der Sphäre

12 Vgl. Lacan, Jacques, *Das Seminar. Buch XI. Die vier Grundbegriffe der Psychoanalyse*, Weinheim/Berlin 1987, bes. S. 73-126.

13 »Die Kunst ist heute überall in die Realität eingedrungen. Sie ist in den Museen, in den Galerien, aber auch im Abfall, auf den Mauern, in den Straßen, in der heute umstandslos sakralisierten Banalität aller Dinge. Die Ästhetisierung der Welt ist total.« (Baudrillard, Jean, »Towards the Vanishing Point of Art«, in: *Kunstforum International 100*, 1989, S. 386-391, hier S. 389.) Vgl. auch ders., »Transästhetik«, in: *Inszenierte Kunst Geschichte*, hg. v. Peter Weibel, Wien 1989, S. 8-16.

14 Die paradigmatische Künstlerpersönlichkeit ist für Baudrillard daher Andy Warhol, der mit seiner radikalen Affirmation der Warenhaftigkeit der Kunst und mit seinem Wunsch, eine Maschine zu werden, die lediglich Eindrücke registriert, der Logik der Simulation entspricht (vgl. zum Beispiel Baudrillard, Jean, »Andy Warhol. Snobbish Machine«, in: *Impossible Presence. Surface and Screen in the Photographic Era*, hg. v. Terry Smith, S. 183-192).

15 Vgl. zum Beispiel Derrida, Jacques, »Das Subjektil ent-sinnen«, in: *Antonin Artaud. Zeichnungen und Portraits*, hg. v. Paule Thévenin, München 1986, S. 49-

der Kunst und ihrem Außen einzuführen, wie Derrida im Rekurs auf Kants Begriff des Parergons aufzeigt.[16] Das Parergon – der Rahmen oder, im übertragenen Sinne, der Kontext eines Kunstwerks – wird dabei stets als Supplement gedacht, das weder Werk noch bloßes Beiwerk ist, weder außerhalb noch innerhalb des Werks verortet werden kann. Es umfaßt somit sowohl ein trennendes Moment der Einrahmung und Abgrenzung zwischen Wesentlichem und Unwesentlichem, Drinnen und Draußen als auch ein konstituierendes Moment, da das Werk erst in der Separierung entsteht: »Jede Analytik des ästhetischen Urteils setzt ständig voraus, daß man streng zwischen dem Intrinsischen und dem Extrinsischen unterscheiden kann.«[17]

Bei Deleuze und Guattari erhält die Kunst einen Sonderstatus als eine der drei großen Formen des Denkens (neben der Wissenschaft und der Philosophie), in der Chaos sinnlich empfindbar wird.[18] Deleuze beschäftigt sich in seinem Text über den Maler Francis Bacon mit den Möglichkeiten der Kunst, sich von der repräsentationalen Logik, das heißt vom Bezug auf ein abzubildendes Objekt, zu lösen und sich dem Nicht-Darstellbaren zu nähern. Sein Interesse gilt dabei der Nicht-Form, die er in Bacons Gemälden realisiert sieht. Dessen Malerei entzieht sich dem Abbildhaften auf der einen und dem abstrakten Formalismus auf der anderen Seite und wird so zum Diagramm, einer Zone, in der die »reine Differenz« nicht mit philosophischen, sondern mit malerischen Mitteln erforscht wird. Im Gegensatz zu der intellektuellen Wirkung der Abstraktion produziert Bacons Malerei dabei Sensationen – Empfindungen, die nie zuvor empfunden worden sind.[19]

109, sowie ders., *Aufzeichnungen eines Blinden. Das Selbstporträt und andere Ruinen*, München 1997.

16 Vgl. Derrida, Jacques, *Die Wahrheit in der Malerei*, Wien 1992, S. 31-176; Kant, Immanuel, *Kritik der Urteilskraft*, B 43; Dünkelsbühler, Ulrike, *Kritik der Rahmen-Vernunft. Parergon-Versionen nach Kant und Derrida*, München 1991; Carroll, David, *Paraesthetics. Foucault, Lyotard, Derrida*, New York/London 1987, S. 131-154.

17 Derrida, Jacques, *Die Wahrheit in der Malerei*, Wien 1992, S. 84.

18 Vgl. Deleuze, Gilles/Guattari, Félix, *Was ist Philosophie?*, Frankfurt/M. 1996 sowie Hesper, Stefan, *Schreiben ohne Text. Die prozessuale Ästhetik von Gilles Deleuze und Félix Guattari*, Opladen 1994, und Bourriaud, Nicolas, »Das ästhetische Paradigma«, in: *Ästhetik und Maschinismus. Texte zu und von Félix Guattari*, hg. v. Henning Schmidgen, Berlin 1995, S. 39-64.

19 Vgl. Deleuze, Gilles, *Francis Bacon. Logik der Sensation*, München 1995, S. 27 ff.

Ähnlich wie Deleuze schreibt Lyotard der postmodernen Kunst – insbesondere Barnett Newmans Malerei – eine disruptive Kraft hinsichtlich etablierter ästhetischer Strukturen und Wissensordnungen zu, die er mit Kants beziehungsweise Burkes Begriff des Erhabenen in Verbindung bringt.[20] Die Erfahrung des Erhabenen als ein inkommensurables Ereignis, ein pures »es geschieht«, das nicht mit herkömmlichen Wahrnehmungskategorien eingeordnet und verstanden werden kann, läßt »Andersheit« aufscheinen: »Sichtbar zu machen, daß es etwas gibt, das man denken, nicht aber sehen oder sichtbar machen kann: das ist der Einsatz der modernen Malerei.«[21] Dieses genuin Undarstellbare bezeichnet Lyotard auch als das Figurale, das sich als Gegendimension des Diskursiv-Sinnhaften in den Text (oder das Kunstwerk) einschreibt.[22]

Auch für Lacan nimmt die Kunst gegenüber der Wissenschaft insofern eine besondere Rolle ein, als sie »um die Leere herum organisiert ist«,[23] die den Platz des Undarstellbaren bezeichnet und somit die Repräsentation und Illusion als solche in Frage stellt.[24] In diesem Sinne ahmen Kunstwerke nicht nur die Objekte nach, sondern bringen sie in ein Verhältnis zu dem »Ding«, dem Gegenstand in seiner

---

20 Vgl. bes. Lyotard, Jean-François, »Das Erhabene und die Avantgarde«, in: ders., *Das Inhumane. Plaudereien über die Zeit*, Wien 1989, S. 159-187 und ders., *Die Analytik des Erhabenen. Kant-Lektionen*, München 1994, sowie Pries, Christine (Hg.), *Das Erhabene. Zwischen Grenzerfahrung und Größenwahn*, Weinheim 1989. Vgl. dazu auch die Diskussion des Erhabenen bei Derrida, *Die Wahrheit in der Malerei*, Wien 1992, S. 145-176.

21 Lyotard, Jean-François, »Beantwortung der Frage: Was ist postmodern?«, in: *Wege aus der Moderne. Schlüsseltexte der Postmoderne-Diskussion*, hg. v. Wolfgang Welsch, Weinheim 1988, S. 200.

22 Vgl. Lyotard, Jacques, *Discours, figure*, Paris 1971 und Gehring, Petra, *Innen des Außen – Außen des Innen. Foucault, Derrida, Lyotard*, München 1994, S. 208.

23 Vgl. Lacan, Jacques, *Das Seminar. Buch VII. Die Ethik der Psychoanalyse*, Berlin 1996, S. 173.

24 In seiner Besprechung von Hans Holbeins »Die Gesandten« (1533) macht er diesen Zusammenhang an der anamorphotischen Darstellung eines Totenschädels (als Symbol für die Leere, das Nichts) fest, der erst als solcher erscheint, sobald man den repräsentationalen Bildraum und somit die symbolische Ordnung der Sichtbarkeit verläßt. Vgl. Lacan, Jacques, »Die Anamorphose«, in: ders., *Das Seminar. Buch XI. Die vier Grundbegriffe der Psychoanalyse*, Weinheim/Berlin 1987, S. 85-96, sowie ders., *Das Seminar. Buch VII. Die Ethik der Psychoanalyse*, Berlin 1996, S. 166f. und S. 171.

stummen Realität, das der symbolischen Ordnung äußerlich bleibt und daher nicht vorstellbar ist.

(b) Rezeption und ästhetischer Affekt

Einer der wohl bekanntesten Beiträge des Poststrukturalismus zur Rezeptions- und Produktionsästhetik ist sicherlich die Debatte um den »Tod des Autors«, der nicht länger als dem Text vorausgehendes Subjekt und daher auch nicht als Referenzpunkt für die Textinterpretation gedacht wird. Während Barthes eine Theorie des Textes und der Intertextualität entwickelt, die den Text als ein »Gewebe von Zitaten«[25] versteht, welche durch den Schreiber lediglich kombiniert und vermischt werden können, hebt Foucault auf die Funktion der Autorfigur ab, die Begründung und Verbreitung von spezifischen Diskursen zu garantieren. Die Kategorie des Autors erscheint hier in ihren vielfältigen kulturellen Beziehungen, etwa zum Rechtssystem (Urheberrecht), sowie als soziale Funktion der Strukturierung von Sprache und Text.[26]

Neben dieser Darstellung strukturell-diskursiver Bedingungen ästhetischer Produktion und Rezeption analysiert Barthes auch das soziologisch weniger anschlußfähige Phänomen eines unreduzierbaren Affekts, der durch die Erfahrung eines uncodierten *punctum* in einem Bild ausgelöst werden könne. Infolge der Unfähigkeit, dieses bestechende Moment einer Photographie zu benennen, entsteht eine »innere Unruhe«,[27] die zur Störung von Wahrnehmungsschemata führen kann.

Die irrationale Dimension des Affekts klingt auch in Lyotards Konzept der Erhabenheitserfahrung an, die aufgrund ihres erschütternden Irritationsmoments ein komplexes Gefühl zwischen Schmerz und Lust im Rezipienten auslöst.[28] Ebenso charakterisiert Deleuze die neuartigen Hör-, Seh- und Empfindungsweisen, wie sie etwa durch Bacons antirepräsentationale Malerei produziert werden, als Perzepte

---

25 Vgl. Barthes, Roland, »Der Tod des Autors«, in: *Texte zur Theorie der Autorschaft*, hg. v. Fotis Jannidis et al., Stuttgart 2000, S. 185-193, hier S. 190.

26 Vgl. Foucault, Michel, »Was ist ein Autor? (Vortrag)«, in: ders., *Schriften in vier Bänden. Dits et Écrits. Band I. 1954-1969*, Frankfurt/M. 2001, S. 1003-1041.

27 Barthes, Roland, *Die helle Kammer. Bemerkungen zur Photographie*, Frankfurt/M. 1985, S. 60.

28 Vgl. Lyotard, Jean-François, »Das Erhabene und die Avantgarde«, a. a. O., S. 163f.

und Affekte, die sich entgegen herkömmlichen Perzeptionen oder Gefühlen der Affektion nicht mehr in die Logik des einheitlichen Subjekts integrieren lassen.[29]

Lacan konzipiert hingegen das Affektive nicht als eine Kraft, die jenseits jeglicher Sinn- und Bedeutungsstrukturen liegt: Generell entsteht die Bewegung des (visuellen) Begehrens innerhalb eines imaginären Identifikationsprozesses, sobald das Subjekt in die symbolische Ordnung eintritt, die als das Andere das Unbewußte des Subjekts strukturiert. Es ist das immerwährende Begehren, das Gefühl des Mangels zu überwinden, welches durch den Verlust der Unmittelbarkeit der Welt hervorgerufen wird.[30] Der soziologisch relevante Aspekt dieser psychoanalytischen Konzeption ist, daß sich hier das Affektive immer in Abhängigkeit vom historisch und kulturell spezifischen Symbolischen und in dialektischer Beziehung zu dem wahrgenommenen Begehren anderer Subjekte ausbildet und somit als sozial konstituiert verstanden werden muß.

(c) Raum, Architektur, Materialität und Sichtbarkeit

Neben der Begründung der ästhetischen Eigengesetzlichkeit und der Wirkung ästhetischer Affekte bieten poststrukturalistische Positionen darüber hinaus die Möglichkeit, Fragen der kulturellen Strukturierung von Sichtbarkeiten und visuellen Praktiken im allgemeinen aufzugreifen. Foucaults Begriff des Dispositivs öffnet die analytische Perspektive der Archäologie und Genealogie für die spezifische Eigenlogik der Sichtbarkeiten. Im Dispositiv verschränken sich diskursive und nichtdiskursive Praktiken sowie Sichtbarkeiten zu einem heterogenen Ensemble, dessen Elemente in ihren Beziehungen zueinander analysiert werden.[31] Entscheidend ist dabei, daß die Praktiken des Sehens und sichtbare Evidenzen nicht als unhintergehbare Kon-

---

29 Vgl. Deleuze, Gilles/Guattari, Félix, *Was ist Philosophie?*, Frankfurt/M. 1996, S. 191ff.

30 Vgl. Evan, Dylan, *Wörterbuch der Lacanschen Psychoanalyse*, Wien 2002, bes. S. 53-58.

31 Vgl. Foucault, Michel, »Das Spiel des Michel Foucault«, in: ders., *Schriften in vier Bänden. Dits et Écrits. Band III. 1976-1979*, Frankfurt/M. 2003, S. 391-429, sowie Deleuze, Gilles, »Was ist ein Dispositiv?«, in: *Spiele der Wahrheit. Michel Foucaults Denken*, hg. v. François Ewald/Bernhard Waldenfels, Frankfurt/M. 1991, S. 153-162.

stanten oder objektive Wahrheiten erscheinen,[32] sondern als historische Konstruktionen gedacht werden müssen, die sich hinsichtlich
ihres gesamten materiellen Kontextes – insbesondere im Sinne einer
architektonischen Verräumlichung des Blicks und der Entwicklung
visueller Reproduktionstechniken[33] – verändern.

Die Theorie dispositiver Sichtbarkeiten als historische Einschrän-
kungen und Lenkungen des Sichtbarkeitsfeldes ist teilweise mit
Lacans Begriff des kulturellen Blickregimes (*le regard*) vergleichbar.
Le regard bezeichnet die symbolische Ordnung im Feld der Anschau-
ung, die sowohl das visuelle Begehren als auch bestimmte optische
Ich-Ideale prädeterminiert.[34] Zwischen der abstrakt-strukturellen
Ebene des Blickregimes und dem konkreten individuellen Sehakt vermittelt eine dritte Instanz, die Lacan als »Schirm/Bild« bezeichnet
und die als das kulturell variable, bildförmige Medium verstanden
werden kann, durch das sich ein bestimmtes Blickregime für das
individuelle Sehen konkret materialisiert. In diesem Sinne interpretiert Lacan die (zentral)perspektivische Konstruktion, welche die
abendländischen Sichtbarkeitsmodi, Wissensmodelle und Subjekt-
begriffe seit der Renaissance entscheidend geprägt hat, als *eine* mögliche historische Formation des Blickregimes, die nur wenig über den
eigentlichen Prozeß des Sehens aussagt[35] und statt dessen eher ein
Beispiel dafür abgibt, »wie sehr das Subjekt [...] im Feld des Sehens
erfaßt, gefangen und gesteuert ist«.[36]

Hinsichtlich der materiellen Kultur verbindet Baudrillard in *Das
System der Dinge*, in dem er eine Semiotik des Objekts entwickelt,
eine materialistische Perspektive mit zeichentheoretischen Konzep-

---

32 Vgl. u. a. Jay, Martin, »Im Reich des Blicks: Foucault und die Diffamierung des Sehens im französischen Denken des zwanzigsten Jahrhunderts«, in: *Leviathan* 1,
1991, S. 130-156.

33 Vgl. Rajchmann, John, »Foucaults Kunst des Sehens«, in: *Imagineering: visuelle
Kultur und Politik der Sichtbarkeit*, hg. v. Tom Holert, Köln 2000, S. 40-63, hier
S. 43.

34 Vgl. Lacan, Jacques, »Das Spiegelstadium als Bildner der Ichfunktion, wie sie uns
in der psychoanalytischen Erfahrung erscheint«, in: *Texte zur Literaturtheorie der
Gegenwart*, hg. v. Dorothee Kimmich et al., Stuttgart 1996, S. 177-187.

35 Vgl. Silverman, Kaja, *Male Subjectivity at the Margins*, New York 1992, S. 146
und Lacan, Jacques, »Die Anamorphose«, in: ders., *Das Seminar. Bd. XI. Die vier
Grundbegriffe der Psychoanalyse*, Weinheim/Berlin 1987, S. 85-96, hier S. 93.

36 Lacan, Jacques, »Linie und Licht«, in: ders., *Das Seminar. Bd. XI.*, a. a. O., S. 97-
111, hier S. 98.

ten.[37] Anhand einer Analyse von Inneneinrichtungen wird die Feti-
schisierung von Alltagsobjekten demonstriert, die ein selbstreferen-
tielles System von Zeichen bilden. In Baudrillards späteren Arbeiten
wird dagegen die Widerständigkeit der Materialität betont und versucht, den Objektbegriff vom Subjektkonzept zu isolieren. Das Objekt erscheint hier als Verführer, als »seltsamer Attraktor«,[38] der über
das Subjekt triumphiert. Von enigmatischem Charakter und bösem
Geist, nimmt das Objekt, das weder passiv ist noch selbst als Subjekt
erscheint, Rache am Subjekt, indem es verführt, verfälscht, schweigt
und gleichgültig bleibt.[39]

Deleuze/Guattari fassen Materialität nicht in semiotischen Begriffen, sondern in ihrer fundamentalen Ausdehnung im Raum. In
dieser Immanenzphilosophie werden Dinge nicht als Objekte mit
bestimmten Merkmalen, sondern als reine Singularitäten verstanden,
die sich auf nomadische Weise in einem unbegrenzten, offenen Raum
verteilen.[40] Temporäre Stabilisierungen von Sinn entstehen Deleuze/
Guattari zufolge, indem die weltimmanenten ungelenkten Kraftströ-
me durch ordnende Territorialisierungsbewegungen kanalisiert werden. Die Metaphern der »Maschine« und der »Territorialisierung«
sind daher wortwörtlich als räumlich-technologische Größen zu verstehen. In *Tausend Plateaus* wird im Sinne eines flexiblen versus
eines stark strukturierten gesellschaftlichen Gebildes auch auf das
Bild vom glatten und gekerbten Raum rekurriert.[41]

Jenseits der räumlichen Sichtbarkeit und Materialität von Ob-
jekten im allgemeinen beschäftigen sich die poststrukturalistischen
Ansätze auch mit Architektur im engeren Sinne, die sowohl in ihrer
Zeichenhaftigkeit als auch in ihrer nicht in Sprache übersetzbaren
Räumlichkeit und Materialität gedacht wird. Foucaults Genealo-
gie des disziplinarischen Panoptismus hat für architektursoziologi-
sche Analysen Modellcharakter: In *Überwachen und Strafen* führt
Foucault an konkretem empirischen Material vor, wie Architektur

---

37 Vgl. Baudrillard, Jean, *Das System der Dinge. Über unser Verhältnis zu den alltäglichen Gegenständen*, Frankfurt/M. 1991. Die Arbeit ist durch Roland Barthes'
Die Sprache der Mode (Frankfurt/M. 1985) inspiriert.

38 Baudrillard, Jean, *Transparenz des Bösen*, Berlin 1992, S. 199.

39 Vgl. Baudrillard, Jean, *Die fatalen Strategien*, München 1991. Hier ergeben sich
auch Anschlußstellen zu Bruno Latours symmetrischer Anthropologie.

40 Vgl. Deleuze, Gilles, *Differenz und Wiederholung*, München 1992.

41 Vgl. Deleuze, Gilles/Guattari, Félix, *Tausend Plateaus*, Berlin 1992, insbesondere
S. 658-694.

als machttechnologisches Instrument fungiert und Subjektivitäten sowie Wissen produziert.[42] Auch Derrida hebt die Bedeutung der Architektur für Subjektivierungsprozesse hervor und problematisiert ihren Artefaktcharakter sowie ihre Historizität.[43] Er versteht die Erfahrung des Raums als Ereignis: »Wir erscheinen uns selbst nur im Ausgang von einer Erfahrung der Verräumlichung, die bereits durch die Architektur markiert ist. Das, was durch die Architektur zustößt, konstruiert und instruiert dieses *uns*.«[44] Wie Derrida betont auch Baudrillard die Ereignishaftigkeit der Architektur, hier scheinen aber vor allem der illusionäre Charakter der Architektur sowie ihre Virtualität auf. Gebäude werden als Zeichen verstanden, die nicht mehr auf eine Wahrheit oder Originalität des Raums, sondern auf die universelle und modulare Reproduzierbarkeit von Materialien und Formen verweisen.[45]

42 Vgl. Foucault, Michel, *Überwachen und Strafen*, Frankfurt/M. 1976, bes. S. 251-292.

43 Daneben arbeitet Derrida vier Invariablen des Bauens heraus, die er als Architektonik bezeichnet (vgl. Derrida, Jacques, »Am Nullpunkt der Verrücktheit – Jetzt die Architektur«, in: *Wege aus der Moderne. Schlüsseltexte der Postmoderne-Diskussion*, hg. v. Wolfgang Welsch, Weinheim 1988, S. 215-232, hier S. 220).

44 Ebd., S. 216. Derrida entwickelt seine Überlegungen zur Architektur in seiner Auseinandersetzung mit Bernard Tschumi, einem Vertreter der dekonstruktivistischen Architektur. Die dekonstruktivistische Architektur, die sich aus der Formensprache des russischen Konstruktivismus entwickelt, teilt einige ihrer Charakteristika mit den von Derrida ins Spiel gebrachten Lektürestrategien (vgl. Wigley, Mark, »Dekonstruktivistische Architektur«, in: *Dekonstruktivistische Architektur*, hg. v. Philip Johnson/ders., Stuttgart 1988, S. 10-20, sowie ders., *Architektur und Dekonstruktion. Derridas Phantom*, Basel u. a. 1994), auch wenn diese nicht bruchlos auf den gebauten Raum übertragen werden können (vgl. Bürger, Peter, »Dekonstruktion und Architektur«, in: *Dekonstruktion? Dekonstruktivismus? Aufbruch ins Chaos oder neues Bild der Welt?*, hg. v. Gert Kähler, Braunschweig 1991, S. 79-90). Sie zeichnet sich durch eine innere Konflikthaftigkeit und die Betonung von Fragmentierung gegenüber Einheit aus, wobei die Destabilisierung der Gebäudestruktur von innen heraus erfolgt.

45 Vgl. Baudrillard, Jean, *Architektur: Wahrheit oder Radikalität?*, Graz 1999.

3. Ansätze einer poststrukturalistischen Kunst- und Architektursoziologie

Spuren poststrukturalistischen Denkens lassen sich bislang vor allem in jenen Bereichen der Kunstsoziologie ausfindig machen, die den interdisziplinär ausgerichteten Cultural Studies nahestehen: So greift etwa die marxistisch orientierte Kultursoziologin Janet Wolff die Autordebatte auf, um der Frage kollektiver Kreativität nachzugehen,[46] und die angloamerikanischen Museum Studies[47] ließen sich maßgeblich von Foucaults Theorieprogramm beeinflussen. Bisher existiert aber noch keine systematische Aufarbeitung des theoretisch-konzeptionellen Potentials poststrukturalistischer Theoriebildung für die Kunst- und Architektursoziologie.

Grundsätzlich könnte der Poststrukturalismus dazu beitragen, die soziologische Vernachlässigung der formalen Qualitäten des ästhetischen Gegenstands sowie die Reduzierung des ästhetischen Werts auf einen rein sozialen Effekt zu überwinden. Diese »Reästhetisierung« ließe sich auf mehreren Ebenen realisieren: Erstens können die kunstsoziologischen Kategorien und Konstrukte hinsichtlich ihrer Instabilität und Unschärfe befragt werden, anstatt von kohärenten Einheiten und abgeschlossenen Feldern auszugehen. Zweitens wird die Möglichkeit eröffnet, Affekte als kulturell determiniert zu konzipieren beziehungsweise die Irritation von Denkschemata durch ästhetische Erfahrung einer soziologischen Analyse zugänglich zu machen. Schließlich ist der Hinwendung zu Raum, Materialität und Sichtbarkeit das Potential inhärent, sich mit einzelnen künstlerischen Objekten, Ausstellungsräumen sowie der Architektur als Medien von Vergesellschaftungs- und Subjektivierungsprozessen auseinanderzusetzen. Im folgenden werden diese denkbaren Neukonfigurationen des Forschungsfeldes unter Rückgriff auf die dargestellten Anschlußmöglichkeiten skizziert.

1. Eine kunstsoziologische Analyse, die sich an der Dekonstruktion von (Sinn-)Einheiten orientiert, müßte sich auf Unbeständigkeiten und Uneindeutigkeiten der feldspezifischen Grenzziehungen, Dis-

---

46 Vgl. Wolff, Janet, *The Social Production of Art*, London 1981.
47 Vgl. Greenberg, Reesa et al. (Hg.), *Thinking about Exhibitions*, London/New York 1996; Hooper-Greenhill, Eilean, *Museums and the Shaping of Knowledge*, London 1992 sowie Bennett, Tony, *The Birth of the Museum: History, Theory, Politics*, London 2006.

kurse und Subjektkonstruktionen konzentrieren.[48] Eine charakteristische Grenzziehung im Bereich der Kunstsoziologie ist die zwischen Kunst und Nicht-Kunst, die Derrida mit dem Begriff des Parergons in den Blick nimmt. Während der Rahmen bei Kant die Integrität der Ästhetik garantiert, interpretiert Derrida die Grenze zwischen Werk und dessen konstitutivem Kontext als fließend und instabil. Diese Kontextsensitivität, die sich nicht nur in Derridas Theorie, sondern im gesamten Theoriefeld des Poststrukturalismus abzeichnet, stellt eine grundsätzliche Anschlußfähigkeit für soziologische Fragestellungen dar. Entsprechend könnte die von Derrida proklamierte Prekarität der Grenze zwischen Text und Kontext als heuristisches Prinzip auf die kunstsoziologische Analyse der Abgrenzung des künstlerischen Feldes zu anderen gesellschaftlichen Bereichen, wie etwa dem ökonomischen, popkulturellen oder wissenschaftlichen Feld, übertragen werden. Ebenso ließen sich die eindeutige Grenze zwischen Produzent und Rezipient (etwa in partizipativen Projekten oder in der Performance-Kunst) hinterfragen sowie feldspezifische Bedeutungen, Diskurse und Subjektivitätsmodelle auf ihre Brüchigkeit und Instabilität hin überprüfen. Neben der dekonstruktivistischen Perspektive, die feldimmanente Öffnungen und feldübergreifende Hybridformen zu fassen sucht, ermöglicht eine diskursanalytische Herangehensweise, historisch spezifische Sagbarkeits- und Denkbarkeitsmuster sowie Praktiken der Kunstproduktion und -rezeption genealogisch in ihrer Herausbildung und Hegemonialisierung zu verfolgen. Beispielsweise kann die Repräsentation beziehungsweise Exklusion von Frauen auf der Ebene der Kunstproduktion, der Kunstgeschichte, der kuratorischen Praxis und der bildlichen Darstellung diskursanalytisch untersucht werden.[49] Aber auch kunstrelevante Se-

---

48 Für die soziologische Theorie allgemein haben diesbezüglich bereits Urs Stäheli (*Poststrukturalistische Soziologien*, Bielefeld 2000) sowie Stephan Moebius (*Die soziale Konstituierung des Anderen. Grundrisse einer poststrukturalistischen Sozialwissenschaft nach Lévinas und Derrida*, Frankfurt/M./New York 2003) wichtige Beiträge geleistet.

49 Ansätze hierzu haben beispielsweise Carol Duncan (*Civilizing Rituals: Inside Public Art Museums*, London/New York 1995) sowie Roswitha Muttenthaler und Regina Wonisch (*Gesten des Zeigens. Zur Repräsentation von Gender und Race in Ausstellungen*, Bielefeld 2006) vorgelegt.

mantiken und Konzepte – wie etwa das der Kreativität[50] – können in ihrer Entwicklungsgeschichte nachgezeichnet werden.

2. In poststrukturalistischer Perspektive wird die ästhetische Erfahrung entweder als grundsätzliche Irritation der Wahrnehmungsschemata (Lyotard) interpretiert oder mit einem quasiphilosophischen Erkenntnisprozeß – sei es in bezug auf die absolute Immanenz (Deleuze) oder das Spiel zwischen Sinn und Nicht-Sinn (Derrida) – in Zusammenhang gebracht. Abgesehen von Lacans Konzeption eines kulturell strukturierten Unbewußten wird der ästhetische Affekt tendenziell als eine das kohärente Subjekt und das Regime der Repräsentation erschütternde Kraft gedacht. An dieser Stelle zeichnen sich somit auch Grenzen der Übertragbarkeit poststrukturalistischer Ästhetik auf die Soziologie ab: Zwar erscheint es soziologisch durchaus reizvoll, den Affekt als soziales Ordnungs- beziehungsweise Störungsmoment aufzugreifen, aber nicht im Sinne eines unstrukturierten, individuellen Gefühls, sondern vielmehr hinsichtlich seiner Abhängigkeit von gesellschaftlich etablierten Weisen der Wahrnehmung. Eine soziologische Analyse hätte zu zeigen, daß die affektive Wirkung von ästhetischen Objekten, Architekturen oder Räumen nicht individuell ist, sondern einer kontextuellen Ordnung unterliegt.

3. Das bedeutendste Innovationspotential poststrukturalistischer Theorien für die Kunst- und Architektursoziologie liegt in ihrer Öffnung hin zu einer Soziologie der ästhetischen Form, der Sichtbarkeiten und der Materialität.[51] Hinsichtlich interobjektiver Beziehungen

---

50 Reckwitz, Andreas, »Creative Subject and Modernity. The Cultural Construction of Creativity«, in: *Creativity. The Arts and The Urban Development*, hg. v. Volker Kirchberg/Richard Lloyd/Richard Peterson, London 2008 (i. E.).

51 So hat die poststrukturalistische Theorie auch benachbarte Kultur- und Kunsttheorien wie etwa die interdisziplinären Visual Studies (Sturken, Marita/Cartwright, Lisa, *Practices of looking. An introduction to visual culture*, Oxford 2001; Evans, Jessica/Hall, Stuart, *Visual culture: the reader*, London u. a. 1999 sowie Sachs-Hombach, Klaus, *Bildwissenschaft. Disziplinen, Themen, Methoden*, Frankfurt/M. 2005) und die sogenannte New Art History (Harris, Jonathan, *The New Art History. A critical introduction*, London/New York 2001) beeinflußt, die die marxistische Perspektive Arnold Hausers mit Psychoanalyse, Semiotik, Gender- und Diskurstheorie verknüpft. Auch Jonathan Crarys Analyse der Konstruktion des modernen Betrachters durch technologische Innovationen orientiert sich an Foucault, vgl. Crary, Jonathan, *Techniken des Betrachters. Sehen und Moderne im 19. Jahrhundert*, Dresden 1996.

bietet Baudrillards Theorie der Artefakte Ansatzpunkte, die materiale Widerständigkeit von Alltagsgegenständen als eigenständige Dimension in die Analyse sozialer Praktiken einzubeziehen, bleibt aber für eine systematische soziologische Anwendung letztlich zu esoterisch. An dieser Stelle erscheint es einschlägiger, an das Konzept des Objekts als Aktant anzuschließen, das Bruno Latour im Rahmen der symmetrischen Anthropologie entwickelt hat.[52]

Die wichtigsten Impulse für eine Soziologie des Blicks und der Verräumlichung von Visualität gehen von Lacans Theorie kultureller Blickregime und Foucaults Dispositivbegriff aus.[53] Im Gegensatz zu der bereits etablierten Diskursanalyse, die eine textuell basierte Wissensanalyse vollzieht, ist eine systematische Dispositivanalyse, die sich zur Aufgabe macht, das Ineinander von räumlich-visuellen, machttechnologisch-institutionellen und diskursiven Positivitäten sowie ihre Auswirkungen auf die Praktiken des Subjekts analytisch greifbar zu machen, bisher nur ansatzweise entwickelt.[54] Eine solche Perspektive, die sowohl interobjektive, intersubjektive als auch räumliche Elemente in ihrer historisch und lokal spezifischen Verkettung in den Blick nimmt und diesen Komplex ins Verhältnis zu hegemonialen Subjektivierungsmodi und Wissensmodellen setzt, ermöglicht es, künstlerische Objekte und architektonische Räume in ihrer spezifischen Medialität zu erfassen. Die Analyse geht dabei über eine eindimensionale Abbildtheorie hinaus, welche die Architektur auf einen Ausdruck einer präexistenten gesellschaftlichen Struktur reduziert.

So können beispielsweise Ausstellungen als ästhetische Inszenierun-

---

52 Vgl. Latour, Bruno, *Wir sind nie modern gewesen. Versuch einer symmetrischen Anthropologie*, Berlin 1995, sowie ders., *Eine neue Soziologie für eine neue Gesellschaft*, Frankfurt/M. 2007.

53 Außerdem könnte Jacques Rancières über den Poststrukturalismus hinausgehende Theorie von der *Aufteilung des Sinnlichen* (Berlin 2006) ein attraktives heuristisches Instrumentarium bieten.

54 Vgl. etwa Rose, Gillian, »Discourse Analysis II. Institutions and Ways of Seeing«, in: dies., *Visual Methodologies. An Introduction to the Interpretation of Visual Materials*, London u. a. 2001, S. 164-186; Jäger, Siegfried, »Diskurs und Wissen. Theoretische und methodische Aspekte einer kritischen Diskurs- und Dispositivanalyse«, in: *Handbuch sozialwissenschaftliche Diskursanalyse. Bd. 1.: Theorien und Methoden*, hg. v. Reiner Keller et al., Opladen 2001, S. 81-112, sowie Schneider, Werner/Hirseland, Andreas, »Macht – Wissen – gesellschaftliche Praxis. Dispositivanalyse und Wissenssoziologie«, in: *Die diskursive Konstruktion von Wirklichkeit. Zum Verhältnis von Wissenssoziologie und Diskursforschung*, hg. v. Reiner Keller et al., Konstanz 2005, S. 251-276.

gen auf visuelle und materielle Grenzziehungen und Übergangszonen, die Positionierung von Wänden und Exponaten, die Gestaltung narrativer Parcours oder die Anordnung von Ein- und Ausgängen als räumliche Lenkungsmechansimen untersucht werden. Darüber hinaus strukturieren kuratorische Setzungen verschiedene Rezeptionsweisen, beispielsweise den bildungsbürgerlich kontemplativen Blick im White Cube gegenüber einer zerstreuten Wahrnehmung in totalen Installationen. Schließlich kann die Kunst hinsichtlich ihrer räumlichen Kontextualisierung mit anderen Kunstwerken[55] (oder Einrichtungsgegenständen) sowie ihres Spannungsverhältnisses gegenüber gesellschaftlich dominanten Blickregimen analysiert werden.[56] Grundsätzlich ist die Spezifität von Ausstellungsräumen in Abgrenzung zu anderen architektonischen Umgebungen wie der Bibliothek, der Shopping-Mall oder der Privatwohnung herauszuarbeiten.

Die Dispositivanalyse eignet sich nicht nur für künstlerisch gestaltete Räume im engeren Sinne, sondern kann auch für die Architektursoziologie fruchtbar gemacht werden, indem sie öffentliche und private Räume nicht nur als Produkt gesellschaftlicher Strukturen oder in ihrer Zeichenhaftigkeit interpretiert, sondern ebenso ihr konstruktives Moment innerhalb von Vergesellschaftungsprozessen herausstellt. Hier steht insbesondere die architektonische Lenkungsfunktion, wie etwa die Rhythmisierung des Bewegungsablaufs durch Ent- und Beschleunigungszonen, begrenzende Blockaden und Übergänge, aber auch die Produktion von Affekten durch atmosphärische Umgebungen (Lichtordnung, räumliche Ausmaße, Oberflächenstrukturen), im Zentrum der Betrachtung. Ebenso trägt die Plazierung des Subjekts zu dessen Verortung im sozialen Gefüge bei.

Eine poststrukturalistisch gewendete Kunst- und Architekturso-

---

55 Vgl. dazu neuere Arbeiten im deutschsprachigen Raum, zum Beispiel Scholze, Jana, *Medium Ausstellung. Lektüren musealer Gestaltung in Oxford, Leipzig, Amsterdam und Berlin*, Bielefeld 2004, sowie Muttenthaler, Roswitha/Wonisch, Regina, *Gesten des Zeigens. Zur Repräsentation von Gender und Race in Ausstellungen*, Bielefeld 2006.

56 Daß die Sichtbarkeit und Wahrnehmung dabei nicht nur von seiten des ästhetischen Objekts strukturiert, sondern auch von intersubjektiven Praktiken und Kommunikationen beeinflußt wird, haben bereits die Visitor Studies (vgl. etwa Heath, Christian et al., »Exhibiting Interaction: Conduct and Collaboration in Museums and Galleries«, in: Symbolic Interaction 24, 2001, S. 189-216) herausgestellt, die jedoch die unmittelbar körperliche Erfahrung des Subjekts im Verhältnis zum Raum und den Objekten weitestgehend vernachlässigen.

ziologie könnte somit die Chance bieten, sowohl ihre »Objektblindheit« als auch ihre antiästhetische Haltung zu überwinden, um das Phänomen ästhetischer Erfahrung sowie materielle Strukturen der Sichtbarkeit in die soziologische Betrachtung einzubeziehen.

Auswahlbibliographie

Blümle, Claudia/von der Heiden, Anne (Hg.), *Blickzähmung und Augentäuschung. Zu Jacques Lacans Bildtheorie*, Zürich/Berlin 2005.

Deleuze, Gilles/Guattari, Félix, *Was ist Philosophie?*, Frankfurt/M. 1996.

Deleuze, Gilles, »Was ist ein Dispositiv?«, in: *Spiele der Wahrheit. Michel Foucaults Denken*, hg. v. François Ewald/Bernhard Waldenfels, Frankfurt/M. 1991, S. 153-162.

Derrida, Jacques, *Die Wahrheit in der Malerei*, Wien 1992.

Foucault, Michel, *Überwachen und Strafen*, Frankfurt/M.1976.

Gente, Peter (Hg.), *Foucault und die Künste*, Frankfurt/M. 2004.

Gente, Peter/Weibel, Peter (Hg.), *Deleuze und die Künste*, Frankfurt/M. 2007.

Lacan, Jacques, *Das Seminar. Buch XI. Die vier Grundbegriffe der Psychoanalyse*, Weinheim/Berlin 1987.

Lyotard, Jean-François, *Das Inhumane. Plaudereien über die Zeit*, Wien 1989.

Albert Kümmel-Schnur
Medien
Protokoll einer Disziplinierung

1. Begriffsgeschichte: Vor den Medien

»»Medium««, hält Wolfgang Hagen fest, sei »zunächst und zuerst ein lateinisches Wort«.[1] Nicht das chronologisch erste Auftauchen eines Begriffs ist jedoch bedeutsam, sondern jener Moment, in dem dieses Auftauchen einen (diskursiven und/oder wissenschaftspolitischen) Unterschied macht. Den ersten dieser Unterschiede macht das Wort »Medium« bei Thomas von Aquin, dem es dazu dient, Unklarheiten der aristotelischen Theorie des Sehens übersetzerisch zu glätten. In einem vergleichenden *close reading* des aristotelischen *Peri Psyches* mit seiner aquinischen Übersetzung *De anima* zeigt Hagen, wie ein unbestimmter Platzhalter, die unbegriffliche Konstatierung einer Differenz bei Aristoteles (Farbe ist unterschieden von dem, was die Farbe sichtbar macht), von Thomas zu einer Übertragungssubstanz verdichtet wird, die er Medium nennt: »ontologisches Schmuggelgut«.[2] Dieses verbreitet sich zunächst inflationär in den Äthermetaphysiken des 18. und 19. Jahrhunderts, so Hagen,[3] um dann über die Psychologie »gleichsam zielgenau in die Fänge jener Verstärkungs- und Entmischungsapparaturen Telegraphie, Radio und Film«[4] zu geraten, wodurch jeder diskursiven Durchmischung mit parawissenschaftlichen Diskursen aller Art – etwa dem Spiritismus – Tür und Tor geöffnet worden seien.

Selbst wenn auf diese Weise die Herkunft des spiritistischen Medienbegriffs, der zwischen Menschen und Apparaten nicht unterscheidet, geklärt sein sollte, kommt die Botschaft dennoch nicht an. Zumindest nicht direkt. Bevor eine universitäre Medienwissenschaft, die auch diesen Namen trägt, möglich wird, bedarf es eines Umwegs

---

1 Hagen, Wolfgang, »Was ist ein Medium? – Eine medienepistemologische Fußnote«, Vortrag auf der Tagung »Was ist ein Medium?«, Friedrich Nietzsche Kolleg Weimar, 28. 5. 2007, S. 1.

2 Ebd., S. 11.

3 Ebd., S. 11-12.

4 Ebd., S. 2.

über die USA. Medium, oder besser *media*, oder, noch besser, *mass media* ist aus diesem Grund zunächst und vor allem ein amerikanisches Wort. Vielleicht könnte man es so formulieren: Medien sind ein deutscher Reimport aus den USA, wo sie im Rahmen des gegen Hitler-Deutschland gerichteten und an den Goebbels-Medien geschulten *propaganda efforts* erstmals zu Forschungs*problemen*, etwa im *Princeton Radio Research Project*, wurden. Forschungsleitend waren aber – das gehört zu den Schwierigkeiten, die Geschichte des Medienbegriffs zu verstehen – zunächst nicht sie, sondern das, was sie leisten: Kommunikation beziehungsweise *mass communication*.[5] Und *mass communication research* wiederum ist von einer »eigenartige(n) Medienvergessenheit«[6] geprägt. Die amerikanische Propaganda und Propagandaanalyse sind dabei selbst die verspätete Reaktion auf eine späte deutsche Reaktion. Wir können den Weg zum Auftauchen und sofortigen Verschwinden des Medienbegriffs in fünf Schritte gliedern. In zwei historischen Schüben entsteht nach dem Zweiten Weltkrieg in Deutschland dann das, was wir heute »Medienwissenschaft« nennen.

(a) Zwischen 1890 und 1930 fügen sich in Deutschland Versuche, die neuen Kommunikationsapparate – Telefon, Massenpresse, Radio, Film, Fernsehen – in ihrer Funktion zu beschreiben, zu kritisieren und zu feiern, zu einem lockeren Geflecht aus Argumenten und wiederkehrenden diskursiven Figuren zusammen, ohne allerdings bereits über einen gemeinsamen Namen – sei es »Kommunikation«, sei es »Medien« – zu verfügen. Im Zentrum dieses Geflechts steht die Masse der Mediennutzer als manipulierbare Größe.

(b) Institutionell, d.h. universitär, binden sich diese Reden zunächst an das Medium »Zeitung« als Organ einer imponderablen, aber als zunehmend mächtig empfundenen Kraft namens »öffentliche Meinung«.

5 In seiner Studie zur Geschichte der Kommunikationsforschung (*A History of Communication Study*) führt Everett M. Rogers die erstmalige Verwendung des Begriffes *mass communication* auf einen Brief von Ivor A. Richards an John Marshall vom 16. 8. 1939 zurück und fährt fort: »[t]he words communication and mass communication began to be used in the early 1940s, and then rapidly spread into common use by scholars in journalism and related fields of mass communication, with Wilbur Schramm leading the way« (ebd., S. 222).

6 Schüttpelz, Erhard, »Von der Kommunikation zu den Medien/In Krieg und Frieden (1943-1960)«, in: *Gelehrte Kommunikation. Wissenschaft und Medium zwischen dem 16. und 20. Jahrhundert*, hg. v. Jürgen Fohrmann, Wien u. a. 2005, S. 510.

(c) Prekär wird diese Kraft vor dem Hintergrund des Kriegs, dessen propagandistisch-psychologische Aspekte vom deutschen Kaiserreich kaum berücksichtigt werden. Ein Großteil der Zeitungsforschung der Nachkriegszeit ist deshalb Propagandaforschung.

(d) Während die Entwicklung der Analysen und Methoden psychologischer Kriegsführung in Deutschland sich ins Dritte Reich hinein beschleunigt und professionalisiert, verbleiben diese Überlegungen in den USA sowie den anderen alliierten Staaten auf demselben Stand wie im Ersten Weltkrieg.

(e) In den USA entsteht die *mass communication research* in unmittelbarer Reaktion auf die deutschen Entwicklungen zur psychologischen Kriegsführung. Der Begriff der »Kommunikation« ersetzt den der »Propaganda«.

2. Poststrukturalismus: Die Zäsur der Medien

»Medien« zählen *nicht* zu den »klassischen, eingebürgerten Konzepte(n) der Sozial- und Gesellschaftswissenschaften«[7] und, wie man hinzufügen sollte, Geisteswissenschaften überhaupt. Poststrukturalistische Paradigmata stellen deshalb auch keinen Einschnitt in ihrer Entwicklung dar: die Zäsur sind in diesem Fall die Medien selbst im Sinne eines eigenständigen, heterogenen Forschungsfelds, das allerdings nicht einmal dort, wo es der Name einer eigenen Wissenschaft ist, über einen eindeutig zu benennenden Gegenstand verfügt. Gleichwohl gibt es enge Austauschbeziehungen zwischen Konzepten des Poststrukturalismus und solchen, die unter dem Schlagwort Medien verhandelt werden. Vielleicht bedurfte es sogar erst einer theoretischen Bonifizierung des Sekundären, wie sie im Rahmen poststrukturalistischer Theorien (prominent etwa bei Derrida) möglich wurde, bevor man ein ewiges »Dazwischen« zu einem ebenso paradoxalen wie produktiven »Gegenstand« von Forschung und Lehre erklären konnte. Freilich ereignete sich diese Bonifizierung nicht unbedingt vor dem Hintergrund poststrukturalistischer Theoriebildung, sondern eher im Fahrwasser jener Entdämonisierung der konsumistischen Alltagskultur, die die Pop-art der 1960er Jahre vorgenommen hatte. Gerade die Synthetisierung und Popularisierung von Überle-

---

7 Moebius, Stephan/Reckwitz, Andreas, Exposé zum vorliegenden Band, MS, Konstanz/Freiburg 2006.

gungen einer später als Toronto School bekannt gewordenen Gruppe von Ethnographen und Literaturwissenschaftlern durch Marshall McLuhan entwickelte sich kongenial zur Pop-art und kann durchaus als eine ihrer Spielarten betrachtet werden: »McLuhans Medientheoreme haben eingeschlagen, wohl gerade deshalb, weil sie zu keiner kohärenten Medientheorie zusammenwachsen, dafür aber auch keine kulturkonservativen Tabus und Denkverbote auferlegen.«[8]

Kulturkonservatismus qua Kritische Theorie ist aber, wenn auch durchaus verständlicherweise, die Situation, die die Philosophie in Deutschland bis weit in die 1970er Jahre hinein vorgibt: Prominent befassen sich Günther Anders und Theodor W. Adorno mit der Frage der Medien. Der disziplinäre Ort ist bezeichnend. Ein bis dahin ortloses Thema wie Medialität wird nicht etwa von Buch-, Theater- oder Zeitungswissenschaftlern bearbeitet, sondern zunächst und vor allem als philosophisches Problem thematisiert. Und das heißt vor allem: es geht in dieser Spielart von Medientheorie eigentlich auch nicht um Medien im Sinne von divergenten Materialitäten der Kommunikation, sondern um »Bewußtsein« – richtiges und falsches. Als Medium dieses kritischen Bewußtseins galt ausschließlich das Buch: »Die neuere Medientheorie ab 1950 startet als phobische bis paranoische Abwehr aller Medientechnologie nach Gutenberg. Vielgelesene und in Radio wie Fernsehen massenmedial übrigens bemerkenswert präsente Theorieköpfe wie die von Theodor W. Adorno und Günther Anders befinden, daß Massenmedien wie der Film, das Radio und das Fernsehen verblöden, vereinfachen, vereinheitlichen, vermassen, vermasseln, verdinglichen.«[9] Das Kampfwort lautet »Kulturindustrie« und wird *kat'exochen* katachretisch aufgefaßt: Kultur und Industrie gehören aus Sicht Kritischer Theorie einfach nicht zusammen. Industrie ist der natürliche Feind bürgerlicher Hochkultur. Massenkultur ist so deviant wie jedes andere industrielle Produkt – ein Ding der Unmöglichkeit.

In den 1970er Jahren wird der amerikanische Mediendidaktiker Neil Postman den Staffelstab dieser Medienkritik übernehmen und einen Kreuzzug gegen das Fernsehen als Verdummungsmaschine beginnen, der er Buch und unmittelbar getauschtes Wort als wahrhaf-

---

8 Hörisch, Jochen, »Medientheorie(n)«, in: ders., *Theorie-Apotheke. Eine Handreichung zu den humanwissenschaftlichen Theorien der letzten fünfzig Jahre, einschließlich ihrer Risiken und Nebenwirkungen*, Frankfurt/M. 2005, S. 180.
9 Ebd., S. 173.

tige Wissensmedien entgegenstellt. Seine am weitesten verbreiteten Bücher – *The Disappearance of Childhood* (1982) und *We are amusing ourselves to Death* (1985) – entstehen allerdings erst zu Beginn der 1980er Jahre und sind damit trotz ihrer Beliebtheit von Anfang an anachronistisch.

Im Jahre 1970 propagiert der Schriftsteller Hans-Magnus Enzensberger in seinem berühmt gewordenen »Baukasten zu einer Theorie der Medien«[10] eine Form kritischer Medienpraxis, die sich nicht gegen Medien als solche richtet, sondern ihren ideologisch-hegemonialen Einsatz. Im Anschluß an Brechts Radiotheorie schlug Enzensberger einen emanzipatorischen Einsatz von Medien vor. Zwei Jahre später bestreitet der französische Soziologe Jean Baudrillard in dem gegen Enzensberger gerichteten Aufsatz »Requiem für die Medien«,[11] daß man zu elektronischen Medien in ein kritisches Verhältnis treten könne – übrigens aus demselben analytischen Befund heraus wie Enzensberger, daß diesen nämlich der Rückkanal fehle.

Gegenüber diesen Anfängen unter ungünstigen Sternen versucht ein Zeitungswissenschaftler der ersten Stunde, Walter Hagemann, Jahrgang 1900, unmittelbar nach Ende des Zweiten Weltkriegs, d. h. bereits im Jahre 1945, die Filmwissenschaft in Deutschland (wieder) einzuführen. Das Unternehmen scheint – zumindest an der Universität Münster – erfolgreich: Zwischen der Wiedereröffnung des Publizistischen Instituts 1946 und der Forderung nach Einrichtung eines filmwissenschaftlichen Lehrstuhls werden Zeitschriften und Buchreihen gegründet.[12] Hagemann verfaßt »sechs Standardwerke«.[13]

Dennoch kommt es nicht zu einer Verankerung der Filmwissenschaft in Deutschland – Rembert Hüser führt diese Fehlleistung auf das Zusammentreffen einer avantgardistischen, sich über die Öffnung zum Film und andere Medien hin definierenden Germanistik mit dem finanzpolitischen Rückzieher, den die bundesdeutschen Länder bei der Gründung von Reformuniversitäten machten, zurück.[14] Film-

---

10 Enzensberger, Hans-Magnus, »Baukasten zu einer Theorie der Medien«, in: ders., *Palaver. Politische Überlegungen (1968-1973)*, Frankfurt/M. 1997, S. 91-128.

11 Baudrillard, Jean, »Requiem für die Medien«, in: ders., *Kool Killer oder der Aufstand der Zeichen*, Berlin 1978, S. 83-118.

12 Hüser, Rembert, »Der Vorspann stört. Und wie«, in: *Signale der Störung*, hg. v. Albert Kümmel/Erhard Schüttpelz, München 2003, S. 237-260, hier S. 241.

13 Ebd., S. 238.

14 Ebd., S. 242-247.

wissenschaft wird in diesem unheilvollen Zusammentreffen zu schrift-fixierter Filmphilologie: Wie Rembert Hüser zu Recht hinzufügt, kommt aber auch die Schrift in dieser Konstellation medial nicht zum Vorschein: sie bleibt selbst Medium und ist somit als Gegen-stand möglicher Medien*forschung* unsichtbar.

Die »Fixierung auf Schrift als vermeintliche Domäne der Litera-turwissenschaft, die in einem fort Thema ist, ohne je richtig in den Blick zu geraten«,[15] liegt der mühsamen Etablierung von Medien-wissenschaften als Frage nach ihrem Gegenteil, der Mündlichkeit, zugrunde. Erhard Schüttpelz betont in seiner Rekonstruktion der Etablierung des Medienbegriffs aus dem *war effort* der nordameri-kanischen *mass communication research* die fundierende Kraft der Mündlichkeit/Schriftlichkeit-Unterscheidung für die Entwicklung des Medienbegriffs. Schüttpelz stellt die Anfänge einer auf kommu-nikative Materialitäten, d. h. Medien, ausgerichteten Forschung be-reits bei dem kanadischen Wirtschaftswissenschaftler Harold Innis fest, macht aber deutlich, daß diese dort selbst noch undeutlich wa-ren und erst in der Rekonstruktion sichtbar werden. An die Stelle einer einsamen genialen Idee rückt also ein interdisziplinärer Zusam-menhang zwischen Literaturwissenschaftlern als Schriftexperten auf der einen und Ethnologen als Mündlichkeitsspezialisten auf der an-deren Seite: »eine auffällige Paarbildung«, heißt es bei Schüttpelz.[16] »Die Zeitschrift der Explorations von Edmund Carpenter und Mar-shall McLuhan war hier sowohl ein klares Beispiel einer entspre-chenden Austauschbeziehung als auch ein Schrittmacher dieser Ent-wicklung [. . .].«[17] Während der Schriftexperte mit seinen Texten im akademischen Kollektivbewußtsein verankert blieb, ist der Ethno-loge heute nur wenigen bekannt.

In Frankreich rekonstruierte der Philosoph Jacques Derrida im Jahr 1967[18] (und seitdem unermüdlich bis zu seinem Tod im Jahre 2004) die Entwicklung der Medien der abendländischen Philosophie jedoch genau andersherum: als Fixiertheit auf Mündlichkeit, der ge-

15 Ebd., S. 246.
16 Schüttpelz, »Von der Kommunikation zu den Medien/In Krieg und Frieden (1943-1960)«, a. a. O., S. 527.
17 Ebd., S. 527.
18 In diesem Jahr erscheinen die zentralen Gründungstexte der Dekonstruktion: *De la grammatologie*, *La voix et le phénomène* und *L'écriture et la différence*.

genüber Schriftlichkeit stets als nachträglich konstruiert wurde. Logozentrisch nannte er diese mit Platon beginnende und seitdem fortdauernde Leugnung einer jeder mündlichen Äußerung kategorial vorgängigen und grundlegenden Schriftlichkeit, eines Systems dauernder Verschiebungen, das er Différance nannte – ein Kunstwort, das sich als solches nur schriftlich – a statt e – erschließt. Wer das Wort nur spricht und nicht liest, kann den Unterschied, die Differenz, nicht wahrnehmen: In der Lektüre offenbart sich die abendländische Philosophiegeschichte als einzigartiger Verblendungsvorgang. Die Schrift Derridas jedoch, die zwar in Umkehrung der Zusammenarbeit von Literaturwissenschaft und Ethnologie in Nordamerika und Kanada Schrift überhaupt ins Bewußtsein europäischer Intellektueller rückte, blieb medientheoretisch unterreflektiert: Medien der Schrift – Tontafel, Birkenrinde, Papyrus, Pergament, Papier, Stilus, Pinsel, Gänsekielfedern, Druckerpresse, Bleistift, Füllfederhalter, ganz zu schweigen von Schreibmaschinen und Computern – kamen als differente nicht ins Blickfeld.

Dieses Defizit trifft auch andere französische Denker des sogenannten Poststrukturalismus. Der bereits erwähnte Baudrillard gilt zwar als Medientheoretiker, hat aber mit seinem monistischen Modell intransparenter und unhintergehbarer Simulationsräume und -techniken eher eine (raunende) Medienmetaphysik geschrieben als zur Analyse konkreter Medientechnologien oder medialer Zusammenhänge beigetragen. Michel Foucaults Diskursanalysen konnten hier stilbildender sein, waren sie doch nicht an philosophischen Konstrukten, sondern dispositionellen Anordnungen von Wörtern und Dingen interessiert. Er analysiert tatsächlich historische Dispositive als mediale: Einerseits werden ganz konkrete Aufschreibepraktiken und Lektüretechniken in den Blick genommen – etwa der Schönschreibunterricht im 18. und 19. Jahrhundert. Andererseits ist Foucault weniger an substantiellen Setzungen als an Relationen interessiert. Kritisch wird man jedoch anmerken müssen, daß auch die Dispositivanalysen Foucaults nicht das Dispositiv selbst, sondern den durch es materialisierten, inszenierten, konstruierten Diskurs und das an ihm ablesbare Machtgefüge zum Erkenntnisziel hatten. Foucaults medialer Horizont begrenzte sich auf die Bibliothek; die technischen Medien seit dem 19. Jahrhundert blieben unbesprochen.

Dennoch war die Flaschenpost der französischen Denker nicht wirkungslos. Als erstes Indiz ihres Empfangs darf man vielleicht den von dem Germanisten Friedrich A. Kittler herausgegebenen Sammelband *Austreibung des Geistes aus den Geisteswissenschaften* auffassen, der poststrukturalistische Programme, namentlich »Lacans Psychoanalyse, Derridas Grammatologie, Foucaults Diskursanalyse«,[19] als Buchversion einer 1978/79 an der Universität Freiburg gehaltenen Vorlesungsreihe einer akademischen Öffentlichkeit in Deutschland vorstellt. Um technische Medien geht es in diesem Band nicht. Medien treten in Friedrich Kittlers Vorwort nur einmal auf – als Transportkanäle von »Geistergeschichten«: »Ihre Medien: die hysterischen Frauen, die traurigen Tropen, die saturnischen Anagramme.«[20] Emblematisch stehen diese Medien für drei von Kittler als »strukturalistisch« gekennzeichnete Wissensfelder: Psychoanalyse, Ethnologie, strukturale Linguistik. Poststrukturalismus besteht nun, nach Kittler, in einer Verschaltung der Methoden dieser Wissenschaften: Gilles Deleuze und Félix Guattari etwa verschalteten Psychoanalyse mit Ethnologie, Michel Foucault verbindet Linguistik mit Ethnologie und Jacques Lacan schließt Psychoanalyse mit Linguistik kurz. Die Möglichkeit zur systemischen Schließung, wie sie der Strukturalismus anstrebe, werde durch solche Verschaltungen und Kurzschlüsse unterlaufen.

In seiner Habilitationsschrift mit dem Titel *Aufschreibesysteme 1800/1900* wird Kittler solche Diskursverschaltungen als operative Grundlage ganzer Wissenssysteme und epistemologischer Settings denken und damit die Grundlage für eine hardware-zentrierte Medienwissenschaft legen. *Aufschreibesysteme 1800/1900* spaltet die Germanistik. Gleichzeitig verhilft dieses Buch der Medienwissenschaft – oder sagen wir: *einer* Medienwissenschaft – in Deutschland zum Durchbruch. Der Text handelt von der fundierenden Kraft, die materielle Medientechnologien für Ideen aller Art haben. Friedrich Kittler greift explizit auf die nordamerikanische *communication research* in ihrer technischen Variante zurück, die in historischer Verkürzung auf den Eigennamen des Ingenieurs Claude Elwood Shannon hört. Die Theorie rauschfreier Kommunikationskanäle und, invers gelesen, maximaler Verschlüsselung von Botschaften wird in Kittlers Fassung zu einem kulturellen Modell: Kultur wird von ihm als ein Datenüber-

---

19 Kittler, Friedrich A. (Hg.), *Austreibung des Geistes aus den Geisteswissenschaften*, Paderborn 1980.
20 Ebd., S. 9.

tragungsvorgang aufgefaßt und kann deshalb genau so beschrieben werden. Es gibt Sender, Transmitter, Kanäle, Störquellen, Empfänger und Beobachter. Im Unterschied zu Shannon, der Medienunterschiede ja gerade auslöschen mußte, ist Kittler an ebendiesen Unterschieden interessiert. Er hat also die Volte der Ethnologie/Literaturwissenschafts-Paarungen mitgemacht und kürzt wissentlich die Ethnologie aus der Gleichung wieder heraus, da sie eine »Sozialisierung« seines »Ingenieurmodells« bedeutet hätte.

Die Spaltung in Sozialtheorie und Techniktheorie, die fast wie eine Variation auf die Aufteilung der nordamerikanischen Kommunikationstheorie in eine soziologische und eine technikorientierte Fassung wirkt, ist ihrerseits durch einen sozialen Zusammenhang und ein technisches Ereignis geprägt.

Den *sozialen Zusammenhang* kann man als Netzwerk von Freundschaften bestimmen, das vor dem Hintergrund eines gemeinsamen poststrukturalistischen Lektüre- und Theoriehintergrunds ungemein produktiv in kurzer Zeit und durchaus diversen Formen ausgehend von Kittlers *Aufschreibesysteme* die Umgestaltung eines bestimmten Teils der Literaturwissenschaft in Medienwissenschaft betrieb. Am besten läßt sich dieses Netzwerk in den vier eng aufeinanderfolgenden Sammelbänden der Reihe »Literatur- und Medienanalysen« beobachten, die zwischen 1989 und 1994 im Wilhelm-Fink-Verlag erschienen. Der Fink-Verlag mit seinem prägenden Lektor Raimar Zons stellte den zentralen verlegerischen Ort dar, von dem aus und an dem die Umgestaltung Form annehmen konnte. Protagonisten des Netzwerkes sind die Herausgeber der Bände 1, 2 und 4: der Germanist Friedrich A. Kittler, der Philosoph Georg Christoph Tholen, der Philosoph Norbert Bolz, der Philosoph Michael Wetzel, der Germanist Jochen Hörisch. Den Band 3 haben bereits zwei Wissenschaftler der Schülergeneration, der Germanist Martin Stingelin und der Musikwissenschaftler Wolfgang Scherer, herausgegeben. Die meisten der Autoren – ein reines Männernetzwerk! – sind heute Inhaber von medienwissenschaftlichen oder medienaffinen Lehrstühlen.

Das *technische Datum* ist der Apple Macintosh aus dem Jahre 1984, der die graphische Nutzeroberfläche popularisiert. Seit 1976 baute Apple erfolgreich Desktopcomputer für den häuslichen Gebrauch. Sie lösen die Mainframearchitekturen der großen Konzerne ab und bereiten den Weg für eine dezentrale Kultur ziviler Netzwerke. Tholen beschreibt den Effekt dieser Umstellung richtig, auch wenn er in der Datierung – »etwa 1985« –[21] unsicher ist: »Erst mit der zu diesem Zeitpunkt unübersehbar werdenden Verbreitung des Computers als einem *universellen*, die vormaligen Medien integrierenden Medium überlagert sich die Frage nach dem alltäglichen Gebrauch der Medien und ihrer Normen mit der nach der Struktur der Medialität *als solcher*.«[22]

Eine hardwarefixierte Medienwissenschaft nach Kittlerschem Vorbild wird diese Frage einigermaßen unbedarft beantworten können, gleichzeitig zeigt der Titel des letzten Bandes der »Sammelbandreihe Literatur- und Medienanalysen«, *Computer als Medium*, daß der Status des Computers als allumfassendes Universalmedium keineswegs unproblematisch ist. Der Band wurde unter anderem von Norbert Bolz herausgegeben, der eine Alternativposition zur Hardwareanalyse Kittlers anbietet: eine Theorie der Nutzeroberflächen als Gesellschaftstheorie. Deutlich von der Systemtheorie Niklas Luhmanns inspiriert, denkt Bolz mediale Welten von ihrer Erscheinung her, als Design von Kommunikation, das er sowohl in den bunten Apfelmännchen Benoît Mandelbrots als auch den Strategien der Marketingspezialisten und Werbeprofis wiederfindet.

Luhmann bietet zwar keine eigenständige Medientheorie an, ist aber nicht nur mit seinem explizit den Medien gewidmeten Buch *Die Realität der Massenmedien* zu einer wichtigen Referenz für Medienwissenschaftler geworden. Im Zentrum steht die Unterscheidung zwischen *Medium* und *Form*. Ganz unspezifisch versteht Luhmann darunter die Differenz von ungekoppelten zu gekoppelten Elementen. Sand zum Beispiel ist ein Medium aus unverbundenen winzigen Steinchen, das ich mit bunten Plastikschalen zu Formen prägen kann, bis die nächste Meereswelle diese Gestalten wieder auslöscht. Luhmann denkt mit dieser begrifflichen Unterscheidung die von dem Gestaltpsychologen Fritz Heider bereits im Jahre 1927 in einem wenig rezipierten Aufsatz vorgetragene Differenz von *Ding* und *Medium* weiter.[23] Dinge konstituieren demzufolge eine haptisch erfahrbare Wirklichkeit, während Medien die Ermöglichungsbedingung von Weltwahrnehmung und Erfahrung jenseits des konkret

21 Tholen, Georg Christoph, »Überschneidungen. Konturen einer Theorie der Medialität«, in: *Konfigurationen. Zwischen Kunst und Medien*, hg. v. Sigrid Schade/ ders., München 1999, S. 15-35, hier S 15.

22 Ebd.

23 Heider, Fritz, *Ding und Medium*, Berlin 2005.

Greifbaren darstellen. Die Wiederbelebung des Heiderschen Textes datiert die Geburtsstunde der Medien nicht vor, verweist vielmehr auf eine bis heute kaum wahrgenommene Genealogie des Begriffs: Wer 1932 den Brockhaus zur Hand nahm, fand unter dem Lemma Medium drei Wortbedeutungen: eine physikalische, eine linguistische und eine spiritistische. Die spiritistische Semantik ist noch Anfang der 1930er Jahre die verbreitetste und definiert, was unter »Medium« im allgemeinen Sprachgebrauch zu verstehen ist – wir kommen noch darauf zurück. Die linguistische Variante hat meines Erachtens keine Bedeutung für die Ausprägung moderner Medientheorie gehabt. Höchst bedeutsam und in dieser Bedeutung unerkannt ist jedoch die physikalische Fassung des Begriffs. Sie meint zentral nichts anderes als das uralte, nie nachgewiesene, aber dennoch in unterschiedlichster Weise postulierte Trägermedium des Lichts, den Äther. Der Äther ist gerade aufgrund seiner Unsicht- und Unwägbarkeit Medium *sans phrase*. Er kann und wird als solcher nie ins Zentrum der Aufmerksamkeit rücken, sondern stets unterschwellig bleiben, etwas anderes zur Erscheinung bringend, nicht sich selbst.[24]

Einem solchen Universalmedium kann das vorgebliche Universalmedium Computer, das durch stete Abstürze, minderwertige Betriebssysteme sowie die Infizierung durch Viren, Trojaner und Würmer sich immer wieder als gestörtes in mehr als wünschenswerter Deutlichkeit kommuniziert, nichts entgegensetzen. Andererseits rückte gerade das universal die verschiedensten Maschinen simulierende Medium Computer den Blick wieder auf die Differenz apparativer Vermittlungsleistungen: Medialität wird als Gefüge von Unterschieden und Gemeinsamkeiten – als Relation – sichtbar. Medialität, so könnte man also formulieren, ist von vornherein *Inter*medialität.

Und in der Tat kommt beinahe zeitgleich zu den Hardwaretheorien Friedrich Kittlers eine Theorie des Mit- und Ineinanders verschiedener Medien auf: »Das Wort selbst [Intermedialität, AKS] scheint erstmals 1983 von Hansen-Löve verwendet worden zu sein.«[25] Jens Schröter und Uwe Wirth führen die Intermedialitätstheorien auf eine poststrukturalistische Referenz zurück: Julia Kristevas Definition von Intertextualität »als ›*transposition* eines oder mehrerer Zei-

24 Vgl. dazu Kümmel-Schnur, Albert/Schröter, Jens (Hg.), *Äther – ein Medium der Moderne*, Bielefeld 2008.

25 Schröter, Jens, »Intermedialität«, in: ⟨http://www.theorie-der-medien.de/text_de tail.php?nr=12⟩, 10. 7. 2007.

chensysteme (*système de signe*) in ein anderes««[26] aus dem Jahre 1967. Gemeint ist mit dem Begriff Intermedialität also keineswegs ein bloß multi- oder mehrmediales Nebeneinander differenter Kommunikationstechnologien, sondern ein Übersetzungsverhältnis. Es geht nicht um das schlichte Vorkommen von Medien in anderen, sondern um Übertragungen, Hybridisierungen und Transkriptionen. Als legitime Weiterentwicklung des Intermedialitätskonzepts kann deshalb die Transkriptionstheorie gelten, wie sie insbesondere am Forschungskolleg »Medien und kulturelle Kommunikation« der Universitäten Aachen, Bonn und Köln seit 1999 entwickelt wird.[27] Die Transkriptionstheorie nimmt expliziten Bezug auf Thesen Jacques Derridas – und so offenbart sich noch einmal am vorläufigen Ende der hier erzählten Geschichte die Produktivität, die poststrukturalistische Theorien für die Ausprägung des Medienbegriffs darstellten, ohne daß diese an seiner Bildung kausal beteiligt gewesen wären. Der entscheidende Gedanke ist dabei das Primat des scheinbar Sekundären über das vermeintlich Primäre, des *Trans*kripts über das Skript, das vom Transkript erst hervorgebracht wird. Die in dem Begriff Transkription deutlich enthaltene Schriftmetaphorik soll, nach Meinung der Vertreter dieser Theorie, keineswegs ein Primat von Textmedien bedeuten. Vielmehr wird Transkription explizit als eine Theorie medialer *Übersetzungen* gedacht. Nichts anderes aber ist Medialität selbst: ein haltloses Beziehungsnetz von Übertragungen, das seine Stabilität nur durch die Prozessualität des Übertragens selbst erhält.

3. Forschungsdesiderata: Nach den Medien

Meiner Meinung nach kann man vier große Desiderata für alle mit Medien beschäftigten Forschungen in Deutschland identifizieren:
- Globalisierung
- Dialog mit Ethnologie und Religionswissenschaft
- Zusammenführung von Netzwerktheorie und Bildwissenschaft

26 Kristeva, zitiert in Uwe Wirth, »Intermedialität«, in: *Grundbegriffe der Medientheorie*, hg. v. Alexander Roesler/Bernd Stiegler, München 2005, S. 114-121, hier S. 114.

27 Stellvertretend für ein ganzes Netzwerk an Forschungen sei hier der von Ludwig Jäger und Georg Stanitzek herausgegebene Sammelband *Transkribieren. Medien/Lektüre*, München 2002 erwähnt.

– diagrammatische Wissenschaftspraxis im Inskriptionsraum der neuen Medien.

Alle vier Perspektiven führen aus dem Wissensraum, der den Namen Medien trägt, auf die eine oder andere Weise wieder hinaus. Welche neuen Paradigmata am Ende dieses Weges lauern mögen, kann man noch nicht wissen.

3.1 Globalisierung

Das größte Forschungsdesiderat nicht nur der mit Medien beschäftigten Wissenschaften in Deutschland ist deren Globalisierung, d. h. die Ausdehnung ihrer Fragestellungen auf die ganze Welt. Aus einer solchen Perspektive ergäben sich gründlich andere Perspektiven auf den Problemhorizont, den Medien darstellen: Aus Medienwissenschaft wird Medien*kultur*wissenschaft. Ansätze einer global orientierten Medienkulturwissenschaft werden in Deutschland[28] derzeit ausschließlich von Einzelpersonen mit außerordentlich unterschiedlichen disziplinären und methodischen Hintergründen vertreten. Exemplarisch[29] ließen sich der Literaturwissenschaftler Erhard Schüttpelz,[30] der Ethnologe Tobias Wendl und der Filmwissenschaftler und Sinologe Stefan Kramer nennen.

Erhard Schüttpelz ist vor allem darum bemüht, die sogenannten Primitiven als Akteure weltweiter Mediengeschichten in den Blick zu bekommen. Hilfreich stehen ihm dabei die *agency*-Theorie des britischen Sozialanthropologen Alfred Gell und die Akteur-Netzwerk-Theorie des französischen Wissenschaftstheoretikers Bruno Latour zur Verfügung.[31] Tobias Wendl ist Afrikaspezialist; seine Forschungen zur Bildkultur Ghanas – Werbung, handgemalte Kinoplakate, Studiofotografie und Horrorvideos – zeigen immer wieder, wie stark lokale Bildkulturen eingebunden sind in die Zirkulation globaler Bilderströme, ohne das Verhältnis von Lokalität und Globalität jedoch

---

28 In den USA wird man eine Vielzahl solcher Forschungen finden – allerdings nicht unter dem Dach sogenannter Medienwissenschaften beziehungsweise *media studies*.

29 Die Auswahl ist radikal selektiv und in keiner Hinsicht programmatisch gemeint. Vorgestellt werden sollten drei unterschiedliche Projekte, Medien im Rahmen der deutschen Universität global zu denken.

30 Inzwischen Inhaber des Lehrstuhls für Medientheorie an der Universität Siegen.

31 Schüttpelz, Erhard, *Die Moderne im Spiegel des Primitiven: Weltliteratur und Ethnologie (1870-1960)*, München 2005.

einsinnig hegemonial im Sinne der Entstehung einer homogenen »Welt- beziehungsweise Universalkultur« zu denken.[32] Stefan Kramer ist geprägt von der Birmingham-School mit Stuart Hall an ihrer Spitze: in medienwissenschaftlich-sinologischer Doppelkompetenz untersucht er das Fernsehen in seiner Beziehung zu Fragen nationaler Identität in China.[33]

3.2 Dialog mit Ethnologie und Religionswissenschaft

Die Geschichte der Medien hat nicht mit den technischen Kommunikationsmedien begonnen – nicht der Sache nach und erst recht nicht nach dem Begriff. Den Begriff, den die europäischen Intellektuellen bei ihrer Emigration in den 1930er Jahren mit in die USA nahmen, war der personaler Geistmedien, von Menschen also, die zwischen dieser und der anderen Welt der radikal Abwesenden, der Außerirdischen, Dämonen, Geister und Toten vermittelten. Weltweit ist dieser Typus Medium bekannt: als Schamanen und Geistheiler, als Besessene und Mystiker, als Heiler und Kranke. Nicht ohne Grund kennen alle technischen Medien die Geister als Inhalte und Botschaften: Eine von Besessenheit, Ekstase und Dissoziation ausgehende Medienvorstellung durchdachte genau jenes Erfahrungsspektrum, das später half, die Medialität von technischen Apparaten überhaupt zu denken. Es geht bei Geistmedien um die »Inkongruenz von (intentionalem, betrügerischem, simulativem) Handeln und (passivem, empfindsamem) Erleiden«.[34] Genau dieser Inkongruenz aber muß man sich auch beim Umgang mit den stets gestörten technischen Kommunikationsmedien stellen. Der deutsche Bildungsdiskurs hat diesen Apparaten solche Ohnmachtserfahrungen nie verziehen und sie deshalb immer wieder als »geistlos« geächtet.

Inzwischen hat sich zum Thema der Mediengeister und Geist(er)medien ein breiter Diskurs gebildet, der jedoch eine deutliche For-

---

32 Behrend, Heike/Wendl, Tobias, *Snap me one! Studiofotografen in Afrika*, München u. a. 1998; Wendl, Tobias, *Afrikanische Reklamekunst*, Wuppertal 2002; ders., *Africa Screams! Das Böse in Kino, Kunst und Kult*, Wuppertal 2004.

33 Kramer, Stefan, *Vom Eigenen und Fremden. Fernsehen und kulturelles Selbstverständnis in der Volksrepublik China*, Bielefeld 2004; ders., *Das chinesische Fernsehpublikum*, Bielefeld 2007.

34 Kümmel, Albert/Löffler, Petra, »Nachwort«, in: dies. (Hg.), *Medientheorie 1888-1933*, Frankfurt/M. 2003, S. 558.

schungslücke aufweist: Spezialisten für technische Kommunikationsmedien in Europa sprechen nicht mit Spezialisten für personale Geistmedien und *vice versa*. Zwischen Medienwissenschaft auf der einen und Ethnologie und Religionswissenschaft auf der anderen Seite gibt es kaum Verbindungen. Unter Medienwissenschaftlern ist es beliebt, Fragen der Magie und der Geister nur als »Diskurs« zu denken, nicht als »Praxis«, der man möglicherweise eine »Wahrheit« zubilligen müßte, die den Gewißheiten, über die man als Abendländer zu verfügen meint, widerspricht. Immer noch lesenswert – und in unserem Kontext besonders relevant – ist in diesem Zusammenhang der inzwischen klassische Aufsatz zur Epistemologie von Hans Peter Duerr, der vor dem Hintergrund poststrukturalistischer Theoriemoden verfaßt wurde: »Können Hexen fliegen?«[35]

3.3 Zusammenführung von Netzwerktheorie und Bildwissenschaft

Die zentralen Stichworte, unter denen Medienfragen derzeit verhandelt werden, sind *Netzwerk* und *Bild*.

Gegenwärtige Netzwerktheorien haben sich aus einer technologischen (Eisenbahn, Telegraphie, Elektrizität etc.) und einer soziologischen Tradition (Analysen persönlicher Netzwerke durch Jacob Moreno) entwickelt. Noch vor der Etablierung des World Wide Web im Jahre 1989 trafen sich beide Betrachtungsweisen Anfang der 1980er Jahre in unterschiedlichen theoretischen Entwürfen, insbesondere in der Technikgeschichte Thomas P. Hughes' (*Networks of Power*) und der Wissenschaftstheorie Michel Callons und Bruno Latours (*Science in Action*).

Die Bildfrage wurde vor allem zur Infragestellung klassischer Kunstgeschichtsschreibung durch Hans Belting[36] und Gottfried Boehm[37] in den 1990er Jahren gestellt. Dabei konnten sie anschließen an eine amerikanische Debatte, deren Protagonist William J.T. Mitchell war, der im magischen Jahr 1984 einen Aufsatz mit dem Titel »What is an Image?« schrieb. *Bild* sollte demnach jener *umbrella term* sein, der

35 Duerr, Hans Peter, »Können Hexen fliegen?«, in: *Zeitschrift für Parapsychologie und Grenzgebiete der Psychologie* 2, 1978, S. 75-91.
36 Belting, Hans, *Bild und Kult: eine Geschichte des Bildes vor dem Zeitalter der Kunst*, München 1990.
37 Böhm, Gottfried (Hg.), *Was ist ein Bild?*, München 1994.

im Rahmen eines *pictorial turn* den *Text*begriff, der den *linguistic turn* definiert hatte, ablöste. Inzwischen hat sich die Debatte verdichtet bis zu Forderungen einer eigenen, interdisziplinären Bildwissenschaft.

»Bild« war und ist ein ebenso produktiver und omnivorer Begriff wie »Netzwerk« oder auch »Medium«. Immer mehr Forschungen gerade auch der Informations- und Naturwissenschaften diskutieren heutzutage Praxis und Theorie sogenannter *Visualisierungen*. Dieser Begriff impliziert die Vorgängigkeit von Daten und Erkenntnissen, die dann – gewissermaßen aus didaktischen oder auch darstellungsökonomischen Gründen – nachträglich sichtbar gemacht werden: als Karte, Diagramm oder Bild. Damit unterbietet die Debatte die ganze Komplexität der Bildforschung, wie sie sich seit Ausrufung des *pictorial turn* in den 1980er Jahren ausgeprägt hat. Als Visualisierung können Bilder zum *tool* degradiert werden.

Statt also an der Visualisierungsdebatte zu partizipieren, sollten die Medienwissenschaften Bildwissenschaft und Netzwerktheorie produktiv zusammenführen. Anzudeuten scheint sich eine solche Theoriebewegung im neuerdings proklamierten *topographical turn*, der das Augenmerk auf Karten, Navigationsmedien und -techniken sowie die Beziehung von Semantik und Raum legt.

3.4 Diagrammatische Praxis

»Anstelle des alten Bilds, nach dem menschliche Subjekte die Fesseln des sozialen Lebens abstreifen, um Ordnung in die Natur zu bringen, oder Naturgesetze finden, um die soziale Ordnung aufrechtzuerhalten, wünschte ich mir ein Diagramm, in dem sich darstellen ließe, wie ein gegebenes Kollektiv seinen Aufbau verändern kann, indem es verschiedene Assoziationen artikuliert.«[38]

Leitmedium medienwissenschaftlicher Geschichtsschreibung ist der Text. Jenseits aller etymologischen Herleitungen (*textus* = Gewebe) und konzeptionellen Ausweitungen, die ganze Kulturen als Texte zu lesen versuchten, ist die konkrete Materialität von Texten begrenzt. Ganz gleich, wie offen, fragmentarisch und unabschließbar man Texte denkt, bleiben sie dennoch lineare Reihungen von Zei-

---

38 Latour, Bruno, »Ein Kollektiv von Menschen und nichtmenschlichen Wesen. Auf dem Weg durch Dädalus' Labyrinth«, in: ders.: *Die Hoffnung der Pandora. Untersuchungen zur Wirklichkeit der Wissenschaft*, Frankfurt/M. 2000, S. 237.

chen, gebunden an das Rechteck des Papiers und bezogen auf die Einheit, die das Format »Buch« vorgibt.

Gerade die mit neuen Medien beschäftigte Forschung hat diesen Umstand immer wieder beklagt, aber bislang nicht zu ändern gewußt. Die neue Leitfigur medien- und kulturwissenschaftlicher Diskurse heißt »Netzwerk«. Wo es nicht Gegenstand, sondern auch Methode der Forschung sein will, führt das Netzwerk den Text an eine unüberschreitbare Grenze. Ingenieurs- und Naturwissenschaften sowie Teile der Sozialwissenschaften haben ihr Darstellungsrepertoire schon lange um Diagramme, Graphen und ähnliche Visualisierungsmethoden ergänzt. Ein Weg in die Zukunft, der nicht inhaltlich, sondern methodisch bestimmt ist, wäre der Versuch, eine solche Form medialer Praxis für die mit Medien beschäftigte Theorie produktiv zu machen.

Auswahlbibliographie

Fohrmann, Jürgen, »Der Unterschied der Medien«, in: *Die Kommunikation der Medien*, hg. v. ders./Erhard Schüttpelz, Tübingen 2004, S. 5-19.

Hagen, Wolfgang, »Was ist ein Medium? – Eine medienepistemologische Fußnote«, Vortrag auf der Tagung *Was ist ein Medium*, Friedrich Nietzsche Kolleg Weimar, Dezember 2005, ⟨http://www.whagen.de/vortraege/2005/20051216Weimar/WasIstEinMedium.pdf⟩, 28. 5. 07.

Hörisch, Jochen, »Medientheorie(n)«, in: ders., *Theorie-Apotheke. Eine Handreichung zu den humanwissenschaftlichen Theorien der letzten fünfzig Jahre, einschließlich ihrer Risiken und Nebenwirkungen*, Frankfurt/M. 2005, S. 171-186.

Hüser, Rembert, »Der Vorspann stört. Und wie«, in: *Signale der Störung*, hg. v. Albert Kümmel/Erhard Schüttpelz, München 2003, S. 237-260.

Kümmel, Albert/Löffler, Petra (Hg.), *Medientheorie 1888-1933*, Frankfurt/M. 2003.

Paech, Joachim, »Medienwissenschaft«, in: *Bildwissenschaft. Disziplinen, Themen, Methoden*, hg. v. Klaus Sachs-Hombach, Frankfurt/M. 2005, S. 79-96.

Rogers, Everett M., *A History of Communication Study. A Biographical Approach*, New York u. a. 1994.

Sachs-Hombach, Klaus (Hg.), *Bildwissenschaft. Disziplinen, Themen, Methoden*, Frankfurt/M. 2005.

Schröter, Jens, »Intermedialität«, in: ⟨http://www.theorie-der-medien.de/text_detail.php?nr=12⟩, 10. 7. 2007.

Schüttpelz, Erhard, »›Get the message through‹. Von der Kanaltheorie der Kommunikation zur Botschaft des Mediums: Ein Telegramm aus der nordatlantischen Nachkriegszeit«, in: *Medienkultur der 50er Jahre. Diskursgeschichte der Medien nach 1945*, hg. v. Irmela Schneider/Peter Spangenberg, Opladen 2002, S. 51-76.

Schüttpelz, Erhard, »Von der Kommunikation zu den Medien/In Krieg und Frieden (1943-1960)«, in: *Gelehrte Kommunikation. Wissenschaft und Medium zwischen dem 16. und 20. Jahrhundert*, hg. v. Jürgen Fohrmann, Wien u. a. 2005, S. 483-551.

Tholen, Georg Christoph, »Überschneidungen. Konturen einer Theorie der Medialität«, in: *Konfigurationen. Zwischen Kunst und Medien*, hg. v. Sigrid Schade/ders., München 1999, S. 15-35.

Tholen, Christoph, »Medium/Medien«, in: *Grundbegriffe der Medientheorie*, hg. v. Alexander Roesler/Bernd Stiegler, München 2005, S. 150-172.

Wirth, Uwe, »Intermedialität«, in: *Grundbegriffe der Medientheorie*, hg. v. Alexander Roesler/Bernd Stiegler, München 2005, S. 114-121.

Matthias Wieser
Technik / Artefakte
Mattering Matter[1]

>Die ›Disziplin‹ kann weder mit einer In-
stitution noch mit einem Apparat identifiziert werden. Sie ist ein Typ von Macht;
eine Modalität der Ausübung von Gewalt;
ein Komplex von Instrumenten, Techniken,
Prozeduren, Einsatzebenen, Zielscheiben; sie
ist eine ›Physik‹ oder eine ›Anatomie‹ der
Macht, eine Technologie« (Foucault, Michel, *Überwachen und Strafen*, Frankfurt/
M. 1976, S. 276f.).

»Es ist einfach, jede Gesellschaft mit Ma-
schinentypen in Beziehung zu setzen, nicht
weil die Maschinen determinierend sind,
sondern weil sie die Gesellschaftsformen
ausdrücken, die fähig sind, sie ins Leben
zu rufen und einzusetzen« (Deleuze, Gilles,
»Postskriptum über die Kontrollgesellschaf-
ten«, in: *Gilles Deleuze, Unterhandlungen
1972-1990*, Frankfurt/M. 1993, S. 254f.).

»Dieses Quasi-Objekt ist kein Objekt, und
es ist dennoch eines, denn es ist kein Subjekt, weil es in der Welt ist; es ist zugleich
auch ein Quasi-Subjekt, weil es ein Subjekt
markiert oder bezeichnet, das dies ohne es
nicht wäre« (Serres, Michel, *Der Parasit*,
Frankfurt/M. 1987, S. 346).

1 Für Kritik und Anregungen danke ich Werner Rammert, Andreas Reckwitz, Rainer Winter und besonders Jan H. Passoth. Das titelgebende Wortspiel, welches
im Deutschen leider nicht möglich ist, stammt von Miller, Daniel, »Why Some
Things Matter«, in: *Material Culture. When Things Matter*, hg. v. Daniel Miller,
Chicago u. a. 1996, S. 3-21.

1. Asoziale Objekte

Das klassische Verständnis von Technik und Artefakten, welches im Alltag zu finden ist und auch lange Zeit die Soziologie bestimmte, ist das von Technik als Mittel zum Zweck. Technische Artefakte sind Gegenstände und dienen als Instrumente zur Erfüllung einer Absicht. Artefakte sind etwas Äußeres, ein passives Gegenüber des Menschen, welches erst durch den Menschen Sinn bekommt, in Gang gesetzt wird und Form bekommt.

Trotz einer Beschäftigung mit Technik und Artefakten bei den Klassikern der Sozialwissenschaften, etwa bei Marx, aber auch bei Durkheim, schienen im Zuge einer Institutionalisierung und Disziplinierung der Soziologie Technik und Artefakte als Gegenstandsphänomene eher hinderlich. Schließlich galt es, das Soziale als Zwischenmenschliches und die »Soziologie als Menschenwissenschaft« (Elias) zu etablieren. Natürlich ist das nicht Elias anzulasten, der den medialen Charakter von Artefakten – seien es Gabeln oder Uhren – durchaus erkannt hat. Vielmehr ist die Marginalisierung der Objekte in der Grundlegung der Soziologie Webers als Wissenschaft vom »subjektiv gemeinten Sinn«, Durkheims Diktum, »Soziales durch Soziales zu erklären«, und der Wirkmächtigkeit von Parsons voluntaristischem Strukturfunktionalismus begründet. Aber auch der Symbolische Interaktionismus rückte vor allem zwischenmenschliche Face-to-face-Situationen in den Mittelpunkt, und selbst die sehr formale Luhmann'sche Systemtheorie konzipiert Technik als Umwelt sozialer Systeme. Doch die »Technikvergessenheit der Sozialtheorie«[2] wurde durch die Widerständigkeit der Dinge herausgefordert: Eisenbahn und Automobil, Film und Fernsehen, Automatisierung der Arbeit und Atombombe erforder(te)n soziologische Reflexion. Allerdings fiel diese Einschätzung meist sehr einseitig aus: Technik als A-Soziales; Technik als instrumentelle Rationalität und Effizienz, die außer Kontrolle gerät, die die menschliche Zivilisation bedroht und das Soziale kontaminiert. Dies findet sich bei so unterschiedlichen und gegensätzlichen Autoren wie Jacques Ellul, Siegfried Giedion, Jürgen Habermas, Ernst Jünger, Herbert Marcuse und Helmuth Schelsky, ob als »Kolonialisierung der Lebenswelt«, »Eindimen-

---

2 Vgl. zu diesem Topos Rammert, Werner, »Technikvergessenheit der Soziologie? Eine Erinnerung als Einleitung«, in: *Technik und Sozialtheorie*, hg. v. Werner Rammert, Frankfurt/M. 1998, S. 9-28.

sionalisierung des Menschen«, Sachzwang »universal gewordene[r]
Technik« oder »Herrschaft der Mechanisierung«.[3]

2. Assozierte Objekte

In der jüngeren Vergangenheit schienen dann konstruktivistische und
textualistische Ansätze die Deutungsmacht innezuhaben.[4] Hier werden Artefakte in ihrer Form und Wirkung auf soziale Determinanten zurückgeführt wie etwa Interessensgruppen, Leitbilder und Lebensstile. Eine besondere Variante dieser sozialdeterministischen
Perspektive auf Technik und Artefakte, welche in den Ausgangspunk-
ten der poststrukturalistischen sehr nahesteht, ist die textualistische
oder semiotische. Besonders angeregt durch Lévi-Strauss' Strukturalismus jenseits der Linguistik, Clifford Geertz' »Culture-as-text«-
Metapher und Roland Barthes' Übertragung der Semiotik auf po-
pulärkulturelle Alltagsphänomene werden Artefakte als Text und als
Zeichensystem angesehen, welches Bedeutungen übermittelt und
auch einer bestimmten Grammatik folgt.[5] Beim letztgenannten Autor ist in diesem Zusammenhang besonders auf seine berühmt gewordene Analyse des Citroën DS 19 hinzuweisen, in der er das Auto
als »magische[s] Objekt« der Gegenwart beschreibt; der Citroën als
Göttin (DS = *déesse*) mit »wunderbaren Formen« und »Sinn fürs
Leichte«, der das Auto nicht mehr als Bestie, sondern als Luxusge-
schöpf erscheinen lässt, welches aber – im Innern – »haushälteri-
scher« als andere Autos ist und gerade in dieser Doppelbedeutung
von Luxus und Alltäglichkeit (oder sollte man sagen von Model und

---

3 Einen guten Überblick über Techniktheorien vor allem des 20. Jahrhunderts geben
  Fohler, Susanne, *Techniktheorien. Der Platz der Dinge in der Welt des Menschen*,
  München 2003, und, modernisierungstheoretisch eingebettet, Passoth, Jan-Hen-
  drik, *Technik und Gesellschaft. Sozialwissenschaftliche Techniktheorien und die
  Transformationen der Moderne*, Wiesbaden 2007.
4 Vgl. Bijker, Wiebe E./Hughes, Thomas P./Pinch, Trevor J., *The Social Construction
  of Technological Systems. New Directions in the Sociology and History of Technology*,
  Cambridge (MA) 1987; Hodder, Ian, *The Meaning of Things*, London u. a. 1992;
  MacKenzie, Donald/Wajcman, Judy, *The Social Shaping of Technology*, Milton
  Keynes 1999.
5 Vgl. Lévi-Strauss, Claude, *Traurige Tropen*, Frankfurt/M. 1999; Geertz, Clifford,
  Dichte Beschreibung. Beiträge zum Verstehen kultureller Systeme, Frankfurt/M.
  1987 und Barthes, Roland, *Mythen des Alltags*, Frankfurt/M. 2003.

Hausfrau) schnell die tastende Begierde des (wohl vor allem männlichen) Kleinbürgertums auf sich zieht.[6] Und auch Jean Baudrillard hat in seiner Dissertation das Sprachsystem von Alltagsdingen wie Möbeln, Autos und Uhren analysiert.[7] Dies gipfelt in einer Kritik der Konsumgesellschaft, die von einer Ökonomie der Zeichen beherrscht wird, welche den Menschen in seiner Beziehung zu Artefakten entfremdet, letztere entmaterialisiert und so den traditionellen symbolischen Tausch untergräbt und das Soziale zum Verschwinden bringt. Gerade in der Ethnologie und der Archäologie erfreute sich der zeichentheoretische Ansatz einiger Beliebtheit, aber auch in der Techniksoziologie wurde er fruchtbar gemacht. So wurden alltägliche Güter wie zum Beispiel Fernseher als eindeutige Zeichen für soziale Gruppen analysiert oder das Automobil als kulturelles Symbol etwa für Geschwindigkeit und Männlichkeit gedeutet.[8] Allerdings hat solch ein semiotischer, symbolischer oder textualistischer Ansatz seine Grenzen, denn er »betrifft nur eine Ausdrucksweise, [...] kennt nur eine einzige Operation: das Lesen oder das Entziffern«, wie bereits Barthes feststellte.[9] Darüber hinaus stellt sich die Frage, ob es nicht vielfältige, widersprüchliche und vor allem auch subversive Lesarten geben kann. Mehr noch: »Dinge sind kein Text«[10] »[A] design is not a word and a house is not a text: words and things, discourses and material practices are fundamentally different.«[11] Ein strukturalistisch-semiotischer Ansatz mit der Vorstellung von relativ starren und formalen Codesystemen *hinter* den Dingen übersieht folglich erstens die Mehrdeutigkeit von Artefakten und zweitens den praktischen Umgang mit ihnen. Die Objekte werden isoliert, situationslos und unhistorisch als auch reduktionistisch betrachtet – lediglich als Folie des Sozialen oder gar »nur« Sprachlichen; als passives Objekt

6 Barthes, Roland, *Mythen des Alltags*, a. a. O., S. 76-78.

7 Vgl. Baudrillard, Jean, *Das System der Dinge. Über unser Verhältnis zu den alltäglichen Gegenständen*, Frankfurt/M. 1991.

8 Vgl. Douglas, Mary/Isherwood, Baron, *Theo World of Foods. Towards an Anthropology of Consumption*, London u. a., 1996; Sachs, Günter, *Die Liebe zum Automobil. Ein Rückblick in die Geschichte unserer Wünsche*, Reinbek 1990. Vgl. auch Mill, Ulrich, *Technik und Zeichen. Über semiotische Aktivität im technischen Kontext*, Baden-Baden 1998.

9 Barthes, Roland, *Mythen des Alltags*, a. a. O., S. 92.

10 Hahn, Hans Peter, *Materielle Kultur. Eine Einführung*, Berlin 2005.

11 Tilley, Christopher, »Metaphor, Materiality and Interpretation«, in: *The Material Culture Reader*, hg. v. Victor Buchli, London 2002, S. 23.

von Sinnbezügen. Doch Dinge sind weder rein sprachlich, noch funktionieren sie wie Sprache. Dinge kommunizieren auf ihre eigene Art und Weise und nicht analog zur Sprache: »They have their own form of communicative agency.«[12] Sie sind in der Welt, nehmen an ihr teil (»communicare«) und zeitigen Wirkungen.

Poststrukturalistischen Artefakttheorien geht es nun darum, »to relocate human beings outside of their minds, out of the prison house of language [or technology, M.W.] and inside the world – where (at least on the surface) we apparently live.«[13] Sie positionieren sich jenseits von Technik- und Sozialdeterminismus. Sie erproben eine antiessentialistische Herangehensweise an »Technikulturen«.

Besonders in den Science Studies sind postrukturalistische Gedanken rezipiert und für die Analyse von Technik und Artefakten fruchtbar gemacht worden, so daß inzwischen eher von Science and Technology Studies (STS) gesprochen wird. Denn gerade die Untersuchung der Praxis der Naturwissenschaften zeigte die Bedeutung und Relevanz der von ihnen benutzten Objekte auf. Und generell ist gerade heute die Grenze zwischen Wissenschaft und Technik schwer zu ziehen, so daß Bruno Latour und Donna Haraway den Begriff »technoscience« prägten.[14] Einer der avanciertesten Ansätze der STS ist sicherlich die Akteur-Netzwerk-Theorie (ANT), welche neben der Ethnomethodologie Harold Garfinkels besonders auf (post-) strukturalistischen Gedanken aufbaut, insbesondere denen von Gilles Deleuze, Michel Foucault, Algirdas Greimas und Michel Serres.[15] Letzterer steht am Beginn der ANT als »Soziologie der Überset-

---

12 Tilley, Christopher, »Metaphor, Materiality and Interpretation«, a. a. O., S. 25.

13 Mukerji, Chandra, »Toward a Sociology of Material Culture. Science Studies, Cultural Studies and the Meanings of Things«, in: *The Sociology of Culture*, hg. v. Diane Crane, Cambridge (MA) 1994, S. 161.

14 Vgl. Haraway, Donna, *Die Neuerfindung der Natur. Primaten, Cyborgs und Frauen*, Frankfurt/M. u. a. 1995 und Latour, Bruno, *Science in Action. How to Follow Scientists and Engineers Through Society*, Cambridge (MA) 1987. Vgl. hierzu auch den Artikel von Henning Schmidgen zu »Wissenschaft« in diesem Band, S. 450-466.

15 Dieser Mix wurde in den 1990er Jahren noch um die Prozeß-Philosophie von Alfred N. Whitehead und in den letzten Jahren um die monadologische Soziologie Gabriel Tardes als auch den amerikanischen Pragmatismus ergänzt. Auch lassen sich einige Parallelen zwischen Derrida und Latour ziehen, wie etwa der dekonstruktive Gestus, welchen letzterer aber stärker zu überwinden sucht, sowie religiöse Motive und mystizistische Denkfiguren, wenn auch bei Latour christlich und nicht jüdisch geprägt, und das Interesse für die Materialität von Form und

zung«;[16] Serres' Idee besteht darin, das Soziale als Verhandlung, Vermittlung und Kommunikation, an der verschiedene semiotische *und* materielle Kräfte beteiligt sind, zu denken. Dieser heterogene Prozeß läßt keine essentielle Trennung von Subjekt und Objekt zu, sondern versetzt diese eher in den Status eines Quasisubjekts beziehungsweise Quasiobjekts.[17] Folglich ist der Begriff des Akteurs in der Bezeichnung ANT sehr irreführend, denn in einem soziotechnischen Gemenge kann auch ein Objekt Subjekt sein. Statt einer Dichotomie besteht ein Kontinuum zwischen Objekt und Subjekt. Deswegen wird der Begriff des Aktants aus der Semiotik entlehnt: »[A]n actor is what is *made to* act by many others«.[18] Alles kann Aktant, das heißt »Akteur« sein, wenn ihm Aktivität zugesprochen wird, allerdings nicht nur in Geschichten und Erzählungen, sondern auch in der Welt. Materialitäten sind irreduzibel auf Wissen und/oder soziale Beziehungen. Artefakte sind keine Repräsentationen, sondern sie repräsentieren. Sie sind keine »matters of fact«, sondern »matters of concern«.[19] Sie sind Medien, keine Übermittler, sondern *Ver*mittler. Artefakte reduzieren Komplexität, indem sie Interaktionen rahmen, sie zusammenhalten und auf Dauer stellen, das heißt, sie lokalisieren Interaktionen. Doch zugleich globalisieren sie, indem sie immer schon auf andere Orte und Zeiten verweisen, auf das, »was in ihnen steckt«, was an sie delegiert wurde. Folglich sollte die Soziologie dieser Interobjektivität ihre Aufmerksamkeit schenken und nicht der Intersubjektivität.[20] Es geht um eine Dezentrierung der Grenze von Mensch und Technik, wie sie in den Wörtern »Ding« (Zusammenkunft) und »res« (Verhandlung) etymologisch angelegt ist.[21] Demnach

schließlich das Verständnis von wissenschaftlicher Rationalität und linearer Fortschrittstheorie als Mythos der Moderne.

16 Callon, Michel, »Einige Elemente einer Soziologie der Übersetzung. Die Domestikation der Kammmuscheln und der Fischer der St. Brieuc-Buecht«, in: *ANThology*, hg. v. Andréa Belliger/David J. Krieger, Bielefeld 2006, S. 135-174.

17 Vgl. Serres, Michel, *Hermes III. Die Übersetzung*, Berlin 1992; ders., *Der Parasit*, Frankfurt/M. 1987 und ders./Latour, Bruno, *Conversations on Science, Culture and Time*, Ann Arbor (MI) 1995.

18 Latour, Bruno, *Reassembling the Social. An Introduction to Actor-Network-Theory*, Oxford 2005, S. 46.

19 Ebd., S. 87-120.

20 Latour, Bruno, »Eine Soziologie ohne Objekt? Anmerkungen zur Interobjektivität«, in: *Berliner Journal für Soziologie* 11, 2001, S. 237-252.

21 Vgl. Latour, Bruno, »Ein Ding ist ein Thing. Eine philosophische Plattform für

kann man Technik auch nicht auf ihre Funktionalitäten reduzieren, da diese immer gleichzeitig auch kulturell sind, soziales Handeln an sie delegiert wurde: »Niemand hat je reine Techniken gesehen – und niemand je reine Menschen. Wir sehen nur Assemblagen, Krisen, Dispute, Erfindungen, Kompromisse, Ersetzungen, Übersetzungen und immer kompliziertere Gefüge, die immer mehr Elemente in Anspruch nehmen.«[22] Die Identität von Mensch und Maschine, Gesellschaft und Technik bricht in den Studien der ANT zusammen, wird dekonstruiert und neu zusammengesetzt. In diesen Arbeiten wird das soziomaterielle Funktionieren von Identitätsbildung aufgezeigt. Denn das Selbst ist auf *andere* – auf Artefakte – angewiesen und umgekehrt.[23]

Die von der ANT beschriebenen soziomateriellen Netzwerke sind am besten im Sinne des Rhizoms von Deleuze und Guattari anstatt in Analogie zum technischen oder soziologischen Netzwerkbegriff zu verstehen. Der Netzwerkbegriff der ANT meint den des *dispositif* oder *agencement* bei Foucault und Deleuze.[24] Er verweist auf eine rhizomartige »Struktur« des Sozialen oder der »Gesellschaft« – ein Begriff, den Latour später durch den des Kollektivs[25] ersetzt –, verstanden als Gemengenlage verschiedener Materialitäten. Die ANT nimmt Foucaults »Mikrophysik« ernst und will – mit Deleuze gesprochen – die soziotechnischen Gefüge (Assemblagen) Stück für Stück zerlegen und wieder zusammensetzen; letzteres mit verschiedenen Genres und Textsorten spielend – mal anhand von Comics, mal als politische Philosophie, als Detektivgeschichte oder als Museumsausstellung.

eine europäische Linkspartei«, in: *Innovationen in Technik, Wissenschaft und Gesellschaft. Beiträge zum Fünften Internationalen Ingenieurkongreß der Friedrich-Ebert-Stiftung am 26. und 27. Mai 1998 in Köln*, hg. v. Werner Fricke, Bonn 1998, S. 165-182.

22 Latour, Bruno, *Der Berliner Schlüssel*, Berlin 1996, S. 21.

23 Vgl. zu »Subjekt« auch Andreas Reckwitz in diesem Band, S. 75-92.

24 Latour, Bruno, »Über den Rückruf der ANT«, in: *ANThology*, a. a. O., S. 161; ders., *Reassembling the Social*, a. a. O., S. 129; Law, John, »After ANT«, in: *Actor-Network-Theory and After*, hg. v. John Law/John Hassard, Oxford u. a. 1999, S. 2; Deleuze, Gilles/Guattari, Félix, *Tausend Plateaus. Kapitalismus und Schizophrenie II*, Berlin 1992; Deleuze, Gilles, *Foucault*, Frankfurt/M. 1992.

25 Vgl. Latour, Bruno, *Das Parlament der Dinge. Für eine politische Ökologie*, Frankfurt/M. 2001.

Im Grunde ist die ANT eine »ruthless application of semiotics«.[26] Allerdings geht es *nicht* um die Zeichen oder Bedeutungen der Dinge, sondern um die Ausdehnung des differenz- und relationstheoretischen Vokabulars auf die Welt. Die soziotechnischen Gefüge werden als ein Netz von Beziehungen vielfältiger differenter Einheiten gedacht, die ihre Identität durch die Position im Netz, ihre Differenzbeziehung zu den anderen Einheiten bekommen: »Relationaler Materialismus«, wie John Law es nennt.[27] Soziales und Materielles stehen in Relation zueinander, es existiert keine Kluft zwischen beiden, sie sind nicht essentiell getrennt. Folglich sind sie auch nicht isoliert voneinander zu analysieren wie in traditionellen Sozialwissenschaften üblich, wo das technische Projekt Frage der Ingenieurinnen ist und die Sozialwissenschaftler sich lediglich mit den Folgen für Gesellschaft oder den Projektionen von Gesellschaft auf Technik oder anderen Artefakten beschäftigen. »Gesellschaft« ist in der ANT wie bei Deleuze und Guattari eine komplexe Sammlung unterschiedlicher Strata und Netzwerke, die sich nur durch eine Analyse der Organisationsweise der vielfältigen Ströme, welche sie durchkreuzen, analysieren läßt. Es gibt keine Struktur oder Grammatik hinter den Dingen, sondern nur ihre Beziehungen, Assoziationen, welche praktiziert werden: »[T]here exists nothing behind those activities«.[28] Das *Tun* steht im Vordergrund, ohne auf ein (unsichtbares) Dahinter zu verweisen. Hieran wird die performative Definition des Sozialen deutlich.[29] Das Soziale ist keine Substanz, sondern eine Bewegung, Kraft, Zirkulation, »flows«.[30] Das Soziale muß ständig hergestellt, produziert und konstruiert werden unter Zuhilfenahme verschiedenster Materialitäten, Zeichen wie Artefakten. Demnach gilt die Stabi-

---

26 Law, »After ANT«, a. a. O., S. 3. Zum Verhältnis von ANT und Semiotik vor allem bezüglich der Umkehrung des Kompetenz/Performanz-Verhältnisses vgl. Høstaker, Roar, »Latour – Semiotics and Science Studies«, in: *Science Studies* 2, 2005, S. 5-25.

27 Law, »After ANT«, a. a. O., S. 4.

28 Latour, *Reassembling the Social*, a. a. O., S. 8.

29 Vgl. auch Judith Butlers Theorie des Performativen.

30 Latour, *Reassembling the Social*, a. a. O., S. 64. Vgl. hierzu auch Vgl. Callon, Michel/Latour, Bruno, »Die Demontage des großen Leviathans. Wie Akteure die Makrostruktur der Realität bestimmen und Soziologen ihnen dabei helfen«, in: *ANThology*, a. a. O., S. 75-102 und Pickering, Andrew, *The Mangle of Practice. Time, Agency and Science*, Chicago u. a. 1995.

lität und die Ordnung des Sozialen als Ausnahme beziehungsweise als zu erklärendes Faktum – eine durchaus klassische sozialwissenschaftliche Fragestellung. Doch das Soziale ist Prozeß und nicht Struktur. Es geht um »ordering« statt »order«.[31] Es ist vor allem ein politischer, machtvoller Prozeß. Doch in diesem Zusammenhang ist darauf hinzuweisen, daß auch Macht (im Anschluß an Deleuze und Foucault) als Relation verstanden wird. Auch Macht wird durch das Einbinden, das »In-Beziehung-Treten« mit anderen heterogenen Akteuren erreicht und praktiziert.[32]

Der relationale und performative Charakter des Sozialen verweist auf eine »flache Soziologie«.[33] Soziologie ist für Latour und die ANT Topologie und Kartographie. Es geht um eine Kritik des traditionellen Verständnisses von Akteuren, die in stabilen Räumen agieren, während die Zeit linear fortschreitet. Verschiedene Räume und Zeiten sind *in* Materialitäten und durch Ereignisse miteinander verbunden. Zeit emergiert aus räumlicher Praxis.[34] So gesehen ist die ANT eine »slowciology«,[35] welche dem »Sozialen« auf der Spur bleibt, indem es den Aktanten durch verschiedene Räume und Zeiten folgt. Sie beschreibt die eigenartige »zirkuläre Referenz«,[36] welche Wort und Welt, Natur und Kultur, Technik und Gesellschaft miteinander verbindet. Es gibt nur praktizierte *Verbindungen* zwischen Einheiten und keine »bloß« lokalen Interaktionen und »großen« Strukturen: »[D]as Soziale [ist] eine bestimmte Art von Zirkulation [...], die endlos reisen kann, *ohne* jemals entweder auf die Mikro-Ebene [...] oder auf die Makro-Ebene [...] zu treffen.«[37] Es geht um eine möglichst genaue Rekonstruktion dieser Übersetzungsprozesse am empirischen Fall. Im Bereich der Technik ist die ANT somit eine Soziolo-

31 Law, John, »Notizen zur Akteur-Netzwerk-Theorie. Ordnung, Strategie und Heterogenität«, in: *ANThology*, a. a. O., S. 429-446.
32 Latour, Bruno, »The Powers of Association«, in: *Power, Action and Belief. A New Sociology of Knowledge*, hg. v. John Law, London u. a. 1986, S. 264-280.
33 Latour, *Reassembling the Social*, a. a. O., S. 165-172.
34 Vgl. hierzu auch Pickering, *The Mangle of Practice*, a. a. O. und zu »Zeit« den Artikel von Lars Gertenbach in diesem Band, S. 208-225, und zu »Raum« den Artikel von Markus Schroer in diesem Band, S. 141-157.
35 Latour, *Reassembling the Social*, a. a. O., S. 165.
36 Latour, Bruno, *Die Hoffnung der Pandora. Untersuchungen zur Wirklichkeit der Wissenschaft*, Frankfurt/M. 2002, S. 36-95.
37 Latour, »Über den Rückruf der ANT«, a. a. O., S. 565.

gie der Innovation,[38] da sie sich für den Herstellungsprozeß von Technik interessiert und Technik nicht länger als Black box betrachtet, die auf »die Gesellschaft« einwirkt. Die Forschung der ANT setzt an »den *Austauschprozessen* zwischen den übersetzten Interessen der Menschen und den delegierten Kompetenzen der Nicht-Menschen«[39] an. In diesem Sinne analysierte Michel Callon den (französischen) Fall des Elektroautos, John Law Schiffe und Kampfflieger und Bruno Latour das Pariser Projekt des automatischen U-Bahnsystems »Aramis«.[40] In der Analyse dieses gescheiterten Projekts zeigt Latour auf, daß jedes technische Projekt ein Verhandlungsprozeß ist, bei dem eine Vielzahl von Akteuren mit unterschiedlichen Interessen mitmischen und sich durch diesen Prozeß transformieren. »Aramis« scheiterte im Gegensatz zum Nahverkehrsprojekt »Val« in Lille, weil »Aramis, das die Transaktionen nicht aufrechterhalten konnte, [...] in zwei nicht in Einklang zu bringende Teile auseinandergedriftet [ist]: soziale Interessen auf der einen Seite, Technik auf der anderen«.[41] Denn »[e]in Objekt kann nicht entstehen, wenn die Interessen, die sich um das Projekt herum sammeln, sich nicht überschneiden. Natürlich können Interessen modifiziert werden und ebenso Projekte. Aber das Objekt kann nicht real werden, wenn die zweiseitige Bewegung, die Interessen zu übersetzen und das Projekt zu modifizieren, unterbrochen wird.«[42]

Durch die Science Studies im ganzen, aber durch Latours »Aramis« und Callons Elektroauto im besonderen wurde die techniksoziologische Debatte neu aufgemischt. Statt sich für die Technik-

---

38 Folglich ist auch der Name der institutionellen Geburts- und Heimatstätte der ANT *Centre de Sociologie de l'Innovation* (École de Mines, Paris).

39 Latour, Bruno, »Ethnographie einer Hochtechnologie: Das Pariser Projekt ›Aramis‹ eines automatischen U-Bahn-Systems«, in: *Technographie. Zur Mikrosoziologie der Technik*, hg. v. Werner Rammert/Cornelius Schubert, Frankfurt/M. u. a. 2006, S. 52 (Hervorhebungen im Orig.).

40 Callon, Michel, »Die Soziologie eines Akteur-Netzwerkes. Der Fall des Elektrofahrzeugs«, in: *ANThology*, a. a. O., S. 175-193; Law, John, »Technik und heterogenes Engineering. Der Fall der portugiesischen Expansion«, in: *ANThology*, a. a. O., S. 213-236; Law, John, *Aircraft Stories. Decentering the Object in Technoscience*, Durham (NC) 2002; Law, John/Callon, Michel, »Das Leben und Sterben eines Flugzeugs. Eine Netzwerkanalyse technischen Wandels«, in: *ANThology*, a. a. O., S. 447-482; Latour, Bruno, *Aramis or the Love of Technology*, Cambridge (MA) 1996.

41 Latour, »Ethnographie einer Hochtechnologie«, a. a. O., S. 59.

42 Ebd., S. 52.

folgen zu interessieren, haben sie »technology-in-the-making« analysiert. Dabei konnten sie aufzeigen, wie viel Soziales oder Kultur schon in der Technik steckt, aber gleichzeitig auch die Widerständigkeit von Artefakten thematisieren: Technik als »*Tat*-Sachen«,[43] verbunden mit dem »Ziel [...], die Teilung zwischen materialistischen und kulturalistischen Darstellungen zu beenden«.[44] So konnten die (Re-)Konfigurationen und Transformationen der Identität von Menschen und ihren (technischen) Artefakten im Innovationsprozeß verdeutlicht werden. Somit zeigt sich eine endogene Dynamik von »Technikkultur«. Es gibt kein Äußeres von materieller Kultur. Artefakte können Situationen beeinflussen, normieren und determinieren, aber sie stehen nicht außerhalb von Kultur wie im technikdeterministischen Modell, denn in sie sind Normen, Werte, Interessen als Handlungsvorschriften eingeschrieben. Genauso ist Kultur abhängig von ihren Materialitäten und Technologien, die jenseits »ihrer« Intentionalität liegen.[45]

3. Jenseits der Wissenschaftstechnik

Inzwischen beschäftigt sich die poststrukturalistische oder poststrukturalistisch informierte Wissenschaftsforschung weniger mit der Technik und den Artefakten der (Natur- und Ingenieurs-)Wissenschaften, sondern mit denen der Wirtschaft, Medizin, Kunst, Populärkultur und Politik. Hier zeigen sie die Widerständigkeit und das Mithandeln der Dinge, der Technik und der Artefakte in weiteren Feldern auf.

Neben den »Expertenmaschinen« wie dem Elektroauto und dem Nahverkehrsprojekt »Aramis« wird zunehmend die Agency von alltäglichen Artefakten betont, so daß sich STS und Cultural Studies annähern. Auch der Schlüsselanhänger, der Sicherheitsgurt, der Wanderschuh, die Hundeleine und die Fernbedienung sind »missing masses« konventioneller Sozialwissenschaft.[46] Auch sie agieren mit:

43 Latour, Bruno, *Das Parlament der Dinge. Für eine politische Ökologie*, Frankfurt/ M. 2001, S. 132.

44 Latour, »Ethnographie einer Hochtechnologie«, a. a. O., S. 32.

45 In diesem Zusammenhang ist auf Latours provokative These der Moralität von Artefakten zu verweisen. Vgl. Latour, *Der Berliner Schlüssel*, a. a. O.

46 Latour, Bruno, »Where Are the Missing Masses? The Sociology of a Few Mundane

Sie beeinflussen, normieren, rahmen und provozieren menschliches Handeln.

Neben dem Alltagsleben werden auch andere professionelle Felder analysiert, die durchaus auch als Technowissenschaften bezeichnet werden können: Medizin, Wirtschaft, Politik und Recht. So zeigt Annemarie Mol in ihrer Ethnographie eines holländischen Krankenhauses, wie viele Verkörperungen – technische, fleischliche, konzeptionelle – eine alltägliche Krankheit wie Arterienverkalkung annehmen kann; wie vielfältig die Realität einer Krankheit in der Praxis ist.[47] Michel Callon kritisiert die Wirtschaftssoziologie dahingehend, daß sie bisher den Artefakten der Wirtschaft und vor allem denen der Wirtschaftswissenschaft zu wenig Bedeutung zugemessen hat. Denn, so seine These, diese Artefakte schaffen erst den Markt inklusive seiner rational kalkulierenden Akteure. Auch ökonomische Prozesse sollten als soziotechnische Assemblagen (in der lokalen Formierung) analysiert werden.[48] Andrew Barry zeigt analog dazu auf, wie die Politik etwa der EU oder politischer Demonstrationen als so*ziotechnische* Apparate, das heißt als »set of practices and technologies of governing« funktionieren.[49] Und Bruno Latour spürt der juristischen »Objektivität« des französischen Staatsrates (Conseil d'État) nach.[50] Außerdem geht er in seinen beiden zusammen mit Peter Weibel kuratierten Ausstellungen am ZKM Karlsruhe neue Wege, um »seine« Artefakttheorie zu re-präsentieren.[51] Einerseits wird die Materialität von Wissenschaft, Kultur und Politik analysiert und heraus-gestellt. Andererseits wird die Entdifferenzierung dieser Felder

Artifacts«, in: *Shaping Technology/Building Society*, hg. v. Wiebe Bijker/John Law, Cambridge (MA) 1992, S. 225-258. Beispiele hieraus (dt. in *Berliner Schlüssel*); und Michael, Mike, *Reconnecting Culture, Technology and Nature. From Society to Heterogeneity*, London u. a. 2000.

47 Vgl. Mol, *The Body Multiple. Ontology in Medical Practice*, Durham (NC) 2003. Siehe auch Berg, Marc/Mol, Annemarie (Hg.), *Differences in Medicine. Unraveling Practices, Techniques, and Bodies*, Durham (NC) 1998.

48 Vgl. Callon, Michel, »Introduction. The Embeddedness of Economic Markets in Economics«, in: *The Laws of the Market*, hg. v. Michel Callon, Oxford 1998, S. 1-57, und Callon, Michel, »Akteur-Netzwerk-Theorie. Der Markt-Test«, in: *ANThology*, a. a. O., S. 545-559.

49 Barry, Andrew, *Political Machines. Governing a Technological Society*. London 2001, S. 175.

50 Latour, Bruno, *La Fabrique du droit*, Paris 2002.

51 Vgl. Latour, Bruno/Weibel, Peter, *Iconoclash*, Cambridge (MA) u. a. 2002, und Latour, Bruno/Weibel, Peter, *Making Things Public*, Cambridge (MA) u. a. 2005.

performativ »in Szene gesetzt«. Genauso wie es Latour in seinen Texten macht, werden hier Theorie, Methode, Empirie und Schreib-(das heißt Darstellungs-)Praxis mit- und ineinander verwoben. Während 2002 in *Iconoclash* die »Krise (und Macht) der Repräsentation« in Wissenschaft, Religion und Kunst inszeniert und dargestellt wurde, ging es 2005 in *Making Things Public* um politische Repräsentation, darum, wie Dinge Politik (mit)machen, und dies nicht nur in der Politik, sondern auch in den Wissenschaften, der Natur, neuen Medien, Kunst und Literatur.

4. Assoziologie

Poststrukturalistische Artefakttheorien fordern die Soziologie heraus. Gerade an ihren grundlegenden Begriffen und Dualismen wie Natur/Kultur, Technik/Gesellschaft, Soziales/Nicht-Soziales, ideell/materiell, Fiktion/Realität arbeiten sie sich ab. Sie schlagen alternative Routen ein: durch den Zwischenraum dieser Oppositionen, welche sie als Kontinua deuten. So werden sie zu Parasiten im Sinne ihres Spiritus rector Serres und wie Urs Stäheli es als charakteristisch für poststrukturalistische Soziologien ansieht.[52] Sie sind Gast im Sprachspiel Soziologie. Sie leben von deren Vokabular und Konzepten, aber unterminieren diese zugleich.

Die knappe Charakterisierung wie auch die neueren Forschungsfelder lassen erahnen, welche weitreichenden Konsequenzen eine solche postrukturalistische Variante der Techniksoziologie mit sich bringen kann, die weit mehr als eine spezielle Soziologie betreffen.

So stellt die ANT in mehrfacher Hinsicht eine Provokation für die allgemeine Soziologie dar. Sie hinterfragt und dekonstruiert ihren Gegenstand, die Gesellschaft und das Soziale, um diesen anders zu reformulieren. Sie entwickelt einen neuen Modus soziologischen Schreibens, Erklärens und Kritisierens. Und sie bietet schließlich zwar keine Lösung, aber eine weitere mögliche Antwort auf das sogenannte Mikro/Makro-Problem.

---

52 Vgl. Stäheli, Urs, *Poststrukturalistische Soziologien*, Bielefeld 2000.

Auswahlbibliographie

Belliger, Andréa/Krieger, David J., *ANThology. Ein einführendes Handbuch zur Akteur-Netzwerk-Theorie*, Bielefeld 2006.

Berg, Marc/Mol, Annemarie (Hg.), *Differences in Medicine. Unraveling Practices, Techniques, and Bodies*, Durham (NC) 1998.

Ihde, Don/Selinger, Evan (Hg.), *Chasing Technoscience. Matrix for Materiality*, Bloomington (IN) 2003.

Latour, Bruno, *Science in Action. How to Follow Scientists and Engineers*, Milton Keynes 1987.

Latour, Bruno, *Irreductions part II of The Pasteurization of France*. Cambridge (MA) 1988.

Latour, Bruno, *Aramis, or the Love of Technology*, Cambridge (MA) u. a. 1996.

Latour, Bruno, *Eine neue Soziologie für eine neue Gesellschaft*, Frankfurt/M. 2007.

Law, John, *Aircraft Stories. Decentering the Object in Technoscience*, Durham (NC) 2002.

Law, John/Hassard, John, *Actor-Network-Theory and After*, Oxford u. a. 1999.

Pickering, Andrew, *The Mangle of Practice. Time, Agency and Science*, Chicago u. a. 1995.

Schatzki, Theodore R., *The Site of the Social. A Philosophical Account of the Constitution of Social Life and Change*, University Park (PA) 2002.

Tilley, Christopher, *Reading Material Culture. Structuralism, Hermeneutics and Post-Structuralism*, Cambridge (MA) u. a. 1990.

Dominik Schrage
Konsum
Ein Erfolgsthema des Poststrukturalismus?

In der englischsprachigen Soziologie ist die Konsumforschung seit
den 1990er Jahren zu einem zentralen Forschungsfeld geworden, dessen Relevanz oft mit der Zeitdiagnose einer postmodernen Konsumkultur begründet wird. Diese Diagnose markiert einerseits, daß der
Konsum – anders als in der herkömmlichen Verbraucherforschung –
als ein Kulturphänomen wahrgenommen wird, und stellt andererseits einen Bezug zur Modernitätskritik des französischen Poststrukturalismus her, die der wesentliche Impuls der Postmoderne-Debatte
der 1980er Jahre war. Diese Aufmerksamkeit für den Konsum als
Kulturphänomen hat in den letzten Jahren wesentlich zur Verbreitung poststrukturalistischer Konzepte in den englischsprachigen Kul-
tur- und Sozialwissenschaften beigetragen. Dies fällt besonders im
Kontrast zur deutschen Soziologie auf, in der sowohl die Poststrukturalismus-Rezeption, obwohl seit den 1980er Jahren kontinuierlich
betrieben, als auch der Konsum randständige Angelegenheiten geblieben sind.[1]

Dieser Beitrag betrachtet die Neufiguration der Konsumforschung
unter dem Einfluß poststrukturalistischer Konzepte in einer epistemologischen Perspektive: Gefragt wird, welche Konstellationen die
Rezeption des Poststrukturalismus, trotz erheblicher Unterschiede in
Gegenstand und Denkgestus, gerade im Bereich der Konsumforschung begünstigt haben. Es geht also um die sowohl im Feld der

---

1 Zur deutschen Poststrukturalismus-Rezeption vgl. Neumeister, Bernd, *Kampf um
die Kritische Vernunft. Die westdeutsche Rezeption des Strukturalismus und des postmodernen Denkens*, Konstanz 2000; zur Randständigkeit der Konsumsoziologie
vgl. Wiswede, Günter, »Konsumsoziologie – Eine vergessene Disziplin«, in: *Konsum. Soziologische, ökonomische und psychologische Perspektiven*, hg. v. Doris Rosen-
kranz/Norbert F. Schneider, Opladen 2000, S. 23-72, bes. S. 26. Für den Versuch,
die deutsche Konsumsoziologie zu beleben vgl. Hellmann, Kai-Uwe/Schrage, Dominik (Hg.), *Konsum der Werbung. Zur Produktion und Rezeption von Sinn in der
kommerziellen Kultur*, Wiesbaden 2004; dies. (Hg.), *Das Management der Kunden.
Studien zur Soziologie des Shopping*, Wiesbaden 2005; Hellmann, Kai-Uwe/Pichler,
Rüdiger (Hg.), *Ausweitung der Markenzone. Interdisziplinäre Zugänge zur Erforschung des Markenwesens*, Wiesbaden 2005.

Konsumforschung als auch in der Realgeschichte des Konsums liegenden Rezeptionsbedingungen des Poststrukturalismus, mit Akzent auf der britischen Soziologie der 1990er Jahre. Beabsichtigt ist aber auch, die Frage nach dem Einfluß des Poststrukturalismus auf die Konsumforschung um die naheliegende Frage zu ergänzen, inwieweit sich die poststrukturalistischen Konzepte durch ihre Adaption in der Konsumforschung selbst verändert haben.

1. Verbrauch und Konsum

Die in den Sozialwissenschaften vorkommenden Thematisierungen von Konsumphänomenen lassen sich zunächst mit Hilfe einer Unterscheidung von Verbrauch und Konsum gliedern. Obwohl beide Konzepte oft synonym gebraucht werden, sollen sie hier heuristisch zur Kennzeichnung unterschiedlicher Erkenntnisinteressen verwandt werden, die den Konsum und den Verbrauch als zwei verschiedene Erkenntnisgegenstände konstituieren.

Als *Verbrauch* soll der Verzehr oder abnutzende Gebrauch von Gütern oder, davon abgeleitet, die Inanspruchnahme von Dienstleistungen bezeichnet werden, die dem Markt dadurch auf Dauer entzogen werden.[2] Die Kategorie des Verbrauchs akzentuiert den Form- und Funktionswandel, den am Markt erworbene Waren nach der Marktentnahme erfahren. Der Verbrauch ist also ein außerökonomischer Sachverhalt, der sich ökonomisch manifestiert. Er kann einerseits als der außerhalb des Marktes liegende Anlaß wirtschaftlichen Handelns betrachtet werden, als der Ort, an dem der Nutzen von Gütern durch ihren Verzehr realisiert wird beziehungsweise Bedürfnisse befriedigt werden.[3] Andererseits können die sich am Markt manifestierenden Kaufakte aber auch als Indikatoren psychischer, sozialstruktureller oder anderer Zustände oder Vorgänge ausgewertet werden, indem man vom sogenannten Verbraucherverhalten auf die die Kaufakte initiierenden Bedürfnisse und Motivationen schließt oder aber auf gruppenspezifische Budgets und Verwendungsgewohnheiten, die bestimmte Verbrauchsmuster ermöglichen beziehungsweise strukturieren. Das

2 Vgl. so schon bei Krünitz, Johann Georg, *Oeconomische Encyclopädie*, Bd. 204, 1841, S. 606.

3 So bereits bei Smith, Adam, *Der Wohlstand der Nationen. Eine Untersuchung seiner Natur und seiner Ursachen*, München 1978, S. 558.

hier mit dem Verbrauchskonzept identifizierte Erkenntnisinteresse nimmt diesen als einen für sich genommen unproblematischen Vorgang wahr; primär interessiert er als ein empirisches Feld aggregierter Verhaltensäußerungen, die auf externe Faktoren zurückgeführt werden.

Die psychologische Verbrauchsforschung konzentriert sich dementsprechend auf die psychischen Motivationsstrukturen, die zu Kaufentscheidungen führen, und tendiert zu einer Typisierung von Bedürfnislagen.[4] Die ethnographische Verbrauchsforschung setzt bei den in Gruppen kollektiv geteilten Bedeutungssystemen an, welche den Gebrauch von Gütern kodieren und ihn als sozialen Kommunikationsprozeß erscheinen lassen.[5] Die soziologische Verbrauchsforschung hat sich demgegenüber lange Zeit vorrangig auf den Einfluß der sozialstrukturellen Schichtung auf das Verbraucherverhalten konzentriert beziehungsweise letzteres als Indikator der ersteren verwendet.[6] Die neue Lebensstilanalyse hingegen sieht das Verbraucherverhalten als Symbolisierungsmedium gruppenbezogener Mentalitäten an, die den Verbrauchsakt rahmen.[7]

Der Terminus *Konsum* ist dagegen ein Gegenbegriff zu *Produktion*; die Spannung beider Kategorien markiert das Auseinandertreten der gesellschaftlichen Sphären des Herstellens und Verbrauchens von Gütern im Zuge der Etablierung der modernen Wirtschaft. In den Blick geraten damit zwei komplementäre, gleichermaßen traditionsentbundene Modi ökonomischer Vergesellschaftung: Die Produktion folgt dem Prinzip der rationalen Profitmaximierung durch Kapitalbesitzer, setzt technologische Methoden der Effizienzsteigerung ein und hat durch den massenhaften Einsatz von Lohnarbeit den Übergang von einer ständischen zu einer modernen Sozialordnung im 19. Jahrhundert maßgeblich vorangetrieben. Der Konsum ist demgegenüber dadurch gekennzeichnet, daß die Aneignung von Gütern geldvermittelt erfolgt, ständischen Verbrauchsnormen enthoben ist und im

---

4 Vgl. Maslow, Abraham H., *Motivation und Persönlichkeit*, Reinbek bei Hamburg 1981.

5 Vgl. Douglas, Mary/Isherwood, Baron, *The World of Goods. Towards an Anthropology of Consumption*, London 1979.

6 Vgl. Wiswede, Günter, *Soziologie des Verbraucherverhaltens*, Stuttgart 1972.

7 Vgl. Lüdtke, Hartmut, »Lebensstile als Rahmung von Konsum. Eine generalisierte Form des demonstrativen Verbrauchs«, in: *Konsum der Werbung*, a. a. O., S. 103-126.

Zuge technologisch bedingter Produktverbilligung und wirtschaftlichen Wachstums immer mehr Menschen immer größere Spielräume für Kaufentscheidungen eingeräumt werden. Das hier mit dem Konsumbegriff identifizierte Erkenntnisinteresse richtet sich also auf die Eigenqualitäten des Konsums in der modernen Gesellschaft, die im Kontrast zu denen der Produktion besonders ins Auge fallen und sich im modernen Alltag in der Differenz von Arbeit und Freizeit manifestieren: Mit der über sporadische Erwerbsvorgänge hinausgehenden Versorgung am Markt sehen sich immer mehr Konsumenten den bislang auf den Luxuskonsum von Eliten beschränkten Verlockungen der Waren ausgesetzt und stehen vor der permanenten Aufgabe, sich ihrer Bedürfnisse in Auseinandersetzung mit den Verführungen einer Marktumgebung zu vergewissern, die durch den Geldverkehr und ein größer werdendes Warenangebot gekennzeichnet ist.

Folgt man also der oben eingeführten heuristischen Unterscheidung, so beschäftigen sich Ansätze, die von empirischen Vorgängen des Erwerbs oder Gebrauchs von Gütern ausgehen und sie im Rückgriff auf externe Faktoren zu erklären suchen, mit dem Verbrauch: Sie fragen nach den Gründen, warum genau diese beobachteten Erwerbs- oder Gebrauchsakte geschehen und nicht andere, und finden diese Gründe in Bedürfnisstrukturen, psychischen Motivationen, kultur- oder milieuspezifischen Dispositionen oder in der schichtenbezogenen Ungleichverteilung von Erwerbschancen. Von ihnen lassen sich solche Fragestellungen abgrenzen, welche den Konsum selbst als ein genuines Thema der Sozialtheorie ansehen; ihr Ausgangspunkt sind nicht einzelne oder aggregierte Verbrauchsakte, sondern der Konsum als ein Modus moderner Vergesellschaftung.

2. Vom Luxuskonsum zum Massenkonsum

Bereits Georg Simmel, Thorstein Veblen und Werner Sombart haben die eigenständige Bedeutung des Konsums gegenüber den im Produktionsbereich wirksamen Mechanismen hervorgehoben, sich dabei aber vor allem auf den Luxuskonsum bezogen. So sieht Simmel »die höheren Stände [als] den eigentlichen Sitz der Mode« an und beschreibt die soziale Diffusion von Moden als einen von den Eliten ausgehenden, die übrigen Schichten ihrer sozialen Hierarchie entsprechend nacheinander erreichenden Prozeß.[8] Auch Veblens Analysen der Distinktionsfunktion von Verbrauchsgütern beruhen zu einem Gutteil auf der kritischen Absicht des Autors, den Luxuskonsum der Finanzeliten seiner Zeit als unproduktive Verschwendung zu brandmarken, denn seiner Auffassung nach eignen sich nur vollkommen nutzlose Güter zu Distinktionszwecken. Der »demonstrative Konsum«, wie sein Schlüsselkonzept lautete, stellt für Veblen vor allem ein Mittel dar, mit dem diese Eliten ihre gesellschaftliche Stellung illegitimerweise erhalten.[9] Auch Sombart hatte sich auf den Luxuskonsum bezogen, als er eine zunächst im Adel, später im aufstrebenden Bürgertum wirksame hedonistische Disposition – die Suche nach der Verfeinerung des sinnlichen Erlebens – als einen im Konsumbereich liegenden Entstehungsfaktor des modernen Kapitalismus beschrieb. Vor dessen Hintergrund stellte, so Sombart, der adlige und großbürgerliche Konsum als Absatzmarkt eine notwendige Voraussetzung der zunächst die Höfe, dann aber auch die Städte beliefernden Luxusgüterindustrie dar.[10] Diese frühen sozialtheoretischen Überlegungen zum Konsum akzentuieren also den Luxuskonsum, wobei alle genannten Autoren in ihm auch durchaus über die Eliten hinausgehende Vergesellschaftungseffekte sehen. Im Rückgriff auf die oben eingeführte Unterscheidung von Konsum und Verbrauch sind sie sich allerdings darin einig, daß die soziologische Bedeutung des Konsums in dem Maße zunimmt, je höher das Sozialprestige der Konsumenten ist – während der Verbrauch eine für alle Schichten unhintergehbare Notwendigkeit darstellt.

Mit der Etablierung des vor allem auf ein Mittelschichtpublikum bezogenen Massenkonsums in der Nachkriegszeit verschieben sich die sozialtheoretischen Perspektiven auf den Konsum: Die Selbstverständlichkeit, mit der Simmel, Sombart und Veblen noch davon ausgehen, daß die soziologische Bedeutung des Konsums mit dem höheren Status der Konsumenten beziehungsweise dem höheren Wert der Konsumobjekte steigt, verliert ihre Plausibilität angesichts einer anwachsenden, konsumbereiten Mittelschicht und der gleichzeitigen

8 Simmel, Georg, »Philosophie der Mode«, in: ders., *Gesamtausgabe*, Bd. 10, hg. v. Michael Behr/Volkhard Krech/Gert Schmidt, Frankfurt/M. 1995, S. 7-37.

9 Veblen, Thorstein, *Theorie der feinen Leute. Eine ökonomische Untersuchung der Institutionen*, Frankfurt/M. 1986.

10 Sombart, Werner, *Liebe, Luxus und Kapitalismus. Über die Entstehung der modernen Welt aus dem Geist der Verschwendung*, Berlin 1996.

Verbilligung der Produkte durch die industrielle Serienproduktion. Der Konsum wird nun nicht mehr allein auf seine Sozialprestige vermittelnde Funktion hin betrachtet, sondern vor allem als eine Instanz, welche die Lebensweise einer wachsenden Mittelschicht prägt und soziale Stabilität erzeugt.[11] Aus der Sicht der US-amerikanischen Soziologie der 1950er und 1960er Jahre erscheint der Massenkonsum somit als integraler Bestandteil eines gesellschaftlichen Modernisierungsprozesses, der in vielerlei Hinsicht von den oft skeptischen Prognosen der frühen Soziologen unterschieden ist. Dieser Prozeß setzt sich in den Nachkriegsjahrzehnten, von den USA ausgehend, auch in den westeuropäischen Ländern durch und schöpft seine Legitimation wesentlich aus der Teilhabe breiter Bevölkerungsschichten am wirtschaftlichen Wachstum und damit vor allem am Massenkonsum.

Auffällig ist, daß es vor allem sozialkritische Gegenwartsdiagnosen sind, die den Massenkonsum der Nachkriegsjahre als ein eigenständiges sozialtheoretisches Thema wahrnehmen, da sie in ihm das hervorstechende Merkmal eines Modernisierungsprozesses sehen, der zwar einerseits in Kontinuität zu den bereits seit dem 19. Jahrhundert beschriebenen Entwicklungstendenzen der modernen Gesellschaft steht, aber zugleich die seit dieser Zeit geläufigen Narrative der Sozialkritik in Frage stellt und insofern eine von vielen unerwartete Entwicklung ist. Besonders deutlich wird dies am Beispiel der Kritischen Theorie, die den Massenkonsum als ein Dementi der marxistischen Prognosen einer fortschreitenden Verelendung des Proletariats und sich vertiefender Klassengegensätze angesehen hat. Daß immer größere Bevölkerungsgruppen Zugang zu den Erzeugnissen der Massenproduktion erhielten, macht es deshalb für weiterhin an Marx orientierte Gesellschaftskritiken erforderlich, die normativen Prämissen ihrer Kritik umzustellen: So muß die Kritische Theorie, wie Max Horkheimer in einer im amerikanischen Exil geführten Diskussion anmerkt, anerkennen, »daß auch unser Denken [...] radikal anders aussehen wird«, wenn der Kapitalismus sich »jetzt anschickt, weitgehend die materiellen Bedürfnisse zu befriedigen«.[12] Diese Einsicht hatte dann den Blick der Kritischen Theorie von der Produktion auf den Konsum gelenkt, der nun nicht mehr als eine den Produktions-

---

11 Vgl. Riesman, David et al., *Die einsame Masse*, Reinbek 1963, sowie die Aufsätze in ders., *Wohlstand wofür?*, Frankfurt/M. 1973.

12 Horkheimer, Max, *Gesammelte Schriften*, Bd. 12, hg. v. Alfred Schmidt, Frankfurt/M. 1985, S. 565.

verhältnissen nachgeordnete Instanz unzureichender Versorgung, sondern als das Schlüsselmoment einer durch bedürfnisprägende Verdinglichung ausgeübten Herrschaft des Kapitalismus verstanden wurde.

3. Zur Kontur poststrukturalistischer Modernisierungskritik

Poststrukturalismus ist die retrospektiv geprägte Bezeichnung für ein von einer größeren, durchaus heterogenen Autorengruppe getragenes intellektuelles Projekt, das sich im Frankreich der 1960er Jahre formiert und als eine französische Variante der Kritik an der technokratischen Modernisierung der Nachkriegsjahre verstanden werden kann. Denn die unterschiedlichen Entwürfe der Poststrukturalisten erscheinen, betrachtet man sie vor dem Hintergrund ihres Entstehungskontexts, als intellektuelle Gegenpositionen zu jener von Technikoptimismus, szientistischen Vorstellungen von Gesellschaftssteuerung und Fortschrittsglauben geprägten gesellschaftlicher Modernisierung, die in Frankreich – wie auch in den anderen westlichen Ländern – die Leitidee einer umfassenden Reorganisation der Nachkriegsgesellschaft war. Ebensowenig wie die Kritische Theorie beruft sich die poststrukturalistische Modernisierungskritik dabei auf die sozial destabilisierenden oder traditionsauflösenden Effekte moderner Vergesellschaftung; wie diese nimmt sie vor allem Denkfiguren der ästhetischen Moderne auf und wendet sie gegen die technokratische Modernisierung. Die Besonderheit der poststrukturalistischen Modernisierungskritik ist nun, daß sie ihren Ausgangspunkt nicht – wie etwa die Kritische Theorie – in realgeschichtlichen Phänomenen nimmt, die im Rückgriff auf eine geschichtsphilosophische Sozialtheorie als verhängnisvolles Überhandnehmen der instrumentellen gegenüber der ästhetischen Moderne gedeutet werden. Der Poststrukturalismus zielt vielmehr auf eine Dekonstruktion oder Historisierung der dem fortschrittsbezogenen Modernisierungsdenken als solchem zugrundeliegenden Denkformen; dabei werden diese so weit gefaßt, daß auch noch die geschichtsphilosophischen und normativen Prämissen des Marxismus und der humanistischen Subjektphilosophie mitgemeint sind, auf deren Grundlage das Projekt der Kritischen Theorie steht.

So wird nachvollziehbar, warum der Konsum im Umfeld des französischen Poststrukturalismus der 1960er und 1970er Jahre keine zentrale Rolle spielt. Denn das poststrukturalistische Projekt konstituiert sich nicht in erster Linie durch den gemeinsamen Bezug auf realgeschichtliche Phänomene oder Gegenstände, sondern durch die doppelte Abgrenzung von den ihrerseits in Konkurrenz zueinander stehenden Positionen der Subjektphilosophie und des Strukturalismus. Der modernisierungskritische Impetus des Poststrukturalismus ergibt sich aus dieser Positionierung im französischen intellektuellen Feld: einerseits gegen den mit dem Marxismus verbundenen Existentialismus Jean-Paul Sartres und andererseits gegen den Strukturalismus Claude Lévi-Strauss', dessen Selbsttitulierung als »Technokrat der Humanwissenschaft«[13] darauf verweist, daß der Strukturalismus als ein Pendant der Modernisierungstheorie im Feld der französischen Humanwissenschaften fungierte.

Die Gemeinsamkeiten der dem Poststrukturalismus zugerechneten Autoren liegen demnach nicht im gemeinsamen Bezug auf Sozialphänomene, sondern in ihrem Modus des Denkens – in ihrer konsequent deontologischen Perspektive. Gegenüber dem linguistischen Modell des Strukturalismus wird der Ereignischarakter der Sprache betont, gegenüber einem philosophischen Verständnis des autonomen Subjekts als einer ahistorischen Figur werden die historischen Konstitutionsbedingungen von Subjektivität betrachtet, und gegenüber der Ideologiekritik marxistischer Prägung sowie einem szientifisch auftretenden Strukturalismus heben die Poststrukturalisten den performativen Charakter und die Historizität von Wahrheitsaussagen hervor. Diese gemeinsamen Merkmale lassen sich bei den einzelnen Autoren nur schwer Einzeldisziplinen zuordnen, denn den angesprochenen Positionen ist die Skepsis gegenüber den erkenntnistheoretischen Prämissen disziplinärer Forschung immanent.

Von den derart allgemein charakterisierbaren Arbeiten Foucaults, Derridas und Deleuzes heben sich die frühen, um 1970 entstandenen Arbeiten Jean Baudrillards insofern ab, als sie sich dem Phänomen des modernen Konsums eigens widmen.[14] Zwar wird Baudrillard erst aufgrund seiner späteren, im Kontext der Postmoderne-Debatte der 1980er Jahre stehenden Veröffentlichungen zu den heute poststruktu-

---

13 Lévi-Strauss, Claude, *Mythos und Bedeutung*, Frankfurt/M. 1995, S. 253.
14 Baudrillard, Jean, *Das System der Dinge. Über unser Verhältnis zu den alltäglichen Gegenständen*, Frankfurt/M./New York 2001; ders., *La société de consommation. Ses mythes, ses structures*, Paris 1970. Die englische Übersetzung dieses Buches erschien 1998, eine deutsche steht aus.

ralistisch genannten Autoren gezählt.[15] Jedoch lassen sich bereits in den frühen, marxistisch geprägten Arbeiten zum Konsum Elemente einer zugleich strukturalistisch inspirierten und gesellschaftskritischen Konsumtheorie finden: Baudrillard löst den Bedürfnisbegriff von seiner Fixierung auf individuelle Interessen oder psychophysische Notwendigkeiten; statt dessen faßt er Bedürfnisse als Effekte einer »sozialen Logik«, die er die »Logik des Begehrens (*désir*)« nennt. Entgegen der entfremdungstheoretischen Annahme, die Bedürfnisse würden den einzelnen Konsumenten durch Produktion und Werbung aufgeprägt, versteht Baudrillard die Konsumbedürfnisse als eine gesellschaftliche »Konsumtivkraft, als globale Disponibilität innerhalb des generelleren Rahmens der Produktivkräfte«. Diese »Konsumtivkraft« bestehe aus einem wie eine Sprache strukturierten »System der Bedürfnisse«, welches das Verhältnis zur Warenwelt *als ganzer* bestimmt und »mystifiziert«.[16] Baudrillard begreift die Bedürfnisse so als Elemente einer »sozialen Logik« und sieht die gesellschaftliche Funktion des Konsums darin, daß er ökonomisches Wachstum durch die Steigerung individueller Bedürfnisse ermöglicht. Insofern sei das »System der Bedürfnisse« Teil der Wachstumsdynamik moderner Gesellschaft und trage zur Aufrechterhaltung ihrer »Sozialstruktur der Privilegien« bei.[17] Baudrillards Konzept der Simulakra, mit dem er in seinen späteren, in der Postmoderne-Debatte wirksamen Schriften einen durch mediale Symbolisierungen vorangetriebenen gesellschaftlichen Realitätsverlust bezeichnet, erscheint insofern als eine Generalisierung der am Konsum beobachteten, systemhaften »Logik des Begehrens«.[18]

---

15 Vgl. vor allem Baudrillard, Jean, *Der symbolische Tausch und der Tod*, München 1982.

16 Baudrillard, *La société de consommation*, a. a. O., S. 107, S. 103f.

17 Ebd., S. 75, S. 67.

18 Vgl. für eine weitere französische Bearbeitung des Konsums mit Rekurs auf Konzepte Foucaults und Bourdieus: de Certeau, Michel, *Kunst des Handelns*, Berlin 1988.

4. Vom Wertewandel zum ethnographischen Paradigma

Die konsumkritischen Zeitdiagnosen hatten die Etablierung des Massenkonsums seit den 1950er Jahren vor allem unter dem Aspekt der Erzeugung fremdbestimmter Bedürfnisse wahrgenommen, darin einen Eingriff in die subjektive Autonomie gesehen und einen epochalen Geschichtsbruch damit verbunden. Auch in der neueren sozialwissenschaftlichen Verbraucherforschung und den ihre empirischen Befunde interpretierenden Modernisierungstheorien deutet man die gesellschaftliche Durchsetzung des Massenkonsums als eine historische Zäsur: als das Ende der industriellen Gesellschaft und den Übergang ins postindustrielle Zeitalter. Anders als die Konsumkritik bezieht man sich dabei aber auf die empirische Beobachtung von veränderten Verbrauchermentalitäten, die zumeist mit Rückgriff auf die einflußreichen Arbeiten Ronald Ingleharts als »Wertewandel« bezeichnet und mit Bezug auf Daniel Bell als Ausdruck einer »postindustriellen« Phase des Modernisierungsprozesses gedeutet werden.[19] Folgt man der Logik der ebenfalls für weite Teile der Sozialwissenschaften kanonischen »Bedürfnispyramide« Abraham H. Maslows, dann ist der Wertewandel auf die in den westlichen Gesellschaften weitgehend sichergestellte Befriedigung von Grundbedürfnissen zurückzuführen: Da Verbraucher nun auch über ihre materielle Selbsterhaltung hinausgehende Bedürfnisse befriedigen könnten, würden in ihnen neue, in früheren Generationen nur Eliten vorbehaltene Wertvorstellungen erzeugt.[20]

Vergleicht man diese beiden sehr unterschiedlichen Postulate einer mit dem Massenkonsum verbundenen historischen Zäsur auf ihren basalen soziologischen Aussagegehalt hin, so könnte man zu dem Schluß kommen, daß das Theorem des Wertewandels mit empirischen Mitteln registriert, was die Konsumkritik dramatisierend prognostizierte: Der Massenkonsum führt tatsächlich zur Veränderung sozialer Subjektivität. Allerdings wird diese nun nicht mehr normativ als Autonomieeinschränkung verurteilt, sondern interessiert als faktische, sich im Verbraucherverhalten manifestierende gesellschaftliche Mentalitätsveränderung, die sich als Indikator der postindustriel-

---

19 Inglehart, Ronald, *The Silent Revolution*, Princeton University Press, 1977; Bell, Daniel, *The Coming of Post-Industrial Society. A Venture in Social Forecasting*, New York 1973.

20 Vgl. Maslow, *Motivation und Persönlichkeit*, a. a. O.

len Gesellschaft in das Narrativ eines kontinuierlich fortschreitenden Modernisierungsprozesses integrieren läßt. Der Konsum wird indes durch diese modernisierungstheoretische Einbettung in doppelter Weise enggeführt: Einerseits erscheint er als für sich genommen neutrale Vermittlungsinstanz jener Mentalitätsveränderung, die ihm seine soziologische Bedeutung überhaupt erst verleiht; daraus ergibt sich andererseits, daß die Sphäre des Konsums erst dann soziologisches Gewicht erhält, wenn sie die Produktion als mentalitätsprägende Sphäre ablöst.

Das modernisierungstheoretische Narrativ des Wertewandels hat für die gegenwärtige sozialwissenschaftliche Behandlung des Konsums einen geradezu paradigmatischen Status. Dieser liegt jedoch weniger in den – in ihrer grundlegenden Tendenz wohl kaum bestreitbaren – empirischen Befunden Ingleharts noch in den Bewertungen, die er oder andere mit dem »Wertewandel« verbinden. Er ist auch unabhängig davon, ob an die sozialpsychologische Argumentation Ingleharts angeschlossen wird oder ob man sich der in vielen Punkten konträren Semantik einer postmodernen Konsumkultur bedient, wie im folgenden Abschnitt zu zeigen ist. Paradigmatisch ist das modernisierungstheoretische Narrativ des Wertewandels vielmehr deshalb, weil es weit über den Gehalt seiner Aussagen hinaus die Struktur des Feldes sozialwissenschaftlicher Konsumforschung definiert und so auch die Rezeption poststrukturalistischer Konzepte anleitet.

Sein erstes Merkmal ist, daß Konsumphänomene vor allem als Charakteristikum einer aktuellen Entwicklungsphase des Modernisierungsprozesses wahrgenommen werden: Dem Mentalitätswandel seit den 1960er Jahren kommt damit eine konstitutive Bedeutung zu, denn sein Auftreten scheidet eine industrielle von einer postindustriellen Phase der modernen Gesellschaft und strukturiert auch noch die sozialwissenschaftliche Rezeption der Postmoderne-Debatte der 1980er Jahre, welche das sehr heterogen gebrauchte Konzept der Postmoderne als kulturalistisches Pendant der postindustriellen Phase des Modernisierungsprozesses deutet.[21]

Zweitens werden die vor allem von der Konsumkritik der Nachkriegsjahrzehnte beobachteten sozialen Stabilisierungseffekte des Massenkonsums sowie seine von ihr als hochproblematisch angesehenen

21 Vgl. instruktiv zu dieser Debatte in Deutschland Neumeister, *Kampf um die Kritische Vernunft*, a. a. O. Für einen Überblick aus britischer Sicht vgl. Smart, Barry, *Postmodernity*, London 1993.

konditionierenden Auswirkungen auf Subjekte heute weitgehend ent-
dramatisiert und als selbstverständliche Aspekte einer Konsumkultur
angesehen. Fraglos ist auch in den Sozialwissenschaften eine kritische Haltung gegenüber Großkonzernen und ihrer Vormachtstellung
gegenüber den Verbrauchern verbreitet; aber diese Kritik äußert sich
im Sinne der Cultural Studies als ethnographische Kritik an hegemonialen Verhältnissen zwischen Anbietern und Verbrauchern und fokussiert auf die lebensweltlichen Eigensphären von Konsumenten-
gruppen.[22]

Eine paradigmatische Bedeutung kommt den Mentalitätsveränderungen drittens vor allem dann zu, wenn man den Wertewandel nicht
nur als singuläres Ereignis zu Beginn der postindustriellen Phase versteht, sondern als deren permanentes Merkmal: Denn mit der beobachteten Auflösung traditions- oder klassenbezogener Lebensformen
und der postulierten engen Orientierung der Lebensstile am Konsum pluralisieren sich diese und unterliegen zugleich Trends und
Konjunkturen. Dies ist der Hintergrund für die starke Ausweitung
der ethnographischen Verbraucherforschung, denn von ihr erwartet
man einen über die bloß auf aggregierte Kaufakte zugreifende Ver-
brauchsstatistik hinausgehenden Einblick in die sich permanent wandelnden und heterogenen Lebenswelten der Konsumenten.[23] Deren
Erschließung wird damit zum Hauptziel der neueren, ethnographisch
orientierten Konsumforschung, die sich vor allem im englischsprachigen Bereich etabliert und an die Stelle der sozialpsychologischen
Begrifflichkeit des Wertewandels eine kulturalistische Semantik setzt.
Sie ist auch der Hintergrund für die Rezeption poststrukturalistischer Konzepte vor allem in der englischsprachigen Konsumforschung.

5. Eine postmoderne Konsumentenkultur?

Trotz der bereits mit der Bezeichnung »Poststrukturalismus« konno-
tierten Bindung dieses Projekts an seinen Entstehungskontext sowie
seiner disziplinären Zuordnungen und arbeitsteiliger Forschungspraxis widerstrebenden Denkhaltung ist es zu einer – aus Sicht der deut-

22 Vgl. schulbildend Fiske, John, *Understanding popular culture*, London 1989.
23 Vgl. Miller, Daniel, »Consumption Studies as the Transformation of Anthropology«, in: ders. (Hg.), *Acknowledging Consumption. A Review of New Studies*, London 1995, S. 264-295.

schen Soziologie erstaunlichen – Rezeption poststrukturalistischer Konzepte in der englischsprachigen Konsumsoziologie gekommen. Hintergrund dafür ist die vor allem im Großbritannien der späten 1980er Jahre geprägte und für die kulturalistische Wendung und enorme Ausweitung der Konsumforschung zentrale Zeitdiagnose einer postmodernen *Consumer Culture* (wörtlich: Konsumentenkultur).[24] Diese Konsumsoziologie verdankt wichtige Anstöße den poststrukturalistischen Konzepten, die vor allem über die Postmoderne-Debatte der 1980er Jahre rezipiert werden.[25] In ihr gerieten nicht nur die produktionszentrierten Narrative der funktionalistischen Modernisierungstheorie und des Marxismus in die Kritik, sondern es gewannen auch innerhalb der Soziologie kultursoziologische Perspektiven gegenüber der verbreiteten Annahme eines Primats der Sozialstruktur an Gewicht.[26]

Im Großbritannien der späten 1980er Jahre nimmt man mit dem Konzept der *Consumer Culture* einige Aspekte der französischen Postmoderne-Semantik (sowie ihrer US-amerikanischen Rezeption) auf und verbindet sie mit dem Kulturverständnis der Cultural Studies und der Sozialanthropologie. Damit wird ebenfalls eine Distanz zu den klassischen Konsumkritiken signalisiert, die im Warenkonsum unter den Bedingungen der kapitalistischen Markwirtschaft eine per se fremdbestimmte Tätigkeit sehen. Anders aber als Baudrillards – letztlich ausweglose – Hypostasierung einer totalisierenden »Logik des Begehrens« sieht man in Großbritannien im Konzept der *Consumer Culture* eine Orientierungsinstanz für postmoderne Mentalitäten, die, in den Worten Zygmunt Baumans, als »cognitive and moral focus of life, integrative bond of the society« fungiert.[27]

Anhand von Mike Featherstones einflußreichem Buch *Consumer Culture and Postmodernism* lassen sich die Erkenntnisinteressen die-

---

24 Vgl. exemplarisch für viele Lury, Celia, *Consumer Culture*, Cambridge 1996 sowie prägend Featherstone, Mike, *Consumer Culture and Postmodernism*, London 1991; vgl. kritisch aus US-amerikanischer Sicht und insbesondere die Kontinuitäten zur modernen Rationalisierung betonend Ritzer, George, *The McDonaldisation Thesis: Explorations and Extensions*, London 1998, bes. S. 88. Einen sehr guten Überblick bietet Slater, Don, *Consumer Culture and Modernity*, Cambridge 1997.

25 Vgl. vor allem die entsprechenden Jahrgänge der Zeitschrift *Theory, Culture & Society*.

26 Vgl. die Beiträge in Haferkamp, Hans (Hg.), *Sozialstruktur und Kultur*, Frankfurt/M. 1990.

27 Bauman, Zygmunt, *Intimations of Postmodernity*, London 1992, S. 49.

ser britischen Konsumsoziologie der 1990er Jahre aufzeigen: Feather-stone greift die Beobachtungen Jean Baudrillards sowie Jean-François Lyotards Wendung vom »Ende der großen Erzählungen« auf, mit der dieser auf die Kontingenz der den verschiedenen Modernisierungsnarrativen zugrundeliegenden Sozialontologien aufmerksam machte.[28] Featherstone spricht den »literary intellectuals« jedoch die Berechtigung ab, »evidence about the everyday lives of ordinary people« bereitzustellen.[29] Die vieldebattierte Frage, ob die gegenwärtige Epoche als Moderne oder Postmoderne zu bezeichnen sei, werde letztlich auf der Grundlage subjektiver Erfahrungen geführt, die sich besonders in einer »playful deconstruction and the privileging of the aesthetic mode« äußere. Statt dessen müsse an die Stelle einer derart inspirierten »postmodern sociology« ein »sociological account of postmodernity« treten.[30] Featherstone nutzt die Bezeichnung »Postmoderne« nun, um auf einen soziokulturellen Umbruch in der zweiten Hälfte des 20. Jahrhunderts hinzuweisen, in dessen Verlauf eine Kultur modernen Typs durch eine andersartige, »postmoderne Konsumentenkultur« abgelöst worden sei. Diese epochenbezogene Engführung des Postmoderne-Konzepts ermöglicht es ihm, die bereits von der Modernisierungstheorie geprägte Unterscheidung einer industriellen und einer postindustriellen Phase der Gesellschaftsentwicklung aufzunehmen, aber die sozialpsychologische Semantik Ingleharts durch eine kulturalistische zu ersetzen und die Konsumsoziologie als ethnographisch-alltagsbezogenes Forschungsunternehmen zu reformulieren. Die modernisierungstheoretische Zeitdiagnose einer postindustriellen Gesellschaft wird so unter dem Einfluß der Postmoderne-Rezeption in diejenige einer postmodernen Konsumentenkultur transformiert.

Featherstones modifizierende Aufnahme der poststrukturalistischen Konzepte steckt den Rahmen ab, in dem sich die britische Konsumsoziologie der 1990er Jahre entwickelt: Auf der einen Seite werden zentrale Konzepte des französischen Poststrukturalismus aufgenommen, allerdings vor allem, um einen rapiden und tiefgreifenden kulturellen Wandel zu bezeichnen, der in Großbritannien seit Beginn der Thatcher-Regierung tatsächlich erfahrbar ist. Auf der anderen Seite wird die empirische Forschungspraxis maßgeblich von quali-

28 Lyotard, Jean-François, *Das postmoderne Wissen. Ein Bericht*, Wien 1986.
29 Featherstone, *Consumer Culture and Postmodernism*, a. a. O., S. 3f.
30 Ebd., S. 9.

tativ-ethnographischen Verfahren bestimmt, die zum einen der Sozialanthropologie, zum anderen den Cultural Studies entstammen. Für diese auf die Untersuchung des Konsumentenalltags zielende Forschungspraxis ist nunmehr vor allem ein Grundgedanke poststrukturalistischer Prägung maßgeblich, nämlich die Annahme einer grundsätzlich polysemischen Natur der Dinge sowie eines nicht enden wollenden Kampfs um Bedeutungen.[31]

Die Diagnose einer postmodernen Konsumkultur läßt den erkenntniskritischen, deontologischen Denkgestus der Poststrukturalisten für die Konsumforschung bisweilen aber auch aus methodologischen Gründen als attraktiv erscheinen: Denn die soziale Strukturierung des Verbrauchs – so eine sachlich wie rhetorisch symptomatische Formulierung des US-Amerikaners Douglas Holt – »has become increasingly subtle and complexly intertwined«, weshalb der Rückgriff auf die klassischen soziologischen Kategorien wie Klasse, Generation oder Geschlecht an Grenzen stoße.[32] Die Konzepte des Poststrukturalismus ermöglichten hingegen eine Überwindung der sozialpsychologischen Kategorie des Wertewandels und damit eine angemessenere Beschreibung der postmodernen Alltagskultur. Holt sieht diese Affinität von poststrukturalistischem Denken und Konsumforschung in dessen reflexivem Potential, welches den heterogenen Lebensstilen der Postmoderne angemessener sei als die klassifikatorischen Kategorien der Soziologie und Sozialpsychologie. Denn während die Strukturalisten davon ausgegangen seien, »that meanings exist fully formed prior to their expression in social life«, hätten die Poststrukturalisten argumentiert, daß »meanings are significantly constituted by the ways in which people act in particular social contexts«.[33] Poststrukturalistische Deontologisierungsstrategien eignen sich also in methodischer Hinsicht dazu, den sozialstrukturellen Determinismus der älteren Verbraucherforschung zu relativieren; sie weisen insofern eine gewisse Affinität zu der als postmodern beschriebenen Situation

31 Vgl. insbesondere Willis, Paul, *Common Culture. Symbolic Work at Play in the Everyday Cultures of the Young*, Milton Keynes 1990.
32 Holt, Douglas B., »Poststructuralist Lifestyle Analysis: Conceptualizing the Social Patterning of Consumption in Postmodernity«, in: *Journal of Consumer Research*, Bd. 23, 1997, S. 326-350, hier S. 343.
33 Ebd., S. 328. Holts Referenzautor für den Poststrukturalismus ist an dieser Stelle übrigens Pierre Bourdieu, der für die methodologisch interessierte Poststrukturalismus-Rezeption zentral ist, obwohl diese Zuordnung hinsichtlich der Theorieform wenig naheliegend ist.

auf, deren Hauptmerkmale Pluralität, Heterogenität, wenn nicht gar eine »new liquidity« des Lebens sind.[34]

Aber auch wenn solche auf Strukturanalogien beruhenden Adaptionen poststrukturalistischer Konzepte sich in der Forschungspraxis als fruchtbar erweisen, so handelt es sich doch um Adaptionen mit pragmatischer Intention, für die die sozialtheoretischen Implikationen der poststrukturalistischen Modernisierungskritik von wenig Belang sind. Denn diese verstand sich vor allem als eine Erkenntniskritik und damit als ein dezidiert intellektuelles Unternehmen, ein Gesichtspunkt, der für ihre Adaption an die Konsumforschung und Modernisierungstheorie problematisch ist. Dies ist der Hintergrund für die im englischsprachigen Bereich etablierte scharfe Unterscheidung zwischen Postmoderne und Poststrukturalismus: Ersteres ist die auf den Zustand sozialer Mentalitäten bezugnehmende Zeitdiagnose einer kulturalistisch reformierten Modernisierungstheorie, während letzteres eine erkenntniskritische Denkhaltung bezeichnet, die sich in eine auf die ethnographische Beschreibung von Mentalitätsveränderungen ausgerichtete Konsumforschung nicht bruchlos integrieren läßt.[35]

In dieser Zeitdiagnose einer postmodernen Konsumentenkultur treten also eine Reihe sehr unterschiedlicher, bis dato kaum aufeinander bezogener Diskurskontexte in Beziehung zueinander: Der französische Poststrukturalismus, eine kulturalistisch reformulierte Modernisierungstheorie und die ethnographisch ausgerichtete Konsumsoziologie. Solche Konstellationen lassen sich naturgemäß nicht auf einen einzigen ursächlich wirksamen Faktor zurückführen: Es ist kaum entscheidbar, ob die kulturalistische Wendung und das enorme Anwachsen der englischsprachigen Konsumforschung auf die Sachadäquatheit einzelner poststrukturalistischer Theoreme, auf die einer bestimmten Generation kritischer Sozialwissenschaftler in Großbritannien und den USA gemeinsamen Erfahrung einer kulturellen Umbruchsituation oder auf einen aus der Logik des Feldes der Konsumforschung resultierenden Bedarf an reflexiven Semantiken zur Beschreibung heterogener Alltagskulturen zurückzuführen ist. Poststrukturalistische Deontologie mag also in methodischer Hinsicht Reflexionsmöglichkeiten eröffnen, die von ihr ausgehenden theoretischen Verunsicherungseffekte hingegen werden als intellektualistisch abgeschieden.

34 Baumann, Zygmunt, *Consuming Life*, London 2007, S. 31.
35 Vgl. Smart, *Postmodernity*, a. a. O.

Darauf zielt auch Zygmunt Bauman mit seiner Forderung, daß eine vom poststrukturalistischen Denkgestus inspirierte »postmodern sociology« durch eine »sociology of postmodernity« abgelöst werden müsse.[36] Am Beispiel der Konsumforschung zeigt sich also, daß die – allein am Zitationsumfang der einschlägigen Autoren gemessen – erfolgreiche Adaption poststrukturalistischer Konzepte in einem sozialwissenschaftlichen Teilgebiet zugleich auch ein Selektionsvorgang ist, der in diesem selbst nur bedingt thematisierbar ist. Eine poststrukturalistisch inspirierte Soziologie – was auch immer man darunter verstehen sollte – müßte also, so sie einen sozialtheoretischen Anspruch hat, die Logik der Teilgebietsforschung hinter sich lassen.

Auswahlbibliographie

Baudrillard, Jean, *Das System der Dinge. Über unser Verhältnis zu den alltäglichen Gegenständen*, Frankfurt/New York 2001.

Baudrillard, Jean, *La société de consommation. Ses mythes, ses structures*, Paris 1970.

Baumann, Zygmunt, *Consuming Life*, London 2007.

De Certeau, Michel, *Kunst des Handelns*, Berlin 1988.

Featherstone, Mike, *Consumer Culture and Postmodernism*, London 1991.

Fiske, John, *Understanding Popular Culture*, London 1989.

Holt, Douglas B., »Poststructuralist Lifestyle Analysis: Conceptualizing the Social Patterning of Consumption in Postmodernity«, in: *Journal of Consumer Research* 23, 1997, S. 326-350.

Lury, Celia, *Consumer Culture*, Cambridge (MA) 1996.

Slater, Don, *Consumer Culture and Modernity*, Cambridge 1997.

Willis, Paul, *Common Culture. Symbolic Work at Play in the Everyday Cultures of the Young*, Milton Keynes 1990.

36 Bauman, Zygmunt, »Is there a postmodern sociology?«, in: *Theory, Culture & Society*, 5, 1988, S. 217-237, hier S. 235.

Henning Schmidgen

Wissenschaft

Das Labor als Archiv und Maschine

Das moderne Bild der Wissenschaft verfügte über zwei Ansichten. Von vorne betrachtet zeigte es Wissenschaft als ein auf Beobachtungen und Protokollen basierendes Unternehmen, das in übergreifenden Theorien resultiert. Die Rückseite stellte Wissenschaft als eine auf begrifflichen Schemata und Theorien gegründete Tätigkeit dar, die zu Tatsachen führt, welche den Schemata und Theorien entsprechen. Beide Wissenschaftsbilder waren Bewegungsbilder. Auf der Vorderseite machten sich Veränderungen an neuen Beobachtungen und den zugehörigen Protokollsätzen fest. Die Theorien folgten den graduellen, linearen Veränderungen dieser Sätze, denn letztlich bildeten sie nur deren logische Verknüpfungen ab. Die Bewegungen auf der Rückseite beruhten dagegen auf dem schubweise auftretenden Wechsel der Theorien, dem Gestaltwandel der begrifflichen Bezugsrahmen, der seinerseits zu neuen Beobachtungen führte. Nicht die Beobachtungen selbst, sondern der krisenhafte Zustand der Theorie, ihr mangelndes Vermögen, zutage tretende Probleme zu lösen und Anomalien zu assimilieren, leitete den Wechsel ein. Rudolf Carnaps *Der logische Aufbau der Welt* (1928) und Thomas Kuhns *Die Struktur wissenschaftlicher Revolutionen* (1962) haben wesentlich dazu beigetragen, dieses in sich gedoppelte Bild der Wissenschaft zu zeichnen: Positivismus und Antipositivismus, Empirismus und Antiempirismus, aber auch Elementarismus und Holismus setzten sich mit diesen Werken deutlich voneinander ab. Dennoch wurde auf beiden Seiten davon ausgegangen, daß Wissenschaft ein einheitliches und in diesem Sinne auch universales Unternehmen sei. Sowohl nach Carnap wie auch nach Kuhn erscheinen das Bestehen und die Entwicklung von Wissenschaft als eingebettet in *grands récits*: sei es die große Erzählung der Einzelbeobachtungen und der von ihnen abhängigen Theorien, sei es das Makronarrativ der Paradigmen, die miteinander brechen und aufeinander folgen.[1]

Das postmoderne Bild der Wissenschaft ist deutlich weniger am-

---

1 Siehe dazu Galison, Peter, *Image and Logic: A Material Culture of Microphysics*, Chicago/London 1997, S. 781-844.

bivalent. Es ist vor allem ein Bild der Vielheit, der Uneinheitlichkeit, der Heterogenität. Es ähnelt nicht länger einem Gemälde von Mondrian, in dem geordnete Wege von der Beobachtung zur Theorie und vice versa verlaufen, sondern eher einer Assemblage, einer Box von Joseph Cornell, in der vieldeutige, netzwerkartige Verbindungen zwischen unterschiedlichsten Objekten vorherrschen: zwischen Neuem und Altem, Flachem und Tiefem, Gefundenem und Gemachtem. Mit Blick auf die Wissenschaft geht es folglich nicht mehr nur um das Sinnlich-Greifbare einerseits und das Gedanklich-Abstrakte andererseits, sondern vor allem um den dazwischenliegenden Raum, der durch ein ganzes Geflecht von menschlichen und nichtmenschlichen Handlungsträgern ausgefüllt ist: Wissenschaftler und Techniker einerseits, Instrumente und Modellorganismen andererseits, und schließlich Einschreibevorrichtungen aller Art: Datenbanken, Simulationen, Filme, Photographien, Präparate, Notizen, Labortagebücher usw. Trotz der Betonung räumlicher Aspekte (Netzwerk, Gefüge etc.) beansprucht auch dieses Bild der Wissenschaft, ein Bewegungsbild zu sein. An die Stelle von linearen Entwicklungen oder revolutionären Brüchen rückt dabei die Figur des Ereignisses, der Überraschung, der unerwarteten Verschiebung in lokal bestimmten Wissenschaftspraktiken. Wissenschaft ist demnach hauptsächlich gekennzeichnet durch jeweils spezifische Konfigurationen, durch konkrete Übereinanderschichtungen und Verkopplungen der Stränge »Theorie«, »Experiment« und »Instrument«, von denen angenommen wird, daß sie weitgehend unabhängig voneinander existieren und evolvieren.[2] Wissenschaft hört damit auf, ein einheitliches, einförmiges Gebilde zu sein. Sie entwickelt und erneuert sich in unterschiedlichen Kulturen und Subkulturen, die letztlich nur als solche erfaßt und miteinander verglichen werden können, das heißt nicht länger hierarchisch anzuordnen sind. Der philosophische Anspruch auf Universalismus weicht der empirisch fundierten Einsicht in einen Pluralismus von Wissenschaftspraktiken. Positivismus *und* Antipositivismus werden zugunsten eines »Postpositivismus« verabschiedet. Kennzeichnend für diesen Postpositivismus ist auch die Abkehr vom Muster der molaren Berichte, der soziologischen und historischen Großerzählungen. Statt dessen setzt die neuere Wissenschaftsforschung auf exemplarische, quasi molekulare Untersuchungen von räumlich wie zeitlich eng um-

2 Ebd., S. 798f.

grenzten epistemisch-technischen Verhältnissen und Verläufen. Neben dem Problem der Praxis, der Materialität und der Handlungsträgerschaft im Labor, tritt in diesem Zusammenhang auch die Frage des wissenschaftlichen Ethos, der Lebensführung und des territorialen Verhaltens von Wissenschaftlern, erneut in den Vordergrund.[3]

Theorie

Obwohl Michel Foucault dem Antipositivismus von Kuhn in mancher Hinsicht nahezustehen scheint (vor allem mit Blick auf die Diskontinuitäten, die epistemologischen Brüche in der Entwicklung des wissenschaftlichen Wissens), hat er doch entscheidend zur Herausbildung des Postpositivismus in der Wissenschaftsforschung beigetragen, und zwar keineswegs allein durch seine programmatischen Sätze über das Verschwinden des Menschen, die man als eine Vorankündigung des »Posthumanismus« in der heutigen Wissenschaftsforschung lesen kann.[4] Zum einen hat Foucault sich gegen die in der Wissenschaftsphilosophie und Wissenschaftsgeschichte seiner Zeit vorherrschende Orientierung an den sogenannten exakten Naturwissenschaften (Physik, Chemie) gewandt. Seine Arbeiten fokussieren auf die weniger strengen, weniger formalisierten Wissensbereiche der Psychiatrie, Medizin, Biologie, Linguistik, Ökonomie usw. Zum anderen hat Foucault auch den Begriff dessen verändert, was Wissen überhaupt heißt. Die Rede von der Archäologie macht es deutlich:

3 Die klassische Referenz hierfür ist Weber, Max, »Wissenschaft als Beruf«, in: ders., *Gesamtausgabe, Abt. I: Schriften und Reden, Bd. 17: Wissenschaft als Beruf (1917/1919)/Politik als Beruf (1919)*, hg. v. W. J. Mommsen/W. Schluchter, Tübingen 1992, S. 71-111. Siehe aber auch schon das sechste Hauptstück in Nietzsches *Jenseits von Gut und Böse*, »Wir Gelehrten«, in: *Nietzsches Werke: Kritische Gesamtausgabe, Abt. 6, Bd. 2: Jenseits von Gut und Böse/Zur Genealogie der Moral (1886-1887)*, hg. v. G. Colli/M. Montinari, Berlin 1968, S. 1-259, hier S. 131-153.

4 Siehe Foucault, Michel, *Die Ordnung der Dinge: Eine Archäologie der Humanwissenschaften*, Frankfurt/M. 1978, S. 462: »Der Mensch ist eine Erfindung, deren junges Datum die Archäologie unseres Denkens ganz offen zeigt. Vielleicht auch das baldige Ende.« Zum rezenten Posthumanismus siehe zum Beispiel Hayles, N. Katherine, *How We Became Posthuman: Virtual Bodies in Cybernetics, Literature, and Informatics*, Chicago/London 1999, sowie Pickering, Andrew, »Die Mangel der Praxis«, in: ders., *Kybernetik und Neue Ontologien*, Berlin 2007, S. 17-61, bes. S. 20, Anm. 3.

Foucault geht es nicht mehr um die Ideen- oder Theoriegeschichte klassischen Zuschnitts, sondern um eine Tiefenanalyse der historischen Bedingungen für die Herausbildung bestimmter Ideen und Theorien, also die Auseinandersetzung mit »Diskursformationen«, die bestimmte Wissensaussagen erst möglich gemacht haben. Konkret handelt es sich dabei um die Untersuchung der Wissensräume (das Asyl, die Klinik, das Gefängnis) und der in ihnen organisierten Blicke, der Aussagepraktiken und diskursiven Regeln (»Archive«), die sie sowohl definieren wie auch regulieren, sowie der groß dimensionierten Wissensordnungen (»Episteme«) und der Brüche, die sich im Übergang von einem epistemischen Regime zum anderen beobachten lassen. Das Ergebnis ist nicht nur eine neue Methode der Sammlung und Auswertung historisch relevanter Daten, sondern auch eine ganze Bandbreite von Themen, die die Perspektiven der etablierten Wissenschaftsforschung nachhaltig bereichert haben: der Zusammenhang zwischen Medizin, Körper und Macht, die psychologische und ökonomische Disziplinierung des Subjekts, die Frage der Autorschaft literarischer und wissenschaftlicher Texte, die Geschichte von Zeichenordnungen und Zeichenpraktiken, die Entstehung und Entwicklung des Sexualwissens, das Problem der »Technologien des Selbst« sowie das Verhältnis von Lebenswissen beziehungsweise Lebenswissenschaft und »Biomacht«.

Im Bereich der *social studies of science* hat vor allem Paul Rabinow die von Foucault entwickelten Themen und Fragestellungen aufgenommen und weitergeführt. Von einer historisch orientierten Diskursanalyse großdimensionierter Wissensordnungen hat er sich freilich verabschiedet. Im Vordergrund steht die ethnographische Analyse der diskursiven und nondiskursiven Praktiken von exemplarischen, aber zeitlich wie räumlich eng umschriebenen Wissensformen und Wissensdingen. So untersucht Rabinow in *Making PCR* den Prozeß, der seit Mitte der 1980er Jahre zur »Erfindung« der Polymerase-Kettenreaktion (*polymerase chain reaction*, PCR) geführt hat. Vereinfacht gesagt, erlaubt es dieses Verfahren, durch technologische Anwendung des Polymerase-Enzyms DNA-Abschnitte nahezu beliebig zu vervielfältigen und insofern die DNA insgesamt einfacher zu handhaben. Nachdem PCR in den 1990er Jahren als Standardverfahren in biologische, biomedizinische und biotechnologische Laboratorien Einzug hielt, wird dieses Verfahren heute unter anderem bei der Erkennung von Erbkrankheiten und Virusinfektionen, der Überprü-

fung genetischer Fingerabdrücke sowie bei Vaterschaftstests eingesetzt. Rabinow spricht insofern zu Recht von einer »bis zum heutigen
Tag exemplarischen biotechnologischen Erfindung«.[5]

1993 wurde dem US-amerikanischen Wissenschaftler Kary B. Mullis eine Hälfte des Chemie-Nobelpreis für »seine Erfindung der PCR-
Methode« zugesprochen. Die entsprechende Entwicklungsarbeit hat
Mullis allerdings nicht allein und nicht am Forschungsinstitut einer
Universität, sondern in enger Zusammenarbeit mit einem Team
und in einer Biotech-Firma geleistet. Durch Interviews und teilneh-
mende Beobachtungen rekonstruiert Rabinow, wie sich die individuellen und kollektiven epistemischen Praktiken in einem solchen
profitorientierten, »privaten« Sektor organisieren und wie sie sich insgesamt von den Praktiken der universitären Forschung unterscheiden und dennoch punktuell mit ihnen verbinden. In Frage steht dabei einerseits der Status der »Erfindung«, des wissenschaftlich oder
technologisch Neuen: Ist PCR eine Idee oder eine Technik, ein Begriff oder ein Experimentalsystem? Und wer ist der Autor, der Urheber dieses »Dings«: der einzelne Wissenschaftler (Mullis), der einen
wichtigen Anstoß gibt, oder das Team, das diesen Anstoß aufnimmt
und erst umsetzt? Um diese Fragen zu beantworten, schlägt Rabinow
vor, die in Frage stehende Wissensform als eine lokal bedingte und
bestimmte zu beschreiben, als einen »Raum des Experimentierens«,[6]
der innerhalb eines konkreten Rahmens eher zufällig als geplant entstanden ist. Wissenschaft ist demnach nicht einfach durch *ein* Archiv
bestimmt, sondern eine Vielfalt lokaler Regelsysteme, und sie entwickelt sich nicht über epistemologische Brüche oder Revolutionen,
sondern im Sinne von Übergängen zwischen Praxiszuständen der
Stabilität und Labilität, die innerhalb spezifischer Konstellationen
durch Ereignisse – subjektiver formuliert: durch Überraschungen[7] –
angestoßen werden. Andererseits geht es Rabinow um Fragen der
wissenschaftlichen Lebensführung, der »Lebenskunst«, die innerhalb
solcher Konstellationen möglich oder erforderlich sind. Was ist das
Ethos derjenigen Wissenschaftler, die der Akademie den Rücken ge-
kehrt haben und Biotech-Forschung betreiben? Angereichert durch

5 Rabinow, Paul, *Making PCR: A Story of Biotechnology*, Chicago/London 1996, S. 1.
6 Ebd., S. 159.
7 Hacking, Ian, *Another New World Is Being Constructed Right Now: The Ultracold*,
  Berlin: Max-Planck-Institut für Wissenschaftsgeschichte, 2006, S. 40-44: »Exit
  revolution in the sciences: Enter stability and surprise.«

seine »Ethnographie der Gegenwart«, bezieht Rabinow diese Fragestellung auf Überlegungen zum Zusammenhang von Wissenschaft und Leben zurück, wie sie unter anderem bei Merton, Weber und Nietzsche zu finden sind. Das Ethos der heutigen (Lebens-)Wissenschaftler erscheint ihm dabei als in schlagender Weise abgekoppelt von der Frage, was Leben heißt.

Neben Rabinow arbeiten der historische Epistemologe Arnold I. Davidson und der Historiker Philipp Sarasin im engen Anschluß an Foucault. Bei Davidson wie auch bei Sarasin verbinden sich die kritisch-konstruktive Neulektüre der Schriften Foucaults und ein Interesse für die Geschichte des Körpers und der Sexualität. So hat Sarasin in *Reizbare Maschinen* die Geschichte des »Hygienediskurses« rekonstruiert, der – so die These – im 19. Jahrhundert entscheidend dazu beigetragen hat, »die moderne Art des Sprechens über den eigenen Körper – den Körper des Subjekts« zu produzieren und sozial zu implementieren. Das Charakteristikum dieses Sprechens über den Körper besteht nach Sarasin darin, »Gesundheit« zum obersten Wert menschlicher Existenz zu erheben. Dadurch werde sie zu einer »gesellschaftlichen Agentur«, vermittels deren medizinische und physiologische Normalisierungsbestrebungen bis in den Alltag getragen werden, um dort eine rationale Lebensführung zu etablieren, »die sich unmittelbar in die Systemanforderungen kapitalistischer Rationalisierung« einfügt. Der Hygienediskurs in diesem Sinn kann als eine Wissenspraktik verstanden werden, die zugleich eine »Disziplinartechnik« darstellt. Das Körper*wissen*, das dieser Diskurs transportiert, ist zugleich eine Körper*macht*, allerdings nicht im Sinne einer einfachen Repression des Körperlichen, sondern als regulierende Hervorbringung eines durchaus kreativen Sprechens über den (eigenen) Körper. Den konkreten Niederschlag dieses Prozesses erfaßt Sarasin in der Körperhygieneliteratur, die im 19. Jahrhundert in Deutschland und Frankreich veröffentlicht wurde.[8] Ähnlich wie Rabinow geht es ihm dabei nicht um eine Wissenschaftsgeschichte fest umrissener, etablierter Disziplinen. Ansatzpunkt sind die diskursiven Schnittstellen zwischen öffentlicher und nichtöffentlicher Wissenschaft, zwischen Labor und Gesellschaft. Zum Gegenstand wird so eine »Kultur des Wissens«, die den formativen Kontext für den Text des Hygiene-

---

8 Sarasin, Philipp, *Reizbare Maschinen: Eine Geschichte des Körpers 1765-1914*, Frankfurt/M. 2001, S. 22.

wissens bildet. In neueren Studien sucht Sarasin diese Schnittstellen auch in der Metaphorizität wissenschaftlicher Diskurse auf, so etwa in der Bilderwelt der Bakteriologie, die den Körper als Kampfplatz von Eindringlingen und Abwehrkräften beschreibt. In beiden Fällen werden die Grenzen zwischen Wissenschaft und ihrer Umgebung auf exemplarische Weise durchlässig. Was als abgeschiedene Arbeit in Klinik und Labor erscheint, wird von Sarasin wieder in die Wirklichkeit und Wirksamkeit von kulturellen Entwicklungen eingebettet – als eine »Sorge um sich«, die den zunehmend sexualisierten Körper des Subjekts betrifft, und als ein »Willen zum Wissen«, der im Vergleich zur Wissenschaftswirklichkeit als überbordend einzustufen ist.

Experimente

Das Werk Jacques Derridas scheint weitgehend unabhängig von der Frage nach der Wissenschaft entstanden zu sein. Sieht man von der äußerlichen Tatsache ab, daß Derrida in den frühen 1960er Jahren unter anderem Assistent von Georges Canguilhem und Suzanne Bachelard gewesen ist, scheint es bei ihm in der Tat keinerlei direkte Verbindung zu jenem Feld zu geben, das man heute als Wissenschaftsforschung bezeichnet. Dennoch situieren sich die frühen Veröffentlichungen Derridas in einem Kontext, der als »historisch-epistemologisch« zu beschreiben ist.[9] Besonders gilt dies für die umfangreiche Einleitung zu seiner Übersetzung von Edmund Husserls Text über den Ursprung der Geometrie, der berühmten »Beilage III zu § 9a« der Husserl'schen Krisis-Schrift über das Verhältnis der transzendentalen Phänomenologie zu den »europäischen Wissenschaften«. Während Husserl dort mit Blick auf Galilei den »Tiefenproblemen des Sinnesursprungs der Geometrie« nachging, ist die 1962 erschienene »Introduction« von Derrida auf das Projekt einer »Phänomenologie des Geschriebenen« ausgerichtet. Im Verlauf einer minutiösen Erkundung der Voraussetzungen für die Geschichtlichkeit wissenschaftlicher Wissensbestände (Husserls »idealer Objekte«), ihrer Sedimentierung und Tradierung gelangt Derrida zum »Medium Schrift« als

9 Rheinberger, Hans-Jörg, *Historische Epistemologie zur Einführung*, Hamburg 2007, S. 112-117.

in diesem Zusammenhang entscheidender Instanz.[10] Die *Grammato-logie* von 1967 kann als ausgedehnte Probe auf die damit anvisierte Phänomenologie »de la chose écrite« gelesen werden. Einer der Ausgangspunkte dieser Abhandlung ist die Beobachtung, daß sich der Status der Schrift in der Lebenswelt der Gegenwart erheblich gewandelt hat. Früher sei in bezug auf Handlung, Denken, Bewußtsein, Unbewußtes und Erfahrung oft von »Sprache« die Rede gewesen; mittlerweile sei die Schrift zur beherrschenden Analogie geworden: von der »Kinematographie« über die »Choreographie« bis hin zur »Schrift« der Musik und des Kunstwerks. Ausdrücklich bezieht Derrida in diese Beobachtung die Wissenschaften mit ein: »Im Hinblick auf die elementarsten Informationsprozesse in der lebenden Zelle spricht auch der Biologe heute von Schrift und Programmen. Und endlich wird der ganze, vom kybernetischen Programm eingenommene Bereich [...] ein Bereich der Schrift sein.«[11]

Als Philosoph hat Derrida sich nicht im Detail für die Praktiken und Materialien interessiert, auf die die wissenschaftliche Rede von den »-grammen« und den »-graphien« zurückverweist. Als sich gut zehn Jahre nach Erscheinen der Grammatologie die ersten Soziologen und Ethnologen aufmachten, um die Wissenschaft »in Aktion« zu untersuchen, gehörte Derridas Abhandlung zur Schriftwissenschaft dennoch zu ihrem Rüstzeug, ebenso wie beispielsweise Roland Barthes' *Mythen des Alltags* oder etwa Lacans »Die Wissenschaft und die Wahrheit«. In seiner gemeinsam mit Steve Woolgar verfaßten Pionierstudie *Laboratory Life: The Social Construction of Scientific Facts* (1979) läßt Bruno Latour keinen Zweifel daran, daß der von ihm untersuchte Experimentierbetrieb im Neuroendokrinologischen Labor des Salk-Institutes vor allem ein Schreibbetrieb ist. Anders als man erwarten könnte, steht im anthropologischen Teil von *Laboratory Life* die vergleichsweise handfeste Welt der Maschinen und Instrumente daher nicht im Vordergrund. Zwar ist durchaus die Rede von Rotationsverdampfern, Zentrifugen, Mixern und anderen Vorrichtungen, mit deren Hilfe die Laborarbeiter in San Diego das von ihnen benötigte organische Material schneiden, zerkleinern, schütteln usw. Latours Hauptthema sind aber jene Schreibtische, auf denen unter-

10 Derrida, Jacques, *Husserls Weg in die Geschichte am Leitfaden der Geometrie: Ein Kommentar zur Beilage III der »Krisis«*, München 1987, S. 120.
11 Derrida, Jacques, *Grammatologie*, Frankfurt/M. 1998, S. 21. Zu der oben zitierten Passage siehe auch Rheinberger, Hans-Jörg, *Iterationen*, Berlin 2005, S. 9-29.

schiedlichste Arten von »Literatur« – publizierte Zeitschriftenartikel, Computerausdrucke von Zahlenreihen, graphische und tabellarische Darstellungen, Manuskripte usw. – zusammenkommen, um in wissenschaftliche Veröffentlichungen umgewandelt zu werden. Aus Sicht der Anthropologen ist es die *literary inscription*, die den »Prototyp wissenschaftlicher Arbeit im Labor« darstellt.[12]

Unter »Inskriptionen« werden in diesem Zusammenhang nicht nur Buchstaben, sondern auch »Spuren, Flecke, Punkte, Histogramme, gespeicherte Zahlen, Spektren, Peaks usw.« gefaßt.[13] Für dieses Verständnis von Einschreibungen beziehen sich Latour und Woolgar ausdrücklich auf den erweiterten Schriftbegriff Derridas. Dennoch heißt das zentrale Konzept ihres Berichts über den anthropologischen Laborbesuch nicht Schrift, sondern: Literatur. Den Autoren zufolge referiert dieser Begriff »sowohl auf die entscheidende Bedeutung, die einer Vielfalt von Dokumenten zugeschrieben wird, wie auch auf den Gebrauch von Geräten zur Herstellung von Inskriptionen, von denen man annimmt, daß sie von einer Substanz handeln, und die ihrerseits in der weiteren Hervorbringung von Artikeln und Aufsätzen verwendet werden«.[14] Anders gesagt, den Laboranthropologen geht es um die schrittweise Verfertigung der Labortexte, um die Hervorbringung, Verarbeitung, Plazierung und Aufbewahrung von wissenschaftlichen Aufsätzen, zugleich aber um die Bedeutung, den Stellenwert und die Aussagekraft, die diesen Aufsätzen und den zu ihrer Abfassung benötigten Schriften und Einschreibungen innerhalb des Laborkontexts beigemessen wird. Das Labor insgesamt wird damit zu einer Tradierungsinstitution, in der fortwährend, schriftlich wie mündlich, Exegesen, Neulektüren und Überarbeitungen stattfinden, die sich nicht einfach nur auf organisch-maschinell fundierte Laborereignisse beziehen, sondern diese eigentlich erst hervorbringen.

Die Untersuchungen von Hans-Jörg Rheinberger haben die Latour'sche Perspektive auf die Wissenschaft als Tätigkeit literarischer Einschreibung erheblich vertieft und erweitert. Als Philosoph, *Grammatologie*-(Mit-)Übersetzer und Molekularbiologe scheint er sich dafür in einer fast einzigartigen Position gefunden zu haben. Tatsäch-

---

12 Latour, Bruno/Woolgar, Steve, *Laboratory Life: The Social Construction of Scientific Facts*, Beverly Hills et al. 1979, S. 47.
13 Ebd., S. 88.
14 Ebd., S. 63.

lich hat die philosophische, sprachliche und wissenschaftliche Auseinandersetzung mit dem Konnex von »Experiment, Differenz, Schrift« in Rheinbergers Studien zur neueren und neusten Geschichte der Biologie eine beispielhafte Verdichtung gewonnen. Im Unterschied zu Latour setzt Rheinberger nicht bei den Laboratorien, sondern den »Experimentalsystemen« der sozialen und historischen Akteure an, das heißt bei lokal begrenzten Gefügen, die aus architektonischen, technischen, sozialen, semiotischen und kognitiven Komponenten bestehen und sich typischerweise um einen Modellorganismus zentrieren. Ausgangshypothese ist dabei, daß solche Experimentalsysteme die eigentlichen »Arbeitseinheiten des Wissenschaftlers« sind, mithin »die kleinsten funktionellen Einheiten« im Wissenschaftsprozeß.[15] Die Komponenten solcher Systeme lassen sich in »technische« und »epistemische Dinge« unterteilen: einerseits Instrumente, Aufzeichnungsapparaturen, Modellorganismen, andererseits die Verkörperungen dessen, was noch nicht gewußt wird, das heißt jene fraglichen Objekte, Strukturen, Reaktionen oder Funktionen, die in der »für sie charakteristischen, irreduziblen Verschwommenheit und Vagheit« den eigentlichen Antrieb für das prekäre Funktionieren des Experimentalsystems ausmachen.[16]

Wie Latour nimmt auch Rheinberger an, daß die entscheidende Dimension der Arbeit an, mit und in Experimentalsystemen die der Inskription ist. Wenn bei Latour aber die Frage der Literatur im Vordergrund steht, geht es bei Rheinberger im kongenialen Anschluß an Derrida sehr konkret um Schrift: »Ein Wissenschaftsobjekt, das im Rahmen eines Experimentalsystems erforscht wird, ist zunächst einmal ein Gefüge von materiellen Spuren in einem historisch lokalisierbaren Repräsentationsraum.«[17] Doch wie wird ein solches Spurennetz zu einer wissenschaftlichen Tatsache, zu einer »Entdeckung«? Die Antwort scheint paradox: nicht durch den Rückbezug, den Vergleich mit dem Alten, Bekannten, sondern durch ein Fortschreiten im Neuen, das immer auch ein Fortschreiben ist. Konkret: In den 1940er Jahren begann Paul Zamecnik im interdisziplinären Zusammenhang der Krebsforschung, sich mit der Frage des Zellwachstums

15 Hans-Jörg Rheinberger, *Experiment, Differenz, Schrift: Zur Geschichte epistemischer Dinge*, Marburg an der Lahn 1992, S. 22.
16 Rheinberger, Hans-Jörg, *Experimentalsysteme und epistemische Dinge: Eine Geschichte der Proteinsynthese im Reagenzglas*, Göttingen 2001, S. 24.
17 Ebd., S. 113.

zu befassen, besonders mit der regulatorischen Funktion von Proteinen. In den späten 1950er Jahren führten ihn diese Arbeiten dann zu einem ganz anderen als dem erwarteten Ergebnis. Statt Wissen erworben zu haben, um besser in das Wachstum von Krebszellen eingreifen zu können, identifizierte man die Transfer-RNA. Solche Kolumbus-Effekte der wissenschaftlichen Schreibarbeit sind Rheinberger zufolge keine Einzelerscheinungen, sondern verweisen auf den Kernbestand dessen, was Forschung ausmacht. Erst nachträglich, *après coup*, erschließt sich das tastende und probierende Vorgehen von Zamecnik und seiner Gruppe in einer »Logik«, die keine Logik der Forschung im Sinne Poppers mehr ist, sondern eine Logik des »Historialen« im Sinne Derridas. Das Spurenspiel der Wissenschaft wird so zu einem offenen Prozeß, der nicht durch einen Ursprung, sondern in entscheidender Weise durch Vor-Fälle, Zu-Künftiges geprägt ist. An diesem Punkt handelt es sich nicht länger darum, Derridas Schrifttheorie auf bestimmte Inskriptionspraktiken im Labor »anzuwenden«. Rheinbergers Projekt besteht darin, das Wissenschaftsgeschehen insgesamt als Bestandteil der Dekonstruktion zu erfassen.

Instrumente

Wenige »Poststrukturalisten« haben sich so direkt und offensiv auf die Wissenschaft bezogen wie Gilles Deleuze. In *Differenz und Wiederholung* und *Logik des Sinns* ebenso wie in den beiden Bänden zum Kino und dem späten Buch über Leibniz und den Barock beruft sich Deleuze auf Evolutionsbiologie, Embryologie und Genetik, auf Psychophysik, Neurobiologie und Hirnforschung sowie auf Mathematik, Physik und Kybernetik, um seine philosophischen Darlegungen zu stützen, zu pointieren und zu entfalten. Unter den Wissenschaftlern, die er zitiert, finden sich Charles Darwin und August Weismann, Karl Ernst von Baer und Albert Dalcq, Gustav Fechner und Constantin von Monakow, Bernhard Riemann und Andreij A. Markow. Noch schlagender sind die Verbindungen zur Wissenschaft in seinen gemeinsam mit Félix Guattari verfaßten Werken – von der im *Anti-Ödipus* geführten Diskussion um die neueren Errungenschaften von Ethnologie und Molekularbiologie über den neuartigen Ansatz zu einer Linguistik im *Kafka*-Buch bis hin zu der Aufmerksamkeit, die in *Tausend Plateaus* der Geologie, der Ethologie und der Chaostheorie gilt. Vor diesem Hintergrund überrascht es kaum, daß Deleuze und Guattari in *Was ist Philosophie?* Wissenschaft, Kunst und Philosophie als weitgehend gleichberechtigte Formen des kreativen Denkens und Handelns präsentieren, als »drei Aspekte, unter denen das Gehirn Subjekt wird«.[18] Doch es sind die frühen Schriften von Deleuze und Guattari, mit ihrer Insistenz auf der Kontinuität zwischen dem Materiellen und dem Semiotischen und der Fokussierung auf Maschinen und »Gefüge« (*agencements*) von heterogenen Partialobjekten, die der neueren Wissenschaftsforschung bislang die wichtigsten Impulse gegeben haben.

In diesem Sinne hat sich beispielsweise der Wissenschaftssoziologe Andrew Pickering auf Deleuze und Guattari bezogen. Zentraler Einsatz ist dabei das Problem der Materialität, der Prozeßhaftigkeit und Performativität wissenschaftlicher Praxis. Pickering geht davon aus, daß es das »Feld der Maschinen« ist, das »zu irgendeinem gegebenem Zeitpunkt die etablierte materielle Performativität von Wissenschaft ausmacht«. Vor dem Hintergrund seiner Studien zur Sozialgeschichte von Hochenergiephysik, Maschinenbau und Kybernetik hat er in diesem Zusammenhang das Bild von der »*mangle of practice*«, der Praxismangel, eingeführt, insbesondere um die »unvorhersehbaren Umwandlungen« im Maschinenfeld der Wissenschaft zur Geltung zu bringen, die ihm zufolge jenen Veränderungen ähneln, »die all jenem auferlegt werden, was in das altmodische Gerät gleichen Namens eingefüttert wird, um das Wasser aus der Wäsche zu pressen«.[19] Konkretes Ziel ist eine Auffassung von Laboraktivitäten, in der Wissenschaft »als ein sich entwickelndes Feld von menschlichen und materiellen Handlungsträgerschaften [*agencies*] gesehen wird, die sich wechselseitig in ein Spiel der Resistenz und Akkommodation verwickeln«.[20] Das heißt zunächst, daß es nicht nur um Literatur und Schrift, sondern auch und vor allem um die dynamische, in sich widerständige Interaktion von Menschen, Maschinen und Materie geht. Pickering spricht in diesem Zusammenhang von einem posthumanen »*Tanz der Handlungsträgerschaft*«,[21] der das Neue hervorbringt. Demnach handelt in der Wissenschaft nicht nur der Mensch, sondern letzt-

---

18 Deleuze, Gilles/Guattari, Félix, *Was ist Philosophie?*, Frankfurt/M. 1996, S. 250.
19 Pickering, Andrew, *The Mangle of Practice: Time, Agency and Science*, Chicago/London 1995, S. 23
20 Ebd.
21 Ebd., S. 21.

lich auch zum Beispiel die Blasenkammer in einem Labor für Hoch-energiephysik, ebenso wie die in dieser Kammer enthaltene Flüssigkeit und der Strahl, der durch sie hindurchgeschickt wird.[22] Mit dem Bild der Mangel wendet sich Pickering aber auch gegen das in bestimmten Bereichen der Wissenschaftsforschung dominierende Interesse an einer »zeitfreien kulturellen Kartierung« von Laborpraktiken. Vor allem der von Latour und anderen entwickelte »Akteur-Netzwerk-Ansatz« ist in seinen Augen durch die Betonung räumlicher Aspekte (»Rechenzentren«, »unvermeidliche Durchgangspunkte« usw.) von der Dimension der Zeit wie abgeschnitten. Im Unterschied dazu strebt Pickering ein »Realzeit-Verständnis [wissenschaftlicher] Praxis« an, das die Aufmerksamkeit weniger auf die realen und symbolischen Räume des Wissens, sondern auf die prekären, »posthumanen« Zeitformen richtet, die sich in der wechselseitigen Anpassung von Menschen und Maschinen, Tatsachen und Theorien ausbilden: »Niemand kennt im voraus die Form zukünftiger Maschinen und das, was sie tun werden, aber wir können den Prozeß der Einrichtung dieser Form nachzeichnen, ohne zu der [...] Position zurückzukehren, daß nur menschliche Handlungsträgerschaft daran beteiligt ist.«[23]

In eine stärker philosophische und politische Richtung gehen die Arbeiten von Isabelle Stengers, die ebenfalls eng an Deleuze und Guattari anschließt. In den 1980er Jahren durch ihre gemeinsam mit dem Nobelpreisträger Ilya Prigogine verfaßten Bücher berühmt geworden, hat Stengers sich in der Folgezeit detailliert mit der frühneuzeitlichen Physik und der Geschichte der Chemie auseinandergesetzt. Darauf aufbauend, hat sie in *Die Erfindung der modernen Wissenschaften* zusammenfassend dargelegt, wie sich im Bereich von Wissenschaftsgeschichte und Wissenschaftsphilosophie »mit Deleuze und Guattari denken« läßt. Anders als bei Pickering ist ihr hauptsächlicher Anschlußpunkt nicht die von Deleuze und Guattari entwickelte Theorie der Maschinengefüge, sondern die Ausführungen zur Ethologie und Territorialität, die sich vor allem im Ritornell-Kapitel von *Tausend Plateaus* finden, sowie Guattaris spätes Programm einer ethisch-ästhetischen »Chaosmose«.[24] Auch Stengers betont zu-

22 Siehe dazu Pickering, »Die Mangel der Praxis«, a. a. O.

23 Pickering, *The Mangle of Practice*, a. a. O., S. 14f.

24 Deleuze, Gilles/Guattari, Félix, *Tausend Plateaus: Kapitalismus und Schizophrenie*, Berlin 1992, S. 423-479, sowie Guattari, Félix, *Chaosmose*, Paris 1992.

nächst den grundsätzlich konstruktiven und performativen Charakter wissenschaftlicher Praxis. Die Einführung neuer Experimentaltechniken bringt, so erklärt sie, »Welterzeugungen« in Gang, die sich auf die ganze Situation, die gesamte »Landschaft« beziehen, in der die Lebewesen *und* die Dinge angesiedelt sind. Die Aufgabe in der Auseinandersetzung mit der Wissenschaft besteht ihr zufolge darin, diese Landschaften so zu beschreiben, daß die Konstruktion der Differenz zwischen Wissenschaft und Nichtwissenschaft im einzelnen *verfolgt* werden kann, also nicht begrifflich oder theoretisch vorausgesetzt wird.[25] Am Beispiel Galileis verdeutlicht sie, wie an einfache technische Objekte (die schiefe Ebene, das Pendel oder die Waage) Experimentaldispositive angelagert werden, die nicht nur eine »mobilisierende Inszenierung von Dingen« bewirken, sondern zugleich auch Verfahren zur Qualifizierung derjenigen Wesen hervorbringen, die sich im Namen dieser Dinge äußern.[26] Galileis Wissen betraf zwar hauptsächlich die Art und Weise, wie glatte Kugeln eine geneigte Fläche herunterrollen, und zusammen mit seinen Beobachtungen am Teleskop versetzte ihn dieses Wissen in die Lage, zusätzliche Argumente für die astronomischen Hypothesen von Kopernikus beizubringen. Doch Galilei setzte dieses Wissen auch für eine umfassende Infragestellung der philosophisch-theologischen Autorität und Tradition ein. Wissenschaft wird für Stengers dadurch zu einer eminent politischen Angelegenheit, zu einer immer neu gegebenen Antwort auf die Frage »Wer kann worüber sprechen, wer ist der Fürsprecher, der Repräsentant von wem oder was?«. Um Wissenschaft in diesem Sinn untersuchen zu können, ist ihr zufolge eine »Öko-Ethologie wissenschaftlicher Praxis« erforderlich. Wissenschaftliche Praxis beruht auf der Enaktion, dem unreduzierbar gleichzeitigen Auftauchen eines *Ethos*, der Verhaltensweise eines bestimmten Lebewesens, und eines *Oikos*, des Habitats, das den Bedürfnissen dieses Wesens entsprechen, aber auch widersprechen kann und Gelegenheiten dafür bereithält, daß es sich selbst riskiert, aufs Spiel setzt.[27] Obwohl diese Formulierungen an Rabinows Interesse für Wissens- und Lebensformen im Sinne Foucaults denken lassen, folgt Stengers

25 Stengers, Isabelle, *Die Erfindung der modernen Wissenschaften*, Frankfurt/M./ New York 1997, S. 112.
26 Siehe Stengers, Isabelle, »Die Galileo-Affären«, in: *Elemente einer Geschichte der Wissenschaften*, hg. v. Michel Serres, Frankfurt/M. 1994, S. 395-443.
27 Siehe Stengers, *Die Erfindung der modernen Wissenschaften*, a.a.O., S. 137f.

einer anderen Orientierung. Ihre Programmatik nähert zwei scheinbar weit voneinander entfernte Ansätze an: die Anthropologie von
Latour mit ihrem Interesse für die Frage der Überlieferung von wissenschaftlichen Texten und Bildern und das »chaosmotische Paradigma« Guattaris, das auf die maschinelle Hervorbringung des
Neuen in Kunst und Wissenschaft zielt.

Sind wir nie postmodern gewesen?

In *Wir sind nie modern gewesen* hat Latour einen bemerkenswerten
Abgesang auf den Poststrukturalismus angestimmt. Latour polemi-
siert gegen Lyotard und Baudrillard, doch im gleichen Atemzug verabschiedet er auch Barthes, Derrida und die »Diskursanalyse« (also
Foucault), auf die er sich in seinen frühen Arbeiten zustimmend berufen hatte. Der Generalverdacht, den er nun gegen diese »Philosophien« vorbringt, lautet: Sie haben die Sprache, die Zeichen, den
Diskurs »autonomisiert«, sie haben Auslegungen von Auslegungen
betrieben, »bis hin zur Selbstauflösung«, sie haben es versäumt, »zur
empirischen Untersuchung« der wissenschaftlichen und technischen
Netzwerke überzugehen, und daher auch den Glauben daran nicht
aufgegeben, daß »eine neue wissenschaftliche Erkenntnis völlig außerhalb der Kultur« stehe.[28] Angesichts der bedeutsamen Rolle, die
der Poststrukturalismus für die neuere Wissenschafts- und Technik-
forschung gespielt hat (und immer noch spielt) – und zwar auch und
gerade bei der Annäherung an nondiskursive Praktiken –, kann diese
Symptomatologie auch symptomatisch gelesen werden: als eine Art
Selbstkritik, die zugleich einen Aufbruch zu neuen Ufern signalisie-
ren soll.

Allerdings sind die Potentiale eines Materialismus, der die Frage
nach Differenz und Wiederholung in den Wissenschaften von der
Seite der maschinellen Produktionen (und nicht von den literarischen
Repräsentationen) her angeht, keineswegs als erschöpft zu betrachten. Tatsächlich besteht nach wie vor ein Bedarf an soziologischen
und historischen Fallstudien, die die Rolle von wissenschaftlichen Instrumenten und technischen Infrastrukturen im Wissenschaftsprozeß untersuchen. Mit Blick auf die Lebenswissenschaften kann man

28 Latour, Bruno, *Wir sind nie modern gewesen*, Berlin 1995, S. 87 und S. 133.

hinzufügen, daß die Bedeutung von Modellorganismen, denen in ihrer epistemischen Produktivität, also ihrer Plastizität *und* Widerständigkeit, zweifellos auch Handlungsträgerschaft im Labor zukommt, auch weitere konkrete Untersuchungen verdient. Bis heute gibt es zudem keine fundierte Studie, die die »Geburt« des physikalischen, chemischen oder biologischen Labors in einer ähnlich umfassenden und praxisbezogenen Weise darstellen würde, wie Foucault dies mit Blick auf die Klinik getan hat.

Das neue Ufer, zu dem Latour aufgebrochen ist, scheint in genau entgegengesetzter Richtung zu liegen. Die von ihm kuratierte Ausstellung *Iconoclash* (über die Bilderkriege in Wissenschaft, Kunst und Religion) und seine religionssoziologische Studie *Jubiler – ou les tourments de la parole réligieuse* zeigen es an: Fortan gilt das Interesse dieses Wissenschaftsforschers nicht mehr nur dem Leben im Laboratorium und dem alltäglichen Umgang mit technischen Dingen, sondern auch anderen »Glaubenspraktiken«, vor allem religiösen. Und das hat auch Auswirkungen auf das Studium der Wissenschaften. Programmatisch schreibt Latour in der Einleitung zu *Iconoclash*: »Die Wissenschaft hat etwas Besseres verdient als naive Verehrung oder naive Verachtung. Ihr Regime der Unsichtbarkeit ist so erhebend wie das der Religion und der Kunst. Die Subtilität ihrer Spuren verlangt eine neue Form von Achtsamkeit und Aufmerksamkeit – sie verlangt, warum sollte man das Wort scheuen, ja, nach Spiritualität.«[29]

Die aktuelle Wissenschaftsforschung tut sich schwer mit diesem Topos, diesem Idiom – selbst oder gerade wenn sie dem »Spurengefüge« des Experiments (Rheinberger) mit besonderer Achtsamkeit und gesteigerter Aufmerksamkeit gegenübertritt. In einer Lage, die durch Stichworte wie »Fundamentalismus« und »Kreationismus« gekennzeichnet ist, bietet der parallele Blick auf Wissenschaft und Religion sicherlich eine enorm fruchtbare Heuristik für die empirische Erforschung gegenwärtiger Tendenzen in Kultur und Gesellschaft. Die Frage ist nur, ob in bezug auf Wissenschaft tatsächlich in instruktiver Weise von Glauben zu sprechen ist oder, anders gesagt, ob mit einer solchen Heuristik auch weiterhin Beiträge zu einem Bild von Wissenschaft geleistet werden können, das nicht in die modernistische Ambivalenz von Positivismus und Antipositivismus zurückfällt.

29 Latour, Bruno, *Iconoclash: Gibt es eine Welt jenseits des Bilderkrieges?*, Berlin 2002, S. 69.

Biagioli, Mario (Hg.), *The Science Studies Reader*, New York/London 1999.

Davidson, Arnold I., *The Emergence of Sexuality: Historical Epistemology and the Formation of Concepts*, Cambridge (MA)/London 2001.

Galison, Peter L., *Einsteins Uhren und Poincarés Karten: Die Arbeit an der Ordnung der Zeit*, Frankfurt/M. 2003.

Latour, Bruno, *Die Hoffnung der Pandora: Untersuchungen zur Wirklichkeit der Wissenschaft*, Frankfurt/M. 2002.

Pickering, Andrew, *Kybernetik und Neue Ontologien*, Berlin 2007.

Rabinow, Paul, *Anthropologie der Vernunft: Studien zu Wissenschaft und Lebensführung*, hg. v. Carlo Carduff/Tobias Rees, Frankfurt/M. 2004.

Rheinberger, Hans-Jörg, *Epistemologie des Konkreten: Studien zur Geschichte der modernen Biologie*, Frankfurt/M. 2005.

Sarasin, Philipp, *Geschichtswissenschaft und Diskursanalyse*, Frankfurt/M. 2003.

Serres, Michel (Hg.), *Elemente einer Geschichte der Wissenschaften*, Frankfurt/M. 1994.

Stengers, Isabelle, *Die Erfindung der modernen Wissenschaften*, Frankfurt/New York 1997.

Über die Autorinnen und Autoren

Johannes Angermüller, geb. 1973, Dr. phil., wissenschaftlicher Assistent am Institut für Soziologie der Universität Magdeburg. Letzte Veröffentlichungen: *Autonomie und Heteronomie des Politischen: Politisches Denken zwischen Poststrukturalismus und Post-Marxismus* (hg. als Mitarbeiter des Frankfurter Arbeitskreises für Politik und Philosophie), 2004; *Nach dem Strukturalismus. Theoriediskurs und intellektuelles Feld in Frankreich*, 2007.

Thorsten Bonacker, geb. 1970, Prof. Dr., Professor am Zentrum für Konfliktforschung der Philipps-Universität Marburg. Letzte Veröffentlichungen: *Konflikte der Weltgesellschaft* (hg. m. Christoph Weller), 2006 sowie *Kulturen der Moderne. Soziologische Perspektiven der Gegenwart* (hg. m. Andreas Reckwitz), 2007.

Antke Engel, geb. 1965, Dr. phil., freie Wissenschaftlerin und Philosophin im Bereich feministischer und queerer Theorie, derzeit Research Fellow am Institute for Cultural Inquiry/Kulturlabor (ICI Berlin). Wichtigste Veröffentlichungen: *Wider die Eindeutigkeit. Sexualität und Geschlecht im Fokus queerer Politik der Repräsentation*, 2002; *Bilder von Sexualität und Ökonomie. Queere kulturelle Politiken im Neoliberalismus*, 2008.

Lars Gertenbach, geb. 1979, M. A., wissenschaftlicher Mitarbeiter am Institut für Soziologie der Friedrich-Schiller-Universität Jena. Wichtigste Veröffentlichung: *Die Kultivierung des Marktes. Foucault und die Gouvernementalität des Neoliberalismus*, 2007.

Andreas Hetzel, geb. 1965, Dr. phil., wissenschaftlicher Mitarbeiter am Institut für Philosophie an der TU Darmstadt. Zuletzt erschienen: *Die unendliche Aufgabe. Perspektiven und Grenzen der Demokratietheorie* (hg. m. Reinhard Heil), 2006; *Pragmatismus. Philosophie der Zukunft?* (hg. m. Jens Kertscher/Marc Rölli), 2008.

Eva Horn, geb. 1965, Prof. Dr., Professorin für Neuere Deutsche Literaturwissenschaft an der Universität Basel. Wichtigste Veröffentlichungen: *Trauer schreiben. Die Toten im Text der Goethezeit*,

1998; *Der geheime Krieg. Verrat, Spionage und moderne Fiktion*, 2007.

Rainer Maria Kiesow, geb. 1963, PD Dr. jur., Mitarbeiter am Max-Planck-Institut für europäische Rechtsgeschichte in Frankfurt/M. Zuletzt erschienen: *Das Alphabet des Rechts*, 2004; *Kredite in der Risikogesellschaft. Immobilien(kapital)anlagen und Bankenhaftung*, 2005.

Georg Kneer, geb. 1960, Prof. Dr. habil., Professor für wissenschaftliche Grundlagen an der Hochschule für Gestaltung Schwäbisch Gmünd. Zuletzt erschienen: *Bruno Latours Kollektive. Kontroversen zur Entgrenzung des Sozialen* (hg. m. Markus Schroer/Erhard Schüttpelz), 2008; *Soziologische Theorien. Ein Handbuch* (hg. m. Markus Schroer), 2008.

Albert Kümmel-Schnur, geb. 1969, Prof. Dr., Juniorprofessor für Digitale Medien/Digitale Kunst im Fachbereich Literaturwissenschaften an der Universität Konstanz. Zuletzt erschienen: *Einführung in die Geschichte der Medien* (hg. m. Leander Scholz/Eckhard Schumacher), 2004; *Äther. Ein Medium der Moderne* (hg. m. Jens Schröter), 2008.

Stephan Moebius, geb. 1973, Prof. Dr. habil., Juniorprofessor für Soziologie am Max-Weber-Kolleg für kultur- und sozialwissenschaftliche Studien der Universität Erfurt. Wichtigste Veröffentlichungen: *Die soziale Konstituierung des Anderen. Grundrisse einer poststrukturalistischen Sozialwissenschaft nach Lévinas und Derrida*, 2003; *Die Zauberlehrlinge. Soziologiegeschichte des Collège de Sociologie (1937-1939)*, 2006.

Martin Nonhoff, geb. 1970, Dr. phil., wissenschaftlicher Mitarbeiter am SFB »Staatlichkeit im Wandel« der Universität Bremen. Wichtigste Veröffentlichungen: *Postmodern Productions* (hg. m. Katharina Bunzmann/Johannes Angermüller), 2001; *Politischer Diskurs und Hegemonie. Das Projekt »Soziale Marktwirtschaft«*, 2006.

Sven Opitz, geb. 1976, M. A., Assistent am Institut für Soziologie der Universität Basel. Zuletzt erschien: *Gouvernementalität im Post-*

fordismus – Macht, Wissen und Techniken des Selbst im Feld unternehmerischer Rationalität, 2004.

Sophia Prinz, geb. 1979, M. A., Wissenschaftliche Mitarbeiterin am Fachbereich Geschichte und Soziologie der Universität Konstanz. Laufende Dissertation zur strukturellen Ordnung von Visualitäten. Letzte Veröffentlichung: »Das unternehmerische Selbst? Zur Realpolitik der Humankapitalproduktion« (mit U. Wuggenig), in: *Michel Foucaults »Geschichte der Gouvernementalität« als Paradigma in den Sozialwissenschaften*, hg. v. Susanne Krasmann/Michael Volkmer, 2007.

Dirk Quadflieg, geb. 1973, Dr. phil., wissenschaftlicher Mitarbeiter am Institut für Philosophie der Universität Potsdam. Zuletzt erschienen: *Das Sein der Sprache. Foucaults Archäologie der* Moderne, 2006; *Differenz und Raum – Zwischen Hegel, Wittgenstein und Derrida*, 2007.

Andreas Reckwitz, geb. 1970, Prof. Dr., Professor für Allgemeine Soziologie und Kultursoziologie an der Universität Konstanz. Wichtigste Veröffentlichungen: *Die Transformation der Kulturtheorien. Zur Entwicklung eines Theorieprogramms*, 2000/2006; *Das hybride Subjekt. Eine Theorie der Subjektkulturen von der bürgerlichen Moderne zur Postmoderne*, 2006.

Julia Reuter, geb. 1975, Prof. Dr., Juniorprofessorin für Allgemeine Soziologie und Entwicklungssoziologie an der Universität Trier. Zuletzt erschienen: *Doing Culture. Neue Positionen zum Verhältnis von Kultur und sozialer Praxis* (hg. m. Karl H. Hörning), 2004; *Strand, Bar, Internet. Neue Orte der Globalisierung* (hg. m. Corinne Neudorfer/Christoph Antweiler), 2006.

Martin Saar, geb. 1970, Dr. phil., wissenschaftlicher Assistent am Institut für Politikwissenschaft der Johann Wolfgang Goethe-Universität in Frankfurt/M. Zuletzt erschienen: *Michel Foucault – Zwischenbilanz einer Rezeption* (hg. m. Axel Honneth), 2003; *Genealogie als Kritik. Geschichte und Theorie des Subjekts nach Nietzsche und Foucault*, 2007.

Hilmar Schäfer, geb. 1977, M. A., Wissenschaftlicher Mitarbeiter am Fachbereich Geschichte und Soziologie der Universität Konstanz. Dissertationsvorhaben zur »Instabilität der Praxis« in den Kulturtheorien. 2008 erscheint: »Einflüsse: Foucault«, in: *Bourdieu-Handbuch*, hg. von Gerhard Fröhlich/Boike Rehbein, 2008 (i. E.).

Henning Schmidgen, geb. 1965, Dr., Mitarbeiter am Max-Planck-Institut für Wissenschaftsgeschichte in Berlin. Wichtigste Veröffentlichungen: *Das Unbewußte der Maschinen. Konzeptionen des Psychischen bei Guattari, Deleuze und* Lacan, 1997; *Lebendige Zeit: Wissenskulturen im Werden* (Hg.), 2005.

Dominik Schrage, geb. 1969, Dr. habil., wissenschaftlicher Assistent am Institut für Soziologie der TU Dresden. Ausgewählte Veröffentlichungen: *Psychotechnik und Radiophonie. Subjektkonstruktionen in artifiziellen Wirklichkeiten 1918- 1932*, 2001; *Technische Reproduzierbarkeit. Zur Kultursoziologie massenmedialer Vervielfältigung* (hg. m. Lutz Hieber), 2007.

Markus Schroer, geb. 1964, Dr. phil., Privatdozent am Institut für Soziologie der TU Darmstadt und Heisenbergstipendiat der DFG. Zuletzt erschienen: *Räume, Orte, Grenzen. Auf dem Weg zu einer Soziologie des Raums*, 2007; *Bruno Latours Kollektive* (hg. m. Markus Schroer/Erhard Schüttpelz), 2008.

Urs Stäheli, geb. 1966, Prof. Dr., Professor für Soziologische Theorie und Wirtschaftssoziologie an der Universität Basel. Wichtigste Veröffentlichungen: *Sinnzusammenbrüche. Eine dekonstruktive Lektüre von Niklas Luhmanns Systemtheorie*, 2000; *Spektakuläre Spekulation. Das Populäre der Ökonomie* 2007.

Dietmar J. Wetzel, geb. 1968, Dr. phil., Assistent am Institut für Soziologie der Universität Bern. Zuletzt erschienen: *Diskurse des Politischen. Zwischen Re- und Dekonstruktion*, 2003; *Absolute Jacques Derrida* (hg. mit Stephan Moebius), 2005.

Matthias Wieser, geb. 1978, M.A., Wissenschaftlicher Mitarbeiter am Institut für Medien- und Kommunikationswissenschaft der Universität Klagenfurt. Zuletzt erschien: »Naturen, Artefakte, Performanzen. Praxistheorie und Akteur-Netzwerk-Theorie«, in *Verschwindet die Natur? Die Akteur-Netzwerk-Theorie in der umweltsoziologischen Diskussion*, hg. v. Martin Voss/Birgit Penker, 2006.

Suhrkamp Verlag GmbH
Torstraße 44, 10119 Berlin
info@suhrkamp.de
www.suhrkamp.de